萬卷精華樓藏書記

第四册

山右歷史文化研究院　編

上海古籍出版社

目　録

萬卷精華樓藏書記卷八十六

萬卷精華樓藏書記卷八十七

萬卷精華樓藏書記卷八十八

萬卷精華樓藏書記卷八十九

萬卷精華樓藏書記卷九十

萬卷精華樓藏書記卷九十一

萬卷精華樓藏書記卷九十二

萬卷精華樓藏書記卷九十三

萬卷精華樓藏書記卷九十四

萬卷精華樓藏書記卷九十五

萬卷精華樓藏書記卷九十六

萬卷精華樓藏書記卷九十七

萬卷精華樓藏書記卷九十八上

萬卷精華樓藏書記卷九十八下

萬卷精華樓藏書記卷九十九

萬卷精華樓藏書記卷一百

萬卷精華樓藏書記卷一百一

萬卷精華樓藏書記卷一百二

萬卷精華樓藏書記卷一百三

萬卷精華樓藏書記卷一百四

萬卷精華樓藏書記卷一百五

萬卷精華樓藏書記卷一百六

萬卷精華樓藏書記卷一百七

萬卷精華樓藏書記卷一百八

萬卷精華樓藏書記卷一百九

萬卷精華樓藏書記卷一百十

萬卷精華樓藏書記卷一百十一

萬卷精華樓藏書記卷一百十二

萬卷精華樓藏書記

（卷八十六—卷一百十二）

〔清〕耿文光　撰

潘慎　張梅秀　張志江　田同旭　薛蓮　點校

萬卷精華樓藏書記卷八十六

子部八

藝術類一

《古畫品録》一卷

南齊謝赫撰

《津逮》本。前有自序。

謝氏自序曰："夫畫品者，蓋衆畫之優劣也。圖繪者，莫不明勸戒，著升沉，千載寂寥，披圖可鑒。雖畫有六法，罕能盡該，而自古及今，各善一節。六法者何？一氣韻生動是也，二骨法用筆是也，三應物象形是也，四隨類賦形是也，五經營位置是也，六傳移模寫是也。唯陸探微、衛協備該之矣。然迹有巧拙，藝無古今，謹依遠近，隨其品第，裁成序引。故此所述，不廣其源，但傳出〔一〕自神仙，莫之聞見也。"

第一品五人：陸探微包前孕後，古今獨立；曹不興唯祕閣一龍，觀其風骨，名豈虚成？衛協陵跨羣雄，曠代絶筆；張墨、荀勗風範氣候，極妙參神。

第二品三人：顧駿之始變古則今，賦彩製形，皆創新意；陸綏一點一拂，動筆皆奇；袁蒨亞美前賢。

第三品九人：姚曇度天挺生知，非學所及；顧愷之聲過其實；毛惠遠超邁絶倫；夏瞻精彩有餘；戴逵善圖聖賢；江僧寶像人之外，非其所長；吴暕體法雅媚；張則意思横逸，動筆新奇；陸杲體致不凡。

第四品五人：蘧道愍、張繼伯并善寺壁，顧寶先全法陸家，王微、史道碩并師荀、衛。

第五品三人：劉瑱婦人爲最，晉明帝超越，劉紹祖善傳寫。

第六品二人：宋炳明六法，丁光擅名蟬、雀。

《法書要録》十卷

唐張彦遠撰

汲古閣本。首自序，次目録。第五、六卷爲《述書賦》上、下，竇臮撰，竇蒙注定，并附《述書賦》語例、字格於後。第七、八、九卷爲張懷瓘《書斷》，有自序。

彦遠家傳法書名畫，自幼至長習熟知見，因採掇自古論書凡百篇，勒爲十卷；又别撰《名畫記》十卷，皆傳於世。

筆法，蔡邕受於神人，而傳之崔瑗及女文姬，文姬傳之鍾繇，繇傳之衛夫人，夫人傳之王羲之，羲之傳之獻之，獻之傳之外甥羊欣，欣傳之王僧虔，僧虔傳之蕭子雲，子雲傳之智永，智永傳之虞世南，世南傳之，授於歐陽詢，詢傳之陸柬之，柬之傳之姪彦遠，彦遠傳之張旭，旭傳之李陽冰，陽冰傳徐浩、顔真卿、鄔彤、韋玩、崔邈，凡二十有三人，文傳盡於此矣。

右軍曰："吾書比之鍾、張當抗行，或謂過之。張草猶當雁行。張精熟過人，臨池學書，池水盡墨。若吾耽之若此，未必謝之。後達解者，知其評之不虚。"

梁庾元威《論書》曰："李斯破大篆爲小篆，造《倉頡》七章。趙高造《爰歷》六章，胡母敬造《博學》七章。後人分五十五章，爲《三蒼》上卷。至哀帝元嘉〔二〕中，揚子雲作《訓纂》，記《滂喜》，爲中卷；和帝永元中，賈升郎更續記《彦均》，爲下卷。皆是記字，字出衙人，故人稱爲‘三蒼’也。夫蒼雅之學，儒博所宗，自景純注解，轉加敦尚。漢、晉正史及古今字書，并云《倉頡》九篇是李斯所作。今竊尋思，必不如是。其第九章論豨、信、京、劉等，郭云：“豨、信是陳豨、韓信，京、劉是大漢，西土是長安。’豈有秦時朝宰談漢家人物，先達何以安之？許慎穿鑿賈氏，乃奏《説文》；曹産開拓許侯，爰成《字苑》。《説文》則形聲具舉，《字苑》則品類周悉。追悟典墳，字弗全體。近有阮孝緒《古今文字》三卷，窮搜正典；邱陵《文字指要》二卷，精加擿發：惟此兩書可稱要用。”

《右軍書目》，褚遂良撰。正書五卷，《樂毅論》第一。草書五十八卷，《蘭亭序》第一。

張懷瓘曰：“鍾尚書紹京破産求書，計用數百萬錢，惟市得右軍行書五紙，不能致真書一字。惟天府之内尚有存焉。”

《書斷》自序曰：“書有十體源流，學有三品優劣。今叙其源流之異，著十贊、一論，較其優劣之差，爲神、妙、能三品。人爲一傳，亦有隨事附者，通爲一評。究其臧否，分成上、中、下三卷，名曰‘書斷’。其目録如此。”趙僎論曰：“古或作之不能評，評之不能文。今斯書也，統三美而絶舉，成一家以孤振，偉哉！獨哉！”第十卷爲《右軍書記》，計右軍書語四百六十五帖，附以大令書語十八帖。”

《十七帖》，長一丈二尺，即貞觀中内本也。一百七行，九百四十二字，是烜赫著名帖也。以卷首有“十七日”字，故號之。太宗皇帝購求二王書。大王草有三千紙，率以一丈二尺爲卷，以“貞觀”兩字爲小印印之。褚河南監裝背，率多紫檀軸首，白檀身，紫羅褾，織成帶。開元皇帝又以“開元”二字爲二小印印之。跋尾又列當時大臣等。

《畫譜》本傳：“張彦遠，河東人。能文，工字，學隸書，喜作八分。其家既出累世縉紳之後，且復好事。彦遠既世〔三〕其家，乃富有典型，其流於筆端，自應過人。矧夫歷代奇觀一一到眼，而心傳手受處復有家學耶！嘗作《法書要録》十卷，具載古人論書語〔四〕，且以傳列之。又以九等品第書學人物，自漢至唐，上下千百載間，其大筆名流幾不能逃彀中矣。自序云：'更撰《名畫記》，得此二書，書畫之事畢矣。' 觀其編次之善，果非虚論。又嘗以八分録前人詩什數章，至其仿古出奇，亦非凡子可到。”

文光案：古書有三十六種，如鳥書、魚書、龍書、龜書、蛇書、仙人書、金錯書、十二時書之類。今見三十二體篆者，尚遺其形，然不知古篆曾如是否。余家所藏《書斷》三卷，乃翻刻宋本，紙墨皆佳，猶存舊式，較汲古所刻古雅多矣。今爲好事者取去，誠可惜也。

《歷代名畫記》十卷

唐張彦遠撰

《津逮》本。是書有目無序，蓋與《法書要録》同一序。彦遠親見真迹，又世精鑒别，故能言其源流授受，與心無實得、肆意抄撮者自是不同。别有《唐朝名畫録》一卷，乃朱景玄所撰，非是書也。是書卷一凡五篇：一曰敘畫之源流。上自龍圖，下至麟閣，以蟲書、鳥篆爲畫之流，以山龍、華蟲爲畫之始。其中如'畫，形也'、'畫，卦也'，以《爾雅》、《釋名》解其義，其於六書之義深有得也。又知桀亂爲暴，太史終抱畫以奔；紂爲淫虐，内史摯載圖而歸。既知繪畫之源，兼存勸戒之道。開首之作，非偶然矣。二曰敘畫之興廢。前半自漢武帝至唐德宗，歷叙帝王之收藏與亂亡之散佚，後半叙其家世所藏并表上之真蹟，又叙其編次畫家之由。時大中元年也。三曰叙歷代能畫人名。自軒轅至唐會昌，凡三百七十人，此篇止列姓名，如總目然。四曰論畫六法：

一氣韻生動，二骨法用筆，三應物象形，四隨類賦彩，五經營位置，六傳模移寫。自古畫人罕能兼之，謝赫云。五曰論畫山水樹石。卷二凡五篇：一曰叙師資傳授、南北時代。二曰論顧、陸、張、吴用筆，謂愷之、探微、僧繇、道玄也。三曰論畫體工用拓寫，此篇於石緑、黄丹諸色言之最詳。古時好拓畫，十得七八，不失神采。御府拓本謂之官拓。承平之時，斯道盛行；艱難之後，此事漸廢。四曰論名價品第。此篇因張懷瓘作《書估》，論其等級甚詳，因定自古名畫爲《畫估》。分爲三古以定貴賤，以漢、魏、三國爲上古，晉、宋爲中古，南北齊、梁、陳、後魏、後周爲下古。五曰論鑒識、收藏、購求、閱玩。此篇注内記唐代搜訪之人、蓄聚之家甚詳。收藏而未能鑒識，鑒識而不善閱玩，閱玩而不能裝褫，裝褫而殊亡銓次，皆好事者之病也。卷三凡五篇：一曰叙自古跋尾、押署。此篇記唐時跋尾、押署，其式正書某年月日，夾注某監某裝背，各具銜名，大略如此。自晉、宋至周、隋，御府收聚圖書，未行印記，但備列當時鑒識蓺人押署。二曰叙古今公私印記。此篇自“貞觀二字作二小印”，至“永福印信”，每題下皆有楷書印式。三曰論裝背褾軸。此篇言裝背之法甚詳。晉代以前裝背不佳，范蔚宗始能裝背。四曰記兩京外州寺觀畫壁。五曰述古之祕畫珍圖。是篇略舉大綱，凡九十七。第四卷至十卷叙歷代能畫人名，其人即第一卷第三篇所列者，但此七卷詳叙其姓字、里居、官階并其所善，各一小傳。末有毛晉跋，板已模糊，其可識者亦不足録。予於法書、名畫不能收藏，亦不能鑒識，徒好觀書畫之書而已。彦遠，吾晉人也，其記簡古有法，故詳紀之。

史皇，黄帝之臣也，善畫，見《世本》。與倉頡同時。封膜，周時人，善畫，見《穆天子傳》。

《孝經祕圖》。《孝經左契圖》。《孝經雌雄圖》。《南都賦圖》。《韓詩圖》。《論語圖》。《河圖》。《詩緯圖》。《春秋圖》。《孝經讖圖》。《八卦八風十二時二十八宿音律圖》。《老子黄庭經圖》。《山海經圖》。《太史公漢書圖》。《大荒經圖》。《河圖括地象圖》。《天地郊祉圖》。《古聖賢帝王圖》。《列仙傳圖》。《搜神記圖》。《百國人圖》。《地形圖》。《孫子八陣圖》。《神農本草例圖》。《周禮圖》。《江圖》。《三禮圖》十卷，阮諶等撰；又十二卷，隋文帝敕撰。《爾雅圖》上、下兩卷，陳江灌撰，并著《爾雅贊》二卷，音六卷。《區宇圖》一百二十八卷，每卷首有圖，虞茂氏撰。《職貢圖》，梁元帝畫。《中天竺國圖》，有行紀十卷，圖三卷，明慶三年王元策撰。《古今藝術圖》五十卷，既畫其形，又説其事，隋煬帝撰。《靈秀本草圖》，起赤箭，終蜻蜓，源平仲撰。《本草圖》，蘇敬撰。《日月交會圖》，鄭玄注。《吴孫子兵法雲氣圖》。以上諸圖有關於書，故録之。

《唐朝名畫録》一卷

唐朱景玄撰

宋本。每葉二十二行，每行二十字。首自序，次目。神、妙、能、逸，分爲四品。先親王三人；神品上一人，中一人，下七人；妙品上七人，中五人，下十人；能品上六人，中二十八人，下二十六人；逸品三人。名下各標所長，如山水松石之類。卷中前題“唐朝名畫録”；後題“唐賢名畫録”，目亦然。景玄，《畫繼》作“景真”。鄧椿曰：“賞鑒家分神、妙、能三品，朱景真三品之外，更增逸品。逸品之高，豈得附於三品之末？《益州名畫記》首推爲當。徽宗皇帝專尚法度，以神、逸、妙、能爲次。”

朱氏自序曰：“古今畫品，論之者多矣。隋、梁已前不可得而言。自國朝以來，惟李嗣真《畫品録》，空録人名而不論其善惡，無品格高下，俾後之觀者無所考焉。景玄竊好斯藝，尋其蹤迹，不見者不録，見者必書，推之至心，不愧拙目。以張懷瓘《畫品》

斷神、妙、能三品，定其等格，上、中、下，又分爲三。其格外有不拘常法，又有逸品以表其優劣也。夫畫者，以人物居先，禽獸次之，山水次之，樓殿屋木次之。何者？前朝陸探微，屋木居第一，皆以人物、禽獸移生動質，變態不窮，凝神定照，固爲難也。故陸探微畫人物極其妙絶，至於山水草木，粗成而已。且《蕭史》、《木雁》、《風俗》、《洛神》等圖畫尚在人間，可見之矣。近代畫者但工一物，以擅其名，斯即幸矣。惟吴道子天縱其能，獨步當世，可齊蹤於顧、陸，又周昉次焉。其餘作者一百二十四人，直以能畫定其品格，不計其冠冕賢愚。然於品格之中略序其事，後之至鑒者可以詆訶，其理爲不謬矣。”

文光案：神品上爲吴，中爲周，其餘按目數之，止九十二人，與序言不符，未知何如。目後載《畫録》二十五人，空有其名，無所品評，不在數内。

神品下，第一閻立本，太宗朝宰相，與兄立德齊名。立德《職貢圖》，異方人物，詭怪之質，自梁魏以來，名手不可過也。

張志和，號烟波子。初顔魯公典吴興，知其高節，以《漁歌》五首贈之。張乃爲卷軸，隨句賦象，人物、舟舡、鳥獸、烟波、風月皆依其文，曲盡其妙，爲世之雅律，深得其態。　王墨、李靈、張志和，此三人非法之本法，故目爲逸品，前古未有也。

《五代名畫補遺》一卷

宋劉道醇撰

宋本。前有嘉祐四年陳洵直序，次目録。凡分七門，人物第一，山水第二，走獸第三，花竹翎毛第四，屋木第五，塑作第六，雕木第七。各門又分神、妙、能三品，凡二十四人。

陳氏序曰：“蒙嘗聞成紀李嗣真之《畫品》、吴郡朱景玄之《畫斷》，皆採摘古今畫家名氏，叢而録之，以廣其傳，故五代名流抑多遺闕。國初，監察御史胡嶠遂採擷遺子，紀於編帙，始自尹繼昭，終於劉永，總四十三人，名之曰‘廣梁朝名畫目’。夫紀述雖備，缺墜尚多。今因集本朝名畫評，又捃拾其見遺者，叙而編之，名曰‘五代名畫補遺’。其門品上下，一如《畫評》之例，類仍附之於後者，亦明我朝文事之載郁云。”

文光案：此序似洵直自序，而卷内題“大梁劉道醇纂”。又《畫評》亦題劉姓名，而書似洵直所爲，姑闕其疑。又按：《畫評》無塑作、雕木二門，其餘五門悉同。

楊惠之與吴道子，同師張僧繇筆迹，稱爲畫友。而道子聲光獨顯，惠之遂專肆塑作。嘗於京兆府太華觀塑玉皇尊像，及汴州安業寺净土院大殿内佛像及枝條千佛、東經藏院殿後三門二神、當殿維摩居士像。又於河南府廣愛寺三門上塑五百羅漢，及山亭院、楞伽山，皆惠之塑也。其精絶殊聖，古無倫比。後著《塑訣》一卷，行於世。　劉九郎於河南府南宫大殿塑三清大帝尊像，及門外青龍、白虎洎守殿等神，稱爲神巧。廣愛寺塑九子母，工畢，聲動天下。言曰：“吾所塑九子母，今鹵者第一，陜郊者第二，廣愛者第三。”　王温善裝鑾彩畫，其精功妙技，爲古今絶手。以上塑作門神品三人。

伎巧夫人嚴氏，嚴沙門藴能妹也。善鼓琴，能雕木。嘗得檀香木，大不盈尺，刻成五百羅漢，形相、侍從一一互出。給事中馬公貢於章聖皇帝，嘉賞移刻，命爲“伎巧夫人”。

《宋朝名畫評》三卷

宋劉道醇撰

宋本。首序，無年月名氏，亦不言著書之由；次目。凡五門，各出神、妙、能三品，而於人名下旁注“上”、“中”、“下”字。凡一百十人，每人於叙事之後各加“評曰”一段，其評語降二格書之。黄筌、王士元二人各三見，實一百六人。

序曰："夫識畫之訣，在乎明六要、審六長也。所謂'六要'者，氣韻兼力一也，格制俱老二也，變異合理三也，彩繪有澤四也，去來自然五也，師學捨短六也。所謂'六長'者，麄鹵求筆一也，僻澀求才二也，細巧求力三也，狂怪求理四也，無墨求染五也，平畫求長六也。凡觀畫，忌天氣晦冥、風勢飄迅、屋宇向陰、暮夜執燭，謂不能極其奇妙而難約以'六要'、'六長'也。觀之之法，先觀其氣象，後定其去就；次根其意，終求其理：此乃定畫之鈐鍵也。是故見短勿詆，返求其長；見功勿譽，返求其拙。夫善觀畫者，必於短長、功拙之間執'六要'，憑'六長'，而又揣摩研味，要歸三品。畫品者，神、妙、能也。品第既得，是非長短、毀譽功拙自昭然矣。"

文光案：此篇論觀畫之法，似書中之一段，非序也。又按晁《志》，作"劉道成"，"成"字恐訛。又按晁《志》，此書與《五代名畫記》皆有符嘉應序，而今本無之。《畫評》有汲古閣影摹宋刻，未見。

評曰："本朝以丹青名者，王瓘爲第一，廢古人之短，成後世之長，不拘一守，奮筆皆妙。"

花果，宗尚黄筌、趙昌其，寫生設色，迥出人意。筌神而不妙，昌其妙而不神。神妙皆完，捨徐熙無矣。

江南絶筆，徐熙、唐希雅二人而已。

黄筌老於丹青之學，命筆皆妙，誠西州之能士。

畫之爲屋木，猶書之有篆籀，蓋一定之體，必在端嚴詳備。忠恕俱爲當時第一，豈二者之法相近耶？

《圖畫見聞誌》六卷

宋郭若虚撰

汲古閣本。首自序，次目。叙論一卷，論畫之事。紀藝上、中、下三卷，紀畫之人故事。拾遺一卷，近事一卷。末有毛晉跋。

郭氏自序曰："余大父司徒公蓄書畫最富，先君珍藏罔墜。逮至弱年，流散無幾。近歲購尋遺失，凡得十餘卷，皆傳世之寶。又好與當世名手甄明體法，講練精微，凡所見聞，當從實録。昔張彦遠著《名畫記》，絶筆於永昌元年。厥後撰集者率多相亂，事既重疊，文亦繁衍。今考諸傳記，參較得失，續自永昌元年後，歷五季，通至本朝熙寧七年。諸家畫記多陳品第。今則不復定品，惟筆其可紀之能、可談之事，暨諸家畫説略而未至者，繼以傳記，中述畫故事并本朝事蹟，採摭編次，釐爲六卷。"

毛氏跋曰："續彦遠之未逮，但有編次，殊乏品隲。"

"叙諸家文字"，自《名〔五〕畫集》至《畫評》，凡三十家。内有《畫説文》。

李後主才高識博，雅尚圖書，蓄聚既豐，尤精賞鑒。今内府所有圖軸，暨人家所得書畫，多有印篆，曰"内殿圖書"，曰"内合同印"，曰"建業文房之寶"，曰"内司文印"，曰"集賢殿書院印"，曰"集賢殿御書印"。或親題畫人姓名，或有押字，或爲歌詩雜言。又有織成大回鸞、小回鸞、雲鶴、練鵲，墨錦褾飾，提頭多用織成綵帶。簽帖多用黄經紙，背後多書監裝背人姓名及所較品第。又有澄心堂紙，以供名人書畫。

高麗國有丹青之妙，伎巧之精，他國罕比。

吴道子畫，前不及顧、陸，後無來者。

《墨池編》二十卷

宋朱長文撰

寶硯山房本。海虞毛氏重刊。首雍正癸丑王澍序；次治平三年朱長文原序，末題"二十三世孫存孝重校"；次目。《字學》一卷，《筆法》二卷，《雜議》二卷，《品藻》五卷，《贊述》三卷，

《寶藏碑刻》三卷，《自漢至唐器用》二卷。末爲康熙甲午長洲朱之勱跋。附刻《印典》八卷。

王氏序曰："原板無存，毛氏《津逮祕書》列於目録，闕而未刻。公之裔孫之勱以家藏正本付梓，板精雅，校讎確，誠非常書可比。"

朱氏跋曰："之勱二十二世祖樂圃公，闡明理學，餘擅書法，著《墨池編》二十卷。凡筆法之秘奥，名家之品評，以及歷代古碑、文房器用，靡不畢備，誠後學之津梁，書家之寶籙也。世藏正本爲鼠殘闕，訪求全帙足成。康熙辛卯、壬辰歲，先後得二部，一係勝國隆慶間四明薛晨刻本，一係萬曆間蘄水李時成刻本。薛板增損不倫，字疑脱謬；李板即以薛氏本重刊，并二十卷爲六：均失本來面目。更有錢塘胡氏割切碑帖二卷，另爲一書，曰《碑帖考》，卷端著書姓氏，將薛與勱祖兩家名字紐作一人。行世類此，原本不可得見。兒象賢獲舊抄一帙，紙色甚古，無薛、李兩家之謬。補續舊藏，附述始末如此。"

《畫史》一卷

宋米芾撰

明本。此仿宋刻也。前有自序。

《道德經》一卷，不知何人畫，絹本[六]，字大小不匀。真褚遂良書，與馮京當世家《西昇經》不同。

唐畫《張志和顔魯公樵青圖》在朱長文家，無名人畫，甚佳。今人以無名命爲有名，不可勝數，故諺云"牛即戴嵩，馬即韓幹，鶴則杜荀，象即章得"也。

大抵牛馬、人物，一模便似；山水摹皆不成。山水心匠，自得處高也。

唐《道德經》一卷，人物三寸許，皆如吴畫。

莊鼎收麻紙《爾雅圖》，衣冠人物，與蘇氏一同。

古人圖畫，無非勸戒。今人撰《明皇幸興慶圖》，無非奢麗；《吴王避暑圖》，重樓平閣，徒動人侈心。

賞鑒家遍閲記録，又復心得，或自能畫，故所收多精品。近世人或有資力，元非酷好，至假耳目於人，此謂之"好事者"。置錦囊玉軸，以爲珍秘。聞之或笑倒。

《寶章待訪録》一卷

宋米芾撰

汲古閣本。前有自序。

米氏自序曰："漢河間獻王，購書必録古簡。梁武、元，隋、唐文帝金題玉躞，錦質綉章，破紙斷麻，取而華國。天寶以後，或進書得官，亦知上篤好。本朝太宗混一，僞邦國書皆聚。然士民之間尚或藏者，既非寶鑑，皆以世傳。聞見浸多，懼久廢忘，因作《寶章待訪録》，以俟訪圖書使焉。元祐丙寅八月九日。"

目睹：褚遂良《枯木賦》，唐粉蠟紙拓書也，在魏倫處。魏氏刻石，某借觀於甘露寺。　智永《千文》，唐粉蠟紙拓書，有古跋云"契闊艱難，不敢失墜"，信好事也。在楊袞處，得於外舅王安國。某過金陵見之。　永《千文》，楮書，唐人臨寫，秀潤圓活逼真，今已罕得。　《蘭亭燕集序》，唐粉蠟紙雙鈎摹本，精神筆力，毫髮畢備，下真蹟一等。　羲之《千文》，楮紙書字，筆力圓熟。故相珪之姪王仲〔七〕詵謬題"賀知章書"四字於"韻"字下，非也。　歐陽詢書道林之寺碑，在潭州道林寺，筆力險勁，勾勒而成。有刻板本。又江南廬山多裴休題寺塔諸額，雖乏筆力，皆種種可愛。　黄素《黄庭經》，殆六朝人所作，縫有"鍾紹京印"。陶穀跋云："此"换鵝經"也，百計取得。"末寫"胎仙"二字，用"陳氏圖書印"印之，又有錢氏"忠孝之家"印紙。跋云：

“逸少真書此經，《樂毅論》、《太史箴》、《告誓文》累表也。《蘭亭》、《洛神賦》皆行書，其他并草書也。　《争[八]坐位第一帖》，楮紙真蹟，用先豐縣先天廣德中牒起草，秃筆，字字意相連屬飛動，詭形異狀，得於意外也。世之顔行第一書也。縫有“顧氏守一圖書”字印。

的聞：懷素《自序》，在蘇液處，杭州沈氏嘗刻板本。蘇易簡之子耆，耆子舜欽，欽之子泌、激，四世好事，有精鑒，亦張彦遠之比。　王右軍書《家譜》，在山陰縣王氏家。　虞世南《書經》，在越州上虞。　顔魯公書《韻海》，右。聞大書朱字，魯公書；小字，他人作。

《宣和畫譜》二十卷

不著撰人名氏

明本。此本爲吴文貴所刊，板甚古雅，勝《津逮》本。前有叙、目。凡分十門，一曰道釋，二曰人物，三曰宫室，四曰番族，五曰龍魚，六曰山水，七曰畜獸，八曰花鳥，九曰墨竹，十曰蔬果。凡人之次第不以品格分，特以世代爲後先。

每門各有叙論，因門而得畫，因畫而得人，因人而論世。宣和庚子御製序曰：“集中秘所藏者，晉、魏以來名畫凡三百三十一人，計六千三百九十六軸，析爲十門，隨其世次而品第之。”

李公麟文章有建安風骨，書體如晉、宋間人，畫追顧、陸。至於辨鐘鼎古器，博聞强識，當世無與倫比，號“龍眠居士”。

晉顧愷之，字長康，小字虎頭。宋陸探微、梁張僧繇或譬之論書，顧、陸則鍾，張僧繇則逸少也。武帝時崇尚釋氏，故僧繇之畫往往從一時之好。

李公麟有《織綿回文圖》，郭忠恕有《織綿璇璣圖》。

唐之盛時，韓文、杜詩、顔書、吴畫，天下之能事畢矣。

《宣和書譜》二十卷

不著撰人名氏

汲古閣本。前後無序跋。首有總目。歷代帝王書一卷，篆書一卷，隸書一卷，正書四卷，行書六卷，草書七卷，章草附八分書一卷。自篆書以下各有叙論，終以制詔、誥命、譜牒附。各卷有分目，人立一傳。次爲御府所藏之帖，不録帖文。

晉武帝草書尤工，御府所藏有草書《我師帖》、《善消息帖》。

唐則天皇后得王導十世孫方慶者家藏其祖父二十八人書迹，摹拓把玩，自此筆力益進。有行書《夜宴詩》。

科斗書已見於鼎彝金石之傳，其間多以形象爲主，而文彩未備也。古今科斗之法廢，易以大篆，史籀所創，故曰“籀書”。以其爲周宣王時太史氏，故又曰“史書”。今所存者，《石鼓》是也。

秦穆時《詛楚文》真是〔九〕小篆，疑小篆已見於古，而李斯擅有其名。漢許慎、魏韋誕篆書皆足名世。若夢英之徒，種種形似，如所謂“仙人務光偃薤”之篆，皆不經語，學者羞之。　唐李陽冰刊定《説文》三十卷以紀其學，人指爲倉頡後身。真卿寫碑必得陽冰題額，其篆書妙天下。今有《孝德訓》、《新驛記》、《千字文》。　唐衛包工八分、小篆，作字不妄，左規右矩，有倒薤篆書《鵩鵬賦》。　唐玄度作《九經字樣》，有篆書《千文》、正書《論書》及《十體書》。　釋元雅有科斗、小篆二體《千文》。　宋益端獻王有二十六體篆。　徐鉉字鼎臣，以隸字録《説文》，如蠅頭大，累數萬言，以訓後學。篆籀氣質高古，幾與陽冰并。有篆書《大道不器賦》、《蟬賦》、篆隸二、《千文》二。　章友直字伯益，閩人。博通經史，不以進取爲意。工玉箸字學。嘉祐中，與楊南仲篆石經於國子監，當時稱之。太常少卿元居中出領宿州，盡出章書摹諸石，故東吴之地多其篆蹟。友直既以此書名世，家人、子女皆知筆法，咄咄逼真，人復寶之。説者云[一〇]："李斯篆亡，得一陽冰，冰後得鉉，友直在鉉之門，其猶游、夏與?"有《二經堂歌》。

秦愚黔首，自我作古，故以李斯作大篆，以程邈作隸文，種種有不勝言者。初邈以罪繫雲陽獄，覃思十年，變篆爲隸，得三千字上之，得釋。當時施於隸佐，故名曰"隸"，餘尚用篆。然胡公先始皇四百餘年，棺上已有隸文，豈是書與篆籀相生，特未行於時耶？其後蔡邕、鍾繇得其遺法，筆意飛動，斷碑、墨本幾滿天下。斯道高古，不講久矣。唐開元年，詔作《字統》四十卷，專明隸書。於是人應其求，擇木之徒是矣。　韓擇木隸學之妙，世謂蔡邕中興。有隸書《桐柏觀記》、張載《劍閣銘》，八分書曹子建表、《心經》。

隸變猶古，楷法則無古矣。漢建初有王次仲者，始以隸字作楷法，今之正書是也。西漢之末，隸字石刻間雜正書，若《屬國》、《封陌》、《茹君》等碑，斑斑可考。鍾繇有《賀尅捷表》，備盡法度，爲正書之祖。右軍《樂毅論》、《黄庭經》一出，遂爲今昔不資之寶。　褚有《謝表文》、《帝京詩》、《樂毅論》、《石研帖》、《大洞内祝隱文》。　顔有《旌節敕》、《顔允南父母贈告》、《潘丞竹山書堂詩》、《朱巨川告》、《疏拙帖》。　徐浩寫《花卉樓碑》甚工，其妙在楷法。有《朱巨川告》、《小字存想法》、《寶林寺詩》。　柳公權書名達於外夷，正以楷法。有《度人經》、《清净經》、《陰符經》、《心經》、《寄藥帖》。　詹鸞作楷，小至蠅頭，寬綽有大字法。書《唐韻》，極有功。慕彩鸞，故名焉。李赤慕李白，類是。彩鸞以書《唐韻》名於時，至今寶之。今鸞亦然，有《唐韻》上、下。　女仙吴彩鸞，大和中進士文蕭客之妻。蕭拙於爲生，彩以小楷書《唐韻》一部，市五千錢。一日了十數萬字，非人力所可爲也。《唐韻》不類人世筆，當於仙品中别有一種風氣。　道士杜光庭著書百餘卷，喜自録所爲詩文，字皆楷書，人争得之。要是烟霞氣味，非世俗所能到也。　宋道士陳景元，手校正書五千卷，注《道經》二卷、《老氏藏室纂微》二卷、《解莊子》十卷，編《高士傳》百卷，著文集二十卷，以至作《大洞經音義》、《集注靈寶度人經》。正書有《陶隱居傳》、《高士傳》、《樂毅傳》、《相鶴經》、《種玉故事》。

真幾於拘，草幾於放，介乎兩間者，行書而已。兼真謂之真行，兼草謂之行書。西漢末，潁川劉德升實爲此體。其法貴簡易，相間流行，故曰“行書”。鍾繇、胡昭同出德升之門，而鍾獨以行書顯。當時謂繇善押書者，此也。羲、獻不由師授，并臻其極。其間如晉之王濛，宋之薄紹之，唐虞、歐、李邕、蘇靈芝之徒，各具一體。本朝李建中、蘇舜欽、陸經、王安石、蔡京足以追配古人，有可觀者。　薛濤，成都倡也，以詩名。詞翰一出，人争傳玩。作字筆力峻激，行書妙處得右軍法。少加以學，亦衛夫人之流也。　唐釋懷仁不載於傳記，太宗作《聖教序》，世有二本，一褚書，一懷仁書，集羲之行字所成。二本皆爲後學宗模。　江南僞主李煜有行書《淮南子》、《義平秤尺記》，正書《金書心經》。　蔡京多行書，有正書《千文》。

杜度倡草書於漢，而張芝、皇象皆卓卓表見於時。崔瑗、崔寔、羅暉、趙襲各以草書得名，世號“章草”。至張伯英出，遂復脱落前習，以成今草。或以爲藁草之草，或以爲行草之草，或以爲赴急之書，或以爲草昧之作。今以起草爲稿者近之。　張芝作章草，謂之“草聖”。　吴越王錢俶善顛草，太宗取其草書以進。今御府所藏草書有《國子直講譜牒》，又手簡。

八分之説多矣，一曰王次仲以隸字改爲楷法，又以楷法變八分，此蔡希綜之説也；一曰去隸字八分取二分，去小篆二分取八分，故謂之八分，此蔡文姬述父中郎語也。自漢至唐，特存篆、隸、行、草，所謂八分者何有？至唐，八分書始盛。蓋類隸而變方廣作波勢，不古不嚴，豈在唐始有之耶？今所存者皆唐字，希綜、文姬之論安在哉？蓋古之名稱與今或異，今所謂正書則古所謂隸書，今所謂隸書則古所謂八分，至唐則猶有隸書中別爲八分以名之。然則唐之所謂八分者，非古之所謂八分也。今御府所藏八分者四人，曰張彦遠，曰貝泠，曰于僧翰，曰釋靈該。四子皆唐人，則知今日之八分出於唐，明矣。

録自唐以來，迄於五代，以及外夷，凡詔誥、制牒，各次而爲之序。兵火之後，所存無幾。今玉府所藏八十有一。

文光案：顔書《家廟碑》、《畫像贊》、《多寶塔碑》，虞書《夫子廟堂碑》，歐書《醴泉銘》、《皇甫碑》，柳書《琅琊碑》、《玄秘塔碑》，凡近人所習諸唐碑，皆此譜所無。又《坐位》有前帖、後帖。

《義門集》："趙承旨謂《宣和書譜》中所收《十三行》，是唐人硬黄紙臨本，筆墨沈着，大乏韻勝，不敢以爲真迹。有柳跋兩行。"

文光案：此譜第十六卷有王獻之正書《洛神賦》，下注"不完"二字，不云《十三行》也。譜中諸帖有名無説，不知何以知硬黄本爲《書譜》所收也。獻之又有草書《洛神賦》。

《廣川書跋》十卷

宋董逌撰

汲古閣本。是跋多鐘鼎、彝器、碑版法帖，實金石之跋，與諸家書跋不同。毛氏刻書跋不及畫跋。畫跋自元迄今爲抄本，舛誤特甚，想毛氏亦未得善本也。據弁序，書、畫二跋，皆繕寫，則南宋亦無刻板也。謹按：《四庫書目》所著《書跋》，即汲古本《書跋》，即傳鈔本《書跋》。後有毛晉跋，亦不言其所據何本。予於毛跋不多録，大抵種種多泛論，不脱明人題跋氣習。間有考證而亦疏也。

董氏序曰："弅家自上世以來，廣蓄異書，多有前人真蹟。先君生而穎悟，刻苦務學，博極羣書，討究詳閲，必探本原。三代而上，鐘磬鼎彝既多有之。其款識在祕府若好事之家，必宛轉求訪，得之而後已。前代石刻在遠方若深山窮谷、河心水濱者，亦託人傳撫墨本。知識之家與先君相遇，必悉示所藏，祈别真贋，訂證源流。若書畫題跋，若事干治道，必反覆詳盡，冀助教化。其本禮法可爲世範者，必加顯異以垂模楷。或涉同異，事出疑似者，必旁證他書，使昭然易見。探古人用意之精，巧僞不能惑；察良工之所能，臨摹不能亂。爰自南渡，鄉關隔絶，先世所藏，莫知在亡，或已散逸。過江隨行所携，敗於兵火，今所存得於煨燼之餘。年來爲裒集在者，得書跋，釐爲十卷，畫跋六卷，繕寫藏諸家廟。别録以示子孫，俾知先君博物洽聞，古今鮮儷，無墜家訓，庶或師範其萬一焉。紹興丁丑歲十月丙辰孤弅謹序。"

《繫年要録》："建炎三年，中書舍人董逌充徽猷閣待制。逌爲宗正少卿，官省而罷。旋入西掖，至是纔逾月也。"注云："逌，益都人。初見建炎元年三月，今年五月戊子除江東提刑，其除舍人，日曆、題名皆失之。"

毛氏跋曰："鄭康成，漢世碩儒，弗識犧牛之鼎；歐陽修，本朝宗匠，誤辨雲臺之碑。甚矣！博古之不易也。董子在政和間鑒定秘閣所藏，悉三代法物名器，一一詳論精核，若故有之物而素所習玩者。同朝惟校書郎黄長睿相與商校，爲千古知己。書跋雜入金石字蹟之類，岐陽《鼓文》，盡謂宣王《獵碣》，獨反覆辨其非，是以讀書貴具隻眼也。"

文光案：黄氏《東觀餘論》，凡四百餘篇。董氏《書跋》，凡二百二十六篇，僅及其半。序所謂取之煨燼之餘是也。以石鼓爲成王時物，以爲成王之鼓者，其論始於程大昌，且不止程、董二家。詳見朱竹垞《石鼓考》。雖不必確實可信，然亦可備一説。若以爲獨具隻眼，則證爲秦鼓者亦甚有理。毛氏於石鼓蓋未深究也。

《伯作父丁寶尊彝銘》：冠而加字，年五十矣，耆艾轉尊，又舍其字，直以伯仲别之。此周公定禮以變殷制如此。今曰“伯作父丁”，殆以名著，不諱其死，此殷禮也。殷人無字見者。又伯仲之稱，不必五十。故以生號仍爲死後之稱，則父丁是也。若二十稱伯，則以父某配之；五十之後，直呼伯仲：知殷禮異矣。

《仲作辛鼎銘》：伯仲之叙别長幼，自堯舜以至三代盡然，惟著稱則異。夏商不待年五十，凡長則稱伯，次則稱仲。周人必待五十而後稱伯仲，此其制文也。仲作辛鼎，其可考者以名知之。辛壬丁甲，惟殷爲叙；而伯不配甫者，亦殷道也。《禮緯》曰：“質家稱仲，文家稱叔。”又益知其説信然。

古人制器，隨時則異。後世偶得一物，即據以爲制，不知三代禮器蓋異形也。又諸侯之國得自爲制，豈必盡合禮文哉？今所見宗器自爲多制。鄭康成謂“制之同異未聞”，蓋古人慎疑知此。

古篆“魯”、“旅”同文。劉炫謂“有文在手”，爲“魯”不得若此。其後得古文“𣦼”字，傳模既失，又改爲“𣥺”字。李陽冰以文當如“𡇒”。祕閣有銅尊銘作“𡇒公”，諸儒不能考定。或以爲“㫃”者，非也。以古文考之，其書以“鹵”爲“魯”，在漢猶然。其作“𡇒”者，省文。

罍制皆爲雲雷狀，其上飾以回，下飾以雲。回，古雷字。

《罍鼎》之銘曰：“靁始靁終。”古者以“靁”爲“善”，此其謂善頌者也。

朱鮪《集字》：“‘舟’爲古文‘周’字”。《詩》“舟人之子”，則“舟”也。古文不一，其體減增上下，隨其形異，不能盡以點畫校也。

《石鼓文》五百一字。

秘閣定作《古器圖》，并考論其制，上之。

㸒，古文“舉”字。

余嘗讀《字林》，鐓，平底也，蓋矛亦銅也。“進戈者前其鐏，進矛戟者前其鐓。”“鋭底曰鐏，平底曰鐓。”

後人不知世紀，惟《史記》爲據。《史記》年，自黄帝至堯舜纔二百年，以世紀推次，中間相授幾數千年矣。《史》特舉其至顯者，失其序，不能盡通。

葛洪《雜記》“佳城銘”，科斗書也。自孝惠時，上推三千年，當在洪荒之世，蓋未有書契。今其文乃與秦小篆相類。

謚書無“太”，其以謚爲太公，惟秦則然。秦、齊皆有太公。其曰“太公寶缶”，則秦之廟器也。

“秦咊鐘”，皇祐元年春自内府降出，俾考正樂律，官臣圖其狀。咊鐘之作，在成公之世。古人尺度雖不可一，至律始一，龠則皆周尺也。漢制鐘律，自昔考信。而景祐樂尺所從眔者，以黍得也。若夫以玉尺論周，以鐵尺論齊，以水尺論隋，其長率一寸八釐或至二寸三分，皆不足用以和樂，無怪其不能定律也。

《秦權銘》二跋。

秦《金人銘》曰：“皇帝二十六年，初兼天下，以爲郡縣。正法律，同度量。大人來見臨洮，身長五丈，足六尺。”余考之，昔秦以長狄十二見於臨洮以爲祥，鑄金人象之，其重二十四萬斤，坐阿房宫前。當漢而徙之未央宫。王莽嘗鐫其膺，文則此銘，知不得傳矣。其後董卓以其九鑄錢，而石虎以其三置鄴宫。苻堅取之，後置長安，以其二爲泉。其適至陝而堅亂，民以其勞苦患之，乃排陷河中。戴延之曰“翁仲所投，故河流涌起”，然金狄亡矣。爲此書者，其自《秦權》而成之，寄於金人。然字奇而古，猶在銅鍰伯仲間也。

文光案：“二十六年”、“皇帝”、“兼天”、“法”、“度量”皆《秦權銘》中語，故董氏謂自《秦權》成。

程邈篆四簡，簡十二字，自漢以後篆書所不至也。書家但言邈作書主於隸，不更爲篆文。張懷瓘曰：“古文，謂孔子壁中書。篆書，史程邈作也。隸書，程邈所獻也。”初未信此言，得是刻銘，於是信之。知唐世書多，懷瓘自有據也。

魏斛大於漢制。梁、陳以古升五升爲斗，周則以五升當官斗一升三合四勺矣，一斗實重六斤十二兩。公孫崇依《漢志》修稱、尺與律、權、石等，梁、陳依之。齊以古稱一斤八兩爲斤。隋氏不用律制，但以古三升制爲一升，古三斤制爲一升。《傳》曰：“魏、齊斗、稱，於古二而爲一。周、隋斗、稱，於古三而爲一。”大業三年三月，改斗、稱，一依古法，正用一小斗小稱小尺以合於律吕度數。

《孫叔敖碑》“乞食、優孟”不可信。歐公言“非此碑不知叔敖名饒”。余求於書，如伏生爲勝，毛公爲萇，子賤爲宓，皆西漢所不書。其應劭謂公羊爲高，穀梁爲赤；阮孝緒以穀梁爲俶；沈以仲叔名貢：此不得知也。至不知其時，又妄論之。何休以公羊漢初人。麋信以穀梁當秦孝公時，而西漢皆謂子夏門人。如此者衆，不知何考。自漢安、順後，諸儒鄉壁虚造，竟爲異説，使學者奇偉所聞，樂附從之。啖助曰：“西漢諸儒猶不能定其時代及名字，而後代妄爲記録。”此碑叔敖名饒，余有疑焉。

蔡邕《石經》“馬日磾”，“磾”字誤作“碑”。

《周公禮殿記》在成都學舍，顔有意撰。古者以周公爲先聖，孔子爲先師，故學必祀周公，以孔子配之。自開元後，制度廢棄，惟此存耳，可以考也。

《四皓神坐》，西漢所書，鑒石爲位，以爲祭也。一曰“圈公神坐”，二曰“綺里季神坐”，三曰“夏黄公神坐”，四曰“角里先生神坐”。真書深鑒，其書甚完，知漢人去秦不遠，其相傳必不誤。《陳留〔一一〕志》：“圈公自是秦博士周庚，以常居圈中，故稱圈公。”昔圈稱撰《陳留風俗記》，《蔡邕集》有圈典，魏有圈文生，皆其後也。古者“角”與“禄”同文，故《樂書》作“觮”。

鄧州南陽北有東漢太守汝南宗資墓，墓列二獸，其高八尺，左曰天禄，右曰辟邪，字不盡爲隸法，蓋篆之變也。按書志，桃拔一名符拔，似鹿，長尾，一角爲天禄，兩角爲辟邪，無前角者爲浮都。“禄”又爲“鹿”。

昔人辨鍾元常書，謂字細畫短，而逸少學此書最勝處，得於勢巧形密。然則察真僞者當求之於此，其失於勁密者，可遥知其僞也。《賀表》畫疏，體枝鋒露筋絶，不復結字，此決知非元常之爲也。

皇象書《吴大帝碑》在江寧府，雖本漢隸，然探奇振古，有三代純樸氣，自是絶藝。

晉《七賢帖》，劉伶書，尤怪詭不類，不知何所從來。梁世自有劉伶善書畫，當世號文學士，豈此書是邪？唐初購書以金，故人得僞造以進。當時李懷琳好爲僞迹，其用意至到，或謂亂真。

《司馬整碑》，書爲隸古，氣質渾厚，與《鴻都石經》可一二校也。漢之衰，文物隨敝，至晉不勝淺陋，殆無前人一言一語。至論述次第，亦已失當，此可怪也。

昔王濛子修求書右軍，爲寫《畫贊》與之。敬仁死，其母内棺中，故知此書不傳久矣。唐校定大王書二卷，《黄庭》第一，《畫贊》第二，《告誓》第三。韋挺以《畫贊》爲僞迹。今世所傳，疑不在韋挺論中。

《樂毅論》，世無全本。高紳所藏石至“海”字止。今世所傳，又摹於此者，蓋無取也。梁武帝評書，謂此《論》微粗健，恐非真蹟。陶弘景亦疑摹本。馮承素已見六本，今世所傳，亦莫能辨。

太平敗後，咸陽老姬投書竈下，是弘景所評者已亡矣。後世存者，可求其真耶？

又跋全文《樂毅論》：“智永謂《樂毅論》正書第一。自梁世摹出，其後蕭銑之流莫不臨學，然則此《論》不傳於世矣。陳文帝嘗賜始興王，雖號筆力鮮媚，殆其臨拓之功勝也。祕閣購書，則其《論》全文。陶弘景言《樂毅論》乃極勁利而非用意處，故頗有壞字，今所得異矣。元符中，詔摹於石，以其書校之，殆唐人所書，不逮舊本。然聖俞愛之，謂最奇小者是也。昔王沂公善書，嘗求得全文，乃自石未破時摹，尤爲清勁。余從其家得之，非今祕閣石可比方也。”

又跋别本《樂毅論》：“舊傳《樂毅論》誤書兩字，以雌黄點正，以今所傳校於舊史，異者蓋二十八字。書傳已久，不能無誤。昔時於秦玢兵部家得别本《樂毅論》，文字完整，筆力差劣。然校今〔一二〕祕閣石本亦可上下相敵，或疑王著之所書也。”

文光案：此即今所傳之本，馮氏刻之《快雪堂》者是也。

又跋高紳《樂毅論》：“李庠舊得〔一三〕紳所藏石，過自矜持，謂真逸少書。沈存中亦謂得前人説。逸少諸書多縑紙，惟《樂毅論》書於石，不知何從得此説也。梁武帝搜采逸少至盡，而《樂毅論》已出，當時無石本。大抵逸少爲人書，皆書於紙以授，雖《禊序》亦不令入石也。唐得晉、魏諸家書，嘗評《黄庭》第一，《畫贊》次之，《樂毅論》又其次也。武平一曰：‘太宗於右軍書，特留賞《蘭亭》、《樂毅論》，别一小函藏之。太平公主私取《樂毅論》以歸。《開元録書》但有《黄庭》、《畫贊》、《告誓》，而《樂毅論》亡矣。官帖中有《狸骨方》，陶隱居云是子敬書，又似摹蹟。在梁已疑其僞，今定爲右軍書，果何據耶？雖然，右軍嘗寫此帖，或子敬臨之，亦不可知也。”

張芝臨池學書，池水盡墨。鍾繇卧畫穿被。

文光案：人皆知臨池學書爲右軍事，而不知爲張芝。或兩人皆然，未可知也。

韋誕謂蔡邕書用張芝筆、左伯紙、任及墨，兼此三具又得巨手，然後可以建徑丈之勢、方寸千言。觀此益知古人於書不敢易而爲之如此。

硬黄紙，唐人用以摹書。唐又自有書經紙，此雖相近，實則不同，惟硬厚者知非經紙也。右軍作書，惟用張永乂製紙，謂緊光澤麗，便於行書。今人得硬黄紙，便謂古人遺墨，曾不若畫像先論縑素而後定世之遠近，常得大略也。許衮民自杭得逸少《十二帖》，皆靈脾漬也。使余評之，衮民竟不信。

昔馬澄評右軍書，謂《勸進》、《洛神賦》諸書十餘種皆作今體，知逸少嘗書此賦，子敬當是習其家學。然《書録》不記子敬《洛神賦》，其傳之失實，將後人摹拓，不可知也。但字法端勁，趣向整嚴，非善書者不能也。

逸少《洛神賦》，無復存者。

智永《千文》真僞并出，楊文公謂“敕”當爲“梁”字，後人作草筆誤。陳時，朝廷命令未加“敕”字，其説誠然。

《碧落碑》，陳惟玉書。惟玉於唐無書名，不應一碑便能奄有秦漢遺文，徑到古人絶處，此後世所疑也。李陽冰於書未嘗許人，至玩其書，寢卧其下，數日不能去。世人論書不逮陽冰，未必知其妙處。段成式謂此碑有“碧落”字，故世以名之。李肇謂此碧落觀也，故以爲名。肇説是也。

絳州《碧落》，篆刻天尊背。州將不欲以槌擊石像，乃摹别石，封其石像。今世所得皆摹本也，雖典刑有稽，然遁其神者衆矣。

文光案：澤州亦有《碧落碑》，在佛龕之西，與此碑文異而事同。見《五總志》。蓋唐韓王元嘉刺絳、澤二州，其子黄公爲妣妃薦嚴作文立石，以表孝誠。《志》又云絳之道館。館有開元中所立石誌，謂荆人陳惟玉書。

《崇徽公主手痕碑》在靈石。僕固懷恩，唐功臣，叛入回鶻，没其家，入後宫。大曆四年，回紇請婚，封其女爲崇徽公主，下降可汗。

《魯公守平原書畫贊》，今其石刓剥，後世復摹刻以傳，不足貴也。

《遺教經》，永叔以爲唐寫經手。嘗得《佛戒經》，其碑與此經一體，知爲僧道秀所書。

《陰符經序》，柳誠懸書，至此極矣。

《平淮西碑》，文昌庸伍，安知爲文？氣質衰陋，無復經緯，雖組織求麗[一四]，而綱領失據。劉禹錫知名於時，嘗忌愈出其右，每務詆訾，且謂文昌此碑自成一家。其自快私意如此。

《黄陵廟碑》見《昌黎集》，沈傳師所書，難得。

《同光四年宣》，注云："中書謂之草，樞密院謂之底，三司謂之宣。"按：此篇記當時制度甚詳。

江左書兩等紙，澄心堂所作，穀皮細鈔。其上本入中隱堂，備親覽者，爲御府書；其下入文館，以廣圖籍。書有楷法，而字頗校讎。

文光案：是書尊敦之屬，考證最詳，可作《禮記》之注，勝讀《三禮圖》遠矣。又案：是書有《瘞鶴銘》全文，序六十二字，銘九十字。跋曰："昔刁景純就金山經庋中得唐人於經後書《瘞鶴文》，以校興宗、子厚，其字錯雜，失序多矣。今并列之，來者可以考矣。"又案：張子厚所記，序六十五字，銘五十二字，互有異同。全文有"宜直示之者，惟將進寧"二句，董云不可究。或云《茅山碑》前一行真白自書，與今銘甚異，則不得爲陶隱居所書。然華陽真逸特其撰銘者，書者爲上皇山樵。四人各以其號自别，固不得識其姓名，疑皆隱君子也。

《廣川畫跋》六卷

宋董逌撰

抄本。是書前無序、目，後有跋。

孫氏跋曰："萬曆甲寅端午日，假得瞿氏惜庵藏本，校讎一過，亦十得其三四矣。此本字雖醜惡，比之他本差勝。孫胤迦書。"

楊氏跋曰："五川精舍藏有《廣川書跋》，而無《畫跋》。嘉靖丙午，過廣陵，在葛東之家借得之，八月朔録成，俟校正後重謄出善本。後四日五川居士燈下記。"

孫氏又跋曰："廣川董逌，書畫中董狐也，其辨博精雅，直與黄伯思比肩。宣和時，道君好古，廣川從游秘殿，賞鑒批勘，殆無留恨。此卷爲楊五川先生藏本。家篋先有書跋數卷，異日尚欲覓善寫者録作一函。萬曆己酉孟冬宓生胤迦記。"

葉林宗有吴匏庵藏本，甚善，較此又多二則，其餘亦互有得失。兵燹中，惜未得一訂也。己酉夏日岷自誌。

祕閣藏《封禪圖》、《武皇望仙圖》、《東丹王》、《千角鹿》。

李贊華畫鹿，角直而歧出，故《畫録》號"千角鹿"，其實則角上而横出者衆也。《雜俎》云："邪希有鹿，兩頭而角且千。"《華陽志》："雲南郡有神鹿，一身兩頭而角衆列。"合浦有鹿，角一枝四條，直上各丈。一角者爲天鹿，兩角者爲辟邪。道書有五頭鹿，其角且十。皆古之異鹿也。注曰：阿保機取扶餘一城爲東丹國。其長子突欲奔唐，賜姓李，更其名曰贊華。

廬山歸宗寺刻吴道玄畫《地獄變相》。相傳吴生畫時，京師屠酤、漁罟之輩見者皆懼罪改業。張孝師在唐以畫知名，鬼神、地獄可入能品。

《書以妾换馬圖後》曰：“魏人曹彰道逢驄馬，愛之，謂其主人曰：‘余有美妾可换，惟君所選。’馬主指其一，彰遂與之。此圖豈得於是而爲之也哉？”

摹本《地獄大圖》蹙爲小本。

《書馬嵬圖》：“予在蜀時，見《青城山録》，記當時事甚詳。上皇召廣漢陳什邡求神於冥漠，三日不得。後於蓬萊南宫西廡有上元玉女張太真，謂曰：‘我太上侍女，隸上元宫。而帝乃太陽朱宫真人，世念頗重。上降理於人世，我謫人世爲侍衛耳。’因取玉龜爲信。鴻所書乃言臨邛道士，又不著其奏事，豈有避而不敢盡哉？”

李子西《兵車圖》稽於成器，蓋不妄作，考古者可於此求其制焉。

《九主圖》本伊尹事，世失其傳。或書以漢九君者，誤也。昔伊尹干湯以素王及九王之事，考其説，是亦以人主九事要其君爾，非有名號也。

《上王會圖叙録》：“祕閣《王會圖》二十四幅，亡者十二，蓋《王者元日受朝圖》也。謹整比補罅，完其圖像，叙見本略，條列上之。崇寧五年七月五日。”

世言猩猩取其血以染朱罽，獵者撲擊，使自道升斗，皆如其數。杜祁公謂遍問胡商，無此事。《廣志》云：“猩猩唯聞其啼，不聞其言。”此説不可謂謬。至謂交阯貢能言鳥，反以猩猩供庖膳，尤不足信，當俟知者。《山海經》謂猩猩能知人名。《萬畢術》謂“歸終知來，猩猩知往”。不敢謂諸説皆非也。武昌爲今之雲南，武平即今安南，猩猩所出也。嘗有親至其處而知其異於古之説者，人猶反覆參問。此蓋信於耳而不信於目，豈可與論理哉！

《擊壤圖》，老人衆列衢道，執土凷而歌之。古傳曰“土無凷曰〔一五〕壤”，豈有凷而名壤哉？《藝經》謂擊壤古戲，自當不論樂節，盡人得爲之，興於頌聲，以見治平，則畫者宜知也。壤之制以木〔一六〕，前廣後鋭，長尺三四寸，其形如履。臘節僮少爲戲。今學士、大夫不識古制，豈可責畫耶？

祕閣所藏《五星二十八宿真形圖》，唐閻立本畫。五星獨有金、火，土，二十八宿存者十三，餘皆亡矣。

《武皇望仙圖》，舊傳漢武帝會西王母也。余以畫考，殆唐武宗《仙樂圖》也。聞之前史，武皇初鋭精政理，誅叛討逆。四方大定，怠於政事，幸教坊，撰《孝武宴瑶池曲》，又奏《霓裳羽衣曲》，故趙歸真得以左道縈惑上聽，即此圖是也。

衣冠偉男子拜空中乘車女，號曰《七夕圖》。郭子儀初從軍沙塞，至銀川，見左右皆赤光，仰視空中，見輜軿車自天而下。子儀觀曰：“今七月七日，必是織女降臨，願賜壽貴。”神笑曰：“大富貴，亦壽考。”冉冉升天而去。疑此是也。

將作丞周潛出圖示余曰：“此蕭翼取《蘭亭序》者也。”余考之，乃陸羽《點茶圖》。

《勘書圖》，舊傳顧虎頭，而《畫録》不具。虎頭筆墨今不可見，雖其有録可求者，亦莫察其真僞。而《畫録》出自後人采綴，又未必能盡當時所見，世人何必信耳不信目，以自蔽哉？然畫手簡古，筆墨圓成，至與塑工争勝，非畫入三昧，不能造此地。

《書送窮圖》：“卷圖謝客，愛欲不留。無所送迎，得本分處。不作是念，有窮富相耶？”

《秦王進餅圖》，王商作。《進餅圖》，世疑其説。余考《吴均集》，義熙中劉裕取長安，故太官丞程季公説餅。其曰秦王者，姚興也。興三世竊有關中，國號大秦，宜其况之以此。

《畫録》謂戴嵩畫牛與牧童，點睛圓明，對照見形容着目中，至飲流赴水，則浮景見牛，唇鼻相連。余見嵩畫至多，求其如《畫録》所説無有也。嵩畫牛不過妙於形似，非有他異。至於鼻上故作潤澤，他畫者思之，不得其術。然此亦非嵩之絶藝，韓滉受其法。

《唐記》："千秋節，令馬舞於勤政樓下。"余聞"大樂之野，夏后啓於此舞九代馬"。宋膺《異物志》："大宛馬，或有解人語及知音，舞與鼓節相應。"宋大明五年，吐谷渾〔一七〕拾寅獻舞馬。則馬舞應樂，自古有之。

余見徐崇嗣《没骨花圖》，則草芍藥也。徐畫花不一，皆不名没骨花。唐鄭虔《本草》："芍藥，一名没骨花。"

王波利，唐人。而書者言漢武帝，誤也。

文光案：《畫跋》多所考證。惟歷元逮明，皆抄本，誤字最多。

校勘記

〔一〕"出"，據《古畫品録》補。

〔二〕"元嘉"，漢哀帝年號無"元嘉"，衹有建平、元壽。

〔三〕"世"，原作"老"，據《宣和畫譜》改。

〔四〕"語"，原作"論"，據同上書改。

〔五〕"名"，原作"明"，據《圖畫見聞志》改。

〔六〕"本"，據《畫史》補。

〔七〕"仲"，據《寶章待訪録》補。

〔八〕"争"，據《寶章待訪録》補。

〔九〕"是"，原作"時"，據《宣和書譜》改。

萬卷精華樓藏書記卷八十七

子部八

藝術類二

《畫繼》十卷

宋鄧椿撰

汲古閣本。前有自序，次目録。第一，聖藝；第二，侯王、貴戚；第三，軒冕、才賢；第四，縉紳、韋布；第五，道人、衲子、世胄、婦女，附宦者；第六，仙佛、鬼神、人物傳寫、山水、林石、花竹、翎毛；第七，畜獸、蟲魚、屋木、舟車、蔬果、藥草、小景、雜畫；第八，銘心絶品；第九，雜論遠；第十，雜論近。末有毛晉跋。

鄧氏自序曰："張彦遠著《名畫記》，郭若虚作《見聞誌》。二書既出，他書爲贅矣。予自少歸蜀，見故家名勝避難於蜀者十五六。古軸舊圖，不期而聚，而又先世所藏，殊尤絶異之品，猶得披尋，故心目所寄，出於精深。每念熙寧而後，游心兹藝者甚衆，迨今九十四春秋矣，無復好事者爲之紀述。於是稽之方册，益以見聞，參諸自得，自若虚所止之年，逮乾道之三祼〔一〕，上而王侯，下而工技，凡二百一十九人，或在或亡，悉數畢見。又列所見人家奇迹，愛而不能忘者，爲銘心絶品；及凡繪事可傳可載者，裒成此書，分爲十卷。若虚雖不加品第，而其論氣韻生動，以爲非師可傳，多是軒冕才賢、巖穴上士高雅之情之所寄也。人品既已高矣，生動不得不至。不爾，雖竭巧思，止同衆工之事。或謂若虚之論爲太過，吾不信也。故今於類特立軒冕、巖穴二門，以寓微意焉。鑒裁明當者，須一肯首。”

畫者，文之極也。彦遠次歷代畫人，冠裳大半。唐則少陵題詠，曲盡形容；昌黎作記，不遺毫髮。本朝文忠歐公、三蘇父子、兩晁兄弟，山谷後宛丘、淮海、月巖以至漫仕、龍眠，或品評精高，或揮染超拔，然則畫者豈獨藝之云乎？

予嘗取唐、宋兩朝名臣文集，凡圖畫紀詠，考究無遺，於羣公略能察其鑒别。獨山谷最爲精嚴；元章心眼高妙，而立論有過中處；少陵、東坡雖注意不專，而天機本高，一語之確，有不期合而自合者。

郭若虚所載，往往遺略。

雪景多俗，營丘《雪圖》最奇。

李營丘，多才足學之士也。少有大志，累舉不第，故放意於畫。宣和御府李成，大、小山水無數。

畫之六法，唐吴道子、本朝李伯時能兼之。

畫之逸格，至孫位極矣。

勾處士，不記其名。在宣和間鑒賞第一，眷寵甚厚，謝官不爲。

《畫繼》十卷

宋鄧椿撰

明本。此仿宋刻也。每葉二十二行，每行二十字。前有自序并目録。一卷至五卷，以人分類；六卷、七卷以畫分類；八卷爲所見名蹟，擇其尤者記之，凡一百四十五圖，兼記所藏之家；九、十卷，皆論畫之語。

鄧氏自序曰："余作此録，獨推高、雅二門，餘則不苦立褒貶，蓋見者方可下語。郭若虛徒因所聞，妄意比方，豈爲人所誤耶?"

郭若虛《圖畫見聞志》，往往遺略。

中原多惠之塑山水壁。郭熙見之，又出新意，遂令圬者不用泥掌，止以手槍泥於壁，或凹或凸，俱所不問。乾則以墨隨其形迹暈〔二〕成峰巒林壑，加之樓閣、人物之屬，宛然天成，謂之影壁。其後作者甚盛，此宋復古、張素敗壁之餘意也。

勾處士，不記其名，宣和間鑒賞第一，眷寵甚厚。凡四方所進，必令定品。

畫院界作最工，專尚新意。

《書苑菁華》二十卷

宋陳思撰

汪氏本。前有汪汝瑮恭紀。

是書纂自漢至唐諸法書家之論列，旁及六書之撰述，凡書法、書勢以迨詩文、雜著，分三十二類，採録百七十餘篇。舊刻久佚，惟見傳鈔。癸巳之歲，奉詔恭進遺書二百餘種，是編在其列。仰蒙親灑宸翰，仍畀珍藏，敬摹御題并書，付梓以廣流傳。惟是編傳寫多訛，謹據諸書所引用稍加釐正，其有義可兩存及疑而未析者，并附識條下以備參考。乾隆四十九年，歲次甲辰，中春之吉，大理寺寺丞職銜臣汪汝瑮恭紀。

古以書爲名，如《周官》"掌達書名於四方"，《儀禮〔三〕》"百名書於策"，則今所謂字也。是故欲知學者，必先識字，不識字則無以名物。雖張顛草聖、阿買八分，猶爲不識字也。臨安粥書人陳思乃能集漢、魏以後論書者爲一編，曰《書苑菁華》，豈不可尚？雖然，是猶後世誇工鬥妍，非吾所謂識字者。君好學者，又於此溯流尋源，以及於秦、漢，而上求古人所以名之意，則讀書爲文也其庶乎！鶴山翁題。

《古今文字志目》，張彦遠云未見此書，唯見其目，今具録目。上卷，古書三十六種；中卷，秦、漢、吴，五十九人；下卷，魏、晉，五十八人。古文篆、大篆、象形篆、科斗篆、小篆、刻符篆、摹篆、蟲篆、隸書、署書、殳書、繆書、鳥書、尚方大篆、鳳書、魚書、龍書、麒麟書、龜書、蛇書、仙人書、雲書、芝英書、金錯書、十二時書、懸鍼書、垂露篆、倒薤書、偃波書、蚊〔四〕脚書、草書、行書、楷書、藁書、填書、飛白書。汝瑮案：《圖書集成》標題作三十六種，目中無蟲篆、懸鍼書二種，至古文篆分析爲二，祇共三十五種。

秦丞相李斯變蒼頡籀文爲玉筯〔五〕篆體，當時議書者皆輸伏之，拔乎成一家法式。

《書録》三卷　《外篇》一卷

宋董史撰

《知不足齋》本。前有淳祐壬寅自序，序後有自記。是書原名《皇宋書録》，所記皆宋朝能書之人。上卷爲御書，中、下卷爲臣士書，末爲能書僧，《外篇》爲女史，所載悉有依據。第取善書，不復詮次人品。自記云“編類非一日，採摭非一書”，其成書固不易也。

鮑氏跋曰：“右《皇宋書録》三篇，錢塘郁君佩光鈔自小山趙氏以貽余者。原本有‘至正丁未三月十四日録辨’一行，知在元時刻本，已難得矣。上篇脱二十四行，中篇脱十六行，序文亦殘缺不完。篇首署名‘董史’，不繫里居。詳閲下篇，所列多西江人，於杜良臣下復綴以小跋，云‘竊比《華陽國志》之例，寠儒、貧女莫不咸具，故處鄉郡，耳目所接，不敢偶遺’，始知西江乃其鄉國而尚未悉何郡也。又後序稱‘閒中老叟董更良史’，頗疑‘更良’爲字，而‘史’其名也。及觀他書目，亦有‘董更’著録者，久未能明。近檢《江村銷夏録》，載適適堂董氏舊藏《擣練詩話》，中有“閒中叟”一詩，及‘洪董史良史收藏印記’，於是知其隸籍洪都，而序中‘更’字爲‘史’字轉寫之訛無疑矣。以未得他本印證，不敢遽改。其他謬誤，略正其可者，餘仍舊貫。開卷首書藝祖皇帝，繫以建隆御書矣；次條復大書太祖皇帝，繫以‘天下一統’字：疊床架屋，未知其旨安在。或云是必鈔胥之失，然亦不當謬戾若此，殆有不可致詰者矣。”

祕閣刻祖宗御書十卷，太宗書倍於累朝，自一卷至六卷。草聖一卷，刻於《絳臺法帖》。有至道御書十二卷，刻於清江學宮。皆筆法精妙，掩迹二王。　御書帖刻仁宗飛白字爲多。　史惟飛白之書，晉、宋以來已無傳迹，蓋羲、獻以爲難者。至我朝仁宗皇帝，不學而能，使後人復見一家之體。此殆天授古法以續既絶，豈不盛哉！

高宗皇帝御書《車攻》詩。上曰：“學書者，惟視筆法精神。朕得《洛神賦》墨蹟六行，置之几間，日閲十數過，覺於書有所得，近已寫《尚書》終篇。學字若使寫經，不惟字進，而經亦熟。”又曰：“學書必以鍾、王爲法，然後出入變化，自成一家。”上所寫六經與《論語》、《孟子》之書畢，秦檜因請刊石於國子監，仍頒墨本賜諸路州學，詔可。刻於石者，有《翰墨志》一卷、《真草孝經》一卷、《御臨歷代帝王名臣法帖》十卷、《草書千文》一卷、《真書小楷千文[六]》數本。賜州學六經刊石，各州往往建閣儲藏。臣庶之家，亦或寶藏拓本。御臨雜書，每有真蹟流傳於世，世人寶之，以比古帖。

吴越王錢俶有《詩帖》一紙，刻石於《絳臺法帖》卷末。

《皇朝類苑》云：“李居簡善草書，太宗甚愛之。”

《皇朝類苑》云："太宗留心筆札，首得蜀人王著，召爲御書院祇候，遷翰林侍書。善草書，隸獨步一時。永師《千文》缺數百字，著補之，世亦寶重。東岳廟立碑，命著書。著辭官卑，即日遷轉。著善大書，其筆甚大，全用勁毫，號'散卓筆'。太宗嘗令對御書字，極於遒勁，上稱善。""王著爲翰林侍書，不加'學士'之名。有稱翰林學士王著，自别一人。"

《類苑》云："張維者，蜀人。始爲沙門，後反初。尤善王書，絶得懷素之骨，世鮮能及之。書《鄭州開元寺新塔碑》，真一時之絶也。"

六一跋《説文字源》云："郭忠恕及事皇朝，世人但知其小篆，而不知其楷法尤精。字書忽廢，幾於中絶。今求其如忠恕小楷，不可得也。"

江南李後主善書，嘗鄙顔書曰："真卿之書有楷法，而無佳處，正如叉手并脚田舍漢耳。"

山谷云："荆公書法奇古，似晉、宋間人筆墨。"又云："荆公學王濛書。"

張文靖公云："君謨碑板照四裔，而尺牘尤遒媚可愛。有《法帖》五卷，合《牡丹記》、《荔枝譜》、《茶録》、《有美堂記》、《清暑堂記》，刻於興化。蔡氏最爲精好。蔡氏，君謨後也。學宫刻《晝錦堂記》，相州元刻云'書丹'。而此本聞諸老先生云，以墨蹟撫於石廬山。"

《竹譜詳録》七卷

元李衎撰

《知不足齋》本。前有延祐己未天台柯謙序、大德丁未牟應龍序、大德三年自序，末有鮑廷博跋。

柯氏序曰："集賢大學士息齋李公，産竹之鄉，足迹所徧歷，於其族類靡不識者。於是既精於墨戲，復詳於紀述，而畫與譜兩得之。此君之族，可謂千載一遇矣。”

牟氏序曰:“李侯喜爲墨竹,盡得文湖州不傳之祕。嘗爲一書，論墨竹之法與病。凡竹之異俗殊名、奇形詭狀,莫不譜其所自出。古今詩文有一語及竹者,亦皆摭摭無遺,其好之可謂篤矣。”

李氏自序曰：“自謂於竹粗有知，由古逮今，博載事辭，積累成編，雅俗兼資。爲此君執南董之筆，或有考於斯。”

是書之目，曰畫竹譜，曰墨竹譜，曰竹態譜，曰墨竹態譜，曰竹品譜。一、全德品，二、異形品上、下，三、異色品，四、神異品，五、似是而非竹品，六、有名而非竹品。凡竹之名三百七十九，可謂詳矣。

鮑氏跋曰：“是《録》刻於大德、延祐間，歷年既久，舊刊不復可見矣。即摹寫之本，亦稀如星鳳，以圖畫爲難耳。幸《永樂大典》曾經收録，《四庫全書》因著録焉。博屢擬敬詣文瀾閣就鈔，以無能任繪事者，因循中輟，然未嘗一日去諸懷也。嘉慶甲子，始於故家得明成化間繕本。此君風節宛然，法則具備，爲之快慰。惜紙已麋爛，不宜展閲。富君秋鶴見之嗟息，亟爲余摹寫一帙，置之案頭，日供清玩。又爲縮本，俾刻入叢書，永爲游藝家一助，可謂息齋功臣矣。舊鈔缺久竹一圖并自序一篇，謹從閣本補全。而柯謙、牟應龍序則又閣本所佚也。秋鶴，華亭人，名廉，字谷香，石門方蘭如熏入室弟子也。畫能盡其師傳，臨摹古人，尤不爽毫髮，於此見一斑云。”

予昔見人畫竹，旋覺不類。後得澹游先生所畫，迥然不同，遂願學焉。澹游本學於乃翁黄花老人，老人學文湖州。

《圖繪寶鑑》六卷

元夏文彦撰

元本。此本五卷，自三國至元。第六卷，明正德己卯苗氏增刊，明韓昂補。前有滕霄序、楊維楨序、自序。續補一葉，五代一人，宋五人，金一人。後有僧宗林跋。汲古閣重刻苗氏本，前有楊序，後韓跋，宗跋同苗本。新安程鵠重訂袖珍本，第六卷補明朝一百五人，第七、八卷國朝人，藍瑛補。毛本最佳。苗本板甚工，不免訛字。今所行者爲借緑草堂本，删節不全。草堂大、小二本。王弇州誤以是書爲陶南村作，《西河集》辨之。蓋夏士良介南村乞楊爲序，弇州不深考，遂致誤也。

《書史會要》九卷　《補遺》二卷

明陶宗儀撰

明本。張氏、林氏合資鋟梓，板極古雅。每葉二十二行，行二十字。内有缺葉。首洪武丙辰陶宗儀自序；次引書目，凡一百一十種；次《書要》目録。自三皇至遼、金、外域，凡八卷。書法一卷。《補遺》亦陶氏所著。末附《南村先生傳》，江陰孫作撰。四明鄭真後序。

陶氏自序曰："諸書所記善書姓名，捃摭殆遍，因以朝代分輯，而系六書諸例於後。

外域有天〔七〕竺、回回諸字母。

元仁宗嘗取管夫人書合魏公及子雍書，裝爲卷軸，識以御寶，藏之秘書監，曰："使後世知我朝一家夫婦父子皆善書也。"

"永"字八法，八畫皆開，與諸本異。

鄭氏後序曰："天台陶九成著《書史會要》，凡聖賢、帝王、公侯、卿相及名士大夫以書法傳世者，輯爲小傳，審其端緒，究其指歸。而其姓氏名號之詳，里居官爵之異，暨夫律身行己之是非得失、善惡成敗，皆得以附見焉。吾鄉袁裒德平嘗著《書學纂要》，未若此書之紀實也。"

何氏曰："米書，紹興内府所刻十卷之外，惟《羣玉堂帖》中一卷最精。曹氏《寶晉帖》不逮也。”録於《義門集》。

《寓意編》一卷

明都穆撰

湫六軒本。邵氏校刊。是書記所見書畫名蹟。都氏《鐵網珊瑚》第五、第六爲《寓意》上、下，但其本不足據。此作一卷，與陳氏《祕笈》不同。

《筆陣圖》語多淺俗，似唐人僞作，非右軍所著。

《珊瑚木難》八卷

明朱存理撰

鈔本。此本有目録，無序跋，亦不題作者名氏，所録亦無時代之次，蓋《鐵網》之初稿也。書畫非名蹟不録，間有題跋記其年月，或記得於某處詩文。詩文有録於集中者，多世所罕見之作，而抉擇甚精，非漫爲抄録者。末附文衡山詩二首、莪齋記一則："是書世罕傳本，余得之吾邑楊氏，久欲板行，而抄本訛謬，無從是正。存理字性甫，長洲人，有《野航漁歌》、《鶴岑集》。此先君子所購得書也。戊辰夏，先君抱疴睦郡，不肖廣趨侍湯藥。偶於架上見此書，詢之左右，知平頭乍從吴門賫至。時先君方病，未之省也。廣恐溷失，因納之奚囊，俟病小間輒奉以進。先君摩挲披覽，若忘倦者。每閱過，命廣收藏惟謹。先君生平好異書，不憚多方購求，即是書往來胸中，殆不知幾閱寒暑。今始割俸易置，雖僅一見，然猶得把玩，生前先父之志庶其無憾與！野航朱先生固有《鐵網珊瑚》手抄巨帙，先君獲自昔年，向爲張少宰侗初、姚贊善現聞兩先生借觀，尚未請歸。而此書則近得之百穀王徵君家，蓋即《鐵網珊瑚》初易稿也。别以《木難》，小異同耳。自朱先生没而書歸文太史衡山先生，其仲子和州公復以授王徵君。百餘年來非其人不傳，似有神物護之。今又由先司理以及小子廣，敢不思所以毋辱是書者乎？手澤猶存，不忍云讀，惟珍藏是凛，知弓垂矢永爲世寳而已。崇禎紀元九月十七日，王廣書於莪齋。”

二律，文衡山先生詩也。野航録至“三彭漫”止，或者有事阻而弗獲全書也。予坐澹棲，偶翻衡山帖，竟爲野航續完，亦是一段勝事。時崇禎辛巳正月十八日，墨痴道人顧渚識。是本附衡山詩二首，一爲《丁巳除夕》，一爲《戊午元旦》。“三彭漫守庚申夜，萬事重迎戊午春”，《除夕》第二聯。墨痴道人工詞翰，多藏古帖，以嗜墨别字墨痴。第二卷有《墨痴道人小傳》、題墨痴詩。己卯嘉平月光記。朱氏曰：“存理自少至老，未嘗一日忘學問。人有異書，必從訪求，以必得爲志。所纂集凡數百卷，既老不厭。坐貧無以自資，其書旋亦散去。”録於《静志居詩話》。

元季明初，中吴南園何氏、笠澤虞氏、廬山陳氏，書籍、金石之富，甲於海内。繼其後者，存理其尤也。録於《江南通志》。

文光案：是書所載詩文，多所未見，且選其尤雅者登之。如第一卷《秀野軒後跋》云“右卷中詩文共四十四人，皆名筆也。内有九詩，文詞凡近，故不復録”云云，可知其别擇之精矣。凡書，古本宜録，以防散佚；如《古經解鈎沉》、《御覽》等書，多存古書。祕本宜録，以廣見聞。如此書。或習見之書而板本迥别，宜考其異同；如《周易本義》，九江吴刻大字本與今本異。遘，遇也，不作“姤”。或近代之作而梓刻無聞，宜傳其大略。如《湖海文傳》所載《十學薪傳序》，其書無聞。昔常道將於華陽人物惟恐失墜，今卞令之於書畫題跋備載無遺，亦可爲著書者開一法門。然簡而寡要，罫漏遺譏；繁而失體，荒蕪可厭。此又不可不知也。因録是書，發凡於此。

《鐵網珊瑚》十六卷

明朱存理撰

海虞趙氏本。雍正六年年希堯校刊。前有目録。分《書品》

十卷、《畫品》六卷。《書品》自石鼓文起，至黄氏《菊山卷》止。《畫品》自閻立本《畫洪崖仙》起，至王安道《華山圖》止。畫品前有趙琦美、年希堯二跋。

《鐵鋼珊瑚》，《書品》原四卷，畫品亦四卷，吾海虞秦西陽四麟所藏也。其伯子小西君有田在東門之外，予有池與之鄰，其價可數金，小西靳以此書暨舊板《太上感應篇》易去。事在丁酉之年。越十三年，予官留臺，借焦弱侯先生本校之，且卷帙多於予所藏本。爲增《書品》六卷，合十卷；《畫品》二卷，合六卷，總得一十六卷。其先後次序，予輒爲隲定焉。秦本雖有其書，而無作書人名。向西陽亦曾有浮帖跋語一段，著作書者姓名。此帖侍御劉公九畹借録失去，其作書人名遂忘之。影響間，非朱存理氏也。且云所録八卷中語，大都是丹陽孫氏藏者，而焦本所多者，意朱存理氏别有所睹而增入之，未可知也。予所見真蹟雖少，然亦寸累以續於後，庶幾古人遺翰或存萬一云。時萬曆二十八年閏三月初十日，雨中書於清溪一曲官舍中，海虞清常道人趙琦美識。

文光案：是跋多囈語。既云失去人名，遂忘之，何以知其非朱存理氏也？又云大都是丹陽孫氏藏者，是書本出於手抄，并非朱所自撰，借抄孫氏書有何不可？況原木〔八〕篇後每題借於何處。如《聽雨樓》後野航自題曰："此卷石田家藏。石田携至，得借録之。"又《方寸鐵》題曰："成化乙巳夏五月八日，借崑山黄應龍抄本，録於小樓。朱性甫識。"如此者，不可枚舉。今本朱氏題識悉爲刪削，遂不知爲何人所藏。其所云孫氏者，亦臆度之言，并不能舉其何篇。跋又云"焦本所多，意存理氏增入"。凡增入者，數條而已，豈有積至數十篇，已成巨帙，尚可謂之增入乎？考《珊瑚木難》第一卷之《聽雨樓》、《秀野軒》，第二卷之《破窗風雨》、《豆腐三德贊》、《方寸鐵》、《水村圖》，第三卷之《米元暉畫卷》、

《大姚山圖》、《宋陳亞之詩》、《宋人墨蹟》、《顔魯公帖》、《懷素真迹》、《歐陽文忠公真迹目》、《褚摹禊帖》、《唐長史春草帖》、《湖山烟雨圖》，第四卷之《植芳堂記》、《趙子固梅竹詩》，第五卷之《十七帖》，第六卷之《雲林畫竹梅香石》、《錢舜舉畫卷》、《雲林竹》、《龔聖予人馬》，第七卷之《倪夫人墓誌》，第八卷之《嘯堂集古録》，與此書所録體例相同，字句無異，其餘未暇悉數。證以莪齋所記、愚山所云，是書爲朱存理所編無疑。惟刻是書者未見《珊瑚木難》，觀《珊瑚木難》者又未暇與是書對勘，别有贋本《鐵網珊瑚》相混，遂成疑竇。題曰“朱存理原本，趙琦美續補”，庶爲允當。又《珊瑚木難》八卷，多至三百三十事。是書十六卷，僅一百十五事，未若《木難》之富。若合兩書爲一本，更爲賅備。但清常所見，未若野航之博，其鑒别未必如野航之精，雖面目相同，内含優劣，讀書者宜知此。又《木難》無次序，極難檢尋。是書以時代爲先後，清常所云“予爲隲定”是也。又《木難》互相傳抄，舛訛實甚。此本爲年氏所刊，頗爲清整，可證《木難》誤字，亦善本也。清常所增，散入各卷。又趙跋云“秦本無作書人名”，今《珊瑚木難》本亦不署名，如出一手。跋又云“焦本所多者，朱氏增入”，是焦本署名。

《米元暉畫卷》。“元暉戲作”，“米氏”二字小印，“瑞文圖書”，“簃玉池”。

朱氏跋曰：“此卷乃小米真迹，青緑山水，佳絹所作。有‘元暉戲作’四字，‘米氏’二字小印，又有收藏‘瑞文圖書[九]’印。此跋語另一紙，雖元暉之作，乃贋書也。予往年於古董亂紙中見一帖，即此跋，卻真迹也。今不知何在。此爲吾車坊郭氏之物，屢嘗見之，今已爲郡侯李公所得矣。偶於表褙[一〇]湯生處見而[一一]録此跋。丙午二月八日，書於小樓中。”録於《木難》第三卷。朱氏佳處在跋，録此可見一斑。

〔一〇〕“云”，據同上書補。

〔一一〕“留”，原作“邕”，據《廣川書跋》改。

〔一二〕“今”後原衍一“閣”字，據同上書删。

〔一三〕“李庠舊得”，據同上書補。

〔一四〕“麗”，原作“工”，據同上書改。

〔一五〕“甾曰”，原作“曰甲”，據同上書改并乙正。

〔一六〕“木”，原作“本”，據同上書改。

〔一七〕“吐谷渾”，原作“吐渾谷”，據《宋書》乙正。

文光案：此本《畫品》第一亦載《米元暉畫卷》，題下無“米氏小印”等字，祗載米元暉二跋，朱跋悉爲删去。吾意削朱跋者即清常趙氏。自揣篇篇題識，必不能如朱氏之精；朱有跋，己無跋，又不免有一偏之重。删其題跋，使歸一録，於著書體例未嘗不合。但朱跋既可删去，米跋存之何爲？未免失著書之旨。野航專功鑒别，必不肯自削題識，同抄撮掇合者流，當亦明眼人所共知。觀趙氏跋語，既欲淹朱氏之名，曰非朱；又不能滅朱氏之迹，曰朱氏增入。吞吐間有一朱氏，吾亦於影響間窺其削盡朱跋。然朱氏之所異在有跋，趙氏之所喜在無跋，即以此爲趙氏書可也。

世復有一本止十四卷者，傳爲朱性甫原編。此自是萬曆間趙清常訂本，轉相鈔録，襲訛承舛〔一二〕，雖付諸梓，博雅者尚考而正諸，是所望也已。雍正六年七月既望，偶齋年希堯跋。

盧氏曰：“世所傳《鐵網珊瑚》，亦云出自元敬。近年以來有爲之板行者，舛訛顛錯，至不可讀。於所集趙希鵠、何良俊、盛世泰諸人之書，復一概抹摋而以爲都所自著。余所見雕本之書，無有若此之荒唐者。”録於《金薤琳琅》，此盧序中語。

文光案：召弓先生所云《鐵網珊瑚》另是一本，余家向有此書，體例與此本迥别，卷帙較此亦少，僞題曰“都穆著”。因其坊刻不佳，又出庸手，遂棄之，今不復藏。誠恐魚目混珠，故記於此，使讀者知所别擇。

又案：《珊瑚木難》乃野航鑒别書畫，取其極真極佳者，手自繕寫，親爲題識。與《鐵網》名雖小異，實互相出入。今《鐵網》既删其跋，不如觀《珊瑚木難》，足以廣識。

楊君謙云：“性甫居吴葑門，左圖右書，一吟一詠。” 何元朗云：“野航，葑門老儒，在荻扁王氏教書。與主人晚酌，適月上，得句云：‘萬事不如杯在手，一年幾見月當頭。’” 錢受之云:“性甫手録前輩詩文，積百餘。他所纂集，若《鐵網珊瑚》、《野航漫録》、《經子鉤玄》、《名物寓言》、《吴郡獻徵録》、《鶴岑隨筆》，又數百卷。卒於正德間，年七十，集不傳。”録於《明詩綜》。

光家藏《春秋詞命》三卷，《史記鉤玄》四卷，《晉書鉤玄》二卷，不著名氏。明本，趙州學正蘇民懷寫。或即野航之本傳抄付梓，未可知也，俟再考。《經子鉤玄》見朱《考》。

晉陵錢公守常山之明年，出所輯《晉書鉤玄》梓之。序。錫山錢公出一編示余曰:“此《史記鉤玄》也。”作序者稱茅鹿門爲舅，不知誰氏。案:朱在前，錢在後，錢取朱本，亦未可知。朱書多不署名。苦無師傅，自搜門徑，每得一書，好細推究。題曰“書目”，動輒盈篇，非志非考，不規不矩。自知延蔓，積習難除。性不能記，過即忘之。偶自思忖，似愈束書，灑之、濡之、塗之、抹之。使吾子孫，繩繩繼之，譬若書蠹，如是而已。

《敏求記》:“朱存理《鐵網珊瑚》十四卷，採集唐、宋、元名人書畫跋語，分《雜識》五卷、《名畫》五卷、《法書》四卷，其留心蒐討，真不遺余力矣。余舊藏子昂《重江疊嶂圖》，經營慘淡，虞伯生、柳道傳歎其絶佳。間考卷中諸跋，咸載於此集。其卷後爲有力者攖去，至往來余心，未能忘也。近購得所南《老子推篷竹卷》、徐禹功《仿楊補之梅花卷》，吴瑩之、吴仲圭續畫兩梅於後，中間雜綴趙子固諸公題跋。又得張伯雨楷書《元史》等篇，及陸友仁八分書《世説》語數十則，共成一卷，乃清閟閣最所寶愛者。野航採此三卷俱録入《名畫》中，定爲上品，可見吴下名迹登此書者多矣。閑窗静坐，爐香郁然，覽兹墨妙，是正書中一二訛字，覺人世間榮名利養，罕有逾於此者。”

文光案:朱氏《鐵網珊瑚》十四卷，其本已佚，惟見於錢曾《讀書敏求記》。趙氏《鐵網珊瑚》十六卷，内題“吴郡朱存理集録”，實非朱氏原本。清常以爲海虞秦氏本，而亦非秦氏之舊，蓋轉相抄録，非出一手。而焦弱侯之本又不知何如也。年氏所刻頗爲清整，《畫品》“米元暉畫卷”内，“來”上空一字，考《珊瑚木難》，是一“從”字。疑者闕之，可見其刊板之不苟。然亦可知其未見《木難》也。都氏《鐵網珊瑚》二十卷，《四庫雜家類存目》。即盧召弓指爲荒唐者。此坊賈僞託之本，沈歸愚爲之序，以爲都氏後人所刊，不審之甚矣。又案:《木難》共三百三十七目，趙本《鐵網珊瑚》共二百十六目，是《木難》多於趙本者一百二十一目。今考趙本同於《木難》者，約三十余篇，惟無朱氏跋語。其中脱誤處，求之趙本，尚可正其一二；而趙本闕字，亦多無從是正。《木難》多元人之作，趙本多唐、宋人之作，皆名筆也。合二本共得五百餘通，而所見廣矣。二本所録題跋悉爲全文，親見原本，依次録之。李君實《六研齋筆記》所録題跋亦復如是。後有作者，可以此爲法式。

《書畫跋跋》三卷 《續》三卷

明孫鑛撰

居業堂本。前有乾隆己未杭世駿序、庚申任蘭枝序、編次校刊凡例十一條、目録。卷一墨蹟，卷二碑刻，卷三畫，續卷爲墨刻。末有順治癸丑毛先舒跋。卷内題“六世孫宗溥、宗濂編次”。王元美有《書畫跋尾》，附《四部稿》以傳。是書補其闕失，故曰“跋跋”。原本散佚，抄本錯訛極多。此本爲絳雲舊藏，得諸毛稚黄者，重加釐訂，板刻極工。其王氏原跋或全録，或節録，皆注於各題之下，眉目甚清，近稱難得。余家所藏凡二本，一白紙，一竹紙，一板所印。

《漢章帝千文》，字形大小與石刻《急就章》相似。“章草”

訛爲“章帝”，不知誤自何人，未必係王著妄署。

《太清樓帖》，不知何人所摹，或蔡京，或劉燾，難以臆斷。然卻有筆意，絶勝〔一三〕閣帖。大抵徽宗於書學深，其勾當諸人皆勝王著也。

《絳帖》骨法清勁，足正王著肉勝之失。然潘未見真蹟，衹從閣帖上摹出，安得反勝原帖？正如寫像者不見本人，但從遺像中體出，即使神采動人，去真愈遠。凡字加瘦則多韻，加肥則饒姿，俱非本色。并醜拙意鈎出，斯得其神者也。予曾見真《絳帖》，固不甚佳。

《東書堂帖》，鈎法未工，故骨不勝肉，石理亦粗。

《汝帖》有一二可觀者，但不無作僞意，拓手甚拙。

《寶賢堂帖》似摹《太清樓》，然不及遠甚。蘇、黄、米諸帖稍可觀，想係真蹟上摹出。

章簡甫乃邇來刻石第一手，尤精於摹拓。爲華東沙刻《真賞齋帖》，既填朱登石，更取原帖置前，玩取形勢，刻成再校，毫髮不似，必爲正之。蓋刻石而又兼手臨者，以故備得筆意。内惟《季直表》未逼真。若《袁生》及《唐摹王相家帖》，筆勢飛動，止下唐刻一等，《淳化》、《太清》皆不及也。此石已毁。其佳本有朱色“華夏私印”在首幅，吴中多有之。

《蘭亭》刻雖多，大略不甚相遠。惟褚臨本字稍大稍縱，然款段猶同。惟此賜潘貴妃本别一規格，若出己意，不求甚似者。

東書堂摹手未工，《楔圖》無别本，賴此尚存。

《聖教序》乃行世法書第一石刻也。右軍真蹟存世者少，有亦傳疑。又寥寥數字，展玩不飽，惟賴此碑稍存筆意。緣彼時右軍名蹟甚多，又摹手、刻手皆一時絶技，筆〔一四〕鋒宛然，與手寫者無異。以此想右軍筆法，真是得心應手，超妙入神，果宋拓精本，真乃無上至寶。今世存者尚多，關中石得精手拓之，猶在閣帖上。

第筆法險峻，無門户可入，若求之形似更遠。

《醴泉銘》整潤多姿，惟太用意。　《虞恭公碑》具八面之妙，惜殘缺太多。　《化度寺碑》宋拓有五百餘字，絶不易得。體方筆圓，在《醴泉碑》上。以《虞公碑》校之，此猶少拘。《皇甫碑》畦徑最明。

《書法離鈎》十卷

明潘之淙撰

《惜陰軒》本。是書皆采舊説，條分縷析，以類相從，而折衷以歸於當。凡八十二目，其於六書之源流、八法之旨趣，言之甚詳。自序云“深於法者而後可與離法，又必超於法者而後可與進法”，例云“從性知道，諸篇有不法而法、法而不法之妙”，此即其著書之旨也。末一卷爲《切韻》。前有葉秉敬、王道焜二序，天啓丁卯潘之淙自序，凡例四條。

人傳懷仁《聖教序》爲借内府右軍書集成者，不知“集”與“習”通，乃懷仁習右軍之字而書，非拘拘集凑也。若使集凑三五字，已不免補綴之痕，彼其鋒芒映帶、章法掩抑，又何奇也？且其墨蹟久藏項氏，近歸武陵楊修齡侍御，其字備極八法之妙，真墨池之龍象、蘭亭之羽翼哉！

文光案：古籀篆引王梵《鐘鼎韻》、張有《五聲韻譜》、林罕《偏旁小説》、高氏《五聲韻總》、夏竦《古文四聲譜》數書俱未見，隸書引《嘯堂集古録》似誤。此録多鍾襄陽，晚號米庵。是書亦仿《書畫史》而作，書最晚出，一時服其精當。别有《真蹟日録》，則又踵是書而成者，并録之，以備一家之書焉〔一五〕。

張氏引曰：“聞見浸多，懼久忘佚，稍爲區分，隨筆箋記，造《清河書畫舫》，傳諸雅士，不令海岳庵《書畫史》獨行也。”米元章喜蓄書畫，崇寧間爲江淮發勾，揭牌於行舸之上，曰“米家書畫船”。　是編所載，首真迹，次前人緒論，間以管見列名賢之左，讀者詳之。

吴氏刊書例曰：“米庵元稿以‘鶯嘴啄花紅〔一六〕溜燕尾點波緑皺’編號。别本編次，作十二卷，頗多缺略，然亦有元稿不載者。今依元本刊定，而以别本所得補於每卷之後。”“是書向無刊本。傳鈔多訛。今博求善本，互相勘定，必求至當而後已。是書所載真蹟及米庵《管見》，大半散見《書畫彙考》中。然卞氏之書疏於讎校，不足依據。”“前後兩見者，今俱删去。”“《真蹟日録》所載，與此書重複者十之二三，校時當爲標出。”“朝夕商榷，不遺餘力者，友人鮑子以文之功居多。”

鼎文字非隸書也，宜入籀篆類。又引《佐書類編》，不知何人所撰。書中多歌訣，最便初學。

《清河書畫舫》十二卷

明張丑撰

池北草堂本。此本板極精工，紙墨皆佳。每卷末刻“乾隆壬午四月上浣六日仁和吴長元麗煌氏校於池北草堂”，雙行，二十四字。前有乾隆二十八年嚴誠序，次張丑引，次吴氏《校書例略》九條，次目録，末附米庵《鑒古百一詩》。各卷皆有補遺。第九卷附米芾《寶章待訪録》。

嚴氏序曰：“清河張青甫家於玉峰，自其先世已耽書畫，交石田、衡山諸君子，家有春草、蘭香之堂，礫金之軒，秋山之閣。青甫生有夙慧，益事鉛槧。年二十二，纂稗官家言爲《名山藏》二百卷。由高曾以逮其兄子，五世之澤，名品略具。其篋中所藏，著録者八十一家，爲帖四十九，爲圖一百十五，不可謂不精矣。生平雅慕。”

文光案：是書爲吴氏所編，非米庵之原本，而校正最精，故至今重之。例云“附華氏《真賞齋賦》”，此本無。嚴序云：

"《真蹟日録》與此書并録，今《書畫》方别行，自三國鍾繇起，至明仇英止，以時代爲次。"

《真蹟日録》一卷　《二集》一卷　《三集》一卷

明張丑撰

《知不足齋》定本。吴氏池北草堂校刊。前有米庵主人張丑序。

張氏自序曰："《書畫》方成，賞鑒家謂其粗可觀覽，多以名品卷軸見示就正。因信手筆其一二，命曰'真蹟日録'。隨見隨書，不復差次時代，如欲附麗前編，俟後日更詳定云。"

《清河秘篋書畫表》一卷

明張丑撰

《知不足齋》定本。吴氏校刊。前有張丑自序。此表記其家五世所藏名迹，分爲六格，以書畫時代爲經，以世系爲緯。其高祖元慶爲一格，其曾伯祖維慶、曾祖子和爲一格，其祖約之、叔祖誠之爲一格，其父茂實爲一格，其兄以繩爲一格，丑所自藏爲一格。

張氏自序曰："家藏珍圖法墨，甲於中吴，維時人望所屬，不讓海岳、雲林。滄桑改變，家事旁落，傾筐倒篋，竟成亡是公矣。嗚呼！惜哉。若不表示四方，誰知我者？"

《法書名畫見聞表》一卷

明張丑撰

《知不足齋》定本。吴氏校刊。前有張丑自序。此表凡分四格：第一格，時代；第二格，目睹；第三格，的聞；第四格，會計。總計一代之數。其目睹真蹟，雜見《南陽祕篋表》中者不載。的聞皆録確有，凡係影響附會者，不録。

張氏自序曰："歷觀書畫緒論，莫過米氏元章、趙氏子昂、倪氏元鎮，嘉其繁簡得中，鋪叙有法。僕今變例，表一世之聞見，上下千古，筆削稱情。雖班、馬復生，於吾無間然矣。"

《南陽法書表》一卷　《南陽名畫表》一卷

明張丑撰

《知不足齋》定本。吴氏校刊。二表俱有張丑自序。所列皆韓世能家收藏真迹。《法書表》分五格：第一格，時代；第二格，真書；第三格，行書；第四格，草書；第五格，石刻。《名畫表》亦分五格：第一格，時代；第二格，道釋人物；第三格，山水界畫；第四格，花果鳥獸；第五格，蟲魚墨戲。

《法書表序》曰："篆、隸之用日微，而書始分三體。一二維何？一曰正書，始於王次仲，而鍾繇造其極，遞變而爲王僧虔、褚遂良、顔真卿、柳公權，以迄乎徐浩、陸希聲、宋綬、蔡襄；二曰行狎，起於劉德升，而羲、獻父子窮其奥，遞變而爲王濛、謝安、陶弘景、永僧，以迄乎虞世南、李邕、蘇軾、米芾；三曰草聖，創法於杜度，而張芝、皇象得其神，遞變而爲索靖、庾翼、蕭子雲、阮研，以迄乎張旭、僧懷素、楊凝式、趙孟頫：咸能上下千年，縱横萬里。鑒家珍若隋珠，重如拱璧，揆諸風格，良不誣也。"

《名畫表序》曰："張子曰：畫者，卦也，義取卦萬象以垂世也。上古史皇創爲斯技以教韻士，嗣後興廢靡常，漫滅微不可考。下迨曹魏，始有曹復興《兵符圖》一卷流傳於世，而道釋人物、山水界畫、花果鳥獸，蟲魚墨戲諸科以次代興矣。遐稽魏、晉以來，道釋則顧愷之、陸探微、張僧繇、吴道玄，人物則展子虔、閻立本、周昉、李公麟，山水則荆浩、關仝、董源、僧巨然、燕肅、趙孟頫、黄公望、王蒙，界畫則王維、李思訓、尹繼昭、郭忠恕，花果鳥獸則邊鸞、黄荃、韓幹、戴嵩，蟲魚墨戲則顧野王、滕王元嬰、徐熙、易元吉、鄭虔、米芾、高克恭、倪瓚：斯皆羅萬象於胸襟，粹千奇於毫素者也。”

《清秘藏》二卷

明張應文撰

知不足齋定本。吴氏校刊。前有太原王穉登序，又應文自序。題曰“被褐先生授，第三男謙德述”，蓋謙德所潤色也。上卷分二十門，下卷分十門，皆論玩好賞鑒諸物，不獨書畫也，故《簡明目録》收入雜家類。今因吴氏校本與米庵《四表》并《日録》合爲一函，遂録於此。《清秘藏》者，取倪瓚清秘閣意。

王氏序曰：“嘉靖、萬曆間，吴中有隱君子焉，罄其余資，悉付之米家船，圖書滿床，鼎彝雜陳。乃舉生平所睹記者，一一題識，總名之曰‘清秘藏’。”

《明畫録》八卷

明徐沁撰

《讀畫齋》本。是書先以宸繪、藩邸，末爲《彙紀》一卷，終於《補遺》二人。中分十一門：曰道釋；曰人物；曰宫室；曰山水；曰獸畜；曰龍；曰魚；曰花鳥，附草蟲；曰墨竹；曰墨梅；曰蔬果。每門各冠以小序，前有總序一篇。專記有明一代畫家，故曰“明畫録”。沁字埜公，别號委羽山人，會稽人。

徐氏自序曰：“自晉、唐迄於宋、元，賴有《宣和》、《寶鑑》二書，班班可考。元季畫學大變，盡去板結之習，歸於流暢。明初諸公親從事於黄、王、倪、吴間，得其宗傳。景陵之世，崇尚翰墨，供西殿者，皆極天下之選。由是寖盛，三百年來，能事輩出，指不勝屈。以予耳目睹記，亟圖纂輯，旁搜博採，惟恐或失。而其人之或存或亡，則有數焉。釐爲八卷，題曰‘明畫録’者，繼宋、元而作也。”

古人以畫名家者，率由道釋。南中報恩、上官畫廊、戴璡殿壁，久遭劫火。都門惟慈仁、永安尚存劉瀾、商喜之迹。惜瀾之生平已無可考。

吴次翁一派取法道玄、仇氏，專工細密，不無流弊。近代北崔、南陳力追古先，謂人物近不如古，非通論也。

畫宫室者，胸中先有一卷《木經》，始堪落筆。自晉迄五代，僅得一衛賢。宋郭忠恕之外無聞焉。

自唐以來，山水一派亦分南、北兩宗。北宗首推李思訓、昭道父子，流傳爲宋之趙幹及伯駒、伯驌，下逮南宋之李唐、夏珪、馬遠，入明有莊瑾、李在、戴璡，至吴偉、張路、鍾欽禮、汪肇、蔣嵩而北宗熸矣。南宗推王摩詰爲祖，傳而爲張藻、荆、關、董源、巨然、李成、范寬、郭忠恕、米氏父子、元四大家，明則沈周、唐寅、文徵明輩，舉凡以士氣入雅者，皆歸焉。

古畫獸畜名家者，虎有李漸、趙邈齪，牛有兩戴嵩、歸真，犬有趙博文、趙令松，羊有羅塞翁，猫有何尊師，其他未易枚舉。馬自曹霸、韓幹尤稱神駿，若李龍眠、趙松雪，幾不免墜入馬趣矣。龍不可雜於凡類，魚爲水族，别附於後云。

吕紀一派，終不脱院體，豈得與大滌牡丹、青藤花卉同日語乎？

墨竹一派，李息齋、管仲姬各有譜傳世。文人寫竹，原通書法，枝節宜學篆隸，布葉宜學草書。

墨梅自北宋花光僧創爲别趣，至南宋楊補之始極其致。元、明以還，乃爲史爲譜，法益詳而流益敝。予録此以補前人之闕。

《宣和譜》，蔬果自陳迄宋僅得六人，其難能亦可概見。葡萄古無是法，吴僧日觀於月下觀影，悟出新意，以飛白書法爲之。日觀，華亭人，與趙松雪兄弟友善，而韓孟顒〔一七〕昂指爲明僧者，誤也。

《彙紀序》曰："有明畫家，三百年來聲望灼然者，已區别門類，備載無遺。有偶得姓氏或亡佚名字、缺略里居者，亦皆附列，以俟考訂。予自壬癸間從事於此，初仿《寶鑑》，粗具崖略，而旁搜博訪，迄今二十年，稿凡三易。頃得朱隱之《會要》，互相參證，各有詳簡，而無可按者猶如故也。"

《寶繪録》二十卷

明張泰階撰

《知不足齋》本。泰階字爰平，上海人。其家有寶繪樓，多藏名畫，故爲是録。昔米庵著《書畫舫》，以目睹的聞、考究逼真者爲據，故其書足重。此録徒誇富藏，真贋莫辨，證之諸書，多前人所未睹，不足據也。

《六如畫譜》三卷

明唐寅撰

《惜陰軒》本。是書前後無序跋。自叙畫源流至裝褫定式，凡四十三條，皆雜采諸家之説，而王思善爲尤多。其爲伯虎所輯，或後人所增，皆不可知，俟檢《六如集》證之。但所輯皆畫論，而名之曰譜，甚可疑也。

郭若虚曰："古者祕畫珍圖，名隨事立。典範，則有《春秋》、《毛詩》、《論語》、《孝經》、《爾雅》等圖，其次後漢蔡邕有《講學圖》，梁張僧繇有《孔子問禮圖》，隋鄭法士有《明堂朝會圖》，唐閻立德有《封禪圖》，尹繼昭有《雪宫圖》；觀德，則《帝舜娥皇女英圖》，隋展子虔有《大禹治水圖》，晉戴逵有《列女神智圖》；忠鯁，則隋楊契丹有《辛毗引裾圖》，吴道子有《朱雲折檻圖》；高節，則晉顧愷之有《祖二疏圖》，宋史藝有《屈原漁父圖》；壯氣，則魏曹髦有《卞莊刺虎圖》，張僧繇有《漢武射蛟圖》；寫景，則衛協有《穆天子宴瑶池圖》，史道碩有《金谷園圖》；靡麗，則戴逵有《南朝貴戚圖》，宋袁倩有《丁貴人彈曲項琵琶圖》；風俗，則楊契丹有《長安車馬人物圖》，唐韓滉有《堯民擊壤圖》。此雖不能盡述，但略載其可爲鑒戒者，當與六籍并傳云。”

于思善曰：“佛道、人物、士女、牛馬，近不及古；山水、林石、花竹、禽魚，古不及近。”又曰：“院畫先呈稿，然後上真，種種臻妙。”

王昶曰：“山水之畫自唐始，李思訓、王維尤著。其畫山水也，烟嵐雲樹中兼有人物、宫室，而宫室界畫又以算學乘除之法行之，蓋畫之久而益工者如此。其後荆、關、董、巨變之，倪、黄、吴、王又變之。歷宋、元、明三朝，惟趙令穰、劉松年、趙孟頫、文徵仲諸君猶兼其勝，餘則無有能兼者。名爲簡遠超妙，實乃盡失古法。”

周榮起，字硯農，江陰老儒。書多手校，精六書之學。毛子晉刻古書，多其刊正。年八十七乃卒。有手抄《衍極》五卷。子長源，字鄰侯，亦文士。二女曰禧，曰祐，皆工畫。禧名尤著云。

《鈐山堂書畫記》一卷

明文嘉編

《知不足齋》本。鈐山堂者，嚴嵩讀書之所也。此記附刻於《天水冰山録》後，因其爲文氏所定，中有可採，故别著之。

鍾繇《戎路》兼行，唐摹本妙。《薦關内侯季直表》，吴匏庵定爲真蹟，然非元常筆也。

王羲之《眠食帖》，鮮于等跋，真蹟也。　《此事帖》乃金章宗故物，凡二十字，紙墨如新，精神煥發，傳世之寶也。　《思想帖》，唐人所摹。　《月半帖》，真蹟也，曾入唐時内府。　黄素《黄庭内景經》類元章所臨，清逸絶世，或云楊羲書也。

王獻之《鴨頭丸帖》，上題"永和真蹟"，内附《十三行》。《奉書帖》，獻之真蹟，傳世不多，此得意筆也。予嘗摹一過。索靖《出師頌》，宋内府本，前有高宗書簽。

歐陽詢《千文》，楮紙楮書，每行間用刀微勒。蓋古人藏書多置竹筒中，恐致折損字晝，故預爲之計，慮亦遠矣。

唐人雙鈎《十七帖》。唐摹晉帖，世所少有。此帖奕奕逼真，大是佳蹟。

趙模集晉字《千文》，史明古藏本。史氏法書第一，亦天下法書第一。

褚遂良《倪寬贊》，予所見凡三本，大略相同，惟諸跋皆真蹟。或云思陵所臨，紙非唐紙，亦一證也。

柳公權小楷《度人經》，初疑經生書。細觀年月題名，字字不苟，佳品也。　項吏部所藏名蹟也，曾摹刻《停云館帖》中。

顔真卿書《朱巨川誥》，一真一僞。真本乃陸氏舊物，黄絹縝密，真佳品也。但筆覺差弱，諸法皆備，亦不易得。黄紙上所書略無毫髮動，名蹟也，曾刻入《停云館帖》。　《送劉太沖序》，碧箋上行書紛披，老筆真蹟也。　《送裴將軍詩》，錫山安氏藏本，其家已刻石行世，怪怪奇奇，前無古人，蓋魯公劇蹟也。《争坐位帖》全本，馬抑之故物，米芾所摹也。後有袁桷跋尾。毫髮悉似，幾於亂真。吾家所藏半本，亦元章本，不及多矣。

孫過庭《書譜》，上、下二卷，紙墨精好，神采煥發。元章謂其間甚有右軍法，且云唐人學右軍者無出其右，則不得見右軍者，見此足矣。真本，惜不全。

懷素絹本草書《千文》，初藏海鹽姚氏。其家云此帖一字值一金，故號“千金”。不知幾傳失去，予以善價得之。通用黄絹八幅，絲理精細，纖毫無損，交接處用“軍司司馬印”箝記。亦曾摹刻於停云館，今入内府。蓋晚年書也。

黄庭堅《諸上座帖》，前作草書，師懷素，頗逼真。舊藏於一佛寺。祝枝山草書多出於此。

米芾《天馬賦》，紙書大字，枝山嘗稱其妙。然不及余所見小字本，韻度頗勝。此猶帶黄華父子筆意耳。　《草書九帖》，父書子跋，法多從晉書。余刻於停云館，元章劇蹟也。

歐陽修真蹟，皆《集古録》跋尾。

趙孟頫《六體千文》，真、草、篆、隸并鐘鼎、章草。　小楷《洞玉經》，紙高五寸，字大如黍，後有余伯生題。余所見松雪小楷，惟永嘉趙氏《馬蹄篇》及此。然《馬蹄》絹本，多渴筆。此用澄心堂紙，精潔滑潤，筆精墨妙，毫髮無遺恨矣。石刻者大如《黄庭經》，與吾家《道德經》無異。

俞和書白石《續書譜》。和字子中，號紫芝，少嘗作松雪書，幾於逼真。松雪見之，遂留門下。《續書譜》，松雪嘗書之，有陰、陽二刻。其陽字木刻者，大妙。紫芝晚年專臨晉帖，及見《十三行》真蹟，刻意摹仿，漸亦名家矣。

張擇端《清明上河圖》，陳湖陸氏子負官緡〔一八〕，質於崑山顧氏，有人以一千二百金得之。然所畫皆舟車、城郭、橋梁、市廛之景，亦宋之尋常畫耳，無高古氣也。

趙伯驌《桃源圖》。伯驌乃伯駒之兄，高宗時嘗奉詔寫天慶觀樣，命吴中依樣造之，今玄妙觀是也。其畫世不多見。此圖仇實父摹之，與真無異。　趙伯駒《桃源圖》、《千里畫》世傳甚多。此卷與伯驌所作不甚相遠。　嘉靖乙丑，提學何公檄余往閲官籍嚴氏書畫，三閲月始勉畢事。今重録一過，稍爲區分，隨筆箋記一二，傳諸好事。隆慶戊辰茂苑文嘉識。

《王氏書院》十卷　《書院補益》八卷

明王世貞編，詹景鳳續編

明本。《書院》所録凡五種：張彦遠《法書要録》十卷，米芾《海岳書史》一卷，蘇霖《書法鈎玄》四卷，黄伯思《東觀餘論》二卷，黄訒《東觀餘論附録》一卷。《補益》所録凡八種：孫過庭《書譜》一卷，姜夔《續書譜》一卷，米芾《寶章待訪録》一卷，歐陽修《試筆》一卷，宋高宗《翰墨志》一卷，曹士冕《法帖譜系雜説》二卷，吾丘衍《學古編》二卷，劉惟志《字學新書摘鈔》一卷。諸書皆有單行之本，王氏特彙刻之，無所發明也。

《竹嬾畫賸》一卷　《續畫賸》一卷

明李日華撰

《全書》本。是書皆裒録其題畫之作，謂之“賸”者，作畫而附以詩文，如送女而賸以娣姪也。竹嬾精於論畫，其詩亦瀟灑有致。然如“霜落蒹葭水國寒，浪花雲影上漁竿”之類，正不多得。

《唐詩畫譜》五卷

明黄鳳池撰

原本。是書刊於天啓中，凡十六册。前有序，後有跋。取唐人五、六、七言詩各五十首繪爲圖，而以原詩書於後，凡三卷。末二卷有圖無詩，蓋自集其花鳥譜附於詩譜後也。傳本甚少，余於故家得之，不恒見也。

校勘記

〔一〕“褀”，原作“襲”，據《畫繼》改。

〔二〕“迹暈”，原作“暈迹”，據上書乙正。

〔三〕“禮”，原作“理”，據《書苑菁華》改。

〔四〕“蚊”，原作“蛟”，據上書改。

〔五〕“筯”，原作“筋”，據《書苑菁華》卷一九改。

〔六〕“文”，原作“字”，據《書録》改。

〔七〕“天”，據《書史會要》補。

〔八〕“木”，据理似當作“本”。

〔九〕“書”，據《鐵網珊瑚》補。

〔一〇〕“稭”，原作“楷”，據《珊瑚木難》卷三改。

〔一一〕“而”，原作“面”，據上書改。

〔一二〕“舛”，原作“訛”，據上書改。

〔一三〕“勝”，原作“甚”，據《書畫跋跋》改。

〔一四〕“筆”，原作“手”，據上書改。

〔一五〕此段與以下三段文字，據文意當在《清河書畫舫》之下。

〔一六〕“紅”，據宋秦觀《如夢令》補。

〔一七〕“顒”，原作“容”，據《明畫録》改。

〔一八〕“緡”，原作“續”，據《佩文齋書畫譜》卷九九改。

萬卷精華樓藏書記卷八十八

子部八

藝術類三

《佩文齋書畫譜》一百卷

康熙四十七年敕撰

殿本。首冠御製序；次職官銜名；次凡例；次目録；次引用書目，共一千八百四十四種。是《譜》論書十卷，論畫八卷。分四子目：曰體，以明源流；曰法，以備規矩；曰學，以述指要；曰品，以列次第。凡書訣、畫品諸書無不具備。歷代帝王書二卷、畫一卷，書家傳二十三卷，畫家傳十四卷，皆自五帝至明。歷代無名氏書二卷、金二卷、石四卷，無名氏畫二卷，御製書畫跋一卷，歷代帝王書畫跋二卷，歷代名人畫跋七卷、書跋十一卷，書辨證二卷，畫辨證一卷。歷代鑒藏十卷，書四，畫六。恭讀是書，包羅富有，諸家品評書畫之書舉可廢矣。

凡例："古之集録書畫者，如《書斷》、《畫斷》、《書史》、《畫史》，皆各自成書，未合爲一，誠爲藝林闕事。皇上聖學淵微，綜貫今古，深明書、畫一理，乃出内府書籍，纂成是書。凡經史子集、稗官野乘、山經地志、釋典道藏，靡不蒐采，以類相從，爲一百卷。書、畫同譜，洵稱巨觀。"

自造書制畫以後，書有五十六種，畫有十三科，所謂體也。

其體既分，則有八法、六法以示學者。學有工拙，斯品有高下，故首輯書論、畫論。

胡沖《吴歷》、何法盛《中興書》、丘悦《三國典略》、王世德《崇禎遺録》、楊循吉《纂修識略》、彭百川《太平治迹統類》、陳騤《中興館閣録》、周密《乾淳起居注》、《君謨語録》、晁公武《中興藝文志》、陳騤《中興館閣書目》、王應電《同文備考》、楊鉤《鍾鼎篆韻》、胡世將《資古紹志録》、馬居易《漢隸分韻》、陶滋《石鼓文正誤》、王家瑞《咸陽金石遺文》、于亦正《天下金石志》、朱謀垔〔一〕《續書史會要》、顧苓《漢碑目》、文嘉《嚴氏書畫記》、譚貞默《近代畫名家實録》、劉敞《先秦古器圖》、李公麟《李氏古器録》。以上恭録未見書。

《讀畫録》四卷

國朝周亮工撰

顧氏《讀畫齋》本。前有毛甡、張遺序，并康熙十二年周在浚跋，末附畫人姓氏。亮工見《貳臣傳》。

毛氏序曰："先生作《畫人傳》，畫人或存或亡，率記其梗概詳略。惟意雪客承先人之遺志，重輯是書，而傳稍闕略，且有虚列其名。予晤雪客於龍江，得重讀是傳而記以數言。"

張氏序曰："先生數十年中所收不下數千帙，於是拔萃選尤，裝潢成册，一時名流，多爲品題，此《讀畫録》所由作也。蓋先生于役淮陽，舟中多暇，乃取前册，信手翻閲，隨意所至，爲立一傳。或記相立之因緣，或叙作畫之始末；或詩或跋，或繁或簡。不獨山水之神情躍躍欲現，即作山水者之面目具在寸楮尺幅中矣。"

周氏跋曰："庚戌之春，先大夫既盡焚生平著作之書，見棄後，不孝浚等復收合梓之。維其中尚有未備，然大半皆追憶平日而訂者，未敢以意爲增減也。至《讀畫録》，則未付丙丁而巋然獨存者。先大夫嗜畫三十年，隨所觸會，筆之於篇。其間未及涉筆者，尚十之六七焉。雖生平所極賞譽，時時嫟就之者，亦或且置，姑俟之徐徐云。浚等從敝篋中收拾遺編，乃獲登兹一帙，於是舉而謀之梓。”

黄氏曰：“宋刻《圖畫見聞志》六卷，遇宋諱皆闕筆，翻本不如是也。原者皆羅紋闊簾而横印者，即臨安府陳道人書籍鋪刊行本也。余所藏南宋書棚本，如唐人諸集，字畫方板皆如是，此書藏書家無有也。”又曰：“甲戌端午，以番錢十六餅勉購元人郭天錫手書《圖畫見聞志》殘本，與此并藏。郭册爲明瑩照堂車氏舊藏。車氏收藏甚夥，有法帖精刻。此郭書真迹，當不謬也。其可考者，曰《圖畫見聞志》叙論卷第一，《圖畫見聞志》記藝卷上第二，末云‘泰定三年丙寅，借余用中本録。用中得之四明史氏云。天錫記’。”録於《士禮居題跋記》。

《繪事備考》八卷

國朝王毓賢撰

原本。前有康熙三十年王毓賢自序。是書總論一卷，軒轅至隋一卷，唐一卷，五代一卷，北宋上、中、下三卷，南宋一卷，遼、金、元一卷，明一卷。按序，書成之後，又補明中葉以後所未備，而另纂《皇朝開國畫統》一編，俱未之見。按：夏氏《寶鑑》五卷，自軒轅至元，凡一千五百餘人。韓氏續明代一卷，凡百餘人。此本大略依之，而人數、文辭皆有所增益。於畫人之傳世者皆列於各傳之後，如曹不興之《兵符圖》、晉明帝之《豳風圖》、《列女圖》，此則夏書所無也。

王氏自序曰：“畫始軒轅時之史皇，由周、秦而漢，源流彌盛。至六朝、唐、宋與元，而丹青能事幾侔天地，專門大家莫能殫述。如南齊高帝之《名畫集》、梁武帝之《昭公録》、謝赫之《古畫品録》、孫暢之之《述畫記》、姚最之《續畫品録》、沙門彦悰之《後畫録》、張懷瓘之《畫斷》、李嗣真之《後畫品録》、韓幹之《雜色駿騎録》、張璪之《繪鏡》、顧况之《畫評》、劉整之《續畫評》、毛惠遠之《裝馬譜》、裴孝源之《公私畫録》、竇蒙之《畫拾遺録》、吴恬之《畫山水録》、朱景玄〔二〕之《唐朝名畫録》、張彦遠之《歷代名畫記》、沙門仁顯之《廣畫新集》、辛顯之《益州畫録》、宋迪之《竹窗畫品》、王詵之《丹青別記》、僧巨然之《畫藪》、吴元瑜之《畫記》、聞工端之《續畫史》、牛戬之《畫通》、張敦禮之《關輔小録》、李景孟之《書畫淵藪》、楊補之之《南唐畫舫》、陳容之《畫藻》、徐鉉之《江南畫録拾遺》、胡嶠之《廣梁朝畫目》、黄休之《總畫集》、郭若虛之《圖畫見聞志》、夏文彦之《圖繪寶鑑》、鄧椿之《畫繼》、米芾之《畫史》、胡涣之《宣和畫譜》，又亡名氏《僧繇録》一卷、《畫說文》一卷、《名畫獵精録》一卷、《梁朝畫目》一卷、《江南畫録》二卷，皆紀歷來作者姓名、爵里與源流同異，間及平生嘉言懿行，使後學有所稽考。然就時論世，各囿所聞；一臠半豹，苦其未備。内惟夏氏《寶鑑》、張氏《名畫記》二書蒐羅頗富，足稱大觀；然魯魚亥豕，類多訛舛。且或一人而先後兩見，一事而彼此互傳；或祖孫父子之倒置，或吴、魏、齊、梁之錯編；或詳江左而略中原，或昂山林而抑軒冕；甚至六朝、隋唐之得盛名、彰彰史册者，强半僅書姓氏，不置一詞；而諸家畫苑之載有傳世畫品者，亦俱删抹不録。余每撫卷太息，思一釐正補綴。歲在庚午，承乏楚臬，爰於聽讞之暇，折衷諸書，删其繁複，訂其謬誤，補其漏脱。而諸畫之流傳可考者，俱附載姓名、爵里之後。若世所艷稱而諸書無考者，寧闕以俟，亦存疑存信之意也。”

閻立本《宣聖像》，《職貢圖》二，《太上西昇經》。

周昉《捧塔天王像》四,《織錦回文圖》。

范瓊《降塔天王像》。

趙嵒《漢書西域傳圖》。

朱簡章《神仙傳圖》四。

朱繇《捧塔天王像》。

孫知微《寫李八百妹〔三〕產黄庭經像》。

李公麟《九歌圖》。

郭忠恕《織錦璇璣圖》三。

郭思《靈秀本草圖》十,《山海經圖》四十。

丁晞顔《孝經左契圖》十,《孝經雌雄圖》八,《孝經秘圖》五,《孝經緯圖》十,《太史公漢書圖》二十二。

趙伯駒《列仙傳圖》一,《大荒經圖》二十六。

馬和之《毛詩圖》五十二。

劉松年《耕織圖》。

李章《真誥事蹟圖》八。

趙子雲《列子御風圖》。

李遵《女孝經圖》。

宋太平興國間,詔天下郡縣,訪求前賢墨蹟。於是荆湖轉運使得漢張芝草書、唐韓幹馬二本以獻,韶州太守得唐張九齡畫像并文集九卷以獻。從此四方表進者,殆無虚日。乃命待詔高文進、黄居寀檢詳而品第之。端拱元年,於崇文院中堂置秘閣,命吏部侍郎李至兼秘書監,點勘供御圖書,選三館正本書萬卷及内府圖畫并前賢墨蹟數千軸,藏之閣中,御書飛白匾其上。車駕臨幸,召近臣縱觀,賜曲宴焉。又天章、龍圖、寶文三閣後苑有圖書庫,亦藏圖畫、書籍。翰墨之盛,頓還舊觀矣。稽之典册,始自道釋,迄於蔬果,門類凡十。

《畫徵録》三卷　《續録》二卷

國朝張庚撰

原本。雍正十三年刊，前有自序，并蔣和序。

張氏自序曰："録國朝之畫家，徵其蹟而可信者，以鄙見論著之。其傳聞稱述者，未徵其蹟，概從附録，止著其姓氏、里居與所長，不敢妄加評隲，漫誇多聞。""是録創始於康熙後壬寅，脱稿於雍正乙卯，十餘年間，凡遇圖畫之可觀者，輒考其人而録之。无妄蔣君、南溪湯子爲開雕。二君之高義不可没也，因書之以志感。南溪名之昱，文正公斌孫，能詩善畫。无妄名泰，博學，工詩、古文。"

蔣氏序曰："彌伽居士，原名燾，今名庚，博學工畫。此録論宗法淵源、造詣深淺，確然有據。"

《江村銷夏録》三卷

國朝高士奇撰

朗潤堂本。面題"江邨銷夏録"五字隸書。每葉十八行，每行十八字。書畫名頂格，所書之字低一格，俱大字。諸跋低二格，小字。前有朱彝尊序，次宋犖序，又康熙癸酉夏六月自序。是書有凡例，此本無之。董思白畫另爲一卷。末刊卞氏《式古堂書畫彙考》，此書全行採入。

朱氏序曰："昔之善讀書者，匪直晰其文義、音釋而已，其於簡策之尺寸必詳焉。鄭康成曰：'《易》、《詩》、《書》、《禮》、《樂》、《春秋》，策皆尺二寸；《孝經》謙半之；《論語》八寸策者，三分居一，又謙焉。'服虔傳《春秋》，稱古文篆書，一簡八字；而説《書》者謂每行一十三字。括蒼鮑氏以之定正《武成》，諸暨胡氏以之正定《洪範》。予嘗至太學，摩挲石鼓文，驗其行數，據以駁成都楊氏之作僞，因是而思漢儒訂詁之學有未可盡非者爾。評書畫者衆矣，廣川董氏病其冗長，其餘又嫌太略。《宣和書畫》僅譜其人及所藏之目，南渡館閣之儲於金銅玉石悉識其尺寸，而與書畫無之，蓋昔人心思或有未及，必俟後賢而始大備也。錢塘高詹事退居拓湖，撰《江村銷夏録》，於古人書畫真蹟，爲卷爲軸，爲箋爲絹，必謹識其尺度廣狹、斷續，及印記之多寡、跋尾之先後，而間以己意折衷甄綜之，評書畫者至此而大備焉。今之僞者，未嘗不仿尺度爲之，然或割裂跋尾、印記，移真者附於僞，而以僞者雜於真。自詹事之書出，稍損益之不可，雖有大駔巨狡，伎將安施哉？書成於康熙三十二年六月，故以'銷夏'名編。予以是年九月作序印行之頃，實籍以爲負暄之助焉。"

高氏自序曰："偶遇佳蹟，必詳記其位置行墨、長短闊隘、題跋圖章，藉以自適。然寧慎無濫，三年餘僅得三卷，皆余親經品第，足資鑑賞者也。近代《鐵網珊瑚》、《清河書畫舫》二編，亦載世間名筆，而多未精詳，恐尚有傳聞之病。世人嗜好法書、名畫，至竭資力以事收蓄，與决性〔四〕命以饕富貴，縱嗜欲以戕生者何異？覽此者，當作雲烟過眼觀。"

畫家有南、北宗。南宗以王摩詰、荆洪谷爲主，開文人筆墨諸戲法，元四大家皆宗之。北宗以唐李思訓、昭道父子爲主，極工整麗密之致，南宋劉、季、夏、馬四家，明仇、唐二家宗之。南盛而北微。

"玩物喪志"一語，出僞《古文尚書·旅獒篇》，後人遂執此語以相禁。伏羲，畫卦書之始也；帝舜，十二章畫之始也。武王、周公陳其宗器，則文王以上，世有寶藏。

彭氏曰："江邨愛贋古。"又曰："米庵所藏有限，特向項子京家裨販。《書畫舫》，其書綱目錯雜，時代顛倒，人、己之説不辨，全不知著書體例，視《珊瑚網》、《書畫彙考》遜甚。"録於《知聖道齋讀書跋尾》。

文光案：是書近有東洋本，未見。彭氏此書跋甚詳。《銷夏》二書，高不如孫。

《六藝之一録》四百六卷　《續編》十二卷

國朝倪濤撰

抄本，是書向無刻本，抄本亦少。書分六集，曰金器款識，曰石刻文字，曰法帖論述，曰古今書體，曰歷朝書論，曰歷朝書譜。原本皆其手稿及其妻女所書。

厲氏序曰："歐公《集古録》序云'物常聚於所好而得於有力之强'，其言豈不信然哉？吾里倪先生崑渠有歐公之好而無其力，乃集諸家之所録，輯爲一編，名曰'六藝之一録'。分别部類，發凡起例，凡爲六門，爲卷四百有奇。以金文、石刻、法帖爲經，以書論、書體、書譜爲緯，其用力可謂勤且肆矣。先生志抑而謙，竊取直齋陳氏之旨，以爲《書品》、《書斷》所論雖工，至鍾、王，正與射、御同科，乃游藝之一耳。鶚披其書，上下千古，賅括朝野，則通於史；偏旁、音訓，各有據依，則通於經；旁引曲證，不遺幽遐，則通於子與集：蓋合四庫之菁華以成一家之書。而先生已當杖國之年，不假門生、子弟之助，閲市借人，晨書暝寫，數易寒暑，以成書學之巨觀，其學力、日力有非後生涉獵輩所可望。然則，先生之於古可謂真能好且聚者也、强有力者也。"録於《樊榭山房集》。

《國朝畫識》十七卷　《墨香居畫識》七卷

國朝馮金伯撰

通行本。是書原刻，甚佳。前有乾隆四年慎郡王序，次王昶、錢大昕序，并自序。

馮氏自序曰："予輯《國朝畫識》十有七卷，又《補編》二卷，於一百四十餘年之中，計得畫人七百七十餘家，較《讀畫録》、《續圖繪寶鑒》、《國朝畫徵録》似覺詳備。”

《墨香居畫識》，自壬申至戊申，所載皆三十餘年中人。已見前編者不録。

文光案：前編纂輯羣言，後編爲自述，故以“墨香居”别之。所云《補編》二卷未見。

《蔣氏游藝祕録》二卷

國朝蔣衡、蔣驥、蔣和同撰

原本。此金壇蔣氏三世所傳書畫之祕，法書雖無多而語語精要。《四庫》所著，惟《傳神祕要》一種，其他皆藏篋中。此本爲醉峰所編，潘氏手録付梓，寫刻俱佳，誠祕本也。前有乾隆甲寅天津趙琳夢倩序、癸丑吴興潘浚經邃記。上卷凡五種，曰《書法論》并《雜論》，蔣衡湘帆著；曰《續書法論》，曰《九宫新式》，曰《讀畫紀聞》，曰《傳神祕要》，蔣驥赤霄著。下卷凡四種，曰《説文字原表》并《説》，曰《漢碑隸體舉要》，曰《學書雜論》，曰《學畫雜論》，蔣和醉峰著。《傳神祕要》有水南程嗣立跋。

趙氏序曰：“拙老人湘帆有手録十三經，爲當道疏致闕下，詔刻石列於學官，即徵醉峰孝廉董其役。孝廉出《祕録》示余，皆祖父遺著而附以己撰，其於書法、畫理，提要鈎玄，匠心獨出，洵爲後學津梁。亟任付梓，以公海内。”

隸有加，有省，有借，有訛，體製各殊。因輯八百餘字，并檢《隸釋》、《字原》、《隸辨》等書參定注釋，以便檢閲，名曰“漢碑隸體舉要”。其餘與楷相同，可按碑以得矣。乾隆癸丑夏五月，文淵閣辦理石經事、前充《四庫》書篆隸總校、寫十三經拙老人孫小拙蔣和自識於都門之寶笸齋。

漢碑“蟲”皆用“虫”。　隸從竹之字與從草無别。“梵”、

"芃"通。私,"私"俗。棋,"其"俗。古惟"亨"字,兼三義。後人加一畫爲"享",加四點爲"烹"。隸皆以脩脯之"脩"爲修飾之"修"。歐陽之"歐",即借歐吐之"歐"。嘔,俗隸。又借"歐"爲"謳歌"字。珮,稱其服用,從人;名其器,從玉。以四聲爲次。

《天瓶齋書畫題跋》二卷

國朝張照撰

曲阜孔氏本。上卷多跋香光書,下卷跋自臨諸帖。前有乾隆癸酉沈栻跋、孔繼涑跋。

沈氏跋曰:"文敏墨迹,余所見不下數十餘種,其有跋語者,悉録副本藏弆之。曲阜孔君葭谷爲文敏壻,既蒐羅遺迹,鈎勒上石,復以題跋見詢。因即其家舊本,而以予向所録者附益之。謹識其後。"

孔氏跋曰:"壬辰赴禮闈試,謁鹺使沈欽伯先生於都門,出所録題跋,合予所手録者,遂裒然成册。文敏著作,率皆散佚,是區區者不可不亟傳也。爰付之梓,以公同好。"

項子京刻唐模《蘭亭》,袁伯應家藏。筆意超絶,在宋本中未能多讓,疑亦褚摹也。

思翁謂"定武"有刻畫痕。

香光謂宋四大家并從楊少師津逮以造魯公之室。此言非曾到昆盧頂者不能道。《夏熱帖》世無刻本,雖半漫漶,存者如雲中龍爪,令人洞心駴目[五]。松雪困學兩跋俱是平生佳書。

蔡端明、蘇玉局草書殊少。

書著意則滯,放意則滑。文待詔不爲香光所重者,正以著處滯而放處滑也。

學書最宜《千文》,未知分布而能縱横出奇者,所未聞也。平生所見《千文》，松雪篆書一本、四體書一本、草書一本，文待詔蠅頭小楷一本、草書一本，香光行書一本、楷書一本，皆奇抄名蹟也。今又得祝京兆草、文壽承隸，余於墨池良爲有緣。

文、董兩家未出時，書法仍是元人氣象。兩家既出，便别成明代之書。

褚河南《枯樹賦》有宋拓本，明代諸帖所刻大率本此。《閣帖》“山河阻絶”數行即是此賦，因脱落不全，故集成文字。若全賦現在，不宜有此。或曰《閣帖》所集皆真蹟，無翻刻石，此賦真迹只存此數十字耳。理或有之。

懷素《千文》最工，其狂怪怒張者，正是絲絲入扣處。

董思翁云：“朱子學曹孟德書，可見南宋尚有遺迹，而今亡矣。從朱子書想像之，當與鍾書仿佛耳。”及讀晦翁題跋，見有《跋曹操帖》《題曹操帖》，見《朱子大全集》八十二卷。一條，其辭曰：“余少時學此表，時劉共父學顔書《鹿脯帖》。余以字畫古今誚之，共父謂余：‘我所學者，唐之忠臣；公所學者，漢之篡賊耳。’時余默然無以應。今觀此，謂‘天道禍淫，不終厥命’者，益有感於共父之言云。”然則朱子固學鍾繇《賀捷表》也。門人既不知“天道禍淫，不終厥命”是《賀捷表》中語，亦不思鍾繇亦可稱漢賊，遂標目曰“跋曹操帖”，貽誤後人，雖思翁猶被其惑。講學之流往往如是。

文光案：文敏此證實未經人道之語，千年長夜，自此而明。

《黄庭》、《曹娥》皆命之右軍，實無確據也。晉、宋間人書佳者，流傳後世，便稱右軍。

《樂毅論》閟太平公主墓中，唐時已無真蹟。其後祇憑仿書入石，展轉淆訛，今益以難考。若馮氏《快雪》、董氏《戲鴻》所刻，即使學得毫釐無差，正堪館閣傭書耳，晉、宋間人蕭散淡古氣味蕩然矣。

《十三行》宋拓，以繆文子家本爲最，即涿鹿馮氏物也。

《十三行》唐氏宋拓本，海内第一。

《跋中興頌》曰："磨崖碑歲久患〔六〕漫，愈修治則點畫愈粗大，今本全失其真矣。"

小字《麻姑壇記》，六一居士謂非魯公必不能，而陳无已灼知一衲子僞造。今觀宋拓竟有二本，高下懸殊，則兩言皆是也。

《跋善戒律》曰："此爲《善戒毘婆沙律》，大麻紙寫，向在海寧陳氏，價三百金，乃唐無名氏書。思翁題爲鍾紹京，不知何據。"

右唐人草書藏經，法律森嚴，筆力圓美。思翁勒入《鴻堂》，最爲有功臨池。予擇識得者臨數行，不敢全寫，以附闕疑之意。

五代楊少師傳顔魯公筆法，開宋四大家。

東坡在黄州書《九歌》，歷代寶藏。明時在項子京家，本朝在梁蕉林家，後歸宛平王氏。予以八十千易之，與鬱岡齋所刻《九辯》的是一本。

向余〔七〕高江邨家見董臨《洞庭》、《力命》、《玉潤》三帖，直入晉人之室。所見董迹百餘本，無其匹也。

黄臨《武侯碑》，大楷，神采奕奕。

《好古堂書畫記》二卷

國朝姚際恒撰

《讀畫齋》本。前後無序跋。

《大觀帖》初拓本，真澄心堂紙，李廷珪墨，所拓者精采射人。此帖徽宗以内府之真蹟重加摹刻，金石之工逾於《淳化》。當時惟兩府大臣頒賜一本，蘇、黄諸公已爲希覯。《大觀》又在《閣帖》之上。旋遇靖康之變，拓本不多，故散落人間者更無完璧。

董思白云“得斷本殘草，如優曇出現”是也。《四部稿》及《容臺集》考訂最詳，寶愛倍至。

宋拓《醴泉銘》字肥，無瘦削之弊，墨光如漆，奕奕射人。

近世有名陝拓，必以宋本爲佳，然考古之家皆有驗法。懷仁《聖教序》以首行“晉”字不斷爲驗。歐陽信本《醴泉銘》以光武“光”字補鑿痕爲驗，後來拓久，補鑿痕隱矣。顔平原《争坐位稿》以“輒有州對”四字清楚者爲驗。智永《千文》以後有“姪方綱摹”四字爲驗，後拓者無；又一本有“李壽永壽明刊”六字，一行，此本僅見。

宋拓《道因碑》，類率更而稍肥。

李北海善於用右軍。張從申，北海之甥，善於用北海。

《書學捷要》二卷

國朝朱履貞撰

《知不足齋》本。前有嘉慶庚申自序，趙魏跋。

趙氏跋曰：“是編發揮意指，釐正僞誤，而於孫過庭《書譜》，尤發其祕奥。”

石刻惟《曹全碑》，明季始出土，於漢碑中最爲完好，而未斷者尤佳。邇來字迹模糊，惟碑陰五十餘行，拓本既少，筆意俱存。雖當時記名記數之書，不及碑文之整飭，而蕭散自適，别具風格，非後人所能仿佛於萬一。此蓋漢人真面目，壁坼屋漏，盡在是矣。

今人言石刻之可觀者，必曰宋拓，蓋唐以上碑至宋世猶爲完好。如率更書舊拓諸碑，筆致蕭疏，極遒媚之態。近詆歐書爲呆板，則拓本不堪，有以誤之。

書肇於畫，象形之書，書即畫也。楷、真、草、行之變，書離於畫矣。

《紅豆樹館書畫記》八卷

國朝陶樑撰

潘氏静園雕本。光緒八年校刊。前有潘霨、吴雲、潘曾俊三序，并陶樑自序。

潘氏序曰："舅氏鳧香宗伯積數十年收藏之富，道光間在大名典郡時編輯。自宋以來書家之篆、隸、真、草、尺牘、奏狀，畫家之題跋、記序、詩賦、詞章，靡不畢具。原稿多訛，今詳加釐定，爰付手民。"

吴氏序曰："計畫書三百餘種，分卷、册、立軸爲三類，其體例仿高江邨《銷夏録》。辨别絹紙，詳載尺寸，印章之方圓大小如式，加圈以楷書記之，亦高例也。抉擇謹嚴，論斷精確，旁徵博引，寓微顯闡幽之意。"

潘氏序曰："先生以文章名天下，尤精於詞。是書未梓，遽歸道山。偉如姪代爲梓而行之。"

陶氏自序曰："仿《鐵網珊瑚》、《銷夏録》諸書體例，排比成編。間有爵里無所表見者，詳爲徵引，加以論斷。相好中家藏間附一二，此周公謹《雲烟過眼録》之例，非創也。書原無積久不散之理，使他日賞鑒者賴此以資考證，是又余私心冀望者矣。道光十六年長洲陶樑譔於大名郡署。"

《畫史彙傳》七十二卷　《附録》二卷

國朝彭藴燦撰

吴門尚志堂本。道光乙酉年彭氏原刻，近有翻本。首獨學老人石韞玉序；次自序；次例言；次參閲姓氏十人；次引書目，凡一千一百餘種；次總目三卷。

石氏序曰："彭子朗峰生有畫癖，家藏名蹟甚夥。暇日集古今畫家，著其生平事迹，彙成一書。凡著於録者，七千五百餘人，以備賞鑒家之稽考。又慮觀者檢閲之煩，因以姓相從，各分時代，以詩韻平、上、去、入分四部分其前後，俾後之人每遇名畫，展卷了然。積數十年之精力，廣搜博采而成此書，可謂苦心孤詣矣。”

彭氏自序曰：“古今畫人，人立一傳，專攻兼長，有能悉載。欲歷歷有據，便於稽考。”

例言：“一、帝王家天下，未便以姓分也。今以皇朝聖製、王公宗室冠前爲卷首；次古帝王；次庶姓；次列女，分甲乙，而后妃冠列女之上。”“一、始詳姓氏，次籍貫，次詳所藝，次事實及著述。傳在簡潔明净，該括諸説之要。疑者闕之，非考據確實，不敢妄注。”“一、傳詳所精之筆，略於出處。”“一、逸姓名者，另立偏闕一門。”“一、外藩之畫，另分卷附後。”“一、釋氏善繪事者甚多，附卷末。”“一、序次國朝諸家，人數繁多，一二舛誤不免，容俟考證得實，再爲增補。”

《諸家藏書簿》十卷

國朝李調元撰

《函海》本。自宣和御府藏至韓宗伯家藏，凡二十五家。自序云：“從《式古堂彙考》中摘取公私藏本目録，不加論列。”

三十八代天師張廣微與材家藏《絳帖》第九卷，《大令書》第四行内“面”字右邊轉筆，全不成字，正在石破處，隱然可見。今乃無其“面”字，下一字與第五行第七字亦不同。又第七行第一字，舊本行書“正”字，今本乃草書“心”字，筆法且俗。以此推之，今之所見多非舊本。

梁溪華氏真賞齋所藏《史通》、《玉臺新詠》，皆南唐初梓。《新詠》上有“建業文房之印”。聶宗義《三禮圖》、俞言等《五經圖説》，爲北宋精帙。前、後《漢紀》，紹興間刻本，汝陰王銍序。宋批《五禮》，五采如新。《古注九經》，俞石澗藏，守溪跋。郭知達《集注杜工部詩》，共九家，曾噩校。曾南豐序次《李翰林集》，三十卷。《五百家注韓柳文》，在朱子前齋中，諸書五臣注[八]《文選》、《韓柳文》[九]尤精。《劉賓客集》，四十卷，内外集十卷。《白氏長慶集》，七十一卷。《歐陽家藏集》，删繁補缺，八十卷，最爲真完。《三蘇全集》。《王臨川集》，世所傳止一百卷，惟此本一百六十卷。《管子》、《韓非》、《三國志》，大字本，淳熙乙巳刊於潼川轉運司公帑。《鮑参軍集》，十卷。《花間集》，紙墨精好。《雲溪友議》，十二卷。《詩話總龜》，一百卷。《經鉏雜志》，八卷。鄭樵《金石略》，笪氏藏。《寶晉山林拾遺》，八卷，孫米憲刻。《東觀餘論》，樓進等跋，宋刻，初印，紙墨獨精，卷帙甚備，世所罕見。《唐名畫録》。《五代名畫補》。《宋名畫評》。桑世昌《蘭亭考》，十二卷。皆傳自宋、元，遠有端緒。豐道生爲叙賦。

分宜嚴氏所藏手抄宋、元書籍二千六百十三本，没入大内。一應經史子集等書，計五千八百五十二册。

嘉郡項氏子長、子京所藏，不下寶晉、清閟。希憲爲子長仲子，復初爲子京第三子，元度爲墨林第五子。

王弇州爾疋樓所藏甚富。

以上藝術類書畫之屬。

《琴操》二卷

漢蔡邕撰

《平津館》本。嘉慶十年孫氏校刊。有原注并案。前有翰林院庶吉士桐城馬端辰序。

馬氏序曰："琴操之體，有暢，有歌詩，有操引，而統謂之操。暢者，暢其志。操者，顯其操。引、廞同音通用。《爾雅》：‘廞，興也。’是引即《詩》引物起興之義。《隋志》：‘《琴操》三卷，晉廣陵相孔衍撰。’《崇文目》、《中興目》同，而傳注所引及《讀畫齋》本皆屬蔡邕，知《隋志》言‘孔衍撰’者，謂述蔡邕之書，非孔自著也。唐人誤以桓譚《新論·琴道篇》爲《琴操》。蔡邕本傳言邕所著有《叙樂》，疑《琴操》在《叙樂》中，猶《琴道》爲《新論》之一篇耳。《北堂書鈔》引蔡邕《琴賦》與《琴操》合，則《琴操》爲中郎所撰，信有徵矣。今本足以左證經傳，要不失爲一家之言，當與《月令章句》、《獨斷》諸書并傳。”

序首曰古琴曲，有歌詩五曲：一曰《鹿鳴》，二曰《伐檀》，三曰《騶虞》，四曰《鵲巢》，五曰《白駒》。又有十二操：一曰《將歸操》，二曰《倚蘭操》，三曰《龜山操》，四曰《越裳操》，五曰《拘幽操》，六曰《岐山操》，七曰《履霜操》，八曰《雉朝飛操》，九曰《别鶴操》，十曰《殘形操》，十一曰《水仙操》，十二曰《懷陵操》。又有九引：一曰《列女引》，二曰《伯姬引》，三曰《貞女引》，四曰《思歸引》，五曰《辟歷引》，六曰《走馬引》，七曰《箜篌引》，八曰《琴引》，九曰《楚引》。又有《河間雜歌》二十一章。

文光案：此本上卷自《鹿鳴》迄《楚引》；下卷自《箕山操》至《怨曠思惟歌》，凡二十一章。孫氏曰：“陳《録》，《琴操》一卷，不著名氏。以《琴調周詩》五篇、古操引共五十篇，述所以命題之意。”今《周詩》篇同，而操引才二十一篇，似非全書也。又案：陳《録》别立音樂類，在子部雜藝類之前，内有唐李勉《琴説》一卷，唐趙惟暕《琴書》三卷，朱長文《琴史》六卷，張巖《琴操譜》十五卷、《調譜》四卷，石孝隆《琴譜》十六卷，又唐道士趙邪利《指訣》一卷、劉籍《琴義》一卷、天台白云先生《琴三訣》一卷，又《制琴法》一卷，俱未見。

《碣石調幽蘭》一卷

陳丘公明撰

遵義黎氏本。《古逸叢書》之二十四。《叙目》曰："陳禎明中，會稽丘公明所著《琴譜》之第五卷也。"

序曰："丘公字明，梁末隱於九疑山，妙絶楚調，於《幽蘭》一曲尤特精絶。以其聲微而志遠而不堪授人，以陳禎明三年授宜都王叔明。隋開皇十年於丹陽縣卒，年九十七。無子傳之，其聲遂簡耳。"

文光案：此序不知何人所作。首題"碣石調幽蘭序，一名倚蘭"，次題"幽蘭"，第五卷尾又題"碣石調幽蘭第五"。注云："此弄宜緩，消息彈之。"後記《楚調》、《千金調》至《楚妃歎》，凡五十九目。

《經籍訪古志》："《碣石調幽蘭》一卷，影寫唐人書本，寶素堂藏，褾背題'丘公傳'，蓋《琴譜》十一卷也。原本京都某氏所藏，界長七寸八分，幅六分，每行二十一二字，書法遒勁，字字飛動，審是李唐人真蹟。蓋昔時樂家傳藏祕卷，雖非完帙，實爲罕覯之書，豈可不貴重乎?"考《見在書目》樂家類載《雜琴譜》百二十卷，亦或此類。按：蔡邕《琴操》曰"古琴曲"，有歌詩五曲。又有一十二操，二曰《倚蘭》，又稱"倚蘭操"者，孔子所作也。孔子歷聘諸侯，莫能任。自衛至魯，過隱谷之中，見薌蘭獨茂，喟然歎曰："夫蘭當爲王者香，今乃獨茂，與衆草爲伍。譬猶賢者不逢時，與匹夫爲倫也。"乃止車，援琴鼓之。蓋自傷不逢時，託詞於薌蘭云。此《倚蘭》，即《倚蘭操》也。又唐吴兢《樂府解題要解》載："《碣石篇》，右晉樂奏魏武帝詞，首言東臨碣石，觀滄海廣大，日月出入其中，二章言農工畢而商賈往來，三章言鄉土[一〇]不同，人性各異，四章言‘老驥伏櫪，志在千里。烈士莫年，壯心不已’也。”

文光案：此卷悉言指法，素非知音不能强解。或注“一句”二字，從行中注出綫外者，左右二行。凡外國之本無可考證者，人多疑之。惟唐人筆法於此可見，與石本迥然不同，是可寶也。

《琴史》六卷

宋朱長文撰

抄本。前有元豐七年自序，末有紹興癸巳姪孫正大跋。伏讀《四庫全書提要》，曰：“《琴史》專述琴典，前五卷紀自古通琴理者一百四十六人，附見者九人，各臚其事蹟。後一卷分十一篇：一曰《瑩律》，二曰《釋弦》，三曰《明度》，四曰《擬象》，五曰《論音》，六曰《審調》，七曰《聲歌》，八曰《廣制》，九曰《盡美》，十曰《志言》，十一曰《叙史》。凡操弄沿起、制度損益，無不咸具。錢曾但録“九弦琴”條，可資博識者不止此也。陳氏《書録》曰：“琴之人與事，備於此矣。”

《平津館書籍記》：“《琴史》六卷，巾箱本。每葉二十二行，行十七字。余又以吴山尊侍講所藏至正八年俞和手抄本校正之。收藏有‘南梧沈氏家藏’印、‘春草閒房手定’印、‘璜川吴氏收藏圖書’印、‘惠棟之印’、‘紅豆書屋’印、‘士英’上圓下方印、‘吴氏珍玩’印。”

《讀書敏求記》：“長文字伯原，人稱樂圃先生。此書上自帝堯，下至宋趙汴，凡有涉於弦徽間者，逐卷裒次。而牧翁録其中‘董廷蘭’一則，以辨房琯之受誣，最爲有識。他如宋太祖謂五弦之琴，文武加之以成七，乃留睿思而究遺音，作爲九弦之琴、五弦之阮。苟非伯原此書，不復知琴有九弦者矣。又如竇儼上書周世宗，凡三弦之通、七弦之琴、十三弦之箏、二十弦之離、二十五弦之瑟、三漏之籥、六漏之喬、七漏之笛、八漏之篪、十三管之和、十七管之笙、十九管之巢、二十三管之簫，皆列譜録。偶記得古人小李毛女詩云：‘雲裹巢笙喚寉騎”，曉然巢、笙兩物也。學人不多讀書，展卷茫然，幾何而不面墻乎?”“《太音大全》五卷，凡琴之制度考訂咸備焉。鏤圖樸雅，援據賅洽，琴譜中可謂集大成矣。曜仙《琴阮啓蒙譜》一卷。阮咸惡琵琶音繁，乃躬自製阮，恐後世不知所始，即以己姓名之。晉風既泯，阮之失傳久矣。曜仙創爲此制，更造譜以行於世。”

《旋宫琴譜》二卷

明鄭世子朱載堉撰

小蓬萊仙館本。此即《律吕精義》内篇之一種。因坊間琴譜無佳本，遂梓之。首論琴律，次論五音，次論操縵，次論旋宫，次論琴瑟，次論七音爲均及周樂不用商聲。

諸書雖載六十調、八十四聲之説，然有體無用，初學難明。借管弦淺事喻律吕深理，要在琴與笙耳。蓋笙猶律也，吹律定弦，古人本法也；以笙代律，今人捷法也。擇世俗樂家新點好笙用之，總然高下與律未必全同，但經點笙匠新整理相協，則可以定弦矣。不協者，勿用之。琴有五音爲均者，有七音爲均者，指法大同小異。先論五音，明六十調也；次論七音，明八十四聲也。

世俗琴家謂第一弦爲宫，第二弦爲商，第三弦爲角，第四弦爲徵，第五弦爲羽，第六弦爲少宫，第七弦爲少商，其説非也。世俗儒家謂聲最濁者爲宫，近濁者爲商，不濁不清者爲角，近清者爲徵，最清者爲羽，其説亦非。蓋旋宫法宫、羽無定，或宫濁而羽清，或宫清而羽濁。認清、濁爲宫、羽，斯謂之不知音。

定弦、和弦即古所謂“操縵”也。兹譜出於方外口傳，超勝餘譜，琴家或未曉，故表章之。

《操縵引》者，古曲名也。操之爲言持也，縵之爲言緩也。操持歌聲，令極縵緩，《虞書》所謂“歌永言，聲依永”是也。

笙與琴、瑟，一堂之樂也。以笙定琴，以琴定瑟，以琴、瑟協歌詠以定八音，則雅樂可興矣。

《通考》載宋朝太常琴制，正與古法相合。而陳暘、姜夔皆非之，妄矣。但宋制以琴之第七徽爲中聲，其説非是。

古人鼓瑟别有指法，與今太常所習者異。大抵瑟之爲器，弦雖多而指法少。初設黄弦，以弦多難辨，睹黄弦即知是黄鐘。然不如不用爲妙。古用瞽者鼓瑟，朱、黄其何能别哉？

文光案：是書有指法，有口訣，有琴瑟譜，有定弦法，考定最精，辨析更明，皆雅奏也。其以笙定琴，取石經《關雎》五章爲琴瑟之譜，皆出於心得，非諸家所能及。

《松風閣琴譜》二卷

國朝程雄撰

原本。首序，次目。凡十一曲。宫音二：曰《忘機》，韓石耕譜；曰《九還操》，張良玉譜。商音二：曰《釋談》，韓譜；曰《思賢操》，趙子昂譜。角音二：曰《平沙》，鄭正叔譜；曰《松下觀濤》，都修之譜。徵音二：曰《悲秋》，鄭譜；曰《醉漁唱晚》，陳山民譜。羽音二：曰《玉樹臨風》，曹子建譜；曰《樂山隱》，鄭譜。此下有楚郭望、何進明二人名而無譜。清商一：曰《春山聽杜鵑》，汪紫瀾、莊蝶庵同譜。次《松風閣指法》，莊臻鳳原譜，程雄訂正。跋曰：“諸家指法多矣，未若莊生之備。然字句多訛，位置顛倒。余特爲改訂，以永其傳。”

《忘機跋》曰：“石耕夫子補一段於首，以成宫音。又訂正分爲六段，囑余付梓。”

《思賢跋》曰：“子昂物化，其稿失傳，余多方購求始得之。其音高古奇特，宛如宣尼歎息之聲，非世俗所傳可比。”

《悲秋跋》曰：“此篇作於萬曆末年，得傳者少。

《醉漁跋》曰：“此曲反《離騷》獨醒之意，最爲奇古，與《漁歌》同趣而神妙過之，誠曠世逸響也。近代失傳，惟虞山一派足以應證耳。”

序曰：“程穎菴，高潔士也。幼嗜琴，得韓石〔一一〕耕、陳山民兩山人指法，寢食者數年，藝始成，一時無出其右者。”

文光案：《簡明目》附《抒懷操》一卷。此本無之，并序文亦佚其名。

《五知齋琴譜》八卷

國朝徐祺撰

周氏刊本。此譜爲大生手稿。其子俊與周魯封商訂彙集，以成是書。例云：“考訂四十餘年，集海内新舊各譜并名家藏本校正，參以管見。凡琴論、琴式、指法、弦法、字母、源流爲一卷。譜七卷，自《洞天春曉》至《搗衣》，凡三十三曲。爲學琴入手之本。”

《關雎》舊有二譜，兹所録者，徐、嚴二子之譜。

以上藝術類琴譜之屬。

《三十五舉》一卷　附校勘記一卷

元吾丘衍撰

《咫進齋》本。前有姚覲元序。謹案：《佩文齋書畫譜》第四卷備載《三十五舉》，與姚本互有異同，惜當時未曾恭讀，而所校有暗合者，其精心不苟可知也。不知元本《學古編》，人間尚有是書否。

姚氏序曰："《學古編》上、下二卷，今合爲一卷。首列《三十五舉》，實篆刻家之補也，曲阜桂氏續之。先世父聖常先生再讀之，皆與衍書相發明。覲元將合刊傳世，顧衍書世鮮善本。予取《唐宋叢書》本録之，謬訛不可卒業，姑就《印典》、《印述》諸書互相對勘，别爲校勘記附後。《合用品目》不具録，故題曰'三十五舉'，不曰'學古編'。"

《續三十五舉》一卷

國朝桂馥撰

《咫進齋》本。此編先引諸家之説，加以案語，不列一舉、二舉之名，乙亥更定之本也。前有乾隆戊戌九月大興翁方綱序。

翁氏序曰："未谷精研六書，嘗舉所説摹印條件，如丘衍之數。題曰'續'，志原始也，志其始，故不復云一舉、二舉也。續其舉，故引説無例也。"

朱簡曰："上海顧氏、嘉興項氏，所藏銅、玉印不下四千方。歙人王延年爲辨，出宋、元印十之二，刻爲《集古印藪[一二]》，可謂博矣。然而玉石并陳，真贋不分，豈足爲印家董狐耶？近又有濫收顧氏棄餘及邇來僞造，合爲《秦漢印統》，亦印譜之厄也。"

《再續三十五舉》一卷

國朝姚晏撰

《咫進齋》本。前有自序。書内有煉刀、鑄印、配合、印色諸法。

姚氏自序曰："《學古編》二卷，其上卷爲《三十五舉》，今作一卷者，誤。桂氏續之，别爲一卷，聚前人之説，略舉己意補其闕也。晏校而藏之，暇日復掇拾成編，仍如二書之數，連前凡一百有五事。暢其支而疏其流，由是而摹印之大略始備。"

《印典》八卷

國朝朱象賢撰

就閑堂本。首鈕讓序，附歌一首；次自序；次目。凡十二門：一、原始；二、制度上、下；三、賚予；四、流傳；五、故事；六、綜紀；七、集説；八、雜録；九、評論；十、鐫製；十一、器用；十二、詩文。

古印可以考前朝之官制，窺古字之精微。

印，信也。前人於圖畫、書籍皆有印記，曰“某人圖書記”，今人遂呼印爲“圖書”。宋内府有“圖書之印”，此即圖書之始。世俗承宋人之誤也。

坊中所賣《印藪》，皆出木板，章法、字法雖在，而刀法杳然矣。必得真古印，方知古人之妙。

《梅菴雜志》：“印章之妙，莫過秦、漢，而作印者泯然無聞。魏、晉間，有陳長文、韋仲將、楊利從、許士宗、宗養，并係淵源相接，技藝神妙，并能觀印而識其休咎。至唐、宋，雖或可考，一如今之剞劂者，不足録。元、明間之吾衍、王厚之、朱應晨、吴敦復有名。仲徽者，失其姓。吴璿、朱珪、文徵明、文壽承、顧汝修、王元楨、甘暘，皆能法古正今，乃後世之出類拔萃者也。”

《蝸廬筆記》：“文太史印章，雖不能法秦法漢，然雅而不俗，清而有神，得六朝、隋、陳之意。至蒼茫古樸，略有不逮。”

細閣女子韓約，梁千秋之侍姬也，所鐫勝梁氏。世之得約章者，往往重於千秋云。

三代之制，人臣皆以金、玉爲印，龍、虎爲鈕，其文未考。秦印少易周制，皆損益史籒之文。漢印悉因秦制，而變其摹印篆法，增減改易，古樸典雅，莫外乎此矣。魏、晉本乎漢制，雜漢印内，難以辨别。六朝印漸作朱文、白文，印章之變，始機於此。唐印因六朝作朱文，日流於僞，多曲折盤回，毫無古法。印章至此，邪謬極矣。宋承唐制，文愈支離，不宗古法，多尚纖巧。更其制度，或方或圓。文用“齋”、“堂”、“館”、“閣”等字，較漢、魏大相悖矣。元印絶無知者，吾子行、趙松雪意在復古，第工巧是飾，而古樸之妙猶有未然。明官印文用九疊而以曲屈平滿爲主，不類秦、漢，階級崇卑，以分寸别之。私印本乎宋、元。隆慶間，武林顧氏集古印爲譜，行之於世。當時之《印藪》、《印譜》疊出，意於射利，寄之棗梨。剞劂者，不知文義，豈不反爲之誤?

玉印、銅印，古者佳。金印、銀印、象牙印、犀角印，自漢有之。寶石，古不以爲印，私印止有一二。瑪瑙印，古亦甚罕，官印間有之。水晶印，近世有之，難刻。石印，唐、宋始有之，不耐久，故不傳。唐、宋有以磁爲私印者，不易刻，亦堪賞鑒。

《擷芳録》:“以蓖麻油每兩入去皮老薑五錢，烈日中曝至三年，乃入珠艾。印於紙上不滲，天寒不凍，最妙法也。升菴曰:‘川山甲油更妙。’”

秦璽或云用和氏璧爲之，或云用藍田玉爲之。

吴氏《印譜》，自漢至晉，搜訪殆盡。孟思素以篆隸名，是編皆其手録，尤可寶也。至正二十五年揭汯序。

楊宗道《印譜》，出《嘯堂集古録》、《學古編》之上。

文光案:是書首考玉璽，後考印綬，最爲詳贍。《古玉圖譜》所載璽印甚富，可以互觀。凡書視圖更明，書中引《野航漫録》一條，又見於《珊瑚木難》，《漫録》未見。是書附刻於《墨池編》之後，此爲家藏正本。行先爲宋儒樂圃先生之後，從楊大瓢、沈歸愚兩先生遊，盡得其所學，故以才猷見重於當世。於古無所不嗜，而更好金玉印章，故手集是編，以誌其好云。

丁傳曰："繆篆另成一體，解之者曰：'繆者，綢繆也，如後世九疊文之類。'予家向藏光禄顧氏《集古印譜》，又得天一閣范氏《集古印譜》，皆自秦以及宋、元諸官、私印，各三千餘方，可謂大備矣。然九疊文無一焉，知繆篆自有體勢，惜乎其罕有徵引而難明耳。凡奸人僞刻官印，但知尋常日用之篆。繆篆皆出不意，非奸人所得見之文，雖欲摹之而不得也。其法甚祕，祕府别有印證，如兵符之暗合。惜乎馬援不曉用印之妙術，改從正文，豈不迂哉？《集古印譜》所收秦印甚夥，印方不逾五分，皆朱文，不可識。"

《小石山房印譜》四卷　《别集》一卷　《附集》一卷

國朝顧湘、顧浩同編

海虞顧氏本。内題"顧氏印腋，道光戊子年刊，弟濂亦溪校字"。首太倉王寶仁序，次趙允懷序、婁東季錫疇序。此譜中多文、何、汪、梁及《學山堂》中名印。《别集》，常熟趙允懷序，末有顧湘自跋。《附集》收《桃源行》銅印、《四時讀書樂》銅印、《讀書十八則》石印三種，程椿所刻，題曰"海虞顧湘翠嵐鑒藏"。道光庚寅婁東王莪序。末一跋，庚寅秋八月古歙程椿壽巖氏識。

顧氏自跋曰："余輯《名人印譜》甫成，適於吴門市肆見石印篆《歸去來辭》全篇，章法、刀法俱醇雅自然。上方釋文仿松雪書，亦精妙，當爲百年前之名手，惜無款識可稽耳。因急購歸。佚去十餘方，即倩程君補鎸以成全璧。"

《篆學瑣著》二十八卷

國朝顧湘編

虞山顧氏本。道光庚子年校刊。是書集二十五家之説以爲刻印之資，惟《續學古編》二卷，《印人傳》三卷，餘各一卷。

李陽冰《論篆》。韋續《五十六種書法》。吾丘衍《學古編》。徐官《古今印史》。趙宧光《篆學指南》。甘暘《印章集説》。何震《續學古編》。程遠《印旨》。朱簡《印經》，又《印章要論》。方以智《印章考》。吴先聲《敦好堂論印》。許容《説篆》。高積厚《印辨》，又《印述》。徐堅《印戔説》。孫光祖《六書緣起》，又《古今印制》，又《篆印發微》。夏一駒《古印考略》。桂馥《續三十五舉》。周亮工《印人傳》。汪啓淑《續印人傳》。

吾曰："徐鉉《説文》定本有新增入字，始'一'終'亥'者，係正本，分韻川本乃後人所更，非古人之本意。"又曰："徐鍇《繫傳》首卷上部分六書甚詳，末卷辨陽冰差錯。"又曰："《蒼頡》十五篇即是《説文》目録，五百四十字，許氏分爲每部之首，人多不知，謂已久滅。聞之師云。"

薛氏《款識碑》在江州。蜀中亦有翻刻者，字加肥。

薛氏《重廣鍾鼎篆韻》七卷，江州使庫板。《象形奇字》一卷，《器用名目》一卷，《韻》五卷。

夏竦《古文四聲韻》五卷，前有序并全銜者好。别有僧翻本，不可用。此書板多而好者極不易得。韻内字無出處，不可據。又與三代款識不合，不若勿用。

《嶧山碑》直長者爲真本，横刊者皆摹本。徐氏門人鄭文寶刊者近真，李處巽於建康新刻甚謬。

王楚《鍾鼎篆韻》七卷，衡州本。字少，所出在薛氏前。

無銜《鐘鼎篆》兩册，即薛舊本，後《重廣》作七卷。

吕大臨《考古圖》十卷，有黑、白兩樣。黑字者，後爲有韻圖，中欠璊王彘；白字者，博山鑪上誤畫作手。

高衍孫《五書韻總》五卷，此書篆、隸、真、行、草，一字五體，間有差處。

二徐字迹最多。

林罕《字源偏旁小説》三卷，此書言篆與隸相通源流。

葛剛正《續千字文》，字法極好。

《三墳書》，此僞本，大不可信。言詞俗謬，字法非古，《尚書》無“也”字，此書有之。

《古文尚書》，係後人不知篆者以夏竦《韻》集成。

《古文孝經》内一篇，大謬。《今文》無之。後人妄欲作古，以古文集成者。

《泉志》可以廣見，妄作三皇幣及禹時幣，不可信。“卍”字乃出古錢，不見此書，不知也。

《六書故》，侗以鐘鼎文編此書，形古字今，雜亂無法。鐘鼎偏旁不能全有，卻以小篆足之；或一字兩法，人多不知。㓔，本音睘，加“宀”不過爲“寰”字，乃音作“官府”之“官”；“村”字從“邨”，不從“寸”、“木”，今乃書爲“村”，引杜詩“無村眺望賖”爲證，甚誤〔一三〕學者。許氏解字引經，漢時猶篆，隸乃得其宜。今侗亦引經，而不能精究經典古字，反以近世差誤等字引作證據。“鎊”、“鐘”、“犁”、“鋸”、“尿”、“屎”等字，皆依世俗字爲鐘鼎篆體，各有詳注。“卵”字解尤爲不雅。編首字源，分門類爲次第，倉頡之法，到此書爲一厄矣。

洪适《隸傳》十卷，以漢碑摸臨偏旁奇古者上石。

石經遺字碑，會稽蓬萊閣翻本，破缺磨滅，不異真古碑，今無矣。

《佐書韻編》，姑蘇顔氏本，字比諸隸，的爲最多，寫得卻不好。

僕有《續古篆韻》五卷，《疑字》一卷附後，未暇刊板。又有《説文續釋》，方更删定。

八分者，漢隸之未有挑法者也。比秦隸則易識，比漢隸則微似篆。若用篆筆作漢隸字，即得之矣。八分與隸，人多不分，故言其法。

秦隸，即是秦權、秦量上刻字。人多不知，亦謂之篆，誤矣。

《宣和印譜》四卷。晁克一《圖書譜》一卷，又名《集古印格》。王厚之《復齋印譜》一卷。顔叔夏《古印譜》二卷。吾丘衍《古人印式》二卷。趙孟頫《印史》二卷。以上《學古編》。

壐，從土，取命爾守土爲意，後改從"玉"。

上古無筆墨，以竹挺點漆，書竹簡上。竹硬漆膩，畫不能行，故頭粗尾細，象蛙子形，故曰"科斗文"，又曰"鳥迹書"。後世擬其象，首尾俱細，更其名曰"柳葉篆"。

倉書爲古文，籀書爲大篆，斯書爲小篆。

陶九成曰："上古以漆書，中古以石磨汁，至後世始有墨。"

古篆多圓圈、圓點，小篆崇尚整齊，悉圓作方，漸失古制矣。今稱"玉箸篆"者是也。

"水"，屈曲有動意，其中象坙流，左右象衆流合并而後大也。

宋板書端楷絶倫，昔精而今不然者，蓋前所刻皆有用之書、可傳之本，珍重之至，宜乎其刻之精也。比年以來，非程文、類書則士子不讀而市不鬻，日積月累，動盈箱篋。越二三載，則所讀者變於前所鬻者，非其初矣。是皆無益於用者，安得求其刻之精乎？昔人有云"加災於木"，正謂此耳。

周公謹所著《印説》，叙論精確，文、何多宗之。

秦印皆損益籀文，其傳不廣。漢印古朴典雅。魏、晉無大失。六朝作朱文、白文，變始於此。唐印毫〔一四〕無古法，邪謬甚矣。宋承唐制，文愈支離，用"齋"、"堂"、"館"、"閣"等書字，與秦、漢相悖。元人冠履倒置，六文、八體盡失，印亦因之。吾丘子行、趙子昂意在復古，間有得者。

《碧落碑》，字多不合法，然布置茂美。唐韓王元嘉子李諶等四人爲其妣房氏立。

李陽冰名潮，杜子美之甥也，以字行，别字少温。木玄虚《海賦》有“陽冰不治，陰火潛然”，“冰”當音“兵”。李當塗工篆書而忽於六書，令人讀爲“凝”，過矣。

文光案：王雩云：“李陽冰，‘冰’音凝，誤讀爲冰。”然“冰”字本有二音，詳見《汗簡》。兩讀皆可，不必争辯也。

《博古圖》六十卷，今爲百卷。紹興間本今無矣。後重刻在南太學中，今亦殘缺。

田汝耔重刊《漢隸分韻》七卷。

《印譜》自宣和始，其後爲譜者十數家，不無遺珠。今上海顧氏以其家所藏銅、玉印暨項氏所藏，不下四千方。歙人王延年爲鑑定，出宋、元十之二，而以王順伯、沈潤卿等譜合之，木刻爲《集古印藪》，裒集之功可謂博矣。然而玉石并陳，真贋不分，豈足爲印家董狐也耶？

《説文》字畫全非漢法，元刻頗佳。

《説文》不用於漢印。

漢世有二王次仲，皆善隸書。

以上藝術類篆刻之屬。

《五木經》一卷

唐李翺撰，元革注

《津逮》本。是書翺所戲作，以行打馬之法，非古之五木也。圖例已佚，非全書矣。

《射書》四卷

明顧煜撰

明本。是編掇拾羣書論射之言，彙爲一書，而射法、射式、馬射、射禮之外，又雜采馬政諸説及詩賦數篇，頗爲蕪雜。射法，《漢志》入兵家，《通考》入雜技藝。予藏《論射》一册，凡十三圖，不知誰著。

《兼山堂棋譜》一卷

國朝徐星友撰

原本。西湖散人校定。宋有晏天章《棋經》、劉仲甫《棋訣》，傳本極少。今所傳《通玄》、《清遠》、《清樂》、《幽玄》、《機深》、《忘憂》諸集，皆圍棋譜也。余所藏有《兵機武庫》八卷，陸氏父子百年纂成，崇禎二年刊本。

以上藝術類雜技之屬。

右藝術類。

道成而上，藝成而下，苟有取焉，君子不棄。謹案：《四庫書目》藝術類以書畫爲首，琴譜次之，篆刻又次之，而雜技終焉。今所録者凡六十九家，書畫之屬五十七，琴譜之屬六，篆刻之屬三，雜技之屬三。古者左圖右史，圖即畫也。而今爲賞鑑一途，踵事增華，品題日富，故所録最爲賅備。而名品、筆法展卷可考，爲雅音清廟明堂之奏，仍入經部。兹所録者，山人、墨客之技也。鐫刻印章，古無其書。自王俅《嘯堂集古》始收古印，自晁克一《印格》始集古印爲譜，自吾丘衍《學古編》始詳論印之體例，而文彭、何震以後，此術愈精。印譜傳寫失真，殊難依據，所録則篆刻之法也。射義、投壺，載於《戴記》，而諸家所述，事異《禮經》，故與博奕、歌舞統爲雜技，瑣屑甚矣。今亦姑存一二，未暇備録也。

校勘記

〔一〕“堊”，原作“垔”，據《四庫全書總目》改。

〔二〕“玄”，原作“真”，據《繪事備考》改。

〔三〕“妹”，原作“姝”，據同上書改。

〔四〕“性”，原作“姓”，據《江村銷夏録》改。

〔五〕“洞心駴目”，原作“動心戒目”，據《石渠寶笈》改。

〔六〕“患”，據理似當作“滤”。

〔七〕“余”，據理似當作“於”。

〔八〕“五臣注”，《式古堂書畫彙考》無此三字。

〔九〕“文”，上書無此字。

〔一〇〕“鄉土”，原作“商賈”，據唐吴兢《樂府古題要解》改。

〔一一〕“石”，據上文補。

〔一二〕“藪”，原作“譜”，據清葉銘、葉舟《葉氏印譜存目》改。

〔一三〕“誤”，原作“訛”，據元吾丘衍《學古編》改。

〔一四〕“毫”，原作“亮”，据明甘暘《印章集説》改。

萬卷精華樓藏書記卷八十九

子部九

譜録類

《考古圖》十卷　附《古玉圖》二卷

宋吕大臨撰

亦政堂本。前有吕氏自記，元陳才子、陳翼子重修二序。《古玉圖》别有單行本，此所附者，元朱德潤撰，《元史·藝文志》作一卷。謹案：《天禄琳琅書目》："《重修考古圖》，二函，十册。"皆繪圖立説，并載所藏姓氏。元默齋羅更翁考訂，明新都丁云鵬、吴廷羽注并繪圖，吴元滿篆銘，劉然書録，汪袒補録，黄德時、德懋刻。又"《考古圖》一函，四册。"篇目同上，明鄭樸校，楊明時刻，後有萬曆庚子吴廷序。廷即刻《餘清齋法帖》者。

莫氏《經眼録》："《考古圖》十卷，元大德本。後有記八行，謂'宋儒正字吕興叔先圖古器物，并録其銘篆，彙爲十卷'云云。每卷題後并署'默齋羅更翁考訂'。前有'鹿巖山人'一印。首有二卣主人二十一歲小像，嚴可均題，篆書。像後有倪稻孫題。二卣〔一〕不知即稻孫否。大德己亥古迂陳才子題云：'汲郡吕公彙諸大家所藏尊卣敦盂之屬，繪爲巨編。兵後多磨滅。吾弟翼俌又廣吕公好古素志，屬羅兄更翁臨本，且勸更翁刻以傳世，并採諸老辨證附左方。'"

文光案：翼偁即翼子。此重修之本，非吕氏原書。《敏求記》："十卷之外，有《續考》五卷、《釋文》一卷。"《四庫》所收即錢本，北宋鏤板，與傳本大異。

《宣和博古圖録》十三卷

宋王楚等撰

亦政堂本。此明萬曆壬寅吴萬化刊本，合《考古圖》、《古玉圖》爲一板。乾隆壬申年，黄晟重校刊。前有萬曆癸卯焦竑序、洪世俊序，嘉靖七年蔣暘序，乾隆十八年黄晟序。是書作於大觀年，其時未有宣和年號，其冠以"宣和"者，取殿名也。晁《志》云王楚撰，《敏求記》以爲王黼，未知孰是。謹案：《天禄琳琅書目·明板史部》："《博古圖》，三函，三十册。"蔣序言屬掌監司黄君景星翻刻，焦、洪二序俱言新安吴氏公宏重刻，則此書當是公宏所刻。第宏具標題爲《考古》、《博古》二圖序，且序中有"以《古玉圖》附焉"之語。今《考古》、《古玉》二種已佚。考《明志》，惟載程士莊《博古圖録》三十卷，而蔣、吴二家所刻均不著録，則此書之流傳甚少。是本攃印極精。竑序作篆書，出歐陽序手，用筆深有古致。歐陽序，字惟禮，江寧人，能詩詞，工篆籀。焦序後有"餘庵珍藏"印，未詳何人。又《明板子部》："《博古圖録考正》，二函，十二册。"鄭樸《考正書》三十卷，凡六十類，皆繪圖爲説，有樸序。樸，明人，署"宣和五年"，誤刻。今本《博古圖》仍題"重修"二字。

洪氏序曰："吴公宏甫命墨卿繪而鐫之。"

蔣氏序曰："暇日取原刻舊本補缺增遺，重爲付梓。"

黄氏序曰："校刊於槐陰草堂。"

洪氏書《博古圖》曰："政和、宣和間，朝廷置書局以數十計，其荒陋而可笑者，莫若《博古圖》。予比得漢匜，因取一册讀之，發書捧腹之餘，聊識數事於此。父癸匜之銘曰‘爵方父癸’，則爲之説曰：‘周之君臣，其有癸號者，惟齊之四世有癸公，癸公之子曰哀公，然則作是器也，其在哀公之時歟？故銘曰“父癸”者，此也。’夫以十干爲號，及稱父甲、父丁、父癸之類，夏、商皆然。編圖者固知之矣，獨於此器表爲周物，且以爲癸公之子稱其父，其可笑一也。周義母匜之銘曰‘仲姞義母作’，則爲之説曰：‘晉文公、杜祁讓偪姞而己次之，趙孟云“母義子貴”，正謂杜祁，則所謂“仲姞”者，自名也；“義母”者，襄公謂杜祁也。’夫周世姞姓女多矣，安知此爲偪姞？杜祁但讓之在上，豈可便爲母哉？既言仲姞自名，又以爲襄公爲杜祁所作，然則爲誰之物哉？其可笑二也。漢注水匜之銘曰‘始建國元年正月癸酉朔日制’，則爲之説曰：‘漢初始元年十二月改爲建國，此言元年正月者，當是明年也。’按《漢書》，王莽以初始元年十二月癸酉朔日竊即真位，遂以其日爲始建國元年正月，安有明年卻稱元年之理？其可笑三也。楚姬盤之銘曰‘齊侯作楚姬寶盤’，則爲之説曰：‘楚與齊從親，在齊湣王之時。所謂“齊侯”則湣王也。周末諸侯自王，而稱侯以銘器，尚知止乎禮義也。’夫齊、楚之爲國，各數百年，豈必當湣王時從親乎？且湣王在齊諸王中最爲驕暴，嘗稱東帝，豈有肯自稱侯之理？其可笑四也。漢梁山之銘曰‘梁山銅造’，則爲之説曰：‘梁山銅者，紀其所貢之地。梁孝王依山鼓鑄，爲國之富，則銅有自來矣。’夫積山鑄錢，乃吳王濞耳。梁山自是山名，屬馮翊夏陽縣，於梁國何預焉？其可笑五也。觀此數説，他可知矣。”録於《容齋隨筆》。

洪氏《再書博古圖》曰：“予昔年因得漢匜，讀《博古圖》，嘗載其序述可笑者數事於《隨筆》。近復盡觀之，其謬妄不可殫舉。當政和、宣和間，蔡京爲政，禁士大夫不得讀史，而《春秋三傳》真束高閣，故其所引用，絶爲乖盾。今一切記之於下，以示好事君子與我同志者。商之癸鼎只一‘癸’字，釋之曰：‘湯之父主癸也。’父癸尊之説亦然。至父癸匜，則又以爲齊癸公之子。乙鼎銘有‘乙毛’兩字，釋之曰：‘商有天乙、祖乙、小乙、武乙、太丁之子乙，今銘“乙”，則太丁之子也。’父己鼎曰：‘父己者，雍己也。繼雍己者，乃其弟太戊，豈非繼其後者乃爲之子耶?’至父己尊，則直云：‘雍己之子太戊爲其父作。’予按：以十干爲名，商人無貴賤皆同，而必以爲君，所謂‘癸’即父〔二〕癸，‘己’即雍己，是六七百年中更無一人同之者矣。商公非鼎銘只一字曰‘非’，釋之曰：‘據《史記》，有非子者，爲周孝王主馬，其去商遠甚。惟公劉五代孫曰公非，考其時當爲公非也。’夫以一‘非’字而必强推古人以證之，可謂無理。周益鼎曰：‘《春秋》文公六年有梁氏益，昭公六年有文公益，未知孰是。’予按：《左傳·文八年》所紀，乃梁益耳，而杞文公名益姑。周絲駒父鼎曰：‘《左傳》有駒伯，爲郤克軍佐，駒其姓也。此曰駒父，其同駒伯爲姓耶?’予按：《左傳》駒伯者，郤錡也。錡乃克之子。是時郤氏三卿，錡曰駒伯，犨曰苦成叔，至曰温季，皆其食采邑名耳，豈得以爲姓哉?叔液鼎曰：‘考諸前代，叔液之名不見於經傳，惟周八士有叔夜，豈其族與?’夫伯仲叔季爲弟兄之稱，古人皆然，而必指爲叔夜之族，是以‘叔‘爲氏也。周州卣曰：‘州出於來國，後以州爲氏。在晉則大夫州綽，在衛則大夫州吁，其爲氏則一耳。’予按：來國之名，無所著見，而州吁乃衛公子。正不讀《春秋》，豈不知《衛詩》、《國風》乎?遂以爲氏，尤可哂也。周高克尊曰：‘高克者，不見於他傳，惟周末衛文公時有高克將兵，疑克者乃斯人，蓋衛物也。’予按：元銘文但云‘伯克’，初無‘高’字。高克，《鄭·清人》之詩，兒童能誦之，乃以爲衛文公時，又言周末，此書局學士，蓋不曾讀《毛詩》也。周毁敦曰：‘銘云伯和父，和者，衛武公也。武公平戎有功，故周平王命之爲公。’予按：一時列國，雖子男之微，未有不稱公者，安得平王獨命衛武之事？周慧季鬲曰：‘“慧”與“惠”通。《春秋》有惠伯、惠叔，虢姜敦有“惠仲”，而此鬲名之爲惠季，豈非惠爲氏而伯仲叔季者乃其序邪？’予按：惠伯、惠叔，正與莊伯、戴伯、平仲、敬仲、武叔、穆叔、成季相類，皆上爲謚，下爲字，烏得以爲氏哉？齊侯鎛鐘銘云：‘咸有九州，處禹之都。’釋之曰：‘齊之封域有臨淄、東萊、北海、高密、膠東、泰山、樂安、濟南、平原，蓋九州也。’予按：銘語正謂禹九州耳。今所指言郡名，周世未有，豈得便以爲州乎？宋公䛒鐘銘曰：‘宋公成之䛒鐘。’釋之曰：‘宋自微子，有國二十世而有共公固成，又一世而有平公成，又七世而有剔公成，未知孰是。’予按：宋共公名，《史記》以爲‘瑕’，《春秋》以爲‘固’，初無曰‘固成’者。且父既名‘成’，而其子復名之，可乎？剔成君爲弟偃所逐，亦非名‘成’也。周雲雷磬曰：‘《春秋》：“魯饑，臧文仲以玉磬告糴于齊。”’按：《經》所書，但云‘臧孫辰告糴于齊’，《左傳》亦無玉磬之説。漢定陶鼎曰：‘漢初有天下，以定陶之地封彭越爲梁王。越既叛命，乃以封高祖之子恢，是爲定陶共王。’予按：恢正封梁王，後徙趙。所謂‘定陶共王’者，元帝之子、哀帝之父，名康者也。”録於《容齋三筆》。

《讀書敏求記》：“《博古圖》成於宣和年問，而謂之‘重修’者，以採黄伯思《博古圖説》在前也。至大翻雕，仍謂之‘重修’，未知所修何事。是書雕造精工，字法倶橅歐陽，乃當時名手所書。凡‘臣王黼撰’云云，元板都爲削去，殆以人廢書與？”

文光案：錢曾誤以宣和爲年號，殆未詳考。據其所説，則宋、元兩刻倶見之，然著之不詳。

《道古堂集》記宣德鑪最詳，用物甚宏，多出各國。其貴者如赤金、白銀、辰砂、風磨、洋銅之類，其色如石緑、黄丹、古墨之類，取多用宏，爲世所寶。因作《宣德彝器傳》。

《古玉圖譜》一百卷

宋淳熙敕撰

亦政堂本。首葉第二行題“文林郎、翰林院待詔、兼畫學博士、賜金帶臣劉松年奉敕寫圖”。是書諸家俱不著録，元劉澤民撰《古玉圖》，亦未言及此書。想宋時官本藏諸祕閣，人未之見。此則外間所詭託也。

《平津館書籍記》：“《古玉圖譜》三十二册，影寫本，題‘龍大淵等奉敕編纂’。前有乾道元年龍大淵序，後列奉敕編纂、校閲、排次、寫圖、設色、裝潢銜名。又有柯九思序。此宋時官本，與今本異。”

文光案：“龍大淵，武臣也。孫氏所記其緒[三]銜仍題‘翰林學士’。是書《四庫》著百二卷，疑孫氏以所藏爲官本，恐亦不足據。

《奇器圖説》三卷　《諸器圖説》一卷

西洋鄧玉函撰，明王徵譯繪

安康張氏本。道光己丑張鵬翂重刊，有序。又崇禎改元武在中序。《諸器圖説》一卷，王徵撰，有天啓七年跋。徵字良甫，號葵心，涇陽人。天啓壬戌進士，官揚州推官。以邊才薦升登萊監軍僉事，未閲月回籍。聞京師陷，七日不食，死。學者私謚端節先生，國朝謚忠節。見《陝西志》。

武氏序曰：“此書採輯者爲卷三，創制者爲卷一。授位學焉，手繪而付之梓。”

王氏跋曰：“是書乃遠西諸儒携來彼國圖書之一，余習之數日，頗亦曉其梗概。於是取《器圖説》，分類而口授焉。余信筆疾書，不次不文，總覺人人易曉，有益於民生日用。”

《墨經》一卷

宋晁季一撰

汲古閣本。是書前後無序跋。内題“晁氏”，不著名。凡二十事：一曰松，二曰煤，三曰膠，四曰羅，五曰和，六曰搗，七曰丸，八曰藥，九曰印，十曰樣，十一曰蔭，十二曰事治，十三曰研，十四曰色，十五曰聲，十六曰輕重，十七曰新故，十八曰養蓄，十九曰時，二十曰工。

古用松烟、石墨二種。石墨自晉、魏以後無聞，松烟上矣。松有上、中、下三品，以色澤肥膩、性質沈重者爲上。漢貴扶風、隃糜、終南山之松，晉貴九江廬山之松，唐貴易州、潞州之松。李氏以宣、歙之松類易水之松。兖州東山産松最多。

古用立窰，今用卧窰。煤貴輕，有聲有光者良。凡墨有穿眼者，謂之滲眼，煤雜窰病也。

凡墨，膠爲大。有上等煤而膠不如法，墨亦不佳。如得膠法，雖次煤能成善墨。潘谷之煤，人多有之；而人不及谷者，正在煎膠之妙。凡膠，鹿膠爲上，次用牛膠。《墨法》所稱黄明膠，正謂鹿膠。墨膠不可單用，以牛膠、魚膠、阿膠參和之。兖人十月煎膠，十一月造墨，旋煎旋用，殊失之。以重煎者爲良。

和煤在小室内，不可通風。傾膠於中央，使自流，然後衆力急和之。膠多利久，膠少利新。

凡搗不厭多。魏韋仲將墨法，鐵臼中搗三萬杵。賈思勰墨法亦然。搗成便丸，稍遲乃裂。

墨藥用真珠、麝香等物。兖人以不用藥爲貴，然不如用藥者良。舊有别集《藥法》一卷。

凡墨樣，厚大難工，薄小易善。

凡蔭室，以静密温小爲貴；火候，隨風日晴晦爲難。

凡研墨不厭遲，直研乃見真色。俗人邪研。善墨如研犀，惡墨如研泥。

凡墨，紫光爲上，墨光次之，青光又次之，白光爲下。以墨比墨，不若以紙比墨。

凡墨不貴輕，新不及故。

造墨以十一月、十二月正爲上時，十月、二月爲下時，餘月無益有害。

唐匠惟聞祖敏。

《墨法輯要》一卷

明沈繼孫撰

聚珍本。是書前後無序跋。凡二十一圖：一曰浸油，二曰水盆，三曰油䀀，四曰煙椀，五曰燈草，六曰燒煙，七曰篩煙，八曰鎔膠，九曰用藥，十曰搜煙，十一曰蒸劑，十二曰杵擣，十三曰秤劑，十四曰鎚煉，十五曰丸幹，十六曰樣製，十七曰入灰，十八曰出灰，十九曰水池，二十曰研試，二十一曰印脱。舊本“印脱”在“樣製”圖後，今附於末。每圖各冠以説，敘次詳明。古墨皆松煙，南唐李廷珪兼用桐油，後楊振、陳道真諸家皆述其法。元、明以來松煙之製漸亡，而此法獨傳。繼孫，洪武時人，自言初受教於三衢墨師，後又從一僧得墨訣，遂并録成書，而其所製之墨今無傳焉。存此可知近代墨法之所祖；合《墨經》觀之，又可知古法之一變也。

古法用松燒煙，近代始用桐油、麻子油燒煙。衢人用皁青油燒煙，蘇人用菜子油、豆油燒煙。桐油得煙最多，爲墨色黑而光，久則日黑一日。餘油得煙皆少，爲墨色淡而昏，久則日淡一日。

燒煙宜秋深冬初。每桐油百兩得煙八兩，此爲至能。

魚鰾膠不可純用，止可用九分，牛膠一分。魚膠若二分，便纏筆難寫。世俗見坡詩有“魚膠熟萬杵”之句，便謂墨須用魚膠，痴漢面前難以説夢。凡造膠製墨宜在正月、二月、十月、十一月。餘月造者，大熱則造膠不凝，制墨多碎；大寒則造膠凍瘃，製墨斷裂。小墨尚可，大墨决不可爲也。

用藥之法，非惟增光、助色、取香而已，意在經久，使膠力不敗，墨色不退，堅如犀石，瑩澤豐腴，膩理可愛。此古人用藥之妙也。然欲墨之黑，一須煙純，二須膠好而减用，三須萬杵不厭。此不易之法，不可全藉乎藥也。

文光案：此條較《墨經》爲詳。“入灰”即《墨經》之“蔭”也，亦較《墨經》爲詳。“研試”一條，全引《墨經》。惟油法爲《墨經》所無。

《方氏墨譜》六卷

明方于魯撰

嘉陰堂本。萬曆戊子方氏自刊。首列投贈之作，後分六類：曰國寶，曰國華，曰博古，曰博物，曰法寶，曰鴻寶。每類一卷，凡三百八十五圖。萬曆癸未汪道昆首序：“程、方以製墨相仇，時人謂之‘墨妖’，亦墨兵也。”又一本四卷，缺後二卷，又失投贈諸作。開首全録《提要》之文，末題萬曆三十七年陳繼儒序。坊賈欺人之本也。

《程氏墨苑》十二卷

明程君房撰

原本。前半部爲諸家題序、墨圖。凡分六類：曰元工，曰輿地，曰人官，曰物華，曰儒箴，曰緇黄，每類分上、下二卷。雕鏤題識，與方《譜》各極精巧。

《韻石齋筆談》："方、程以製墨互相角勝。所彙《墨譜》倩名手爲圖，刻畫研精，細入毫髮。程作《墨苑》以矯之。兩家遺編至今傳爲清玩。蓋于魯微時曾受造墨之法於君房，仍假館而受粲焉。程有妾，頗美麗，其妻妬而出之。正方所慕也，乃令媒者輾轉謀娶。程公訟之有司，遂成隙。未幾程坐殺人繫獄，疑方陰嗾之，故《墨苑》内繪中山狼以詆方。然以墨品、人品論，程終不能勝方耳。"

羅小華名龍紋，新安人。嚴分宜當國，爲其子大符幕賓，授中書舍人。嚴敗，伏法。所製墨，糜玉屑、金珠以爲珍異。神宗游情翰藻，訪及羅氏墨。中涓重資爭購，等於圭璧焉。

《池北偶談》："梅淵公清嘗遺予墨朴一，其堅如石，文曰'程明房造'。君房初字明房，此其早年所製。"

《拜經樓記》："《墨志》一卷，明麻孟璿撰。金壽門手抄本，傳自冬心先生。凡分九類，徵引賅詳，論説古雋，似兼李氏《墨譜》、陸氏《墨史》之長。宣城麻三衡，名著復社，死甚烈，蓋節義之士，其緒餘故自足傳。韻語略載《明詩綜》，《墨志》惟知不足齋所刻《墨史》中偶一附注。元時宜興多造墨名手，此書遺漏尚多。"

《陶説》六卷

國朝朱琰撰

《知不足齋》本。首裘日修序，次目。《説今》一卷，曰饒州今窰，曰陶冶圖説二十則。《説古》一卷，曰原始，曰古窰考。《説明》一卷，曰饒州明窰，曰造法。《説器》三卷，上卷曰唐虞器，曰周器，曰漢器，曰魏晉南北朝器；中卷曰唐器，曰宋器，曰元器；下卷曰明器。末有乾隆三十九年朱文藻跋，又鮑廷博跋。

裘氏序曰："窰器無專書，《格古要論》寥寥數則，官、哥、汝、定，其爲窰也，不一其地。自有明以來，惟饒州之景德鎮獨以窰著。在明代以中官涖其事，往往利外苛索，民以爲病。我國家則慎簡朝官，給緡與市肆等，且加厚焉。民樂趨之，仰給於窰者日數千人。窰户率以此致富，以故不靳工，不惜費，所燒造每變而日上，較前代所稱與金玉同珍者，有其過之無不及也。桐川此書，謂之爲陶人之職志可也，謂之爲本朝之良史可也。"

朱氏跋曰："吾宗笠亭先生客游饒州，以親見之事參諸舊聞，其説不誣，洵可傳也。鄙見所及，尚有數事可資采擇者。吾杭新平鎮素瓷，唐貞觀時名於天下，今其地久廢，其説猶存。他若宜興洪春所製之茶壺，流傳海内，例所宜廣。武林繡谷吴氏所藏百八酒器，一時名宿，各有詩歌，亦可臚陳其形式而備其説。楊中丞雍建嘗監窰事，其酌定事宜，見於文集者，亦有可采。至書瓷一節，仁和邵遠平嘗禁絶之，以爲敬聖惜字之一端。世宗時亦有請書年號以垂永者，諭旨不允其請。凡巨細各條，當俟暇時稍爲輯録，以正有道。"

鮑氏跋曰："《考工》之書，漢、隋、唐、宋諸志撰述寥寥。若朱遵度《漆經》、杜鎬《鑄錢故事》之類，不過數種而已。前明吕棠之《宣德彝器譜》、傅浚之《鐵冶志》、汪砢玉之《古今鹺略》，皆涖其官，親其事，纂輯成書。而陶器一藝，未聞述作。笠亭先生丁亥歲館於江西大中丞憲署，因得悉景德窰器之製，考古驗今，燦然具陳。屬博讎校付之梓民，因書數語於後。"

康熙十九年，始遣内務府官駐廠監督。邇年以來，所造益精。古禮器尊、罍、彝、鼎、卣、爵之款識。文房硯屏、墨床、書滴、畫軸、祕閣、鎮紙、司直，各適其用。而於中山毛穎，先爲之管，既爲之洗；卧則有床，架則有格，立則有筒。仿漢人雙鈎、碾玉之印章，其紐法爲駝，爲龜，爲龍虎，爲連環，爲瓦。其他難以枚舉。規範則定、官、哥、宣德、成化、嘉靖、佛郎之好様，萃於一窑；其彩色則霽虹、礬紅、霽青、粉青、冬青、紫緑、金銀、漆黑、雜彩，隨宜而施；其畫染則山水、人物、花鳥、寫意之筆，青緑渲[四]染之製，四時遠近之景，規撫名家，各有元本。於是戧金鏤銀，琢石髹漆，螺甸、竹木、匏蠡諸作，無不以陶爲之。近代一技之工，如陸子剛治玉，吕愛山治金，朱碧山治銀，鮑天成治犀，趙良碧治錫，王小溪治瑪瑙，蔣抱雲治銅，濮仲謙雕竹，姜千里螺甸，楊損倭漆，今皆聚於陶之一工。有陶以來，于兹極盛。

乾隆八年五月，内務府員外郎、管理九江關務唐英，遵旨由内廷交出《陶冶圖》二十張，次第編明，爲作圖説，進呈御覽。謹就所編，録其大略。

明瓷至隆、萬製作日巧，無物不有。饒窑做定器用青田石粉爲骨，曰粉定，質粗理鬆，不甚佳。

《硯史》有陶硯，十國前蜀器。梁時有瓷硯。

後周柴窑，當日請瓷器式，世宗批其狀曰："雨過天青雲破處，者般顔色做將來。"昔人論柴窑曰："青如天，明如鏡，薄如紙，聲如磬。"柴窑製精色異，爲諸窑之冠，近世少見。

宋政和間，京師自置窑，曰官窑。宋處州人章生一、生二，於龍泉之窑各主其一。生一以兄，故曰"哥窑"。生二所陶，仍名"龍泉窑"。汝州建青器窑，曰"汝窑"，較官窑尤滋潤。出今直隸定州者爲定窑，北定爲貴，政和、宣和間者最好。

文光案：是書所採，尚有未備，宜補。

《景德鎮陶録》十卷

國朝藍浦撰，門人鄭廷桂補輯

翼經堂本。首嘉慶二十年劉丙序，次目録。卷一，《圖説》；卷二，《國朝御窑廠恭紀》，又《鎮器原起》；卷三，《陶務條目》；

卷四，《陶務方略》；卷五，《景德鎮歷代窰考》；卷六、七，《諸窰考》；卷八、九，《陶説雜編》；卷十，《陶録餘論》。末有鄭廷桂跋。濱南以鎮陶無專書，博采衆説，驗諸時制，輯爲是録，凡八卷，未終而逝。首、末二卷，則其門人之所補也。是本繪圖甚精，板刻亦工，蓋廣德劉克齋丙知浮梁縣時所刊也。朱桐川《陶説》，於景德鎮陶多所未備。是録專主一鎮而言，雖未必備悉，可見其大略矣。鎮在浮梁之興西鄉，去城二十五里，在昌江之南，故稱昌南鎮。又有“陶陽十三里”之稱。至宋景德年，改名“景德”。景德鎮水土宜陶，自陳以來，業陶者數千户。明洪武二年，就鎮之珠山設御窰廠，置官監督。國朝因之。

王仁圃《江西考古録》，無一言及陶務。景德鎮陶，歷代名天下，實江西土産之最，未可略也。

蔣祈《陶略》、唐公《陶成記示諭稿》，説景德鎮陶事頗詳。練水唐氏《窰器肆考》，詳天下古窰頗悉，而於鎮陶多本傳聞，不無謬誤。是《録》多得於訪問，皆習知其事而能言其詳者。

《陶成十二圖》，鄭琇蘊山繪圖，後有説，多採唐雋公《陶冶圖説》。

《正字通》多載陶説。

宋茘裳分巡秦州，得古瓷一窰，同人索取殆盡。癸卯入都，僅餘二盌一盃。一盌闊五寸，内外純素。一盌差小，波紋動蕩，似吴道子畫。杯貯水一合許，有魚四頭亦凸起，游泳宛然。宋牧仲見之，歎爲異物，載入説部。此真古器足貴者矣。

閩温處叔《陶制序》，深得陶事三昧。

陶有“遥”、“逃”二音。《正字通》：“陶，與‘匋’同。又陶即‘窰’字，通作‘窑’、‘埏’、‘匋’等字。”《説文》：“匋，瓦器，從缶，包省聲。”蓋古字雙音并義，後始陶、窰分稱。

文光案：《陶録餘論》多考辨舊説之訛。

《硯小史》四卷

國朝朱棟撰

樓外樓本。嘉慶庚申年刊，采各書爲之，凡二十九圖。

《池北偶談》："崔後渠《彰德府志·辨硯》云：'世傳鄴城古瓦硯，皆曰曹魏銅雀磚硯，皆曰冰井，蓋徇名而未審其實。魏之宫室，毁蕩於汲桑之亂，趙燕而後，迭興代毁，何有於瓦礫乎？'《鄴中記》云：'北齊起鄴南城，瓦皆以胡桃油油之，光明不蘚。筒瓦用在覆，故油其背；板瓦用在仰，故油其面。筒瓦長二尺，闊一尺。板瓦之長如之，而其寬倍。今或得其真者，當油處必有細紋，俗曰"琴紋"。有花曰"錫花"，傳言當時以黄丹、鉛錫和泥，積歲久而錫花乃見。古磚大者方四尺，上有盤花鳥獸紋、"千秋萬歲"字〔五〕，其紀年非天保則興和，蓋東魏、北齊也。又有磚筒者，花紋、年號如磚，内圓外方，用承檐溜，亦可爲硯。'宋刺史李琮，元豐中於丹陽邵不疑家，得唐元次山家藏古磚硯，背有花紋及'萬歲'字，與《鄴中記》合。又曰'大魏興和二年造'，則唐賢所珍，已出於南城。"

文光案：此條可補《硯史》之未備，且可知所稱"銅雀瓦硯"者，皆僞造也。

《士禮居記》："《硯箋》四卷，校宋本。陶五柳收一舊抄本，上鈐'吴岫圖記'，知爲嘉靖時抄本。卷一第十三葉脱，誤與陳《録》吴槎客本同，知此葉亡已久矣。而其中佳處，足證毛本之誤者亦復不少。余得陸本、顧本并陶本爲三本。揚州近刻本與陳本無大異。試飲堂顧氏抄本出於汲古，當是照宋録行款，卷一有第十三葉。""《硯箋》刊入《揚州十二種》中，舊刻無有也。曾見兩抄本，一則陸東蘿所得，一則陳仲魚抄，兩本不同。陳本與揚州本近，皆改易行數。""吴淑《硯賦》'成墨海於一細'，諸本皆作‘細’。按文義殊不通。檢五硯樓影抄宋本《事類賦》蓋‘紐’字也。”“《述古堂書目》文房門，高似孫《硯箋》一本。知此書宋板尚留人間也。”

《銅仙傳》一卷

國朝徐元潤撰

原本。太倉徐秋士紀其所得古鏡一百餘枚，皆漢、唐物也，一一詳其尺寸、形狀，以藍印之。前有蔣希曾序，後有《説鏡》一篇。無刊書年月。

鮑氏曰：“余友徐秋士明府著《銅仙傳》，載其藏鏡百有四十，但未嘗繪圖，觀者猶以爲不快。子静館於鳳翔，近聞其地出古鏡數百，精者卒爲定静山太守所收。子静亦頗購覓。一日持示舊藏鏡拓一册，凡四十圜，漢鏡居其半，墨華燦爛，神爲之移。”“秦中出土古鏡極多，余間一收之，而同人投贈拓本，則多王廉生所貽。有紀年者，尤不數見。惟文則未免沿襲，且匠氏意造，文多者或末句减三四字，至不成句；少者或句中率添‘而’字：不如他銅器之足珍。然花文制作往往至精，色澤亦斑爛奪目，彙爲一册，亦娱老懷也。”“余戚陳寅生麟炳工篆刻，所鐫銅墨合足與曼生壺并傳，都人士争購之，廠肆頗有襲其名者。性狷介，余尤推重。余近所得零星古器，皆寅生物色者也。”“薛氏父子精於刻泉，更無出其右者。余名之曰‘薛刻’，字之曰‘重泉’。貽誤將來，惟斯爲甚。薛氏死，其子甫廿齡，即世其業。不三稔，其子又死，薛刻遂絶，而所作已流播南北，傳無疑矣。”録於《觀古閣叢稿》。

文光案：僞泉之辨，具見於《泉説》、《泉彙》。凡物有一真，必有一贗，雖精於賞鑑者，亦有售欺自欺之處。古鏡爲漢、唐物，似亦不可盡信。刻銅二事皆鮑氏之説，因類記之。

《紀聽松菴竹鑪始末》一卷

國朝鄒炳泰撰

原本。錫城西里許，惠山稍折北，菴曰“聽松”。洪武初，詩僧真信海嘗織竹爲鑪，高不盈尺，精巧絶倫。《竹鑪圖》，田汝宗題詠，鄒公記其始末。公爲乾隆壬辰進士，吏部尚書。

《文房肆考》八卷

國朝唐秉鈞撰

竹映山莊本。乾隆四十三年自刊。《硯譜》、《人參考》、《合印色法》，皆有可觀。宋本《文房四譜》五卷，有抄本，未見刻本。宋蘇易簡撰。前有徐鉉序。按《皕宋樓藏書志》，有雍熙三年自序。余家所藏無自序，蓋失之矣。易簡，字太簡，武功人。

《錢志新編》二十卷

國朝張崇懿撰

酌春堂本。道光十年尹湘校刊，有後跋。前有湯輅序、凡例、目録。上自唐虞，下迄明末諸王，終以外夷安南、高麗、日本、高昌，及無考古錢、馬錢、壓勝錢。唐虞附古金，漢附王莽，北周附成及後趙、北燕，唐附史思明，宋附劉豫，明末附張、李二賊。每圖之前，均叙歷代帝王大概。僭僞之國，仍冠正統年號。論錢之語，著於圖後。其圖用本錢拓印上板者，十居八九。宋自〔六〕孝宗淳熙七年始，至〔七〕度宗之咸淳。背文悉鑄明年數，某錢爲某年鑄。無考錢，意是外夷所鑄，流傳中國。凡例後有前代錢譜目録。

劉氏《錢志》。人無考。劉烜引之，多奇品。《隋志》：“顧烜《錢譜》一卷，又《錢圖》一卷。”洪曰：“烜，梁時人。”《唐志》：“封演

《續錢譜》六卷。封，唐人。《薛氏家藏錢譜》三卷。”唐薛元超撰。《宋志》：“張台《錢録》一卷。唐末宋初人。陶岳《貨泉録》一卷。岳五爲郡守。金光襲《泉寶録》。洪《志》引之。李孝美《古今錢譜》十卷。董逌《錢譜》十卷。”俱見《宋志》。洪遵《泉志》十五卷。

以上譜録類器物之屬。

《宣和北苑貢茶録》一卷　附《北苑别録》一卷

宋熊蕃撰

《讀書齋》本。是本首提要，次《茶録》，次其子克繪圖三十八條、蕃所作《御苑采茶歌》并自序，次熊克二跋。《别録》一卷，趙汝礪撰，以補《茶録》未備。首有小序，末有自跋。二録有注，有按，有繼壕按，不知何人所輯，蓋佚其末後一跋。二録見於《福建通志》并《建安志》，又見於《説郛》，均未若此本之精。

熊氏跋曰：“先人作《茶録》，當貢品極盛之時，凡有四十餘色。先人但著其名號。克今更寫其形製，庶覽之者無遺恨焉。三月初吉，男克北苑寓舍書。”

熊氏又跋曰：“北苑貢茶最盛，然前輩所録止於慶曆以上。自元豐之密云龍、紹聖之瑞云龍相繼挺出，制精於舊，而未有好事者記焉。先人親見時事，悉能記之，成編具存。今閩中漕臺新刊《茶録》未備，此書庶幾補其闕云。淳熙九年冬十二月四日，朝散郎、行祕書郎、兼國史編修官、學士院權直熊克謹記。”

趙氏自跋曰：“舍人熊公博古洽聞，嘗於經史之暇緝其先君所著《北苑貢茶録》，鋟諸木以垂後。漕使、侍講王公得其書而悦之，將命摹勒以廣其傳。汝礪白之公曰：‘是書紀貢事之源委與制作之更沿，固要且備矣。惟水數有盈縮，火候有淹亟，綱次有後先，品色有多寡，亦不可以或闕。’公曰：‘然。’遂摭書肆所刊

《修貢録》，曰水幾分，曰火幾宿，曰某綱，曰某品若干云者條列之。又以所採擇製造諸説併麗於編末，目曰‘北苑别録’，俾開卷之頃，盡知其詳，亦不爲無補。淳熙丙午孟夏望日，門生、從政郎、福建路轉運司主管帳司趙汝礪敬書。”

文光案：此本二録皆有注，引證極博。書後尚有一跋，應借别本録之。

《畫墁録》曰：“有唐茶品，以陽羨爲上供，建溪北苑未著也。貞元中，常衮爲建州刺史，始蒸焙而研之，謂‘研膏茶’。《方輿紀要》云：‘鳳凰山之麓名北苑，廣二十里。’”“舊《經》云：‘僞閩龍啓中，里人張廷暉以所居北苑地宜茶，獻之官，其地始著。’”“《西溪叢語》云：‘建州龍焙面北，謂之北苑。’”“《宋志》：‘建安有北苑茶焙、龍焙。’”“《别録》曰：‘建安之東三十里，有山曰“鳳凰”。其下直北苑，旁聯諸焙，厥土赤壤，厥茶惟上上。太平興國中，初爲御焙，模龍鳳以羞貢篚，益表珍異。慶曆中，漕臺益重其事，品數日增，其制度日精。厥今茶自北苑上者，獨冠天下，非人間所可得也。”

宋魏了翁《邛州先茶記》曰：“今所謂‘韻書’，自二漢以前，上泝六經，凡有韻之語，如平聲‘魚’、‘模’，上聲‘麌’、‘姥’，以至去聲‘御’、‘暮’之同是音者，本無他訓。乃自音韻分於孫、沈，反切盛於羌胡，然後别爲‘麻’、‘馬’等音，於是‘魚’、‘歌’二音併入於‘麻’，而‘魚、麻’二韻一字二音，以至上、去二聲亦莫不然。其不可通，則更易字文以成其説。且茶之始，其字爲‘荼’。《春秋》書‘齊荼’、《漢志》書‘荼陵’之類，陸、顔諸人雖已轉入麻韻，而未敢輒易文也。若《爾雅》，若《本草》，猶从‘艸’从‘余’。而徐鼎臣訓‘荼’猶曰：‘即今之茶也。’惟自陸羽《茶經》、盧仝《茶歌》、趙贊《茶禁》以後，則遂易‘荼’爲‘茶’，其字從‘艸’從‘人’從‘木’，而謂

‘荼’爲茅秀，爲苦菜，終無有命茶爲‘荼’者矣。” 亭林按：“荼荈之‘荼’，與荼苦之‘荼’，本是一字，古時未分。麻韻‘荼荈’字，亦只讀爲‘徒’。漢、魏以下乃音宅加反，而‘加’字音居何反，猶在歌戈韻。梁以下始有今音，又妄減一畫爲‘茶’字。愚游泰山岱岳觀，覽唐碑題名，見大曆十四年刻‘荼藥’字，貞元十四年刻‘荼宴’字，皆作‘荼’。又李邕《婆羅樹碑》、徐浩《不空和尚碑》、吴通微《楚金禪師碑》‘荼毗’字，崔琪《靈運禪師碑》‘荼椀’字亦作‘荼’，其時字體尚未變。至會昌元年柳公權書《玄祕塔碑銘》、大中九年裴休書《圭峰禪師碑》‘茶毗’字，俱減此一畫，則此字變於中唐以下也。鶴山之論篤矣。”

《路史》引《衡圖經》曰：“茶陵者，所謂山谷生荼茗也。今湖廣茶陵州竟作‘茶’，不知有‘荼’音。”

《北山酒經》三卷

宋朱肱撰

《知不足齋》本。枚菴漫士《古歡堂祕册》，鮑氏重刊，有跋。上卷總論，中卷製麯，下卷造酒并酒方、麯法。

右《北山酒經》三卷，大隱先生朱翼中撰。翼中，不知何郡人，政和七年醫學博士。李保題詩其後，序中“翼中壯年勇退，著書釀酒，僑居西湖上。朝廷起爲醫學博士。明年坐東坡詩，貶達州。又明年，以宫祠還”云云。此册爲玉峰門生徐瓚所贈，猶是述古堂舊藏。戊戌九月二十四日，雨窗翻閲，偶記於此。漫士翌鳳。

乾隆壬寅四月初十日校寫訖，計一萬二千四百八十四字。陳世彭記。

鮑氏跋曰：“宋吴興朱肱，元祐戊辰李常寧榜登第，仕至奉議郎，直祕閣。歸寓杭之大隱坊，無求子、大隱翁，皆其自號也。

潛心仲景之學。政和辛卯，遣子遺直齋所著《南陽活人書》上於朝，起爲醫學博士。旋貶，復召還。此書有‘流離放逐’及‘禦魑魅，轉災荒’之語，似成於貶所。而題曰‘北山’者，示不忘西湖舊隱也。《活人書》，當政和間，京師、東都、福建、兩浙凡五處刊行，至今江南板本不廢。是書雖刻於《説郛》及《吴興藝文志補》，然中、下兩卷已佚。吴君伊仲喜得全本，麴方、釀法，粲然備列，借登棗木，以補《齊民要術》之遺。肱祖承逸，字文倦，歸安人，爲本州孔目。好善樂施，嘗代人償勢家債錢三百千，免其人全家於難。慶曆庚寅歲饑，以米八百斛作粥，活貧民萬人。父臨，歷官大理寺丞，嘗從安定先生學，爲學者所宗。兄服，熙寧六年進士甲科，元豐中擢監察御史裏行。章惇遣袁默、周之道見服，道薦引意，服舉劾之。紹聖初，拜禮部侍郎，出知盧州。坐與蘇軾游，貶海州團練副使，蘄州安置。改興國軍，卒。與肱蓋有‘二難’之目云。”

昔唐逸人追述焦革酒法，立祠配享；又采自古以來善酒者以爲譜。非酒之董狐，其能爲哉？

錢氏跋曰：“《酒經》一册，乃絳云未焚之書。五車四部，盡爲六丁下取，獨留此經，天殆縱予終老醉鄉，故以此轉授，遵皇令勿遠求羅浮鐵橋下耶？予已得修羅採花法，釀仙家燭夜酒，視此經，又如餘杭老媪家俗譜耳。辛丑初夏，蒙翁戲書。”

文光案：此牧齋所藏汲古閣影寫宋刊本，每半葉十行，行十八字。字畫工整，烏絲欄，極精。毛氏印纍纍，《祕本目》所謂“每本費銀四兩”者，此類是也。

《本心齋蔬食譜》一卷

宋陳達叟編

宋本。是書不知何人所作，自跋題“本心翁”。因客問食譜，口授二十品，每品贊十六字。達叟，其門人也，次而傳之。

以上譜録類飲饌之屬。

《禽經》一卷

晉張華注

鈔本。從元本録出。舊題“師曠《禽經》”，未知何據。刊於《百川學海》者，正文與注混淆，改盡舊觀矣。

《野客叢書》：“章茂深嘗得其婦翁石林所書《賀新郎》詞，首曰：‘睡起啼鶯語。’章疑其誤，頗詰之。石林曰：‘老夫嘗考之矣，流鶯不解語，啼鶯解語。見《禽經》。’僕因求之。《禽經》止一卷，不載所著人名。自漢《七略》、《隋經籍志》、《唐藝文志》、本朝《崇文書目》皆不載。觀其洞究物理，殆非常人所爲。觀《埤雅》及諸書述《禽經》所載，而今《禽經》無之，尚數十條。如鶴以怨望，鴟以貪顧，鷄以嗔視，鴨以怒睨，雀以猜懼，燕以狂盱，鶯以喜囀，烏以悲啼，鳶以饑鳴，鴿以潔唳，梟以凶叫，鴟以愁嘯。鵝飛則蜮沉，鸛鳴則蚓結。鵲俯鳴則陰，仰鳴則晴。陸生之鳥，味多鋭而善啄；水生之鳥，味多圓而善唼。短脚者多伏，長脚者多立。凡此在今書皆所不聞，疑《禽經》非全本。此語得之鮑夷白。僕又觀之，如鷺目成而受胎，鶴影接而懷卵，鴛鴦交頸，野鵲傳枝，此見《變化論》。鶴以聲交，鵲以意交，鵁鶄以睛交而孕，此見《爾雅疏》。魚瞰鷄睨，鳥無肺胃，蜃無臟，見《崇有論》。此類甚多，皆《禽經》所當收者。鮑夷白謂《禽經》非後人作。僕考《古今羣書類目》，并無《禽經》。又觀《三國志》，陳長文引《牛經》、《馬經》、《鷹經》及諸《相印》、《相笏》等經，謂皆出於漢世，獨不聞《禽經》之説。今《崇文書目》載《馬經》、《鶴經》、《駝經》、《鷹經》、《龜經》，亦無《禽經》。疑後人所作。《埤雅》謂師曠作。”

《蟹譜》二卷

宋傅肱撰

宋本。後有嘉祐四年自序。上卷舊文，下卷自記。

傅氏自序曰："蟹之爲物，雖非登俎之貴，然見於經，引於傳，著於子史，志於隱逸，歌詠於詩人，雜出於小説，皆有意味焉。故因益以今之所見聞而譜之，聊以補博覽者所闕也。"

《異魚圖贊》四卷

明楊愼撰

《紛欣閣》本。前有嘉靖甲辰升菴自序并跋。魚圖三卷，贊八十六首，異魚八十七種。附以螺具〔八〕、蜃蚶、海錯爲第四卷，贊三十首，海物三十五種。

楊氏自序曰："有西州《畫史》録《南朝異魚圖》，將補繪之。予閲其名，多踳錯，文不雅馴，乃取萬震、沈懷遠之《物志》，效郭璞、張駿之贊體，或述其成製，或演以新文。其辭質而不文，明而不晦，簡而易盡，韻而易諷，句中足徵，言表即見，不必張之粉繪、幢之豔彩矣。"

《異魚圖贊箋》四卷

國朝胡世安撰

《秀巖全集》本。前有升庵序并跋、胡氏自序、目録。升庵贊間有自注，僅標書名，未暇備引其説。胡氏既爲之補，又於崇禎庚午博采傳記以爲之箋。徵引既富，亦有辨證識小之一助也。

《異魚圖贊補》三卷 《閏集》一卷

國朝胡世安撰

前有萬曆戊午年自序并目録。《函海》祇刻《閏集》一卷，書内題“胡世安述，男胡璞、門人雷琯同箋”。

胡氏自序曰：“《山海經》所載，有升庵所遺者。余因類搜其遺補之，命兒子輩校正，乃亦仿箋如左。”

以上譜録類鳥獸草木蟲魚之屬。

右譜録類

尤延之《遂初堂書目》創立“譜録”一門。《四庫》館用其例以收諸雜書之無可繫屬者，以類相從，一器物，二食譜，三鳥獸草木蟲魚。今所録者，凡廿一家。《陶説》、《墨苑》、《硯史》，器物之屬也。竹鑪亦器物也，故附之。《茶録》、《酒經》，食譜飲饌之屬也。《禽經》、《蟹譜》、《異魚圖贊》，鳥獸草木蟲魚之屬也。《博古》諸圖出入於金石，而考證多疏；草木蟲魚，有涉於《爾雅》，而與小學不類：此譜録之所以爲譜録也。

校勘記

〔一〕“卣”，原作“酉”，據上文改。

〔二〕“父”，原作“報”，據宋洪邁《容齋三筆》改。

〔三〕“緒”，據理似當作“諸”。

〔四〕“渲”，原作“宣”，據《陶説》改。

〔五〕“字”，據清王士禛《池北偶談》補。

〔六〕“自”，原作“至”，据上下文意改。

〔七〕“至”，原作“自”，据上下文意改。

〔八〕“具”，據《異魚圖贊》當作“貝”。

萬卷精華樓藏書記卷九十

子部十

雜家類一

《鬻子》一卷

周鬻熊撰

《道藏》本。《漢志》“二十二篇”，陸佃所校止十五篇。唐鄭縣尉逄行珪注本十四篇，蓋中間以二章合爲一，故視陸本又少一篇。《漢志》“小説家”亦别出十九卷。《子鈔》云六篇，《意林》亦然。故葉石林疑行珪注有所附益；李巽岩謂班《志》所著或有他本，此蓋後世所依託；胡應麟則謂班《志》列於“道家”者，漢末已亡，而“小説家”之十九篇尚傳於後。據此，則“二十二篇”爲道家，其書久佚，而諸家書目猶因之，未免混同。今所傳之十四篇，概舉修身治國之術，與道家宗旨迥異，列於“雜家”，與胡氏之説合。然又亡其五篇，其甲乙篇次，諸家皆云不曉。陸本與逄本，前後亦不相同。蓋殘缺之餘，注復謬誤，雖經諸家辨證，亦未能復其初也。鬻熊爲文王師，封於楚，爲始祖，《漢志》云然。

《黄氏日抄》：“逄行珪注序曰：‘熊，楚人，年九十見文王。王曰：“老矣。”熊曰：“使臣捕獸逐麋已老矣，使臣坐策國事尚少也。”文王遂師之，故其書首之以《文王問》。’此必戰國處士假託之辭，蓋自《漢志》已有其篇目。其書亦多可采，如以‘知其身之惡而不改’爲‘大忘’，如以‘自謂賢者’爲‘不肖’，如曰‘察吏於民’，凡此皆足以警世。其餘則載五帝、禹、湯之政，皆主得人。文亦不煩，異乎諸子之寓言虚誕者矣。然每篇多以‘政曰’起語，而以‘昔者’追述文王之問。既記文王而下，又曰‘魯周公’，且亦未知自稱‘政曰’者爲誰。行珪注既不能明言，而反釋以爲‘政術之問’，則非詞矣。”

《藝文志考證》：“道家，《鬻子》二十二篇。太史公序楚世家曰：‘重黎業之，吴回接之。殷之季世，粥子牒之。’劉向《别録》云：‘鬻子名熊，封於楚。’劉勰曰：‘鬻熊知道而文王咨謀。諸子肇始，莫先於斯。’逄行珪序云：‘卷軸不全，而其門可見。’賈誼《新書》引文王、武王、成王問粥子。《列子·天瑞篇》引粥熊曰：‘運轉無已，天命密移，疇覺之哉？’《力命篇》引粥熊語文王曰：‘自長非所增，自短非所損。’陸佃曰：“《列子》所稱，即南華藏舟、鳧鶴之義也。今其書無之，則熊之嘉言要旨亡者多矣。”又‘小説’有‘《鬻子説》十九篇，後世所加。’”

文光案：《漢志》“道家”所著爲《鬻子》，“小説家”所著爲《鬻子説》，固自不同。楊用修謂今之十四篇皆無可取，似贋本無疑。而賈誼《新書》所引十餘條、《文選注》所引一條，皆今本所無，知爲僞書矣。愚意古書中細心檢閲，鬻子之言當尚有存焉者。如《新書》所引其正言確論，自不可磨滅，惜無人採輯成編。使古書復行於世，豈不幸與？玉函山房輯佚書而不及《鬻子》，以有行本故也。班《志》於《鬻子説》下注“後人所加”，蓋非《七略》之舊，孟堅亦以爲僞矣。

《墨子》十五卷　《目》一卷　附《篇目考》一卷

周墨翟撰，國朝畢沅注

靈巖山館本。乾隆四十九年刊。前有畢氏自序并孫星衍序。《篇目考》末有墨子佚文目并跋。

畢氏序曰："《墨子》七十一篇，見《漢志》、《隋志》，凡十五卷，目一卷。宋亡九篇，見《中興館閣書目》，實六十三篇。後又亡十篇，爲五十三篇，即今本也。本存《道藏》中，缺宋諱，知即宋本。又三卷一本，即《親士》至《尚同》十三篇。王應麟、陳振孫等僅見此本。有樂臺注，見《通志》，今亡。按：《通典·兵》有守拒法，而不引《墨子·備城門》諸篇，疑其失墜久也。謹案：《四庫》館採進本與此本同，明刻亦無足觀。墨書傳述甚少，多古言古字。盧學士、孫明經互校此書，沅始集其成。世之譏墨子者，以其節葬、非儒。節葬爲夏法，特非周制。非儒，則由墨氏弟子尊其師之過，其稱孔子諱及諸毀詞，非翟之言也。按：他篇稱'孔子'，稱'仲尼'，又謂'孔子言當而不可易'，是翟未嘗非孔，必當時爲墨學者流爲横議，孟子始嫉之。故《韓非子》云：'墨離爲三，取舍相反不同而皆自謂真孔、墨。'韓愈云：'辯生於末學，各務售其師之説，非二師之道本然。'其知此也。今惟《親士》、《修身》，及《經上》、《經下》，疑翟自著，餘篇稱'子墨子'，《耕柱篇》稱'子禽子'，則是門人小子記録所聞，以是古書不可忽也。且其《魯問篇》曰：'凡入國，必擇務而從事焉。國家昏亂，則語之尚賢、尚同；國家貧，則語之節用、節葬。國家憙音湛湎，則語之非樂、非命；國家淫僻無禮，則語之尊天、事鬼；國家務奪侵凌，則語之兼愛。'是亦通達經權，不可呰議。《荀卿傳》云：'墨翟，孔子時人。或云在孔子後。'沅亦不能定其時事。又遷、固以爲宋大夫，葛洪以爲宋人。高誘注《吕覽》以爲魯人，則是楚魯陽，非魯、衛之魯。先秦之書，字少假借，後乃偏旁相益。若本書，'源流'作'原'，'金鎰'作'益'，'四境'作'竟'，乃若'賊敚'爲'殺'字古文，'遂而不反'合於'遂〔一〕亡'之訓，'關叔'即'管叔'，實足以證聲音、文字訓詁之學，好學者幸存其舊云。" "案目，《親士》、《修身》、《所染》、《法儀》、《七患》、《辭過》、《三辯》，凡七篇。《尚賢》、《尚同》、《兼愛》、《非攻》、《節用》、《節葬》、《天志》、《明鬼》、《非樂》、《非命》，各三篇。《非儒》，二篇。《經上》，《經下》，《説》上、下，共四篇。《大取》、《小取》、《耕柱》、《貴義》、《公孟》、《魯問》、《公輸》，各一篇。自《備城門》以下，凡二十篇，皆古兵家言，有補實用。" 跋云："錢曾所藏世學樓本，即今本。著缺字者八篇，錢不深核〔二〕耳。宋亡九篇，恐是'八'訛爲'九'。六十一，亦'二'之訛也。"

孫氏序曰："《經》上、下略似《爾雅釋詁》文，而不解其意指。漢、唐以來，獨此數篇，莫能引其字句，以至於今，傳寫訛錯，更難鈎乙。《晉書·魯勝傳》云：'勝注《墨辯》，存其序曰："墨子著書，作《辯經》以立名本，惠施、公孫龍祖其學，以正别名顯於世。荀卿、莊周等皆非毁名家而不能易其論也。'《備城門》諸篇脱誤難讀，而弇山先生於此書悉能引據傳記、類書匡正其失，豁然解釋，可與高誘、張湛諸注并傳於世。視楊倞、盧辯空疏淺略，則倜然過之。"

《藝文志考證》："《館閣書目》'十五卷'。自《親士》至《雜守》爲七十一篇，亡《節用》、《節葬》、《明鬼》、《非樂》、《非儒》等九篇。一本存六十一篇，且多訛脱，不相聯屬。又一本止存十二篇。《韓非子》曰：'有相里氏、相夫氏、鄧陵氏之墨，墨離爲三。'《史記》云：'墨翟，宋之大夫，善守禦，爲節用。'索隱：'按《别録》云：“《墨子書》有文子。文子，子夏之弟子，問於墨子。”如此，則墨子在七十子之後。’”“班《志》‘兵家’類復出《墨子》。《考證》云：‘《史記》注：“公輸般攻宋，九設攻城之機變，墨子九距之。公輸般之攻械盡，墨子之守固有餘。”《列子》云：“墨翟之飛鳶。”《韓非子》云：“墨子爲木鳶，三年而成，蜚一日而敗，曰：‘不如爲車輗者巧也。’惠子聞之曰：‘墨子大巧，巧爲輗，拙爲鳶。’”《詩正義》引《墨子·備衝篇》。范書注引《墨子·備突篇》。’”“《晏子春秋》諸目皆列墨家，柳宗元謂墨子之徒爲之：‘墨好儉，晏子以儉名於世，故其徒尊著其事，非晏子爲墨也。爲是書者，墨之道也。’薛氏曰：‘讀《孔叢子·詰墨》，胡曰：“《詰墨》配《非儒》。”怪其於墨子無見，皆《晏子春秋》語也，乃知柳宗元之辨有自而起。’”

胡氏《筆叢》：“墨氏之學，世以自翟倡之。然《七略》有《尹佚》二篇，注‘成康時人’，則遠在翟前，豈墨亦有所自耶？《意林》有纏子，亦墨家。”“道家本長生之祖，楊朱學於老氏，而世罕依託。墨氏磨頂放踵，乃神仙家往往引之，至幻形易貌之術，亦率假其名號，如《墨子七變法》、《枕中記》、《靈奇經》之類，蓋又墨所不道者。稚川《神仙傳》傳墨子，不知何據。《漢志》‘兵家’有《墨子》，則以墨善於城守故也。”

武氏《授堂集》：“墨子居於魯陽。觀《魯問》一篇，翟尊文子爲主君，意嘗爲文子之臣。《楚語注》：‘文子，平王之孫，司馬子期之子，魯陽公也。’惠王十年爲魯哀公十六年，孔子方卒。翟實當惠王時，上接孔子未卒，故太史公一云‘并孔子’。畢氏據本書以爲六國時人，周末猶存。愚竊以翟既與楚惠王同時，必不能歷一百九十餘年尚未及化，此固不然也。中山諸國之亡，蓋墨子之徒續記而竄入者，何可依也？”

文光案：墨曰：“子貢、季路輔孔悝乎？衛陽虎亂乎？”

觀此等語，似與孔子同時。畢氏自序明云“未能定其時事”，是未嘗以爲六國時人也。武氏不知何本。魯陽在魯山之南，漢之南陽縣。古人於地名兩字或單舉一字，如魯陽稱魯是也。然非注不明，不可爲例。周、秦諸子，其目著於《漢志》，其書存於《道藏》，及《十子》、《二十子》、《百子》諸刻，非真僞相半，即殘缺不完。國朝人所校定者，號爲精密，而不能遍及。抄輯諸子，始於沈林文。庾仲容之子抄其書，已佚。馬氏《意林》僅見其概。今玉函山房所輯尚數十卷。若明刻《諸子品節》之類，不足據也。評論諸子，唐有韓、柳文；宋有高氏之《略》、黄氏之《鈔》；明有宋景濂之《諸子辨論》、胡元瑞之《九流緒論》，而王元美之《四部稿》、楊升菴之《丹鉛總録》採輯議論亦復不少。其他間見一二者，不足數也。彙而聚之，古子書大可讀矣。

《鶡冠子》三卷

楚隱士撰

《學津》本。此雜家類之書，又見於《道藏》太清部。漢時已佚其名，陸佃注甚簡略。《唐志》“三卷”，與今本合。

《野客叢書》：“《三山老人語録》云：‘性命生死之説，自秦後，賈誼獨窺其奥。其爲長沙傅，賦鵩，如“小智自私，賤彼貴我。達人大觀，物無不可”、“真人恬漠，獨與道息。釋智離形，超然得喪”，此語自漢以來皆不能出其右。論性命，盡天地，後世無以加也。’僕謂誼此等語皆出於《鶡冠子》。案袁淑《真隱傳》：‘鶡冠子，楚人，隱居深山。以鶡爲冠，號鶡冠子。著書言道家事。馮諼事之，顯於趙。’劉向亦載其事。《漢志》‘一篇’，今所行四卷，十五篇。如所謂‘中流失船，一壺千金’、‘貴賤無常，物使之然’，皆出於是。韓退之獨非其書，以爲好事者僞爲是本，反用《鵩賦》以文飾之，非誼之有取於此也。晚進小生不敢妄據此書，書此以俟識者。”

文光案：韓退之以爲僞書，不知何本，恐是誤記。因録韓文於後，并採黄東發語，使讀者有考云。

《昌黎集》：“《鶡冠子》十有九篇，原注：“今本自《博選》至《武靈王問》，凡十九篇。方云十六篇，未詳。”其詞雜黄老、刑名，其《博選篇》‘四稽’、‘五至’之説當矣。原注：“道有四稽：一曰天，二曰地，三曰人，四曰命。人有五至：一曰百己，二曰什己，三曰若己，四曰斯役，五曰徒隸。至，或作‘室’。”使其人遇時，援其道而施於國家，功德豈少哉？文光案：韓子稱之如此，柳子厚則曰盡鄙淺言也，二公所見不同如此。《學問篇》文光案：此第二篇，黄氏以爲末篇，不解何故。此本訛“末”爲“宋”字。稱‘賤生於無所用，中流失船，一壺千金者’。原注：“壺，或作‘瓠’，音義同。”余三讀其辭而悲之。文字脱謬，爲之正三十有五字，乙者三，滅者二十有二字，注十有二字云。”照東雅堂本録出。百己，謂才百倍於己。或作“伯”。

《黄氏日鈔》：“《鶡冠子》言之害理者，如曰‘聖人貴夜行’；其近理者，如曰‘富者觀其所予，貴者觀其所舉，貧者觀其所取，賤者觀其所與’，及‘不殺降人’之類：皆間見一二。餘率晦澀，詞繁理寡，韓文公顧有取焉，何哉？豈有感於其言乎？”中流失船，傷不遇時也，故文公悲之。

《少室山房筆叢》：“《鶡冠子》，《漢志》一‘道家’，一‘兵家’，今所傳乃僞託道家者耳。然‘道家’所列僅一篇，而韓愈所讀有十九篇，宋《四庫書目》乃三十六篇，晁《志》則稱八卷，與《漢志》俱不合，而唐、宋又自相矛盾。晁顧謂四庫篇目與昌黎所讀同，何也？説者以《鶡冠》、《亢倉》、《子華》皆因前代有其名，而依託爲僞，然中實不同。《鶡冠》，則戰國有其書，而後人據《漢志》補之。《亢倉》，則《莊子》有其文，而後人據《南華》益之。若《子華》，既無其書，又無其文，特好事者因‘傾蓋’一言而僞撰以欺世耳。韓、柳二説，自相紛拏。晁、陳二家，并主柳説。周氏涉筆，在疑信間。獨宋景濂以非僞撰，謂其書本晦澀，後人復雜以鄙淺，故讀者厭之，不復詳其旨。予以此書蕪紊不馴，誠難據爲戰國文字；然詞氣瑰特渾奥，似非東京後人所辨。其書殘逸斷缺，後人之鄙淺者以己意增益傳之，故文義多不可訓。《世兵篇》始終皆論用兵，而中雜以賈賦，正昧者勦入，舊説賈生《鵩賦》至“有鶡冠”。如《南華·盜跖》四篇。”

《鬼谷子注》三卷

梁陶弘景注

《石研齋》本。此本仿宋刻，嘉慶十年甘泉吴漣寫，江都秦伯敦父校刊。板本甚佳，余寶藏之。鬼谷，楚人，生於周世，隱居鬼谷。書不多見，不易得。此本前有秦恩復序，次篇目考，附録諸書所引《鬼谷子》十四條，末有乾隆辛丑周廣業跋、“鮑渌[三]飲得抄本屬正，注甚明白簡當。”盧文弨跋、“《鬼谷子》，小人之書也，凡奸邪之情狀畢見於斯。”阮相國跋。“中多韻語，讀‘巇’如‘呼’。合古聲訓字之義，非後人所能依記。”《鬼谷子》爲縱横家言，自隋、唐志始著録。皆以爲蘇秦撰，實無所據。書凡二十一篇：《捭闔第一》，《反應第二》，《内揵第三》，《抵巇第四》，以上上卷。《飛箝第五》，《忤合第六》，《揣篇第七》，《摩篇第八》，《御覽》作“揣情”、“摩意”。《權篇第九》，《御覽》作“量權”。《謀篇第十》，《御覽》作“謀慮”。《決篇第十一》，《符言第十二》，《轉丸》、《胠亂》二篇皆亡，或云即《本經》、《中經》。以上中卷。《本經陰符七術》，目下不標“第”字。此七篇，高氏刻入《續鮑叢書》，相傳出自太公望，鬼谷子所傳，與《黄帝陰符》同名殊旨。其文似《老子》。《持樞》，無“第”字。《中經》，以上下卷。凡三卷。諸本卷帙大抵相同。

秦氏序曰：“是書刻於乾隆己酉，僅據孫淵如華陰岳廟所録本讎校刊行。盧抱經先生重加勘定，至再至三，最後郵示述古堂舊抄，始知《道藏》所存訛脱不少，因重付剞劂，一以錢本爲主。其有錢本所無而《藏》本所有，審其異同，互相考證。又剌取唐、宋書注所引舊注，附於本文之下。其或今本亡佚，别見他書，及稱鬼谷事迹，足資參考者，附録於後，以備觀覽焉。”

《中興書目》：“《鬼谷子》三卷，周時高士，無鄉里、族姓、名字，以其所隱自號鬼谷先生。蘇秦、張儀事之，授以《捭闔》，下至《符言》等十有二篇。及《轉圓》、《本經》、《持樞》、《中經》等篇，亦以告儀、秦者也。一本始末皆東晉陶弘景注。一本《捭闔》、《反應》、《内揵》、《抵巇[四]》四篇，不詳何人訓釋；中、下二卷，與弘景所注同。”案：鬼谷先生，晉平公時人，姓王名栩，在人間數百歲。見《仙傳拾遺》。不知何據。

文光案：《通志》：“《鬼谷子》三卷，皇甫謐注。又三卷，樂壹注。又三卷，唐尹知章注。又三卷，梁陶弘景注。”樂注云：“蘇秦欲神祕其術，故假名鬼谷也。”

《尸子集本》二卷

國朝孫星衍校集

《平津館》本。嘉慶四年刊，有序并記。書内有案語，并所採書目。所集之目，曰《勸學》，曰《貴言》，曰《儀[五]》，曰《明堂》，曰《分》，曰《發蒙》，曰《恕》，曰《治天下》，曰《仁意》，曰《廣》，曰《綽子》，曰《處道》，曰《神明》，曰《廣澤》，曰《止楚師》，曰《君治》，凡十六篇，爲上卷。《神明》以上爲《羣書治要》；以下三篇并下卷皆雜採諸書，多零散之語，不能成篇。

孫氏曰：“尸子著書於周末，凡二十篇。《漢志》列之雜家。後亡九篇。魏黄初中續之。至南宋而全書散佚。章孝廉宗源剌取書傳，輯成此帙寄予。補訂爲二卷，可以見古書牿略。”

序曰："漢人列《尸子》於雜家者，以其言斥孔墨諸子囿學相非，皆弇於私，故其爲書，雖陳道德、仁義之紀，九州險阻、水泉所起，卒謂之雜家。班固言‘雜家者流，蓋出於議官，兼儒、墨，合名、法，知國體之有此，見王道之無不貫，此其所長’是也。然尸子爲商君謀畫，商君，法家，行變古之政，亦以見尸子之學不盡純乎。儒家通天、地、人，法陰陽、五行，守五帝、三王之道，固已兼諸子所貴矣。道家清虚卑弱，得儒之智；法家信賞必罰，得儒之義：名家名正言順，得儒之禮；墨家貴儉兼愛，得儒之仁。儒者因諸子之長，權時可行，馭之以信，猶土王四季；五經配五常，謂之五學，猶五行更用事。傳曰‘致中和’，又曰‘中庸不可能，至儒家止矣’。而《尸子》以爲孔子貴公，與諸子并論，不亦失言乎？第其書出周、秦之間，雖全書已亡，遺文佚説，時足證左經傳。其引《爾雅》天地、后皇之屬十有餘名，可證叔孫通、梁文增補之詁。其《仁意〔六〕》篇以青陽、朱明、白藏、玄英爲玉燭之名，以發生、長羸、方盛、安静爲永〔七〕風名；‘四時和’下多‘正光照’三字，‘甘雨時降，萬物以嘉’下多‘高者不少，下者不多’八字：義俱長於《爾雅》。蓋玉燭言四時日光，永風言四時祥風，醴泉言甘雨也。引舜云‘從道吉凶，如景如響’，可證僞《尚書》以爲禹言之誤。引孔子曰‘詘寸而信尺〔八〕，小枉而大直，吾勿爲也’，可證孟子辯‘枉尺直尋’之有本。云‘八極之内有君長之，東西二萬八千里，南北二萬六千里，故曰天左舒而起牽牛，地右闢而起畢昴’，即《廣雅》所云‘夏禹所治四海内地，東西二萬八千里，南北二萬六千里’，可證《山海經》云‘天地之東西二萬八千里，南北二萬六千里’，爲據禹所治之地而言，又爲有君長之處，若神農、唐帝所治不止此。及《詩含神霧》所載‘天地東西二億三萬三千里，南北二億三萬一千五百里，天地相去億五萬里’，《甄曜度》所載‘四海東西九十萬里，南北八十萬里'，合之《山海經》帝命豎亥、大章推步東、西極之算，與此殊異者，不止據有君長之處言之也。云'海水三歲一周，流波相薄，故地動'，《開元占經·地占》引諸書説地名體之屬最備，獨缺此語，可增其義。云'馬有麒麟、徑駿'，可證郊天麟皮鼓之非麐鳳之麐。云'春華秋英，其名曰桂'，此'華'爲葉之榮華，可證王維詩'春山桂華'之語。傳云：'博學而識之，知之次也。'又云：'不賢者識其小者。'《尸子》雖雜家之學，既與經傳相發明，好古者何得不見其書？比之鄭康成用緯注經，爲其多古説，且不背先王之法言，不猶愈於誦佛書者乎？"

文光案：《論語》"多見而識之，知之次也"，此云"博學而識之"，恐是誤記。此類甚多。麟皮鼓，見《孔融文集》。

孫氏記曰："《尸子》刊於嘉慶四年，其板後歸家郎中馮翼所。越數年，莊進士述祖以惠氏楝輯本見詒；許民部宗彦又得魏徵《羣書治要》中於日本市舶，因録《勸學》等十三篇寄予；及予閲書傳，亦頗有舊編遺漏者：因屬洪明經頤煊重編爲二卷，再刻於濟南。仍用前序，附識其略於卷末。"

《君治》篇曰："禹手不爪，脛不毛，生偏枯之疾，步不相過，人曰禹步。禹長頸、烏喙，面貌亦惡矣。"

文光案：予嘗不解"禹步"二字之義，今始知之。《荀子·非相篇》亦引此條。

《吕氏春秋》二十六卷

舊題秦吕不韋撰，漢高誘注

《經訓堂》本。畢沅新校正，參訂十一人，皆一時名宿。前有新校正序，次高誘序，次附考，首吕氏十二紀原序，其言近道，以下諸家論説。次舊本，次參訂姓氏，次目，十二紀，八覽，六論，似非本書次序。《史記》云"著八覽、六論、十二紀"，以覽居首，故世稱"吕覽"。梁曜北云："以十二紀居首，此《春秋》之所由名也。”自漢以來皆以《吕氏春秋》爲正名。後跋一。是書十二紀，每紀五篇，每篇冠以“一曰”、“二曰”至“五曰”，其首篇，《禮記》中之《月令》是也。凡六十篇。《提要》曰：“十二月割爲十二篇，每篇之後，各間他文四篇。惟夏令多言樂，秋令多言兵，似乎有義，其餘則絕不可曉。先儒無説，莫之詳矣。”又《序意》一篇。十二紀之總論。梁氏玉繩曰：“古人作序皆在卷末。吕氏十二紀終而綴以《序意》，可知紀當居首，八覽、六論乃其附見者。《提要》曰：“唐劉知幾作《史通》内外篇，而《自序》一篇亦在内篇之末、外篇之前，蓋其例也。”紀統子目六十一，覽統子目六十三，論統子目三十六，每篇子目之後題曰“吕氏春秋”，訓解下題曰“高氏”。實一百六十篇。盧文弨曰：“此書分篇極爲齊整。《序意》本明十二紀之義，末忽載豫讓一事，與《序意》不類。”梁玉繩曰：“疑屬前篇豫讓事下，傳寫錯誤耳。高誘，涿人。見《水經》易水注。

畢氏序曰：“原夫六經以後，九流競興。雖醇醨有間，原其意指，要皆有爲而作。降如虞卿諸儒，或因窮愁託於造述，亦皆有不獲已之故焉。其著一書，專覬世名，又不成於一人，不能名一家者，實始於不韋，而《淮南内外篇》次之。然淮南王後不韋幾二百年，其采用諸書能詳所自出者，十尚四五。即如今《道藏》中《文子》十二篇，《淮南王書》前後采之殆盡，間有增省一二字、移易一二語以成文者，類皆當時賓客所爲，而淮南王又不暇深考與？不韋書在秦火以前，故其采綴原書類亡，不能悉尋其所本。今觀其《至味》一篇，皆述伊尹之言，而漢儒如許慎、應劭等間引其文，一則直稱‘伊尹曰’，一則又稱‘伊尹書’。今考《藝文志》‘道家’，《伊尹》五十一篇，不韋所本當在是矣。又《上農》、《任地》、《辨土》等篇述后稷之言，與《亢倉子》所載略同，則亦周、秦以前農家者流，相傳爲后稷之説無疑也。他如采老子、文子之説，亦不一而足。是以其書沈博絕麗，彙儒、墨之旨，合名、法之源，古今帝王、天地、名物之故，後人所以探索而靡盡與！暇日取元人大字本以下，悉心校勘，遂據以付梓。鳩工於戊申之夏，逾年而告成。若《淮南王書》，則及門莊知縣炘已取《道藏》足本刊於西安，故不更及云。乾隆五十四年，歲在己酉，孟夏月吉序。”誘注《國策》，亦非真本。惟此書及《淮南王書注》最爲可信。誘注二書，間有不同，各依舊訓，隨文生義，故錯出而不相害。誘有《正孟章句》，見《玉海》。

乾隆五十三年靈巖山館校刊，所據凡八本：元大字本，脱誤與近時本無異。李瀚本，明弘治年刻，篇題尚是古式，今皆仍之。許宗魯本，從宋賀鑄舊校本出，字多古體。嘉靖七年刻。宋啓明本，不刻年月，有王世貞序。劉如寵本，神廟丙申刻。汪一鸞本，神廟乙巳刻。朱夢龍本，每用他書之文以改本書，爲最劣。陳仁錫《奇賞彙編》本。

此書所尚，以道德爲標的，以無爲爲綱紀，以忠義爲品式，以公方爲檢格，與孟子、孫卿、淮南、揚雄相表裏也。家有此書，尋繹案省，大出諸子之右。高誘序。吕序曰：“凡十二紀者，所以紀治亂存亡也，所以知壽夭吉凶也。上揆之天，下驗之地，中審之人，若此則是非可不可無所遁矣。”黄震曰：“其書最爲近古。”明方孝孺曰：“其善有足取者。其《節喪》、《安死》篇譏厚葬之弊，其《勿躬》篇言人君之要在任人，《用民》篇言刑罰不如德禮，《達爵》、《分職》篇皆盡君人之道，切中始皇之病。其後秦卒以是數者僨敗亡國，非知幾之士豈足以爲之哉？”又曰：“書皆詆訾時君爲俗主，至數秦先王之過無所憚，而秦不以爲罪，然則秦法猶寬也。”

《史記》：“吕不韋者，陽翟大賈人也。太子政立爲王，尊吕不韋爲相國，號稱仲父。當是時，魏有信陵君，楚有春申君，趙有平原君，齊有孟嘗君，皆下士、喜賓客以相傾。吕不韋以秦之强，羞不如，亦招致士，厚遇之，至食客三千人。是時諸侯多辯士，如荀卿之徒，著書布天下。吕不韋乃使其客人人著所聞，集論以爲八覽、六論、十二紀，二十餘萬言，以備天地萬物古今之事，號曰‘吕氏春秋’。布咸陽市門，懸千金其上，延諸侯游士、賓客有能增損一字者，予以千金。”《吕不韋列傳》元案：“不韋著書之由，惟此最詳且確。太史公曰：‘孔子之所謂聞者，其吕子乎？’真能灼見不韋本意。後之言《吕氏春秋》者多失之。”《太史公自序》：“不韋遷蜀，乃作《吕覽》。”方孝孺曰：“不韋以見疑去國，歲餘，即飲鴆死，何有賓客？何暇著書哉？且不韋已徙蜀，安得懸書於咸陽？由此而言，必爲相時所著。太史公之言誤也。”文光案：《自序》與本傳不合，不知何故。當以本傳爲是。高誘序曰：“‘與千金，時人無能增損’者，誘以爲時人非不能也，蓋憚相國，畏其勢耳。”《論衡·自紀》云：“吕氏懸於市門，觀讀之者惶恐畏忌，雖乖不合焉，敢譴一字？”《校補》曰：“誘言本此。”方孝孺曰：“其時去聖人稍遠，論德皆本黄老，書出於諸人之傳聞，事多舛謬。如以桑穀共生爲成湯，以魯莊與顔闔論馬，與齊桓伐魯，魯請比關内侯，皆非實事，而其時竟無敢易一字者，豈畏不韋勢而然耶？”梁伯子云：“《御覽》八百九卷引《史記》同，百九十一卷引《史》云‘賜金三十斤’。”

蔡邕曰：“《周書》七十一篇，而《月令》第五十三。秦相吕不韋著書，取《月令》爲紀號；淮南王安亦取以爲第四篇，改名曰‘時則’。故偏見之徒，或云《月令》吕不韋作，或云淮南，皆非也。”《蔡中郎集》。文光案：《逸周書·月令解》第五十三，今闕。盧校本依吕氏十二紀首鈔出補之，今在卷六。據蔡邕所云，是先有《月令》，不韋取以冠其十二紀之首，非不韋所自作也。故每紀五篇，第一篇與下四篇絶不相貫。且《月令》之名見於《周書》，《吕氏春秋》并無“月令”之名；其名“十二紀”者，正恐與“月令”名相混也。其名“春秋”者，正以《月令》居首也。至於《禮記》中之《月令》，其取之《周書》、取之吕氏，俱未可知。惟文與十二紀相合，故鄭康成曰《月令》本十二紀之首章，以禮家好事抄合之，後人因題之，名曰“禮記”。鄭必謂不韋作者。不韋集諸儒爲一代大典，亦采擇舊章成之，故其制有與周合者，有不與周合者。後二百年，淮南王著《時則訓》，又與此紀小異，蓋時有轉移，文有損益，遞相祖述而變遷者也。《周書》止存篇名，文巳缺佚，以時代推之，恐文法亦有小異，未必與十二紀字字相同。盧氏雖補其闕，仍使人有未見原書之憾，亦無異於不補矣。又案：《周書》有《月令名堂解》，故蔡邕有《明堂月令論》，以爲周公所作。又案：《時則訓》今本實爲第五，蔡邕以爲第四，恐誤。鄭康成曰：“吕氏説‘月令’而謂之‘春秋’，事類相近焉。”宋馬端臨曰：“十二紀者，本周公書，後置之於《禮記》，善矣；而目之爲吕令者，誤也。”括蒼蔡伯尹跋後曰：“漢興，高堂生、后倉、二戴之徒，取此書之十二紀爲《月令》。河間獻王與其客，取其《大樂》、《適音》爲《樂記》，司馬遷多取其説爲《世家》、《律歷書》。孝武藏書以預九家之學，劉向集書以繫《七略》之數。今其書不得與諸子争衡者，徒以不韋病也，然不知不韋固無與焉者也。”陳澔曰：“大集羣儒，損益先王之禮，名曰‘春秋’，欲爲一代典禮也。”

高似孫曰：“淮南王尚奇謀，募奇士，廬館一開，天下雋絶馳騁之流，無不雷奮云集，蜂蟻横起，瓌詭作新，可謂一時傑出之作矣。及觀《吕氏春秋》，則《淮南王書》殆出於此者乎？不韋相秦，蓋始皇之政也。始皇不好士，不韋則徠英茂，聚畯豪，簪履充庭，至以千計。始皇甚惡書也，不韋乃極簡册，攻筆墨，采精録異，成一家言。吁！不韋何爲若此者也？不亦異乎？'《春秋》之言曰："十里之間，耳不能聞；帷墻之外，目不能見；三畝之間，心不能知。"而欲東至開晤，南撫多鷃，西服壽靡，北懷儋耳，何以得哉？'語見《任數》篇。此所以譏始皇也，始皇顧不察哉？不韋以此書暴之咸陽門曰：'有能損益一字者，與千金。'人卒無一敢易者，是亦愚黔之甚矣。秦之士，其賤若此，可不哀哉？雖然，是不特人可愚也，雖始皇亦爲之愚矣。異時亡秦者，又皆屠沽負販，不一知書之人，嗚呼！"録於《子略》。

右《吕氏春秋》，總二十六卷，凡百六十篇。餘杭鏤本亡三十篇，而脱字漏句，合三萬餘言。此本傳之於東牟王氏，今四明使君元豐初奉詔修書於資善堂，取太清樓所藏本校定。元祐壬申，余卧疾京師，喜得此書，每藥艾之間手校之。自秋涉冬，朱黄始就，即爲一客挾之而去。後三年見歸，而頗有欲得色。余亦心許之。得官江夏，因募筆工録之，竟以手校本寄欲得者云。鏡湖遺老記。

《吕子校補》二卷

國朝梁玉繩撰

《清白士集》本。前有自序。梁伯子，其自號也。

梁氏自序曰："今年春，畢秋帆尚書校刻《吕氏春秋》。予厠檢讎之末，而會其事者，抱經盧先生也。其時授梓於毘陵，書筒稍隔，未及覆審。鐫成重讀，又得剩義二百六十餘條。古人言校書如埽落葉，良非虛歎。適予有武昌之役，是編携在行篋，水窗清暇，纂次爲二卷，已刻者不録。將謁尚書而請之，或作補遺附卷尾，亦盧先生意也。戊申冬至日，記於黄岡舟次。”

洪氏曰：“《吕氏春秋·有始覽·諭大篇》引《夏書》曰：‘天子之德廣運，乃神乃武乃文。’又引《商書》曰：‘五世之廟，可以觀怪。萬夫之長，可以生謀。’高誘注：‘皆曰《逸書》也。廟者，鬼神之所在。五世久遠，故於其所觀魅物之怪異也。’予謂吕不韋作書時，秦未有《詩》、《書》之禁，何因所引訛謬如此？高誘注文怪異之説，一何不典之甚耶！又《孝行覽》亦引《商書》曰：‘刑三百，罪莫重於不孝。’今安得有此文？亦與《孝經》不合。又引《周書》曰：‘若臨深淵，若履薄冰。’注云：‘《周書》，周文公所作。’尤妄也。又以‘普天之下，莫非王土。率土之濱，莫非王臣’爲舜自作，《詩》‘子惠思我，褰裳涉洧。子不我思，豈無他士？’爲子產答叔向之詩，不知是時《國風》、《雅》、《頌》何所定也。寧戚《飯牛歌》，高誘全引《碩鼠》三章，又爲可笑。”録於《容齋四筆》。

文光案：引書之誤，至於如此，豈秦人不讀《詩》、《書》耶？抑騖遠而忽近耶？由是推之，其他所引諸書亦不能保其無誤矣。然今人所引，誤有相類者，正未暇悉數也。

黄震曰：“其書最爲近古。”

方孝孺曰：“其書有足取者，譏厚葬之弊，言人君之要在任人，言刑罰不如德禮，切中始皇之病。”

洪亮吉曰：“吕氏使其客八人著論三十餘萬言。漢淮南王亦八人，《漢書》所云‘八公’者是。今考兩家賓客，類皆割裂諸子、撏扯紀傳成書。秦以前古書亡佚既多，無從對勘。以今世所傳《文子》校之，遭其割截者十至七八。又故移前後，倒亂次序，以掩飾一時耳目，而博取重資。余有詩云：‘著書空費萬黄金，剽竊根源尚可尋。《吕覽》、《淮南》盡如此，兩家賓客太欺心。”足見賓客之不足恃，古今一轍。唐章懷太子著《後漢書》、魏王泰著《括地志》等皆然。‘李書簏’以一手注《文選》，所以可貴也。”以上三條，録於本書。

文光案：《吕覽》、《淮南》雖割裂諸子，然古書之藉此以存者，正復不少，亦大幸也。又案：高似孫謂《吕覽》有指摘始皇語，始皇不怒而容之。胡應麟謂“不考事實，著書之日，始皇甫立，尚在弱齡，曷由禁之耶？”

《淮南子》二十一卷

漢淮南王劉安撰，高誘注

咸寧官署本。乾隆五十三年武進莊逵吉校刊。前有高誘《叙目》一篇。書凡二十篇，各加“訓”字。《原道訓》至《泰族訓》。

末一卷爲《要略》，如《書序》、《詩序》之體，叙其微妙，論其大體。目録後有莊氏序。其校語以“逵吉按”别之。近時以此本爲佳，因詳著於《目録學》，此特表其篇第。讀古書者，宜知篇目之爲要也。

原道　俶真　天文　墬形　時則〔九〕　覽冥　精神　本經　主術　繆稱　齊俗　道應　氾論　詮言　兵略　説山　説林　人間　修務　泰族各目下有高誘注。《玉海》多列古書篇名，因以爲法。

文光案：《漢藝文志》淮南所撰，又有“兵家”一種，又“天文”《雜子星》一十九篇，又“六藝”《有易訓》二篇。又賦類有淮南王賦八十二篇，漢賦之盛莫加於此。胡應麟曰：“漢世記事之博，莫過太史公；立言之博，無出《淮南子》：故揚雄以淮南、太史并論。”又曰：“淮南之才，當與子建上下，以弗傳，世罕知者。”

高誘序曰：“淮南子名安，厲王長子也。長，高皇帝之子也。其母，趙氏女，逵吉按：“《漢書·淮南王傳》不云趙氏女，而云其弟趙兼。”爲趙王張敖美人。高皇帝七年，討韓信於銅鞮。信亡走匈奴，上遂北至樓煩。還，過趙，不禮趙王。趙王獻美女。趙氏女遠吉案："應云'獻美人趙氏女'，此'女'字疑訛。"得幸有身，趙王不敢納之於宫，爲築舍於外。及貫高等謀反，發覺，并逮治王，盡收王家及美人，趙氏女亦與焉。吏以得幸有身聞上，上方怒趙王，未理也。趙美人弟兼因辟陽侯審食其言之吕后。吕后不肯白，辟陽侯亦不强争。及趙美人生男，恚而自殺。吏奉男詣上，上命吕后母之，封爲淮南王。暨孝文皇帝即位，長弟上書，願相見。詔至長安，日從游宴，驕蹇如家人兄弟。怨辟陽侯不争其母於吕后，因椎殺之。上非之，肉袒北闕謝罪。奪四縣，還歸國。爲黄屋，左纛，稱東帝。坐徙蜀嚴道，遠吉按："古'巖'、'嚴'字通。"死於雍。上憫之，封其四子爲列侯。時民歌之曰：'一尺繒，好童童；一升粟，飽蓬蓬。兄弟二人不相容。'遠吉按："本傳作'一尺布，尚可縫；一斗粟，尚可舂。兄弟二人不相容。'"上聞之，曰：'以我貪其地邪？'乃詔四侯而封之。其一人病薨，長子安襲封淮南王，次爲衡山王，次爲廬江王。太傅賈誼諫曰：'怨讎之人不可貴也。'後淮南、衡山卒反，如賈誼言。初安爲辯達，善屬文。皇帝爲從父，數上書召見。孝文皇帝甚重之，詔使爲《離騷賦》。遠吉按："本傳作'使爲《離騷傳》'。"自旦受詔，日早食已上，上愛而秘之。天下方術之士多往歸焉。於是遂與蘇飛、李尚、左吴、田由、雷被、毛被、伍被、晉昌等八人及諸儒大山、小山之徒共講論道德，總統仁義，而著此書。其旨近老子，淡泊無爲，蹈虚守静，出入經道。言其大也，則燾天載地；説其細也，則淪於無垠，及古今治亂、存亡禍福、世間詭異瓌奇之事。其義也著，其文也富，物事之類，無所不載。然其大較歸之於道，號曰'鴻烈'。鴻，大也；烈，明也。以爲大明道之言也。故夫學者不論《淮南》，則不知大道之深也。是以先賢通儒、述作之士，莫不援採以驗經傳。以父諱長，故其所著諸'長'字皆曰'脩'。

光禄大夫劉向校定，撰具名之‘淮南’。又有十九篇者，謂之‘淮南外篇’。自誘之少，從故侍中同縣盧君受其句讀，誦舉大義。會遭兵災，天下棋峙，亡失書傳，廢不尋修二十餘載。建安十年，辟司空掾，除東郡濮陽令。睹時人少爲《淮南》者，懼遂凌遲，於是以朝餔事畢之閒，乃深思先師之訓，参以經傳、道家之言，比方其事，爲之注解，悉載本文，并舉音讀。典農中郎將弁揖，借八卷刺之。逵吉按：“弁，古‘卞’字，人姓名。會揖身喪，遂亡不得。至十七年，遷監河東，復更補足。淺學寡見，未能備悉，其所不達，注以‘未聞’。爲博物君子覽而詳之，以勸後學云爾。”

莊氏序曰：“歲甲辰，逵吉讀《道藏》於南山之説經臺，覽《淮南内篇》之注，病其爲後人所删改，質之錢别駕坫。别駕曰：‘道書中亦非全本，然較之流俗所行者，多十之五六。’爰榴〔一〇〕其篋笥以示逵吉。逵吉因是校其同異，正其訛舛，樂得而刻之，并爲之叙，曰：《漢書·淮南王傳》稱安‘招致賓客、方術之士數千人，作爲《内書》二十一篇，《外書》甚衆；又有《中篇》八卷，言神仙黄白之術，亦二十餘萬言。安入朝，獻所作《内篇》，新出，上愛祕之’。而《藝文志》‘雜家者流’有《淮南内》二十一篇、《淮南外》三十三篇，‘天文’有《淮南雜子星》十九卷。傳不及《雜子星》，而志不載神仙黄白之作。然後代往往傳《萬畢術》云云，大概多黄白變幻之事，即所謂《中篇》遺迹歟?《西京雜記》：‘安著《鴻烈》二十一篇。鴻，大也；烈，明也。言大明禮教。’‘鴻烈’之義一見於本書《要略》，而高誘叙中亦言‘講論道德，總統仁義，而著此書，號曰“鴻烈”’，是《内篇》一名‘鴻烈’也。誘又曰：‘光禄大夫劉向校定，撰具名之“淮南”。’《藝文志》本向、歆所述，是《淮南内》、《淮南外》之稱爲劉向之所定，然只題‘淮南’，不必稱‘子’。《志》論次‘儒家’至‘小説’，名曰‘諸子十家’，後遂緣之而加‘子’字矣。《隋書·

經籍志》：‘《淮南子》二十一卷，許慎注。’又有高誘注，亦二十一篇。《唐書·經籍志》：《淮南子注解》二十一卷，高誘撰。又有《淮南鴻烈音》二卷，何誘撰。《新唐書·藝文志》，《鴻烈音》亦題‘高誘撰’，而高、許兩家并列，同《隋志》。《宋史·藝文志》則云‘許注二十一卷，高注十三卷’，似當時兩本原別。然劉煦無許注，而元修《宋志》乃以高書爲十三卷者，考晁公武《讀書志》據《崇文總目》云‘亡其三篇’，李淑《邯鄲國志》云‘亡二篇’，或因删并訛脱而爲此説歟？《淮南》本二十篇，《要略》則叙目也，其例與揚子《法言》、王符《潛夫》等書正同，故高似孫直指爲《淮南》二十篇。説者又以似孫之言互證晁、李，斯誣矣。高時無切音之學，《鴻烈音》應如劉煦云，‘何誘’不得改稱‘高誘’。歐陽不精考古，以名字相涉而亂之。如徐堅《初學記》、李善《文選注》、李昉《太平御覽》引《淮南》或并有翻語，即其書也。高則已自言爲之注解，并舉音讀矣，寧得於本注之外别有撰作哉？公武謂許注題‘記上’，文光案：蘆泉劉績曰：“記上猶言標題進呈也，故稱職、稱臣。先儒誤以爲慎注。”《提要》謂許慎在前，高誘在後，何由記上誘注？劉績之説附會其文，未考時代。但劉績所云乃漢許慎記上而高誘爲之注，是記上者，許之自注，非記上誘注也。晁公武亦曰：“許慎自名其注曰‘記上’。”又案：陳氏之説，語有未明，不如置之。又案：《隋志》、《唐志》、《宋志》皆許氏、高氏二注。陳振孫謂今本皆云許注，而詳叙文即是高誘。逵吉以爲此乃後人誤合兩家爲一，故溷而不合也。歷考此書，本故多殊異，注互有脱訛，蓋唐、宋以前古本尚存，皆得展轉引據；今亡之，又爲庸夫散亂，難言考正耳。别駕校定是書，既精且博。逵吉亦抒一得之愚，爲之疏通旁證，舉以示歙程文學敦、陽湖孫編修星衍，皆以爲宜付削刀。時侍家君咸寧官舍，謹刊而布之，略考《淮南》作書之始末及高、許注書之端緒，剌於序目之後，蓋即别駕所校道書中本也。若此書不忘於天下，而逵吉亦附名以傳，斯爲厚幸云爾。”此序作於乾隆五十三年。

揚氏《法言》曰："《淮南子》其一出一入，字直百金。"劉氏《文心雕龍》曰："《淮南》有傾天折地之説。"劉氏《史通》曰："《淮南子》牢籠天地，博及古今。"高氏《子略》曰："少愛讀《楚詞》淮南小山篇，聳峻瓌磊，他人制作不可企攀。又慕其《離騷》有傳，窈窕多思致，每曰淮南天下奇才也。又讀其書二十篇，篇中文章無所不有，如與《莊》、《列》、《吕氏春秋》、《韓非子》諸篇相經緯表裏，何其意之雜出、文之沿複也？《淮南》之奇，出於《離騷》；《淮南》之放，得於《莊》、《列》。《淮南》之議論，錯於不韋之流，其精好者又如《玉杯》、《繁露》之書。"又曰："其推測物理，探索陰陽，大有卓然出人意表者。"周氏《涉筆》曰："《淮南子》多本《文子》，因而出入儒、墨、名、法諸家。"《黄氏日抄》曰："劉安以文辯致天下方術之士，會粹諸子，旁搜異聞以成之。"王氏《卮言》曰："雖似錯雜，而氣法如一，當由劉安手裁。"今所通行者，《淮南鴻烈解》十八卷，書非古式，注又删節不全。額上有小字，更爲俗惡。

蘇氏序曰："班固《前漢書》：'淮南王安招致賓客、方術之士數千人，作爲《内書》二十一篇，《外書》甚衆。又有《中篇》八卷，書言神仙黄白之術，亦二十餘萬言。'《中篇》者，《劉向傳》所謂'鴻寶苑祕'是也，與《外書》今并亡；《内書》則《鴻烈》是也，《藝文志》謂之'内篇'。是書有後漢時太尉祭酒許慎、東郡濮陽令高誘二家之注。隋、唐目録皆别傳行。今校崇文舊書與蜀川印本暨臣某家書，凡七部，并題曰'淮南子'，二注相参，不復可辨。惟集賢本卷末有前賢題載，云：'許標其首，皆曰"閒詁"，《鴻烈》之下謂之"記上"；高題卷首，皆謂之"鴻烈解經"，"解經"之下曰"高氏注"，每篇之下皆曰"訓"，又分數篇爲上、下：以此爲異。'《崇文總目》亦云如此。又謂高氏注詳於許氏，本書文句亦有小異。然今此七本皆有高氏訓、叙，題卷仍各不同，或於'解經'下云'許慎記上'，或於'閒詁'上云'高氏'，或但云'鴻烈解'，或不言'高氏注'，或以《人間篇》爲第七，或以《精神篇》爲第十八，參差不齊，非復昔時之體。臣某據文推次，頗見端緒。高注篇名皆有'故曰，因以題篇'之語，其間寄字并載音讀。許於篇下粗論大意，卷内或有假借用字，以‘周’爲‘舟’，以‘楯’爲‘循’，以‘而’爲‘如’，以‘括’爲‘惔’，如此非一。又其詳略不同，誠如《總目》之説。互相考正，去其重複，共得高注十三篇、許注十八篇。又案高氏叙，典農中郎將下揖借八卷，會揖喪，遂亡，後復補足。今所闕八篇，得非後補者？失其定著外所闕卷，但載《淮南》本書，仍於篇下題曰‘注今亡’。許注仍不録叙。并以黄紙繕寫，藏之館閣。”録於《蘇魏公集》。

文光案：蘇魏公所校之書，篇卷次第言之極詳，并録古人識語，尤所罕見。故余於魏公序跋多所録存，且載全文，以備參考。今莊校本無一語及於蘇序，蓋未之見也。

黄氏曰：“《淮南鴻烈》者，淮南王劉安以文辯致天下方術之士，會粹諸子，旁搜異聞以成之。凡陰陽造化、天文地理、四夷百蠻之遠、昆蟲草木之細，瓌奇詭異，足以駭人耳目者，無不森然羅列其間，蓋天下類書之博者也。而吾謂此劉安之所以滅歟！夫聖人之治天下，君臣父子以相生，桑麻穀粟以相養。其義在六經，其用在民生，日用之常，如此而已耳。自周衰，天下亂，諸子蜂起，争立異説，而各以禍其人之國。漢興，一切掃除，歸之忠厚。諸子之餘黨紛然無所售，諸侯王之好事而不知體要者，稍稍收之，亦無不以之自禍。安不幸貴盛而多材，慷慨而喜事，起而招集散亡，力爲宗主，於是春秋、戰國以來紛紛諸子之遺毒餘禍皆萃於安矣。安亦將如之何而不誅滅也哉？其徒乃羞之，託言上升，鷄犬預焉。嗚呼！凡世之自詭仙去者，皆淮南上升之類爾。”

“子不語怪、力、亂、神。”諸子所語者，怪而已。自莊、列以來，無一不然。《鴻烈》所集，大率此類。“江河之回曲，亦時有南北，而人謂江河東流者，以大氐爲本。”此爲反本之名言。又云“言其所不行”、“行其所非”，此足爲驚世之精語。又云：“毀譬之於人，猶蚊蝱〔一一〕之一過。"此最爲誤人之鄙論，始作衣者一人耳。十三卷以爲伯餘，十九卷以爲胡曹，此則集衆爲書〔一二〕，不相參照之弊云。

九方臯，臯字作"堙"。見十二卷。丈人，謂老人〔一三〕杖而行〔一四〕者。見十二卷注。蛤梨。十二卷。舟已離岸爲"張"，傍岸爲"歙"。十四卷。介子《龍蛇之歌》。十六卷。薦梅。十六卷。

右三條録於《黄氏日抄》。前夾注中黄氏語爲校本所引，此據黄氏原書。前一段論淮南誅死，極有道理。第二段降一格，謂諸子皆好語怪，亦是確論。第三段降二格，記難解之語，讀古書正當如此。《黄氏日抄》自經史而外，諸子百家皆有所論説，一一按切本書，尋繹而出，視晁、陳二家之《志》、《録》毫無所發明者，勝之遠矣。又其所見者皆真宋本，所引原文亦足以考校字句，予故表而出之，使人知是書之可寶貴也。

怪而〔一五〕已。古語有之，"君子道其常，小人道其變"。諸子之所道者，變而已。自莊、列以來，無一不然。于以汩天下之正理，惑生民之耳目。《鴻烈》所集大率此類。而於其紛然類集之中，乃有自反其説，足以明天下之常者。如曰："橘柚冬生而人曰冬死，死者衆也；齊麥夏死而人曰夏生，生者多也。"江河之回曲。

右補第二段中所遺，黄氏所舉皆其讀書之見解，與諸家之讀書跋尾、藏書題跋記偶正一二訛字、泛叙古書可寶者迥然不同。吾嘗謂每讀一書，必須尋繹其意，涵泳其詞，使其有益於吾身，勿强作解事。待見識既定，然後評論其是非。偶有所辨，使人人觀之，確然不易，然後爲真能讀書者。然必通於羣經而後有定理，熟於諸史而後有卓見，又必廣集諸書而後能明一經一史。苟經史未明，慎不可妄發議論也。宋儒讀書最切實。吾於朱子之後又得黄氏，蓋一家之學也。素好讀黄氏書，故詳述之。

《淮南子》傳本甚少，諸家書目著録者亦罕。魏公所云七本，未見其一。今所傳莊本之外，孫氏馮翼輯《淮南萬畢術》一卷，有《問經堂》本；錢氏塘撰《淮南天文訓補注》二卷，有《指海》本。此則於古書中摘出一義，别有見解，讀書者又當如此。

盧氏曰："《月令》本在《周書》，諸儒爲吕不韋作《春秋》，以此散置於'十二紀'之首，此《春秋》之所由名也。而説者遂以爲秦制，是大不然。當時校《逸周書》付梓，謂'太尉'必本是'司馬'，爲秦人所改，今當去'太尉'，仍稱'司馬'，則完然《周書》矣。及觀徐位山之説，即周亦安必無太尉？并《月令》、《正義》所云不合周法之四證，亦一一辨明。其言曰：'據魚豢《典略》，古者兵獄官皆以尉爲名。《國語》晉悼公使祁奚爲元尉，鐸遏寇爲興尉，奚午爲軍尉。《管子》："管藏於里尉。"又襄二十一年《左氏傳》欒盈曰："將歸死于尉氏。"杜預曰："尉氏，討姦之官。"正義曰："《周禮》司寇之屬無尉氏之官。"又《石氏星經》紫微垣右樞第二星曰少尉。尉既有少，則應有太矣。故《中候握河紀》云："舜爲太尉。"《河圖録運法》云："堯坐舟中，與太尉舜觀鳳凰。"如《尚書·立政》常伯、常任、準人、牧夫，皆《周禮》所無，安見無太尉官耶？應劭以太尉爲周官者，是也。"季秋合諸侯，制百縣，爲來歲受朔日"，此因大饗，帝告廟而受朔也。若謂秦以十月建亥爲歲首，而季秋爲來歲受朔日，即是九月爲歲終，十月爲受朔，此時與周法不合。試問秦以十月爲來歲，即以十月爲來年，而孟冬祈來年於天宗，又以何者爲來年乎？"季冬與大夫共飭國典，論時令，以待來歲之宜。"若謂秦以十月爲來歲，即以季秋爲歲終，而季冬何以待來歲乎？《史記》："始皇十二年，文信侯不韋死。二十六年，秦初併天下，改年，始朝賀，皆用十月朔。"則秦以十月爲歲首者，不韋死十四年矣，安得《吕覽》中預知十月爲歲首乎？至謂周郊天服大裘，乘玉輅，而《月令》車旗服飾并依時色，與周不合，亦非也。《周禮》"玉輅以祀天"，而《郊特牲》云"戴冕璪十二旒，乘素車"；《周禮》"蒼璧禮天，牲從玉色"，而《祭法》云"燔柴於泰壇，用騂犢"，又《明堂位》云"周人黄馬蕃鬣"：則素車、蒼璧、黄馬、騂犢之殊，安必不因時色乎？况乎方郡縣而云諸侯，方刑酷而云施惠，方坑儒而云選士，方焚書而云入學，吾知其有不然矣。'文弨案：此論快甚，故全録之，以釋後儒之疑。"録於《龍城札記》。

文光案：讀此可知《月令》之非秦書矣。

《淮南天文訓補注》二卷

國朝錢塘撰

崇文書局本。前有乾隆五十三年錢塘自序、錢大昕序、謝墉序、陶澍序、翁方綱序，後有道光八年淡春臺刊書跋。凡注皆降一格，大字書之。題"元注"者，内題"許慎記上"，實則高誘注也；"補曰"者，錢注也。誘於術數未諳，不能詳言其義。溉亭推以算數，稽諸載籍，於高氏所未及者，皆詳言之，且正其謬誤。淡氏宰嘉定時，以莊本校其句之同異而付之梓。《天文訓》多三代遺術，今人鮮究其旨。溉亭疏其大義，復爲圖凡十五圖。以顯之，洵足爲九師之功臣，而補許、高之未備者也。

謝氏序曰："言人莫精於儒書，談天則不得廢《道藏》。昔班生謂道家本出史官，蓋天文之學掌諸馮相，非異術也。古有專門名家，後爲方士之技，而儒者鮮肄業及之。《淮南》存於《道藏》者，固宜。羅氏《路史》多援《丹壺》諸書爲證，要亦汲古者旁搜之一道也。溉亭之補注《天文訓》，此物此志，夫律法、算數之始也，而日景、律法之原也。言天文者，不能不讎算；言算學者，不能不求日景。尺寸從黄鐘生，即從日景定。《天文訓》終以律度，義取諸此。漑亭心知其意而注之，其旨正，其文博矣。”

文光案：《天文訓》得此而明，故録之。又案：人言《禮記》採自《吕氏春秋》，不知原本《周書》。《淮南·時則訓》與《月令》大同小異，而論者亦鮮，是不讀書之過也。

校勘記

〔一〕“遂”，原作“遼”，據清畢沅《墨子閒詁》改。

〔二〕“諱及諸毁訶”至“錢不深核”，原與下文“墨也爲是書者”至文光案語“漢之南”錯版，據文意乙正。

〔三〕“淥”，原作“録”，據《清史列傳》卷七二改。

〔四〕“抵巇”，原作“巇抵”，據上文乙正。

〔五〕據《尸子》，“儀”前當有一“四”字。

〔六〕“意”，原作“義”，據《尸子》改。

〔七〕“永”，據上書補。

〔八〕“尺”，原作“凡”，據上書改。

〔九〕“則”，原作“作”，據《淮南子》改。

〔一〇〕“榴”，似當作“搯”，即“籀”。存疑備考。

〔一一〕“蚊蝱”，原作“蛟蟲”，據《黄氏日抄》改。

〔一二〕“衆爲書”，據上書補。

〔一三〕“人”，原作“而”，據上書改。

〔一四〕“行”，原作“人”，據上書改。

〔一五〕“而”，原作“面”，據《黄氏日抄》卷五五改。

萬卷精華樓藏書記卷九十一

子部十

雜家類二

《白虎通》四卷　附《闕文》一卷　《校刊補遺》一卷

漢班固等奉敕撰

《抱經堂》本。此本題“白虎通”。首大德四年張楷序、嚴度跋，跋後有案語，有周廣業記；次乾隆四十九年盧文弨校刻序；次《白虎通義考》；莊述祖撰。次讎校所據新舊本；次今定目録。本書六卷，宋本廣爲十卷，俗本又合爲四卷。此本因四卷之舊，各分上下。錯簡失編，分注各題下。《闕文》，莊述祖所輯。《補遺》後有元大德本跋，又盧氏跋。明刻有傅鑰本、吴琯本、程榮本、何允中本、胡文焕本，今刻有莊述祖、趙晧明、秦釁、梁同書、孫志祖、周廣業、吴騫、朱型家、梁履繩、汪繩祖、孫祖瑞、孫祖全校本。盧氏據莊校本覆校，并集諸家説。其目録、闕文皆莊氏所定。其底本則何允中四卷之本，即就此本訂正。刻將成，吴槎客又遺以小字本，疑是宋刻。其本每半葉十二行，行廿三字。後又借得朱文游小字本，上卷乃影鈔者，與吴本同。并借得元大德九年刻本，分十卷。盧氏所據以作《補遺》者，即此三本。張楷所序爲傅鑰本，嘉靖元年刻於太平，有冷宗文序。依元大德九年無錫所梓本，止分上、下兩卷。案：無錫本乃許魯齋弟子劉世常藏本。劉守無錫，郡人請而刊諸學，世所罕見。今所行明本，題“白虎通德論”，上卷十七篇，下卷二十七篇。張序、冷序、嚴序具在，吴應是所刻，蓋俗本也。盧氏所列今校十二人之外，尚有任氏啓運訂訛本，當時或未之見。余見其序於《清芬樓集》，因録於此。

任氏序略曰：“世稱《白虎通》，尚矣，顧其書不全。吾郡錫山學者始得之於許魯齋弟子劉平父，遂梓焉。今世板本雖殊，然其脱誤一也。史言漢宣帝博徵羣儒，於石渠閣論定五經。後學者滋益多，各以私説破大道。章帝中，校書郎楊終請帝於白虎觀選名儒共論異同。當時奏上，謂之‘奏議’。帝親臨决，謂之‘通德論’。白虎觀，地名，在北宫。論名‘通德’，言此説於義理通也。而世乃以比於應劭之《風俗》，曰漢有二通，謬哉！時與選者：丁鴻、樓望、成封、桓郁、班固、賈逵及東平王羨七人。班固名在五，而今書獨以固專之。固《漢書》論律吕，以‘吕’爲‘侣’，此以‘吕’爲‘拒’，意義迥殊，不皆出固，明甚。豈帝臨决，固輒録之？猶淳于恭未與白虎之選，而名‘淳于恭白虎奏議’，亦以纂録故歟？顧《通德論》傳而《奏議》亡，則吾不知當日異同，其得失果何如也。今世板本或缺，或衍，或訛以形，或訛以聲，或合兩字爲一，或分一字爲兩，或初訛一二字而展轉附會，訛以增訛，甚者至不可讀。今博覽他書，謬加考證，其確者曰‘某當作某’，疑焉曰‘某疑作某’，他書同異附入，名之曰‘白虎通德論訂訛’。事雖微末，要亦考古君子之一助也。”

文光案：是書或曰《白虎通》，或曰“白虎通義”，或曰“白虎通德論”，或曰《白虎通》之外，别有《德論》，從無確證，不必辨也。惟《白虎奏議》别爲一書，今亡。周氏謂别有《德論》，更爲臆説。《文選注》所引班固《功德論》，恐是一篇文字，與此書毫不相涉。凡辨之不明者，不辨可也。多一疑，多一誤矣。任氏謂"通德"爲義理通，周氏疑"通德"二字本不連讀，孔氏謂"通義"義不通也。三説互異，書則一也。

莊氏曰："《白虎通義》，雜論經傳。《易》則施、孟、梁丘經，《書》則伏生傳及歐陽、夏侯，大旨相近，莫辨其爲解故、爲説義也。經二十九篇，外有'厥兆天子爵'與'五社'之文在亡逸中。《詩》三家，則魯故居多，《韓内傳》、《毛故訓》亦間入焉。《春秋》則《公羊》而外，間采《穀梁》、《左氏傳》與《古文尚書》。九族，上凑高祖，下至玄孫，《書》古文義也。經傳外備一説，不以爲《尚書》家言。《禮經》，則今禮十七篇，并及《周官經》。傳則二戴，有《謚法》、《三王》、《五帝》、《王度》、《别名》之屬，皆《記》之逸篇也。《樂》則河間之記。《論語》、《孝經》，六藝并録，傳以讖記，援緯證經，風尚所趨然也。"

文光案：今《戴記》中有《謚法》，非逸篇也。

《獨斷》二卷

漢蔡邕撰

《抱經堂》本。前有乾隆五十五年盧文弨序。

盧氏序曰："是書唐人多引用之，而傳者絶少。《崇文目》云：'二卷，采前古及漢以來典章、制度、品式、稱謂，考證辨釋，凡數百事。其書間有顛錯。嘉祐中，余擇中更爲次序，釋以已説，故别本題"新定獨斷"云。'今世惟《漢魏叢書》中有之，其訛舛甚，不易讀。友人吴槎客遺予宋本，《百川學海》中本，蓋出於南宋淳熙中，吕宗孟刻之舒泮者，祇綱目分合之間異於時本，他亦未能遠過也。賴有武進臧生鏞堂、顧生明助予不逮，訛者正，脱者補，始可授梓。視前人舊本，庶或過之。"

漢承秦法，羣臣上書皆言“昧死言”。王莽盜位，慕古法，去“昧死”，曰“稽首”。光武因而不改，朝臣曰“稽首頓首”，非朝臣曰“稽首再拜”。

文光案：《孔廟置守廟百石卒史碑》，首行“司徒臣雄、司空臣戒稽首言”，末言“臣雄、臣戒愚戆，誠惶誠恐，頓首頓首，死罪死罪，臣稽首以聞”。武氏億曰：“此即漢制三公奏事之式。”與《獨斷》所云奏者亦需叩頭，其京師官但言“稽首”，下言“稽首以聞”相合。然“誠惶誠恐”、“頓首”、“死罪”字，蔡氏略之不書。今以碑所載，可證其有遺典也。

蜡祭祝曰：“土反其宅，水歸其壑，昆蟲毋作。豐年若若，歲取千百。”注云：“《郊特牲》有‘草木歸其澤’，無下二句。若若，元刻作‘若土’，近刻‘若上’，皆訛。古疊字，下一字每作‘〢’，故誤作‘上’耳。漢有若若語，文光案：如“綬若若”是。此當謂有年皆相若也。”

文光案：是書所記八蜡，一曰先嗇，二曰司嗇，三曰農，四曰郵表綴，《禮記》作“畷”。五曰猫虎，六曰坊，七曰水庸，八曰昆蟲。又案：此段“祭曰索此八神而祭之也”，下忽接“大同小異”。注云：“四字不甚分曉。”愚謂此處顯有脱文，蓋與《郊特牲》所記者大同小異耳。舉此一端，是書之顛倒脱誤概可知矣。小注内多臧氏考證，然亦未必盡復其舊也。

陳氏《書録》：“《獨斷》二卷，案：陳《録》入史部禮注類。記漢世制度、禮文、車服及諸帝世次，而兼及前代禮樂。舒、台二郡皆有刻本。向在莆田，嘗録李氏本，大略與二本同，而上、下卷前後錯互，因并存之。”殿本《通考》“存”誤作“見”。

晁氏曰：“漢左中郎將蔡邕纂《雜記》，自古國家制度及漢朝故事、王莽無髮，蓋見於此。公武得孫蜀州道夫本，乃閣下所藏。”録於《通考》，袁本無。

戴氏曰："蔡氏《獨斷》二卷。本傳載伯喈嘗著此書，而世儒或疑今本非真，出於後來者掇拾漢史遺文以成之。予考之，伯喈之學不止於此，謂不出於伯喈，亦非也。當由本書散亡，幸而存者僅此耳。若《車服志》，乃其所已創，與范史文時相出入。范取伯喈，非仿伯喈者取范也。古人作史，咸有所本，一史成而諸史皆廢。伯喈之書，其以范史廢哉？然猶僅有，則猶有不可盡廢焉者矣。伯喈才識數倍於蔚宗，繼孟堅者當在伯喈，天奪其成，逸而歸，至於偃蹇取死，二人之道雖絶不同，而皆不得免其身，士亦何貴於文哉！讀其編，竟之三歎，益增學道之慕云。"録於《剡源集》。

《論衡》三十卷

漢王充撰

明本。嘉靖乙未吴郡蘇獻可校刊。前有慶曆五年楊文昌後序，蓋出於宋本。王充著《論衡》八十五篇，二十餘萬言。詳范《書》本傳。蔡邕常祕玩，以爲談助。時人嫌伯喈得異書，搜其帳中隱處，果得《論衡》，抱數卷去。其後王朗守會稽，又得其書，時人稱其才進，或曰"不見異人，當得異書"。問之，果以《論衡》之益，由是遂見傳焉。

楊氏序曰："是書流傳四方，今殆千載。撰《六帖》者，但摘而爲備用；作《意林》者，止鈔而同諸子；吾鄉好事者，往往守爲家寶。然其篇卷脱漏，文字踳駁，魯魚甚衆，亥豕益訛，或首尾顛躓而不聯，或句讀轉易而不紀，是以賢者不能通其讀。予幼好聚書，於《論衡》尤多購獲，一紀中得俗本七，率二十七卷。其一程氏西齋所藏，彭公乘會所對正者也。又得史館本二，各三十卷，乃李公秉前所校者也。予討尋衆本，雖略經修改，尚互有缺遺，意謄録者誤有推移，校勘者妄加删削，致條綱紊亂，旨趣乖違。今以少錯者爲主，然後互質疑謬，沿造本源，改正塗注，凡一萬一千二百五十九字。有如日星之麗天，順經躔而軌道；河海之紀地，自源委以安流。其文取譬連類，雄辯宏博，豈止爲談助、才進而已哉？即募工刊印，庶傳不泯。”

文光案：《論衡》有明通津草堂刊本。王氏族姓、行狀，詳於充之《自紀篇》。

胡氏曰：“《論衡》其文，猥冗薾〔一〕沓，世所共輕。而東漢、晉、唐之間，特爲貴重。蔡邕秘弗示人；葛洪贊弗容口；劉子玄搥提班、馬不遺餘力，而獨尊信是書。三子皆鴻生碩彦，目無今古，乃昌歜〔二〕、羊棗，異代同心，何哉？秦、漢以還，聖道陸沉，淫詞日熾，莊周、列禦、鄒衍、劉安之屬，捏怪興妖，不可勝紀。充生茅靡瀾倒之辰，而獨岌然自信，攘臂其間，剗虚黜增，訂訛斮僞，詖淫之旨，遏截弗行，俾後世人人咸得藉爲口實，不可謂非特立之士也。故伯喈尚其新奇，稚川大其宏洽，子玄高其辯才。特其偏愎自是，放言不倫，稍不當心，上聖大賢咸在訶斥，至於《問孔》、《刺孟》等篇，而闢邪之功不足以贖其横議之罪矣。近世誚充泰甚，若何氏、沈氏諸説，或未足以大服其衷，故予稍爲次其功罪以折衷後之君子。”又曰：“《論衡》煩猥瑣屑之狀，溢乎楮素之間。辯乎其所不必辯，疑乎其所弗當疑。允矣！其詞之費也。至精見越識，足以破戰國以來浮詭不根之習，則東、西京前邈焉罕睹。當時以新特而過稱之，遠世以冗庸而劇詆之，非充書異昔也，驟出於秦、漢之間，習聞於濂、洛之後，遇則殊哉。而宋人窮理之功、昭代上儒之效亦著矣。”録於《少室山房筆叢》。

杭氏曰：“充作《論衡》，創‘或人問答’，揚己以醜其祖先，其尤甚之。辭則曰‘母驪犢騂，無害犧牲；祖濁裔清，不榜奇人’。唐劉子玄氏謂‘責以名教，斯三千之罪人’，旨哉！言乎。《論衡》之書雖奇，不孝莫大，不可以訓。臨川陳際泰，小慧人也，作書誡子，以村學究刻畫其所生。無識之徒刊其文以詔世，而以斯語冠諸首簡，承學之士喜談而樂道之。人之無良，一至於此乎！其端自王充發之。”録於《道古堂集》。

文光案：范《書》謂充少孤，鄉里以孝稱，不知所稱者何事。錢竹汀以充爲無忌憚之小人，是誠然矣。

《風俗通義》十卷

漢應劭撰

《漢魏叢書》本。前有自序，題“《風俗通義》，言通於流俗之過謬，而事該之於義理也”。後有王謨跋。

王氏跋曰：“按本傳云：‘劭撰《風俗通》以辨物類名號，識時俗嫌疑。文雖不典，後世服其洽聞。’凡所著述百三十六篇。内《風俗通義》自序袛云一十卷，或後人據現存成數改之。陳氏謂餘略見庾仲容《子鈔》。考范書《五行志》注引《風俗通》董逃、烏臘之讖，夜龍、伯夏之妖，今本不見；而《廣韻》及《通鑑》注引《風俗通》姓氏尤多：可見者不止《子鈔》也。”

《愆禮篇》“笥”即“算”字之訛。算，竹器也。匱本“算”字，誤分爲二，遂不可識。《史記》：“饋遺人，不過算器食。”

錢氏曰：“《風俗通》，《隋志》‘三十一卷’，馬氏《意林》亦云三十一卷，新、舊《唐志》俱作三十卷。《宋史》及晁氏、陳氏書目皆云十卷，已失其三之二矣。今世所行，唯云大德刊本，前有李果序，後載宋嘉定十三年丁黼跋，知其書在南宋時已難得。又言‘訛舛已甚，得館中本及孔寺丞本互相參校，始可句讀’。予采輯應氏逸文一册，盧學士刻入《羣書拾補》中。頃讀《意林》、《一切經音義》等書，續有所得，惜未增入。”

文光案：《叢書》本有自序，無丁跋。明本有自序、丁跋，勝於此本。《廿一秘書》本更不足據。《簡明目録》有附録，即其中之《姓氏》一篇散見《永樂大典》中者，裒爲一卷。

《風俗通義》十卷

漢應劭撰

明本。此翻刻宋本，每葉十八行，每行十七字。首行題"新刊校正《風俗通義》"，次行題"泰山太守應劭"。前有自序、目録。分十卷：《皇霸》第一，凡五條；《正大》第二，凡十一條；《愆禮》第三，凡九條；《過譽》第四，凡八條；《十反》第五，凡十六條；《聲音》第六，凡二十八條；《窮通》第七，凡十一條；《祀典》第八，凡十七條；《怪神》第九，凡十五條；《山澤》第十，凡十九條：共一百三十九條。板口前五卷刻"上"字，後五卷刻"下"字。每卷有小引，各條上有"謹案"二字。後有嘉定十三年東徐丁黼刊書跋。

應氏序曰："俗間行語，衆所共傳，積非習貫，莫能原察。聊以不才，舉爾所知，方以類聚，凡一十卷。周、秦常以歲八月遣輶軒之使，求異代方言，還奏籍之，藏於秘室。及嬴氏之亡，遺脱漏棄，無見之者。蜀人嚴君平有千餘言，林閭翁孺才有梗概之法。揚雄好之，天下孝廉、衛卒交會，周章質問，以次注續，二十七年，爾乃治正，凡九千字。其所發明，猶未若《爾雅》之閎麗也，張竦以爲懸諸日月不刊之書。予實頑闇，無能述演，豈敢比隆於斯人哉？今俗語雖云浮淺，然賢愚所共咨，并綜事宜於今者，俾諸明哲，幸詳覽焉。"

風者，天氣有寒煖，地形有險易，水泉有美惡，草木有剛柔也。俗者，含血之類像之而生，故言語歌謳異聲，鼓舞動作殊形，或直或邪，或善或淫也。

丁氏跋曰："予在餘杭借本於會稽陳正卿，正卿蓋得於中書徐淵子。訛舛已甚，殆不可讀。愛其近古，抄録藏之。携至中都，得館中本及孔復君寺丞本，互加參考，始可句讀。今刻之夔子，好古者或得善本，從而增改，是所望云。”

盧氏曰：“《風俗通義》，隋、唐志皆三十一卷，録一卷，至宋始作十卷，蓋亡其二十一篇矣。今尚有僅刻四卷者，得十卷，即爲足本。予所蓄乃明胡文焕本，脱誤甚多，略以程榮本少爲補綴。後又得元本相校，殊無大異。乃考百家傳記，互相參訂，較勝俗本，遺文尚多散見。嘉定錢詹事搜輯頗富，又經仁和孫侍御覆審，屬爲付梓。予因以所校本書先焉。”

應劭自序“凡三十一卷”，今多作“凡一十卷”，乃妄人所改。目録脱漏顛倒處，自可尋文改正。　“槃”即“穀”字，下從“禾”，各本從“木”者誤。

元本跋云：“《風俗通》罕見全本。錫學比刊《白虎通》矣，是書缺焉。三衢毛希聖挈來横經，錫守劉平父一見，以此勉之，遂繡梓於學。大德丁未李晦題。”“余觀風西浙，至無錫，有耆儒李顯翁晦來訪云：‘魯齋許文正公之門人劉平父世來守吾邦，嘗刻《白虎通》於學，參政嚴公題於卷首。’未幾得《風俗通》，遂并刻於學。浙江道肅政廉訪副使謝居仁顯卿題。”書賈去此二跋，即充宋刻矣。其中訛字與近刻同。

此書多經後人竄易，傳寫又復脱誤。今雖細加審正，亦尚有不能通曉處。然古字古音，未盡泯滅。　臧鏞堂、顧明覆校。當篇未載者附見於此。

《怪神篇》：“予之祖父郴。”《禮》云：“臨文不諱。”今人作父祖行狀，空其名，請他人填。諱出於近世，非古也。或遂有不填者，本欲揚名而反深没其名，即并世人，尚有不盡知者，況後世乎？此甚不可也。然劭屢斥祖父名，亦所未安。

“女新從聟”“壻”之俗體，蓋“胥”字本或作“肙”，後屢變而“月”遂從“耳”。《漢唐公防碑》作“聟”。今又變而從“工”從“几”。然自是本來如此，非後來所改也。以上盧氏所校，録於《羣書拾補》。

文光案：《羣書拾補》在《抱經堂全集》中，今以盧氏所校爲精。補《風俗通姓氏》一卷，有錢大昕輯本，亦在《羣書拾補》中。又張澍所輯《姓氏》，有二酉堂本。

《説苑》二十卷　《新序》十卷

漢劉向撰

明本。此兩書合刊之本。前有曾鞏校序、嘉靖丁未何良俊序。《説苑》大旨與《新序》相類，不知何以分爲兩書。《新序》：《雜事》五卷，《刺奢》一卷，《節士》二卷，《善謀》二卷。曾氏序云：“此書最爲近古，雖不無失，然遠至舜、禹，次及周、秦，古人之嘉言善行，亦往往而在也。”此二書，《簡明目録》收入儒家類。今以其有不當理處，遂改入雜家類。

曾氏序曰：“《説苑》二十篇，向采傳記、百家所載行事之迹以爲此書。奏之，欲以爲法戒。然其所取或有不當於理，故不得不論也。”

何氏序曰：“觀鞏之序《説苑》，譏向不能究聖人精微之際，又責其著書建言，尤欲有爲於世，忘其枉己而爲之。至論《新序》，則以爲秦、漢絶學之後，學者知折衷於聖人而能純於道德之美者，揚雄氏而止耳。予謂鞏之文簡嚴質直，大類子政；獨其詆訶過嚴，與奪失實，蓋竊疑之。言道者世號純儒，莫過董生，然猶泥於禨祥；東漢諸人，則誣於緯候；即鞏所推之揚雄，其真能純於道德耶？宋元豐間，館閣諸名士一日共商較古今人物失得。王介甫言漢元晚節，劉向數言天下事，疑太犯分。吕晦叔曰：‘同姓之卿歟！’衆以爲然。子政當漢元、成間，弘恭、石顯、王鳳方用事，士大夫一失其旨意，即斥逐誅死不旋踵。子政數上章刺譏時事，指陳災異，不啻批其逆鱗，是豈枉己者之爲，鞏獨不少貸哉？予謂數千年之後，凡成學治古文者，欲考見三代放失舊聞，惟子政之書特爲雅馴。今讀《説苑》，自《君道》、《臣術》而下，即繼以《建本》，極於《修文》，終於《反質》，蓋庶幾三王承敝易變之道，又豈後代俗傳所得窺其旨要哉？予因刻《説苑》、《新序》二書，懼學者承誤習謬，使子政之心不白於天下，乃爲之辨著如此云。”

王禕曰：“向號稱博極羣書，其辭質雅閎偉，記物連類，善於馳騁，務極其辨乃止。秦、漢以後言文章者，莫先乎是。予讀其書而好之，因摘其不中義禮者，用其本事而易其説，務在平易正大，以求不畔於道。”

《鹽鐵論》十卷

漢桓寬撰

明本。此翻刻宋本，每葉十八行，行十七字。前有涂禎序、弘治十四年都穆序并目録。篇中問答以“大夫曰”、“文學曰”别之。間有一二闕字，無從補正。惟寫刻尚爲工整。是書陳《録》在儒家類，諸史亦然，實則雜家之書也。流傳甚少，僅見兩本：一涂本，即此刻也；一周本，亦翻刻涂本，惟有考證。此書多韻語，脱文有不能補者。“日”、“曰”二字多相亂。

都氏序曰：“《鹽鐵論》十卷，凡六十篇，漢廬江太守丞汝南桓寛次公撰。按：鹽鐵之議，起昭帝之始元中，召問賢良文學，皆對願罷郡國鹽鐵，與御史大夫桑弘羊相詰難，而鹽鐵卒不果罷。至宣帝時，寬推衍增廣，設爲問答，以成一家之言。其書在宋嘗有板刻，歷世既久，寖以失傳，人亦少有知者。新淦涂君知江陰之明年，手校是書，捐俸刻之，使學者獲見古人文字之全，而其究治亂、抑貨利以裨國家之政者，則不但可行之當時，而又可施之後世，此固刻書之意也。涂君名禎，字賓賢，予同年進士。”

涂氏序曰：“禎游學宫，得《鹽鐵論》，愛其辭博、其論覈，非空言也。惜所抄紙墨漫漶，不能成句。乃者承乏江陰，始得宋嘉泰壬戌刻本，因命工刻梓。”

陳氏曰：“本始元年罷榷酤，而鹽鐵卒不變，故《昭紀贊》曰‘議鹽鐵而罷榷酤也’。寬著數萬言，其末曰《雜論》，班《書》取以論贊，其言：‘桑大夫據當世，合時變，上權利之略，雖非正法，鉅儒宿學不能自解，博物通達之士也。’嗚呼！世之小人何嘗無才？以《熙寧日録》言之，王安石之辯，雖曰儒者，其實桑大夫之流也。霍光好知時務，與民更始，而鹽鐵之議乃俾先朝首事之臣與諸儒論議，反覆不厭。或是或非，一切付之公論；或行或否，未嘗容心焉。以不學無術之人而暗合乎孟莊子父臣父政之義，曾謂元祐諸賢而慮不及此乎？”

《鹽鐵論》十卷　附《考證》一卷

漢桓寬撰

《紛欣閣》本。嘉慶丁卯周心如用新淦涂氏本重雕，張敦仁考證，有自序并顧廣圻序。紛欣閣所刻諸書，惟此一種差强人意，餘多不足觀。

顧氏序曰：“《漢書·傳贊》謂始元鹽鐵，‘當時頗有其議文’。至宣帝時，次公推衍，增廣條目數萬言，成一家之法。今讀其書，所以相詰難者，大抵本羣經、諸子而爲，語歷差久，觀者茫昧不得其解。如《毁學篇》‘昔李斯與包丘子俱事荀卿’，包丘子者，浮丘伯也。服虔曰‘秦時儒生’是其證。《散不足篇》‘庶人即草蓐索經’，索經者，以常爲經。《韓詩外傳》、《説苑》皆言‘孔子困於陳、蔡之間，席三經之席’是其證。《取下篇》‘是以有履畝之税，《碩鼠》之詩作也’，履畝、碩鼠爲一事，當出三家《詩》之序。《公羊傳》云‘什一行而頌聲作矣’，正爲《碩鼠》詩而言。三家《詩》、《公羊》皆今文，宜其説之相近。又《潛夫論》云‘賦斂重而譚告通，班禄頗而《傾甫》刺，行人乏而《綿蠻》諷’，皆上見《序》，下見《詩》。今本訛舛，致不可讀。《結和篇》‘閭里常民，尚有梟散’。梟散者，貴賤也。《楚策》：‘夫梟棋之所以能爲者，以散棋佐之也。’《詔聖篇》‘《春秋》原罪，《甫刑》制獄’。《書》曰：‘哀矜折獄。’《釋文》云：‘魯讀“折”爲“制”。’伏生、次公、班孟堅皆讀‘折’爲‘制’者，今本《大傳》作‘哲’，《漢書》作‘悊’，非也。《漢刑法志》‘折民惟刑’，言制禮以止刑，其説亦本諸《大傳》。此類皆徵驗明白，然知之者或寡矣。古餘先生雅好是書，既刻涂本，而附之考證，間與廣圻往復講論，多得要領。因非涉字句訛錯者，例不兼著，故撮取一二，附書於末，具如右條。”

張氏《考證序》曰：“是書自嘉靖中爲張之象所亂，卷第割裂，字句踳謬。盧學士《羣書拾補》已嘗言之。予向恨不見善本。近日顧千里得弘治十四年江陰令新淦涂禎依嘉泰本所刻，及其後錫山華氏活字所印，細爲校讀，知張本之不可據，在盧所云外者甚多；而盧又時出己見，頗有違失，亦未可全據也。爰取涂本重刻於江寧，撰《考證》一卷附後。”

涂但依嘉泰本，殊無以意見更易者。如《本通篇》“故商師若烏，周師若荼”，與《困學紀聞》引同。計王伯厚所見亦嘉泰本，亦其一證。閻百詩乃云“商荼”、“周烏”，其所見僅張之象以後本耳。大凡駁異之文，苟非必誤，宜各仍其舊。如《史記》“天下壤壤”，不得因此文而改爲“穰”也。　傳鈔傳刻之誤，自宋以來多有之。　凡張之象所言古本，盡皆出於懸揣，實非世間真有此本，勿爲所惑可也。　張本所改卷數最謬，斷句全不可通。　《拾補》

有與涂本不合者。以上《考證》。

《人物志》三卷

魏劉邵撰，北魏劉昞注

明本。每葉十六行，行十七字。下卷有缺字。内題“魏散騎常侍劉邵撰，涼儒林祭酒劉昞注”。首阮逸序，次劉邵自序，有劉注。次目録。凡十二篇，末有文寬夫跋并《劉邵傳》，當是昞所作，有注。又宋庠記，按本傳删取其要。又左馮翊王三省跋。《漢魏叢書》本衹有阮序，各卷篇名下有注，餘注皆無。王謨未見此本，故誤題“劉昞釋篇”。不知昞所釋者，不止篇名也。其全書之注，不知何人删退，深爲可惜。劉邵，字孔才。邵，《魏志》作“劭”。劭，勉也，又晉邑名，與“孔才”之意不協，今定從“邵”。《説文》訓高也，《切韻》訓美也，與“孔才”之義符。《法言》曰“周公之才之邵”是也。《三國志》云：“劭所撰述，《法論》、《人物志》之類百餘篇。”《法論》不傳，《人物志》亦衹十六篇，今存十二篇，則其散亡者多矣。昞，《唐志》作“炳”，非。

阮氏序曰：“予好閲古書，於史部中得劉邵《人物志》十二篇，其述性品之上下、材質之兼偏，研幽摘微，一貫於道，若度之長短、權之輕重，無銖髪蔽也。大抵考諸行事而約人於中庸之域，誠一家之善志也。由魏至宋，歷數百載，其用尚晦而鮮有知者。吁！可惜哉。是書也，博而暢，辨而不肆，非衆説之流也。王者得之，爲知人之龜鑑；士君子得之，爲治性修身之檠括：其效不爲小矣！予安得不序而傳之？”

文氏跋曰：“右《人物志》三卷。按：隋、唐志篇第皆與今同，列於名家。十六國時，燉煌劉昞重其書，始作注解，然所傳本多謬誤。今合官、私書校之，去其重複附益之文爲定本。内或疑字，無書可證者，今據衆本皆相承傳疑，難輒意改云。愚謂

‘明砭’都無意義，自東晉諸公草書‘啓’字爲‘然’，疑爲‘簡暢而明啓’耳。”邵之序五行曰：“簡暢而明砭，火之德也。”遍檢書傳，無“明砭”之證。或傳寫之訛，莫能究知；或别有異聞，今則亡矣。

《古今注》三卷　附《中華古今注》三卷

《古今注》，晉崔豹撰。《中華古今注》，五代馬縞撰

新安汪氏本。崔《注》有目無序。凡八門：輿服第一，都邑第二，音樂第三，鳥獸第四，魚蟲第五，草木第六，雜注第七，問答釋義第八。馬《注》有縞序。卷上，帝王、宫闕、都邑、羽儀、冕服、州縣，儀仗、軍器等部，凡六十六門；卷中，皇后冠帶、士庶衣裳、文籍書契、草木、答問釋義等部，凡四十四門；卷下，音樂、蟲魚等部，凡六十八門。

馬氏自序曰：“昔崔豹《古今注》博識雖廣，迨有闕文，洎乎廣初，莫之聞見。今添其注以釋其義，目之爲‘中華古今注’，勒成三卷，稍資後學，請益前言云爾。”

《金樓子》六卷

梁孝元皇帝撰

《知不足齋》本。前有撰書序，次目録。凡十四篇，曰《興王》，曰《箴戒》，曰《后妃》，曰《終制》，曰《戒子》，曰《聚書》，曰《二南五霸》，曰《説蕃》，曰《立言》，分上、下。曰《著書》，曰《捷對》，曰《志怪》，曰《雜記》，分上、下。曰《自序》。述平生事，凡十三則，與每篇一小序者不同，又是一例。後有至正三年葉森跋。是書採自《永樂大典》，有重編篇目，首卷二篇，二卷五篇，三卷一篇，四卷上、下一篇，五卷三篇，六卷二篇，次序如原目，惟各加“篇”字。書中有案語。乾隆四十六年鮑廷博重校刊，汪輝祖跋。

《終制篇》案：“原本不列篇名，考其文義，應係《終制篇》。謹校補。又前半或有缺文，謹識。”文光案，是篇言喪葬。

《二南五霸篇》案：“此篇僅存三條，皆與《説蕃篇》同，疑《説蕃篇》有二南、五霸之事，後人因誤分之，非原有之目也。觀晁《志》無此目，可見。今存其目而删其文。”

《説蕃篇》案：“此篇蓋雜舉古侯王善惡之事以列勸戒，而宗室爲多。其事多以類相從，如所謂‘昔蕃屏之盛德者某某’、‘功業無成者某某’是也。意原書必各有標目，半佚之矣。”

《著書篇》案：“晁《志》，《金樓子》目録有《著書篇》。《永樂大典》，《金樓子·聚書篇》後有‘目連山三帙，至已上六百七十七卷’云云。今案其文，蓋係《著書篇》正文，脱其篇目，因誤與《聚書》合爲一篇。今分爲《著書》篇。《大典》又别載《金樓子·著書篇》五條，其二條與《藝文類聚》所載梁元帝《孝子傳序》、《懷舊志序》相出入，而首尾殘缺，文亦互異，知原書具載序論，非僅目録。今遍考諸書，凡可補者悉附於後，庶存其大略云。”

《雜記篇》案：“此篇雜引子史，疑皆有斷語，原本割裂失去，故或有或無，今仍其舊。”

《聚書篇》案：“皆言至某地寫書，得某家書，自聚來四十年，得書八萬卷。篇中所存書目，如五經正副本、《史》、《漢》、《三國志》、《晉書》、《格五戲》、《起居注》、琬法師《衆義疏》及《衆經序》，又陰陽、卜祝、冢宅等書。又得元嘉前、後書，紙墨極精奇。又得元嘉《後漢》并《史記》、《續漢》、《春秋》、《周官》、《尚書》及諸子集等，可一千餘卷。又得細書《周易》、《尚書》、《周官》、《儀禮》、《禮記》、《毛詩》、《春秋》各一部，又寫得《前漢》、《後漢》、《史記》、《三國志》、《晉陽秋》、《莊子》、《老子》、《肘後方》、《離騷》等，合六百三十四卷，悉在一巾箱中，書極精細。又蘭〔三〕左衛欽還〔四〕，寫得蘭書。往往未渡江時書，或是南鄭間製作，甚新奇。諸所餉書，如樊光注《爾雅》、高誘注《戰國策》、《童子傳》之例。又所得法書，并是二王書也。郡五官虞皭大有古迹，可五百許卷，併留之；伏事客房篆又有三百許卷，併留之：因爾遂蓄諸迹。"

凡有樹木之變枝柯，南枝枯折者，寶在樹南；西枝枯折者，寶在樹西也。　凡藏諸寶，忘不知處者，以銅盤盛井花水，赴〔五〕所擬地照之，見人影者，物在下也。　諸葛孔明嘗戰於鳳山。到益州，嘗戰於石室。又嘗戰於萬騎溪。又戰於石井。

《自序篇》曰："人間之世，飄忽幾何？如鑿石見火，窺隙觀電；螢睹朝而滅，露見日而消：豈可不自序也？""昔葛稚川自序曰：'讀書萬卷，十五屬文。'""余將冠，方好《易》卜，及至射覆，十中乃至八九。嘗經至郢州，從兄平西令吾射金、玉、琥珀三指環。遇姤之履，其辭曰：'上既爲天，其體則圓。'指環之象，金玉在焉。寅爻帶乎虎，琥珀生光，在合中央。合中之物，凡有三種，按卦而談，或輕或重。又有人名裹襞紙中，射之得鼎卦。余言曰：'鼎卦，上離爲日，下巽爲木。日下安木，"杲"字也。'此是典簽重歡疏潘杲名與余射之。他驗皆如此也。""吾齔年之時，誦呪受道於法朗道人，誦得净觀世音呪、藥上王呪、孔雀王呪。中尉何〔六〕登善能解作〔七〕外典呪癰疽、禹步之法，余就受之。其後頽然改途，不復説呪也。"

《劉子》二卷

北齊劉晝撰

明本。書凡五十四篇，袁孝政注。前有王道焜序。孫鑛評語不佳。

形者，生之器也；心者，形之主也；神者，心之寶也。故神静而心和，心和而神全；神躁則心蕩，心蕩則形傷。將全其形，先在理神。故恬和養神，則自安於内；清虚棲心，則不誘於外。神恬心清，則形無累矣。神照則垢滅，形静則神清。垢滅則内欲永盡，神清則外累不入。故萬人彎弧以向一鵠，鵠能無中乎？萬物眩曜以惑一生，生能無傷乎？注："喻人心萬端，情亂心蕩，如彼鵠中箭也。"

林之性静，所以動者，風摇之也；水之性清，所以濁者，土渾之也；人之性貞，所以邪者，慾眩之也。身之有慾，如樹之有蝎。樹抱蝎而還自鑿，身抱慾而反自害，故蝎盛則木折，慾熾則身亡。

目愛彩色，命曰伐性之斤；耳樂淫聲，命曰攻心之鼓；口貪滋味，命曰腐腸之藥；鼻悦芳馨，命曰薰喉之烟；身安輿駟，命曰召蹶之機。此五者，所以養生，亦以傷生，故明者刳情以遣累，約慾以守貞。

夫蜂蠆螫指，則窮日煩擾；蚊蝱噆膚，則通宵失寐。何者？以其害於體也。嗜慾攻心，正性顛倒，方於指、膚，亦以多也。外疾之害，輕於秋毫，人知避之；内疾之害，重於泰山，而莫之避。是棄輕患而負重害，不亦倒乎？

翠以羽自殘，龜以智自害；丹以含色磨肌，石以抱玉碎質。此四者，自貽伊患，未能隱其形也。

道象之妙，非言不津；津言之妙，非學不傳。未有不因學而鑒道，不假學以光身者也。

性情未練，則神明不發。譬諸金木，金性苞水，木性藏火，故煉金則水出，鑽木而火生。人能務學鑽煉，其性則才慧發矣。青出於藍而青於藍，染使然也；冰生於水而冷於水，寒使然也；鏡出於金而明於金，瑩使然也；戎夷之子生而同聲，長而異語，教使然也。

山抱玉而草木潤焉，川貯珠而岸不枯焉；口納滋味而百節肥焉，心受典誥而五性通焉。故不登峻岑，不知天之高；不瞰深谷，不知地之厚；不遊六藝，不知智之源。遠而光華者，飾也；近而愈明者，學也。

夫還鄉者心務見家，不可以一步至也；慕學者情纏典素，不可以一讀能也。故靈珠如豆，不見其長，疊歲而大；鐃舌如指，不覺其損，累時而折。注：靈珠，徑寸之珠。鐃，鐸屬，以木爲舌。觀消長之有漸，則知學不可以驟成也。

懸巖滴溜，終能穴石；規車牽索，卒至斷軸。水非石之鉆，繩非木之鋸，然而斷、穴者，積漸之所成也。故宣尼臨没，手不釋卷；仲舒垂卒，口不輟誦。以聖賢之性，猶好學無倦，矧伊庸人而可怠哉？

文光案：《劉子》諸條皆有益於身心、學問，故録之。是書之旨，以道家爲宗，而不懈於讀書，故所言如是。雖無深意，而反覆譬喻，文詞斐然，與《北史·劉晝傳》所云"晝拙於文"者不合，恐别是一人。其《九流篇》云："治世之賢，宜以禮教爲先；嘉遁之士，應以無爲是務。"似山林隱逸、讀書談道者所著，然實無確證，姑記之以俟明者。

《通考》："《劉子》五卷。陳氏曰：'劉晝孔昭撰，播州録事參軍袁孝政爲序，凡五十五篇。'按：《唐志》'十卷，劉勰撰'。今序云：'晝傷己不遇，天下陵遲，播遷江表，故作此書。時人莫知，謂爲劉勰，或曰劉歆、劉孝標作。'孝政之言云爾，終不知晝爲何代人。其書近出，傳記無稱，莫詳其始末，不知何以名晝字孔昭也。晁氏曰：'唐袁孝[八]政注，言修心治身之道，而辭頗俗薄。'"

文光案：袁序今本不載。此本上卷自《清神》至《命相》凡二十四篇，下卷自《妄瑕》至《九流》凡三十篇，較陳

《録》缺一篇，或有所佚，或“五”爲“四”之訛，皆不可知。書中有《愛民》、《薦賢》、《兵術》諸篇。晁氏云：“未足該括此書。其《九流篇》與《隋志》同。”明刻無注者多，此本注尚完善，板亦工整。惟明人序不詳考，評更陋劣，爲可厭耳。

黄氏曰：“劉子之文類俳，而又避唐時國諱，以‘世’爲‘代’。往往雜取九流、百家之説，引類援事，隨篇爲證，皆會粹而成之，不能自有所發明，不足預諸子立言之列。播州録事袁孝政注而序之，乃盛稱譽，且謂‘五十五篇，取五行生成之數’，於義無考焉。然又謂劉子‘名晝，字孔昭’，而無傳注可憑，或者袁孝政之自爲者耶？”

文光案：劉晝，字孔昭，見《北齊書·儒林傳》。賦六合者，即其人也。黄氏、陳氏皆未深考。傳言“習服氏《春秋》”，與是書之宗旨不合。傳不言“播遷江表”，袁序所云不知何據。《日抄》所云“文類俳者”，唐體也；避唐諱，則唐人也：以爲唐人書説亦近似。其末篇爲《九流》，與《黄氏日抄》所云“雜取百家、九流之説”正合，蓋以此結之也，然則《九流篇》即全襲《隋志》而成。其書既不如莊、列之自成一家，又不如管、商之各明一義，故晁氏譏其俗薄。黄氏不列於子，非過論也。惟五十五篇，袁序以爲取五行生成之數，則今本之五十四篇并無缺佚，深可疑也。又案：袁孝政序，據陳《録》、黄《抄》，尚見其概。諸本皆作“孝〔九〕政”。據殿本《通考》并晁《志》，皆作“袁政”，實脱一字。謹案：武英殿聚珍本《直齋書録解題》“《劉子》五卷，袁孝政爲序，夾注内案云：劉子序，係袁孝政作，原本脱姓，今補入”云云，其人之姓名，何多脱漏也？是書《唐志》“十卷”，陳《録》“五卷”，《簡明目》亦作十卷。此本上、下二卷，其文本自無多，不知何以分爲十卷，又不知何人合爲二卷。明人序書，大抵夸張其詞，描畫文章而已，於篇卷之分合全不留心，遂使後人無考，亦習氣然也。黄東發所讀經史子集甚多，具見於《日抄》，其考證間有出於諸書之外者，而徵引者甚少，余故表而出之。孫月峰以時文之法評書，如瞽人暗地摸索，全無見解，不知世人何以重孫評也。余於孫、鍾諸評本，當年皆以重價得之，號爲讀本。今知其無益，因悉棄去，此則棄餘之一種也。

《顔氏家訓》二卷

北齊顔之推撰

《漢魏叢書》本。前有萬曆戊寅茶陵平原派三十四代孫顔志邦序，後有王謨跋。卷上，曰《序致》，曰《教子》，曰《兄弟》，曰《後娶》，曰《治家》，曰《風操》，曰《慕賢》，曰《勉學》，曰《文章》，曰《名實》，凡十篇；卷下，曰《涉務》，曰《省事》，曰《止足》，曰《誡兵》，曰《養生》，曰《歸心》，曰《書證》，曰《音辭》，曰《雜藝》，曰《終制》，凡十篇：共二十篇。

顔氏序曰："是本乃宗人如環同知蘇州時所刻，婁江王太史萬書閣所藏也。"

王氏跋曰："右《家訓》上、下二卷，《隋志》、《通考》俱作七卷。晁云：'之推，梁人，著此二十篇，述立身治家之法，辨正時俗之訛以訓子弟。'陳云：'古今家訓，以此爲主。然其書頗崇釋氏。'所云崇尚釋氏者，蓋指其中《歸心篇》而言。又《終制篇》有'内典'、'功德'及'齋供'等語，皆此志也。而《隋志》、《通考》皆入儒家。以今觀之，蓋通儒、墨爲一道，亦諸子家也。《叢書》原本編入載籍，似爲失之。"

錢氏曰："宋台州公庫本七卷，前有序一篇，當是唐人手筆。

後有淳熙七年二月沈揆跋。又有《考證》一卷，後列沈揆、樓鑰、史昌祖同校，又有監刊同校諸人銜，皆以左爲上。元人間有修改之葉，不避宋諱。”録於《養新録》。

《顔氏家訓》七卷

北齊顔之推撰

《知不足齋》本。此與錢氏所記公庫本同，述古堂影宋本重雕。前有舊序一篇，即錢氏所謂“唐人手筆”者。序末有“廉臺田家”印。次目録。第一卷五篇，第二卷二篇，第三卷一篇，第四卷三篇，第五卷五篇，第六卷一篇，第七卷三篇，共二十篇。後有沈揆跋、同校監刊銜名九人。次《考證》一卷。

《顔氏家訓》二卷

北齊顔之推撰

朱氏藏書本。前有萬曆甲戌于慎行序，又張一桂序、康熙五十八年高安朱軾序。

于氏序曰：“翰林博士顔君，今所爲奉復聖祀者也，雅重其家遺書。乃其故本多闕，不可讀，於是重加校定，梓之其家以傳。”

張氏序曰：“《顔氏家訓》，刻者訛誤相襲，殊乏善本。公裔孫翰傳君嗣聖，重加釐校，託梓以傳。”

朱氏序曰：“始吾讀顔侍郎《家訓》，竊意侍郎復聖裔，於非禮勿視聽言動之義庶有合，可爲後世訓矣，豈惟顔氏寶之已哉？及覽《養生》、《歸心》等篇，又怪二氏樹吾道敵，方攻之不暇，而附會之，侍郎實忝厥祖，欲以垂訓可乎？雖然，著書必擇而後言，讀書又言無不擇。軾不自量，敢以臆見逐一評校，以滌瑕著孅，使讀者黜其不可爲訓而寶其可爲訓，則侍郎之爲功於後學不少矣。”

王氏曰："《顔氏家訓》亦足以爲良。至論文章，以游、夏、孟、荀、枚乘、張衡、左思爲狂，又詆訐子雲，吾不取焉。"録於《塵史》。

《顔氏家訓注》七卷

國朝趙曦明撰

《抱經堂》本。前有乾隆五十四年盧文弨序；次舊序；次目録，序致一，教子二，兄弟三，後娶四，治家五，風操六，慕賢七，勉學八，文章九，名實十，涉務十一，省事十二，止足十三，誡兵十四，養生十五，歸心十六，書證十七，音辭十八，雜藝十九，終制二十；次盧氏例言十二條。附録《北齊書·顔之推傳》、宋本沈跋并名銜，次趙曦明跋，附《瞰江山人[一〇]傳》。盧文弨撰。末有注補遺、錢大昕補正、壬子年重校補注，皆盧氏所增并注顔傳。

趙氏跋曰："是書先有姚江盧檠齋之分章辨句、金壇段茂堂之正誤訂譌。不揣鄙陋，取而注釋之，令儉於腹笥者，不至迷於援據，則亦不爲無益。"

《瞰江山人傳》曰："山人姓趙氏，江陰人也。邑有瞰江山，距山人家二里而近，故以爲號焉。予主鍾山講席，山人佐予。予有所述作，必取正於山人，能貢直言，無所隱。凡予所蓄書數千卷，山人校讎幾遍。山人詩文集外，著有《讀書一得》六十卷，其體例與《黄氏日抄》相近；注《陶徵士集》，凡數易稿；又注徐、庾、温、李、羅昭諫等集，并近代陸拒石四六各若干卷，著《桑梓見聞録》八卷。八十外復注《顔氏家訓》，甫脱稿而疾作，以乾隆五十二年八月二日考終於家。"

沈氏跋曰："顔黄門學殊精博，此書雖辭質義直，然皆本之孝弟，推以事君上，處朋友、鄉黨之間，其歸要不悖六經，而旁貫百氏。至辨析援證，咸有根據，自當啓悟來世，不但可訓思魯、愍楚輩而已。揆家有閩本，嘗苦篇中字訛難讀，顧無善本可讎。比去年春來守天台郡，得故參知政事謝公家藏舊蜀本，行間朱墨細字多所竄定，則其子景思手校也。迺與郡丞樓大防取兩家本讀之，大抵閩本尤謬誤，‘五皓’實‘五白’，蓋‘博名’而誤作‘傳’。‘元歎’本顧雍字，而誤作‘凱’。《喪服經》自一書，而誤作‘絰’。馬牝曰‘騲’，牡曰‘騭’，而誤作‘驒’、‘駱’。至以‘吴趨’爲‘吴越’，‘桓山’爲‘恒山’，‘僮約’爲‘童幼’，則閩、蜀本實同。惟謝氏所校頗精善，自題以五代宫傅和凝本參定，而側注旁出，類非取一家書；然不正‘童幼’之誤。又秦權銘文‘𠟭’實古‘則’字，而謝音‘制’，亦時有此疏舛。讎書之難如此。於是稍加刊正，多采謝氏書，定著爲可傳。又别列考證二十有三條，爲一卷，附於左。若其轉寫甚訛，與音訓、辭義所未通者，皆存之以竢洽聞君子。”

盧氏宋本舊序跋曰：“此序宋本所有，不著撰人，比擬多失倫，行文亦無法。今依宋本校正，即不便棄之。有疑‘王言蓋代’，未詳所出者。案《家語》有王言解，或用此也。”

盧氏校本例云：“黄門始仕蕭梁，終於隋代，而此書向來唯題‘北齊’。唐人修史，以之推入《北齊書·文苑傳》中。其子思魯既纂父之集，則此書自必亦經整理，所題當其父之志可知，今亦仍之。”“此書爲山陰趙敬夫注。始予覺其過詳。敬夫以啓迪童子，不得不如是。予甚韙其言，故今又從而補之。”“黄門篤信《説文》，轉寫多謬。今於甚俗且别者正之，其非《説文》而常行者一仍其舊。”“此書《音辭篇》辨析文字之聲音，致爲精細。今知正音者極少。金壇段若膺能通其學，此篇實賴其訂正云。”“此書段落，舊本分合不清。今於當别爲條者，皆提行。”“宋本經沈氏訂正，誤字甚少。然俗本亦有是者。今擇其義長者從之，而注其異同於下。”“沈氏有《考證》一卷在書後，今散置文句之下。”“黄門本傳中載所作《觀我生賦》，家國際遇、一生艱危困苦之况，備見於是。此即其人事蹟，不可略也。句下有自注，盡皆當日情事。其辭所援引，今爲之考其出處，目爲加注，使可識别。但賦中尚有脱文，别無他書補正，意猶缺然。”“此書再三閲之，有不能盡知其出處者。”“敬夫先生以諸生終隱，予爲作傳，使人想見其爲人。”“此書請正於賢士大夫，始成定本。友朋間復相訂證，厥有勞焉。”

盧氏校本跋曰：“向刻在己酉年，但就趙氏注本增補，未及取舊刻本及鮑氏所刻宋本詳加比對，致有訛脱。今既省覺，不可因循貽誤觀者。故凡就向刻改正者，與夫爲字數所限，不能增益者，以及字畫小異，咸標明之，庶已行之本尚可據此訂正。注有未備，兼亦補之。”

文光案：《顔氏家訓》，余家所藏共四本。其中惟鮑刻爲宋本之舊。《抱經》本雖依宋刻，而章句稍有更訂。盧氏於此書校正數過，用功甚至。其不能知者，古書大半皆然。或爲方言，或爲僻典，書闕有間，不能正也。北齊之書已有難考，况秦、漢乎？趙注更便於初學，今之注本凡經校勘者，宜多藏也。《漢魏叢書》翻刻顔本，即俗本也。朱氏評點本棄瑕取瑜，意不在於校正。明本未見，藉此可知。是書惟二十篇之次第，諸本皆同。目録或加“篇”字，或著“第幾”，或“篇”、“第”俱不著，隨意標題，無定式也。此本儒家之書，今入雜家類，以其言釋教也。《歸心篇》曰：“内、外兩教本爲一體。内典初門設五種禁，外典仁、義、禮、智、信皆與之符。仁者，不殺之禁也；義者，不盗之禁也；禮者，不邪之禁也；智者，不淫之禁也；信者，不妄之禁也。歸周孔而背釋宗，何其迷也？”《終制篇》曰：“四時祭祀，周孔所教，求諸内典，則無益焉。殺生爲之，翻增罪累。有時齋供，所望於汝也。”朱氏所謂“有忝厥祖”，指此類也。豈齊梁間人重内典，雖顔子之後，亦未能免俗乎？

《羣書治要》五十卷

唐魏徵等撰

《連筠簃》本。首《孯經室外集提要》，次校正序，次目録。凡經十卷，《易》、《書》、《詩》、《左傳》、《禮記》、《周禮》、《周書》、《國語》、《韓詩外傳》、《孝經》、《論語》、《家語》；史二十卷，《史記》、《吴越春秋》、兩《漢書》、《三國志》、《晉書》；子二十卷，《六韜》、《陰謀》、《鬻子》、《管子》、《晏子》、《司馬法》、《孫子》、《老子》、《鶡冠子》、《列子》、《墨子》、《文子》、《曾子》、《吴子》、《商君子》、《尸子》、《申子》、《孟子》、《慎子》《尹文子》、《莊子》、《尉繚子》、《孫卿子》、《吕氏春秋》、《韓子》、《三略》、《新語》、《賈子》、《淮南子》、《鹽鐵論》、《新序》、《説苑》、《桓子新論》、《潛夫論》、崔寔《政論》、《昌言》、《申鑒》、《中論》、《典論》、劉廙《政論》、《蔣子》、《政要論》、《體論》、《典語》、《傅子》、《袁子書》、《抱朴子》。經、史、子共六十五種，此所謂“羣書”也；采其有關治法者，於原文甚有所省，故曰“治要”。上始五帝，下迄晉年。所採各書，并屬初唐善册，與近刻多不同。予欲以此書校正諸子書，僅及《管子》而止。書中有注，應是輯書時所採。上欄間有説，乃日本人刻書時所增。是書《宋志》已不著録，則亡佚已久。此本乃日本人擺印、楊氏刻入叢書者。前有天明七年朝散大夫、國子祭酒林信序，序稱“尾公使世子命臣僚校正而上之木”，則尾爲國姓。又按：尾張國序爲活字銅板所刻，外國多僞本。是書證以《大唐新語》，非僞書也。

例曰："舊目五十卷，今存四十七卷，其三卷不知亡於何時。羅山先生補其三卷，而一卷不傳。天明五年，尾張國校，督學臣細井德民識。"案：目第四、第十三、第二十注"闕"字。

《大唐新語》："太宗欲見前代帝王事得失以爲鑒戒，魏徵乃以虞世南、褚遂良、蕭德言采經史、百家之内嘉言善語、明王暗君之迹爲五十卷，號'羣書理要'，上之。太宗手詔曰：'朕少尚威武，不精學業，先王之道茫若涉海。覽所撰書，博而且要，見所未見，聞所未聞。使朕致治稽古，臨事不惑，其爲勞也，不亦大哉？賜徵等絹千疋、彩物五百段。太子、諸王各賜一本。"案：卷數與《唐志》同，與今本亦合，惟"治要"作"理要"，微異。阮氏引《唐會要》，未及《新語》，因録之。

《封氏聞見記》十卷

唐封演撰

《雅雨堂》本。乾隆丙子年刊。前有盧見曾序、目録。自道教、儒教、文字、典籍，至嘲玩、慙悚、狂譎、侮謔凡一百條。目録注有闕、有增、有不全。末有至正辛丑雲間夏庭芝伯和父跋、朱良育記，萬曆辛丑常熟孫伏生允伽記、姑蘇吴岫記，崇禎辛巳陸貽典敕先記。是書元、明以來無刻本。盧氏刊本，其原出於元鈔，每葉二十行，行二十一字。第七卷僅三葉，餘卷無過十葉者。知原本五卷，後人妄分爲十卷耳。

盧氏序曰："封氏撰《古今年號録》一卷、《錢譜》一卷，并亡；惟《聞見記》獨存，然流傳絶少。前明東吴吴方山家藏是本，虞山孫岷自得之秦酉巖，陸敕先又從孫氏假録，於是吴中間有藏者。予訪得之，與《唐摭言》校刊行世。《唐志》、晁《志》并云五卷，今所傳乃十卷，翻有缺佚，則展轉相録，失其真耳。然考據該洽，論辨詳明，乃説部之佳者，宜漁洋以爲祕本也。"

并目録與跋共計六十四番，内七卷空五葉，未審能得全本，補其闕略否也。　青歸榭藏本。　原本。正德戊辰歲秋八月十一日録。此三條在目録後。

吴氏記曰："雜家言用裨史補事之不足，而讀封氏書，於唐事知所未知，其編類亦備。富哉！言乎。"

莫氏曰："《封氏聞見記》十卷。記云'隆慶戊辰借梁溪吴氏宋抄本録'，知是明人舊鈔，海内决無勝此本者。今以宋鈔校盧本，'石經'增出百六十三字，'制科'二十三字，'銓曹'六字，'尊號'二十六字，'露布'八字，'燒尾'十九字，'圖畫'二十四字。其一二字足補正者，又各數十。'長嘯'條刊本多二十五字，蓋校者所記，此本無之。"録於《宋元舊板書經眼録》，莫氏增出二百六十九字。

鹵簿，秦漢以來始有。鹵，大楯也，字同"櫓"，以甲爲之。甲楯有先後部位之次，皆著之簿籍。天子出入，按次導從，甲楯在外，餘兵在内，故謂之"鹵簿"。案：此與洒道之説不同。

《儒門經濟長短經》九卷

唐趙蕤撰

《讀畫齋》本。前有乾隆辛丑海寧周廣業跋。書本十卷，佚末一卷。自注最詳，多引古書，或冠以"議曰"，亦不盡然。

周氏跋曰："是書見於《北夢瑣言》，云趙蕤者，梓州鹽亭縣人也。博學韜鈐，長於經世。夫婦俱有節操，不應交辟。撰《長短經》十卷，王霸之道，見行於世。又見《唐志》，趙蕤《長短要術》十卷。蕤字太賓，梓州人，開元中召之不赴。晁《志》亦載《長短經》十卷，論王霸、機權、正變、長短之術，凡六十三篇。第九、十載兵權、陰謀。向嘗購之，未得。今夏鮑君以文以《拜經樓》寫本見委是正，始快讀之。其指歸大率如孫、晁二公所云，乃其稱引繁富，核對非易，自揣固陋，久未敢下筆。既值歲餘，悉發齋中所有書，以次校勘，兩旬始畢。舊稱十卷，六十三篇，今本自序亦然。檢之，實止九卷，而篇有六十四。初頗疑之，及觀《通考》引晁説，則首據《瑣言》，後云‘第十卷，“陰謀”家本缺，今現存者六十四篇’，始知是書早無足本，今所有自序已不盡原文，而近刻《讀書志》大有脱誤也。但王阮亭嘗見宋刻，云是徐健庵過任城得之，其跋亦言‘十卷，總六十三篇，唐梓州郪縣長平山安昌巖草莽臣趙蕤撰’，與今正同，則其誤自宋已然矣。《瑣言》‘蕤貫鹽亭，而言郪’者，《四川總志》云‘蕤，鹽亭人，隱於郪縣長平山安昌巖，博考六經諸家同異，著《長短經》，又注關朗《易傳》。明皇屢徵不起。李白嘗造廬以請’是也。案：《太白集》有《淮南卧病書懷寄蜀中趙徵君蕤》詩，《廣輿記》亦云‘蕤篤學不仕，與白爲布衣交，著《長短經》’。《梓州志》稱其‘人傑’。阮亭又引楊天惠《彰明逸事》曰：‘潼江趙蕤，任俠有氣，善爲縱横學，著《長短經》。’此皆讀是書者所宜留意，故詳述之。至《總志》謂其文《申鑒》、《論衡》之流，竊觀此書命名取《國策》，剌事仿《吕覽》，而雜採羣言又絶似《鴻烈》也。”

《意林》五卷

唐馬總撰

聚珍本。前有戴叔倫、柳伯存二序。戴序又見於《子鈔》，《天中記》引之。原書百有七家，傳本七十一。是書所取語句雖少，精華盡在焉。總隨裴晉公平淮西。

晁氏曰：“是書因《子鈔》繁略失中，增損成書。前有戴叔倫、柳伯存兩序。”録於《讀書志》。

文光案：《子鈔》所引百有五家，有與今行本不同者。

洪氏曰：“唐世未知尊孟子，故《意林》亦列其書，而有差不同者，如‘伊尹不以一介與人，亦不取一介於人’之類。其他所引書，如《胡非子》、《隨巢子》、《纏子》、《王孫子》、《公孫尼子》、《阮子正部》、姚信《士緯》、殷興《通語》、《牟子》、《周生》、《列子》、《秦菁子》、《梅子》、《任奕子》、《魏朗子》、《唐滂子》、《鄒子》、《孫氏成敗志》、《蔣子》、《譙子》、《鍾子》、張儼《默記〔一一〕》、《裴氏新書》、袁準《正書》、《袁子正論》、《蘇子》、《陸子》、張顯《析言》、《于子》、《顧子》、《諸葛子》、《陳子要言》、《符子》諸書，今皆不傳於世，亦有不知其名者。”録於汲古本《容齋題跋》。

邵氏曰：“漢世注經，皆慎取諸子之言爲六經之輔佐。唐人及宋初類聚之書，徵引諸子尚夥，至南宋而子書之存者益稀矣。《意林》抄撮諸子，多近世所未見。周耕厓所校注，引證詳贍，其言曰：‘此書行世者，舊止廖本，刻於明嘉靖中，近已鮮傳。鈔本多舛互，今據《道藏》本與諸本參定，復取諸書所引《意林》爲今本所無者，彙《意林逸文》、《容齋續筆》諸書所載《意林》子目遺文佚句散存羣籍，裒集爲《意林逸篇》，共得十八家，究莫能盡復其舊也。’余讀其書，歎其持論和平，深識有過人。近時表彰子書，或過有偏主，幾欲與六經相詰難，斯非好奇之過歟？夫舍短取長，掇其精要，乃可羽翼六經。馬氏此書，庶幾善讀諸子者。周君著述甚富，此其一種。”録於《南江札記》。

文光案：周注未見。今各家注本有甚精善者，而流傳亦少，見之者宜收而藏之也。

《意林》五卷

唐馬總撰

崇文書局本。前有貞元二十年撫州刺史戴叔倫序、河東柳伯存序，後有嘉慶甲子張海鵬跋、陶貴鑑跋，目録。自《鬻子》至《物理論》，凡七十一家，每家多者十餘句，少者一二言，比《子鈔》所取更嚴。諸子今多不傳，賴此僅存其概。老、莊、管、列諸家亦多與今本不同。諸家所引《意林》，有今本不載者，知非總之原本矣。

張氏跋曰："唐馬氏《意林》一書，本梁庾仲容《子鈔》取周、秦以來諸家雜記，凡一百七家，摘其要語，爲二十卷，今佚。增損而成文，深爲藝林所重。范氏天一閣所藏衹抄本，而多脱誤。明嘉靖間廖氏有刻本，較范氏抄本爲完整，而與宋高似孫所稱《意林》一遵《子鈔》書目者，缺三十六種,目存而書缺者又二種。蓋是書久無刊刻之家,流傳絶少,傳者亦非完璧。吾邑楊舍人静巖得館閣諸公校定底本,别録一册,攜歸見示,以余嗜刻古書,屬付梓以廣其傳。"

《化書》六卷

南唐譚景昇撰

鈔本。前有嘉祐五年碧虚子書後。譚景昇於終南山著《化書》，見齊丘有仙風道骨，授齊丘爲序。齊丘奪爲己有，後人遂誤爲齊丘子所著。胡氏《筆叢》記《化書》甚詳。予所藏，有《化書新聲》，今皆知爲《譚子化書》。

張耒跋曰："齊丘爲唐僞臣，其智特大鼠之雄耳，何足道哉？其爲《化書》，雖皆淺機小數，亦微有見於道，其能成功有以也。吾嘗論黄老之道德，本於清净無爲，遣去情累，而其末多流爲智術、刑名，何哉？夫惟清净者見物之情，而無爲者知事之要，據其要而終其情者，知術之所從出也。仁義生於恩，恩生於人情，聖人節情而不遣也。無情之至，至於無親，人而無親則忍矣。此刑名之所以用也。齊丘之道既陋，而其文章頗亦間有可喜者。其言曰'君有奇智，天下不臣〔一二〕'，雖聖人出，斯言不廢。"録於《柯山集》，此本不載。

校勘記

〔一〕“蘥”，原作“繭”，據明胡應麟《少室山房筆叢》改。

〔二〕“歜”，原作“蠋”，據上書改。

〔三〕“蘭”，原作“藺”，據《四庫》本《金樓子》卷二改。本条下文“蘭”字同。

〔四〕“還”，據《金樓子》補。

〔五〕“赴”，原作“越”，據上書改。

〔六〕“何”，原作“向”，據上書改。

〔七〕“解作”，原作“作解”，據上書乙正。

〔八〕“孝”，原脱，據《文獻通考》卷二一四補。

〔九〕“孝”，原作“考”，據上文改。

〔一〇〕“人”，此字後原衍“家”字，據盧文弨《抱經堂文集》卷二九删。

〔一一〕“默記”，原作“點託”，據明胡應麟《少室山房筆叢》改。

〔一二〕“臣”，原作“親”，據《化書》改。

萬卷精華樓藏書記卷九十二

子部十

雜家類三

《江隣〔一〕幾雜志》一卷

宋江休復撰

《紛欣閣》本。此本訛謬不可讀。第一條，“士人”訛作“七人”，“知府日”訛作“曰”。“宋子京”一條，“請邵必不疑”脱“必”字；“顧問”下脱“無何”二字；“哭字從吅，象犬嘷”訛作“哭向犬嘷”，“象”又訛作“家”。“敬字”一條，“雍相是也”，“是”訛作“足”。此類不可枚舉，今從《稗海》本改正。周心如所刻，不知依據何本，與《稗海》本序次不同。《稗海》二百四十條，周本止二百條，所缺多矣。此本前後無序跋，亦不署名。江休復爲文典雅，尤工於詩，有《文集》三十卷。詳見《隆平集》。晁《志》：“三卷。休復，永叔之執友，所紀精博，絶人遠甚。隣幾，其字也。又名‘嘉祐雜志’。”

大名府學進士劉建侯盜官書賣之，搜索既切，遂焚之。又與妻同殺人，取其金。前殺士人事明白，猶且稱冤府中，謂之始皇以其焚書坑儒也。程琳尚書知府日殺之。其容貌堂堂，言詞辯辯，蓋莊生“大儒之盜”也。

宋次道集顔魯公文十五卷，詩十八首，多是湖州宴會聯句。

又有大言、小言、樂語、滑語、讒語、醉語。

紂作炮烙之刑。陳和叔云："《韓詩》作'烙'，《漢書》作'格'。"

馮章靖云："'昏'字本從'民'，避唐文皇諱，乃從'氏'爾。"孫文公云："從'高低'之'低'。"馮閱〔二〕《説文》，始慚己説未博。

宋子京判國子監，進《禮記》石經本，并請邵不疑同上殿以備顧問。上問："古文如何?"邵對："古文大篆於六禮義訓不通，今人之淺學，遂於一字之中、偏旁上下雜用古文，遂致乖亂。"又問林氏《小説》，必云："亦有長義，然亦有好怪處。"上一一問之，對云："許慎《説文》'歸'字從'惟'，從'士'，從'帚'，從'惟'爲聲；林云從'追'，於聲爲近，此長於許矣。許氏'哭'從'犬'，從'獄'省文；林乃云'家犬嗥'，此怪也。"

董仲舒云："以仁治人，以義治我。"原甫云："'仁'字從'人'，'義'字從'我'，豈造文之意耶?"

敬字左，紀力反；右，普木反。避廟諱，改姓者爲"苟且"之苟、文章之文，誤矣。今雍相足也。

司馬遷誤以"子我"爲"宰我"，又以"燕簡公欲盡去諸大夫而立其寵人"爲"寵姬"。

白水縣堯山民掘得誌石，是員半千墓。云十八代祖自梁入魏，本姓劉氏，彭城人，以其雅正似伍員，遂賜姓員。

大曆十才子盧綸、錢起、郎士元、司空曙、李端、李益，李嘉祐、耿緯、苗發、皇甫曾、吉中孚共十一人。或無吉中孚，有夏侯審。

文光案："十才子"一條，周本所無，録於《稗海》。商本已不盡善，周本更出其下。周心如刻《紛欣閣叢書》，惟

《鹽鐵論》十卷出於張氏之手，校勘既精，寫刻亦佳。《博物志》十卷，差勝《稗海》，然亦不免訛字。如卷三"異蟲類"落頭蟲，"因晚便去，將曉復還着體"，周本作"因服便去"，引《御覽》作"因眠便去"。又注云："一作'眼'。"似不如商本作"晚"，與"曉"相對，作"服"固是誤字，作"眼"更難通矣。

《東坡志林》十二卷

宋蘇軾撰

《全集》本。是書一名"東坡手澤"，商維濬刻入《稗海》。《簡明目録》作五卷，閔齊伋所刻亦五卷。有焦竑評。

錢牧齋曰："馬氏《通考》'《東坡手澤》三卷'，陳氏以爲即俗本《大全》中所謂'志林'也。今《志林》十三篇。載《東坡後集》者，皆辨論史傳大事。《志林》則皆瑣言小録，雜取公集外記事、跋尾之類，捃拾成書，而訛者亦闌入焉。"

姚際恒曰："俗因《東坡志林》而又有《米元章志林》，以訛傳訛，尤可笑也。""《尤西堂集》讀《志林》二十則，甚有理致。"

《魏公譚訓》十卷

宋蘇象先撰

祠本。道光十年裔孫蘇廷玉校刊，有跋，板最精工。前有陶澍、梁章鉅、夏脩和三序，次《宋史》本傳，次目録。自《國論》至《雜事》，凡二十六門。書前有引，魏公書。頌字子容，泉州南安人。

陶氏序曰："《魏公譚訓》十卷，宋朝請大夫蘇象先録其祖魏公頌之遺訓也。象先爲魏公長孫，自少侍魏公，凡朝章國故、家世僚友、仕宦出處、吏治文章，以及日用瑣屑，得諸退食之訓者，薈蕞爲編。託始元祐丙寅，時魏公方爲吏部尚書，所記祇百餘事；成書在靖康元年，續增二百餘事，在魏公歿已二十餘年矣。象先，《宋史》無傳。歷稽載籍，子孫之追述祖宗嘉言懿行爲一書者，自《孔子家語》始。後世若《顔氏家訓》、《鄴侯家傳》、《錢氏私志》、范公偁《過庭録》、蘇欒城《遺言》，皆仿此爲之。然闡揚其先，或失之夸大，反乖事實。而是書所述魏公立朝本末，證以《宋史》悉合，無溢美之詞，則象先之服膺祖訓，信於後，可槩見也。”

文光案：《顔氏家訓》分門類集，出於自撰，非表揚其先人之嘉言懿行也。陶氏偶未及檢，故誤引爾。

梁氏序曰：“《譚訓》，著録家罕載。《魏公文集》，今從浙中文瀾閣鈔録其副，將次第刊行。”

蘇氏跋曰：“先丞相《魏公譚訓》十卷，紹熙癸丑周珌刻於無爲州軍。子朱子《名臣言行録》屢引之。閩中舊無刻本，幾失其傳。昨歲移守蘇州，乃得精鈔校宋本於黄氏士禮居，并借壽松堂蔣氏所藏宋槧詳加釐定，鐫板寄藏吾邑學宫。子朱子請建魏公祠，内以存家乘而垂永久。裔孫廷玉識於蘇州郡齋。”

祖父嘉祐中奉詔同修《本草圖經》。時掌禹錫大卿爲官長，博而寡要，昧於才識。筆削定著，皆出祖父之手。

文光案：宋朝所修醫書多掌禹錫之名，而不詳其人，故録之。今所傳《證類本草》有魏公序，其序又見於本集。魏公於醫蓋三折肱矣。

澄心堂紙，李廷珪墨，當時禁中亦少。

祖父平日鈔節，分門類幾二百册。

《麈史》三卷

宋王得臣撰

《知不足齋》本。前有政和乙未自序。得臣字彦輔，自號鳳臺子。

王氏自序曰："予甫成童，親命從學於京師，凡十閱寒暑，始竊一第。已而宦牒奔走，轍環南北，而逮歷三紀。故自師友之餘論、賓僚之燕談，與耳目之所及，苟有所得，輒皆記之。晚逾耳順，自大〔三〕農致爲臣而歸。取所記積稿重加刊定，得二百八十四事。其間自朝廷至州里，有可訓、可法、可鑒、可誡者無不載。又病其艱於討究，遂類以相從，别爲四十四門，總成三卷，名曰'麈史'，蓋取出夫實録，無溢美，無隱惡而已。時行年八十，追爲之序。"

先君曰："小宋説：'手抄《文選》三過，方見佳處。'前輩名公，爲學大率如此。"

集賢張君房，字尹才，嘗撰《乘異記》三編、《科名定分録》七卷、《儆戒會蕞》五十事、《麗情集》十二卷，又《朝説野語》各三篇、《脞説》二十卷。年七十六，仍著詩賦、雜文。其子百藥嘗纂爲《慶曆集》三十卷。富哉！所聞也。

令狐先生嘗讀書萬卷，自有《萬卷録》。所著《易説〔四〕精義》、《晉年統緯》、《世惣〔五〕》、《樂要注》、《默書》、《讖髓》、《琴譜》、《兵途要轄》，鮮有知者。

《詩》多識鳥獸草木之名者也，然花不及杏，果不及梨、橘，草不及蕙，木不及槐。《易》之象，近取諸身，獨不及眉與頷。

唐李翱作《易詮》，論八卦之性，古今説《易》者未嘗及。自古小人在上，最爲難去，蓋得位得權而勢不能摇奪。以四凶尚歷堯至舜而後能去。又一陰在上，五陽并進，以剛決柔，宜若易然。然爻辭俱險而不肆，蓋一小人在上，故繇曰"剛長乃終"也。

梁鍾嶸《詩評》序云："夏歌曰'鬱陶乎余心'、楚詞曰'名余曰正則'，略是五言之濫觴。"予以爲不然。《虞書》"元首叢脞哉"，至"三百篇"，五字甚多，蓋始於虞，衍於周，逮漢，專爲全體矣。

杜子美善於用事及常語，多離析，或倒句，則語峻而體健，意亦深穩。如“露從今夜白，月是故鄉明”是也。白樂天工於對屬，《寄元微之》曰：“白頭吟處變，青眼望中穿。”不若杜云“别來頭併白，相見眼終青”，尤佳。

僧贊寧爲《筍譜》甚詳，摭古人詩詠，自梁元帝至唐楊師道，皆詩中言及筍者。如退之《詠筍二十六韻》不及，何耶？

王安石集四家詩，不取韓公《符讀書城南》，何也？予曰：“是詩教子以取富貴，宜荆公之不取也。‘有子賢與愚，何其挂懷抱。’淵明猶不免子美之譏，况示以取富貴哉？”樂道以爲然。

王銍性之嘗爲予言，曰：“王荆公嘗集四家詩，蔡天啓嘗問：‘何爲下太白？’安石曰：‘才高而識卑，其中言酒色蓋什八九。’”

宋景文好讀《大誥》，故文多謹嚴。至修《唐書》，其言艱，其思苦，蓋亦有所自歟。　景文自撰《唐紀》與《志》，家藏其稿，世莫得見。

譜牒之不修也，久矣。晉東渡，五胡亂中原，衣冠流離而致然也。夫京房之先，李姓也；牛洪之先，尞姓也。疎之後，乃爲束；是之後，乃爲氏。閩中人避王審知，而沈氏去水而姓九。南中多危氏，有惡其稱者，或改爲元。如此類甚多。况元魏據洛，諸鹵喜中原之姓，擇而冒之者益衆，則譜不可以不知也。

《論語》“見其二子焉”，當在“至則行矣”之下。

《孟子》最爲全書，然“滕文公問爲國”，此篇疑有簡策之誤。又察其文義，頗有脱略。使三代之法不得全見於後世，良可惜哉！

“從許子之道”，上脱一“曰”字。

權文公多用州縣、日辰之類爲詩。近人有爲藥名詩者，多假借，直致不工。

痱子，雖蛤粉、陳粟塗之不差。用經宿熱水濯灌之，即愈。

《東觀餘論》二卷

宋黄伯〔六〕思撰

萬卷堂本。明萬曆甲申嘉禾項氏仿宋本重刊。每葉十八行，行十八字，字大悦目，板甚精工，與諸刻不同。余甚愛重，寶而藏之。每卷有"嘉禾項氏萬卷堂梓"印。前有項篤壽序，次目録。伯思撰《法帖刊誤》二卷，又作《古器説》四百六十二篇。其子訒合而編之，益以伯思所作論辨題跋，共爲一書，總題此名。項本分上、下二卷，《法帖刊誤》即上卷之上、中子卷，末有附録五篇，黄訒、樓鑰二跋，又鼎夏書後。是書刻於《百川學海》，又刻於王氏書院，皆不若項本之精。今本以《法帖刊誤》爲上卷，《餘論》爲下卷，恐非宋本之次。是書有文徵明跋，見《甫田集》。樓氏《攻媿集》有跋，盛推此書，謂其議論不苟，辨析隱奥，上下千古，皆前人所未發，後人所難及。李綱撰《墓誌》，云《古器説》悉載《博古圖》，《地志説》見於《九域圖志》，皆藏之御府。有《東觀文集》一百卷，尤精小學，正、行、章、隸皆精絶。好道家言，自號雲林子。

項氏序曰："南渡來，周公謹、廖瑩中號稱博綜，而二子皆悦生堂客，不足觀也。其書固在，曾不齒悦生主人，視雲林子可同日語乎？閒居多暇，翻宋本文字校而刻之。長睿清修詳慎，李忠定公雅重之，其人固足多也。"

文光案：伯思字長睿，號霄賓，又自號雲林子，昭武人。政和中，官至祕書郎，故名其書爲"東觀"，而文集不傳。今所行者惟《餘論》，云此本爲黄訒所編，首《法帖刊誤》上、下，附以米元章跋。"祕閣帖"以下四十七條，所謂"古器説"者，亦在其中。此即《餘論》之上卷也。下卷自"跋干禄字碑"至"校定師春書序"，凡一百五十二條，又附以李綱杜集序，葉夢得跋《急就篇》并祭文、墓誌，凡六篇。忽出“邵資政考次《瘞鶴銘》”一則，末題“右《東觀餘論》不載，今附於後”，亦不知爲何人所附。凡此皆在下卷之内。末有黄訒跋云：“先人所著《法帖刊誤》、《祕閣古器説》、論辨、題跋共十卷，總目之曰‘東觀餘論’。”據此，則原書十卷，今本二卷，其爲黄訒所删，爲後人所合，俱無確證。又一跋云：“川本去三十一篇，内重出三篇，當删，其餘二十八篇，不若存之以全其書。”按：此爲刻書者所記，而不題名氏，或川本之後，别有一本爲項刻所依，亦未可知，然不可考矣。次爲樓鑰跋，内有缺字，余據《攻媿集》補足。最後一跋云：“是書刊於庚午之秋，明年正月得公書，又示一百五十五條，塗者一百二十一，口者三百一十七，乙者四，凡貼改四百四十二字，并以邵考《瘞鶴銘》文附於後云。”按：此跋刻於書之下方，的是宋本之舊，惟不知爲何人所題。所謂“公”者，亦不知所指何人。又有“敬書於籌思堂”一行。此即項氏所依之本，全仿宋式者也。而毛晉云“秀水項氏仿川本《法帖刊誤》重鐫，又增其所删，弗廣流布”云云，此語實不足據。項氏所翻自是宋本，并非刻川本《法帖刊誤》於前，又增其所删於後也。今《津逮秘書》所刻《東觀餘論》，與項本無大異同，惟非宋本舊式。大抵是書足本罕見，王氏書院所刻脱簡尤多。陳《録》載伯思《博古圖説》十一卷，凡諸器五百二十七、印章四十五，後來修《博古圖》多採用之。據此，則《博古圖》中有黄説，然原書已佚，不能辨矣。

樓氏跋曰：“以雲林之美才，又仕於洛，多見故家名帖。及居館閣，盡見太清樓所藏異書。時方承平，鼎彝古器，具見制作款識之舊。嘗自言曰：‘考校往古事迹，先須熟讀强記，遇事加之精審，決無疏略。’又謂‘歐公考校，非其所長’。”

文光案：是書遠勝《集古録》。

李氏曰："伯思辨駁古今法書，最爲精刻。乃其辨《黄庭經》一節，實欠詳審。右軍所書與魏夫人所授兩經，純不相溷。《書斷》、《法書要録》并載右軍書《黄庭》六十行。褚遂良《右軍書目録》：'《黄庭經》書與山陰道士，其真蹟自在。'又武平一《徐氏法書記》：'親在禁中見武后曝書，太宗所遺者六十餘函，有《黄庭》。'何所復疑哉？"録於《六所齋筆記》。

文光案：右軍所書之《黄庭》乃漢時所傳。伯思所稱之《黄庭》乃《内景黄庭》，齊梁間道士所僞撰，故伯思以爲書出於後，右軍不得先書。今兩本具在，其文絶不相類，故日華辨之。日華疏於考證，惟題畫諸作尚有可觀，餘多不足依據，且有無稽之談。

《澗泉日記》三卷

宋韓淲撰

浙江重刊聚珍本。前後無序跋。

《簡明目録》曰："案：'淲'字或作'虎'，或作'謕'，或作'琥'，并傳寫之誤。原本久佚，今從《永樂大典》録出。其書首掌故，次品評人物，次考證經史，次評論詩文，次雜記山川古蹟。淲本故家耆宿，所言率根據舊聞，與勦説者異。"

富文忠奏議、劄子，范忠宣彈事、國論，范醇甫講筵文字，學士大夫所當熟讀而模範之。其他不訐則弱，未易言也。

王深甫文字無一語蹈俗態，至於議論，馳騁上下，非老蘇不能也。

歐陽公自《醉翁亭》後，文字極老。蘇子瞻自《雪堂》後，文字殊無制科氣。介甫之罷相歸半山也，筆力極高古矣，如曾子固見歐陽公後，自是迥然出諸人之上。老蘇文字，篇篇無斧鑿痕，蓋少作皆已焚之矣。其他吾不知也。

《歐譜》："年四十，號醉翁。"《蘇譜》："年四十七，在黄州，寓居臨皋亭，就東坡築雪堂，自號東坡居士。"

老蘇晚年文字，多用歐陽公宛轉之態。老泉晚年記序，與《權衡》諸論不同，豈見歐公後有所進耶?

子瞻、子由文學於晚年所述見之，子瞻傷於精明，《志林》方就實；子由歷代論、古史論之屬，文極平心，但道理泥於老、莊，不能有所發明。子瞻雖間取莊、老，然於議論事理處極忠壯，此子由所不及也。

子由文字晚年多泥佛老之説，筆勢緩弱無統。東坡海外所作，愈雅健精，當不可及；但平生所著多以戲而汩之，所以不典。

蔡君謨與人作《墓誌》，最簡健條暢。

歐公作孫泰山、胡〔七〕翼之墓誌得體，祇載其弟子與其交〔八〕游，而略言其學術議論，隱然自爲儒者，非後人所可及。

少游在黄、陳之上。黄魯直意趣極高。陳後山文字才氣短，所可尚者，步驟雅潔爾。

近世張安道之高簡純粹，王禹玉之温潤典裁，元厚之之精麗隱密，東坡之雄深秀偉，皆制誥之傑然者。

文光案：澗泉評文諸論最可觀，因録之。

《墨莊漫録》十卷

宋張邦基撰

《稗海》本。前有小序，云："僕性喜藏書，隨所寓榜曰'墨莊'，故題其首曰'墨莊漫録'。"

晏叔原聚書甚多，每有遷徙，其妻厭之，謂叔原有類乞兒般漆椀。

藏書之富，如宋宣獻、畢文簡、王原叔、錢穆父、王仲至家，及荆南田氏、歷陽沈氏各有書。因譙郡祁氏多書，號外府，太清、老氏之藏室，後皆散亡。田、沈二家不肖子盡鬻之。京都盛時，貴人及賢宗室往往聚書，多者至萬卷。兵火之後，焚毁迨盡，間有一二流落人間，亦書史一時之厄也。吴中曾攷彦和、賀鑄方回二家書，其子獻之朝廷，各命以官。皆經彦和、方回手自讎校，非如田、沈家貪多務得，舛謬訛錯也。

東坡詞："高情已逐曉云空，不與梨花同夢。"注云："唐王建有《夢看梨花雲》詩。"予求王建詩，行世甚少。唯印行本一卷，乃無此篇。後得之於晏元獻《類要》中。後又得建全集七卷，乃得全篇，題云"夢看梨花雲歌"。或誤傳爲王昌齡，非也。

《瘞鶴銘》，潤州揚子江焦山之足石巖下。予嘗至山中，觀銘之側近復有唐王瓚刻詩一篇，字畫差小，而筆勢相類，意其是瓚所書也。因模一本以歸，以示知書者，亦以爲然。今此刻亦漸漫漶，尚可讀也。

> 文光案：《瘞鶴銘》，或以爲逸少書，或以爲魯公書，或以華陽真逸爲顧況，議者紛紛，究無確證。惟黄伯思定爲陶弘景書，考訂最精，至今依之。然或謂《茅山碑》前一行"貞白自書"，與今銘甚異，則亦有異議矣。張力臣證爲顧逋翁書，其辨刻入《昭代叢書》，而汪氏不取其説。汪氏著《瘞鶴銘考》一卷，翁覃溪爲之考證，今有行本。而王氏《萃編》所收諸説亦甚夥，其以爲王瓚書者，亦非一人。或謂筆力差弱，或謂摹仿其體。然瓚書亦不易得，傳本甚少，故《墨莊》録其詩，亦書中之佳品也。王瓚，唐人，其結銜曰"謫丹陽功曹掾"。

或問："大過，本末弱也?"余曰："'本'、'末'兩字皆當從'木'。以一陽畫藏於木之下，而根株回暖，故爲'本'；以一陽畫散於木之上，而枝葉向榮，故爲'末'。大過，二陰畫處於初上，猶之木焉，上缺下短，本末弱也，故曰‘棟撓凶’，是以‘木’之字義而言也。”文光案：棟撓宜横看。如此説，又宜竪看。凡觀卦象，不可執一。又“未濟，六爻皆失位”，未有明其説者。蓋陽爻皆在陰位，陰爻皆在陽位，六十四卦，惟“未濟”爲然。

李文叔論文章之横，云：“孟子之言道，如項羽之用兵，直行曲施，逆見錯出，皆當大敗，而舉世莫能當者，何其横也！左丘明之於辭令亦甚横，自漢後，唯韓退之之於文、李太白之於詩，亦皆横者。近得眉山《篔簹谷記》、《經藏記》，又今世横文章也。夫其横，乃其自得而離俗絶畦徑間者，故衆人不得不疑，則人之行道、文章，政恐人不疑耳。”

《避暑録話》二卷

宋葉夢得撰

鈔本。此本從宋本，末題“乙卯避暑録話”，與《稗海》本不同。石林爲蔡京門客，又章惇之姻家，人不足道。惟博通羣籍，有裨考核，其書不可廢也。石林又著《巖下放言》三卷。《稗海》所刻郭景望《蒙齋筆談》全與此同，可知取前人書作僞者，不止此一書也。

裴休諸序文皆深入佛理。李翺《復性書》即佛氏所常言，而一以吾儒之説文之。退之《原性》不逮遠甚。文光案：石林晚年歸心二氏，故以翺爲善學佛，《巖下放言》持論尤不純正。

《石林燕語》十卷

宋葉夢得撰

明本。前有宣和五年自序。《稗海》本無序。内題“子棟、桯、模編”。石林者，卞山之石林谷也。此書詳於掌故。宇文紹節撰《考異》十卷，其書久佚。今聚珍本從《大典》録出，合爲一編，相輔而行，考證益明矣。

《寓簡》十卷

宋沈作喆撰

《知不足齋》本。前有自序、隆慶辛未皇山七十七翁姚咨跋，後附《清波雜志》一則、《梅磵詩話》一則。卷末題“嘉靖己酉春正月，館童凌定摹，門生秦汝操鈔本”，共九十六葉。又鮑廷博刊書跋。

沈氏序曰：“予屏居山中，無與晤語，有所記憶，輙寓諸簡牘。紛綸叢脞，雖詼諧俚語，無所不有；而至言妙道，間有存焉。已而誦言之，則欣然如見平生故人，抵掌劇談，一笑相樂也，因名之曰‘寓簡’。”

姚氏跋曰：“此編鈔之已二十三年矣。始借門生華水部所得宋刻本讎校一過，乙其誤舛數百字，方爲全書，藏之茶夢閣上，爲老境消閑之具。同志者見之，必嘉予清癖也。書已一笑。”

鮑氏跋曰：“是書間有鈔傳，亦鮮善本。前明畢孟侯、叔昭昆季所刊，尤多脱誤，甚或點竄原文，并分段落。此本爲姚舜咨自跋題“姚咨”，俟考。舊藏，曾經宋槧勘定，丹黄滿卷，手識如新。郁君佩先得自小山堂趙氏，始獲盡刊畢本之誤，俾予刻入叢書以還舊觀。”

“大衍之數五十。”陸秉曰：“此脱文也，當云‘五十有五’，而用四十有九者，除六虚之位也。古者卜筮先布六虚之位，然後揲蓍而置六爻焉。如京房、馬季長、鄭康成以至王弼，不悟其爲脱文而妄爲之説。所賴者‘五十’殊無證據。予謂虚一與五退藏於密，祕而弗用。”石林喜曰：“如是如是。”

六籍脱簡闕文，先儒强爲之説。如《春秋》“甲戌。己丑，陳侯鮑卒”，“甲戌”之下闕文也。而《傳》以爲甲戌之日死，己丑之日亡，真可笑也！《易》比諸經，號爲全書，而衍文脱字，訛舛多矣。“坎習坎”，猶曰“井改邑，不改井”，“習”字上脱“坎”字。解之爻辭，當云“公用弓矢射隼於高墉之上”，不然何緣有“弓矢者器”四字？如此類者甚多。説卦取象，尤多脱誤，不可不知也。

厲氏跋曰：“明遠，丞相該之姝，紹興五年進士，改官爲江西運管。嘗爲《悲扇工》詩，忤魏良臣，陷以深文，奪三官，不得志以卒。今觀首簡云：‘《詩序》有功於《詩》，病夫《詩》者亦《序》之力，蓋以微文諷諫。今之爲序者，曉然使人知其爲某事而作，故後世以詩得罪者相屬。’此明遠懲羹吹虀之論也。古人詩無題，故待序而明；後人詩自製題，題即是序。《哀扇工》詩失傳，見於《清波别志》。陳直齋云：‘其詩罵而非諷。’然則明遠固未善於詩，不得以序爲詩病也。明遠爲葉石林弟子，學有元本，論説經史，能闡前人所未發，旁及文字、技術、名理，俱足令人領悟。明遠所著有《寓山集》、《南北國語》，惜乎其久佚矣。”録於《樊榭山房集》。

文光案：寓山作《哀扇工》詩，忤洪帥魏道弼，坐奪三官。詩見《宋詩紀事》，又見《清波雜志》。梅磵記其從人使金，韓元吉贈之以詩，有“但如王粲賦從軍，莫爲班姬詠團扇”，蓋指此事。《寓山集》三十卷，《提要》作“寓林”，“林”字恐誤。按《寓簡》序及厲氏跋，皆作“寓山集”。别有《己意》一書，見《寓簡》，今佚。

《元城語録解》三卷　附《行録解》一卷

宋馬大年輯其師劉器之語爲《元城語録》，明崔銑輯《行録》，王崇簡解

《惜陰軒》本。道光庚子李錫齡校刊，有跋。前有紹興五年維

揚馬永卿大年序，又范陽張九成序、嘉靖七年吕柟序、王崇慶序。

李氏跋曰："器之名安世，元城人。永卿，《宋史》無傳，《簡明目》題'馬大年'。按：此書舊題'左朝散郎、主管江州太平觀、賜緋魚袋馬永卿'，則'永卿'其名也。《宋志》有《劉安世言行録》二卷，早佚。馬氏既輯《語録》，故崔氏作《行録》以補其闕，迨後于文熙又補益之，故至今附行不輟。是書雖以'語録'命名，而紀述舊聞，旁及雜記，不規規於講學，亦《欒城遺言》類也。嘉靖中，開州王端溪取《語録》、《行録》通爲之釋，名之曰'元城語録解'。書中義藴多所發明，間有辨正，亦能伸己見。初刻汝南，再刻於元城，流傳漸少。兹猶是元城刊本，可貴也。"

《曲洧舊聞》十卷

宋朱弁撰

《知不足齋》本。前後無序跋。《通考》："《曲洧舊聞》一卷，《雜書》一卷，《骫骳説》一卷。陳氏曰：'直祕閣新安朱弁少章撰。弁於晦庵爲從父，建炎丁未使虜，留十七年，既歸而卒。《骫骳説》以續《鼂无咎詞話》，而鼂書未見。'"

東坡詩文，落筆輙爲人所傳誦。每一篇到，歐陽公爲終日喜。前輩類如此。一日與棐論文及坡，公歎曰："汝記吾言，三十年後世上人更不道着我也。"崇寧、大觀間，海外詩盛行，後生不復有言歐公者。是時朝廷雖嘗禁止，賞錢增至八十萬，禁愈嚴而傳愈多，往往以多相夸。士大夫不能誦坡詩，便自覺氣索，而人或謂不韻。

凡史官記事，所因者有四：一曰時政記，則宰相朝夕議政，君臣之間奏對之語也。二曰起居注，則左、右史所記言動也。三曰日曆，則因時政記、起居注潤色而爲之者也。舊屬史館，元豐官制，屬祕書省國史。按：著作佐郎主之。四曰臣僚行狀，則其家之所上也。四者惟時政記，執政之所自録，於一時政事最爲詳備。左、右史雖二員，然輪日侍立，榻前之語既遠不可聞；所賴者臣僚所申，而又多務省事，凡經上殿，止稱别無所得聖語：則可得而記録者，百司關報而已。日曆非二者所有，不敢有所附益。臣僚行狀於士大夫行事爲詳，而人多以其出於門生子弟也，類以爲虚辭溢美，不足取信。然所載事迹，以同時之人考之，自不可誣，亦何可廢？

唐以身、言、書、判設科，故一時之士無不習書，猶有晉、宋餘風。今間有唐人遺蹟，雖非知名之人，亦往往有可觀。本朝此科廢，書遂無用於世，非性自好之者不習，故工者益少，亦勢使之然也。

宋次道藏書皆校三五遍者，世之畜書以宋爲善本。居春明坊，士大夫喜讀書者多居其側，以便於借置故也。

《松窗百説》一卷

宋李季可撰

《知不足齋》本。前有紹興丁丑王十朋序，末有諸家題後，又嘉慶癸亥鮑廷博刊書跋。季可，應是字，故及門亦稱之。書中題“東嘉李季可”，豈失其名歟？

王氏序曰：“予昔識李君於鄉里，知其爲博學有識君子也。别數年，復遇之於臨安，出所撰《松窗百説》以見示。事多而詞簡，議論一出於正。如辨文王不傾商政，諸葛孔明盡臣道，有若似孔子不以貌，嶲不疑詭辭以抗衆，魏武帝宣言以欺人，韓退之不服硫黄，釋寶誌妖妄，仙家不壽考，士自負爲不幸，皆大有益於風教，前輩議論所不及也。惜乎！世未有知之者。”

鮑氏跋曰：“是書爲王梅溪所賞；同時諸賢又各題其後；紹興

戊寅，行都尹大任爲之梓行：亦百家之緒論也。然志乘不列其名，藏書家均不著録，沉薶敗篋中，卒不絶於世。顧以傳抄既久，訛誤相承，風葉滿庭，掃除有待。惜出之稍晚，未經《四庫》採録，爲可慨耳。”

白詩云：“退之服硫黄，一病身不痊。”世遂以退之戒人服金石，言最勤切，而晚年躬蹈其害，莫不怪歎之。按退之集，恐無其事。古人已没，遭誣毁，以白爲黑，靡所不至者多矣。今偶因前人文字之同、或傳之謬，使賢者蒙汙，故書之。

文光案：杜工部醉飽而死，其誣與文公同。前人有辨之者，考其卒之時地，與醉飽之説不合。文公長慶三年，親見服食斃者七人，并言其臨終痛楚之狀。明年，文公卒，豈身試其禍哉？故季可辨之。人之臟腑脆弱，金石性烈，化之誠難。仙家清心寡慾，或能受之，蓋心清則寒能制火，火不妄亢。若以火助慾，是使之速斃也。然清心寡慾者多不服金石，服金石者意不在於清心寡慾，故受其害者慘不可言。惟火衰至極者，非硫黄不治。然余治寒極之人，雖硫黄亦不救也。

李林甫狡獪，智數足以禦天下亂，亦足以成天下禍。安禄山、楊國忠逡巡畏憚，莫敢誰何者，自揣其才能不及故也。然至於上下聾瞽，陰姦邪謀潛結而不覺，禍垂發而身已死，幸矣！

《詩》、《書》删定之後，始爲圓具。今人欲下筆皆可傳世，難矣。《孟子》雜以外書，即其論甚駁；韓文、杜詩更少删除，乃爲奇至：况餘士哉？劉伶一頌，莫測其人；而唐末詩家盈車可載者，多荒纇可厭也。

作史之權至重，而古今不免多誤。寇萊公之父湘，登第於晉之開運中，爲狀元。嘗得其小録，綾紙，吏部印，宰相桑維翰、和凝及竇正固等與本部官書名押。同第十二人，李若愚在其中。若愚三代，與《五代史》較之，官秩、名諱殊差互。小録無緣傳也，傳者史而已，蓋遺其事而傳其非也。今歲淮西之役，方在山陽，最爲聲迹相近。軍中曾經戰陣，通曉於事，來者未嘗不詢之。所言皆不同，以至是非反復，十餘説莫之能定，後直以己意約而斷之，則貽厥將來者果如何？所以高世之士，修其在我，而不以世之毀譽介懷云。實辛酉歲也。

梁武帝時僧寶誌，妖異人也，造作讖語，以惑後人，至亂者甚衆。若長沙陸〔九〕納以“十八子”之言尊李洪雅，遂反。及王僧辨破平，所害生靈不可紀。不知此老平生化愚頑，作福利，償得過否？

伊大任曰：“《百説》簡而盡，曲而通，洞見事情，有補於正，前賢未之及也。”

《松窗百説》大略以採摭經傳爲文，據正闢邪爲意，去非釋疑，一歸諸理。戊寅，環衛宗室居廣書。

覯重曰：“季可論王霸大略，踔厲百家。至於藝文，乃餘事。從游二十年，未嘗有過失，兹予平生所欽服也。”

《鶴林玉露》十六卷

宋羅大經撰

鈔本。從明本録出，又見於《稗海》。

吾輩學道，須是打疊教心下快活。古曰無悶，曰不愠，曰樂則生矣，曰樂莫大焉。夫子有曲肱飲水之樂，顔子有陋巷簞瓢之樂，曾點有浴沂詠歸之樂，曾參有履穿肘見、歌若金石之樂，周、程有愛蓮觀草、弄月吟風、傍花隨柳之樂。學道而至於樂，方能真有所得。大概於世間一切聲色嗜好洗得净，一切榮辱得失看得破，然後快活意思方自此生。或曰“君子有終身之憂”，又曰“憂以天下”，又曰“莫知我憂”，又曰“先天下之憂而憂”，此義又是如何？曰：聖賢憂、樂二字并行不悖，故魏鶴山詩云：“須知陋巷憂中樂，又識耕莘樂處憂。"蓋惟賢者而後有真憂，亦惟賢者而後有真樂。樂不以憂而廢，憂亦不以樂而忘。文光案：是書長於議論，憂樂之説可以詁經。聲色嗜好洗得净，榮辱得失看得破，富貴如浮云之意，憂樂并行，乃聖賢不忘世之心。若有樂無憂，便近於道流。

玉牒修書，始於大中祥符，至於政、宣而極備。考定世次，枝分派别而歸於本統者，爲《仙源積慶圖》；推其所自出，至於子孫而列其名位者，爲《宗藩慶系録》；具其官爵、功罪、生死及若男若女者，爲《類紀》；同姓之親而序其五服之戚疏者，爲《屬籍》；編年以紀帝系，而載其歷數及朝廷政令之因革者爲《玉牒》。

周益公家藏歐陽公家書一〔一〇〕幅，紙斜封，乃冷光壽牒。其詞云："具位某，猪肉一斤，右伏蒙頒賜，領外無任感激，謹具牒謝。年月日。具位某牒。"蓋改"牒"爲"狀"，自元豐始，日趨於諛矣。且前輩交際，其饋止於如此，未嘗過於豐侈也。

楊東山嘗謂余云："丈夫自有衝天志，莫向如來行處行。"豈惟制行，作文亦然。如歐公之文、山谷之詩，皆所謂不向如來行處行者也。歐公以古文起，曾子固、王介甫皆出歐門，皆江西人。

蘇武在匈奴十九年，魏于什門在燕二十一年，近時洪忠宣在金亦幾二十年。

《夢溪筆談》二十六卷　《補筆談》三卷　《續筆談》一卷

宋沈括撰

明本。崇禎四年馬元調仿宋本重刊。有前、後二序，又《重編補筆談序》，末有乾道二年揚州州學教授湯修年跋。此本所自出。目録前有沈存中小序。凡《故事》二卷，《辯證》二卷，《樂律》二卷，《象數》二卷，《人事》二卷，《官政》二卷，《權智》一卷，《藝文》三卷，《書畫》一卷，《器用》一卷，《神奇》一卷，《異事》一卷，《謬誤》一卷，《譏謔》一卷，《雜志》二卷，《藥議》一卷。原書二十六卷，所補有二十七以至三十者，或補或不補，或三卷訛爲二卷，多與本書不合，蓋年月既久，多寡不辨。馬氏釐爲三卷，粲然可考。末有《續筆談》十一條，亦舊本所有。《筆談》，《通考》"二十六卷"，與今本合。《宋史》則二十五卷，《通志》則二十卷，其分并不同如此。其中樂律、象數，尤其專門絶學。夢溪，其潤州別業也。潤州丹陽縣東有金牛山，山有溪。括嘗夢至，圖其處。謫居得此溪，宛如夢中，故名"夢溪"。

馬氏序曰："商氏《稗海》有此書，卷第良是，而無自序與目。其辨證考究，有非漢、唐諸儒所及者，顧板刻舛錯零落，不可意會。後借得乾道揚州本，每覽一條，所疑冰釋。因悉遵朱本，繕寫翻刻，略序其由，以告同志。括又有《修城法式》二卷、《良方》十卷、《靈苑》二十卷、《長興集》四十一卷，俱求之未得。又聞括兄子遘著《西溪集》十卷，遘弟遼著《云巢集》十卷，與《長興集》號'三沈集'。嗚呼！安得盡古人之書而藏之也哉！"馬巽甫好聚書，家多刻板。

沈氏自序曰："予退處林下，深居絶過從，思平日與客言者，時紀一事於筆，則若有所晤言。蕭然移日，所與談者，唯筆硯而已，謂之'筆談'。聖謨、國政及事近宫省皆不敢私紀，至於繫當日士大夫毁譽者，雖善亦不欲書，非止不言人惡而已。所録唯山間木陰，率意談噱，不繫人之利害者，下至閭巷之言，靡所不有。亦有得於傳聞者，其間不能無缺謬。以之爲言則甚卑，以予爲無意於言可也。"序後一行接卷第一，降四字。又一行，《故事》一，降五字。

《館閣新書》净本有誤書處，以雌黄塗之。嘗校改字之法，刮洗則傷紙；紙貼之又易脱；粉塗則字不没，塗數遍方能漫滅；唯雌黄一漫則滅，仍久而不脱，古人謂之鉛黄，蓋用之有素矣。

鈞石之石，五權之名，石重百二十斤。後人以一斛爲一石，自漢已如此，"飲酒一石不亂"是也。

帝舜陟方之時，二妃之齒已百歲矣。後人詩騷所賦，皆以女子待之，語多瀆慢，皆禮義之罪人也。

《莊子》云："程生馬。"秦人謂豹曰程。延州人至今謂虎豹爲程，蓋言蟲也。方言如此。

《唐六典》述五行，爲禄、命、驛馬、湴河之目。湴河，人多不曉。予過無定河，·度活沙，如行幕上，其下足處雖甚堅，若遇一陷，則人馬皆没。術書有"湴河"者，蓋謂陷運，如今之"空亡"也。

玄乃赤黑色，燕羽是也，故謂之玄鳥。璊，赭色也。"毳衣如璊"。稷之璊色者謂之穈。《詩》："有穈有芑"。穈色在朱黄之間，而從玉，以其赭而澤，故以喻之也。

《莊子》言"野馬也，塵埃也"，乃是兩物。昔人皆以塵爲野馬，恐不然也。野馬乃田野間浮氣耳，遠望如羣羊，又如水波。佛書謂如熱時野馬、陽焰，即此物也。

予受詔改鑄渾儀，求秦、漢以前度量斗升。計六斗，當今一斗七升九合；秤三斤，當今十三兩。

除拜官職，謂除其舊籍，不然也。除猶易也，以新易舊曰除。如新、舊歲之交，謂之歲除。《易》："除戎器，戒不虞。"以新易弊，所以備不虞也。階謂之除者，自下而上，亦更易之義。

世人畫韓退之，小面而美髯，著紗帽。此乃江南韓熙載耳，當時所畫題誌甚明。熙載謚文靖，江南人謂之韓文公，因此遂謬以爲退之。退之肥而寡髯。元豐中，以退之從享文宣王廟，郡縣所畫皆是熙載。後世不復可辨，退之遂爲熙載矣。

《禹貢》云："雲夢土作乂。"太宗皇帝時，得古本《尚書》，作"雲土夢作乂"。詔改《禹貢》從古本。江南爲夢，水出稍高；江北爲雲，乃水之所委，其地最下：故雲方土而夢已作乂矣。此古本之爲允也。

吾聞《羯鼓録》序羯鼓之聲云："透空碎遠，極異衆樂。"唐羯鼓曲，今唯有邠州一老父能之。其人死，遺音遂絶。唐明帝與李龜年論羯鼓，云："杖之弊者四櫃。"用力如此，其爲藝可知也。

納音與納甲同法。乾納甲，而坤納癸，始於乾而終於坤。納音始於金，金，乾也；終於土，土，坤也。

古今言刻漏者數十家，悉皆疏謬。歷家步漏之術，皆未合天度。予占驗十餘年，粗見真數，成書四卷，謂之"熙寧晷漏"。古之言算者所未知也。

《史記·律書》所論二十八舍、十二律，多皆臆配，殊無義理。至於言數，亦多差舛。其間字又有誤，疑後人傳寫之失也。

吕才爲卜宅、禄命、卜葬之説，皆以術爲無驗，信然。而不知彼皆寓也。神而明之，存乎其人。才又謂人姓不可配以宫商，此亦是也。

歷法："天有黄、赤二道"，"月有九道"。此皆强名而已，非實有也。

司天監銅渾儀失於簡略，天文院渾儀失於難用。熙寧中，予更造渾儀，并創爲玉壺、浮漏、銅表，皆置天文院，別設官領之。

書之闕誤，有可見於他書者。如《詩》"夭夭是椓"，《後漢·蔡邕傳》作"夭夭是加"，與"速速方穀"爲對。又"彼岨矣岐，有夷之行"，《朱浮傳》作"彼岨者岐，有夷之行"。《坊記》"君子之道，譬則坊焉"，《大戴禮》"君子之道，譬猶坊焉"。《夬卦》"君子以施録及下，居德則忌"，王輔嗣曰"居德而明禁"，乃以"則"字爲"明"字也。

古人諧聲有不可解者。如"玖"字、"有"字，多與"李"協用。"慶"字、"正"字，多與"章"字、"平"字協用。如《詩》"投我以木李，報之以瓊玖"，"自今而後〔一一〕，歲其有。君子有穀，貽孫子"，又如"孝孫有慶，萬壽無疆"、"則篤其慶，載錫之光"、"我田既臧，農夫之慶"。如此極多，恐別有理也。

三館楷書作字，不可謂不精不麗，求其佳處，到死無一筆。此病最難爲醫也。

王聖美治字學，演其義以爲右文。古之字書皆從左文。凡字其類在左，其義在右。如木類，其左皆從木。所謂右文者，如戔，小也，水之小者曰“淺”，金之小者曰“錢”，歹而小者曰“殘”，貝之小者曰“賤”，如此之類，皆以戔爲義也。

古詩“風定花猶落”，無人能對。王荆公以宋王籍詩“鳥鳴山更幽”爲對。元對“蟬噪林逾静”，上、下句只是一意。“風定花猶落”，静中有動；“鳥鳴山更幽”，動中有静。荆公始爲集句，多者至百韻。語意對偶，往往親切過於本詩。後人稍稍有倣而爲者。

古人文章，自應律度，未以音韻爲主。自沈約增崇韻學，其論文則曰：“欲使宫羽相變，低昂殊節，若前有浮聲，則後須切響。一簡之内，音韻盡殊；兩句之中，輕重悉異。妙達此旨，始可言文。”自後浮巧之語，體制漸多，如傍犯、蹉對、假對之類。詩又有正格、偏格，類例極多。今略舉數事。如徐陵云“長樂鴛鴦，奏新〔一二〕聲於度曲”，又云“厭長樂之疏鍾，勞中宫之緩箭”，雖兩“長樂”意義不同，不爲重複，此類爲傍犯。如《九歌》“蕙殽蒸兮蘭藉，奠桂酒兮椒漿”，當曰“蒸蕙殽”對“奠桂酒”，今倒用之，謂之蹉對。如“自朱耶之狼狽，致赤子之流離”，不唯“赤”對“朱”，“耶”對“子”，兼“狼狽”、“流離”，乃獸名對鳥名。又如“厨人具鷄黍，稚子摘楊梅”，以“鷄”對“楊”。如此之類，皆爲假對。詩第二字側入爲之正格，如“鳳曆軒轅紀，龍飛四十春”之類。第二字平入謂之偏格，如“四更山吐月，殘夜水明樓”之類。唐賢多用正格，杜律不用偏格。

四夷全以氏族爲貴賤，如天竺諸國皆然。雖有勞能，甘居大姓之下，至今如此。自後魏據中原，此俗遂盛行於中國，故有八氏、十姓、三十六族、九十二姓。其俗至唐末方漸衰息。

人言語中有“不”字，可否世間事，未嘗離口也。而字書中讀作“否”音，未免謬誤。如云“不可”，豈可謂之“否可”？“不然”，豈可謂之“否然”？古人言音，决非如此。若讀《詩》，須云“曷否肅雍”、“胡否佽焉”，如此全不近人情。昔人鄙章句之學，以其不主義理耳。然章句不明，亦害義理。如《易》云“終日乾乾”，兩“乾”字當爲兩句。上“乾”知至至之，下“乾”知終終之也。“王臣蹇蹇”，兩“蹇”字爲王與臣也。九五、六二，王與臣皆處蹇中。王任蹇者也，臣或爲冥鴻可也。六二所以不去者，以應乎五故也。則六二之蹇，非躬之故也。後人又改“蹇蹇”字爲“謇”，以“謇謇”比“諤諤”，尤爲訛謬。“君子夬夬”，“夬夬”二義也。以義决其外，勝己之私於内也。凡卦名而重言之，皆兼上、下卦。如“來之坎坎”是也。先儒多以爲連語，如“虩虩”、“啞啞”之類讀之，此誤分其句也。似此之類極多，皆義理所繫，則章句亦不可不謹。

大夫七十而有閣。天子之閣，左達五，右達五。閣者，板格以庋膳羞者，正是今之立饋。今吴人謂立饋爲“厨”者，原起於此。以其貯食物也，故謂之“厨”。

地理書，古人有《飛鳥圖》，不知何人所爲。所謂“飛鳥”者，如空中鳥飛直達，更無山川回屈之差。予嘗爲《守令圖》，雖以二寸折百里爲分率，又立準望、互〔一三〕融、傍驗、高下、方斜、迂直七法以取飛鳥之數。後世圖雖亡，得予此書，按二十四至以布郡縣，立可成圖，毫髮無差矣。

歐詩云：“老我倦鞍馬，誰能事吟嘲。”荆公詩云：“老我銜主恩，結草以爲期。”言“老我”則語有情，若作“我老”，詩意遂頹惰。此文章佳語，獨可心喻。

文光案：《筆談》凡分十七類。《補筆談》十一類，無人事、書畫、技藝、神奇、謬誤、譏謔六類。其中如納甲、納音之説，較諸家爲明快，宜合《補筆》觀之。又揲著之法、五運六氣之説，皆其所究心者，推而知之，不可忽視也。又“楚襄王夢神女”一條在《補筆》中，辨證甚精確，已録於《目録學》，兹不復贅。

《容齋隨筆》十六卷　《續筆》十六卷　《三筆》十六卷　《四筆》十六卷　《五筆》十卷

宋洪邁撰

明本。崇禎三年嘉定馬元調重刊。每葉十八行，行十八字。板心中截正刻“容齋幾筆”，旁刻“卷第幾”，下截正刻葉數。《隨筆》三百二十九則，《續筆》二百四十九則，《三筆》二百四十八則，《四筆》二百五十九則，《五筆》一百三十五則。每卷皆刻則數，不題洪氏名。五集總七十四卷，共一千二百二十則。書前有謝三賓、李瀚、馬元調、何異刻書四序。各集有洪氏小序。惟《五筆》卷少而無序，蓋絶筆於此，未成之書也。是書與沈存中《夢溪筆談》、王伯厚《困學紀聞》并重於世。自經史典故、諸子百家以及詩詞文翰、醫卜星算之類，意有所得，隨手札記。昔人稱其考據精確，議論高簡，歐公之徒所不及也，故南宋説部以此爲首。嘉定壬申，公從孫寺簿伋鋟木於章貢郡齋，臨川何異爲之序，此初刻也。弘治戊午，沁水李瀚又刻之。馬巽甫所刻即李本，補其殘缺，改定千餘字。康熙三十九年，公之族孫璟得此板於疁邑，補其闕失，志其本末。同治十一年，洪氏後裔重刊馬本，今所行新豐洪氏祠本是也。李本最工整。予得汾陽曹氏所藏，紙墨俱佳，前後完善。馬本不及李本，祠本又不如馬本。幾經翻刻，屢有增改，且有脱佚。《提要》云：“考《永樂大典》，有引《容齋隨筆》論服制一條，而今本無之，此脱佚之一證。”明人傳刻古書，無不竄亂脱漏者。汲古毛本，世最稱善，而舛訛脱漏亦所不免。《直齋書録》引《癸辛雜識》兩條。錢竹汀檢汲古閣本《癸辛雜識》無此兩條，想亦是脱漏。蓋明人氣習如此。又有鈔撮《容齋五筆》，移置前後，編爲五卷，名曰“搜采異聞録”，題“宋永亨撰”，此亦明人所爲。商氏刻入《稗海》，蓋不知爲欺世之本也。《五筆》有會通館活字本，嘉定壬申丘㯭跋、洪伋跋、周謹跋，皆今本所無。宋刻有婺女本、章貢本、建溪本，今皆不傳。又有臨安本，目録後有“臨安府鞔鼓橋南河西岸陳宅書籍鋪印”。橋在杭州府城内西北隅。陳思刻《南宋六十家小集》，首尾皆識“臨安府棚北大街陳氏書鋪刊行”。方回《瀛奎律髓》載陳起睦親坊開書肆，自稱陳道人。起字宗之，能詩，凡江湖詩人皆與之游。嘗刻《江湖集》以售。時又有賣書者，號“小陳道人”。據此則陳思在大街，陳起在睦親坊，在鞔鼓橋者别爲一人。當時臨安書肆，陳氏最著矣。陳本藏於内府，外間人不得見，諸家書目未有著録宋板者，元刻亦未之聞。錢氏《養新録》所據爲會通館本，初刻於婺州者，止一集。嘉定壬申，從孫伋合《五筆》刻於章貢，有何異及丘㯭前、後兩序。又十年，伋守建寧，再刻於郡齋，伋自爲跋，嘉定十六年八月也。最後紹定改元，臨川周謹因贛本漫滅，以建本参校重梓，此即會通館所翻之本也。此本刊於弘治八年，板心有“會通館活字銅板印行”兩行。前有錫山華昱序。正文皆作夾注。《知不足齋》有義門評校本，《拜經樓》有影鈔舊本，皆不知爲何本。杭氏《經韻樓全集》有洪文敏年譜，讀洪氏書者，宜參考也。

謝氏序曰：“洪文敏以博洽受知孝宗，所纂《夷堅志》、《萬首唐詩》、《容齋五筆》等書，學士家久膾炙之。然《唐絶》時雜宋人之作，前輩病其龐雜。《夷堅》一書，吾鄉胡元瑞嘗言：‘容齋晚歲急於成書，其門下客多取《太平廣記》中舊事，改易姓名以欺之，亦不復辨。’由是觀之，則二書踳盭蓋亦多矣。惟《五筆》

係生平睹記，久而成集，往往傳信後世。昔趙知仲嘗云：‘知古莫如洪景盧，知今莫如陳君舉。’《五筆》所記，豈獨知古已耶？是書向無佳刻，得者復不能全。馬巽甫彙而梓之，考核再四，余故喜而序之。”

文光案：此即馬巽甫所云明府公序也。巽甫所得李本不全，又借殘本數卷，參伍改正，則亦非李本之舊矣。《夷堅志》載於《直齋書録》，以爲謬用其心，甚不取之。妄人取《廣記》欺之，即《直齋》之説，非胡元瑞語也。文敏著書，喜於貪多，《唐絶》至萬，《隨筆》至五，《夷堅志》至四百二十卷。以前則精心别擇，至後急於成書，不免濫收以盈其數。三書皆然，宜取其最先者。予欲取《廣記》與《夷堅志》對校一過，姑識於此。

李氏序曰：“文敏公出鎮浙東，歸自越府，謝絶外事，聚天下之書而遍閲之。搜悉異聞，考覈經史，捃摭典故，從而評之，加以辨證，積廿[一四]餘年而始成書。惜乎傳之未廣，因命紋梓，播之方輿。”

文光案：李序撰於弘治戊午，蓋巡按河南時所刻，止有何異一序，實馬本之所自出。文敏自四十一歲撰《隨筆》，至七十五歲序《四筆》，已積三十五年，尚無《五筆》。李氏以爲廿餘年，豈未睹自序乎？

何氏序曰：“知贛州寺簿洪公伋以書來，曰：‘從祖文敏公由右史出守是邦，今四十餘年矣。伋何幸遠繼其後，官閑無事，取文敏《五筆》悉鋟木於郡齋，用以示邦人焉。公其爲我識之。’僕於《隨筆》僅見一二，今所出者不盡見也。是書可以稽典故，廣見聞，證謬訛，膏筆端，爲儒生進學之地，何止慰贛人去後之思？僕於陳日華盡得《夷堅》十志與《支志》、《三志》及《四志》之二，共三百二十卷，摘其中詩詞、雜著、藥餌、符呪之屬，以類相從，編刻於湖陰之計臺，疏爲十卷，覽者便之。因此搜索志中，欲取其不涉神怪、近於人事、資鑑戒而佐辨博、非《夷堅》所宜收者，別爲一書，亦可得十卷。俟其成也，附刻於章貢。《盤洲》、《小隱》二集，士夫珍藏墨本。寺簿稍有餘力，願亟圖之可也。”

文光案：何序撰於嘉定五年，此合《五筆》之第一刻，即李本之所自出。馬本宋序僅存此篇，蓋沿李本之舊。錢氏謂馬刻盡削舊序，非也。陳《録》：“《夷堅志》甲至癸二百卷，支甲至支癸一百卷，三甲至三癸一百卷，四甲、四乙二十卷，凡四百二十卷。”何序“三百”乃“四百”之訛，非所得不全也。何同叔取陳昱所藏《夷堅志》，重編爲十卷，此序甚明。陳《録》載《夷堅志類編》三卷，四川總領陳昱日華編，當即同叔之本，而卷數、人名皆誤也。《夷堅志》，陸氏刻入《十萬卷樓叢書》。何氏十卷之本，予家藏之。其別爲一書者，則未見也。

洪氏《隨筆》自序曰：“予老去習懶，讀書不多，意之所之，隨即記録。因其後先，無復論次，故目之曰‘隨筆’。”

文光案：此序題“庚子”，蓋淳熙七年也。是時公年五十八歲，在建寧府任。

《續筆》自序曰：“是書先已成十六卷。淳熙十四年八月，在禁林侍至尊壽皇。聖帝忽云：‘近見甚齋《隨筆》。’邁竦而對曰：‘是臣所著《容齋隨筆》，無足采者。’上曰：‘煞有好議論。’邁起謝，退而詢之，乃婺女所刻，中貴人買以入，遂塵乙覽。因復裒臆説綴於後，懼與前書相亂，故別以一二數而目曰‘續’，亦十六卷云。”

文光案：此紹熙三年序。是時公年七十歲，即去越之歲也。其侍孝宗之年爲六十五歲，《一筆》之成已八年。婺州本不詳刻於何時，當在淳熙十年前後。

《三筆》自序曰："予從會稽解組還里，於今六年。暇時捉筆，據几隨所趣而志之。雖無甚奇論，然意到即就，亦殊自喜。於是《容齋三筆》成累月矣。"

文光案：此慶元二年序。是時公年七十四歲。六十八歲知紹興府，六十九歲從會稽還里，此六年中爲學士。

《四筆》自序曰："始予作《容齋一筆》，首尾十八年，《二筆》十三年，《三筆》五年，而《四筆》之成不費一歲，蓋有其説。曩自越府歸，謝絶外事，搜采異聞，但緒《夷堅志》。而稚子櫰曰：'《隨筆》、《夷堅》皆大人所游戲。今《隨筆》不加益，不應厚於彼而薄於此也。'日日立案旁，必俟草一則乃退。不欲重逆其意，乃裒所憶而書之。於是爲序，并獎其志云。"

文光案：此慶元三年序。文敏以耄年著書，取其速成，且意不屬此，徒爲稚子所迫，勉盈卷帙，故《四筆》、《五筆》不免牴牾，不如前三筆之精審，蓋自序已然矣。是時公年七十五歲，又五年，以端明殿學士致仕，未幾而卒。故《五筆》爲未成之書。予初讀李氏序，誤以自越歸後不復禄仕，以著書終老。後讀文敏自序，知其不然，因詳考之。明人立説多鹵莽，取原序一二語用之，不復覈其前後，且於歲月亦不細審，實足以疑誤後人，不可不辨。叔淵，吾晉人也，喜刻書，亦好事者，因以此補其不逮云。又按：文敏四序，前二序在卷内書前，後二序在目録前，位置不同，未知宋本何如也。是書大有益於學問，宜家置一編，以爲讀書、作文之助。壬辰春日多暇，因取《五筆》，選其詁經者爲一卷，考史者爲一卷，記朝章典故者爲一卷，評詩文者爲一卷，終以異聞一卷，共五卷，頗便觀覽。凡書手録一過，勝於眼觀三過。古人學問勝於今人者在此。然必辨其是非，正其訛謬，方爲有益，學問、思辨，缺一不可也。

《忘筌書》十卷

宋潘殖撰

《留香室》本。嘉慶辛未浦城祝氏校刊。陳《録》儒家類："《忘筌書》二卷，浦城潘殖子醇撰。多言《易》，亦涉異端。凡五十一篇。此書載《鳴道集》九十二篇，附見者又十有三；而《館閣書目》又稱七十七篇，皆未詳。"陳《録》雜家類又載《忘筌書》二卷，新安所刻本，凡八十二篇。與《館閣書目》、《諸儒鳴道集》及余家寫本篇數皆不同。本已見儒家而《館閣》寘之雜家者，以其多用釋老之説故也。今亦别録於此。《鳴道集》七十二卷，不知何人所集。自温公、周、程、張子至潘子醇，凡十一家，其去取不可曉。

《雲谷雜記》四卷

宋張淏撰

浙江重刊聚珍本。首卷爲徐邦憲書帖一首，及清源識語一則，末卷爲楊楫、章穎、葉適後序三篇，及清源自跋一篇。題跋前爲奏狀四篇，皆薦清源之章。卷中凡一百二十四條，皆考證之文，繼《容齋隨筆》而作。

葉氏跋曰："張清源篤志苦學，出入羣書，援據殫洽，欲於周丞相、洪内翰中間更展一席地，非凡材也。予素以寡陋自媿，垂盡殘年，僅得親近其論，日聞所未聞，不亦快哉？《泊宅編》載張安道花書名事，恐誤，當更考正。"

文光案：葉跋見於《水心集》，與此本所載同。諸書序跋有與本集異同者，或本人所修改，或後人所增删，或刊板所譌誤，皆未可知，悉宜對勘。

予自幼無他好，獨嗜書之癖，根著膠固，與日加益。每獲一異書，則津津喜見眉宇，意世間所謂樂事無以易此。雖陰陽、方伎、種植、醫卜之法，輶軒、稗官、黄老、浮屠之書，可以娱閒暇而資見聞者，悉讀而不厭。至其牴牾訛謬處，輙隨所見爲辨正之。獨學孤陋，詎敢自以爲然？以故棄而弗録也。他日閱洪文敏公《容齋隨筆》，往往多予所欲言者，乃知理之所在，初何間於智愚哉？而公以"戊"爲"武"謂司天之諂朱温，以"秋寺雨聲"之句爲李頎所作，怪賞魚袋之名不可曉，言玉蘂花至彌亘山野，如此之類，亦疑公考之未詳。深恨其生也晚，不得陪公談麈，丐一言以袪所惑。太息之餘，曩之貯積於方寸間者，於是悉索言之，非敢以千慮一得爲誇，蓋識所疑而求諸博聞之士，相與質正焉。凡同於《隨筆》者不録。又往歲嘗紀所聞雜事數條，因取而合爲一編，雜然無復詮次，故目之曰"雜記"。

近時閩中書肆刊書，往往擅加改易，其類甚多，不能悉紀。今姑取一二言之。睦州，宣和中始改爲嚴州，今所刊《元豐九域志》乃徑易"睦州"爲"嚴州"。又《廣韻》"桐"字下注云："桐盧縣在嚴州。"然易去舊字，殊失本書之旨。將來書傳，疑誤後學，皆由此也。

王充《論衡》云："堯時五十民擊壤"。不知"壤"爲何物。善注《文選》引《風土記》云："壤以木爲之，前廣後鋭，長四尺三寸，其形如履。將戲，先側一壤於地，遥於三四十步以手中壤擊之，中者爲上。"《御覽》亦載此事，但云長尺三四寸。當以《御覽》爲是。使長四尺三寸，不復有履形矣。

干、于皆姓也。晉干寶著《搜神記》。于，本姓邘，周武王邘叔之後，子孫去邑爲于。漢有于定國，魏將軍于禁。

元結《唐中興頌》，率三句爲韻，蓋效秦《泰山》、《會稽》等頌耳，皆以三句爲韻。自秦以後，文士罕爲此禮，故江左人至作兩句讀之，而不得其韻。近世碑碣之文，亦有以三句爲韻者，此卻自結倡之也。

隋及唐初人以字爲名，高士廉名儉，房玄齡名喬，封德彝名倫，顔師古名籀。諸公以字行，莫知所謂。

石林葉公取碑所載事與史違誤者，爲《金石類考》五十卷；昭武李公丙類其所有，著於録，亦千卷，號《博古圖》：皆有功於後學。

杜詩曰“接䍦”，帽也。王洙誤以爲衫。

韓退之、段成式皆有《送窮文》。

校勘記

〔一〕“隣”，原作“陵”，據《宋史·江休復傳》改。

〔二〕“閱”，據《嘉祐雜志》補。

〔三〕“大”，據《麈史》補。

〔四〕“説”，原作“疏”，據上書改。

〔五〕“惣”，原作“怒”，據上書改。

〔六〕“伯”，原作“百”，據《宋史》卷四四三《黄伯思傳》改。

〔七〕“胡”，原作“吴”，據《澗泉日記》卷下改。

〔八〕“交”，原作“父”，據《澗泉日記》卷下改。

〔九〕“陸”，原作“李”，據《資治通鑑》改。

〔一〇〕“一”，原作“二”，據《鶴林玉露》改。

〔一一〕“而後”，《四庫》本《夢溪筆談》卷一四、《詩·魯頌·有駜》皆作“以始”。

〔一二〕“新”，原作“後”，據《夢溪筆談》改。

〔一三〕“互”，原作“牙”，據《補筆談》改。

〔一四〕“廿”，據《容齋隨筆》補。

萬卷精華樓藏書記卷九十三

子部十

雜家類四

《老學菴筆記》十卷

宋陸游撰

汲古閣本。前無序，後有毛晉跋。向編《稗海》中，可補史之遺。

漢人入仕，有以資爲郎者，司馬相如、張釋之是也。有入錢、入穀賞以官者，卜式、黄霸是也。入錢、穀則今買官之類，以資則非也。

曾文清夙興，誦《論語》一篇，終身未嘗廢。

荆公有《詩正義》一部，朝夕不離手，字大半不可辨。世謂荆公忽先儒之説，蓋不然也。

《太宗實録》有"侯莫陳利用"者，元章對以"烏古論思謀"。虜人姓名，五字者固多。侯莫陳可析爲三姓，烏古論亦然，故爲工也。

北方多石炭，南方多木炭。蜀有竹炭，燒巨竹爲之，無烟，耐久，亦奇物。

張琪七十餘，健甚，自言老人血氣多滯，夙興必拜數十，支體屈伸，氣血流暢，可無手足之疾。

文光案：此妙法也。凡痿痺不仁，初由於滯，年愈衰則滯愈甚，補、瀉均有所不可，宜早圖之。若手足已病，難治矣。庭前散步亦妙。

前輩傳書，多用鄂州蒲圻縣紙，厚薄得中。

劉韶美在都下得俸，專以傳書。書必三本，出局，則杜門校讎。既歸蜀，分作三船。一舟爲灘石所壞，二舟無他，歸普慈，築閣藏之。

《字説》盛行時，唐耜、韓兼皆作《字説解》數十卷；太學諸生作《字説音訓》十卷；劉全美作《字説偏旁音釋》一卷、《字説備檢》一卷，又以類相從，爲《字會》二十卷。當時程文、奏御、詩有用《字説》者。近時此學既廢，惟王贍叔篤好不衰。鼂子止亦好之。

唐仲俊八十五六，極康健。自言讀《千字文》有所悟，謂心動神疲也。

王定國素爲馮當世所知，荆公極不樂之，曰："此孺子耳。"

天下名山惟華山、茅山、青城山無僧寺。青城十里外有一寺曰"布金"，洪水壞之。

華州以華山得名，城中乃不見華山，而同州見之。

尹少稷强記，日能誦麻沙板本書厚一寸。坐上記歷日，酒一行，記兩月，不差一字。

淳化中，命李至、張洎、張佖、宋白修《太祖國史》，久之，僅進《帝紀》一卷而止。咸平中，又命宋白、宋湜、蘇雅、吴淑修《太祖國史》，亦終不成。元豐中，命曾鞏獨修《五朝國史》，責任甚重，然亦僅進《太祖紀叙論》一篇，紀亦未及進，而鞏以憂去，史局遂廢。

今官制，光禄大夫轉銀青，銀青轉金紫，金紫轉特進。五代以前，乃自銀青轉金紫，金紫轉光禄，光禄轉特進。據馮道〔一〕

《長樂老序》，所載甚詳。

肅王與沈元用同使虜，館於燕山愍忠寺。暇日無聊，同行寺中，偶有唐人碑，詞皆偶儷，凡二千餘言。元用素强記，即朗誦一再。肅王不視，且聽且行，若不經意。元用歸，欲矜其敏，取紙追書之。不能記者闕之，凡闕十四字。書畢，肅王視之，即舉筆盡補其所闕，無遺者。又改元用謬誤四五處，置筆他語，略無矜色。元用駭服。

紹興間，復古殿御墨蓋新安墨工戴彦衡所造。

胡基仲言："退之《石鼓歌》云'羲之俗書趁姿媚'，狂肆甚矣。"予曰："此詩至云'陋儒編《詩》不收入，二《雅》褊迫無委蛇'，其言'羲之俗書'，未爲可駭也。"

王廣洋《宫詞》云："新睡起來思舊夢，見人忘卻道勝常。""勝"讀平聲，勝常，猶今婦人言萬福也。

周顯德錢文曰"周通"，故國初因之，亦曰"宋通"。又寶元錢文曰"皇宋"，又有云"聖宋"者，大、小錢皆有之。

晁以道謂魏收無刑禍，以此攻退之避修史之説。然齊亡之後，冢被發，棄骨於外，得禍亦不輕矣。

荆公父名益，故《字説》無"益"字。東坡祖名序，故爲人作序皆用"叙"字；又以爲未安，改作"引"；而謂《字序》曰"字説"。今人效之，非也。

晉人謂"不意永嘉之末，復聞正始之音"。永嘉、正始，乃魏、晉年名。"正始"多誤用。

王伯照長於《禮》、《樂》，議禮之書悉能成誦。

四方之音有訛者，則一韻盡訛。如閩人訛"高"字，則謂"高"爲"歌"，謂"勞"爲"羅"。秦人訛"青"字，則謂"青"爲"萋"，謂"經"爲"稽"。蜀人訛"登"字，則一韻皆合口。吴人訛"魚"字，則一韻皆開口。他仿此。中原惟洛陽語音最正，然謂“犬”爲“遣”、謂“遣”爲“犬”之類亦自不少。

馬鞭擊猫，竻竹杖擊狗，皆節節斷折，物理之不可推者也。

今人書“某”爲“厶”，皆以爲俗，實古字。《穀梁·桓二年》范寧注曰：“鄧，厶地。”

蔚藍乃隱語天名，非可以義理解。

劍門關皆石，無寸土。潼關皆土，無拳石。然自秦以來，劍門屢破，險之不可恃如此。

國朝尚《文選》，當時文人專意此書，故草必稱“王孫”，梅必稱“驛使”，月必稱“望舒”，山水必稱“清暉”。至慶曆後，惡其陳腐，始一洗之。

賀方回狀貌奇醜，色青黑，而有英氣，俗謂之“賀鬼頭”。喜校書，朱黄未嘗去手。詩文皆高，不獨工長短句也。有二子，曰房，曰廩，蓋寓父字於二子名。

古所謂揖，但舉手而已。今所謂喏，乃始於江左諸王。

唐所謂丞郎，謂左、右丞，六曹侍郎也。尚書雖序左、右丞上，亦通謂之丞郎。

唐有不求聞達科，宋有高蹈丘園科，時以爲笑。

東坡在中山，作《戚氏》樂府詞，最得意。李端叔跋三百四十餘字，欲刻石，不果。或以爲非公作，識真之難如此哉?

晁氏世居都下昭德坊，其家以元祐黨人及元符上書籍記，不許入國門者數人，以道其一也。

東坡在嶺海間，喜讀陶、柳二集，謂之“南遷二友”。宋白尚書詩云：“坐卧將何物?陶詩與柳文。”前人有暗合者矣。

近世士大夫多不練故事，或爲之語曰：“上若問學校法制，當對曰：‘有劉士祥在。’問典禮因革，當對曰：‘有齊聞韶在。’”二人，國子監、太常寺老吏也。

東坡知舉，李廌竟以不第而死，亦可哀也。

文光案：李廌，蘇門六君子之一，有集行世。見《直齋書録》。

閩中有習左道者，謂之明教。亦有“明教經”，甚多刻板摹印，妄取《道藏》中校定官名銜贅其後。燒必乳香，食必紅蕈，故二物皆翔貴。至有士人、宗子輩，衆中自言：“今日赴明教齋。”予嘗語之：“此魔也，奈何與之游？”則對曰：“不然。男女無别者爲魔，男女不親授者爲明教。明教遇婦人所作食，則不食。”然嘗得所謂“明教經”觀之，誕謾無可取，直俚俗習妖妄者所爲耳。又或指名族士大夫家曰：“此亦明教也。”不知信否。偶讀徐常侍《稽神録》，云‘有善魔法者，名曰明教’，則明教亦久矣。

今人謂後三日爲外後日，《唐逸史》有此語。

徐敦立言：“柳子厚非《國語》之作，正由平日法《國語》爲文章，看得熟，故多見其疵病。”予曰：“東坡在嶺外，喜子厚文。及北歸，與錢濟明書，乃痛詆子厚《時令》、《斷刑》、《四維》、《貞符》諸篇，至以爲小人無忌憚者，豈亦由朝夕紬繹耶？”

司馬侍郎朴陷虜後，妾生一子於燕，名之曰“通國”，實取蘇武胡婦所生子之名名之。而國史不書，其家亦諱之。

周越《書苑》云：“郭忠恕以爲小篆散而八分生，八分破而隸書出，隸書悖而行書作，行書狂而草書聖。”以此知隸書乃今真書。趙明誠謂誤以八分爲隸，自歐陽公始。

王性之記問該洽，尤長於國朝故事，莫不能記。對客指畫，誦説動數百千言，退而質之，無一語謬。予自少至老，惟見一人。方大駕南渡，典章一切掃蕩無遺，甚至祖宗謚號亦皆忘失，祠祭但稱廟號而已。又因討論御名，禮部申省，言未尋得《廣韻》。方是時，性之近在二百里内，非獨博記可詢，其藏書數百篋，無所不備，盡護致剡山。當路藐然不問也。　王性之讀書，真能五行俱下。既卒，秦熺方恃其父氣焰熏灼，手書移郡將，欲取其所藏書，且許以官其子。長子仲信名廉清，苦學有守，號泣拒之，曰："願守此書以死，不願官也。"郡將以禍福誘脅之，皆不聽。熺亦不能奪而止。

《考古圖》云"古彈棋局狀如香爐"，蓋謂其中隆起也。恨其藝不傳。魏文帝善彈棋，不復用指，第以手巾角拂之。有客自謂絶藝，及召見，但低首以葛巾角拂之，文帝不能及也。此説今尤不可解。

南朝詞人謂文爲筆，有"沈詩任筆"之語。

《甕牖閒評》八卷

宋袁文撰

浙江重刊聚珍本。是書流傳甚罕，兼佚名姓。考袁燮《絜齋集》，知爲其父文所撰。經史皆有論辨，而音韻之學尤爲精密。

"雲上於天，雿。""雿"字從天，不從而也。今人從而，蓋篆文"天"字與"而"字相類。《五經文字》云"需，音'須'，遇雨而不進。從而"，非也。

《左氏傳》："鮑莊子之知不如葵，葵猶能衛其足。""葵"字疑是"蔡"字。蔡，大龜也。龜之動，必先縮其足，蓋有衛之之意。且其性最靈，則不可謂無知也。若葵，焉得有知乎？

《補注韻》中新添一"棋"字。《韻略》自有"棋"字，即此"棋"字也。

漢儒記鄭子産之事曰："子産猶衆人之母也，能食之，而不能教也。"《左氏傳》乃云："我有子弟，子産誨之。"

"一薰一蕕，十年尚猶有臭。"臭蓋其氣耳，非不香也。《易》曰"其臭如蘭"，《月令》"其臭香"，豈謂不香耶？　"臭"字本是去聲，而可音"抽"者，以《詩》"上天之載，無聲無臭。儀刑文王，萬邦作孚"，"孚"有房尤切，則"臭"字當音"抽"字矣。 蕕，可作“又”音，“不”音非也。蕕本是平聲，而可音“又”者，如《太玄》“聚首：鼎血之蕕，九宗之好”，“好”有許候切，則“蕕”字當音“又”字矣。

《詩》云“其會如林”，正《書》所謂紂率其旅若林者也。《説文》誤作“旝”字解，以爲軍中機石，乃攻城之具，遂使陸音“會”作古外切，爲“旝”字。至魏、晉以來，造雲旝、翔旝、飛旝、連旝，竟以旝爲軍中機石，而不知誤，自《説文》也。夫旝者，旃也，乃大將所執之旗。若以爲機石，則“旝動而鼓作”何説耶?《五經文字》持兩可之説，非是。

萬者，蝎也；万者，十千也：二字之義全别。錢穀之數，借爲“萬”字，蓋出於不得已。若“畢萬”本是“万”字，故曰“盈數”。以至“萬邦爲憲”、“無以爾萬方”，《詩》、《書》中用“万”字處甚多，皆誤借爲“萬”耳。

《學林新編》疑《擊鼓》、《東山》二詩“馬”字與“野”字不叶，不知《詩補音》 “馬”字有“某”音， “野”字有“豎”音。

《學林》云：“杜蕢，假借爲‘屠蒯’。”予以爲不然。屠乃屠宰之“屠”，由蒯之上世常主屠宰，故其後爲屠蒯，屠非其姓也。巫咸之“巫”，師曠之“師”，亦同。《檀弓》改爲“杜蕢”，卻是假借用字耳。

逢丑父、逢蒙皆當從“夅”。楚人謂“乳穀”，“穀”無乳義。《廣韻》“㝅”字乃後切，“𥡴”字如豆切，皆云乳也。日久流傳之誤。

顔師古解《漢書》“庸奴其夫”，謂不恃賴其夫，視之若庸奴。考《史記·張耳傳》云：“外黄富人女，甚美，嫁庸奴，亡其夫，去抵父客。”然則“庸奴”乃是人名，非鄙視之如庸奴也。

“往”、“來”二字一體也，安有“往”字從“彳”而“來”

字不從“彳”者？“彳”，“行”字之省文耳。“來”乃“來牟”之“來”。《漢書》云“氐羌徠服”，又云“天馬徠，從西極”，用此“徠”字極是。夫古人制字，未嘗無義，皆爲後世所更變，遂不容稽考，非古人之過也。　箕踞者，抱膝而坐。

奉朝請，“請”音去聲。春見曰朝，秋見曰請。師古注甚詳。今人作上聲用，何也？

傾城傾國，蓋一城一國之人皆傾心而愛悦也。

“物故”本是“歿”字，借用“物”字。

頓挫猶言抑揚，作摧挫解，非也。

首鼠猶言進退，作首尾解，非也。

本朝君、相曰聖旨、鈞旨，太守而下曰台旨，又其次曰裁旨。獨王子無稱，乃曰王旨，然非所以尊王。

叔梁紇，字叔梁，字在名上。《世族譜》“孟明視，字孟明”，正同。

皇甫謐《高士傳》云：“夏黄公姓崔，名廓，字少通，齊人。隱居修道，號夏黄公。”

《法言》：“育而不苗者，吾家之童，烏乎！”《步里客談》謂子雲之意，歎其子童蒙而早亡，“烏乎”即“嗚呼”。後世乃謂子雲之子名烏，雖東坡、張芸叟諸公莫能辨之。

衛夫人名鑠，字茂漪，即廷尉展之從妹，汝陰太守李矩之妻，中書郎李充之母。見《南窗紀談》。

“敕”字從“束”從“攵”，不從“來”，從“力”是變體。至於“勑”字，則與“賚”字同，豈可謂之“敕”字？然《集韻》諸書有作“勑”者，其誤甚矣。

杜子美字學不明，“丹砂乏舊秤”，不知“稱”字即古之“秤”字。其“秤”字，乃後人誤改“稱”字之偏旁耳。

文光案：是書一卷論經，二卷論史，三卷論天文、地理、人事，四卷論小學，五卷論詩文、書畫，六卷論衣食器用之屬，七卷論釋道、方技及物産，八卷雜論神怪。持論甚正，於字義考證更精。惟“傾國傾城”一條，以“傾”爲傾心愛悦，似與“一笑傾人城，再笑傾人國”之“人城”、“人國”不甚切合；又與下二句“非不知傾城與傾國，佳人難再得”不屬，當以舊説爲是。

《梁谿漫志》十卷

宋費衮撰

《知不足齋》本。首紹熙三年自序；次開禧二年牒一通，末列銜姓十人，不著名；次目録，凡一百九十二條。附録樓鑰題記一則，又嘉泰改元施濟跋。末有鮑廷博刊書跋。一、二卷專記典章制度；三卷爲雜記；四卷全録東坡事；五、六卷多論史，間有考證；七、八卷多述詩詞兼雜記；九、十卷紀事，類小説，多論神怪。

鮑氏跋曰：“梁谿，以梁伯鸞寓居得名，在無錫縣城西南。補之，其邑人，而行事無可考。所紀多當代前言往行，而典章制度居三分之一。觀其自序，隱然有空言無補之歎，蓋抱用世之志不獲已而以述作自見者也。然書成於紹熙壬子，刻於嘉泰辛酉，至開禧丙寅即奉國史實録院牒，請以備參修，去成書僅十有五年，似亦不爲空言矣。考補之所著，《漫志》外尚有《續志》三卷、《文章正派》十卷、《文選李善五臣注異同》若干卷。仕雖不達，固亦稱篤學之士已。而邑乘不爲立傳，嚮非此書幸存，將并其姓氏無聞焉。宋雕不可得見。勝國時，《梁谿》、《檇李》俱經翻梓，傳亦漸寡。吴君葵里兩以明刻見貽，復借周芚兮影宋鈔本，參校以傳。”

國初，宰相凡三員，自嘉祐時，始只兩相。

太平興國末，直史館胡旦言："五代自唐以來，中書樞密院皆置時政記。周顯德中，密院置内庭日曆。"詔自今軍國政要，并委參知政事李昉撰録。時政記奏御自昉始。

二史立螭，舊多服緑者，謂之"一點青"。其職曰記言記動，而乘輿行幸，未嘗扈從。近歲始命起居郎、起居舍人從駕，乃合建官本意。

唐世極重座主、門生之禮，五代相仍不廢。

元祐黨人只是七十八人，至三百九人之多，於是邪正混淆，其非正人者十六七也。

東坡教人讀《檀弓》，山谷謹守其言，傳之後學。《檀弓》誠文章之模範。凡爲文記事，常患意晦而辭不達，語雖蔓衍而終不能發明。惟《檀弓》，或數句書一事，或三句書一事，至有兩句而書一事者，語極簡而味長，事不相涉而意脉貫穿，經緯錯綜，成自然之文，此所以有可法也。

士大夫多識前言往行，蓋欲施之用也。國初，盧多遜使江東，盡得其十九州之形勢、屯戍遠近、户口多寡以歸，朝廷始有用兵之意。熙寧中，高麗入貢，所經州縣悉要地圖。時陳秀公守揚，紿使者欲盡見供圖，仿其規模。圖至，聚而焚之，具以事聞，蓋因前事有所感發也。

曹孟德嘗言："老而能學，惟吾與袁伯業。"東坡云："此事不獨今人不能，古人亦自少也。"東坡以《論語解》寄文潞公云："就使無取，亦足見其窮不忘道，老而能學也。"予竊謂年齒寖高，而能留意於學，此固非易事。然於其中亦自有味，蓋老者更事既熟，見理既明，開卷之際，迎刃而解，如尋舊路而見故人，所謂'温故而知新'者。人於少年讀書，與中年、晚年所見亦不同，其作文亦然。故老而能學，蓋自有以樂之也。

文光案：此條甚有意味，故録之。凡記中所列諸條，皆有鄙意存焉，非漫爲抄撮也。吾所欲言，古人已言之。今不復言，而録存其説。古人詠詩見意，同此志也。余日在憂患困苦之中，未嘗一日廢學。今年六十八，亦非中歲，而日課數紙，以此爲樂。就使無取，可謂好學矣。而所謂憂患困苦者，或不能擾我清懷。"貧賤憂戚，玉女於成"，古人不我欺也。聖人言語，一字一句中包括無窮。後人歷盡艱辛，始知親切有味。可見聖人立教，原是將世故人情約之爲一言兩語，斷定千古之事〔二〕非。後人仍須從世上經歷，方有見解。若抱定講章，明者反晦矣。不取諸天地、人物，雖伏羲不能作《易》；不取諸鳥獸、草木，雖周公不能作《詩》。夫天地人物、鳥獸草木，何一非今世所有？而共見共聞者反成不見不聞，故讀書者宜隨處體驗，物物皆有至理。静坐而觀，積久自知，老年讀書，更覺有味。

《平淮西碑》云"明年平夏，又明年平蜀"，蓋誤也。《新唐書》載此碑，則去"明年平夏"一句。

鼂錯之名，古今皆讀如"措"字。據《西征賦》，乃如字讀，不知潘岳何所據耶？

《西漢》極有好語，患在讀者亂其句讀。如《衛青傳》云："人奴之，生得無笞駡足矣，安得望封侯事乎？"謂人方奴我，平生得無笞駡已足矣，安得望封侯事乎？語有意味，而句法雄健。今人或以"人奴之生"爲一句，只移一字在上，句便凡近矣。

《禹貢》自"導河積石"而下，用"東至"、"北至"者三十餘，讀之不覺其煩。《西漢·溝洫志》五用"石堤"而不爲冗複，班固蓋法此。

作史者當務華實相副，須能摹寫當時情狀，如在目前，乃爲盡善。若惟務語簡，則下筆之際，必有没其本意者。如始皇見茅焦之時，記事者書云："王仗劍而坐，口正沫出。"觀"口正沫出"

四字，則始皇鷙忍虎視之狀，赫然可見矣。作史之法當然也。

《通鑑》載唐太宗臂鷂事，爲魏徵。按：白樂天《虞箴》云："及璟趨出，鷂死握[三]中。"樂天必有據依，殆史之誤，抑二事適相似耶？

老泉贊吴道子畫《五星》云："妝非今人，唇傅黑膏。"予嘗疑霄漢星辰之尊，而妝服乃如是之妖，何也？及觀《唐五行志》，元和末，婦人爲圓鬟、椎髻，不設鬢飾，不施朱粉，惟以烏膏注唇，狀若悲啼。乃悟唐之俗人作時世妝，嫁名道子以紿流俗，星辰不如是也。

邵博著書，言司馬文正公修《通鑑》時，謂其屬范純父曰："諸史中有詩賦等，若止爲文章，便可删去。"蓋公之意，士欲立於天下後世者，不在空言耳。淮南王、太史公皆謂《離騷》可與日月争光。《通鑑》并屈原事盡削去之。《春秋》褒毫髪之善，《通鑑》掩日月之光，何耶？公當有深識。予謂屈原行吟，恚懟形於色詞，揚己露才，班固譏其怨刺。與日月争光，特褒其文詞之美。屈原沉淵，非聖人之中道，絺章繪句之工，何足算也？

文光案：《通鑑》多採善言，意在垂世立教。《騷》之詞藻與詩賦等，宜温公之不取也。至於沉淵，殆忠而過矣，故曰"非聖人之中道"。《春秋》之所褒者，人或不知；屈平乃人人所稱，楚詞又人人所誦。其人其文，皆非《通鑑》所能掩也。

文字中用語助太多，或令文氣卑弱。典謨、訓誥之文，其末句初無"耶"、"歟"、"者"、"也"之辭。後之文人因難見巧。退之《祭十二郎老成文》，一篇皆用助語，而反覆出没，變化不測，非妙於文章者，安能及此？其後歐公作《醉翁亭》，又特盡紆徐不迫之態，非大手筆不能也。

漢高祖父名煓，一名執嘉，見范《書》注。歐公誤以執嘉爲字。

今世所傳《地理指掌圖》託之東坡，其文淺陋，乃舉子綴輯對策手段。後有紹興廢置，此豈出於東坡哉？

石刻多失真，以書丹筆畫較之，往往過元本倍蓰，此大弊也。歐公記李陽冰書《忘歸臺銘》三碑，比陽冰平生所篆最細瘦。世言此三石皆活，歲久漸生，刻處幾合，故細爾。後之建碑者倘遇此等石，則其失真尤可知矣。

"叵"字乃"不可"二合，其義亦然。史傳多連用"叵可"字，蓋重出，如《安禄山傳》"叵可忍"之類是也。

作詩押韻是一奇，荆公、東坡、魯直押韻最工。而東坡尤精於次韻，往返數四，愈出愈奇。

詩人詠史最難，須要在作史者不到處别生眼目，如斷案不爲胥吏所欺，一兩語中，須能説出本情，使後人看之，便是一篇史贊，此非具眼者不能。自唐以來，本朝詩人最工爲之。

作詩當以學，不當以才。詩非文比，不學終不近詩。人謂退之詩爲押韻之文，後山謂曾子固不能詩、秦少游詩如詞者，皆以其才爲之也。故雖有華言巧語，要非本色。正如揚雄求合六經，費盡工夫，造盡語言，畢竟不似。

蔡絛，姦人，助其父爲惡者也。特以在兄弟間粗親翰墨，故在當時稍竊名，著書甚多，大抵以姦言文其父子之過。至《談叢》所載其家佞幸濫賞、可醜可羞之事，書以爲榮，乃竄時所作。

《示兒編》二十三卷

宋孫奕撰

《知不足齋》本。首潘膺祉序，次嘉慶庚午吴縣貝墉序，次開禧元祀孫奕自序，次目録。《總説》一卷，《經説》五卷，《文説》三卷，《詩説》一〔四〕卷，《正誤》三卷，《雜記》四卷，《字説》

六卷。末有廬陵胡楷子式跋，又盧文弨、顧廣圻、鮑廷博三跋，又辛未年顧千里重校補跋，又覆校宋本條録。

潘氏序曰："焦太史家富藏書。《示兒編》二十三卷，其抄本也，世罕流傳。予請公之梓，且乞雲杜先生爲之序。"

貝氏序曰："鮑丈出履齋《示兒編》兩巨册，丹黄爛然，爲元和顧澗蘋用姚舜咨家抄本校正，而盧學士及諸君評注者也。謂墉曰：'此書求潘刻已不易得，若遵王所言潘刻差殊，《字説》"盤庚"條後有闕文六行者，尤屬罕見。今驗諸姚鈔與述古堂本所闕既同，其餘讎勘文句，是正甚多，不可無傳。'墉觀姚抄目録之後有云'本堂重加訂正，以壽諸梓。癸未月正元日，晚學廬陵胡楷子式誌。'顧君曰：'季昭元書，編前、後集二十四卷，有蘇季章諸人題於後。見趙希弁《讀書附志》。胡楷通爲二十三卷，題後亦不復存，必卷中次序改易，故云"重加訂正"耳。'然考癸未當是宋寧宗嘉定十六年，上距季昭自序開禧元祀，首尾僅十九歲，宜乎迴在潘刻之上也。爰欣然捐資成之。"

孫氏自序曰："予之少也，猶不如人；今老矣，所望者惟子與孫。於是考評經傳，漁獵訓詁，大抵論焉而不盡，盡焉而不確，姑示之子孫，故名曰'示兒編'。使後世賢者廣吾意，不賢毋謂不汝誨也。吾子孫其懋戒之哉！"

胡氏跋曰："《示兒》一編，孫先生之惠後學者渥矣。辨經史之同異，核文辭之是非。詩之評，字之正，人物之綺談，奇聞奥旨，靡所不載。歲月彌深，散亂磨滅，學者病之。本堂重加訂正，以壽諸梓。篤意義方者，毋惜家置一通。"顧曰："潘刻去此題誌。"

盧氏跋曰："此書援引甚繁富，而刻本不精，其訛字脱句，往往而是。然此書辨書之形聲，實可益於初學，餘亦以資見聞。遂取四部書，有可疑者，一一比對，具有證佐，乃敢爲之乙改塗注。視向之舛誤者，可十去其八九矣。"

鮑氏跋曰："是書自宋迄今，流傳不絶。惜宋刻不見，惟潘刻尚行於世。然訛謬百出，轉足貽誤後人。予嘗請盧學士、孫侍御互相讎勘，不特盡掃烏焉之誤，於履齋之失，亦時有所糾正。徐君鯤熟精選理，錢君馥精於音韻之學，又各出所長，以資參考。顧君復得茶夢散人手抄本，反覆勘定。於是精神焕發，頓還舊觀矣。"

右數十則，屬稿兩易，涉時累旬，僅曰斷手。漏落違失，懼猶未免。廣圻書。此校補之跋。

鮑氏所刻，據抄本，未見宋本也。長洲汪氏蓺芸書舍近收得之，第二十卷題"劉氏學禮堂刊"，即胡楷所謂"本堂"者也，與抄本大概相同。其資以是正者，除修改外，尚百餘條，彙而録之，略著一二案語，附於最後。顧千里書。此覆校宋本之跋。千里原名廣圻，以字行。

文光案：季昭前、後編二十四卷之本，竟不可得見。此本前有目録，亦胡楷所定，非原書也。合《總説》計之，亦二十四卷。鮑本經數君之手，積累年之力，校正特精，然未知視原本何如也。

趙岐序《孟子》，而謂仲尼有云："我欲託之空言，不如載諸行事之深切著明。"蓋取之於《太史公自序》，而太史公又取之於《春秋繁露》也。

六經無"真"字。"仙"之一字，聖經不著。以至於佛若僧若禪，聖人尤不筆之於書，蓋其衛道之嚴也。

六經或倒其文，如《易》之"西南得朋，吉凶者，失得之象"。類皆有之，唯《詩》爲多。如"中谷"、"中林"、"中河"、"中路"、"中原"、"中田"、"家室"、"裳衣"、"稷黍"、"瑟琴"，不一而盡。

章句始於《詩》，對偶亦始於《詩》，三言至七言，皆自此始。

如“覯閔既多，受侮不少”、“誨爾諄諄，聽我藐藐”、“發彼小豝，殪此大兕”之句，無一字非的對。則〔五〕世之駢四儷六、抽黄對白者，得非又發端於此與？

行李是行使。按舊文，“使”字作“岑”，傳寫誤作“李”。

《漢志》：“《孟子》十一篇。”今之七篇，與外書四篇，曰性善辯，曰文説，曰孝經，曰爲政。則時人以“性善辯文”爲一句，“説《孝經》”爲一句，甚乖旨趣。古文“辨”、“辯”，“正”、“政”通用。

《史記·孟嘗君傳》言馮公“形容狀貌”，乃四字而一意。《西漢·張禹傳》後堂理“絲竹管弦”，乃四字而二物。

漢人文章最爲近古，然文之重複亦自漢儒倡之。賈生《過秦論》曰“席卷天下，包舉宇内。囊括四海之意，并吞八荒之心”，四句而一意也。至於陸士衡《文賦》序曰“妍媸好惡”，四字而二意也。張景陽之《七命》，既曰“煢嫠爲之擗摽”，又曰“孀老爲之嗚咽”，豈煢嫠、孀老果二義乎？既曰“按以商王之箸”，又曰“承以帝辛之林”，豈商王、帝辛果二人乎？既曰“饜封豨”，又曰“饋馮豕”，豈封豨、馮豕果二物乎？

文光案：如“絲竹管弦”，如“席卷”等句，固不免於重複。然《書·顧命》曰“眇眇予末小子”，眇、末、小同一意也。《詩》如《樛木》、《桃夭》數章，一意者更多。雖義味深長，不可謂非重複。謂重複倡自漢人，殊不其然。然而所舉“席卷”、“商王”等句，實無意味，與《桃夭》、《樛木》等句大異。雖出自漢人，未許學步也。

爲文有三難，命意上也，破題次也，遣辭又其次也。不善遣辭，則莫能敷暢其意；不善涵蓄題意，破題何自而道盡哉？則是破題尤難者也。嘗即是以觀古文，第一句便道盡題意而盡善盡美者，我朝得三人焉。歐陽公《縱囚論》曰“信義行於君子，刑戮施於小人"，則一句道盡太宗求名之意。《韓文公廟碑》，蘇文忠有"匹夫而爲百世師，一言而爲天下法"，又一句道盡昌黎之道義矣。百有餘年，至周益公《三忠堂碑》，其曰："文章，天下之公器，萬世不可得而私也；節義，天下之大閑，萬世不可得而踰也。"謂文忠歐陽公以文鳴，忠襄楊公、忠簡胡公俱以忠義鳴，故首句已道盡三公平生事實。三忠三人，又兩途，尤難道。公平昔所著，可觀不可殫。

"奇而法，正而葩"，《易》、《詩》之體盡在是矣。文體亦不過是。然文貴乎奇，過於奇則艷，故濟之以法；文貴乎正，過於正則朴，故濟之以葩。兩相濟，不至偏勝，則古作者不難到。

嘗得張公茂獻《文箴》，曰："作文有三病：意到而辭不達，如訟者抱直理，口訥莫伸，一病；辭達而調不工，如委巷相爾汝，俚鄙厭聞，二病；調工而體不健，如堂堂衣冠美丈夫而無精神，三病。"又曰："非積氣之清，以爲日月星辰，則日月星辰不足以爲天下之文；非馭氣之正，以爲充實之文，則文雖文，不足以議自然之文。"是説也，雖詩人之優遠、騷客之靚深、史家之詳贍，一舉而兼之。

賀方回言學詩於前輩，得八句，云："平淡不流於淺俗；奇古不流於怪癖；題詠不窘於物象；叙事不病於聲律；比興深者通物理；用事工者如己出；格見於成篇，渾然不可雋；氣出於言外，浩然不可屈。"盡心於此，守而不失。請借此以爲八韻之法，苟妙達此旨，始可言賦。

世傳北狄來祭皇太后文，楊大年捧讀，空紙無一字，即自撰曰："惟靈巫山一朵雲，閬苑一團雪，桃源一枝花，秋空一輪月。豈期雲散雪消，花殘月缺，伏惟尚享。"時仁皇深喜其敏速。志祖案："錢竹汀云：'大年卒於天禧四年，其時仁宗未即位也。章獻之崩，則大年死已久矣。其詞輕艷，不可施於母后。此委巷無稽之談，而季昭采之，誤矣。'"

楚詞云"夕飡秋菊之落英"，謂始生之英，可以當夕糧也。

“落”與“訪落”之“落”同。宫室始成而祭，則曰落成，故菊英始生，亦曰落英。設或隕落，豈復可飡？况菊花獨乾死於枝上而不墜，所謂“秋英不比春花落”，誠如六一居士之語。荆公胡不察此，而反誚人爲？

文光案：荆公有“黄昏風雨滿園林，籬菊飄零滿地金”之句，歐公戲曰：“秋花不比春花落，爲報詩人仔細看。”荆公聞之，引《楚詞》“落英”爲據。《爾雅》曰：“落，始也。”坡詩云“謾繞東籬嗅落英”，其義亦然。

仟謂千錢，佰謂百錢。佰即是“百”字，其字皆從人。俗作“阡”、“陌”，皆從阜，非也。師古曰：“阡陌，田間道也。”

《檀弓》曰：“公室視豐碑。”所謂“豐碑”者，於葬祭聘享之時植一大木耳，非石碑也。而其字從石者，取其堅而已。然勒銘於上，未之聞也。今喪葬易之以石，後儒增之耳。近世之士不究其義，凡作挽詩者，多指豐碑爲勒銘之碑用矣。

陳蕃設榻，在豫章，則特以待徐穉；在樂安，則特以待周璆。惟范蔚宗昧作史之體，陳傳偏載，既失之；徐傳重出，未爲得也。當以是二事本末特書於陳蕃一傳，則不惟省文，又且兩全。

壽皇問五湖，艮齋先生謝公奏曰：“或謂洞庭、彭蠡、太湖、丹陽爲五湖，或謂太湖、射貴湖、上湖、洮湖、滆湖爲五湖，其實皆非。《周禮·職方氏》‘揚州，其浸五湖’，《國語》‘吴越戰於五湖’。以地考之，漢儒謂五湖者，太湖之别名爲是也。”上嘉其博洽。《吴録》云：“五湖者，太湖之别名。以其周行五百里，故名之。”

“矢其文德，洽此四國”，宣王也，《禮記》以爲大王。“戎狄是膺，荆舒是懲”，僖公也，《孟子》以爲周公。“致遠恐泥”，子夏之言也，班固以爲出孔子。“其進鋭者，其退速”，孟子之言也，李固以爲出《老子》。

光武即位，祝文曰“上當天地之心”，地可與天同稱上耶？宋玉賦曰“料天地之極高”，地可與天同稱高耶？

了翁陳瑩中〔六〕不知程伯淳，嘗以寡陋自愧。唐張由古以孟堅文章何關班固事。楊大年知貢舉時，舉子問堯、舜是一事、兩事。學者可不懋戒之哉？

今進士書試卷末云：“塗注乙共計若干字。”唐時已有此語。韓愈讀《鶡冠子》有曰：“余三讀其辭，而悲之。文字脱謬，爲之正三十有五字，乙者三，滅者二十有二，注者十有二字云。”劉蜕《文冢銘序》云：“實得二千一百八十紙，有塗者、乙者，有注揩者，有覆背者，有朱墨圍者。”

《字説》：“畫之相近而譌者，如‘肜’近‘彤’、‘羡’近‘羨’之類。偏旁之譌者，如‘娱’從‘吴’，而俗從‘吳’；“冕”從‘日’，而俗從‘曰’之類。聲同而畫異者，如‘鐘’、‘鍾’并音‘終’，‘登’、‘豋’并音‘燈’之類。聲之譌者，如‘福祉’之‘祉’，與‘恥’同音，俗呼爲‘止’；‘寅卯’之‘寅’，音‘夷’，俗以爲‘寅畏’之‘寅’之類。字異而義同者，如‘狂狷’作‘狂獧’、‘南訛’作‘南譌’之類。字同而義異者，如‘降水儆予’即《孟子》‘洚水者，洪水也’、‘北過降水’爲水名之類。字同而音異者，如‘行行如也’、‘從者見之’之類。”

文光案：《字説》後三卷爲《集字》。孫氏自序曰：“凡諸家小説，奥義隱袠，有字音異同，皆裒集左方，以便考閲，庶急於肄業者，免泛觀之勞也。”此卷最益學者。又《説文》引經，與今六經字多不同。“草木蔪苞”今作“漸”，“璪、火、粉米”今作“藻”，“宅堣夷”今作“嵎”。凡所舉者數十事，可與《説文引經考》相證。至於俗字訛謬，增損偏旁，如赴，弔也，俗作“訃”；澂，清也，俗作“澄”；閔，弔也，俗作“憫”；尊，酒尊也，俗作“罇”；雅，楚烏也，俗作“鴉”；創，傷也，俗作“瘡”。如此者又數十事。

五方之俗，言語不同，歷時既久，則有不相通曉者，無足怪也。《説文》之後又有《玉篇》、《廣韻》、《類篇》、《集韻》等字書，兼載俗書。讀其書者，往往不知本始。惟觀《説文》，可以概見。

《演繁露》云：“蕃語以華言譯之，皆得其近似耳。天竺，語轉而爲捐篤、身毒。唐有吐蕃，本秃髮烏孤，‘秃髮’語轉，遂爲吐蕃。唃廝羅之父名籛逋，乃贊普也。達怛乃靺鞨也。契丹之契，讀如‘喫’，惟《新唐書》有音。冒頓，讀如‘墨突’，惟《晉書音義》有之，《漢音義》無之，不知何所本。然嘗怪蕃語入中國，其元無本字，而以華語記之。如捐篤、身毒，固無可奈何。如龜兹，既知其‘丘慈’，何不竟以‘丘慈’書之？乃借用龜兹以待翻字者而後音讀乃明，是必有説也。華戎語異，雖借華字記之，尚與本語不全諧協，其必宛轉於兩字之間。如龜近‘丘’而不全爲‘丘’，必‘龜’、‘丘’聲合，然後相近，故不得以一字正命也。”

可汗音“榼寒”，閼支音“胭脂”，谷蠡音“禄黎”，狋氏音“權椅”，浩亹音“合門”，番汗音“盤寒”，允吾音“鈆牙”，先零音“銑憐”。見《學林新編》，他音書不載。

静，古文作“靚“。《説文》云：“靚，召也。”陸德明：“靚音静，又一音才性反。”

果加草而爲菓，須加髟而爲鬚，景加彡而爲影，準去十而爲准，鳳皇加几而爲凰，燕雀加鳥而爲鷰，暴加日而爲曝，然加火而爲燃，岡加山而爲崗，莫加日而爲暮。若是之類，豈非俗學之謬歟？

以“思齊”名篇，序詩者偶無其説，釋者無所考信，直以齊訓莊，似非。齊當讀如“見賢思齊”之“齊”。文王有聖德，以刑於寡妻，故太姒既思，有以同於太任，又思有以順於周姜也。

句讀自漢有之。“思無邪”以一句爲一言。今詩家四言、五言，又以一字爲一言。

“款乃”二字，讀曰“襖靄”。

前輩多引脱粟飯爲公孫弘事，不知倡自平仲，見《晏子春秋》。

漢有二伏波，前漢伏波將軍路博德，後漢伏波將軍馬援，二人皆有功於南粤。

“李廣數奇”，師古曰：“數，所角反。”宋景文得江南《漢書》本，乃所具反，傳者誤以“具”爲“角”也。

彭氏曰：“是書説經多尚新解，説詩文多科舉之學，獨於六書最深，採摭極博，多根柢於許氏《説文》、陸氏《釋文》，故援據頗正。暇日瀏覽，間以淺陋所省記者附注以示諸孫。”録於《讀書跋尾》。

文光案：是書《經説》多釋字義，辨名物，最有益於讀書，故多録之。其《雜記》則近於類書，以事相比，不免蕪雜。所謂“漁獵”者正是。凡書之傷於蕪雜者，多炫博而無所發明。若於繁雜之中能解人之所不能解，斯盡善矣。宋人書有講學氣習，有詞科氣習，有類書氣習，不可不知。又案：是書題“廬陵孫奕季昭撰”，或題“廬陵鄉先生”，則胡楷所改也。改有未盡，故前後未能畫一。

《猗覺寮雜記》二卷

宋朱翌撰

《知不足齋》本。前有慶元三年洪邁序，後有鮑廷博跋。

洪氏序曰：“右上、下兩卷，凡四百三十五則，故紫微舍人桐鄉朱先生之所記也。先生嗜學，以圖史、文章爲園囿、鼓吹，蓋無時不論著。每一轉語，學者争先快睹。方避謗，不輕爲人言，唯諸郎過庭時得剽聽。善惡天定，然後始收拾彙次，緒成一編。仲子輒通守贛，刊此書，使爲之序。文惠丐發明《隸釋》，答之云：'嘗作一書，如《詩話》之類，辨證古今數百事，目之"猗覺寮記"，他日求數字冠篇首，使信於人，託以傳永。'嗚呼！孰知不及爲而顧以見屬，悲夫！"

鮑氏跋曰："《灊山集》四十四卷，今已失傳。《雜記》二卷，蓋在曲江時所著。方流離遷徙，索手無書，而能紬繹經史，探索百氏，旁引曲證而折衷之，亦足以徵其腹笥之富已。晚年自號省事老人，嘗作《信天緣堂記》，云：'天生匹夫，一飯前定。多圖未必得，坐視未必失。世豈有一門困於無飯者乎？'其天懷放曠又如此。此本卷末題云'康熙丙申六月，借小山從汲古得本付鈔'，不知何人筆。予購自文瑞樓金氏，乾隆乙未以付梓人。"

山谷詩"尊前八米句，窗下十年書"，徐師川與潘邠老云："字直千金師智永，句稱八米繼盧郎"。齊文宣崩，文士各作挽詩十首，擇其善者用之，每人不過一二首，惟盧思道獨得八首，時人稱爲"八采盧郎"。"米"字蓋"采"字之誤也，十首中采擇八首耳。詩人不之考，相襲以爲"八米"，失之甚矣。元微之酬樂天詩云"八采詩成未伏盧"，可證"采"字爲是。

琴曲有《賀若》，最古淡。東坡詩以賀若比陶潛，必高人。或謂賀若弼也。弼之爲人，殊不類潛，亦無狀小人。予考之，蓋賀若夷也。夷善鼓琴，王涯居别墅，常使鼓琴娱賓。見涯傳。《湘山録》載太宗宫調中十小調子，乃賀若夷所撰，其聲音及用指之法，古今無以加。世亡其名，琴家衹命曰"賀若"。文瑩不深考，遂以爲弼，而世因是傳以爲弼也。東坡序武道士彈琴云："賀若，宣宗時待詔。"不知何據。序則是姓賀名若。

近世譏有書不讀者，多引退之《送諸葛覺》詩云："鄴侯家多書，插架三萬軸。一一排牙籤，新若手未觸。”以言手未嘗把書，故如此新耳，是未嘗考其全篇也。其下云“爲人强記覽，過眼不再讀。偉哉羣聖文，磊落載其腹”，則是未嘗不讀書也。鄴侯，李繁也。按史所云，强記不誣，手未觸，恐是愛護之至。退之又爲繁作《處州孔子廟碑》，云“鄴侯尚文，其於古記無不貫達”，益知非不讀書者。史書爲“隨州刺史”，不書爲“處州”。碑與史所記其人甚不類，當以退之言爲正。

説者以冬至前一日爲小至，觀子美之詩，小至即冬至也。

唐人不分韻作詩，止押一字。

唐人以正月下旬送窮，退之有文。姚合有詩云：“萬户千門看，無人不送窮。”

左氏：“三后之子，於今爲庶。”杜云“將軍魏武之子孫，於今爲庶爲清門”，用此也。

《醉翁亭記》終始用“也”字，議者紛紛。《易·雜卦傳》、《莊子·大宗師》皆用“也”字。前輩文格不可妄議。

班孟堅裁《史記》冗語，極簡健，亦有所改字不若遷者。陸賈謂五子曰：“與女約，過女，女給人馬酒食，極欲，十日而更。所死家得寶劍、車騎、侍從者。”説者謂賈所死之子家得此物。考上文云“賈嘗乘安車駟馬，從歌鼓瑟侍者十人，寶劍直百金，謂其子”云云，何待死而後與？以遷史考之，乃“徙”字，謂十日後遷徙，别之一子，或過他客，去則以所携之物與之爾。若作“死”字，恐無義味。

介甫《字説》往往出於小説、佛書。

世所稱東坡注杜詩，李歜編者，誕妄無根，不可名狀。其言某書某論者，今皆無此書。東坡雜説極多，無一語及此者。

凡爲文合於古，則不免世俗譏評，君子不恤也。歐公作《尹師魯墓誌》，王介甫作《錢公輔母墓誌》，皆不免紛紛，况他人乎？

二公作書力辨，可以爲庸妄之戒。

《唐百官志》有書學，故唐人無不善書。遠至邊裔，書史里儒，莫不書字有法，至今碑刻可見也。

世號贅壻爲布袋，多不曉其義。忽一人曰："語訛也，謂之補代，恐世代自此絶，招壻以補其世代。"此言有理。

李虚中以人生月日推人禍福死生，百不失一。乃燒水銀爲黄金，冀不死，卒不免於發疽。其術不用生時，不傳久矣。

壻稱半子，見《吐蕃傳》："可汗上書：'昔爲兄弟，今壻，半子也。'"

世之畫五星者，形貌怪異。《晉志》："歲星降爲貴臣，熒惑降爲童兒，填星降爲老人、婦女，太白降爲壯夫，辰星降爲婦人。"若以此爲畫，則有所本矣。

漢有弄臣、弄兒、弄田，春秋時有弄馬。

漢、晉人葬多瘞錢，往往遭伐掘之禍。今之五銖，皆漢所瘞者。唐易以楮錢，亡者之幸也。

星辰家以十二宫看人命，不知所本。然由來久矣，見杜牧之自撰墓誌。

五星、二十八宿降於世爲人，如東方朔爲歲星，蕭何爲昴星，李白爲長庚。

世俗，以正、五、九月初到官者，不視事避之，甚無謂也。正、五、九，釋氏謂之"三長月"，學佛者不葷食，唐高祖因下詔禁屠宰，自是方鎮禮士多避之。以方鎮視事之初，須大饗將校，既禁屠宰而饗之，禮不可廢也，故多不用此三月。今無屠宰之禁，何爲而不可？

世以射一箭爲一發，非也。射畢十二箭方爲一發。"一發五豝"，非一箭射五豕也，十二箭乃能射五豕耳。

相形家以人形如物形者佳，如班超虎頸燕頷、何尚之真猿之類是也。人生又有爲物之精者，如杜預蛇精，郭璞黿，肅宗爲儋耳龍，禄山爲猪龍。

牽牛，牛星也。織女，非女星，自有女星。織女三星在牛之上，主金帛。女四星在牛之東，是須女也。須，婢之賤稱。詩人往往誤以織女爲牛女。杜云"牽牛出河西，織女處其東"，亦誤矣。

不窺園三：董仲舒三年不窺園，後漢桓榮十五年不窺園，《魏志·陶謙傳》"趙昱歷年不窺園"。

唐宰相奏事皆坐，《關播傳》"播避坐，欲有所言"是也。本朝不坐，唯謝、辭燕則賜坐，皆候奏事罷也。講筵臣寮則皆賜坐，當講讀者則起，至扆前立講，餘不起立。立罷復坐，賜茶而退。

李揆取士，不禁挾書，大陳書於庭，多得實才。和凝知舉，撤棘闈，大開門，士皆肅然無嘩。上下相應，故可書。今爲二公之所爲，則不成禮闈矣。

錢以文言，《南史》"武陵王華林園射，賜錢五萬文"。絹帛以匹言，"姚察門生遺花練一匹"。

今銓格，年二十以上方許出官，州縣官以三年爲任，皆江左法也。宋文元嘉中，限年三十而仕，州縣以六周，而代刺史或十餘年。孝武，仕者不拘老少，守宰以三周爲滿。齊謝超宗議云云，"習宋代限年之制，甲族以二十登仕"。陳依梁制，年未三十者不得仕。見杜佑《通典》。

生祠始于定國之父。

滑稽,古今説不同。崔浩《漢記音義》云:"滑稽,酒器也。轉注吐酒,終日不已。"故語言響應無窮者取象。今之注子是其遺法。

酒家揭簾，俗謂之酒望子。見《韓子》。

《唐紀》多書"慮囚"，謂録囚也，省録之，知其情狀。近俗不曉，遂爲思慮之"慮"，失其源矣。

曲江，漢碑皆云“曲紅”，古字多借用。酈元不曉其義，乃云昔號曲紅，又云：“曲，山名。”

斬首幾級，謂“斬敵一首，拜爵一級”。見《衛青傳注》。今云取其人首級，非也。

《考古質疑》六卷

宋葉大慶撰

聚珍本。前有目録并提要，次寶慶丙戌樵陽葉武子文之序、淳祐甲辰釋之大慶之子。序。凡七十四條。

葉氏序曰：“同舍葉君榮甫以經學蜚聲六館，予贅丞古建而君爲郡博士。一日，出示所著《考古質疑》一編。予細玩之，則考訂詳密，援引該博，而議論精確，往往出人意表，蓋不獨爲應舉計而已。予乃知君用功之深，其成名豈偶然哉？夫學問淹貫，然後議論卓越，而辭藻霈然。學者志於應舉，讀君之文，當參此書以求君之用功，其於科第何遠之有？苟不務根本，徒事枝葉，而欲争先多士，是猶操巵酒豚蹄而覬甌窶滿篝，多見其不自量也。屬不已，因書其後而明之。”

《孔叢子》：“子魚名鮒甲，或謂之‘子鮒’，或稱‘孔甲’。陳勝既立，尊以博士，爲太師。”孔騰字子襄，與孔鮒爲兄弟，同藏書於夫子舊堂壁中，故《家語》謂之子襄，《漢記·尹敏傳》謂之子鮒。伏生亦自壁藏，與孔壁所藏無涉。《隋志》云：“魯王共壞孔子舊宅，得其末孫惠所藏之書，字皆古文。”未知何據。〇齊伐燕爲宣王，《史記》及古史爲湣王，俱非。

《匡衡傳》：“諸儒語曰：‘無説《詩》，匡鼎來。匡説《詩》，解人頤。’”來，當讀“釐”。《左傳》：“于思于思，棄甲復來。”《音義》曰：“來，力知切。”又《詩》曰：“莫往莫來，悠悠我思。”《音義》云：“古協‘思’，多音‘黎’。”他皆放此。如“瞻彼日月，悠悠我思。道之云遠，曷云能來”，又“鷄棲於塒，日之夕矣，羊牛下來。君子于役，如之何勿思”，又“青青以佩，悠悠我思。縱我不往，子寧不來”，并協思韻，皆音“黎”。是以《劉向傳》引《周頌》，“來牟”直作“釐麰”，蓋可見矣。《史記·貨殖傳》：“天下熙熙，皆爲利來。天下攘攘，皆爲利往。”又屈平《九歌》：“乘赤豹兮從文貍，辛夷車兮結桂旗。被石蘭兮帶杜衡，折芳馨兮遺所思。余處幽篁兮終不見，天路險難兮獨後來。”漢《柏梁詩》：“平理清讞決嫌疑，原注：“廷尉。”修飾輿馬待駕來，原注：“太僕。”郡國吏功差次之。”原注：“鴻臚。”韓文《平淮西碑》云：“既定淮蔡，四夷畢來。遂開明堂，坐以治之。”所謂“來”字皆當依《左傳》、《毛詩》音義讀之無疑。

《史記·淳于髡傳》云“其後百餘年，楚有優孟”，未免顛倒，當云其前百餘年。　文子姓辛，葵丘濮上人，稱曰“計然”。書十二篇謂之“通玄真經”。　《新序》之誤，非一端。　西漢太學在長安，見《三輔黄圖》。晉灼釋《藝文志》：“曲臺，天子射宫也。西京無太學。”非是。　《列子》大要與《莊子》同，不可以其寓言爲實。　《古字音義》。　《説苑考證》。　《墨子》假託晏子之言以毁聖人。　《中説》。　坡詩錯誤尤多。　《家語》。　時當九日，“月”字誤。序屬三秋。　《列子》第三篇。　“輈”與“轅”，一物而異名。駕馬之車謂之“輈”，駕牛之車謂之“轅”。“輈”與“轅”同，而“轂”與“轅”異。以其犢車，故短轅耳。

殿，大堂也，《始皇紀》作“前殿”，《商君書》言“天子之殿”。《通鑑外記》：“晉平公布蒺藜於殿下。師曠刺足，曰：‘五鼎之具，不當烹藜藿；人主堂殿，不當生蒺藜。’”“齊景公怒有罪者，縛至殿下。”“魏文侯御廩災〔七〕，素服避正殿。”殿之名始于春秋，以爲始於秦者，非是。

《雲麓漫鈔》十五卷

宋趙彦衛撰

鈔本。前有開禧二年自序。《稗海》本無序。

趙氏自序曰："《擁爐閑記》十卷，近刊於漢東學宫，頗有索觀者，無以應其求。承乏來此，適有閑板，併後五卷刻諸郡齋。時爲新安郡守。近有《避暑録》，似與爲對，《簡明目録》曰："勝葉夢得書。"易曰'雲麓漫鈔'云。"

宣和中，陝右人發地，得木簡于甕[八]，字皆章草，朽敗不可詮次。得此檄云："永初二年六月丁未朔廿日丙寅，得車騎將軍幕府文書，上郡屬國都尉二千石守丞廷義、縣令三水，十月丁未到府受印綬，發夫討畔羌，急急如律令。馬四十匹，驢二百頭，日給。"内侍梁師成得之以入石。未幾，梁卒，石、簡俱亡，故見者殊鮮。余按：章草今世益少，《急就章》轉模失真。官帖章草，皇象、索靖等書又率是贋作，然則此檄當爲今章草第一也。米元章草乃章奏之章，今既用於檄，則理容概施於章奏，蓋小學家流日趨簡便，以隸爲繁，則章奏文移悉以章草從事，故雖曰草而隸筆仍在，良由去隸未遠故也。右軍作草，猶是其典刑，故不勝冗筆。逮張旭、懷素輩出，則此法掃地矣。但檄文討羌歲月與史不合，此史誤無疑。"急急如律令"，漢之公移常語，猶今云"符到奉行"。張天師，漢人，故承用之，而道家遂得祖述。

近世行狀、墓誌、家傳，皆出於門生、故吏之手，往往過實，人多喜之，率與正史不合。如近日蜀本《東都故事·趙普傳》，與正史迥然如兩人，正史幾可廢。前輩嘗以《邵氏聞見録》與《石林避暑》、《燕居録》等以歲月參之，多不合。

文光案：宋人説部書未可據爲信史。

唐之舉人，先藉當世顯人以姓名達之主司，然後以所業投獻，逾數日又投，謂之"温卷"。如《幽怪録》、《傳奇》等皆是也。蓋此等文備衆體，可以見史才、詩筆、議論。至進士，則多以詩爲贄。今有唐詩數百種行於世者是也。王荆公删爲《唐百家詩》。或云荆公付筆吏，吏憚於巨篇，易以四韻或二韻，公不復再看。

余嘗取諸家詩觀之，不惟大篇多不佳，餘皆一時草課以爲贄，皆非其得意所爲，故雖富而猥弱。今人不曾考究，妄議前輩，可不謹哉？

本朝之文，循五代之舊，多駢儷之詞。楊文公始爲西崑體。穆伯長、六一先生以古文倡，學者宗之。王荆公爲《新經》、《説文》，推明義理之學，兼莊老之説。洎至崇、觀，黜史學。中興，悉有禁，專以孔孟爲師。淳熙中，尚蘇氏，文多宏放。紹熙尚程氏，曰“洛學”。

《吹劍録外集》一卷

宋俞文豹撰

《知不足齋》本。前有淳祐庚戌自序，後有范欽跋。始作此編，蓋即前言往行辨證發明，以寓勸戒之意。自病其繁蕪，因續三爲四，其二編不傳，《外集》爲絶筆之作，言多純正。

《野客叢書》三十卷　附《野老記聞》一卷

宋王楙撰

《稗海》本。是書爲考辨善本，陳眉公刻入《祕笈》，僅十二卷。此本尚仍其舊，前無序文，末附《王先生壙志》，有目無書。《野老記聞》，楙父所作，其名不著。

“昬”字合從民。從氏，避太宗諱。僕觀《聖教序》，褚遂良書，“重昬之夜”則從民，謂避諱之説謬矣。蓋俗書則然。又《温彦博墓誌》，歐陽詢書其後，言“民部尚書唐儉云云”。當太宗時，正字且不諱，况偏旁乎？又有以見太宗不諱之德。

今文人用“不識一丁字”，祖《唐書》“挽兩石弓，不如識一丁字”。僕考《續世説》，乃“个”字，蓋“个”與“丁”相似，傳寫誤焉。又《蜀志》、《南史》皆有“所識不過十字”之語，恐是“十字”，亦未可知。“十”與“丁”字又相似，其文益有據也。

今言“吐哺握髮”，必歸之周公，如李瀚《蒙求》所載是也。不知先此大禹蓋嘗一饋而十起，一沐而三握髮矣。事見《淮南子》。今言“持竿誦經，不知雨之流麥”，必稱高鳳。不知先此朱買臣蓋嘗孜孜修學，不覺雨之漂粟矣。事見《鄒子》。《前漢書》載韓信微時，從漂母乞食。不知先此伍子胥微時，蓋嘗從擊綿女子乞食矣。事見《吴越春秋》。此三事皆在前世，罕傳焉。文光案：周氏《同書》所記皆此類。

古人名字隱而不彰者，往往見於傳注、碑刻、雜説，姑表一二出之。楚狂接輿姓陸名通，許由字仲武，并見《莊子》釋文。漢高祖父太公名煓，字執嘉，見皇甫謐《帝王世紀》。高祖兄仲名喜，曹參字敬伯，見《史記》〔九〕。逢蒙之弟名鴻，楊朱之弟名布，見《列子》。鄭子真名樸，叔孫通名何，見《楚漢春秋》。項伯名纏，字伯，見《漢書》注。楊王孫名貴，見《西京雜記》。陳仲子，字子終，見《高士傳》。商山四皓，園公姓園，名秉，字宣明，見《陳留志》；夏黄公姓崔，名廓，字少通，見《崔氏譜》。箕子名餘胥，見司馬彪注。易牙名垂，字易牙，見孔疏。伏生名勝，字子賤；叔敖名饒，字叔敖：并見碑。彭祖姓籛，名鏗，見《姓苑》。籛音剪，胡如村乃作“戔”字用。《千姓編》亦然，非也。文光案：此類甚多，此其大略。梁氏《人表考》所載尤詳。

包彈對杜撰，甚的。包拯爲臺官，朝列有過，必須彈擊，故言事無瑕疵者曰“没包彈”。杜默爲詩，多不合律，故言事不合格者爲“杜撰”。然又有杜田、杜園之説，杜之云者，猶言假耳。如言自釀薄酒，則曰“杜酒”。據《湘山野録》，杜撰之説，在杜默前，其來久矣。

凡讀史，每看一傳，先定此人是何色目人，或道義，或才德，大節無虧，人品既定，然後看一傳文字如何。全篇文體既已了，然後採摘人事可爲何用、奇詞妙語可以佐筆端者記之。如此讀史，庶不空遮眼也。若於此數者之中，只作一事，功夫恐未爲盡善耳。此唯室看史法。

《白樸》三卷，上卷文武階勳等，中卷制頭、制肩、制腹、制腰、制尾，下卷將相、刺史、節度之類。此蓋樂天取當時制文編類以規後學者。

今人稱母爲北堂萱，蓋祖《毛詩·伯兮》"焉得諼草，言樹之背"。按注"諼草令人忘憂。背，北堂也"，其意謂君子爲王前驅，過時不反家，人思念之切，安得諼草種於北堂，以忘其憂？蓋北堂幽陰之地，可以種萱，初未嘗言母也。不知何以遂相承爲母事。借謂北堂居幽陰之地，則凡婦人皆可以言北堂矣，何獨母哉？傳注之學失先王"三百篇"之旨，似此甚多，正與以鄉里爲桑梓之謬同。《詩》意謂桑梓，人賴其用，猶不敢殘毀，寓恭敬之意，而況父子相與，非直桑梓而已，非謂桑梓爲鄉里也。然自東漢以來，乃以桑梓爲鄉里用矣。

文光案：以萱堂爲母，自宋已然，其誤不知始於何時，今遂傳爲不刊之典。行李本使人也，故《左氏》云"供其乏困"。本字爲"理"，或作"里"，後轉爲"李"，今遂以爲行囊。宋説部中辨者甚衆，本書中有一條。又甘羅十二爲秦相，梁顥八十二魁天下，此二事宋時已訛，至今猶然。甘羅事，本書有辨。梁顥之訛，見於《容齋隨筆》，僅三十餘歲，不知何以傳爲八十二也。

校勘記

〔一〕"道"，原作"老"，據《老學菴筆記》改。

〔二〕"事"，據上下文當作"是"。

〔三〕"握"，原作"掘"，據唐白居易《續虞人箴》改。

〔四〕“一”，原作“二”，據《四庫全書》本《示兒編》改。

〔五〕“則”，原作“利”，據《示兒編》改。

〔六〕“中”，據上書補。

〔七〕“災”，原作“從”，據唐趙蕤《反經》改。

〔八〕“于齊”，原作“子”，據《雲麓漫鈔》補改。

〔九〕“見《史記》”，據《野客叢書》補。

萬卷精華樓藏書記卷九十四

子部十

雜家類五

《蘆浦筆記》十卷

宋劉昌〔一〕撰

《知不足齋》本。是書僅一册。前有嘉定癸酉自序。前四卷爲考證，間録他人之説，如辨武侯表脱誤，爲胡洵直之言。五卷爲趙清獻公充御試官日記，六卷雜考，七卷比事，取事之相類者比而記之。八卷爲至和拜相制、《王公家傳》、卞氏二牒。九卷録雜文，十卷録詩詞，多不經見者。書中多糾吴曾《能改齋漫録》之失。蘆浦爲鹽官廨宇之寓，諸家考其地多未詳。此龔侍御翔麟玉玲瓏閣本。龔傳自黄俞邰千頃堂，黄本則明萬曆間謝兆申鈔於進士賀烺者也。樊榭山房本亦出於龔。三寫之後，亥豕漸多，鮑氏屢經讎校，終未愜意。後得謝肇淛小草齋舊鈔，補脱更正，方成善本，此刻是也。

《孟子》"馮婦"章，"卒爲善"爲一句，"士則之"爲一句，"野有衆逐虎"爲一句。

《世説》，晉人言多帶"馨"，如今人説恁地。《漫録》以寧馨兒爲馨香，誤矣。

自《白氏六帖》、《職林》、《職官分紀》、《職源》，歷三百餘年，凡編類之書，皆以泥軾爲通判事。士夫用之，亦不知其非。今考《前漢·黄霸傳》“别爲〔二〕車，緹油屏泥於軾前，以彰有德”，其文意蓋謂用緹油於車軾之前，以屏蔽泥汙耳。劉盆子乘鮮車大馬，赤屏泥。又如王武子好馬，正旦則柳葉金障泥，及所謂“錦障泥”，皆此義也。

後漢孔恂爲别駕，車前舊有屏星，刺史欲去之。恂曰：“徹去屏星，毁國舊儀。”釋者無注，人不知爲何物。考二字皆從竹，《唐韻》謂别駕車藩。《韻略》：“箳，必郢切；箵，先青切：俱云蔽當。”胡文恭公《送通判》詩用屏星韻，以“屏”字作上聲讀，斯可見矣。

洵直案：《蜀志·諸葛武侯傳》載其五年所上後主疏云：“今南方已定，兵甲已足，當奬率三軍，北定中原，庶竭駑鈍，攘除奸凶，興復漢室，還於舊都，此臣所以報先帝而忠陛下之職分也。至於斟酌損益、進盡忠言，則攸之、禕、允之任也。願陛下責臣以討賊興復之效，不效則治臣之罪，以告先帝之靈；責攸之、禕、允等之慢以彰其咎。”蓋武侯以興復自任，故以謂不效則治其罪，以告先帝之靈。若攸之、禕、允，則任斟酌損益、進盡忠言而已，興復非其任也。武侯不效而遽責之，某恐三子者宜有所不服，武侯必不然也。又“至於斟酌損益、進盡忠言”攙於武侯自叙之間，文意皆不相接續。某疑其句讀有所脱誤，而不敢以臆斷之，乃取《文選》所載武侯表較之，亦同，而李善、五臣皆無説。又觀蘇内翰集，見其稱武侯此表與《伊訓》、《説命》相表裏，亦未嘗疑其脱誤。然某之疑終不能釋，因於《蜀志》反覆求之，乃得之於《董允傳》，云：“亮將北征，住漢中。以允秉心公，亮欲任以宫省之事，上疏曰：‘侍中郭攸之、費禕，侍郎董允等，先帝簡拔以遺陛下，至於斟酌損益、進盡忠言，則其任也。愚以爲宫中之事，事無大小，悉以咨之，必能稗補缺漏，有所廣益。若無興德之言，則劉允等以彰其慢。”乃知脱誤之處，兼董允止稱侍郎，蓋其本傳所歷之官也。因以武侯、董允傳及《文選》參而補之，遂爲全文：“此臣所以報先帝而忠陛下之職分也。願陛下託臣以討賊興復之效，不效則治臣之罪，以告先帝之靈。至於斟酌損益，進盡忠言，則攸之、禕、允之任也。若無興德之言，則責攸之、禕、允等之咎以彰其慢。陛下亦宜自謀。”

漢武帝元朔三年詔曰：“夫刑法所以防姦也，内長文所以見愛也。”張晏曰：“長文，長文德也。”師古曰：“詔言有文德者，即親内而崇長之，所以見仁愛之道。”魯氏《自備》載，章子厚家藏古本《漢書》，“内長文”乃是“而肆赦”字。蓋“而”訛爲“内”；“肆”、“赦”皆缺偏旁，而爲“長”、“文”。詔云“其赦天下”，意甚明白。

文光案：魯氏字子明，臨江鄉先生也，著書名《自備》云。“内長文”一條，又見於《南窗紀談》，以爲改字太多，不知所據，蓋未見魯氏《自備》也。《紀談》記紹聖、政和間事，不知誰撰。阮亭記此條云：“《漢書》謬解，古今如此者多矣，不特晦庵之《四書》、《詩》、《易》，即房融譯《楞嚴》，亦未必句句字字是佛語耳。”

曩於周益公坐間，出示漢五磚，皆得於劍州梓潼縣，因記其文。謝君磚，其文云：“元和三年五月甲戌朔，謝君久造此墓。”扈君甲磚，其文云：“持節使者、北宫衛令扈君千秋之宅，建武二十八年五月丙午，工李邑作。”乙磚，其文云：“北宫衛令扈君萬秋宅。”皆篆文。范君甲磚，其文云：“嗟痛明時，仲治元年。結僮孶孳，履踐聖門。智辯賜張，□嶕孔言。寬博□約，性能淵泉。帶徒千人，行無遺愆。”乙磚，其文云：“德積未報，曷九乾巛。茂而不實，顔氏暴顛。非獨范子，古今皆然。相貌睹形，列畫諸先。設生有知，豈復恨焉？”此漢范皮墓中之銘。先儒謂謝朓始爲誌銘，此可證其誤。梓潼城磚，其文云："梓潼城。"字畫勁奇，非近古所能作者。

《楚相孫君碑》，不見書撰人名氏。考《史記》本傳，列於《循吏》之首，獨載改幣、高梱事爲詳，而碑則略之。埋蛇陰德，僅書於劉向《新序》；屬子云云，則在《優孟傳》：然其文意皆不同。碑謂生於季末，仕於靈王，則謬矣。且莊之後爲共，爲康，爲郟敖，歷三世，凡五十年始爲靈，安仕於靈卒後數年，而莊復封其子耶？六一先生跋，喜其得叔敖之名，兼以集録二十年，求之博且勤，乃得之，故不暇訂正耳。

釋氏《心經》，其中自云"般若波羅蜜多"，蓋梵語也。《集古録》乃書"多心經"，經爲多心，何以爲佛？恐公誤筆爾，因書以祛見者之惑。

趙清獻《日記》："唐進士登第者，主文以黄花牋書其姓名，花押其下，使人持以報之，謂之'榜帖'，當時稱爲'帖子'。國初尚循其制。"

延陵季子之墓，乃"君子之墓"，非"季"也。

"六合大同"之印，按《鄴侯傳》，唐肅宗在靈武徵天下兵所鑄。

先君嘗施喘藥，用麻黄三兩，不去根節，湯浴過；訶子肉二兩：二味爲粗末。每服三大匕，水二瓊，煎一半入臘茶一錢。煎八分，熱服，無不驗者。又方用新羅參一兩，作細末，以鷄子清和爲丸，如梧子大，陰乾。每服百粒，茶清下，一服立止。又有服大黄愈者，有純用附子者，則又觀其所禀如何。

《李賀白玉樓賦》，道君皇帝親灑宸翰於圖之後。石湖跋云："自玉階及紅雲法駕之後以至六小樓，意趣超絶，形容高妙，必夢游帝所者仿佛得之，非世間俗史意匠可到。"

杜詩《覓胡孫》第二聯"舉家聞若駭，爲寄小如拳"，每疑其非是。趙傁謂合移斷章“童稚捧應顛”作第四句，卻於‘許求聰惠者”下云“爲寄小如拳”，則一篇意義渾全，亦成對偶。

夔州，春秋時巴子國也。今人言夔州，以至文字間率曰夔子國，而不知其誤，往往以劉禹錫爲證。今考禹錫之記云“夔，子國也”，其文意謂夔乃子國，蓋是兩句。訛以傳訛，因不復辨，殊不知夔子國今實在歸州。

《資政莊節王公家傳》：“公諱復，字景仁，淄州淄川縣人也。少好讀書，博通史傳，慷慨有氣節。家有唐以來名臣畫像，每指顏杲卿像謂人曰：‘士當艱難時捐軀殉節，如顏魯公，始無愧於天地間矣。’知徐州，北人犯順，城陷，罵賊不絶口，爲敵敲死，闔門百口俱遇害。時建炎三年正月二十九日也。”阮亭云：“此傳可補《宋史》之闕。”

崔豹《古今注》云：“金根車，秦制也。秦併天下，閱三代之輿服，謂殷得瑞山草，亦曰金根，故因作爲金根之車。秦乃增飾而乘御，漢因不改。”韓昶爲集賢校理，《史記》中有説“金根車”處，悉改“根”爲“銀”。昶，文公之子也，而不知古，抑又可歎。晉有金根車，又有耕根車。

《古今考》一卷　《續古今考》二〔三〕十七卷

宋魏了翁撰。《續考》，元方回撰

明本。崇禎丙子勾章謝三賓校刊。前有謝序、鶴山自序、門人方回跋、周文英詩一章、至正庚子周南序。南，文英之子也。次目録。鶴山所撰，僅二十則，在第一卷内，方記云：“已上一序、二十段，依鶴山親筆編諸。此又有四段，立題未著文，今不録。”首卷末段爲“母媪夢與神通”，方注云：“鶴山元書此題而文缺，今回以意補之，加‘紫陽方氏曰’五字。後此皆回所撰，不再書此五字。或引古於先，則後書之。”餘皆方回所續。是書之意，以漢最近古，用班書《帝紀》隨句解釋，則知古制之所以變者，在於周末及秦；而古制之所以不復者，在乎漢代因秦之陋。

學者由是推之，可得其遺意。書中於祭祀、燕飲、律令、刑法考之最詳，可與王伯厚《漢制考》參看，以之讀經傳、《史》、《漢》，大有益也；而鄭注之某物猶今之某物，凡無以名之而出於臆度者，皆可涣然冰釋矣。元泰定間有刊本，流傳絶少。萬曆間王洪州督學楚中，出祕本校刻，板留官庫，印行亦少。余求之數十年，僅見此本，而人鮮稱之。學者苟有志於上古禮樂、制度、器數、名象，當於此求之。魏晉以降，名物稱謂、字義音釋，盡亡無考，此書真堪寶貴矣。方回，宋末人，博學能文，尤善評詩。倡明大義而首降於元，其行事之卑陋無恥，有不可以言語形容者。此本自第二卷至末卷猶題"宋紫陽方回"，蓋失之矣。全書三十八卷，回所續實三十七卷，《簡明目録續考》三十卷，豈本不同歟？抑偶誤歟？

謝氏序曰："是書即《史》、《漢》所紀，隨文辨證，使後學得以考知古今異同之變，其有功於先王典禮，并足以闡繹經籍承襲之謬，爲後學見聞擇識之助。信乎！無以過也。"

周氏序曰："漢高之時，去古未遠，可復三代之舊。惜乎一時君臣不足以至此，遂使古制益不可考。先生即《遷史》本紀所載，論其得失，考禮樂、制度、名數，作《古今考》。其未備者，虚谷先生續之。"

《經外雜鈔》二卷　《讀書雜鈔》二卷

宋魏了翁撰

寶顔堂本。此單行之本，不在《祕笈》内。是書皆隨手抄撮，以備遺忘。後人得其稿而刻之，非自所編訂也。《簡明目録》"三卷"。

朱文公嘗著《孝經刊誤》，公之子在嘗舉元稿以遺予。予既鋟梓，史慶長又以告予曰："昔者繩祖嘗集先正、名賢《孝經》注解，今願得《刊誤》爲之章指。”予舉以畀之，俾得彙次成編，則又以黄直卿《孝經本旨》及其所輯《洙泗論孝》合爲一書。觀是書者，其亦知所發哉？

三衢毛氏《增韻》奏御之六十二年，其子居正義夫應大司成校正經籍之聘，始克鋟梓於胄庠。然人情異嚮，趨簡厭煩，故較其始著尚多刊削。世之不遇者，非特一《增韻》也。

國朝以來，藏書之盛，鮮有久而弗厄者。孫長孺自唐僖宗爲榜“書棲”二字，國朝之藏書者莫先焉。三百年間，再燬於火。江元叔合江南吴越之藏，凡數萬卷，爲臧〔四〕僕竊去，市人裂之以藉物。其入於安陸張氏者，傳之未幾，一篋之富，僅供一炊。王文康、李文正、廬山劉壯輿、南陽玕氏，皆以藏書名，凡未久而失之。宋宣獻兼有畢文簡、楊文莊二家之書，不减中祕，而元符中蕩爲烟埃。晁文元累世所藏，自中原無事時已有火厄，至政和甲午之災，尺素不存。斯理也，殆不可曉。聖賢不過託之憲言，以垂世示後，所以共天命而植民彝也。兼收并蓄，博覽〔五〕精索以淑其身，以待後之人，此何辜於天而厄之爾極也？使子孫不能守，如江、張、王、李諸家，是固可恨。若孫、宋、晁氏，則子孫知守之矣，而火攻其外。矧如尤氏子孫，克世厥家，滋莫可曉。雖然，“是穮是蓘，雖有饑饉，亦〔六〕有豐年”。吾知有穮蓘耳，豐凶非我知也。尤氏子孫，其尚思所以勿替先志云。予生晚，不及拜遂初先生。聞儲書之盛，又恨不能如劉道原假館於春明者。寶慶初元冬，待罪南還，過錫山，訪前廣德使君，則書厄於火者累月矣，爲之徬皇，不忍去。

文光案：此跋尤氏《遂初堂藏書目録》，見於《鶴山題跋》，又見於胡氏《筆叢》，諸本略有異同，不免删節。尤氏書目後見史部目録類。已録此條。兹復據《説郛》本添注其未備，使人得知全文，亦大幸也。錢氏《養新録》記藏書之厄，亦引此條。藏書之厄，自古已然，不獨宋也。“山西自古無藏書之家”，此語載於《通志》，操筆者據當時言之，未及於後日也。以予所聞，尚有十數家，然不久即散，又無能讀能校者，故無所表見。吾鄉陳氏書燬於火中，多古本。墨林楊氏藏書甚富，亦不久即逸。書不能藏，真莫可曉。余聚書三十年，共得八萬餘卷。除其重複，删其不足録者，尚五萬餘卷。其使能守，有所增益，亦足觀已。乃付託非人，家資蕩盡，所藏之書悉爲債變，及身而散，此亦藏書之一大厄也。當其時，先棄其重大者，殿本百餘種，悉在其内。次則本單而價重者，祕册遂亡。每讀李易安《金石録序》，歎其事異而情同。今録此跋，有感於藏書之厄，真不可曉，故記之。夫能藏而不能讀，與不藏無異。能讀而不使之藏，其理更不可曉已。

《題茅山道士所藏朱晦庵以佛語調楊誠齋周益公帖》云："朱子訖爲佛氏語以寄周、楊二老，其戲言以效他人體耶？抑逃墨以避學禁之禍也？夫以修辭立誠之義，於晚生終有未達，不可强爲之説也。"以上四條皆録於《鶴山題跋》。

文光案：《鶴山大全集》今不可見。《題跋》刻於《津逮祕書》，毛氏所刻諸家題跋多從本集録出，實屬無謂。然散亡之集，藉此存其大略，亦不可廢也。其中有云"得自某人某處，與集本互異"等語，特指一二條言之，未必爲全書也。

毛氏曰："華久負神童之稱，十五歲著《韓愈論》，居然有作者風。時方諱言道學，獨與真西山力爲仔肩以接濂伊一派，士子負笈相從者，不遠千里。其立朝風範，被寧、理兩朝殊尤之遇，史臣載之甚詳。"録於《鶴山題跋》。

錢氏曰："《鶴山先生大全集》，宋槧本，黄蕘圃所藏。有吴淵序。又有跋一篇，末題'開慶改元夏五月甲子，諸生、朝請大夫、成都府路提點刑獄公'，其下殘闕，姓名不可考矣。細繹其文，蓋亦蜀人，登寶慶元年進士，嘗通判靖州者。此集先有姑蘇、温溪兩刻本，皆止百卷，至是始合《周禮折衷》、《師友雅言》并它文增入，爲百有十卷，故有‘大全集’之稱。所憾闕失十有二卷，即存者亦不無魯魚亥豕之訛，又有合兩卷爲一卷者。然世間恐無第二本矣。”録於《養新録》。

《鶴山筆録》一卷

宋魏了翁撰

《函海》本。前有李調元序。又一跋，不知名氏。

李氏序曰：“《唐宋叢書》刻了翁《經外雜鈔》二卷，此乃十分之三，大段相類而互有異同。古人於説部往往歷年成書各種，而後併歸一，此當是初本也。”

竹垞自粤游回，鈔《鶴山筆録》一卷見視。予意必陳腐滿紙，漫不省也。近因箋注蘇詩，試取檢閲，則見辨核、紀録皆有真趣，卓乎小説名家。毛氏《津逮》既鐫其題跋，而不及此，想汲古閣中亦無此藏本也。爰校而儲之。悔餘老書。

《辨誤[七]筆録》一卷

宋趙鼎撰

《函海》本。前有趙鼎自序、李調元序。

趙氏自序曰：“兩家之黨，布滿中外，怨讟四起，叢於一身，度其勢力，將置之必死。然前後論列逾數千章，其間寧無傳播失實、風聞文飾之誤？是不得不辨。其他細故，無足深較，謹擇其尤者作《辨誣》。”

李氏序曰：“朱勝非《秀水閑居録》云：‘趙鼎起於白屋，有鄙朴之狀。一旦得志，驟爲驕侈，以臨安相府爲不可居，别置大堂，環植花竹，日爇爐香數十斤，使烟篆四合，謂之香雲。’李心傳引之《舊聞證誤》中，不一置辨。因疑其有微詞，是以不旋踵而怨誹叢集，幸以身免。《辨誤》之録，遑足恤乎？然考史，鼎嘗預修《哲宗實録》，其間辯宣仁之冤誣，正裕陵之配享，忠心直筆，識者韙之。且即是編所紀，當乘輿播遷之餘，諸所疏議，動合事機。其奏釋張浚等事，委曲開導，有古大臣風烈，未可以勝非一人之議而少之也。"

文光案：李序在《建炎筆録》前。《建炎筆録》三卷，本集名"己酉筆録"、"丙辰筆録"、"丁巳筆録"。朱勝非，即誣趙鼎者。書中第一條所辨，即勝非之誣。《舊聞證誤》所引《秀水閑居録》，與雨村所引者不同。趙鼎不樂出使，申請數十條，皆不可行。如隨軍錢物須七百萬緡，勝非參告進呈，指此一項言。

《困學紀聞》二十卷

宋王應麟撰

桐華書塾本。桐鄉汪垕校刊，卷末有紀。前有至治二年牟應龍序、泰定二年門人袁桷序、萬曆癸卯吴獻台序，次目録。凡八類，曰十三經，曰天道，曰曆數，曰地理，曰諸子，曰考史，曰評文，曰雜識。書前有王氏自序。應麟字伯厚，自號深寧居士。生於宋寧宗嘉定十四年，卒於元成宗元貞二年。此本注甚簡略。

牟氏序曰："九經諸子之旨趣，歷代史傳之事要，制度名物之源委，以至宗工巨儒之詩文、議論，皆後學所當知者。公作爲是書，各以類聚，考訂評論，皆出己意，發前人所未發。辭約而明，理融而達，該邃淵綜，非讀書萬卷何以能之？"

袁氏序曰："先生年未五十，諸經皆有説。晚歲悉焚棄，獨成是書。"

吴氏序曰："王伯厚生平學力，畢具是編，因重鐫而廣之。"

汪氏記曰："前明傳刻，脱誤甚多。何屺瞻、閻百詩往復契勘，補闕訂訛，加之評點。亟取家藏舊本共相讎校，重付開雕。於閻、何二公語各冠△云，又加‘原注’二字於王公自注之上。”

《困學紀聞三箋》二十卷

國朝閻若璩、何焯、全祖望撰

金閶本。此本題“三箋”，而有程易田、方樸山之説，實五家注也。嘉慶丁卯年屠繼校刊，有序。間有屠氏案語，補《三箋》所未備。自翁氏注出，諸箋皆廢。

《困學紀聞注》二十卷

國朝翁元圻撰

餘姚守福堂本。道光乙酉年刊。前有提要、牟序、袁序，次康熙三十七年閻詠跋；次深寧識，親筆二十八字，摹勒諸卷首，有詠跋；次乾隆壬戌全祖望《三箋序》；次道光六年胡敬序、翁元圻自序，并凡例、目録。此翁注原本也，余以重價得之。光緒三年有坊刻巾箱本，不足貴重。翁注於《三箋》之外，又採萬氏《集證》，自注見於句下者加“案”字以别之，總注於後者加“元圻案”以别之。此本宜家置一部，大有益於讀書也。

《負暄野録》二卷

宋陳櫰撰

《知不足齋》本。是書前無序文，後有至正七年王東、樊士寬二跋。又至正十九年一跋，不知何人所撰。末有大德三年雲山埜人茅端真跋、俞洪跋。

王氏跋曰：“右《負暄野録》一帙，莫知何人所述。其發明古今碑刻及翰墨諸法，後又附以文房四寶之評，蓋博雅之士也。先君俾茅雲山草鈔而不及再謄，遂致紙板散亂。至正七年五月初吉，梅雨連日，因理故書而緝之，計其歲月則四十九載矣。光陰去速，可以慨歎。拜手而題於左。”

俞氏跋曰：“陳櫄與范石湖、張子野、姜白石同時。約齋山人識。”

古者金、銅等器，其文字皆冶鑄後爲之，非若今人就範模中徑鑄成者。至於石刻，率多用粗頑石，字畫入石處甚深，至於及寸，往往至底，乃反大於面。非若後世刻削，豐上鋭下。予親見魏晉碑刻，如此石粗，自然難壞。後世石雖精好，卻易剥落。

漢璽，其文曰“承天福，延萬億，永無極”九字，秦璽文曰“受命於天，既壽永昌”。二文不同，各是一物。諸家譜書乃謂通是一璽，背面有異文，非也。二者疑皆魏晉所刻，而秦璽不存久矣。後有得者，益非古物。

《集古録》并《金石録》所載，自秦碑之後，凡稱漢碑者，悉是後漢。其前二百年中并無名碑，但有金石刻銘識數處耳。

石刻摧毁非一。元祐中，丞相韓玉汝帥長安，修石橋，督責甚峻。村民急以應期，悉皆磨石刻以代之，前人之碑盡矣。蔡拱之訪求石碑，或蹊田害稼。村民深以爲苦，悉鑱鑿其文字，或爲柱礎帛砧，略不容存留。又自亂離而來，所在城堡攻戰之處，軍兵率取碑鑿爲砲石，摧毁無餘。凡此皆是時所遭，亦碑刻之一厄會也。

無錫徐氏，家藏《樂毅論》碑石，止存五塊，可見者一百八十九字。用木匣鐵束，甚寶秘之。徐氏之上世名縝，字君徽者，劉原父之妹壻也。嘗與原父評論石刻始末，跋此碑尤詳。云《樂毅論》有二本：其一，元豐初，吴人得其石於太湖水中，石缺過半，背面皆有刻，面十三，背亦如之，後題“永和四年十二月廿四日，書賜官奴”。其上書“異僧權”，即梁朱〔八〕異、徐僧權也。其一，即《周越書苑》所載“高紳學士得其石於秣陵井中”者是也。凡二十九行，石缺一角，後兩行只有最下一字，至“海”字止。紳之子安世卒於吴興，其家以石質錢於州民錢氏家。當官者每令摹拓，錢氏厭之，紿爲比以失火焚毁矣。熙寧中，吴大饑疫，趙子立者以金質得之。又云舊傳《樂毅論》乃右軍親書於石。其後石入昭陵，朱梁時温韜得之，復傳人間，即高氏本也，是褚遂良記。貞觀中内出《樂毅論》真迹，令直弘文館馮承素模寫，賜長孫無忌等，筆勢精妙，備盡楷則。子立所得高氏本，字亦奇絶，非右軍親書於石，亦摹真迹而刻之者。子立名竦，泉南人，曾將漕兩浙，入爲都水使者。無子，有二女，長嫁徐康直，字平甫，即君徽之子也。子立死，以石授平甫。徐氏再世寶藏，尤延之給事袤、王順伯大卿厚之皆有題跋。尤謂“予常親見歐陽公《集古》所藏高氏本，梅聖俞於碑後白紙缺處題‘甚妙’二字，與此卷前一本同”。王謂“考之《集古録》，高紳子弟以石質錢於富人，其家失火，遂焚其石，今無復有本矣”。趙德甫《金石録》云：“《集古録》謂石焚，非也。元祐間，予侍親官舍徐州時，故郎官趙竦被旨開吕梁堰，挈此石隨行。竦没，石遂不知所存。”蓋歐陽公爲錢氏所紿，而趙德甫則不知石後歸徐氏也。又碑有朱巽、徐僧權押縫者，乃梁朝摹刻之本。又上有小字云“大和六年中勒畢”。大和，唐文宗年號，是經唐時再摹刻也。字體比徐氏稍肥，然極有典則。此石出太湖時爲章氏所得，刻二印，爲朱文，云“中國秘藏”及“章淵文房印”。淵字伯深，乾道間嘗爲江山宰，寓居於吴，予猶及識之，亦疏爽好事。今不知此石尚存其家否。

右軍書，使門生喪心、僧辨才殞命、昭陵被發、咸陽嫗受驅，其爲世所珍貴而貽害於人也，蓋如此。

陽冰篆起止處，皆微露鋒鍔，映日觀之，中心一縷之墨倍濃。蓋其用筆有力，且直下不欹，故鋒常在畫中，此蓋其造妙處。

建安張伯益友直以小篆著名，尤工金釵體。有女，適著作佐郎黄元者，能嗣其篆法，備極精巧。嘗書《陰符經》，字皆徑寸，勢若飛動。伯益姪孫章衡得其本，知襄陽日刻於郡齋。予嘗得墨本，誠可珍玩。

邵居士餗才行俱美，高尚不仕，隱居丹陽。尤工爲釵股篆，世所欽重。范文正公作《嚴先生祠堂記》，求其書而刻之石。予嘗得范公書，其推重邵君甚至。

世稱“小王書”，謂王著也，本學虞永卿書，其波磔加長，體尚嫵媚，然全無骨力。方上集刊《法帖》，時著預校定，識鑒凡淺，不無謬誤。如列王坦之於逸少諸子間，意謂名皆從“之”。殊不知坦之乃王述之子，自太原王耳，非琅邪族也。近世翰林侍書輩學《聖教序》，目曰“院體”。唐世已有此目。今中都習書誥敕者，悉仿著字，謂之“小王書”，亦曰“院體”，言翰林院所尚也。

石湖云：“學書須是收昔人真迹佳妙者，可以詳視其先後筆勢輕重往復之法。若只看碑本，則惟得字畫，全不見其筆法神氣，終難精進。又學時不在旋看字本，逐畫臨仿，但貴行住坐卧〔九〕常諦玩，經目著心，久之，自然有悟入處，信意運筆，不覺得其精微，斯爲善學。”

近世言墨法者，推雪齋趙彦先。彦先嗣安定郡王，自少篤好製造，招延良工，無方不試，參合衆技，舍短取長，遂造其妙。中興三朝，咸見貴重，名播遐邇，目無潘、李。間有藏得數笏者，與玉寶同貴。

《蘭亭序》用鼠鬚筆書，烏絲欄繭〔一〇〕紙。繭紙實絹帛也。烏絲欄即是以黑間白，織其界行耳。

《齊東野語》二十卷

宋周密撰

明本。前有自序、至元辛卯戴表元序、正德十年胡文璧刊書跋、盛杲跋。周密，湖南人。其名“齊東”者，其先濟南人也。是書多記大政事，得於耳聞目見，可補史闕，考證尤詳。然傳本甚少，毛氏刻入《津逮祕書》。

胡氏跋曰：“商氏原本，誤以《齊東野語》作《癸辛外集》，都爲一卷，無復詮次，且其間頗多遺闕。如三卷之末誅韓侂胄一事，亦所不載。今一依虞山毛氏本，悉爲釐正，闕者補之，訛者易之。非特弁陽之功臣，亦商氏之益友也。”

卷首，孝宗數事，皆史所失載。　世有温泉，無寒火。然有蕭丘寒燄，則寒火亦有之矣。　賦法，兩漢最輕，非惟後世不及，三代亦不及。　真西山之生。浦城道士化身。　《書·微子篇》“父師、少師”，孔注：“太師箕子，少師比干”。時比干已死，而云少師者，似誤。《史記·周本紀》言“太師名疵，少師名强”，與孔注不合。然二子同武帝時人，何以見異而言不同歟？　卷二，《張魏公三戰本末略》，一富平之戰，一淮西之變，一符離之師。此卷記魏公事特詳，又引諸説以明之。張浚本傳多附會，當時朝士皆其門人。其子南軒以道學倡名，故無人斥其非者。　卷三，李后殺貴妃黄氏，光宗驚而成疾，遂議内禪，并誅韓侂胄事。　卷四，記避諱事甚詳。殷尚質，不諱。周始諱，亦不盡諱。秦始皇諱政，乃呼正月爲征月。《史記·年表》作“端月”。下迄於宋，并私家之諱，凡有説者無不采及。　卷五，四皓之名。　史嵩之子申攻蔡城，獲勝。此事得之《幕府日紀》，頗爲詳確。嘗編《三京本末》，與此互有同異。　趙嘉慶素號忠直，與物多忤，遭誣罔罷職。　趙忠肅遺事。　卷六，内府裝潢書畫之式。偶得其書，稍加考正。《唐志》載四庫裝軸之法。《六典》載崇文館有裝潢匠五人，即今背匠也。本朝秘府謂之裝界，即此事，蓋古今所尚云。

胡致堂貴顯，不爲本生母持服，將生欲不舉，少桀黠難制。爲章夏所劾。秦丞相亦惡之，遂新州安置。於謫所著《書史管見》，極意譏貶秦氏。如論桑維翰等語甚多，蓋此書有爲而作。及論伯父母、叔父母，皆欲借此以自解。然持論太過，前輩嘗評之，故詳著始末於此。　京師傳王俊民爲狀元，異事也。　杭學游士，植黨攬權，醜詆朝紳，騙脅民庶。趙尹移牒，限〔一一〕日出齋〔一二〕，其計始窮。　卷七，近世敢言之士，明目張膽，言人之所難者，洪公天錫一人而已。方寶祐間，宦寺肆横，簸弄天綱，外間朝紳多出門下，廟堂不敢言，臺諫長其惡。公爲御史，囊封言古今爲天下患者三：宦官也，外戚也，小人也。疏上不報。　卷八，紹聖中，蔡卞重修《神宗實録》，用朱黄删改。每一卷成，輒納之禁中，蓋將盡泯其迹，而使新録獨傳。所謂"朱墨本"者，世不可得而復見。及梁師成用事，自謂蘇氏遺體，頗招元祐諸家子孫，若范温、秦湛之徒。師成在禁中，見其書，爲諸人道之。諸人幸其書之出，因曰："此亦不可不録也。"師成如其言。及敗，没入。有得其書携以渡江，遂傳於世。　卷九，《李全傳》。自注云："劉子澄嘗著《淮東補史》，紀載甚詳。然予所聞於當時諸公，或劉書所未有，因摭其概於此。"文光案：《宋史》不爲李全立傳。《野語》所記，不但可補劉書，并可補史闕文云。　卷十，《混成集》，修内司所刊本，巨帙百餘，古今歌詞之譜，靡不備具。只大曲一類，凡數百解，他可知矣。《霓裳》一曲，共三十六段。紫霞翁云："禁中内人歌之，凡用三十人，每番十人，奏音極高妙，非人間曲也。"又言："木笪人以歌《杏花天》，補教坊都管。"二曲皆今人所罕知云。　卷十一，歐公族譜號精密。然詢在唐初，至黄巢時幾三百年，僅得五世；琮在唐末，至宋仁宗纔百四十五年，乃爲十六世：恐無是理。　紹興内禪，宰相朱倬罷。倬惡王十朋，欲去之，公論大喧。因劉貴妃以進，故上眷殊厚。　李后父，故羣盜。后悍妒，壽皇有意廢之。史浩以爲不可。及上不豫，天下寒心，皆歸過於后。后上仙，殯赤山甫畢，雷震山崩，亟復修治之。　卷十二，得姜堯章書，自述頗詳，并《禊帖偏旁考》，識於此。　紹興歲幣和戎之費不易，因詳書之。　咸淳頒歷，臧元震以書白堂，力言置閏之誤。咸淳庚午閏十一月。　卷十三，考置閏。　綱目之誤。　秦檜主和，諸將不從命。　"復"、"覆"、"伏"三字音義。　鍼法不傳。　卷十四，穆陵既正位，狂士潘甫等推戴濟王，以黄袍加之，逼之以兵。王自縊。　卷十五，曲端之死，時論冤之。國史本傳爲魏公庇，失其實矣。　渾天儀凡四座，每座約用銅二萬斤。　推閏捷法。　梅花四事。　近世精歷者，莫若衛朴，雖一行亦不及。　張維《十詠圖》。　卷十六，三高亭，天下絶景也。石湖老仙一記，亦天下奇筆也。因詳書於此。　史彌遠拜相。　卷十七，對偶。　賈似道害民。　彗變妖禍之應。　卷十八，靖康之禍，最無忌憚者，莫若《南燼記聞》。　賈涉得玉璽。　卷十九，蘭亭。　趙忠定去國。　卷二十，前輩詩酒之樂。　古之庾詞，抑今隱語，俗所謂"謎"，自漢已有之。今擇其佳者著於此。

《志雅堂雜鈔》二卷

宋周密撰

鈔本。末有杭郡余集校書跋。

余氏跋曰："弁陽翁，濟南人。吴興章文莊公爲其外王父，故占籍吴興。又與楊和王有連□[一三]，故又爲杭人。所居癸辛街，即楊氏瞰碧園也。詩有《蠟屐集》，鄧牧心爲之序，久佚，《宋詩紀事》所採皆散見之作。詞爲專門，《蘋州漁笛譜》尚有傳本。其著述有《絶妙好詞》、《癸辛雜志》、《武林舊事》、《齊東野語》、《浩然齋視聽抄》、《弁陽客談》、《浩然齋雅談》、《澄懷録》、《雲烟過眼録》、《乾淳起居注》、《乾淳歲時記》、《武林市肆記》若干種。及門葉舍人復出此本，書中分類疏記，略不經意，間有重見。校刊成，因書。"

御書齒藥方：生乾地黄，細辛，白芷，不蛀皂角去皮子，各一兩，同入瓶内，黄泥固劑。用炭五六斤煅盡，入僵蠶一錢、甘草二錢，細末。早晚揩齒，治出血、動摇等症。

龔聖予云："《禊帖》有大業間石本，其後有隋諸臣銜位。然則在智永未藏之先，此帖亦嘗入御府。"

廖瑩中羣玉，號藥洲，邵武人，賈平章之客。咸淳中，命良工翻刻《閣帖》十卷、《絳帖》二十卷，皆逼真。又刻《小字帖》十卷，王橚所作《賈氏家廟記》，盧方春所作《秋壑記》、《九歌》。又刻陳去非、姜堯章、任希夷、盧柳南四家遺墨十三卷，皆精妙。先是，平章用婺州碑工王用和翻刻《定武蘭亭》，凡三年而後成，至酬之以勇爵，絲髪無遺恨，幾與《定武》相亂。又縮爲小字，刻之靈璧石板。於是羣玉《蘭亭》遂冠諸帖。世彩堂，蓋其家堂名也。

米芾作寶晉齋，藏晉、唐真迹。其扁隨所至掛之。蜀士劉涇臣濟實與之頡頏。原按："盧鴻《草堂十字〔一四〕詩》，文徵明有寫本。今《全唐詩》亦載此十詩，皆與此字句互異，不知何者爲真本也。"

斲琴名手：唐雷霄、雷威、雷珏、郭亮，皆蜀人。沈鐐、張鉞，皆江南人。蔡睿、僧智仁、衛中正，慶曆中；朱仁濟、馬希仁、馬希亮，崇寧中：并宋人。

葉茂實造墨妙一時，其膠法最奇。内用紫礦、青皮、木賊、當〔一五〕歸、腦子之類，皆活膠之藥。蓋膠不活則滯，故老葉墨無膠滯之患。時有趙水月伯鹿，亦能用雪齋法。又有林泉東鄉者，亦能製墨。汶陽小劑，一點如漆，百年如石，然皆不及老葉。而所謂翁彦卿、王大用者，時不數之也。

元豐米芾自號恭門居士，其印文曰"火正後人芾印"，其後并不用之。

國朝典故，人主升遐，皆取太學文宣王圭爲斂，事定，另造歸之。考之日歷，寧宗朝奉臨安府，買到單進青玉一塊，元重九十一斤七兩餘，造文宣王玉圭一面，充應天大圭使用。外餘青玉一塊，重八十七斤，造玉寶劍，并贈一數。

聖鐵，大者僅如豆。佩之，刀兵不能入。

夜睡呪："《靈寶藏經》，載汝之名。汝有五鬼，名曰攝精。吾知汝的，速離吾身。太上律令，化汝爲塵。急急如太上帝君律令敕。"臨睡時，面北叩齒七遍，朝寢無失。

《夷堅志》有《天童護命經》一卷，以禦魑魅，極驗。

借到屠存博三書：一曰《容齋筆記》三卷，謝采伯所著，頗有見聞。二曰《中台志》，唐人所著。表稱："臣鑒專言宰輔之賢否，分皇、王、霸、亂、亡五道，略載名人本末。"此書全無義理。三曰《東軒筆記》，前卷雜説，後卷文，略無高論。此人全不讀書，急於沽名，果三山人黄履也。又借到《穆参軍集》三卷，祖無擇序；京本《朝士談》十卷，李石撰：皆朝廷故事也。

姚子敬有《恥堂易膚説》，增損《通典》，甚佳。又有唐仲友《兩漢精義》、陳本齋《詩話抄》、直齋《書傳》、雪林《詩窠糾繆》。

恥堂所著《徽宗意録》甚好。又有《續通典》，甚佳。

王聖予《對苑》凡五十餘册，止於"三"字，

"井谷射鮒"，即今之鯽魚。

伊川不滿於宣仁，故注《易》謂"婦居尊位，非常之變"。

一部《晉書》，只是以《世説》分人。

《志雅堂雜鈔》二卷

宋周密撰

大梁書院本。嘉慶乙巳年刊。余集校并書，板極精工。是書一曰圖書碑帖，二曰諸玩，三曰寶器，四曰人事，五曰醫藥，六

曰陰陽、算術，七曰仙佛，八曰書史，終以《圖畫碑帖續鈔》。謹案：《四庫附存書目》雜家類載《志雅堂雜鈔》一卷，宋周密撰。其書與《癸辛雜志》、《雲烟過眼録》互相出入。此本二卷，當即其書。又《吴文正公集》有《題楊氏志雅堂記後》一篇，今録於後，以備參考云。

楊氏莘故家，前代常掌書監，近年貳政府、位中朝、職外服者累累有，亦顯且盛矣。家不聚貨寶，以愚子孫，唯儲書及名畫、墨蹟。今郎中士兑，曩從其父唐州使君宦四方，又購書二萬卷，益其先世所藏，作堂以貯，匾曰"志雅"，其亦有慕於古之大雅不羣者乎？予聞異端流訾吾儒曰："儒家器械備具，竟不一用。吾持寸鐵即能殺敵。"蓋譏儒之博而寡要云爾。博而寡要，猶譏儲而弗用，其譏又當何如？且夫君子之儲書以遺後，固將有所用也。洞觀時變，不可無諸史；廣求名理，不可無諸子；游戲詞林，不可無諸集；旁通多知，亦不可無諸雜記録也；而其要惟在聖人之經。聖人之經，非如子史文集、雜記雜録之供涉獵而已，必飲而醉其醇，食而飽其胾。我與經一，經與我一，使身無過行，心無妄思，其出可以經世；心如神明，身非血肉，其究可以出世。是則書之有功於人，人之有資於書，而儲之者之所以有期於將來也。不然，一一垂牙籤，新若手未觸，李鄴侯之初意豈如是哉？楊氏子孫其勉諸！

文光案：弁陽老人所著有《南渡宫禁典儀》、《乾淳御教記》、《燕射記》、《唱名記》、《天基聖節樂次〔一六〕》、《乾淳教坊樂部》、《官本雜劇段數》、《幸張府節略》、《藝流供奉志》，俱刻入《説郛》，爲余氏所未舉，因表出之。

《螢雪叢説》二卷

宋俞琬撰

《稗海》本。前後無序跋。題"子俞子撰"。各段有標題，三五字不等。

"致"字説曰：先儒解"致"字，往往不盡。如"致中和，天地位焉"，鄭康成云"致，行之至也，致樂以治心"，云"致，深審也"。《周易略例》："主心，致一也。"孔穎達云："致，猶歸也。"《禮器》："禮也者，物之致也。"鄭云："致之言至也、極也。"其他諸經，往往指爲極盡之意。如"喪致乎哀而止"、"見危致命"、"君子以致命遂志"與"病則致其憂"之類是也。此皆意有未盡，蓋"致"有盡之意，有取與納之意。如"喪致乎哀而止"、"見危致命"，謂之極盡可也。如"致中和"、"致知"之類，則又有取之意焉。"吾聞致師者"亦有取之意也，用致夫人。凡《春秋》以某事致，"七十而致事"、"致爲臣而歸"，則又有納之意與盡之意，凡此皆難以一字通解也。今人謂"招致者"，亦有取意也。《檀弓》"齊穀王姬之喪"，當爲"告"，古毒反，聲之誤也。告，下告上之辭，故誤爲"穀"。"父母之喪，哭無時，使必知其反也"，"知"當爲"如"字之誤也。言父母之喪，號哭思慕，如欲父母復反。

記史法：歷事幾主，歷任幾官；有何建立，有何獻明；何長可録，何短可戒，傳中有何佳對。原注："舊諸史賦如《張良傳》，用'赤松子'，對'黄石公'。"此賈挺才先生記史法也。

嘗見陳同甫亮在太學議論作文之法：經句不全兩，史句不全三。不用古人句，只用古人意；若用古人語，不用古人句，能造古人所不到處。而於使事而不爲事使，或似使事而不使事，或似不使事而使事，皆是使他事來影帶出題意，非直使本事也。若夫布置開闔，首尾該貫，曲折關鍵，意思常新。若方若圓，若長若短，斷自有成，摹不可隨他規矩尺寸走也。苟自得作文三昧，又非常法所能盡也。

前輩節書并用，首尾該貫。第一節其緊要，第二節其好句，

第三節其故實。繁辭盡削，所以便於燈窗、場屋之用爾。如舊本司馬温公親節《通鑑》，可觀可法。

王勃《滕王閣序》中間有“落霞”、“孤鶩”句。落霞者，飛蛾也，非雲霞之霞，土人呼爲霞蛾。至若鶩者，乃野鴨也。野鴨飛逐蛾蟲而欲食之故也，所以齊飛。若雲霞，則不能飛也。見吴獬《事始》。

東萊先生教學者作文之法，先看《精騎》，次看《春秋》，權衡自然，筆力雄樸，格致老成，每每出人一頭地。

節孝先生徐積，因讀《史記·貨殖傳》，見“人棄我取，人取我與”，遂悟作文之法。

嚴子陵本姓莊，避顯宗諱，遂稱嚴氏。若釣臺，若七里灘，亦皆以“嚴”命名，無非循習之訛而莫知其非也。本朝宣和間，方臘寇江浙，改睦州爲嚴州，蓋本於此。至如范蔚宗操東漢之史筆，初不究其姓氏之由，遽曰“嚴光”而傳之，無乃以田千秋爲車千秋乎！

《前漢·蕭何傳》不言律令，《新唐書·李邕傳》無一字及筆札，《五代史·劉昫傳》不書領唐史。

校勘記

〔一〕據《蘆浦筆記》，“昌”後脱一“詩”字。

〔二〕“爲”，據《漢書·黄霸傳》，當作“駕主簿”。

〔三〕“二”，據《四庫全書總目》，當作“三”。

〔四〕“臧”，原作“藏”，據《鶴山集》改。

〔五〕“覽”，原作“壏”，據上書改。

〔六〕“亦”，《左傳·昭公元年》作“必”。

〔七〕“誤”，據宋趙鼎《忠正德文集》當作“誣”。

〔八〕“朱”，原作“更”，據《負暄野録》改。

〔九〕“卧”，原作“臨”，據上書改。

〔一〇〕“繭”，原作“璽”，據《負曝野録》改。

〔一一〕“限”，原作“般”，據《齊東野語》改。

〔一二〕“齋”，原作“境”，據上書改。

〔一三〕□，據清丁丙《善本書室藏書志》，衍，當删。

〔一四〕“字”，據明張丑《清河書畫舫》，當作“志”。

〔一五〕“當”，原作“用”，據元陸友《墨史》改。

〔一六〕“次”，原作“吹”，據《武林舊事》改。

萬卷精華樓藏書記卷九十五

子部十

雜家類六

《困學齋雜録》一卷

元鮮于樞撰

《知不足齋》本。是書内多記雜事、小詩、格言及中原士大夫出處，又京師名琴，又諸家所藏古器，又書畫見聞。末有東陽無垢道人純跋，言不曉困學齋何人也。康熙壬戌曹溶跋，言漁陽鮮于樞，字伯幾，所居有困學齋，非難知者。又乾隆癸巳分抄書局跋，云："借瓶花齋鈔本影寫，其中脱誤甚多。"鮑跋云："丁酉十月，陸貫夫以所藏明人舊鈔本輟贈，取舊時録本校讎一過，改定數十字。嘉慶甲子五月，又校出訛誤十餘字。"按諸跋，自弘治十五年至今，始有鮑刻本，餘皆抄本。

杭士王子慶收《西域圖》，閻中令畫，褚河南書，丹青翰墨，信爲精絶。意當時所畫甚多，今止存四國。前史皆逸而不書，今録於此。附國者，蜀都西北二千餘里，即漢之西南夷也。有嘉良夷，即其東部所居種姓，自相率領，土俗與附國同，言語少殊，不相統一。其人并無姓氏。附國王字〔一〕宜僧。其國南北八百里，東西千五百里。無城栅，近川谷，傍山險。俗好復仇，故壘石爲巢而居，以避其患。其巢高至十丈，每級丈餘，以木隔之。基方三四步，巢上方二三步，狀似浮屠。於下級開小門，從内上，通夜必閉關以防盜賊。國有二萬餘家，號令自王出。嘉良夷政令繫之酋帥，重者死，輕者罰牛。人皆輕捷，便[二]繫劍、用矛，漆皮爲甲。弓長六尺，以竹爲弦。妻其羣母及嫂，兒、弟死，父、兄亦納其妻。好歌舞，鼓簧，吹長笛。有死者，無服制，置屍高牀之上，沐浴，衣服，被以牟甲，覆以獸皮。子孫不哭，帶甲舞劍而呼之："我父爲鬼所取，我欲報冤殺鬼。"其餘親戚哭三聲而止。婦人哭必以兩手掩面。死家殺牛，親屬以豬、酒相遺，共飲啖而瘞之。死後十年而大葬。

詩人撒舉，字彦舉，陝人。工詩，有集行於世。

《隱居通議》三十一卷

元劉壎撰

《讀畫齋》本。首康熙丁未裔孫劉凝序，次目。凡分十一門：曰理學，曰古賦，曰歌詩，曰文章，曰駢儷，曰經史，曰禮樂，曰造化，曰地理，曰鬼神，曰雜録。

劉氏序曰："校正《泯稿》、《吟稿》諸詩文，雖强半元初著作，然宋末篇章往往有之。若《隱居通議》，則皆元時纂輯，水村公之志蓋可見矣。其間遺文軼事，確有可傳而不載於典籍者，賴此猶存其一二。大抵無所不議，則無所不通。通天、人、地曰儒，公真可謂通儒也已。或曰：'身既隱矣，何又仕於本州，仕於延平乎？'不知大隱城市，小隱山林，古之人已言之。此編在宋亡之後，而其叙述在於歸閩者爲多，則公之自視，仍然隱居而已耳，何汶汶者之不審也？"

"作器能銘，登高能賦"。銘固難，古賦尤難。《兩都》、《三都》，偉贍鉅麗，往往組織傷風骨，辭華勝義味。若涉大水，其無津涯，是以浩博勝者也。六朝諸賦，又皆綺靡相勝，吾無取焉耳。

至李泰伯賦長江、黄魯直賦江西道院，然後風骨蒼勁，義理深長，足以名百世矣。近代工古賦者殊少，獨吾盱傅幼安自得，深明《春秋》之學，而餘事尤工古賦。蓋其所習，以山谷爲宗，故不惟音節激揚，而風骨義味足追古作。愚亦素喜山谷諸賦，誦之甚習。吾盱以詩名者，黄希聲、黄伯厚、利履道、趙漢宗諸人；以古文名者，張誠子、劉信翁諸人；而以古賦名者，幼安一人而已。今追尋其所作古賦一二，姑載於此，以備遺忘。

近世騷學殆絶，惟韓文公作《羅池廟碑歌辭》，世以爲有騷體。又太白詩云："日慘慘兮雲冥冥，猩猩啼煙兮鬼嘯雨"，世以爲此兩語酷似。至宋，豫章公用功於騷甚深，其所作亦甚似。如《毁璧》一篇，則其尤似者也。朱文公爲之序。

《别賦》，惟首句詞高潔而意悠遠，通篇殊欠古氣。

蔡絛《西清詩話》頗有可采。

曾子固之詩，以賦體觀之，即無憾矣。唐詩之清麗空圓者，比與興爲之也；宋詩之典實閎重者，賦爲之也。

律詩始於唐，盛於唐，然合一代數十家，而選其精純高渺、首尾無瑕者，殆不滿百首，何其難也！劉長卿、杜牧、許渾、劉滄實爲巨擘，極工而全美者亦自有數。入宋，則古文、古詩皆足方駕漢、唐，惟律詩視唐益寡焉。蓋必雄麗婉活，默合宫徵，始可言律，而又必以格律爲主乃善。倘止以七字成句，兩句作對便謂之詩，而重滯臃腫，不協俗調，恐於律法未合也。

諶公祐，字自求，號桂舟。集中記序最佳，論詩處皆入妙品，筆力高峻，有《史》、《漢》文氣。古體、樂府俱善，而於律體尤精。

後山翁之詩，世或病其艱澀，然擎斂鍛煉之工自不可及。

後村曰："唐文人皆能詩，柳尤高，韓尚非本色。宋則文人多，詩人少。三百年間，雖人各有集，集各有詩，詩各自爲體；

或尚理致，或負材力，或逞辨博，要皆經義、策論之有韻者爾，非詩也。”後村“經義、策論之有韻者”一句，最道着宋詩之病，然其自作亦有時而不免。

劉五淵曰：“太白以天分驅學力，少陵以學力融天分；淵明俯太白而差婉，山谷跂子美而加嚴。”

融騷、《選》、唐者，半山；駕騷、《選》以軋唐者，黄、陳；混騷、《選》以汩唐者，梅、歐、蘇。宋詩視唐爲雜，南渡後爲尤雜。

韓陵陽曰：“唐末人詩，雖格致卑淺，然謂其非詩不可。今人作詩，雖語句軒昂，止可遠聽，而其理則不可究。”此陵陽韓子蒼《室中語》也，允謂深中宋詩之病。

經文所以不可及者，以其妙出自然，不由作爲也。左氏已有作爲處。太史公文字多自然。班氏多作爲。韓有自然處，而作爲處亦多。柳則純乎作爲。歐、曾俱出自然，東坡亦出自然，老蘇則皆作爲也。荆公有自然處，頗似曾文，惟詩也亦然。故雖古作者俱不免作爲。淵明所以獨步千古者，以其渾然天成，無斧鑿痕也。韋、柳法陶，然純是作爲。故評者曰：“陶彭澤如慶云在霄，舒卷自如。”

道體堂所刊《文山集》諸詩中，惟《棋詩》四絶頗佳。

三蘇皆得謚“文”，老泉“文安”，東坡“文忠”，潁濱“文定”，森然鼎峙，爲一代文宗。老泉之文豪健，東坡之文奇縱。而潁濱之文深沉，差不逮其父兄，故世之讀之者鮮焉。惟進卷中歷代論，如夏、商、三國、東晉數篇，卻自精妙有味。他作如《御風詞》，超然特出者甚少。然其所作古史，則議論高絶，又非坡所及。又作《管幼安畫贊》，甚佳，蓋有爲而發。

曾文定公議論文章，根據性理。論治道，則必本於正心誠意；論禮樂，則必本於性情；論學，必主於務内；論制度，必本之先王之法。然世俗知之者蓋寡，亡他，公之文自經出，深醇雅澹，故非静心探玩，不得其味。而予特嗜之，其《元豐類稿》則覽之熟矣。近得《續稿》四十卷，細觀其間，或多少作，不能如《類稿》之粹。豈公所自擇或學者詮次，如《莊子》内、外篇，《山谷内外集》之分歟？其間如《過容論》則仿《兩都賦》，如《詔弟教》則仿《客難》、《僮約》、《進學解》，如《襄陽救災記》則仿《段太尉逸事》。文公謂其多摹擬古作，蓋此之類。又有《釋疑》一篇，亦仿西漢文字。前輩謂此乃公少年慕學，借此以衍習其文耳。觀後《聽琴序》、《題趙充國傳》、《題魏鄭公傳》諸篇，皆其妙者，蓋不可及也。其《上李連州書》，十五歲所作；前集《秃秃記》，二十五歲所作。

《二十略》，乃《通志》内之一書。福州所刊爲全書。莆陽刻本《二十略》、興化之三十册，亦非全書。《通志》之作，欲破班固斷代爲史之非，而律以司馬通歷代爲史之法，故趙必巽之跋直指爲全史而不以爲類書。然披覽究竟，似亦止是類書，故庸齋之序以爲博不如約，特其該洽精審，則勝於《事文類聚》、《翰苑新書》之類。至於全書，尚未及見。

《史記序》百三十篇，以一語結之，細玩有味。

班史《揚雄傳》末數語，抑揚有味。

文章家多用“載酒問奇字”，不知“載酒”一事，“問字”又一事也。

《隱居通議》三十一卷

元劉壎撰

愛餘堂本。嘉慶辛卯年刊，十三世孫冠寰輯，十九世孫烒校。前有康熙丁未十四世孫凝序，目録後有烒跋。讀畫齋所刊即此本。雜録内有《前朝封爵》、《前朝科詔》，附《紹興十八年同年小録》。書出於宋亡之後，其叙述在於歸閩者爲多。自元迄明，傳世未顯。康熙間，輯散佚諸稿，重訂此本。乾隆甲午，本省中丞採書以進。起潛先生，南豐人。是書爲講論文法、經史之書，其所録詩文，佳什甚多。間有考證，乃習見者。原書有缺葉、缺字，輯書時有案語，頗見精審不苟。第十五卷，首評樊宗師文。

鄭克明《類疑獄集》爲十二門，改名《折獄龜鑑》。所載古事，有不切可删者。然有十事，增人智識，爰摘録之。

《湛淵静語》二卷

元白珽撰

《知不足齋》本。前有至大庚戌海陵周暕序，又白珽自序。

白氏自序曰："《湛淵〔三〕静語》者，湛淵〔四〕子與客語於静也。"

周氏序曰："湛淵先生，有德有言人也。往予客江左，得相師友。始取惟文墨、議論，歷年多且游其里久，乃知文行之美出乎天性。五歲能屬對；八歲能賦小詩；十歲能刺股肉，起母之疾。既冠，益孤貧。依多書之家者二十年，晝繙夜讀，無大故不出户庭，文聲獵獵起。既仕，喜推挽後來，成就寒隱，濟人利物事，人能誦言之。所交南北知名士，如文本心、何潛齋、劉須溪、牟獻之、方萬里、夾谷士常、閻子静、姚牧庵、盧處道諸公，莫不禮遇，相與爲忘年之游，期於遠大。而先生泊然以退爲樂，將爲河爲海，欲爲川瀆而止，可乎？二畝之宅，竹樹半之。嘗鼓一篋自隨，客至，即屏去。一日，卧内見之，乃所著，有《餘師》、《經子類訓》、《集翠裘》等書也。引證嚴密，言論醇正，雖泛説調笑，具有微意。非若今所謂'雜説'，無益於學，徒玩物喪志。惜汙塗竄益，不加比緝。予哀其勤，慮其久致散佚，勉爲次第，併詩文合百卷，《静語》其一也。湛淵名滿天下，嘗自謂平生受用，全得謝上蔡去一‘矜’字力。文章翰墨，所至傳誦，藏去如遇奇物。予老矣，尚懼美行爲文所掩，故因其索敘[五]言之，庶知予取友之道不苟也。先生姓白氏，名珽，字廷玉，錢塘人，今年六十又三。湛淵，其山居，故扁云。”

是書不應止此。此二卷爲吾崑沈氏家藏。沈君名玉麟，少有俊才，竟不獲第。其家藏書甚多，予與其子大宗游，得而録之。嘉靖丙午，孺光甫誌。

《静語》二卷，樂安學徒得自南陽故書中。予見其“辨饒雙峰論《洪範》五行”一條，頗有心得，乃俾書史傳之。康熙壬辰焯記。

文光案：雙峰五行之辯，極其精到。《静語》備録饒説。義門所記，似是湛淵辨雙峰之論，蓋未細審也。

文之繁簡，係乎人，亦係乎代。如《春秋》“隕石於宋五”，公羊雖因經作傳，而曰“聞其磌然，視之則石，察之則五”，多經七字，而義猶有未盡。《論語》“君子之德風，小人之德草，草上之風必偃”，至《孟子》，已多二“也”字。而劉向載泄冶之書曰“夫上之化下，猶風靡草，東風則草靡而西，西風則草靡而東，在所由而草爲之靡”，多《論語》之半，而意始顯。及觀《書》，有曰“爾惟風，下民惟草”，減《論語》九言而意亦顯。劉向述楚莊王之言曰：“其君賢君也，而又有師者，王；其君下君也，而羣臣又莫君若者，亡”，而《書》曰“能自得師者，王；謂人莫己若者，亡”，語意煩簡不同。不如是，何以别聖經、賢傳？

文光案：曾子作《大學傳》，其釋“明德”、“親民”、“止至善”三章，皆引舊文而結以一二語，其味深長，活潑潑地。至朱子補“格物”章，便要用多少虚字轉折，其意始顯，較曾子之傳則費力多矣。朱子亦自云不能放曾子之體，此亦時代之故，亦曾子所以爲曾子，朱子所以爲朱子也。

《中説》，杜淹所撰，中間多有疏謬處，以啓或者之疑議。

雙峰饒氏，講理極精。如五行説曰：“造化之初，陰陽二氣而已。陰濕而陽燥，陽燠而陰寒。二者相摩，則其寒且濕者蒸潤而爲水，燠且燥者激烈而爲火。是二者以氣交於空中而成質，而無所待於土，故皆輕清。土則氣之升降轉旋，而其查滓團聚凝結於中央以成形體者也。土之形體既成，然後二氣之精得以藏蓄於其中，相與醖釀以生物。陽之盛者，必發達條暢而爲木；陰之盛者，則收縮堅凝而爲金。是二者以氣交於地中而成質，非土則不生，故皆重濁。”由是言之，五行之生，水、火居先，木、金居後，而土居其中，其卒不越乎三而已。

禹導水，有言“至”者，有言“過”者，有言“會”者。以二水勢鈞而相入謂之“會”，以大水合小水謂之“過”。凡言“會”言“過”者，水也；其言“至”者，皆山澤名。

《嵇康傳》列於《晉書》，余每疑其誤。康死之日，實魏元帝景元三年。又二年，魏禪於晉，則康何有於晉哉？觀其“薄湯武”一書，可知其術業。康以昭死，孔融以操死，於名教不爲無補。然禪代之際，往往以成敗論人，此難言也。

吕洞賓、寒山子，皆唐之士人。嘗應舉不利，不羣於俗，觀〔六〕其所存詩文可知。今行於世者，多混僞作。

韓侂胄爲相，嘗招致水心。葉已在坐，忽門外有以漫刺求謁者，題曰“水心葉適候見”，坐中恍然。胄以禮接之，歷舉水心進卷中語，其客皆曰：“某少作也，後皆改之。”每誦改本，精好逾之，遂延入書院飯焉。出一楊妃手卷，令跋其後。索筆即書曰：“開元、天寶間，有如此姝。當時丹青，不及麒麟、凌烟，而及諸此。吁！世道判矣。水心葉某跋。”又出米南宫帖，即跋云：“米南宫筆迹盡歸天上，猶有此紙散落人間。吁！欲野無遺賢，難矣！”如此數卷，辭簡意足，一坐駭然。胄大喜，密語之曰：“自有水心在此，豈天下有兩子張?”其人笑曰：“文人才士，如水心一等，天下不可車載斗量也。今日某不假水心之名，未必蒙與進至此。”胄然之，爲造就焉。其人姓陳名讜，建寧人，後舉進士。

《史記》於《貨殖》、《任俠》、《佞倖》三傳尤拳拳致意焉者，蓋有所自傷也。遷苟多財，自可夤緣贖罪；次則有豪俠之助，必將揮金行賂，上章營救；又其次，則帝之左右無一人爲國家惜士類、保忠良，皆不足與爲善者。以此知三傳正述己意，精神全在是也。

郭汾陽一日語子弟曰：“《正陽庶寶方》，小兒之司命，不可不熟讀。”《從容録》所載如此，不知何書，豈《兔園册》之類耶?

“主人焚衝，或濡馬褐以救之。”注：“衝，車也；褐，馬衣。”按此，則古者馬亦有衣。

史臣書武帝封禪事，言其書秘，其事禁，獨侍中奉車子侯典[七]知之。甫去泰山，猶未至海上，即書“奉車子侯暴病，一日死”。史臣之意微而顯，蓋武帝知其事不經，慮奉車子侯洩，貽笑天下，故殺之耳。

《敬齋古今黈》八卷

元李冶撰

聚珍本。原書四十卷。《士禮居》舊抄，原書十二卷，首尾完具。本傳“四十卷”，當是未定之目。殿本外增多二百五十五條。殿本有而原本缺者六十餘條。

《角弓》：“毋教猱升木，如塗塗附。君子有徽猷，小人與屬。”猱之性善登，教之登木，則登必高。塗之性善附，以之附物，則附必固。以喻小人之性善讒佞而幽王好之，則讒佞必愈甚。故詩人曉之曰：“王其勿教猿猱之升木也。若教之升木，是猶以塗塗物，豈有不附著者乎？言小人不可昵近，惟當信任君子耳。今王不知其然，於其九族之中號爲君子有徽美之道者，可親而不親，乃於讒諂邪佞之小人與之連屬也。”鄭氏箋以爲“人心皆有仁義，教之則進”，又謂“君子得聲譽，小人樂與連屬”，實所未喻。

《史記》：“武王克殷，微子啓乃持其祭器，造於軍門，肉袒面縛，左牽羊，右把茅，膝行而前。武王乃釋微子，復其位。”孔疏不信《史記》，以爲“面縛，縛手於後，故口銜其璧，又安得左牽羊，右把茅也”。余以爲祭器不一而足，當令從者持之。牽羊、把茅，亦從者事，非微子兩手牽把之。此非遷之失，乃孔氏之失也。

“昧爽丕顯，後世猶怠。”解者以爲昧旦未明之時，已大明其德。此説恐非。蓋昧爽之時曰已大明矣，祖宗勤勞如此，後世子孫猶復怠惰。如今説，豈大明其德又有時乎？

養口腹，養之下也；先意承志，得其歡心，養之至也。《内則》言事親，歷數饘酏酒醴，及夫脱肉作魚，其事卑鄙煩猥，大類《食纂》；而詞費義贅，又若《上林》、《子虚》之誇，甚非所以明禮經之旨也。

文光案：孝道大矣，《孝經》言其精，《内則》言其粗。由藝以達道，因流而溯源，則《内則》所言，亦小學之所當知也。若因李冶之説而遂失飲食調和之宜，豈事親之道哉？且孟子所謂“養口體”者，爲不能養志者下鍼砭也，非謂既能養志，遂不必養口體也。况飲食之節，所關最大。《鄉黨》所記魚餒肉敗，以及沽酒市脯，豈亦細碎哉？至於食不厭精，膾不厭細，又豈與《内則》相背？李氏諸説可采者多，此一條有害於義，不得不辨。古人三十而娶，凡親皆老，其所以頤年者，飲食即醫藥也。調劑之宜，準諸《内則》。失其身而能事其親者，未之聞；失其親而能承其志者，亦未之見也。夫《内則》，先聖王之所以教庶民者也。其於婦人、女子無不徧喻，所謂“中人以下不可以語上”也。冶於《内則》名義尚未解識，而妄爲高論。如其言而廢《内則》，孝子仁人必不忍出此。

王逸《離騷章句》，本文雖復倒複較然，迄不敢去取一語。鄭氏注《禮記》，删竄改革，惟意所如。純於爲逸，則似太拘；純於爲玄，則似不讓。不讓則師也之過，太拘則商也之不及。二子苟能抑所長而進所短，則可以無憾矣。

人文盡於六經。今《禮部韻略》中，俗俚字備載，而六經中字遺缺者甚多。此非有司之失，自是我輩之過。

劉歆説《三統曆術》，配合《易》與《春秋》。此所謂“言及於數”，吾取焉。

古聖以天體本無可驗，於是但視諸星運轉，即謂之天。凡十二舍、二十八宿、三百六十五度及九道之類，率皆强名之，故謂其術爲“綴術”。所謂“綴”者，非實有物，但以數强綴緝之，使相聯絡，可以求得其處所而已。故星之近乎赤道，當乎正中，取易見而可以指名者而强名之，曰此二十八宿也。不如是，無以考七緯、殷四時。亦既名之爲宿矣，又從而分配四方，爲鳥獸之象焉。此所以所占之度或以甚多，而或以甚少也。是則天體可以强正，天星可以强分，其於二十八宿之内亦可以减之，而其外亦可以增之也。設令今人有自我而作古者出，分周天爲二十四宿，方别居六，定之爲九十度有奇；次别居二，定之爲三十度有奇：其誰曰不可？若然，則次舍乃更易分，中星乃更易見，弧、建之類皆可以爲列宿，列宿之度數亦必不至於多寡之懸絶也。然而聖人不爲是截然易曉之術，而反立參糅難明之數，何者？蓋其妙達無方，以神道設教，奇偶錯綜中有深意，於其測望之時，略取其易見者而强名之，以昭後世耳。

今古曆法所以參差不齊、不能行遠者，無他，蓋由布算之時不論分秒之多寡，悉剪棄之；定位之時不察入宫之淺深，遽强命之：積微成著，所以寖久而寖舛耳。前軌既差，後車復繼，而曾不之悟也。乃更過求小巧以取捷，七政何由而齊乎？

文光案：李氏深明曆算，而是書所載僅此三則，則所佚多矣。

史有體有要，體要具而後史成焉。篇翰流傳，鏘耳赫目，可以入“文苑”矣，而不可以傳“儒林”；經術粹精，洞貫古今，可以入“儒林”矣，而不可以入“儒行”。班固則凡有文字者悉載之本傳之中，别以明經者入“儒林”；范蔚宗則既傳“儒林”，而後“文苑”繼之：皆得其體要者也。雖然，吾猶恨其不爲“儒行”一傳，以爲“儒林”、“文苑”之首焉。能尊其身而不能尊其身行之人，是信其名而不信其實也。

《唐藝文志》次第絶無法式。

前輩論楚詞“蕙肴蒸兮蘭藉，奠桂酒兮椒漿”，及退之《羅池碑》“春與猿吟兮秋鶴與飛”，謂欲相錯成文，則語勢矯健。又論韓詩“淮之水舒舒，楚山直叢叢”爲避對格。予考古文散語亦有之，若《荀子》“青出之藍而青於藍，冰水爲之而寒於水”之類皆是也。又凡經史中詞倒者，其義悉與此相近。

《文選》之注，往往反累本文。李注指明出處，中間雖有牴牾，亦足以發。而誂輩諸人妄意箋釋，乖背指意，甚可厭也。

陶辭“或命巾車”，巾，猶衣也，命僕使巾其車也。或以爲小車，非也。

吕延祚苦愛《文選》，以李注徵引載籍，陷於末學，述作之由，未嘗措翰，乃求得吕延濟、劉良、張銑、吕向、李周翰再爲集注。然則凡善所援，理自不當參舉，今考重複者至十之七，殆有數百字不易一語者。辭札兩費，果何益乎？

《陽關三疊》，第一句不和，止爲七句，始與樂天注合。

《庶齋老學叢談》三卷

元盛如梓撰

《知不足齋》本。是書前無序文，後有康熙己亥林佶二跋，又有楊復吉跋、嘉慶己丑通介叟鮑廷博跋并附記。中卷分上下。

林氏跋曰："右《庶齋老學叢談》三卷，乃宋從仕郎、崇明州判官致仕盛公如梓著。其於經史、天文，地理、名物以及文章流派、儒先格言，引證辨駁，皆有根據，足以覘其學之有本也。觀《叢談》中語氣，知公是揚州人。其談賈平章佚事數則，似曾受賈之知者，要其晚年誤國之罪，亦未嘗爲之諱也。大抵宋末諸公流入元者，率隱居以著述自適，如盛公輩者，何可勝道？然有傳有不傳，即如此集，其存者亦幾希矣。"

林氏又跋曰："或疑開卷即頌元受命之符，以公非仕宋者。予以爲書成於元之世，安得不出此？且崇明稱州與判官，皆宋制也。惜客寓藏書少，不能博徵廣引以證，尚其俟諸他日。"

楊氏跋曰："上卷首紀國故，後及經史；中、下卷多論文説詩，間及兩宋軼事。筆殊修潔，惟末數則左袒賈似道，不可解也。壬子季冬，從知不足齋主人轉假東嘯軒藏本録校畢并記。"

鮑氏跋曰："庶齋，揚州人，曾爲衢州教官，見龔璛《存悔齋集》。他未能詳也。"

張橘軒先生，寓軒相公父也，有《雜録》云："鳳翔，古雍州，秦穆公羽陽宫故基存焉，其瓦有古篆'羽陽千歲'字。昔雲中馬勝公得之，方僅數寸，貯以囊，雖兵革患難，至於飲食坐卧，未嘗少離，其好古一至於此。近有士人得一硯於湖南，上有此四字，持以問。余舉此告之，仍以《寶刻叢章》證之。

左氏，晦庵以爲楚人，項平菴以爲魏人。

《正考父鼎銘》，左氏作"僂傴"。《莊子》作"傴僂"，其文頗順。林竹溪云：“傴，背曲；僂，腰曲。”

《史記》初看，竊怪語多重複，事多夸誕。及看子由《古史》，删除簡當，固爲奇特；然稱太史公爲人淺近而不學，疏略而輕信，又怪其貶之太過。洪容齋云：“太史公書，若褒贊其高古簡妙，殆是模寫日星之光輝，多見其不知量。”近年得滹南《經史辨惑》，論《史記》者十一卷，採摭之誤若干，取舍不當若干，議論不當若干，姓名字語冗複若干，文勢不接若干，重疊載事若干，指瑕摘疵，略不少恕，且有“遷之罪不容誅矣”之辭。吁！太史公初意豈期如此？可哀也已。洪則專取其長，王則專攻其短，人之好惡不同。及觀晦庵先生《語類》云：“司馬遷才高識亦高，但粗率，《史記》疑當時不曾删改脱稿。”又謂：“《史記》恐是個未成底文字，故記載無次序，有疏闊不接續處。”先生之説，察而恕矣。又以衆説質之本傳，其《與任安書》明説“凡百三十篇，成一家之言，草創未就，適會此禍”，觀此則爲未脱稿明矣。責之者諒此可矣。

前輩云《路史》不足觀，僅可糊壁，余聞之矍然。其引援該博，無書不讀，且文字奇古，未易及也。

《皇王大紀》自人皇氏以後所叙世氏，與《路史》不同。其述作之法本乎康節，以《易》、《書》、《詩》、《春秋》爲據。謂康節之數精極天地，必不妄以堯即位甲辰爲準，用之以表時序事，庶可傳信。

《晉史》多幽冥鬼怪謬妄之言，取諸《幽冥録》、《搜神記》等書，不知誠有其事否乎！

《通鑑》：“陳後主至德四年，吐谷渾可汗夸吕在位百年。”竊怪其在位之久，以歲月考之，夸吕自梁武帝大同六年庚申立，至陳後主至德四年丙午，方得四十七年，其誤明矣。《綱目》、《本末》皆同，以訛相承，有誤學者。

《宋史》載韓侂胄用事時，其誕日，高似孫獻詩九章，每章用一“錫”字；辛棄疾以詞贊其用兵，則用司馬昭假黄鉞異姓真王故事：是誠何心哉？疏寮、稼軒負大文名而有此作，穢名史册，悲夫！

書籍板行，異書不傳。《後漢書》注事最多，所引書今十無二三。

《史記》之文，其意深遠則其言愈緩，其事繁碎則其言愈簡，此《詩》、《春秋》之意。

李方叔言：“文章闊達者，失之太疏；謹嚴者，失之太弱。”

《北軒筆記》一卷

元陳世隆撰

《知不足齋》本。世隆字彦高，錢塘人，宋末書賈陳思之從孫。所著詩文皆佚。《宋詩補遺》八卷，亦不傳。惟此一卷僅存，多論史事。

考亭云：“西伯戡黎，看來只不伐紂，其他事亦都做了。若説文王終守臣節，何故有此？只是後人因孔子‘以服事殷’一句，遂委曲回護。”如此其説然否？曰：“文王三分天下有其二，以服事殷，其中有多少道理、多少忠孝、多少誠心？委曲至此，便是至德。其伐崇戡黎，只因紂賜弓矢鈇鉞，得專征伐，故不道之國，西伯得而伐之耳。然則祖伊之奔告謂何？蓋臣子之心有見於興亡之會，故因戡黎之事恐而奔告，慮紂之必亡，欲其改過以圖存，非謂文王取紂之天下也。觀其奔告之詞，只稱殷之不德，而不及周，則其本情可知矣。若曰文王伐崇戡黎都做了，只不伐紂，是謂曹操東征西討都做了，只不取漢是一樣。然則孔子何私於文王，特爲溢美？後人何私於孔子，曲爲回護？若以孔子之言未可信，則天下豈有可信之言乎？”或曰：“武王繼文王爲西伯，戡黎者，武王也。紂使繆鬲視師而曰‘西伯何來’，蓋武王將欲伐紂而先戡黎也。若然，則文王之心事愈益明白。使西伯而文王也，則祖伊之恐徒以其理；使西伯而武王也，則祖伊之恐明見其勢。可恐而卒不如所恐，文之所以爲文也；可恐而即如其所恐，武之所以爲武也。而考亭於武之伐紂則曰‘武王於此自是住不得’，於文王以服事殷卻曰‘只不伐紂’，是以文王之不伐紂，反不如武王之伐紂爲直截也，失之矣。”

三代養老之禮，遠不可考。《記》所傳者，多漢人擬議之辭。後周以于謹爲三老，中楹南向而坐。帝立於黼扆之前，西面。有司進饌，帝跪設醬，至〔八〕親爲袒割。謹食畢，帝跪受爵以酳。此拘《禮經》之文而不達其意者也。蓋古人之席，以東向爲尊，賓師祭禮皆正東向之席，惟人主立朝則南面耳。今也以人臣儼然南面，而使人主立於其旁，三代有是禮耶？此不達古之方面也。《禮》曰：“授坐不立，授立不跪。”古之所謂“跪”者，即坐而膝席耳。今也以人臣倨坐於上，而人主跪於其前，三代有是禮耶？此不達古之坐起也。且夫禮有時而情有順，古今異便，不可强也。古之人君立而聽朝，今有立者乎？古之升車者或立而乘，今有立者乎？况三代所謂“國老”者，其道德行業足以師表流俗而輔翼人主，王之所謂“師保父兄”也。東京以桓榮爲三老，儒者猶或恥之。謹何人哉？猥以不經之禮尊之，陋亦甚矣！宋儒取其能行周禮，而不察其是否，不亦誣耶？

隋有樂工萬寶常者，善爲音律。開皇初，命沛國公鄭繹等定樂，爲黄鐘調，樂成奏之。寶常曰：“此亡國之音，豈所宜聞？”後復聽太常所奏樂，泫然泣曰：“聲淫麗而哀，天下不久將盡。”時方全盛。至大業末，其言卒驗。時王令言亦妙達音律。煬帝將幸江都，其子從户外彈胡琵琶作翻調《安公子》曲，令言卧室中聞之，驚起曰：“變！變！”急呼其子曰：“此曲何時興？”子曰：

"頃來有之。"令言遂欷歔流涕，謂其子曰："汝慎勿從行，帝必不返。"子問其故，曰："此曲宫聲。宫，君也。其聲往而不返，吾故知之。"帝果被弑江都。以此觀之，二人者，師曠、季札亦不多讓，乃知吉凶先見，亦理數之必然也。

裴度隸人王義，當度爲御史中丞，與武元衡議討淮蔡。李師古爲淮蔡請，不得摇，陰遣人刺武元衡於道，并刺度擊首，以氈帽厚，得不死，墜溝。義爲扞刃而死。賊意度死溝中矣，遂舍之。淮蔡許大功勳，皆以爲成於裴度、李愬，而不知無王義，度與元衡同登鬼録矣。朝廷論淮蔡功而不及義，稗官小説安可廢乎？

文光案：是書史論多可採，故録之。

《雪履齋筆記》一卷

元郭翼撰

《函海》本。前有李調元序。

李氏序曰："《學海類編》所載有袁了黄數語，文人竄亂，非其舊本也。翼字羲仲，崑山人，自號東郭生，因以東郭先生故事名其齋曰"雪履"。是書議論多可採，故梓而行之。"

文光案：《學海類編》乃坊賈以不全之書砌凑而成。如《綏寇始末》，即谷應泰《明史記事本末》中之一卷，餘多類此。又僞託曹溶之名，取重於時，實非曹刻也。其中竄亂之本不可枚舉，雨村所云，特其一端耳。

《草木子》二卷

明葉子奇撰

明本。括蒼郡守滇寧羅青、朱蔡校。前有子奇自序，又齊召南重刊序。

葉氏自序曰："洪武戊午春，有司以令甲於二月望致祭於城隍神。未祭，羣吏於後房竊飲猪腦酒。縣學生發其事。吏懼，浼衆爲之言。别生復言於分臬。余適至學，亦以株連而就逮。幽憂於獄，恐一旦身先朝露，與草木同腐。圄中獨坐，閑而無事，見有舊籤簿爛碎，遂以瓦研墨，遇有所得，即書之。日積月累，忽然滿卷，然而字畫模糊，略辨而已。及事得釋，歸而續成之，因號曰‘草木子’。”

齊氏序曰：“先生事實具《明史·儒林傳》。其書博大精深，能括天地、人物、古今載籍之奥而洞其原，於學術、政治、制度、風俗，是非得失，確有至理，法戒炳然，爲兩漢後成一家言者所罕及。先生碩學奇才，固與章三益、葉景淵、胡仲淵、季彦文輩同學於大儒王剛叔，稱高第弟子者也。乃適當明祖開基，最著曰‘四先生’，括蒼實居其三。同門士友，聯袂升庸，而先生僅得巴陵一簿。先生知命自安，以康節觀物爲後學開格物窮理、盡心知性之坦途；以濂溪主静爲自昔聖功，悟一本萬殊，人道、天道之根柢。其著書由窮愁起，實不爲窮愁，則真君子儒也。是書刻於正德丙子，有黄鐵橋序，歲久板失。今邑令蘇君德水手校定，序以付梓。”

文光案：此本前有自序一篇，無黄序。王剛叔有《木訥齋集》五卷，宋濂爲之序。明初有祠本，弘治中重刊，齊氏有重刻序，亦德水所校梓者。

《説郛》一百二十卷

明陶宗儀撰

宛委山堂本。順治四年刊，姚安陶珽重輯。前有王應昌、李際期新校本序，楊維禎原序，弘治九年郁文博重校序。是書取經史傳記，下迨山經、地志、書畫、方技、蟲魚、草木、詩話、文評、稗官、脞説，靡所不録，凡二千餘家。取揚子“五經，衆説郛也”之言，名之曰‘説郛’。諸序皆言一百卷，此本多二十卷，已非九成之原書。《四庫》所收亦即此本。所録凡一千二百九十二種，略存大概。其中有抄自類書者，不必皆節原本也。自十二卷劉餗《傳載》以下，有録無書者，七十六種。古書之不傳者，於此可見其崖略云。

包衡曰：“道書以一卷爲一弓，《説郛》用之。”佛書以一條爲一則，《容齋隨筆》用之。”原注：“弓，音周，一作‘弖’，與‘軸’同。”

《書影》：“南〔九〕曲老寇四家有《説郛》全部，以四大厨貯之。虎林刻本十六套，每集有四五葉者，陶氏即有去取，未必如是之簡。此刻未出時，有就寇氏抄録者。自刻本出，而《説郛》亡矣。然其中全帙有另鐫行者，後人按目求之，始爲全璧，未可爲此刻誤也。宋末賈秋壑亦放《説郛》爲《悦生堂隨抄》，亦百餘卷，不知今有傳本否。”

文光謹案：《四庫提要》以周氏所記爲妄。又案：弓，《書影》：“音縛”。

《續説郛》四十六卷

國朝陶珽撰

弘農李氏本。此李氏重訂之本，與《説郛》合刊，今所行者是也。前無序文，有各卷之目，無總目。《四庫》收入小説類。《提要》曰：“珽所續皆明人餖飣之詞，全書尚不足觀，摘録益無可取。别存其目，不復留溷簡牘焉。”

郁氏序曰：“《説郛》重《百川學海》六十三事。近有無錫華氏銅板活字盛行，不宜存此，徒煩人録，故盡删削。”

胡應麟曰：“宋元間小説，陶氏《説郛》尚數百種，今大半湮没矣。”

文光案：《續説郛》本小説類之書，因此本與《説郛》合爲二十函，遂録於此。

《蠡海集》一卷

明王逵撰

《稗海》本。此雜家類之書，非專集也。凡分八類，曰天文，曰地理，曰人身，曰庶物，曰曆數，曰氣候，曰鬼神，曰事義。其學出於邵子，於陰陽五行之説多所發明。雖不免於穿鑿，而確實近理者亦自不磨。《簡明目録》定爲明人，此本題宋人，未深考也。

天氣通於鼻，地氣通於口。鼻受氣，口受味。天陽有餘，故鼻竅未嘗閉；地陰不足，故口嘗閉，必因言語、飲食而方開也。文光案：眼亦能開能閉，耳則開而不閉，當思其故。

鼻通天氣而疏豁，是以動息往來無礙；口通地氣而吝嗇，是以納食味而不出。反此者，病也。

天食人以五氣，五氣由鼻入，鼻通天氣也；地食人以五味，五味由口入，口通地氣也。

脉非氣非血也。苟非氣血，則脉安所附？然脉者，氣血之所動也。是以陽日則氣先血後，陰日則血先氣後，是以脉居於中可知。蓋脉者，如水之瀾。瀾因風與水遇而成，不可以風與水爲名也。脉亦然。然因氣血而動，不可以氣與血爲名也。是故脉者猶瀾爲親切也已。文光案：諸家醫書爲“脉”字皆不得解，李士才[一〇]以脉爲神，更爲妄説。予以氣血之動者爲脉，而以絮衣之綿譬况之，似乎近之。然綿非動物也。譬之以瀾，瀾無不動者，誠爲親切。因録之以證予説之不謬，且可匡予所不逮。王逵所著書止此一卷。《貧士傳》記其賣藥而不及治驗，使其著醫説，定勝諸家，惜乎無傳。

數脉，陰陽、氣血皆有餘，脉道之太過而不得其中之謂，真病脉也。所見則爲病，隨其陰陽上下而察之。又况病之爲字從丙，丙爲火熱，是以十分病症常有七分熱、三分寒，不然何以五臟六腑止言火而不言水耶？文光案：王氏據高陽僞訣，誤爲叔和之本，微欠分曉。但其説出於心得，初非襲訛承謬。予嘗謂十人九寒，十病九熱，急則治標，緩則治本，宜輕宜重，臨時詳審。

人之目，上睫動，下睫静，爲觀卦之象，有觀見之義，巽風動於上，坤地静於下；人之口，下頦動，上頦静，爲頤卦之象，有頤養之義，震雷動於下，艮山止於上。目居上，上者動，天氣運於上也；口居下，下者動，地氣運於下也。文光案：此説亦新。凡卦隨人所思，每每有合者，乃《易》中自具之理，故寧人云“天下書皆可注《易》”。

人得五行之全，故衆體具。衆體具，則無物不啖。庶物得五行之偏，故無純體。無純體，則芻者不豢，豢者不芻；食粒者不嗜肉，嗜肉者不食粒。

人禀五行之全，故五音備。物不能得五行之全，必有所偏受。如巧舌之禽，其聲未能悉具，必有所缺也。文光案：人聲外配五行，内應五藏。五音備而後能言，所以爲萬物之靈也。

人生於寅，人氣通於寅。寅時手太陰之氣始動，其應在寸口。寸口以候上部。肺居五藏之上部，獨爲五藏之華，蓋所以管領一身之氣也。文光案：此條可補《難經》第一問。

肝位在右，而脉見左手；脾位在左，而脉見右手。此亦陰陽互藏其宅〔一一〕之義也。文光案：諸書皆言左肝右肺，脾居中宫。此説特異，宜考。六合者，日月會於子，則斗建丑；日月會於丑，則斗建子：故子與丑合也。餘仿此。六害者，冲損合神故也。子與丑合而未冲丑，丑與子合而午冲子，故子害未而丑害午。餘仿此。

月忌之説，術家多謬，此乃以洛書九宫推之。初一起一宫，二日二宫，三日三宫，四日四宫，初五日則入中宫。中宫爲星極之位，至尊之地，在臣民當忌避，故曰“月忌”。至於六日六宫，九日九宫，初十復至一宫，十四又入中宫，二十三又入中宫，是以初五、十四、二十三日爲月忌也。

三建，天開於子，地闢於丑，人生於寅，然卻以冬至爲一建，小寒爲二建，大寒爲三建也。何以知其然也？蓋造曆始於冬至，察天氣也；候花信之風始於小寒，察地氣也；辨人身之氣始於大寒，以厥陰爲首，察人氣也。豈非三建之氣只在於立春之前也歟？

二十四番花信風者，蓋自冬至後三候爲小寒。十二月之節氣，月建於丑。地之氣闢於丑，天之氣會於子。日月之運，同在玄枵而臨黄鐘之位。黄鐘爲萬物之祖，是故十一月天氣運於丑，地氣臨於子，陽律而施於上，古之人所以爲造曆之端。十二月天氣運於子，地氣臨於丑，陰吕而應於下，古之人所以爲候氣之端，是以有二十四番花信風之語也。五行始於木，四時始於春。木之發榮於春，必於水、土，水、土之交在於丑，隨地闢而肇見焉昭矣。析而言之：一月二氣、六候。自小寒至穀雨，凡四月、八氣、二十四候。每候五日，以一花之風信應之，世所異言，曰始於梅花、終於楝花也。詳而言之：小寒之一候，梅花；二候，山茶；三候，水仙。大寒之一候，瑞香；二候，蘭花；三候，山礬。立春之一候，迎〔一二〕春；二候，櫻桃；三候，望春。雨水之一候，菜花；二候，杏花；三候，李花；驚蟄一候，桃花；二候，棣棠；三候，薔薇。春分〔一三〕一候，海棠；二候，梨花；三候，木蘭。清明一候，桐花；二候，麥花；三候，柳花。穀雨一候，牡丹；二候，酴醿；三候，楝花。候盡則立夏矣。文光案：花信風，諸家詩注皆不詳，因録之。

風雷在天，有聲而無形，故假乾位戌、亥肖屬以配之。是以風伯首像犬，雷公首像豕。雨爲坎。坎，中男也。雨師像士子。電，雷光也，對乾配震者，巽。巽，長女也。電母像婦人。古之鹵簿，四神旗皆繪畫也。

人曰："老氏之徒有天地水府、三元三官之説，何也？"蓋天氣主生，地氣主成，水氣主化，用司於三界，而三時首月之望候之，故曰"三元"。金爲生，候天氣；土爲成，候地氣；水爲化，候水氣。三元正當三臨官，故曰"三官"也。

佛、老有地府十王之説，蓋即十干之義。其五稱“閻羅”，最尊，位配戊土，居中故也。其有七七之名者，蓋取十干循流至七則尅制。且如甲子第一至第七日，遇庚尅制。又如庚子第一至第七日，遇丙尅制。更以十二支論之，一日子，至七日，遇午爲沖；一日丑，至七日，遇未爲沖。仿此，以至《易》卦，以七日來復，則初爻至六爻，畢七日，又至於初爻，亦此義也。

文光案：書中納音、納甲、百刻之説，干支之義，生尅制化之解，皆有可採。諸説或有所授，或出自心得，皆推之盡致，且明白曉暢，與術家之涉於影響者大異。予甚愛其書，以爲格致之先路，或不誣云。

《格古要論》十三卷

明曹昭撰，王佐增

《惜陰軒》本。曹本三卷，有洪武二十一年自序，又有雲間舒敏志編校序，并凡例三條。此十三卷之本，乃吉水王佐據所見聞以類增入，比舊加詳。凡題下注“後增”，新增《格古要論》。有新增例十三條。凡《古琴》一卷，《墨迹》二卷，《金石遺文》一卷，《古畫》一卷，《珍寶古銅》一卷，《古硯異石窰器》一卷，《漆器古錦異木并竹》一卷，《文房》一卷，《古今誥敕題跋》一卷，《雜考》三卷。是書多採於《事林廣記》、《書史會要》諸事及所藏古碑法帖、名賢題跋。天順三年，命工鋟梓。

《丹鉛總録》二十七卷

明楊慎撰

教忠堂本。乾隆乙酉年楊昶校刊。是書成於嘉靖三十三年，門人梁佐所編，有序。又有升庵自序。

梁氏序曰：“先生暇日著《丹鉛餘録》、《續録》、《摘録》，已有刻本。以佐受教有年，乃盡出《丹鉛三録》、《四録》、《别録》、《附録》、《閏録》諸稿授之佐。佐乃删同校異，析之以類，合而名之曰‘總録’，捐俸以梓。趙子一重督刻而成之。”

楊氏自序曰：“手民抄集，帙成逾百，卷計越千，擇其菁華百分，以爲《丹鉛四録》。”

《遵生八牋》十九卷

明高濂撰

步月樓本。道光壬辰年重刊。前有瑞南道人自序。《八箋》總目：一曰清修妙論，二曰四時調攝，三曰起居安樂，四曰延年卻病，五曰飲饌服食，六曰燕閑清賞，七曰靈祕丹藥，八曰塵外遐舉。名目鄙俗，不脱明山人習氣。但其中有可取處，如導引諸法、古器諸論、丹藥諸方，採録者不少，是可存也。内有《奇硯圖》二十方，高似孫《硯箋》，諸式造牋法，高子論畫、論硯、論墨、論筆、論琴。

《餘冬叙録》六十一卷

明何孟春撰

恭壽堂本。原本六十五卷，分内篇、外篇、閏篇，以《爾雅》歲陽爲序，立名詭異。乾隆間有重刊本，流傳絶少，見於《日知録》者數條。此本爲同治三年大興邵綬名所刻，重爲訂正。自天文至物産，分爲二十四門，省其重復，爲六十一卷，蓋已非原本矣。前有邵序并燕泉原序，次行述，次目，後有曾毓芳跋。孟春字子元，謚文簡，號燕泉，廣東郴州人。官至吏部右侍郎。著書十八種，約數百卷，皆散佚。今所存者，惟此書。

《家語》王廣謀注，庸陋荒昧，無所發明。

《家語》、《史記》并載孔子云：“以言取人，失之宰予；以貌取人，失之子羽。”而《家語》云“澹臺子羽有君子之容”，《史記》則云“子羽狀貌甚惡”，共徵於孔子之言，言同而意則反矣。《後漢書·彌衡傳》：“或問衡：‘荀文若、趙稚長如何?’衡曰：‘文若可借面弔喪，稚長可使監厨請客。’”其意以荀但有貌，趙健啖肉也。夫文若面可借弔喪，必其枯瘁，令人見之易爲哀耳。《世説》“荀令君一慟堪動人”是也。而《衡傳》云“荀有儀容”，《典略》曰“彧爲人偉美”，潘勗爲彧碑文，稱其“瓌姿奇表”，何哉？貌之美惡，見於外不可掩者，而記載不同如此。

昭明作《陶潛傳》云：“淵明爲彭澤令，不以家累自隨。”下云：“公田悉令吏種秫，妻子固請種秔。”家累既不自隨，胡爲乎有妻子種秔之請？小兒語不相副，黑云壓城，甲光向日，可發一笑。

文光案：是書多採陳言瑣事，相比立説，論多偏駁，或傷煩冗，故不滿人意。此兩條可知盡信書不如無書，故録之。

彭氏曰：“意在仿《黄氏日鈔》，而大恉有二：其一乃平日贈送題跋文字，裁翦録存，不免應酬氣；其一剌取典實相近者，比附録之，如《古事比》之類，不免類書氣。於經史理學、詩文禪學，一切汎濫，少心得處。然不肯爲無根之談，高於徐應秋輩數等矣。”録於《讀書跋尾》。

《少室山房筆叢》《正集》三十二卷《續集》十六卷

明胡應麟撰

明本。萬曆丙午吴勉學校刊。前有孫居相、陳文燭二序。《正集》：甲部《經籍會通》四卷，乙部《史書占畢》六卷，丙部《九流緒論》三卷，丁部《四部正訛》三卷，戊部《三墳補逸》三卷，己部《二酉綴遺》三卷，庚部《華陽博議》二卷，辛部

《莊岳委譚》二卷，壬部《玉壺遐覽》四卷，癸部《雙樹幻鈔》三卷。《續集》：甲部《丹鉛新録》八卷，《藝林學山》八卷。各部有自序并引。

當塗爲魏，典午爲晉，人鮮知其義。按："代漢者，當塗高"，《春秋讖》也。自西京來，玆語盛傳。及曹氏僭號魏，闕名當塗，而高讖驗矣。典，司也；午，馬也，見譙周所爲讖文。後果驗。史謂周有他數術，假讖爲言耳。

世謂東漢無二字名者，亦不盡然，第不甚顯，故人罕知。余讀范《書》及《通鑑》，得二名八十五人，宗室二名無考，紀傳附見者九人，婦人二名者四人。陳心叔《名疑》亦謂東漢、三國無二名者，蓋襲前人之説。余讀《三國志》，二名者頗不乏，第多東漢末人，至鼎足後，惟周生烈、朱建平二人而已。又陳壽多以字爲名，今録其灼然者二十六人。《巵言》謂漢諸侯王同名甚衆，而唐世尤繁，如五李恪、四李琛。聊撮大都於後，凡百十四人，不能舉其詳也。昭代宗室命名悉用奇字，旨哉！至如兩李迨，同行密邇，而俱封德郡王，尤不可曉，非史誤則傳刻之訛也。梁元帝有《同姓名録》，邱光庭有《同姓字録》，皆不傳。余見《唐史》中姓字相同者不少，因取稗官雜説，凡唐一代名姓相同者數十百人，類而録之。其異代者不列，已見《藝苑巵言》附録及名疑者，亦不復入。羅泌謂張良有九，王吉十八。唐才三百年，而有八李佑，六李福，五李清、李恪，四李晟、李紳。以異代錯綜之，可勝數哉？

漢兩嚴遵，一字君平，一字子陵，皆高士，又皆易姓，始皆姓莊，避諱改姓。皆二名。君平一名尊，子陵一名光。兩樊崇，俱賊帥，一赤眉，一尤來；兩李育，俱賊將，一王朗，一公孫。又皆一歸附，一滅亡。唐兩李光進，一光弼弟，一光顏兄，皆爲將，皆假節，皆兄弟有戰功，又皆名爲兄弟所掩。宋兩李定，一彈子美，一彈子瞻，所害皆文士，皆正人，皆蘇姓，又皆下獄幾死。此數人者，其世代同，名姓同，人品同，事實同，一至於是，何其異哉？兩京房俱術士，兩劉秀俱儒生，兩龔遂俱郡守。兩韓信俱武略，俱封王，俱亡國；兩張禹俱文學，俱封侯，俱享年。造物之巧如此。蜀有兩花蕋夫人，一王衍母，隨衍入唐；一孟昶妃，隨昶入宋。皆徐姓，皆能詩，皆亡國，皆不善終，竅合乃若此哉！古今事酷類如此例者甚多，昔視爲奇，今成習見。兵家有十哲，僧家亦有十哲，皆能詩者。畫家亦有十哲，散見諸書，人不備録。又唐舉場有十哲；又權德輿門生七十二中，十人登輔相爲十哲，尤可笑也。李固弟子亦七十二人。

宋制科題有“堯舜湯禹所舉如何”，乃漢時宫中謁者趙堯舉春，李舜舉夏，倪湯舉秋，貢禹舉冬，各職天子所服也。又“湯周福祚”乃張湯、杜周也。當時士子以唐虞三代爲對，遂無一合者。見沈氏《寓簡》。

古今著述，小説家特盛；而古今書籍，小説家獨傳：何以故哉？怪力亂神，俗流喜道而亦博物所珍也。玄虚廣莫，好事偏攻，而亦洽聞所昵也。談虎者矜誇以示劇，而雕龍者間掇之以爲奇；辯鼠者證據以成名，而捫虱者類資之以送日。至於大雅君子，心知其妄而口競傳之，旦斥其非而暮引用之，猶之淫聲麗色，惡之而弗能弗好也。夫好者彌多，傳者彌衆；傳者日衆，則作者日繁：夫何怪焉？

陸生謂“非知之艱，行之惟艱”。余謂作者固難，談亦非易。劉子元非真能史，其論史，即馬、班莫能難。嚴羽卿非真能詩，其論詩，即李、杜莫能如。藉令馬、班、李、杜自言之，或未必如二子之鑿鑿也，而責二子以馬、班、李、杜，則悖矣。

《山海經》，古今語怪之祖。予嘗疑戰國好奇之士，本《穆天子傳》之文與事而侈大博極之，雜傳以《汲冢紀年》之異聞，《周書・王會》之詭物，《離騷》、《天問》之遐旨，《南華》鄭圃之寓言以成此書。而其叙述高簡，詞義淳質，名號倬詭，絶自成家。故雖本會萃諸書，反若諸書之取證乎此者，而實弗然也。

古人著書，即幻設必有所本。《山海經》之稱禹也，名山大川，遐荒絶域，固本治水作貢之文。至異禽、詭獸、鬼蜮之狀，因禹鑄九鼎，圖象百物，附會成書。人但知非出大禹而已，未有察其本於王孫之對者也。

北朝人有《文海》四十卷，張融有《玉海》四十卷，與宋江氏《文海》、王氏《玉海》名同而實異也。《字海》、《學海》、《史海》，《筆海》等書甚多。

漢、唐、六代諸小説，《太平廣記》之中一目可盡。《御覽》諸書往往概見，鄭漁仲所謂“名亡實存”也。宋人諸説載《百川學海》諸家彙刻及《夷堅》、《桯史》之類，盛於唐前。然曾氏、曹氏二書類近千家，今所存十不三二矣。

《六研齋筆記》四卷　《二筆》四卷　《三筆》四卷

明李日華撰

《全書》本。前有乾隆三十三年曹秉鈞序。是本面題“李竹懶先生説部”。除《筆記》十二卷外，有《紫桃軒雜綴》三卷，《竹懶畫賸》一卷，《續畫賸》一卷，《游白岳記》一卷，《璽召録》一卷，《薊旋録》一卷，《墨君題語》一卷，《蓬櫳夜話》一卷。日華字君實，號九疑，别號竹懶，嘉興人。原本有譚貞默序、梁生甫序。《四庫全書目》雜家類所著《筆記》，與此本卷數相同。《存目》著《紫桃軒雜綴》三卷，《附存目》藝術類著《竹懶畫賸》一卷，《續畫賸》一卷，與此本同。惟《墨君題語》二卷，題曰“明項聖謨撰”；此本一卷，上題“李君實”，下題“錢塘江元祚邦玉輯”。《提要》曰：“項聖謨編，皆題詠墨竹之文。上卷爲李肇亨作，下卷爲李日華作。肇亨，日華之子也。”據《提要》所云，則項氏所編又一本也。

趙松雪書紈扇二十握。

王叔遠有絶巧，能於桃核上雕鐫種種，細如毫髪，無不明了者。幼見項子京所藏芝麻一粒，一面書“風調雨順”，一面書“國泰民安”，各四字。云出南宋宫中，異人所獻。

項公定出觀書畫卷二十餘函，内有右軍草書十七字，硬黄紙，驗係唐勾。懷素《講外帖》百餘字，麻黄紙，較《律公》、《高座》等帖豐潤有姿。宋仲温書《急就章》，極婉麗有則。墨林子蘭臺君晚好道，兼精八法，著《書法雅言》，頗排蘇、米，近習直趨山陰，識者韙之。蘭臺子西山有《讀易堂五筆》，皆儒先未發之祕。公定，即其冢君也。

宋范宗尹爲相，年方二十。自古少年宰相，無有逾之者。

李赤肚禁人泄氣，大、小遺忍至十日半月，非大悶不解也。

右軍《干嘔帖》雄雅圓勁，紙亦古色，唐人所藏也。太宗嘗刻之《淳化帖》中，上有南唐舊合同〔一四〕印并集賢院印，及首尾古印朱文十數。又鵝溪黄素革首前後皆用宣政内府圖書印，當必有數帖，今存者此耳。班惟志跋。　喬氏所裝書畫，以印色定置高下。此帖有仲山甫自題，尤足重也。危素書。　右軍帖，唐摹爲貴，宋摹斯下。唐用硬黄紙摹出，馮承素者爲上。宋用雜油紙摹，米南宫爲上。《大熱》、《干嘔》，的是唐摹，《此月》則爲米筆無疑。周天球記。　“痰干”二字作“淡干”，皆古書通用，妙在藏鋒。《此月帖》二十五字，結法圓美遒逸，疑爲米君臨本。世貞題。　余得先右軍三帖，題跋甚衆。珍重珍重。裔孫世貞題。

南朝呼筆四管爲一牀。

郭熙不獨善畫，亦工塑壁。

《蘭亭》刻，宋理宗集成一百十七本，褫爲十册。内有安吉古苔真草本、雪斷石本、劉無言臨本、趙菊坡本，此四本俱在吴興。其他又有沈存中家褚撫本、趙子昂十三跋本、趙子固覆水本、獨孤僧靳借本。

張伯雨有《外史山居集》三卷、《碧巖元會録》二卷、《尋山志》十五卷。余嘗手抄其《澗阿詩稿》二卷，又藏其小楷手蹟二方。

黄華老人刻《雲溪堂法帖》，有李贊皇真蹟。

姜立綱楷法嚴整，未知其善畫。

宋吴興向氏三世好古，賈似道以計取其籍，按圖索之，皆六朝神品。弁陽老人曾至其家，傑閣五間悉貯書畫、奇玩。佳硯百餘，古玉印數十盒。

顔清臣正書、張伯皋草聖，皆出於吉日癸巳。

趙秉文跋巨然《畫史》，明古譏其淺陋，不知時世先後。

東坡《郛泉賦》爲蘇書第一。

李陽冰之子服之以科斗《孝經》貽退之，退之又得衛宏《官書》二部，皆古篆籀之精也。

元時玄教極盛，其掌教真人皆淹通弘雅，翰墨絶人，故士大夫樂於盤桓。

篆法惟李西涯擅長，觀其收元周伯温、危太樸、趙期頤諸家篆蹟，推期頤爲最，惜其流傳之少。

《會稽典録》有《王羲之集》五卷、《謝安集》五卷、《謝玄集》十卷、《陶弘景集》三十卷，惜皆不傳。

仲景治嶧山，老猿報以萬年古桐。仲景斲爲二琴，一曰“古猿”，一曰“萬年”。

王晉卿造墨，用黄金、丹砂。墨成，價與金等。

嘗疑“廓填”二字不得解。古人於名蹟或縮之使小，《玉枕禊帖》是也；或廓之使大，顔書《畫像贊》是也。

馬遠畫水十二幅，宋楊妹子題字。

高麗人用藥，多不過三味。

吕温買得《研神記》一部，不知誰作，上官昭容押縫，遂深寶祕，作歌以記之。

白珽曰："余所見顔書真蹟二，小字《麻姑記》、《瀛州帖》。"

吴文定公寬手抄《太祖皇帝文集》，端楷整栗。

禮白岳者，生子輒育。余遥祝之，果舉兒，享。自是，歲奉香惟謹。

庸醫進謬劑，幾至狼狽。因盡棄藥餌，静坐數息，繙道書二載，而生理復至。

試參法：一人含參，一人空口，同走三五里，含參者氣息自如。

谷永字子雲，作《劇秦美新》文，而以累揚雄。方士顔洞賓以採戰邪行昵伎女白牡丹，而以累純陽。余筮仕江州理官，上官中有向余索《西廂記》者，以世行李日華《西廂》本也。幸此公無意醫術，不從余覓《本草》。《本草》亦有日華子注也。

道書極難讀，非慧心穎悟，或有真傳，未易卜度也。

項子京令錢生仿古作散卓筆，以漆液固其頭，每管用三兔之毫，入手無不如意，年餘不渝。

元重玄學，一時隱淪高士亦浪迹其間，非以胡運鄙儒而不可爲乎？

宋嚴羽論〔一五〕詩、姜堯章論書，皆精刻深至，其有卓識。及所自運，遠出諸家後。議論與實詣，確然兩事。議論者，識也；實詣者，力也。力旺者能蔑識，識到者又能消力。

記奎基法師事，不知出於何典。

唐人臨《蘭亭》，各出一種意度。

宋田偉造傳古堂，藏書五萬七千卷。國初浦陽鄭氏藏書八萬卷，家有藏書樓，建文君爲書扁，書畫妙蹟亦不下五六百種，悉燬於火，惜哉！

文光案：竹懶工書畫，善屬文。記中論書畫絶佳，可作題跋觀。餘多記方藥，葢善於攝生者。惟考古不足據。

《韻石齋筆談》二卷

明姜紹書撰

《知不足齋》本。前有蔣清序。上卷二十二條，下卷三十六條，所記多書畫鼎硯之屬。

内府秘閣所藏書甚寥寥，然宋人諸集十九皆宋板。但文淵閣制既庳狹，而牖復暗黑，抽閲者必秉炬以登。内閣輔臣無暇留心及此，而翰苑諸君世所稱讀中祕書者，曾未得窺東觀之藏。至李自成入都，付之一炬，良可歎也。

成祖敕儒臣纂修《永樂大典》一部，係胡廣、王洪等編輯，徵召四方文墨之士，累十餘年而就。計二萬二千一十一卷，一萬一千九十五册，目録六十卷。因卷帙浩繁，未遑刻板，止寫原本。弘治間藏之金匱，嘉靖三十六年大内回禄，世宗亟命那救，書幸未焚。敕閣臣徐文貞階，復令儒臣照式摹鈔一部。當時供謄寫者一百八名，每人日鈔三葉，自嘉靖四十一年起至隆慶元年，始克告竣。

朝鮮國人最好書。凡使臣入貢，限五六十人，或舊典，或新書，或稗官小説，在彼所缺者，日出市中，各寫書目，逢人便問，不惜重直購回，故彼國反有異書藏本也。

上海顧氏所藏漢銅、玉印最多，有印〔一六〕譜行世。石雲孫君好古博雅，藏秦漢時玉印三十餘方、銅印七十餘方，有龜鈕、駝鈕、鼻鈕，又有陰陽、子母等印。後爲顧氏購得，復次第購印三千有奇，蓋由孫氏始也。

我明鐵筆之妙，莫過於文三橋彭、何雪漁震、徐髯仙霖、許高陽[一七]初、周公瑕天球、李長蘅流芳、歸文休昌世，皆一時之選。梁千秋受業於何雪漁，亦後來之秀。

《瘞鶴銘》文多缺略。友人徐若水有唐摹本，了是全文。余喜而録之。序銘具載本書。

吾邑河莊七峰孫中翰好古博雅。内臣蕭敬引七峰觀大内，至一小殿，見殿角堆積碑板，七峰曰："此宋刻《淳化帖》也，冠絶外庭諸書。"敬善草書。歲暮大雪，敬啓御前云："内庭有廢材，并宜移出。"帝可其奏，敬即以帖板致之七峰。求者填門，吴中爲之紙貴。楊文襄與孫爲姻，戒之曰："碑板出自禁庭，紛紛傳拓，禍且叵測。"七峰亟以原拓另刻十卷以應求者，謂之"二號帖"，宋刻則稱"上號"焉。後因家僮夜博，不戒於火，兩本俱失。

仿東坡書者，有高述，丹陽人，名不甚朗朗，與坡公同時，書法惟肖。子昂傳燈有郭天錫，名畀，京口人，嘗手書《松雪齋詩》一帙，遒逸精潔，宛入鷗波三昧。其他詩文題跋，散見卷册中者，駸駸與松雪并驅。玄宰門下士有吴楚侯，名翹，後改名易，書稱入室弟子。公倦於應酬，則倩楚侯代爲之，仍面授求者，各滿志以去。惟知交之篤，及賞鑒家，公乃自爲染翰耳。

項元汴墨林，生嘉、隆永平之世，資力雄贍，享素封之樂。出其緒餘，購求法書、名畫及鼎彝奇器，三吴珍祕歸之如流。王弇州與之同時，主盟風雅，蒐羅名品，不遺餘力，然所藏不及墨林遠甚。墨林不惟好古，兼工繪事，山水法黄子久、倪雲林，蘭竹松石，饒有别韻。每得名蹟，以印鈐之，纍纍滿幅，亦是書畫一厄。復載其價於楮尾，以示後人，此與賈豎甲乙帳簿何異？乙酉歲，大兵至嘉禾，項氏累世之藏，盡爲千夫長汪六水所掠，蕩然無遺，詎非枉作千年計乎！物之尤者，應如烟雲過眼觀可也。

石墨出南雄府始興縣沈散小溪，巨細短長，一如墨式。以端硯發之，可寫字，可畫眉。

古延州石墨，可磨汁而書，至漢殆有“隃糜”之名。唐始有松煙之製，李廷珪始用腦、麝，張遇始用金箔。宣和帝以蘇合油搜煙和墨，雜以百寶。金章宗購之，每兩黄金一斤，欲仿不能，歎謂“墨妖”。國朝則方正、邵格之、羅小華皆擅能墨藪。厥[一八]後，織造内臣孫隆製清謹堂墨，款式精巧，劑料極一時之選，神宗愛重之。趙駕部清陽造遥香草堂墨，可與方、程并驅。近時吴去塵頗以墨稱，真者十一，贋者十九。

《物理小識》十二卷

明方以智撰

宛平于氏本。康熙甲辰年刊。前有于藻序、方氏自序、目録、凡例、總論。凡分十五類，内有占候、醫藥、金石、鬼神、方術，《通雅》之緒餘也。内題“宓山愚者智集”，自序題“浮山愚者”。又男中通序。

《嫏嬛記》三卷

明桑悦撰

《津逮》本。後有毛晉跋。

毛氏跋曰：“其間多奇聞奇事。新安黄氏刻本有序。”

《安養記》：“等師勸修净土，以信爲入門之要，一切世法亦不痛禁，第云勿談人過，飲酒不至醉，茹葷不至殺生，房室不至於[一九]邪。治本業有餘暇，隨地閉目端坐，心念佛號，目睹佛容，此乃必成之驗也。”

文光案：此僧所云不遠人情，初非高遠難行之事，而安養境界略以道盡。凡言之平易而有味者，其所悟必深。即此是也。

俞氏曰："此三卷是順治年間寫本，署元伊世珍撰，其文皆市井機鋒挑激。相傳明常熟桑悦造作《庸言》一卷，以繼《孟子》者也，蓋妄人。其書明末始出，毛氏刻《津逮祕書》。近張君海鵬刻《學津討源》、《墨海金壺》、《借月山房叢書》甚精，而兼及此書，蓋以其爲常熟狂士。'嫏嬛'二字不可解。所造嫏嬛福地，事不涉女子，似'嫏嬛"字皆當從玉，謂'琳琅環'之字，匠筆誤從女，好奇者因而革耳。向見明人徐象梅《琅環史唾》十六卷，順治時司業朱滄起《琅環類纂》一百三十卷，字俱從玉；惟高承埏《稽古堂日抄》中《嫏嬛記》則從女。自《津逮》行而從女，且爲典故，不求甚解矣。"録於《癸巳類稿》。

文光案：是書採輯諸書而成，每條下各注出典，如《太平廣記》之例。第一條爲嫏嬛福地，注云《玄觀手抄》。所引書爲《謝氏詩源》、《採蘭雜志》、《修真録》、《禪林實語》、《賈氏説林》、《真率齋筆記》、《成都舊事》、《博物志餘》、《致虛閣雜俎》、《玄虛子仙志》、《玄玄子》、《玄散堂詩話》、《林下詩談》、《志奇》、《文苑真珠》、《青棠集》、《文粹拾遺》、《卧游記》、《二酉餘談》、《丹青記》、《續古今注》、《魏生禁殺録》、《上池編》、《虛樓續本事詩》、《膠葛》、《安養記》、《下黄私記》、《續儆告》、《妙觀雅言》、《修竹閣女訓》、《子真古鏡記》、《余皇日疏》《梅喬先生方》、《實庵紀聞》、《金剛鑽》，凡三十餘種，多未見之書。惟《誠齋雜記》有汲古閣本。

《琅嬛集》四卷

不著撰人名氏

抱蘭軒本。内題"清逸真人李謫仙，海山院主白香翁"，名甚詭異。下題“門人躭雲陳太初”。卷首有陳太初序，又子壻王衍梅跋，又純陽道士序，又自序三首。按序爲乾隆、嘉慶間人，李姓，不知何名，似罷官而隱者。自序云：“馮子端厓、孫子�谷來會是事，早披夕寫，隨寫隨刊，旬日之間，瑰然成帙，因弁以序。”又序云：“或徵一雅典，或收一新字，二三子皆裒而藏之，將以流示於人間。故檢得隨筆若干篇、詩文若干篇，俾二三子劾而存之。”是書或采舊文，或録己作，間有深僻，亦多習見。山經地志，雜家小説，無所不採，亦説部之書也。舊有《娜嬛記》三卷，見《四庫附存目》，舊題“元伊世珍撰”，或云明人僞作，不知與此本何如。

今詩法之壞，其俑於王阮亭乎？阮亭識本不高，而氣力又弱，好作修飾，以欺庸陋。後生小子入其門户，雖有天生一百二十分才禀，必至疲癃，故曰少年作詩，寧可野馬咆哮，不可衰驥伏櫪，洵哉！

讀天下志，以《四川總志》爲第一。其金石彝器，秦漢以下之文，網羅殆盡，而立例亦古。後序云：“《藝文志》，蓋仍升庵之舊故也。”

張桓侯不獨有八分書、刁斗銘，且有勒功碑，題名云：“漢將軍飛率精卒萬人，大破賊首張郃于八濛，立馬勒銘。”

少陵不成語者，如“無食無兒一婦人”、“舉家聞若咳”、“家家養烏鬼，頓頓食黄魚”、“芒鞋見天子”、“垢膩脚不襪”、“片雲頭上黑”、“美花多映竹”之類，不害其爲大家。

謝豹，忍恥蟲也。小類蝦蟇，圓如球，潛行地中，如鼢鼠穴土，傾刻深數尺。掘出之，則以兩足蒙面作羞狀。聽杜鵑聲則腦裂而死，以杜鵑亦名謝豹也。相傳謝豹含羞而死所化。出虢州。

麻姑姓黎，名瓊仙，唐放出宫人也。世傳王方平、蔡經事，則以爲漢代人，非。

文光案：二條不知何本。

《古今説海》一百四十二卷

明陸楫編

儼山書院本。道光元年苕溪邵松巖重刊，顧千里序。嘉靖甲辰唐錦序，次列校書十三人，次目録。曰説選部，小説家三卷，偏記家二十卷；曰説淵部，別傳家六十四卷；曰説略部，雜記家三十一卷；曰説纂部，逸事家六卷，散録家六卷，雜纂家十一卷。凡四部，共七家，一百三十五種。每部分甲、乙十集，各自爲帙。與《説郛》同，略删浮文，尚存始末，俱非原書也。明板已毁，此刻取舊本覆而墨之，一字不改。

顧氏序曰："説部之書盛於唐宋，其能傳者，賴彙刻之力。遺聞軼事，叢殘瑣屑，彙而刻之，其散較難，儲藏之家收一書，即有若干書之獲。而唐宋説部書不在彙刻中者，固已寥寥矣。南宋時建陽各坊刻書最多，任意增删换易，標立新奇門目，而古書多失其真。厥後浮慕踰起，所刻舛錯脱落，加以'牡丹'、'水利'，觸目滿紙。又甚而奮其空疏白腹，敷衍謬談，塗竄創疻，居之不疑。或且憑空構造，詭言某本，變亂是非，欺紿當世。陽以沽名，陰實盜貨，而古書尤失其真。若是者，刻一書，一書受其害而已矣。"

《北征録》一卷，《後北征録》一卷。明金幼孜永樂中扈從，出塞北征阿魯台，按日記山川古蹟、行營見聞。其往返大綱，與史傳合。

《後北征記》一卷。明楊榮永樂二十二年四月扈從北征，敘述頗詳，與史合。榆木川之事，即是役也。阿魯台遁走，遂班師。以上甲集。

《平夏録》一卷，明黄標撰。元時明玉珍據西蜀，號大夏。洪武四年，平西蜀，封明昇爲歸義侯。今有《西夏書》，事可互參。

《江南别録》一卷，宋陳彭年補《江南録》所未備。《宋志》、晁《志》俱“四卷”，《簡明目録》“一卷”。古書有所删削，或有所脱落，後人遂合併其卷數。凡見於他書而本書不載者，皆删併之餘也。彭氏注《五代史記》，凡述江南事者，全行收入。此其一種也。以上乙集。

《三楚新録》三卷，末題“儒林郎、試祕書省校書郎、前桂州修仁令周羽翀編”。三楚者，一馬殷，五代十國之楚。一周行逢，後周武平節度使。留心民事，悉除馬氏之横，境内以治。不在十國中。一高季興。十國之荆南。所記有與史異者。湖南節度王逵領兵侵南越，留行逢知留後事。逵至桂陽，爲越兵所破，僅以身免，死於路。行逢代其位。史則云：“王逵受周詔，攻唐，過岳州，團練使潘叔嗣殺之，使將吏迎周行逢於潭州。行逢至，討叔嗣，斬之。自稱武平留後，奉表於周。”又行逢之妻潘氏，《通鑑》作“鄧氏”，《五代史》作“嚴氏”，未知孰是。三楚合爲一卷。

《溪蠻叢笑》一卷，宋朱輔撰。武陵有雄溪、樠溪、西溪、潕溪、辰溪，是謂五溪蠻。輔官其地，故風土物産叙述最詳，事雖鄙而詞則雅也。前有慶元乙卯葉錢序。其蠻之名曰猫，曰猺，曰獠，曰獞，曰犵狫。犵狫，飲不以口而以鼻，名曰鼻飲。按：鼻飲又見於《桂海虞衡志》。南人習鼻飲，有陶器如杯碗〔二〇〕，旁植一小管，若瓶嘴，以鼻就管吸酒漿，暑月以飲水。云水自鼻入咽，快不可言。邕州人已如此。石湖記之，以發一笑。余嘗以鼻飲之，快，告人，固未有試之者也。以上丙集。

《遼志》一卷，元葉隆禮撰。記其族姓、部落、制度、時節、山川、物産，分條標目，各具始末。五月十三日放國人作賊三日，此異政也。國有大事，通野環坐，畫灰而議，無人聲，可謂機密。惟國主髑髏，化形治事，荒唐怪誕，殆不可信。

《金志》一卷，宇文懋昭撰。記初興本末、風俗制度。金國本名朱里真，蕃語訛爲“女真”，或曰“慮真”。避契丹興宗名，又曰“女直”。肅慎氏遺種，渤海之別族也。以上丁集。

《蒙韃備録》一卷，宋孟珙撰。韃靼始起，地處契丹之西北，族出於沙陀別種，歷代無聞。入聘於宋，其人身不甚長，亦無肥厚者。其俗以草青爲一歲，問其歲則曰幾草矣，歲月不知也。初無姓氏，亦無名諱。珙見其所行文字曰“大朝年號”，曰“兔兒年”、“龍兒年”，去年方改曰庚辰年，今曰辛巳年。國號曰大蒙古國，亦女真亡臣教之也。其俗，出師不以貴賤，多帶妻拏而行，用以管行李之類。諸酋之妻有顧姑冠，用鐵絲結成，形如竹夫人，長三尺許，用紅青錦綉或珠金飾之，其上又有杖一枝，用紅青絨飾。文光案：顧姑，或作“固姑”。前知固姑爲女冠名，不知其式，因録之。國王出師，亦以女樂隨行，率十七八美女，極慧黠。其國敬天地，重信義，人英勇果决，有度量。近年以來，有女真叛亡之臣爲用，所以譯曰“成吉思皇帝”，或曰“成吉思”者，乃譯語“天賜”兩字也。

《北邊備對》一卷，宋程大昌撰。因孝宗問塞外山川，未能詳對，乃補著此書。凡二十一則，皆録史傳舊文，無所考正。以上戊集。

《桂海虞衡志》一卷，宋范成大撰。前有淳熙二年自序。凡分十三目，曰巖洞，曰金石，曰香，曰酒，曰器，曰禽，曰獸，曰蟲魚，曰花，曰果，曰草木，曰雜志，曰志蠻。每門各有小序。由廣入蜀之時，道中追憶而作。風物土宜，多方志所未載。叙述簡雅，有資考證。宜山北爲辰砂，南爲宜砂，地脉不殊，無甚分別。宜砂老者白色，生白石床上，可入煉。《圖經》乃云宜砂出土石間，是未識宜砂也。邕州亦有砂，不堪入藥。《圖經》又云融州亦有砂，今融州無砂。“邕”、“融”聲相近，蓋誤云。零陵香，宜、融等州多有之，非永州之零陵，永州實無此香。秦吉了，能人言，比鸚鵡尤慧，出邕州溪洞中。《唐書》"林邑出結遼鳥"，疑即吉了也。象出交趾山谷，惟雄者兩牙。佛書云四牙，又云六牙，今無有。凡此皆志所親見，非無據也。桂林人以木刻人面，窮極工巧，一枚或值萬錢。近海郡以鸚鵡爲鮓，又以孔雀爲腊，易得故也。山獭出宜州溪洞，俗傳爲補助要藥。獭性淫毒，山中有此物，凡牝獸悉避去。其骨能解藥箭毒，研少許傅治，立消。珠出合浦，海底有處所，如城郭，大蚌居其中，怪物守之，不可近。蚌之細碎，蔓延於外者，蜑户始得而采。波羅蜜大如冬瓜，味極甘。桂林以桂名地，實不産，而出於賓、宜州。蜑，海上水居蠻也，入水能視。合浦珠池蚌蛤，惟蜑能没水探取。石果，如胡桃、荔枝。凡此皆足廣異聞者也。以上己集，

《真臘風土記》一卷，元周達觀撰。真臘，本南海中小國，其後漸强。元招諭其國，達觀隨行，首尾三年。所記凡四十則，文義賅贍，本末詳具，可補《元史》之闕。占城王每年索人膽一甕，萬千餘枚。惟不取唐人之膽，雜於其中，俱臭腐，不可用。此異事也。以上庚集。

《北户録》一卷，唐段公路在廣州時所作。凡五十一條，詳於物産，徵引極博，多未見書。所引《博物志》，亦今本所無。《簡明目録》作三卷，此本蓋有所删併也。"鷄毛筆"一則，録於此：韶州擇鷄毛爲筆。昔溪源有鴨毛筆，以山鷄毛、雀雉毛間之，五色可愛。筆有豐狐之毫、原注："傅子云漢末筆。"虎僕之毛、《博物》："似豹，毛可爲筆。"鼊蛉鼠毛、《廣志》："可以爲筆。"鼠鬚、均州出。羖羺羊毛、邛州取掖族毛。麝毛、貍毛、鄭虔云："貍毛筆。"鹿毛、馬毛、羊鬚、陶隱居燒丹封鼎際，用羊鬚筆。胎髮、以小兒髮爲筆。鄭虔云："蕭祭酒常用之。"龍筋《拾遺記》。爲之，然未若兔毫。

《西征記》一卷，末題"中統四年三月，劉郁記"。《玉堂雜

記》中有此書。記常德西使皇帝錫里庫軍中往返道途所見，可與《西域聞見録》互考。以上辛集。

《北轅録》一卷，宋周燁記淳熙丙申賀金國生辰使事，凡九十六日而返。地理古蹟，有資考證。

《滇載記》一卷，明楊慎謫戍云南時所作。李氏刻入《函海》。滇域未通中國之先，有九隆族，分九十九部。其渠酋有六，各號爲“詔”。夷語謂詔爲王。傳十七世。武侯南征，封龍祐那爲酋長，賜姓張氏，置雲南郡。張氏受姓後，迭君長者：蒙氏、鄭氏、趙氏、楊氏、段氏、高氏，凡七姓，惟蒙、段最久。元滅段氏，仍録段氏子姓世守其土，於是有十一代總管出焉。明洪武十四年，傅友德平大理，段明就擒，國亡。升庵删正舊志爲此記，其可載者盡於此矣。以上壬集。

《星槎勝覽》四卷。明費信於永樂、宣德間隨中使至海外，經諸蕃國，前後數四，二十餘年，風土、人物皆所親見，故所記皆實迹。前有正統元年自序。信繼其父戍太倉。書凡四十事，所紀二十一國不甚詳，餘皆古蹟。花面國，男子皆以墨刺面爲花獸狀。以上癸集。

右説選部

《靈應傳》、《洛神傳》、《夢遊録》。以上甲集。《吴保安傳》、《崑崙奴傳》、《鄭德璘傳》、《李章武傳》、《韋自東傳》、《趙合傳》、《杜子春傳》。以上乙集。《裴伷先别傳》、《震澤龍女傳》、《袁氏傳》、《少室仙姝〔二一〕傳》、《李林甫外傳》、《遼陽海神傳》。以上丙集。《蚍蜉傳》、《甘棠靈會録》、《顔浚傳》、《張無頗傳》、《板橋記》、《鄴侯外傳》。以上丁集。《洛京獵記》、《玉壺記》、《姚生傳》、《唐晅手記》、《獨孤穆傳》、《王恭伯傳》。以上戊集。《中山狼傳》、《崔煒傳》、《陸容傳》、《潤玉傳》、《李衛公别傳》、《齊推女傳》、《魚服記》。以上己集。《聶隱娘傳》、《袁天綱外傳》、《曾季衡傳》、

《蔣子文傳》、《張遵言傳》、《侯元傳》、《同昌公主外傳》、《睦仁蒨傳》。以上庚集。《韋鮑二生傳》、《張令傳》、《李清傳》、《薛昭傳》、《王賈傳》、《烏將軍記》、《竇玉傳》、《柳參軍傳》。以上辛集。《人虎傳》、《馬自然傳》、《寶應録》、《白蛇記》、《巴西侯傳》、《柳歸舜傳》、《求心録》、《知命録》。以上壬集。《山莊夜怪録》、《五真記》、《小金傳》、《林靈素傳》、《海陵三仙徐神翁、周處士、唐先生傳》。以上癸集。皆以一目爲一卷。

右説淵部

《默記》一卷，宋王銍記汴都遺聞，凡十二事。《簡明目録》"三卷"。

《宣政雜録》一卷，不著撰人名氏，多記宣和、政和間妖異事，凡十六條。

《靖康朝野僉言》一卷，不著撰人名氏。記金兵入京事，凡八條。

《朝野遺紀》一卷，宋無名氏撰。記南渡後雜事，採小説爲之，凡二十三條。以上甲集。

《墨客揮犀》一卷，宋彭乘撰。陳《録》"十卷，續十卷"，今皆殘簡。所載宋代遺聞軼事、詩話文評，足資考證。此本僅十七條，《簡明目録》無續卷。

《續墨客揮犀》一卷，同上，凡十九條。歐陽《詩話》譏唐人"半夜鐘聲到客船"之句，云半夜非鐘鳴時。予過姑蘇，宿一院，夜半偶聞鐘聲，因問寺僧，皆曰："固有分夜鐘，曷足怪乎?"尋聞他寺皆鳴，始知半夜鐘姑蘇有之，詩人信不謬也。

《聞見雜録》一卷，凡十五條。

《山房隨筆》一卷，元蔣子正撰。以上乙集。

《諧史》一卷，舊本題"宋沈俶撰"，記汴京舊聞。

《昨夢録》一卷，宋康與之厠身優伶之班，士論不齒。是編皆述北宋軼聞，凡九條。

《三朝野史》一卷，宋無名氏記理、度、端三朝之事，皆他書所有，凡十九條。以上丙集。

《鐵圍山叢談》一卷，宋蔡絛撰。原書六卷，此本删削太甚，有資考證者多不備録。御府所祕，古來丹青其最高遠者，以曹不興吴孫權時人。《玄女授黄帝兵符圖》爲第一，曹髦高貴鄉公。《卞莊子刺虎圖》第二，謝稚晉時人。《烈女謂緑珠完節圖》第三。自餘始數顧、陸、僧繇，而下又如顧長康《古賢圖》，戴逵《破琴圖》、《黄龍負舟圖》，皆神絶。唐人用硬黄臨二王帖，至三千八百餘幅；魯公墨迹，至八百餘幅。二王《破羌》、《洛神》諸帖，真奇絶。

《珩璜新論》一卷，宋孔平仲撰。即《孔氏雜説》，考證最精。清江三孔以文章名，有《清江三孔集》。《前鮑宣傳》注"持時夜行"，夜行，如今持更是已；持時，如今報時是已。"《漢官儀》"黄門持五夜"，甲、乙、丙、丁、戊。如今五更也。按：《孟子》"抱關擊柝"，朱注："柝，夜行所擊木也。"宋本作"行夜"，諸家以今本爲訛。然如孔氏之説，則"夜行"是也。惜考證家俱未引及。東園公姓園，名秉，字宣朝，陳留襄邑人。常居園中，故號園公。夏黄公姓崔，名郭，字少通，齊人。隱居修道，號夏黄公。出皇甫謐《高士傳》。楚狂接輿，姓陸氏，名通。師曠字子野。并出《莊子疏》。

《瀟湘録》一卷，李隱撰，記異六條。

《三水小牘》一卷，皇甫枚撰，紀事七條。

《清尊録》一卷，末題"廉宣仲布所撰"。或謂陸公務觀所作，非也。蓋二公同時，後人因誤指耳。至大改元三月，華石山人識。

《談藪》一卷，舊本題"龐元英撰"。雜事二十五條，皆他書所有；且撰人在前，事在後，相距百年，其僞可知：蓋書賈鈔合以欺人者也。以上戊集。

《睽車志》一卷，宋郭象撰。《夷堅志》繼此而作，分注某人所説，用《杜陽雜編》例。舊本六卷，此本止十一條。末題“宋陸據撰”，不知何據。是書又刻入《稗海》，所紀皆鬼怪神異之事。

《藏一話腴》一卷，宋陳郁撰。原本四卷，此本僅十七條，多紀南、北宋雜事，間及詩話。藏一，其號也。

《朝野僉載》一卷，舊本題“唐張鷟撰”，皆紀唐代故事。《簡明目録》“六卷”，此本二十條。以上己集。

《古杭雜記》一卷，不著撰人名氏。載宋人小詩之有關事實者，如《本事詩》之例，亦間及雜事。原書四卷，此僅十八條。《説郛》本與此互異。

《蒙齋筆談》一卷，舊題宋鄭景望撰。全録葉夢得《林下放言》。此本九條，原書二卷。

《文昌雜録》一卷，不著名氏。凡十九條。

《就日録》一卷，不著名氏。凡六條。以上庚集。

《碧湖雜記》一卷，《説郛》題“宋謝枋得撰”，未知確否。原書八條，此本同。

《錢氏私志》一卷，或題“錢彦遠”，或題“錢愐”，或題“錢世昭”。末有姪迪功郎、秀州嘉興尉世昭序。歐史《吴越世家》及《歸田録》貶斥錢氏，故是書詆歐公甚力，自稱“報東門之役”也。

《遂昌雜録》一卷，元鄭元祐撰。多記宋末軼聞，及元代高士、名臣軼事。其記葬高、孝二陵遺骨事，與《輟耕録》異。蓋葬遺骨者非一人，故各據所聞以記之。元祐，遂昌人，故以名書。以上辛集。

《高齋漫録》一卷，宋曾慥撰。自序謂“資治體，助名教，供談笑，廣見聞”，可取者甚多。惟流傳絶少，陳《録》“二卷”，曹溶《學海類編》祇存五頁，此本十四條。

《桐陰舊話》一卷,宋韓元吉撰。凡十三條,皆記其家世舊聞。

《霏雪録》一卷,明鎦績撰。“唐人詩,一家自有一家聲調,高下疾徐,皆合律吕,吟而繹之,令人有聞韶忘味之意。宋人詩,譬則村鼓島笛,雜亂無倫。”又曰:“唐人詩純,宋人詩駁;唐人詩活,宋人詩滯;唐詩自在,宋詩費力;唐詩渾成,宋詩餖飣;唐詩縝密,宋詩漏逗;唐詩温潤,宋詩枯燥;唐詩鏗鏘,宋詩散緩;唐人詩如貴介公子,舉止風流;宋人詩如三家村乍富人,盛服揖賓,辭容鄙俗。”“波羅蜜如荔枝樹,花落實出,大如斗,肉若蜂房,近子處可食,與熟瓜無異,而風韻過之。核大,亦可食,味似豆,交人珍之。”以上壬集。

《東園友聞》一卷,無撰人名氏。記宋元間事,即孫道易《東園客談》,改題此名。凡書之改題名目者甚多,不可不知。如明《百家小説》,乃坊賈采《續説郛》中所載而另刻者也。《友聞》紀收宋陵骨爲唐珏,《夢中詩》四首,《冬青行》二首,謂聞之於珏之子温如,故其事詳。《遂昌雜録》以收陵骨爲林景曦。二人皆太學生也,所記大同小異。《夢中詩》十首,忘其七,其三首字句亦微有不同。《冬青花》一首亦不同,宜并存之。

《拊掌録》一卷,舊本題“元人撰”,不著名氏。後有至正丙戌華亭映雪老人孫道明跋。《説郛》題“宋元懷”。前有自序,序云:“東萊吕居仁作《軒渠録》,皆紀一時可笑之事。予觀諸家雜説中亦多有類是者,暇日裒成一集,目之曰‘拊掌録’,以補《軒渠》之遺也。延祐改元立春日,囅然子書。”孫氏跋曰:“予家舊有《軒渠録》,此卷從吴純齋處袖歸,謹抄於且吃茶小軒中。”以上癸集。

右説略部

《漢武故事》一卷,舊本題“漢班固撰”。晁《志》引張柬之《洞冥記跋》,謂出於王儉。《隋志》“二卷”。《御覽》諸書所引,此本或無,則散佚多矣。雖雜之妖妄之語,實古書也。錢曾所藏凡二本。此吴琯《逸史》所刻，併爲一卷。

《艮岳記》一卷，宋張淏取徽宗御製《艮岳記》及蜀僧祖秀所作《華陽宫記》，各摭其略爲之。艮岳，即花石綱。政和間於京城東北隅大興工役，築山號"壽山艮岳"，凡六載而始成。亦呼爲"萬歲山"。奇花美木，珍禽異獸，莫不畢集。飛樓傑觀，雄偉瓌麗，極於此矣。其時董事者爲宦者梁師成。其移花採木，斵山輦石，專務擾民者，則朱勔也。方臘起兵，即以誅勔爲名。金人入寇，宋江作亂，皆在其時。

《青溪寇軌》一卷，宋方勺記青溪妖寇方臘作亂，童貫、譚稹討平之事。原載勺《泊宅編》中，曹溶摘入《類編》，改題此名。《青溪弄兵録》，亦即此書。童貫何人，使典重兵？使非韓王擒其巢穴，賊不易得也。後有容齋跋，所記甚詳。

《煬帝海山記》一卷，《迷樓記》一卷，《開河記》一卷，三書皆不題撰人名氏，書不足據。以上乙集。

《江行雜録》一卷，宋廖瑩中撰。雜録諸書，各記出典。花蕊《宫詞》二十八首，見《賓退録》。

《行營雜録》一卷，宋趙葵撰，皆録舊文。歐傷趺撲，飲以熟麻油酒，卧之火燒地上，覺而〔二二〕疼腫盡消。又治金瘡，以原蠶娥末傅之，立愈。

《避暑漫抄》一卷，末題"宋陸游抄"。

《養痾漫筆》一卷，宋趙溍撰。以上四書皆書賈從説部中録出，託爲舊本者也。以上丁集。

《虚谷閑抄》一卷，宋方回録。

《蓼花洲閑録》一卷，宋高文虎録。以上二書，一手所抄，與《丙丁集》同。以上戊集。

《樂府雜録》一卷，唐段安節撰。前有自序，因《教坊記》未詳，因著此書。前爲雅樂，後雜俳優，并記樂器、歌曲。舞有健舞、軟舞、字舞、花舞、馬舞等名。

《教坊記》一卷，唐崔令欽撰。曲調三百二十五名，足爲詞家考證。餘多開元猥雜之事，然足以示戒，其風旨可取也。又見於《説郛》。以上己集。

《北里志》一卷，唐孫棨撰。有中和甲辰歲無爲子自序。平康里爲諸妓〔二三〕所居，新及第者多就之。諸妓能談吐，頗知書，自公卿以降，皆以表德呼之，其才辯有過於蜀妓薛濤者，故孫内翰志之。末載不測二事，大可垂戒，其意深矣。

《青樓集》一卷，雪蓑釣隱輯。前有至正甲辰觀夢道人隴右朱經序。所記凡八十人。末有至正丙午郡人夏邦彦跋。以上庚集。

《雜纂》二卷，是書以二三字爲題，又以數字實之。如“必不來”曰“醉客逃席”、“把棒呼狗”，“不相稱”曰“先生不識字”、“老翁入娼家”之類，全似明代山人所爲。而題曰“唐李義山纂，蘇子瞻續”，妄也。

《損齋備忘録》一卷，明梅純撰。原本上卷分紀事、纂言、知人、格物四類，下卷分説詩、論文、補闕、拾遺、辨疑、刊誤六類。此本合爲一卷。以上辛集。

《復辟録》一卷，明楊暄撰。英宗復位，改景泰八年爲天順元年，當迎駕奪門時，皆瑄所親見，所記諸事多與史合。又引諸書以爲據，故其説不誣。

《靖難功臣録》一卷，不著撰人名氏。前載姚廣孝等十八人，後附封爵名數三十四人。燕王起兵以誅姦臣，齊泰等爲名師曰“靖難”。以上壬集。

《備遺録》一卷，明張芹撰。記建文時殉難諸臣，自黄子澄以下，凡七十人。前四十六人爲宋端儀所輯，其餘爲芹所補。前有正德丙子自序，末有敖英跋。按自序，謂得方先生以下二十人事略，而書中方公在前，且與七十人之數不合，不知何故。又末十五人事迹未詳。其有事迹者五十五人，亦甚簡略。以上癸集。

右説纂部

永樂二十二年，仁宗即位，御劄付禮部尚書吕震曰："建文中姦臣，其正犯已悉受顯戮。家屬初發教坊司、錦衣衛、浣衣局并習匠及功臣家爲奴，今有存者，既經大赦，可宥爲民，給還田土。"《備遺録》附録。

文光案：《明史·仁宗本紀》止云"十二月癸酉，宥建文諸臣外戚全家戍邊者，留一人，餘悉放還"。《吕震傳》則無之。又案：洪武時，制以舊樂籍人及擄獲降附人爲樂婦，其姦汙勢所不免。若抑勒姦宿淫賤，見之詔旨科條者，實始於永樂。王世貞《史料》："南京法司所記教坊司題：'卓敬女楊奴、牛景先妻劉氏，合無照依謝昇妻韓氏例，送淇國公處轉營姦宿。'又記教坊司於右順門口奏：'齊泰姊及外甥媳婦又黄子澄妹四個婦人，每一日一夜，二十餘條漢子看守，着年少的都有身孕。除生子令做小龜子，又有三歲女子奏請聖旨。'奉欽依：'由他，不的到長大便是個淫賤材兒。'又奏：'當初黄子澄妻生一個小厮，如今十歲也。'奉欽依：'都由他。'"《國朝典故》、《立齋閒録》同此事，古今奇聞也。又附録御札已見於前，此爲重出。此條又見於《史料閑録》，今言《昭代典則》。

鐵鉉，色目人也。爲山東布政，抗禦靖難師甚力。文皇即位，擒至闕下，不屈而死。二女入教坊，終不受辱。後赦出之，皆適士人。長女有詩曰："教坊脂粉洗鉛華，一片閒心對落花。舊曲聽來猶有恨，故園歸去已無家。雲鬟半綰臨妝鏡，雨泪空流濕絳紗。今日喜逢白司馬，尊前重與訴琵琶。"其妹詩曰："骨肉傷殘産業荒，一身何忍去歸娼。涕垂玉筯辭官舍，步蹴金蓮入教坊。覽鏡自憐傾國貌，向人羞學倚門妝。春來雨露寬如海，嫁得劉郎勝阮郎。”録於《損齋備忘録》。

文光案：一書云鐵公妻女皆以死殉，與此不同。

校勘記

〔一〕“字”，原作“子”，據《困學齋雜録》改。

〔二〕“便”後原有一“利”字，據上書删。

〔三〕“淵”，原作“園”，據《湛淵静語》改。

〔四〕同上。

〔五〕“索叙”，原作“序索”，據《湛淵静語》改。

〔六〕“覲”，據上書補。

〔七〕“典”，宋劉宰《漫塘集》作“與”，義長。

〔八〕“至”，據《北史·于謹傳》，當作“豆”，屬上爲句。

〔九〕“南”，據清周亮工《書影》，當作“舊”。

〔一〇〕“才”，據上文當作“材”。

〔一一〕“宅”後原有一“人”字，據《蠡海集》删。

〔一二〕“迎”，原作“任”，據宋程大昌《演繁露·花信風》改。

〔一三〕“分”，原作“風”，據《蠡海集》改。

〔一四〕“同”，據《六研齋筆記》補。

〔一五〕“論”，據明汪砢玉《珊瑚網》補。

〔一六〕“印”後原有一“諸”字，據《韻石齋筆談》删。

〔一七〕“陽”，據上書補。

〔一八〕“厥”後原有一“織”字，據上書删。

〔一九〕“於”後原有一“郅”字，據《嫏嬛記》删。

〔二〇〕“碗”，原作“記”，據《古今説海》改。

〔二一〕“仙姝”，原作“先妹”，據明王世貞上書改。

〔二二〕“而”，據上書補。

〔二三〕“妓”，原作“妹”，據唐孫棨《北里志》改。

萬卷精華樓藏書記卷九十六

子部十
雜家類七

《四庫全書考證》一百卷

乾隆四十一年敕撰

福本。前有總目，自一卷至二十二卷爲經部，自二十三卷至三十五卷爲史部，以下空四頁，自七十二卷至七十三卷爲子部，自七十四卷至一百卷爲集部，中缺三十六卷。纂輯官二人，原纂官六人。按目共七百餘種，每卷前有書目，與《全書》總目不同。

《鈍吟雜録》十卷

國朝馮班撰

《鈍吟全集》本。書凡九種：《家戒》二卷，《讀古淺説》一卷，《嚴氏糾謬》一卷，《日記》一卷，《誡子帖》一卷，《遺言》一卷，《通鑑綱目糾謬》一卷，《將死之鳴》一卷。多見古書有益於讀書之語，雖間有偏駁，可取者正多。定遠生於萬曆年，既歿之後，其從子武收拾遺稿，編爲是書。近時傳本已少。

《明夷待訪録》一卷

國朝黄宗羲撰

抄本。書分十三門，凡二十篇。自序云："持此以遇明主，伊吕事業，不難致也。”

《羣書辨疑》十二卷

國朝萬斯同撰

供石亭本。嘉慶丙子年水雲校刊。考證之書，内有題跋二卷，原本未見。

《日知録》三十二卷

國朝顧炎武撰

原本。乾隆乙卯門人潘耒校刊，有序并目録。又顧氏自序。

潘氏序曰：“崑山顧寧人先生，少負絶異之資，潛心古學，尤留心當世之故。實録、奏報，手自抄節；經世要務，一一講求。事關民生國命者，必窮源溯本，討論其所以然。有一疑義，反復參考，必歸於至當；有一獨見，援古證今，必暢其説而後止。先生著書不一種，此《日知録》則其稽古有得，隨時劄記，久而類次成書者。凡經義、史學、官方、吏治、財賦、典禮、輿地、藝文之屬，一一疏通其源流，考正其謬誤，則古稱先，規切時弊，尤爲深切著明。學博而識精，理到而詞達，是書也，明三百年來殆未有也。先生手授是書，耒復求得手稿，校勘再三，繕寫成帙，携至閩中。年友汪悔齋贈以買山之資，舉畀建陽丞葛受箕，鳩工刻之以行世。”

顧氏自序曰：“愚自少讀書，有所得輒記之。其有不合，時復改定；或古人先我而有者，則遂削之。積三十餘年，乃成一編。取子夏之言，名曰‘日知録’，以正後之君子。”

《書林揚觶》：“《日知録》發明經史大義，體大思精，隱然有作，用安排國計民生、人心風俗，可以坐而言，起而行。近錢氏《養新録》，其精或過於顧氏，而體段規模不逮遠矣，惟考史精耳。”

《日知録》中所論書史數十事，皆著書之凡例大義，學者不可不知。今略舉其目，如曰古人集中無冗複，曰書不當兩序，曰古人不爲人立傳，曰誌狀不可妄作，曰非三公不得稱公，曰史家追紀日月之法，曰追改史文書法，曰引古必用原文，曰引書不兩“曰”字，曰官銜、地名、人名當從實書，曰文章繁簡之法，曰文人摹仿之病，曰古人用韻無過十字，曰古人不忌重韻，曰古人不用長句成篇，曰詩用疊字，曰次韻，曰詩人改古事，曰史文衍字，曰史文重出，曰史誤承舊文，皆著書爲文凡例大義也。

《潛邱劄記》六卷　附《左汾近稿》一卷

國朝閻若璩撰

眷西堂本。首乾隆十年王允謙序，次沈儼序，次自序，次孫男學林序，次校閲姓氏四十九人。第一、二卷爲隨手所録，有未經校訂者。第三卷爲《釋地餘論》。第四卷，上爲雜文，下爲《喪服翼注》及《補正日知録》。第五卷爲其孫學機竭數年之力，於夙昔往來問難之家，尋先生手迹，陸續成帙。第六卷，賦、詩，首有《禮記序》一篇。《近稿》爲先生長子詠所撰，詩話十餘條，短詩六十餘首，多雜潛丘之作，不可解也。詠字復申，康熙己丑科進士，中書舍人。工篆刻，有印譜。

沈氏序曰：“先生生長世胄，家多藏書。幼即潛心研鑽，抉精剔髓，思成一家言，所交盡海内名流。徐大司寇邀至京師，凡著作必質之先生而後定稿。其傳是樓藏書埒天府，先生皆能尋覽記誦。所相與往復辨論者，汪鈍翁、朱竹垞爲多。”

傅山先生少躭《左傳》，著《左錦》一書，祕不示人。

《歷代名畫記》：“盧鴻，一名浩然。”《新唐書·隱逸傳》作“盧鴻，字顥然”。楊升菴妄引《尸子》，以爲“‘鴻一’，其名也。

《綱目》書‘徵處士盧鴻’，‘鴻”下脱‘一’字，竟以‘鴻’爲單名”。

《太上感應篇》，不知起自何時。宋理宗命鄭清之作序，自是始大行於世。

《千字文》有二篇，一周興嗣，一蕭子範。子範製久失傳，而所次韻之書，《梁書》以爲羲之，《宋史》以爲鍾繇。《梁書》近是。

昔與鈍翁辨《喪禮》，盛氣詆我。及重刻稿出，盡改以從我。

《方輿勝覽》：“五通廟在徽州婺源縣，乃祖廟，兄弟五人本姓蕭。”

聞絳云樓作史，羣鬼夜哭，且見形焉，以翻成案爲不公也。

《孔叢子》鄙陋之甚。

服議，漢儒自爲一家之學，以《儀禮·喪服篇》爲宗。《禮記》中《小記》、《大傳》則皆申其説者，詳密之至。可試考之，畫作圖子，參以《通典》及今律令，當有以見古人之意不苟然也。

《癸辛雜識》：“或云上巳當作十干之己，蓋古人用日例以十干，如上辛、上戊之類，無用支者。若首尾午、卯，則上旬無巳矣。”愚按，沈約《宋書》曰：“自魏以後，但用三日，不以巳也。”請證以王羲之於蘭亭，乃晉穆帝永和九年三月三日，乃丙辰，次日方丁巳。宋元帝元嘉十二年三月丙申，禊於樂游苑，正是三月三日，是亦不用巳日。

十二聖人者，錢牧齋、馮定遠、黄南雷、吕晚邨、魏叔子、汪苕文、朱竹垞、顧梁汾、顧寧人、杜于皇、程子上、鄭汝器。更增喻嘉言、黄龍士，凡十四人。謂之聖人，乃唐人以蕭統爲聖人之“聖”，非周、孔也。杜于皇他詩未見，得若茶村五言律《三山》、《倦游》二種，非今日詩聖乎？

魏叔子《歙縣程君墓表》：“昔云程氏出周程伯休父後，東晉元譚由廣平持節守新安，有善政。”不覺大駭，太守安得有持節事？因考《晉書·職官志》、馬氏《通考》，并云持節有三：上曰使持節，得殺二千石以下；中曰持節，得殺無官位人；下曰假節，惟行軍得殺犯令者。唐改太守爲刺史，方加號“持節”，然則刺史方持節，太守斷斷無之。

《茶餘客話》：“閻潛邱遺書，惟《四書釋地》、《三續》，宋商邱刻於吴；《校正困學紀聞》，馬秋玉刻於揚州；其《尚書古文疏證》、《孔廟崇祀末議》、《孟子生卒年月考》，則里人刻之。孫學林刻《潛邱劄記》，如《日知録補正》、《喪服翼注》、《毛朱詩説續》、《朱子古文疑》、《宋劉攽李燾馬端臨王應麟四家逸事》皆未刊。《劄記》乃未定書，零箋碎紙，投入一笥。捐館後，家人與計簿混入笥中。學林不知抉擇，將他人往還手蹟，及陳言狎語、游戲之詞，悉條舉而刻之，砆玉并陳，大失潛邱面目。予嘗删存十之五六，卓然可傳不朽。又徐健菴嘗手輯《潛邱緒論》一編，曰‘閻氏碎金’，皆洞庭書局中辯論之事，今無傳。又《博湖掌録》一書，吴山夫少年時猶見抄本。予尋之廿年，無有知是書者。王漁洋稱其博雅精核，手録其‘盤谷’一條，辨李愿非西平，亦全鼎之一臠也。見《居易録》。”録於《藝海珠塵》。

《書影》十卷

國朝周亮工撰

因樹屋本。嘉慶十九年裔孫恒福重刊。前有康熙六年姜承烈、徐芳、杜濬、門人黄虞稷序，雍正三年男在延重刊跋。恒福跋内題“櫟下老人筆記”。老人讀書，所記者影子，故名曰“書影”。賴故堂藏書百種，并所刊詩文集、《印人傳》、《讀畫録》、《字觸》、《閔小紀》、《書影》諸板，一夕，自取而焚之。今所行賴古堂本皆重刊之書，其中印記最多。予所藏者，惟《同書》一種尚是原刻，其餘翻刻者，相去遠矣。本人事蹟具《貳臣傳》。焚書之故，不能知也。

建陽書坊所刻諸書，節縮紙板，求其易售，諸書多被刊落。六十年前，白下、吴門、虎林三地書未盛行，世所行者，獨建陽本。羅氏《水滸傳》一百回，各以妖異語引首。建陽書坊翻刻時削其致語，獨存本傳。嘉靖時郭武定重刻其書，亦無引首。予謂建陽諸書盡可焚也。閩中書皆出建陽書坊街，宋時福建本已多錯誤。

佛經，眼以睡爲食。

《水滸傳》相傳爲洪武初羅貫中作，或云元人施耐庵作，或云出宋人筆。金云七十卷，後爲羅續，復僞爲施序於前。世安有此等書敢露姓名者？闕疑可也。

李習之不能詩，集中僅二首，亦不佳。《金山寺》詩見《金山志》，全蹈襲孫魴詩。或編書者誤收，集中不載。

唐集散亡者甚多。韓所稱之侯喜，柳所稱之吴武陵，集俱無存。

唐袁郊作《甘霖謡》，或曰"甘澤謡"，别自有書。今楊夢羽所傳，皆抄撮他書而成，僞本也。或曰楊本未出時，已有抄《太平廣記》二十餘條爲《甘霖謡》以行者。

古今篆隸文體，曰"鶴頭書"與"偃波書"，俱詔板所用。漢謂之"尺一簡"。後人因唐詩有"鶴書猶未至，那出白云來"，遂謂古用以招隱士，不知詔板皆用此體，非專以此招隱士也。

《易解》云："坎、離由乾坤再索而得，實則嫡男嫡女也。"此義甚妙。後天坎、離居乾坤之位，正以水、火盡乾坤之用也。

《營造法式》三十卷，皆徽廟宫室製度。毛子晉有此書，凡六册。式皆有圖，款識高妙，界畫精工，竟有劉松年等筆法，字畫亦得歐、虞體。紙板黑白之分明，近時所不能及。子晉翻刻宋人秘本甚多，惜不使此書一流布也。

張菊人見樊宗師文一册，是寫本，皆序記類語。其文古今所駭，其不傳宜哉。

某有津逮軒，毛子晉本此。

骨董，見《説文》。

明皇以方士張果爲銀青大夫。

毛子晉有宋板《夷堅志》甲至癸百卷。

趙文敏《漢書》宋板宋楮，字畫端重。卷首畫文敏像，簽字出文敏手。弇州得之，亦圖一像於後。某又以千金得之，後歸謝象三。

毛子晉有宋刻《家語》王肅注者，與徐興公本稍異。徐本缺二十餘板。

唐仲言名汝詢，五歲而瞽。聽諸兄呫嗶，暗記之，積久淹貫經史。善屬文，尤工於詩。子姪、門徒輩從旁抄録，一字亥豕，不可欺也。所著有《編蓬集》、《姑蔑集》、《唐詩解》。其注先經後史，所引詩賦亦從年代叙次之。所校杜詩，時有新義。

挾仙樓，在四川邛州。昔有仙人張遠霄往來於此，其故居也。世傳《張仙彈子圖》，訛爲文昌化身，又因花蕊夫人詭對以爲祈子之祥，總無干涉。

顔真卿建韻海樓，與李萼、陸羽、僧皎然等著《韻海鏡源》三百六十卷，似《韻府羣玉》之類，惜不傳。

茅元儀《武備志》成，神宗稱其該博。元儀即顔其堂曰“該博”。

法駕出，例以鹵水洒道，取其不驟乾，足以清塵。簿則儀仗之籍也。儀仗未出，鹵爲始事，故曰“鹵簿”。

崔子忠工圖繪，爲絶技，貌人無不克肖。董文敏謂其人、其文、其畫皆非近世所常見。錢虞山云：“子忠[一]畫摹顧、陸，一妻二女，皆工飾色。”

古器出於周、漢以前者，其質極清，其笵鑄極精，其款識極高簡，其模擬物象，殆類神鬼所爲。此其所以爲貴也。若徒取其剥裂模糊，是土鼓、瓦釜與清廟鍾磬并陳也。後村此論甚當。

唐凌烟閣，《元王孝恭碑》、《段志元碑》皆作“戢武閣”。

開元錢燒之，有水銀出，治小兒急驚甚驗。見《無顔録》。

鮮于樞記宋會之治水蠱法：乾絲瓜一枚，去皮剪碎，入巴豆十四粒同炒，豆黄爲度。去巴豆，用絲瓜炒陳倉米，如瓜之多少。米黄色，去瓜研末，水丸。每服百丸，皆愈。其言曰：“巴豆，逐水者也；絲瓜，象人脉絡也。去而不用，藉其氣以引之也。米投胃氣也。”見《無顔録》。

鄭谷《鷓鴣》詩，既曰“相唤”，又曰“相呼”，則復矣。既曰“青草湖邊”、“黄陵廟裏”，又曰“湘江曲”，亦欠變矣。及觀《本草衍義》，載此詩云“相呼相應湘天闊”，語既無病，更清曠。據此，則宋代尚有唐詩善本，後乃傳訛耳。侯升發前人所未發，妙解也。鄭秠，字侯升。

近得晁无咎抄本《鷄肋集》七十卷，詩賦六百餘篇，擬古諸作，綽有古調，而近體佳句亦多。有中曉風調，不類宋格。

蘭亭之會四十二人，柳公權書之詩，各載其佳句。孫興公序，柳注云：“文多不備載。”近見宣和内府榻本，始知今世所傳興公序與詩皆柳所删，非全篇也。周府刻《蘭亭宴集圖》合四言、五言於圖像之上。益府仍之，詩與柳書多異同，即以王爲前序，孫爲後序，亦非矣。謝在杭云：“蘭亭諸賢皆一時之選，賦詩只四句、六句，亦有不成者，真咄咄怪事。”在杭未見宣和舊拓耳。

王覺斯詩百三餘卷，不能流傳。予欲删爲數卷，未暇也。

分野之辯，紛紛聚訟。姜承烈所論最爲明快，以不辯辯之，足解衆惑。

楊升菴、朱鬱儀著書最多，予既合刻其目。陳心叔詩文名《歸雲集》，外所著書二十種，共百五十九卷，予藏六七種，今存一二，覓其全本亦不可得。其父夢孟子而心叔生，遂小字曰"孟卿"。

文光案：陳心叔名士元，今所傳者惟《論語類考》、《孟子雜記》、《夢占逸旨》、《江漢叢談》四種，餘未之見也。

汴人云："不拘春夏，但聞雷第一聲，即默援衣帶作結。蝎螫，舉結摩之即愈，良驗。"　方邵村云："小解朝不向東，暮不向西，日不向南，夜不向北，永不受毒蟲之螫。"

《千秋金鑑録》言"楊貴妃，白鸚之精"。公爲相日，太真尚未爲貴妃，安得有此言？其僞無疑。

與楊用修作難者不止一人，然有互相發明者。予彙爲一書，名曰"翼楊"。

李陰令宛平，掘地得《雲麾將軍碑》，存者百八十餘字。李因築室，砌碑壁間，曰"古墨齋"。今所傳乃陜刻者，宛平殘碑，人所未覯。

宋季敖陶孫，字器之，嘗作詩譏韓侂胄，坐斥。著有《詩評》。升菴引入《丹鉛録》，題曰"孫器之評詩"，不知爲敖姓也。

《陳希夷詩》二卷，今佚。《古今書刻》載《希夷集》，建寧府有鍥本，今亦不存。曹能始蒐刻宋刻詩，希夷缺焉。予所見者，僅《華山志》中數首。

葛稚川著述之富，六百餘卷，漢、唐罕覯。《抱朴》、《神仙傳》，予得自山西《道藏》中，爲校刻之。後此，王伯厚近七百卷，王鳳川前、後《四部稿》幾四百卷，集部之多，亦所罕見。

文光案：國朝李文貞公、阮文達公、毛西河先生，著述最富。

蕭何謚文終。"終"之一字，不知於謚法何居。

劉瑾本姓筸，生於馬嵬坡。王振本教官，後閹割。見《嫏嬛隨筆》。

中域字數，《説文》九千五百九十三；沈約《四聲譜》一萬一千五百二十；法言《廣韻》二萬六千一百九十四；《洪武正韻》，依毛晃所定，一萬二千一百四十六；今陸溱、范斗《韻譜》一萬四千五百二十二；孫愐所收《唐韻》，至四萬五千五百有奇，冗複可知已。

金哀宗正大間，民間但以銀市易，此今日上下用銀之始。其時鑄銀名“承安寶貨”，一兩至十兩分五等，每兩折錢二貫。今輸官之物用銀，猶謂之“錢糧”，蓋承宋代之名。　宋代上下俱用錢。

邵氏長蘅曰：“先生擢户部右侍郎，忌者側目，爲蜚語聞上，逮繫刑部獄。會大赦，得釋。時順治十八年也。尋遷參議，督糧江南。未幾，復遭劾，解職聽勘。忽夜起，取著述焚之。事解而先生亦卒。”

《七頌堂識小録》一卷

國朝劉體仁撰

《知不足齋》本。前有汪琬序、男凡重校跋、秣陵朱廷柏跋。體仁，潁川人，字公勇。由進士官吏部郎，事蹟詳汪序。

汪氏序曰：“休沐之暇，悉取數千年來宗彝罍洗、書畫玩好之物，嘗所見聞者，披剥其工窳真贋，銓次成録，儼然近代之收藏賞鑒家也。”

男凡跋曰：“先君子性恬澹，惟喜蒐羅典籍，他無所嗜。丁未，官京師五年。是時，名卿大夫公餘揚扢風雅，則有龔芝麓、汪鈍翁、王阮亭諸先生；好古賞鑒家，則有梁真定、孫退谷兩先生。文酒相娱樂，總名曰‘雅會’。羣推先子博識，相與商榷古今，考辨真贋，次第間録成帙。諸公慮傳布遭徵索，囑勿録以示人，因儲篋衍六十年矣。諸公既往，收藏亦化爲雲烟。一展卷，覺當時文物風流，即今可見，熊熊奕奕，詎謂斯録可終泯哉？庚子菊月上澣，男凡重校刊付梓。”

朱氏跋曰：“士大夫博古嗜書畫，其風肇自南唐，盛於北宋。迨明季，馬貴州當國，玩愒時日，致隳宗社，議者遂以鑒賞一事比之鴆毒，目爲不祥物。噫！彼南唐北宋諸人，曷嘗以此誤國耶？余誦是録，惕然有儆者。其云‘江陵物多贋，分宜物真’，於此可得二相賢否，并識其時盛衰。乙丙[二]歲，正海寓宴安，而公所紀之言如此。迄今甲子纔周，而罍洗清游之勝已成往蹟。嗚呼！公識其小，誰識其大者哉？”

右軍集書《金剛經》，世不多見。王山史所藏，爲渭南南氏物。

柴窰無完器。馬布菴見示一洗，圓而精，面徑七寸，黝然深沉，光色不定，雨後青天，未足形容。

《肅府帖》，人賤其近。北海先生謂勝前人。其原本，余曾見之，缺二册。

東坡草書《醉翁亭記》，鄢陵有刻本，吾家司寇所摹也。人疑其贋，又有知其爲鍾生所臨者。

坡公抄書，一書每爲一體，字畫輕重不一。重則稜角森然，又顔法也。

宋板書所見多矣，未有逾《前漢書》者。於中州見一本，出王元美家，前有趙文敏小像。陸師道亦寫元美小像於次帙。標籤，文衡山人八分書。

鄢陵家司寇好彈琴，所藏有輕如一葉者，甚珍之。一日寤，見黄衣人彈，起問之，無所見矣。自此琴在壁間亦作聲，後碎於寇。

玉器入土，與銅器久，銅之青緑，玉受之，天然瑩浸。

憫忠寺有羅漢十六軸，梵像奇古，云是貫休筆。

京口張氏所藏《夫子廟堂碑》真蹟，字小於碑本。世所傳陝拓，乃五代時王彦超重摹上石。余見初拓本出大内，與今大異。當時試筆所作《黄庭》，結構妙合自然，可異也。

余所見《十三行》，與停云館諸刻大異。又見一拓本，乃全文。右軍亦有全文拓本，不知何時所刻。原出内府，滿騫異題識在子敬全文下，不在《十三行》下。

《吕氏族譜》，見於定遠民家。卷首八字，題曰“山谷老人書”。下有二印，方二寸許，曰“學士之章”。下有叙，作吕東萊書。前後諸跋，皆出一人，蓋録本也。二敕書，一爲吕蒙正，一爲吕夷簡，皆有“制書之寶”小璽。敕書書法亦草草，獨二公畫像寥寥數筆，神度焕然，非宋之高手不能也。

《義門讀書記》五十八卷

國朝何焯撰

蔣維鈞校刊本。前有乾隆十六年受學從子堂序，又蔣元益序、男雲龍跋、姪孫忠相跋、凡例、總目。四書六卷，《詩經》二卷，《左氏春秋》二卷，《穀梁春秋》一卷，《公羊春秋》一卷，《史記》二卷，《前漢書》六卷，《後漢書》五卷，《三國志》三卷，《五代史》一卷，《昌黎集》五卷，《河東集》三卷，《歐陽文忠公文》二卷，《元豐類稿》五卷，《文選》五卷，《陶靖節詩》一卷，《杜工部集》六卷，《李義山詩》二卷，共十八種。是書輯自義門既歿之後，而體最嚴整，自足成書，與濫爲掇拾、漫無考訂者大異。著書固難，編定亦非易事也。義門工書法，手書《四書集注》藏内府。又藏書甚富，殁後俱散佚，評閲之本甚多，一時争傳。

何堂序曰：“先生之書滿家，而身没京邸，莫之愛護，而書以散佚。喪舟南歸，書簏半浸水中，而書以腐敗。幸及門之士，昔所通假而傳録者，尚存什之三四。堂亦傳得數種，乃與同學精搜而詳擇之，漸成卷帙。至漢魏、三唐之詩，先生工力最深，當别謀單行耳。”

蔣氏序曰：“從弟維鈞好讀書，嗜何氏學。以先生猶子祖述曾開雕《讀書記》，止六卷，思續其志，擴至十數種，凡三閲寒暑而竣剞劂。汲古學者，所當家有其書也。”

何雲龍跋曰：“先君子捐館都門，雲龍年甫九齡，插架萬卷，一時雲散，囊中著述耗矣，無存年表。蔣君研溪蒐討有年，由經史而下，録成一十八種，不惜重貲，盡付開雕。雲龍讀之終編，感深以泣，而書諸卷尾。”

何忠相跋曰：“伯祖義門老人，幼頗魯。年十四遊道院，見蝴蝶飛則心開，自此十行俱下。二十四，交閻百詩，上下論議。中年，問業安溪先生。《後漢書》爲老人最愜心之筆，望溪方二丈嘗手自繕録，詫爲絶倫者也。”

凡例：“義門校勘最精。坊本承訛襲謬，苦難逐一舉正，惟《河東》、《南豐》二集善本難得，不厭從詳。”“有義門一人之説而前後各殊者，識隨年進，可以驗其所得之淺深。”“外間傳寫義門評閲之本，不特真贋紛如；即係真本，而鈔録數過，不免訛舛。兹刻採必真本，且校讎再四，然後付梓，志慎也。”

考證之學，須聚一身之力爲之，用心極苦，看書極細。務使事無含糊，物無遁情，校其始末，辨其異同。如老吏斷獄，苛刻萬分。一字不詳，存之於心，不肯放鬆，於彼乎，於此乎，搜求至遍，不使漏遺，必得一確當不移之語，方爲定論。又時時加以訂正，益精益密。如《潛邱劄記》、《日知録》是已。核其所得，必不能多。一人心力有限，多則不確。且舉其一條觀之，已不知翻書幾次，用心幾許，爲日已多；裁簡寄信，互相訂正，又不知幾經日月。今之觀書者，忽焉視之，無怪其學問不進也。

明初曾得之嘗著《南豐類稿辨誤》，其書不傳。内府所賜大臣《古文淵鑑》，有在集外者六篇，《書魏鄭公傳》爲傑出之文，其五篇皆少作。　立齋相公有建本《聖宋文選》數册，其中載南豐文二卷。嘉善柯崇樸借鈔，遂傳於外。此六篇者皆在焉，蓋以世不經見，故録之。其五篇爲《邪正辨》、《説用》、《讀賈誼傳》、《上田正言》、《上歐蔡書》也。

錢氏曰："義門好讀書，所見宋元槧本，皆一一記其異同。又工於楷法，蠅頭朱字，粲然盈帙。好事者以重價購之。至其援引史傳，不無可議。"録於《養新録》。

《癸巳存稿》："何焯以時文名滿天下，用批時文法批書。'唐虞之際，於斯爲盛'，謂'斯'字不指周，言殊不可解。康熙二十七年，許三體奏云：'何焯作貢生時，往來徐乾學門下，代作《會墨序》，寓言諷刺。乾學託江南巡撫訪拿之。'康熙四十五年四月，奉上諭：'文義荒疏，不準授職。'五十四年十一月，奉上諭：'生性不識恩義，革去官銜、進士、舉人。'雍正四年三月，奉上諭：'頗有文名，行止不端，立身卑汙。'聖明垂鑒，正以其顛倒是非也。"

《山志》六卷　《二集》六卷

國朝王弘撰撰

原本。自比《容齋隨筆》，考證頗有可取。《四庫附存目》"六卷"。山史，陝西華陰縣人，舉康熙己未博學宏詞。

郭宗昌博雅好古，善鑒别書畫、金石。篆刻分法，爲當時第一。所撰《金石史》，與趙崡《石墨鐫華》并行於世。

論轉注、假借云："鄭漁仲《六書考》論假借極有發明，至説轉注之義，則謬以千里。"

記顔子生卒云："《家語》不足信。"

宋理宗有《禊序》一百十七種，裝作十册。宋亡，不知所歸。明太祖賜晉藩本爲一大套，内有十小套，每套十本，共一百種，是非同異，皆不可考。予曾見之，皆前代人刻，目所未睹。

沈繹堂跋《華岳碑》云："王山史博雅嗜古，所藏定武《蘭亭》、率更《醴泉》舊拓，皆精妙入微。而郭香察隸書《華岳碑》尤冠絶今古。碑燬已久，海内僅存此本。山史居近名岳，又與郭東諸君游，鑒精識邃，授受矜重，巋然與三峰并峙，益可珍也。前有牧齋七言長律，自以小楷書之，蓋昔爲《宛委》作者，詞頗詳雅，亦未可廢也。"

王氏曰："華陰王弘撰，字無異。工書法，博學，能古文。頃來京師，觀所携書畫，聊記之：定武《蘭亭》五字未損本，有米元暉、宋仲温二跋。又仲温臨趙文敏'十七跋'。又興唐寺石刻《金剛經》，貞觀中集王右軍書。又《漢華岳廟碑》、沈石田《秋實圖》。三物皆華州郭宗昌胤伯家物，皆有宗昌跋。《華山碑》有虞山錢宗伯長歌，即所謂'郭香察未遑辨'者也。又李營邱古木，賈秋壑題詩，語潦倒可笑。又唐子華《水仙圖》，甚妙。"録於《池北偶談》。

《池北偶談》二十六卷

國朝王士禛撰

臨汀郡署本。前有康熙辛未自序，姪廷掄跋。

王氏自序曰："予所居先人之敝廬，西爲小圃，有池焉。老屋數椽，在其北。余宦游三十餘年，無長物，唯書數千卷，庋置其中，取樂天池北書庫之名名之。池上有亭，形類畫舫曰石帆者。予暇日與客坐其中，相與論文章流别，晰經史疑義，至於國家之典故、歷代之沿革、名臣大儒之嘉言懿行，時亦及焉。間舉神仙鬼怪之事，以資嗢噱；旁及游藝之末，亦所不遺。兒輩從旁記録，日月既多，遂成卷軸，總次第爲一書。其無所附麗者，稍稍以類相從。藏之家塾，示吾子孫。”

王氏跋曰：“《偶談》一書，新城伯父尚書公之所手輯也。其事博而信，其文澹而古。訂先賢之已誤，啓後人所未知。偶於三山書肆見其寫本，惜其舛謬，意欲梓爲家藏定本。退食之暇，逐字讎校，擇工之良者十二人，鋟爲五百六十二板。卷分談故者四，談獻者六，談藝者九，談異者七，目千二百九十一，仍原編也。除不可考者闕疑外，凡字二十二萬三千七百有奇。工始康熙庚辰五月，至今年辛巳三月書成。”

徐咸著《西園雜記》，述嘉靖初議大禮，極言張桂之論確不可易。又載慈壽皇后飾美姬數十人列左右以惑帝，尤爲悖誕。

漢人最重其師，門生、故吏至有棄官行服者。荀爽師事李淵，元禮貽書云：“久廢過庭，不聞善誘。陟岵瞻望，惟日惟歲。”直如子事父矣。薄俗要當知此。

宋蘇舜欽《滄浪集》十五卷，施元之跋尾云：“子美集十五卷，歐陽文忠公爲之首序。子美在寶元、慶曆間有大名，其文章瓌奇豪邁，自成一家。不幸淪落早世，故生平所著止此，而近時亦少見之。元之因俾鏤板於三衢。又得豫章先生詩，爲子美作也，并附之左方。”

元盛如梓《恕齋叢談》載柳開論文曰：“古文非在詞澀言苦，令人難讀，在於古其理，高其意。”然予讀《柳河東集》，但覺苦澀，初無好處，豈能言之而不能行耶？

《恕齋叢談》云：“書籍板行，始於後唐，《寰宇書目》備載之。雖爲學者之便，而讀書之功不及古人矣，且異書多泯没不傳。《後漢書注》事最多，所引書今十無二三。漢武《秋風辭》見於《文選》，朱子收入《楚詞後語》，然《史記》、《漢書》皆不載，不知祖於何書。”予按《河汾燕閑録》，隋開皇十三年，遺經悉令雕板，蓋刊書始隋暨唐，至五代、宋而始盛耳。

監本始於馮道。

宋李之儀《姑溪集》五十卷，《津逮》中刻其題跋。觀全集殊下秦、晁、張、陳遠甚，然其題跋自是勝場。

劉知幾云：“叙事之工，以簡爲主。”因思左氏記晉平公飲酒，“杜蕢云辰在子卯”云云，幾三四十言。《檀弓》“子卯不樂”，衹以十七字盡之，語簡味長，可爲文法。歐、尹在洛，同作《雙桂樓臨園驛記》。永叔先成，凡千餘言。師魯止用五百許字，永叔服其簡古。他日誌師魯曰：“文簡而有法，在六經中惟《春秋》足當之。”可知“簡”字不易到也。又《類苑》真宗御製《法音集》，詔學僧於傳法院箋注，楊大年充提舉。一僧注“六種震動”，幾三百字。大年都抹去，自下止二句曰：“地體本静，動必有變。”其簡當若此。

樂府古詩不必輕擬，滄溟諸賢，病正坐此。

李衛公《會昌一品集》，駢偶之中，雄奇駿偉，與陸宣公上下。别集《憶平泉》五言諸詩，較白樂天、劉夢得，不啻過之。

金陵王槩，字安節，善畫山水。其兄蓍，字宓草〔三〕，工花卉、翎毛。兄弟皆能詩。

肅府淳化閣本：自莊王受封，太祖賜之宋刻。憲王時，洮〔四〕岷道、張鶴鳴得李子崇本於白下，材官本於臯蘭，請肅王賜帖校讎。見古法帖數段久缺，而玆獨全，知爲馬房光怪以前物也。姑蘇温如玉、南唐張應臺爲之雙鈎，鶴鳴携之黔陽。憲王乃鐫石於蘭，未竟而卒。世子識鋐卒業於萬曆辛酉，先後七年。其初拓用太史紙、程君房墨，人間難得。拓工間有私購，直五十千。刻用富平石一百四十四，葉二百五十三，藏府東書園殿。鼎革時，石幾淪缺。順治甲午，洮岷道揚州陳卓補刻，復成全璧。然神明不備，視初拓徑庭矣。乙卯，平凉逆焰及蘭，欲破石爲炮，僞知州徐某力救得免。今移置州學。有張鶴鳴、王鐸、憲王父子四跋云。

《名媛詩歸》，乃吴下人僞託鍾、譚名字，非出二公之手。又坊間有《明詩歸》，更俚鄙可笑，亦託名竟陵，不足辨也。坊刻又有《皇明通紀》，亦託名鍾惺。内載左都御史曹思誠爲魏忠賢建祠事。曹近刻冤揭，云"與惺素無仇怨，惺何不自惺"等語，遍訴京師，與惺爲難。此康熙二十年事，不知惺殁於天啓乙丑，去鍾之殁已五十七年矣。

宋末王義山、何夢桂之流，酸腐庸下，而詩文獨傳。至今義山有《稼村集》。

劉原父與永叔相友善，然原父常言："好個歐九，可惜不讀書。"仁宗嘗問宰執劉敞何如，魏公極稱其才，歐對曰："劉敞文亦未佳，其博雅足重也。"二公似以名高相失。

浙人劉廷元刻《宋明名臣言行録》，而序則南樂魏相手筆也。

吴人伍寧方袁萃撰《林居漫録》、《彈園雜志》，又撰《遵典集》，大抵黨邪醜正，其所標榜如邵、趙、二徐、劉廷元、周應秋輩，皆閹黨逆案中人。至攻孫立亭、吕新吾諸公，語尤狂悖。

黄毅菴尚書作《野紀曚搜》，明二百餘年間大事稍備，持論頗正。然謂李西涯、劉文靖、謝文正爲三仁，嘉靖大禮議主張桂輩而詆楊文忠，二事殊不可解。

王邦直，字子魚，即墨人，官鹽山丞。聚書千百卷，成《律吕正聲》六十卷。萬曆甲午，周公如砥上其書，其外孫黄宗昌序刻之。康熙十八年，予在明史館，亦上其書。

《宋史·隱逸傳》載种放而遺郭延卿，《舊唐書》陽諫議入《隱逸》，《元史》余闕不入《忠義》，皆不可解。

司空表聖躁於進取，前人辨之屢矣。考《一鳴集》有《答孫郃書》，益證史官之妄。

閻立本《書孝經圖》一卷，褚河南書，故明大内物，後歸孫北海。

劉後村詩專用本朝事實，畢竟欠雅。

安邱馬禮部應龍撰《梵雅》十二卷，

孫沙溪《無用閑談》載《安邦鄉試録》并其賦表，極佳，雖中華文字無以過之。安邦者，安南一道之名也。

葉水心謂壽《志》勝班《史》，殊不可解。其稱名《三國志》，自陳同甫、郝伯常諸人，皆改正其書，此外作者尤衆。《林霽山集》有胡君《季漢正義序》、楊廉夫《正統辨》，其言尤著。近世歙人謝陛少連《季漢書》出，不惟名正言順，抑且文詞斐然，惜水心不及見。

退之得杜神，子瞻得杜氣，魯直得杜意，獻古得杜體，鄭繼之得杜骨，它如李義山、陳無已、陸務觀、袁海叟輩又其次，陳簡齋最下。《後村詩話》謂簡齋在諸家之上，何也？

《蜀鑑》十卷，起秦人取南鄭、秦人伐蜀，迄西南夷本末。有文子嘉熙丁酉跋，又有姚咨嘉靖丙寅跋。予借之朱竹垞。朱好寫書，多未刻秘本。

唐《李元賓文集》五卷，諸碑銘亦有奇處。諸書粗率，叫呶如醉人使酒罵坐。蓋唐中葉以後，江湖布衣挾行卷干薦紳，延接稍遲，贈遺稍薄，則謗讟隨之。漫以成習，觀諸書可見。

陳伯璣允衡，建昌南城人。御史本子。五言詩古澹，自成一家。撰《詩慰》、《國雅》十餘種。又著《古人幾部》若干。卷十三録《瘞鶴銘》三則，頗詳。

崑山《葉文莊公集》，世無刻本，所傳止《水東日記》四十卷。予見公集稿二册，有塗乙至數行者。公文章平實條暢，弘治以前文體大概如此，《國史·經籍志》載公集四卷，不知何據。學士云“集至今未梓”，其弟方蔚則云“公集已板行，歲久失傳”。

趙松雪手書《杜詩》一部，用朱絲欄，字作行楷。末有新鄭高文襄公跋，又管志道跋。

淳熙間，詔臨安府開《文海》。周益公奏："《文海》乃近時江鈿編類，殊無倫脊，莫若委館閣官銓擇本朝文章，成一代之書。"孝宗然之。予在淮安，見寫本《文海》。

《香祖筆記》十二卷

國朝王士禛撰

原本。前有康熙己酉宋犖序。第十二卷秦少游事，宜與《墨莊漫録》第三卷參看。

宋氏序曰："説部叢書昉於漢魏，盛於唐。宋以來，大抵人品高、師法古、興會佳，兼是三者，其立言必雅馴，足以信今而傳後。阮亭與予莫逆交，垂四十年，見其著書自娱，殆無虚日。近又輯癸未迄甲申兩年筆記，屬校訂爲序。香祖乃其軒名，取室有叢蘭也。空谷不言，無人自芳，政可想見其人品耳。若夫師法古、興會佳，直阮亭之緒餘也。"

明文士，如桑悦、祝允明，皆肆口横議，略無忌憚。允明有《罪知録》一卷。

鄭端簡《古言》云："永叔毁《繫辭》，君實詆《孟子》，安石非《春秋》，二程子改古《大學》，晦庵不用子夏《詩序》，皆不可解。"

京師書肆，皆在正陽門外西河沿，餘惟琉璃廠間有之而不多見。慈仁寺書攤間有祕本。予庚申冬過之，有《兩漢紀》初印本，最精。又《儀禮刊本訛作"三禮"·經傳通解》，亦舊刻。又《雍録》，雕板極工。得《陳子昂文集》十卷，猶是故物。

朱遵度好藏書，著《鴻漸學記》一千卷、《羣書麗藻》一千卷、《漆書》若干卷。見《江表志》。

《東林朋黨録》,《點將録》,《天鑒録》,《同志録》,《東林籍貫》,《盗柄東林夥》,《壞封疆録》。

提舉主管某宫觀，實不往供職。惟京師宫觀不許外居。雖退閑之禄，而儕衣冠於道流，亦自非理。

唐人作集序，歷叙道德、功業，如碑板體，歷舉某篇某篇如何如何，千篇一律，殊厭觀聽。

宋次道家藏唐集最備，王介甫擇其尤者，選爲《百家詩》。

盛仲交家多藏書，書前後副葉上必有字，或記書所從來，或記他事，往往盈幅，皆有鈐印。

趙定宇閲《舊唐書》，每卷畢，必有硃字數行，或評史，或閲之日所遇某人某事，一一書之。

書册爲水所浸，可蒸而曝之一二番，以物鎮平。

陳霆改馬令書，以爲《唐餘紀傳》。

《五路墨寶》，金石刻也。既録全文，附以己説。

《寶刻叢編》，朱竹垞有寫本。　小説、演義，各有據。

宋寫書多用蒲圻縣紙，今不聞。　《劉伶集》三卷。

歐陽生受《尚書》於伏生，誤。　乳煎蓽茇，治痢。

書曰帙者，古人書卷外如今裹袱之類。

宋刻《歐陽集》凡八部，無有全者。

王介甫狠戾之性，見於詩文。　《劉辰翁集》一百卷。

《居易録》三十四卷

國朝王士禛撰

原本。前有自序。

王氏自序曰："康熙己巳冬杪，重入京師。時冬不雪，其明年，春、夏不雨，米價踴貴。在公之暇，結習未忘，有所見聞，時復筆記。歲月既積，得數百條。憶顧况語‘長安米貴，居大不易'，因取以名其書。予仕宦四十年，居易俟命，鈍拙無似，取以名書，亦以見志云爾。"

海寧刻元戴表元《剡源集》四卷，餘姚黄宗羲。太冲定本也。戴以古文名淳祐、大德間，與柳貫齊名，袁桷師事之。予昔在京師，借鈔其集於門人陳赤衷。葵獻，亦太冲門人。

朱竹垞撰《日下舊聞》四十二卷，所引書至千三百餘部。又所刻《十家宮詞》，爲倪檢討粲。雁園家宋刻本。

徐健庵修《一統志》，借内府書。有元岳璘所修《一統志》殘本，尚二十餘大册，計全書不下千卷。

元《謝皋羽年譜遊録注》，山陰徐沁。埜公撰。餘姚黄太冲先有《西臺慟哭記》、《冬青引》注。徐注，黄序之。

祕府《熊朋來集》極完好。予鈔得《豫章集》七卷，似非完書。　宋刻晁公遡《嵩山集》五十四卷。公武子止弟也〔五〕。

元臨川何中《太虚集》，吴草廬序。吴與何，中表兄弟也。中善五言詩，近體〔六〕亦冲澹。自序有《易類象》三卷、《書傳補遺》十卷、《通鑑綱目測海》三卷、《通書問》一卷、《吴才老叶韻》一卷、《六書綱領》一卷、《補六書故》三十二卷、《薊丘述游録》一卷、《搘頤録》十卷、《知非堂稿》十七卷、《外稿》十六卷，今詩稿止十六卷。　《陵陽集》二十四卷，元牟巘著。

《周易原旨》，焦氏《經籍志》不載。

賈似道鑒賞書有"悦生"小印，與門客廖瑩中刊書甚多。《悦生堂隨鈔》一百卷，援引多奇書，九經最精。韓侂胄閲古堂圖書，皆向若水鑒定。秦檜子熺亦好聚書。

今人但貴宋槧本，顧宋板亦多訛舛，但從善本可耳。　《金姬傳》一卷，文極奇麗。

辛稼軒，詞中大家，詩不多見。

《仁山集》二卷，董遵編。仁山道學，不工詩，《廣箕子操》

特工。　《石林全集》一百卷，今不可得。

張易之昌宗目不識字，《三教珠英》一千三百餘卷，乃崔融、張説輩爲之，易之竊名爲首。李日華《紫桃軒雜綴》誤以爲易之所編。

坡公之有《斜川》，人艷稱之，而集不傳，惟傳其《颶風賦》。

元時奉旨刊書。

《革書》紀正統北狩事甚詳。塞外無紙，書之於革，故名“革書”。千頃堂藏書有之，王孫睦㮮刻。

門人吴雲云：“劉後村不爲鄉人所與。”

朱子諸注，莫善於楚詞，莫不善於《三百篇》。當以《小序》爲主，而以毛、鄭、歐陽諸家之説參互之。

元末大家，古、今詩皆有法度。

門人顧嗣立，字俠君，彙選《元詩集》，自元好問迄張雨輩，起甲終癸，凡百家。與石門吴之振孟舉《宋詩抄》并行，兩朝之詩，略具二書矣。其傳例仿虞山《明列朝詩》，甚有雅裁。

宋黄鶴山人《籀史》上、下卷，佚其下卷，足資考證。

浙江布政使蔣君毓英之子國祚，好刻古書。常重刻《兩漢紀》，馬〔七〕、陸《南唐書》，又欲刻〔八〕《東都事略》，亦一奇士。

萬曆間，學士多撰僞書以欺世，如《天禄閣外史》之類，人多知之。今類書中所刻唐韓鄂《歲華紀麗》，乃海鹽胡震亨孝轅所造；《於陵子》，其友姚士粦叔祥作也。然李太常中麓云“韓熙載撰《歲華紀麗》”，豈另有一書耶？姚有《後梁春秋》若干卷，惜未見。

唐女仙吴彩鸞於洪洲紫極宫寫《唐韻》，今有寫韻軒，人盡知之。又於安福福聖院寫《法苑珠林》百二十軸，人罕知者。又蜀導江縣迎祥寺有彩鸞寫《佛本行經》六十卷，多闕唐諱，陸放翁猶及見之。

稗官小説不盡鑿空，必有所本。如施耐庵《水滸傳》，微獨三十六人姓名見於龔聖予贊，而首篇叙高俅出身，與《揮麈後録》脗合。　牧齋呰謷李何。

《劉原父集》一百七十五卷，《貢父集》五十卷。

吴彩鸞書《龍鱗楷韻》。　蘇叔黨工畫。

王山史工書，嘗刻郭宗昌《金石史》。家藏金石文字甚富，古文辭亦嫻雅。康熙己未，以博學鴻詞徵，不入試。

"吏部文章日月光"，爲東坡作，託言淮西事。

武昌葉井叔封精《爾雅》、《説文》，學有根柢，所輯《嵩山志》、《嵩山〔九〕石刻集記》皆可傳。

余家自太僕、司徒二公發祥，然藏書尚少。至司馬、方伯二公，藏書頗具矣。亂後盡燬兵火。予兄弟宦遊南北，稍復收緝。康熙乙巳，自揚州歸，惟圖書數十簏而已。官都下二十餘載，俸錢之入盡以買書。嘗冬日過慈仁寺市，見《尚書大傳》、朱子《三禮經傳通解》、《漢紀》，欲購之。異日侵晨往索，已爲他人所有。歸來惆悵不可釋，病卧旬日始起。古稱書淫、書癖，未知視予何如。自知玩物喪志，不能改也。亦欲使吾子孫知之。

金人入汴，索監書、藏經，如《資治通鑑》，蘇、黄文集，皆指名取索。　春秋之世，婦人亦通古今。

慈湖《易》，《詩總聞》，歐陽《本義》，李、黄《集解》，錢氏《詩説》，《讀詩記》，《詩緝》，《春秋經筌》，《禮記集説》，多有高出朱注之上者。古人於《詩》之山水、制度、魚蟲、草木，詳爲之釋，而意則欲得之言外。故夫虚心活法、斷章取義者，讀《詩》之大約也。中麓邃於經學，其言如此。

明陸文裕深《金臺紀聞》云："葉石林時，印書以杭州爲上，蜀本次之，福建最下。"又云："比歲京師印板不減杭州、蜀、閩，多以柔木刻之，取其易售。今杭絶無刻。國初，蜀尚有板，差勝建刻。今建益下，去永樂、宣德亦不逮矣。惟蘇州工匠稍追古作。”此嘉靖初語也。近則金陵、蘇、杭書坊刻板盛行，建本不復過嶺。蜀更兵燹，城郭丘虚，都無刊書之事。京師亦鮮佳手。數年以來，石門即崇德縣。吕氏、崑山徐氏雕行古書，頗仿宋槧，坊刻皆所不逮。古今之變，如此其亟也。

人知李北海文學本於父善，不知善《文選》學本於其師曹憲。憲，江都人，注《廣雅》。見《唐書·儒學列傳》。

《管城碩記》三十卷

國朝徐文靖撰

志寧堂本。前有乾隆二年孫嘉淦序、明晟序、位山自序、毛大鵬跋、凡例九條、目録。《易》二卷，《書》三卷，《詩》三卷，《春秋》三卷，《禮》二卷，《楚辭集注》四卷，《史類》三卷，《正字通》四卷，《天文考》、《天文考異》一卷，《楊升菴集》一卷，《通雅》一卷，《雜述》一卷，共一千二百八十四條。每條先列正文，次降一格爲按語。其意主於考訂訛誤，凡疑訟之未决者，悉皆剖雪無訛，洵不刊之碩記也。徐氏又著《經言拾遺》十二卷，即《周易拾遺》也。以程傳説理爲主，可與《碩記》“《易》類”參看。末有《易學補遺》一卷，附《易學源流》一卷，毛大鵬撰。自《連山歸藏》至今著《易》之家，莫不備列，皆取諸正史，即各代經籍、藝文志，甚便觀覽。《碩記》中一條云：“杜詩‘已從招提游，更宿招提境’，上‘招提’指僧言，《金樓子》云‘余於諸僧重招提琬法師’是也。下‘招提’指寺言，人皆知之。”此條注家鮮及，因表出之。

《學福齋雜著》一卷

國朝沈大成撰

《珠塵》本。前後無序跋。

京房變法第六爻爲宗廟，縱動不變。其餘一爻動則變，三爻以上亂動則不變。凡《左傳》之占法與此脗合。漢學可貴如此。

禄命家以男年始寅、女年始申爲例，其書無明文。《説文》“包”字義曰：“包，象人懷妊。巳在中，象子未成形。元氣起於子，男左行三十，女右行二十，俱於巳。巳爲子，十月而生，男起巳至寅，女起巳至申，故男年始寅，女年始申。”一順一逆，皆歷十數。兒在胎，十月而形全，形全而墮地。先天震位東北，巽位西南，一索得男，一索得女，以準寅、申，又相符也。蓋包者，精血相包而成，感於子，孕於巳，娩於寅、申。今爲推考許氏之説，靡不足徵。

文光案：寅申之説已見於《猗覺寮雜記》，非沈之説也。而不著所引，未知其爲偶合、爲竊取。又寅申之説，術家不解，求之《説文》，幸而有合，實出傅會。然亦可備一説，故録之。

余讀《通典·職官》而曉然於西學之誕妄矣。其入中國也，唐高祖時已然，不自明之末造也。而徐光啓之徒未嘗讀書，以爲創見寡聞，從而尊奉之。甚矣！其惑也。佛經摩醯首羅天，華言“大自在”，三目八臂，騎白牛，執白拂，有大威力，能知大千世界雨滴之數，即彼教所謂“天主”也。祆祠者，《説文》“關中人呼天爲祆”，今之天主堂也。末摩尼法者，天主教也。薩寶者，教頭也。祆正，守堂者也。西番者，西洋人也。其初本託浮屠以入中國，故其所居曰波斯寺，大秦寺也。其曰取火呪詛，蓋其識在巫史、卜祝之間。故雖視流内，而卑冗猥雜，陪臣之賤者也。其在唐時，已有誘人入教之事，故嚴加禁斷，第許彼國之歸化自習之。今其説曰耶蘇刑死，而爲天之主，則又利瑪竇別立名字，以爲神奇，不知適誣其先耳。徐光啓等愚陋，遂成其惡，抑亦士大夫之恥也。

《九章解》曰：“方田已舉勾股，而勾股實包諸數，故一章解而九章無不通，《周髀》明而渾天即在是矣。”

校勘記

〔一〕“忠”，原作“宗”，據上文改。

〔二〕“乙丙”，據上引男凡跋，似當作“己酉”。

〔三〕“草”，據《池北偶談》補。

〔四〕“洮”，原作“姚”，據同上書改。

〔五〕“止弟也”，據《居易録》補。

〔六〕“體”，原作“詩”，據上書改。

〔七〕“馬”，原作“高”，據上書改。

〔八〕“又欲刻”，據上書補。

〔九〕“山”，據《四庫》本及該書，當作“陽”。

萬卷精華樓藏書記卷九十七

子部十

雜家類八

《南江札記》四卷

國朝邵晉涵撰

面水層軒本。《左傳》一卷，《儀禮識誤》一卷，《禮記》、《三禮》一卷，《史記》、《漢書》、《三國志》、《五代史》、《宋史》一卷。

"與父老約法三章耳"，此"約法"與上"苛法"對。因《紀》有"初順民心，作三章之法[一]"，"約"字爲讀，始厚齋王氏。然《文紀》中宋昌有"約法令"之語，《刑法志》言"約法三章"者非一，當從舊也。

《三國·劉邵傳》："受詔集五經羣書，以類相從，作《皇覽》。"類書疑始於此。按《楊俊傳》注中所引《魏略》，《皇覽》凡四十餘部，部有數十篇，通合八百餘萬字，乃王象一人撰集，與此互異。

《毌丘儉傳》，《高紀》注："曼丘、毌丘[二]本一姓也，語有緩急耳。"作"母"者誤，《史通》音"貫"是也。

《方技傳》"直宋無忌之妖"，《急救篇》注："古有仙人宋無忌，此云妖，未詳。"又見《封禪書》引《白澤圖》云："火之精曰宋無忌。”蓋其人火仙也，以入竈，故以爲妖。

文光案：宋無忌，詳見《列仙傳》。邵氏未考宋無忌之妖即回禄之災，蓋火災也。邵氏以入竈爲妖，費解。考證之學，邵不如盧。

《鍾山札記》四卷

國朝盧文弨撰

《抱經堂》本。乾隆五十五年刊。自序云：“隨所得録之，不暇詮次。余前後忝鍾山講席最久，故以‘鍾山札記’標其目。”

《史》、《漢》數人合傳，其成一篇文字，蓋數人同一事，彼此互見，自無重複之弊。自范《書》以下，雖有合傳之名，實皆專傳之體，致有一事而再三見者，文繁志寡，由其不講史法故也。

《史》、《漢》前之目録，自有板本以來即有之，乃後人所增，非作者所自定。　《序卦傳》非即六十四卦之目録歟？《史》、《漢》諸序殆昉於此。

“氏”與“是”同，古通用。《大戴禮·帝繫篇》“西陵氏”、“蜀山氏”，乃姓氏之“氏”。下“氏産”之“氏”，與“是”同。讀者不審，每以“螺祖，氏”、“昌濮，氏”連讀，誤也。

獅子吼，語出釋典，亦切女子事。

唐杭州刺史相里君，志佚其名。余按獨孤《常州集》，名造，字公度。

唐文宗年號是“大和”，以碑刻知之。今各書誤作“太和”。

覺，有與“校”音義并同者。《鄭志》：“今就校人職，相覺甚異。”趙岐注“中也養不中”章：“如此賢不肖相覺”。

《史記》三家之注多異同，其義同而字異者尤多。《索隱》注有非注而混入者。汲古本殊自井然，凡小司馬欲以己意更定者，附刻於後，不以入注。

毛本不以《續志》間范《書》之中。監本移置列傳之前，與《史》、《漢》一例，且不題司馬彪之名；又易劉昭注補爲“補注”：皆失本來面目矣。

鄭氏《詩譜》十五國次序，不與今《詩》同。

古書大題多在小題之下，毛本《漢書》、《三國志》猶是舊式。

康成有《三禮目録》，賈疏引之，系以“鄭目録云”四字。今本集爲一編，去“目録云”而易以“注”字。豈注目録乎？又《周禮》“鄭氏注”之類亦入目録中，殊所未安。

鄭氏《周禮序》，見於賈公彦《序周禮廢興篇》中。

《水經注》“荆人鱉令”乃人名，或作“泠”，或作“靈”。新校本惑於《漢志》，改爲“鼈令”，似謂鼈縣之令，非也。

“鄭之有原圃，猶秦之有具囿也。”杜注：“皆囿名。”新校本《水經注》改作“具圃”，非是。

“小人剥廬，終不可用也”、“折其右肱，終不可用也”，“用”與“載”、與“事”皆不叶。顧氏《易音》亦謂其不可曉。楊文定《札記》云：“兩‘用’字皆‘害’字之誤。”案：此解甚確。“害”在十四泰，“載”在十八代，“事”在七志，古韻相通。古“害”字作“周”，易與“用”字相混，且有誤作“周”者。如鄭氏《周禮序》“諸侯惡其害己”，舊本誤作“周亡”；《鹽鐵論》“賤不害智”，誤作“周智”：皆以形近致訛。“用”之爲“害”，於此益信。

唐屯田“與其給牛之等”，《新書》、《食貨志》多訛脱。《通考》取其文，亦不能辨。　《新唐・食貨志》多誤。

《蔡中郎集》有宋天聖元年歐静所輯本，爲最古。歐本第一卷首篇乃《故太尉橋公廟碑》，以頌居首；頌後“公諱某云云”，至“書於碑陰，以昭光懿”，此是第二段；下云“橋氏之先”，至“儀表也已”，爲第三段，終焉，即所謂“碑陰”也。其四銘即附此篇之後。《三百三家集》〔三〕，以賦爲首，此碑在後，以“橋氏之先云云”、“公諱某云云”連爲一段，末妄增“銘曰”二字。以“光光烈考”提行，四銘則入銘類，不繫此碑之後，則全與篇中所云不相應。篇中所云“書於碑陰”者，即“橋氏之先”一段文也。若倒在末，則所云“碑陰”又何指乎？康熙間，劉嗣奇弟兄重刊蔡集，分爲六卷。碑在第五，此文全與張本同，但不加“銘曰”二字耳。

文光案：此碑，金石諸書及《水經往》皆有，可互證也。

盧説又見於《羣書拾補》，此詳彼略。

《漢志》一類中，或篇或卷不一，篇即卷也。謂《隋志》始以一篇爲一卷，殊不然。

《公羊》何注之長言、短言，高誘注《淮南》諸書之急氣、緩氣，閉口、籠口，《釋名》之以舌腹言、以舌頭言，《漢書》晉灼注之内言，皆是讀法。古人謂“一卷之書，必立之師”。童子入小學，師爲之辨聲音，審文字，離句讀，必以口相授，而後終身不至於訛謬。今無此師矣。

《龍城札記》三卷

國朝盧文弨撰

《抱經堂》本。凡八十四條。目録後有嘉慶元年錢馥跋。先生病終龍門城書院，此掌教時所記。

《漢書注》“鯫音淺鯫”、“傳音亭傳”之類，若作“鯫音淺鯫之鯫”、“傳音亭傳之傳”，人更易曉，而古人往往省之。郭璞注《方言》猶然，“蔿音指撝”，“蕡音翡翠”，亦有出三四字以外者。其注《爾雅》、《山海經》亦當爾。《山海經》中多改從今例，如“懸甕音汲甕”，乃誤改爲“名汲甕”，謬矣。《漢書注》縣名莫䵣下“音切怛”，狋氏下“音權精”，此乃一字兩音，又爲一例，非

"莫"讀"忉","氏"讀"精"也。縣名稱"氏"者甚多,"莫"字人所易曉,故不嫌相混。今人不曉,往往誤讀。陸氏《釋文》音,一字亦連引數文。古人音訓,不可不知。

《舜典》正義中稱"錢樂之"不連"之"字。"之"字本語辭,如羲、獻父子不相避,義尤可省。

沈道原著《省心録》,林和靖著《省心雜言》。

《羣書拾補》三十七卷

國朝盧文弨撰

《抱經堂》本。是書不分卷數,板口刻"經"、"史"、"子"、"集"。共書三十七種。開首爲錢氏大昕序,次乾隆五十二年自序,次目録。題曰"初編",蓋先出者。其二編未見。先生時已七十一,想亦不復再續,深可惜也。每書下各注"補逸"、"校正",或"某篇先出",皆《抱經堂叢書》中所無者。目不備録。其校正要語皆散見於各書之下。《孫氏書目》"字書"内"《羣書拾補》三十九卷","九"字恐是"七"字之誤。與《説文》爲類,亦未妥。今入雜家考證類,以一種爲一卷。

盧氏自序曰:"年家子梁曜北語余曰:'所校之書,勢不能皆流通於世。莫若先舉缺文斷簡訛謬尤甚者,摘録以傳諸人,費省而功倍,宜若可爲也。'余感其言,就余力所能、友朋所助,次第出之,名曰'羣書拾補'。約之又約,以公諸世,庶余之勤爲不虚也已。"

《五經正義表》,《文苑英華》不載。見明錢孫保求赤影鈔宋本《周易注疏》首,今所傳梓本皆無之,故備載於此。元本半葉九行,每行十七字。其"敕"字唐人皆作"勑"。 表云:"故祭酒、上護軍、曲阜縣開國子孔穎達宏才碩學,名振當時。貞觀年中,奉勑修撰。雖加討覈,尚有未周,爰降絲綸,更令刊定。"

文光案：此表上於永徽四年二月二十四日，自太尉無忌以下，所列銜名凡二十二人。朝散大夫、行大學博士臣賈公彦在第十一。

《尚書注疏》，宋本分二十卷，末有正義。以前古本分十三卷，《釋文》卷數雖同，而亦不盡合。余謂孔氏傳當依古本單行，至此經釋文已非陸氏之舊，然亦不可與正義相合，當别爲一書。《釋文》本無"古文尚書"四字，明本雖從宋本刊去，而於疏首猶標"古文尚書堯典第一"八字，則仍不没其舊。後來凡標題一切去之，更令後人無可根尋矣。

《春秋左傳序》云："凡三十六卷。"天台齊氏云"今六十卷"，不知始何時。

《禮記注疏》卷十九，"曾子問"末一節"自史佚始也"下，正義有缺文。明監本共空白二十三行，汲古本同。今據宋本補之。宋本分卷與今本不同。此在宋本爲第二十七卷，頗有經文當連屬而誤分前後者，不可從也。　《禮運》内監本、毛本正義具有脱文，今依宋本補之。　禮器亦可〔四〕脱文。　《坊記》補闕正訛。　《中庸》補闕正訛附"儒行補正"一條。　《大學》注疏多有後人以意增補者，并非本文。今據宋本删削補正。　《鄉飲酒儀》闕文，據宋本補正。　《射義》，據各家本訂補。

文光案：盧氏所補《禮記注疏》，此八篇先出。《左傳》止序一首。

《儀禮注疏》，其訛脱較之他經爲甚。近來校本，有浦鏜之《正字》、金日追之《正訛》，然皆以《經傳通解》爲據，而遺漏尚多。劉台拱曾見宋時經注單行本，其注之先後不與今疏本合。疏不與初見之字釋義，而顧於次見、三見處始爲注作疏，殊不解其何意。

文光案：所補正者，祇冠、昏二禮。

《吕氏讀詩記》，明御史傅應臺刻於南昌，有嘉靖辛卯鄞陸代序。從宋本出，字多從古，今其本頗不易得。世有通行者，乃神廟癸丑南都所刻本，脱去兩葉，其他亦有遺脱。恐久遠不見全書，亟爲補正。

《史記·惠景間侯者年表》中脱去楊丘一侯，《漢書·王子侯表》在楊虚之前，據索隱在楊虚之後。今從索隱補之。其楊虚侯中，有以“楊丘”之文誤入者，故并正之。 史表脱誤不可勝指，聊正一二。 吾鄉梁玉繩刊正《史記》，極精細。 雲澤王氏本，更多舛訛。

晉司馬彪《續漢書八志》，梁劉昭爲注以補之，名曰“注補”。後人附於范《書》紀傳之後，毛本猶然。監本乃厠於紀後、傳前，并不載司馬之名。又改劉昭之注補爲“補并注”，謬矣。諸本中，毛本爲優。劉昭序，各本多失刊，今載之。 《律志》、《禮儀志》、《祭祀志》、《天文志》先出。

《晉書·宣武紀》與陸機、王羲之傳論，乃太宗御製舊本，惟目録前題“御撰”，卷中則否。有每卷皆題“御撰”者，失之。《通志》所載尚係宋本，故所據獨多。 各志皆有訛。 《帝紀》、《天文志》、《禮志》先出。

《魏書·禮志》第十四中缺一板，其劉芳疏無從考補。下尚有十六字，見《通典》。

《宋史·孝宗本紀三》張邦奇校者，脱第八葉，以第九葉升上爲第八葉。今據元本補録。下又以三十三卷之第十一葉爲此九葉，“遂自措置”至“九月己酉楊存”，止四百字，複衍於此。神廟補刊本復改“楊存”二字爲“地震”，以泯其迹，今當删去。

《金史》監本《禮志六》第三葉缺，今據舊本補。 《太宗諸子傳》第二葉缺，今補。

《通鑑序》，宋神宗御製，陳本不載，他本亦未見。余從宋本抄得之。　宋本每葉廿行，行十八字。　《進通鑑表》見《傳家集》，亦當載入。此集亦嘗校定。陳公所刊比舊刻爲精，然其中亦有移改之失。以愚所見，如《詩》、《書》、《史》、《漢》等書，宋、明以來屢有更張，此甚非也。

《新唐書糾謬》坊本序文首葉乃僞撰。又《柳宗元傳》以下舊本爛脱，復雜取他卷之文以相抵。今據宋本補正。　宋本一頁二十八行，行二十四格。　此書有海虞趙開美校刊本，序文完全。今得吴氏元本，予指爲訛字者，業已改正。惟《柳宗元傳》一條，云"管仲遇盜升爲功臣"，"功"當作"公"。今官本猶作"功臣"，附記於此。

文光案：鮑氏所刻亦宋本，序文與此同。

郭璞注《山海經》并作圖讚，自來刻《山海經》者多遺之。吴志伊作《廣注》，多附見而不全。唯《道藏》本全載於經注之後，與經文時有異同。今各如其文録之，以明刻《郭弘農集》相參校。後有刻《山海經》者，必并刻此，方成全書。　鵸鵨鳥舊作"鵃"，僞。　"王予夜尸"，本多作"子"，藏本作"予"。

文光案：《珠塵》本有此讚，不如此本。

《水經注》有酈道元序，各本俱缺。新從《永樂大典》中得其全文，臧玉琳先生借絳云樓宋本對校，有一二字之異，今備録以公世。

《潛虚》，明范欽所訂《二十種奇書》内有此書。予借宋本校於《唐宋叢書》内，凡范書及《叢書》之訛訛，皆考正焉。

具列宋本體圖，無使爲坊本所淆。宋本亦有訛脱，不具著。

《嘯堂集古録》近刻，李邴序脱前一葉，干支、傳後序全缺，今皆依初本補之。間有異同及脱誤，依新安汪肇瀧校本增正。

《韓非子》，有明馮舒已蒼據宋本、《道藏》本以校張鼎文本外，又有明凌瀛初本、黄策大字本，今并以校明神廟十年趙用賢二十卷全本。此書注乃元人何犿删舊李瓚注而爲之者，亦甚略，且鄙謬者亦未刊去。孫月峰評本無注，兹不取。

《晏子春秋》，孫氏星衍得沈啓南、吴懷保本校梓者，分八篇，二百十五章，與劉向《叙録》合。孫氏自爲《音》二卷，僞脱者已補正，間有一二可商者，聊著於此。　吴勉學本止七篇，二百三章。　元本首有總目，又各標於當篇。今本皆缺目録，當以此補之。　《内篇》：《諫上》、《諫下》、《問上》、《問下》、《雜上》、《雜下》，凡六篇。《外篇》重而異者第七，不合經術者第八。注云："首六章皆毁詆孔子，故著於此。"

《鹽鐵論》，隋、唐志"十卷"，明張之象注本分十二卷，篇數同《漢志》。今以《大典》本及明涂禎梓本以校張書，知書中古字，皆張所改。如"防"作"坊"、"贍"作"澹"、"賑"作"振"、"策"作"册"之類，皆非其舊。張本多土音，後人勿爲所誤。　"采棺轉尸"，當即近世以舊用之棺賣與人者。

《新序》劉向所校上，索隱以爲劉歆所撰，非也。隋、唐志"三十卷"，今止十卷。陸貽典以宋刻本校改程榮本上，余以何允中本過録。又一本目録在前，曾子固序在後，似刻在程本前。今并兩本及宋校本相參證，何本脱誤之處，具注於下。有今書所無，見於他書者，隨所見彙鈔於後，以補其逸云。

《説苑》二十卷，與《隋志》合。《唐志》"三十卷"，恐誤。宋本前有劉向奏，又《復恩内篇》多"木門子高"一條。元坊本脱落甚多，然間有是處。又有明楚府本，亦可參考。但章懷注及《困學紀聞》等書所引，尚有出於今本外者。考《唐志》，劉貺有《續説苑》，似不必皆出中壘。孫侍御詒穀有校定《新序》、《説苑》本，甚精細。今取校程榮本，注其訛字於下。

《申鑒》有程榮本、何允中本、黄省曾注本。今參用三本。范《書荀悦傳》所載異同不具列。

世所傳諸子，多是世德堂本，有不標堂名，後來刊去耳。《列子》用晉張湛注，又以唐殷敬順釋文及宋陳景元語參厮其中，不加識别，頗爲混淆。近人引用多誤，認釋文爲注。今專校張注，非張注者置之。其殷氏釋文，《道藏》本彙編。全書之俗本，脱誤甚多。後有梓此書者，宜依《道藏》本，使各自爲書。蓋殷所見本，與張注本亦時有異同云。

前明有《鮑參軍集》刻本，字不甚工，世亦不多見。余借影鈔宋本凡八卷，其字異者即度於“三百家本”上。

《鮑照集序》，散騎侍郎虞炎奉教撰，張本缺。 序云：“身既遇難，篇章無遺，流遷人間者，罔不收集。照所賦述，雖乏精典，而有超麗，爰命陪趨，備加研訪。今所存者，儻能半焉。”

《韋蘇州集》，余有余懷本十卷，今以宋本補遺正訛。其同時酬和之作，時本皆缺，宋本有之，今補入。 末有拾遺詩八首，宋校本所添。嘉祐元年王欽臣序云：“分十五類，五百七十一篇。”今十四類，共詩五百五十六首，疑宋本已有遺脱矣。 《韋刺史傳》，宋沈明遠補撰。 白謂元曰：“韋蘇州歌行，才麗之外，深得諷諫之意，而五言尤爲高遠雅淡，自成一家。”

《林和靖集》，康熙戊子吴中有吴調元刻本，乾隆乙丑杭人陳梓又重刻於嶺南，兩本皆不及明正統八年餘姚陳贊惟成刻本爲有條理。 五言古詩，惟成本以此四首爲拾遺，在七絶之後。今移之前，非也。和靖詩以五言近體爲最，就一體中，自當以閑適一類居前，方與其人相稱，惟舊本得之。 行藥，見《文選》。但舊本實是“行樂”，詩中亦無行藥意。 《詩餘》，舊本所無。《宋史》有《省心雜言》一卷，李邦獻撰。今集後刻《省心録》，歸之和靖，非也。

錢氏曰：“予採輯應氏遺文一册，學士刻入《羣書拾補》中。”録於《養新録》。

文光案：是書總目内，《潛虚》後有《春渚紀聞》，注曰“補闕”，而書中無之，蓋訂本時遺失一種矣。俟借本抄補。

《十駕齋養新録》二十卷　《餘録》三卷

國朝錢大昕撰

《潛研堂》本。前有嘉慶九年阮元序、嘉慶四年自序，後有嘉慶丙寅男東塾記，又嘉慶十六年孫男師康跋。

阮氏序曰：“元初學者，不能學唐宋儒者之難，惟以空言高論易立名者爲事，其流至於明初，《五經大全》易極矣。中葉以後，學者漸務於難，然能者尚少。我朝開國，鴻儒碩學，接踵而出，乃遠過乎千百年以前。乾隆中，學者更習而精之，可謂難矣，可謂盛矣。國初以來，諸儒或言道德，或言經術，或言史學，或言天學，或言地理，或言文字、音韻，或言金石、詩文。專精者固多，兼擅者尚少。惟嘉定錢辛楣先生能兼其成。先生所著書，久爲海内學者所讀。别有《養新録》二十卷，乃隨筆札記經史諸義之書，學者必欲得而讀之，乞刻於板。凡此所著，皆精確中正之論。即瑣言剩義，非貫通原本者不能。譬之折杖一枝，非鄧林之大不能有也，噫嘻！難矣。”

錢氏自序曰：“‘芭蕉心盡展新枝，新卷新心暗已隨。願學新心養新德，長隨新葉起新知。’張子厚《詠芭蕉》句也。先大父嘗取‘養新’二字榜於讀書之堂。大昕兒時侍左右，嘗爲誦之，且示以温故知新之旨。今年逾七十，記一忘十，偶有愢聞，隨筆記之，題曰‘養新録’，不敢忘祖訓也。”

錢師康跋曰：“是書刻成於乙丑歲，未及十年而磨滅數十條。雨窗長夏，并取舊本及《金石跋尾》之漫漶者，付之梓人，悉加補葺，庶爲完善。”

孔疏因“大畜”有“止健”之文，遂類及於“小畜”，不知巽主入不主止。大畜，艮在乾上，能畜而止之。小畜不可言止也。後儒沿正義之誤，并《孟子》“畜君何尤”句，亦訓爲止矣。漢儒或訓積，或訓養，皆無止義。王弼注亦同。

好、惡異義，起於葛洪《字苑》，漢以前無此分别也。觀有平、去兩音，亦是後人强分。六爻，皆以卦名取義，平則皆平，去則皆去，豈有兩讀之理？而學者因循不悟，所謂“是末師而非往古”者也。《大學》“齊家”、“家齊”，以至“格物”、“物格”，皆不聞有兩音，而獨於“治”字辨之，曾不審上下文，不幾菽麥罔辨乎？

河圖、洛書兩圖，宋朱震《周易卦圖》始首列之，謂劉牧所傳。劉牧《易數鈎隱圖》，以九爲河圖，十爲洛書。朱子以十爲河圖，九爲洛書，引邵子説，辨析甚精。朱子雖力攻劉氏，又曰“安知書之不爲圖，圖之不爲書”，則朱子亦疑之。　九宫之圖古矣，《大戴》明堂九室之制，蓋準乎此。《乾鑿度》四正、四維皆合於十五，亦謂此圖也。其原本出於《易》，與八卦方位相應，漢儒皆能言之。方士又以白、黑、碧、緑、赤、黄、紫訣其方位，别爲太一遁甲之術，以占休咎，遂爲儒者所不道。陳希夷輩依《大戴》爲圖，不用白、黑等字，其識固高；但此圖流傳已久，漢世河洛秘緯盛行，不聞指此爲河圖、洛書，未審後儒何所見而鑿鑿言之也。　盧辯注《大戴》有“法龜文”之説。辯，北齊人也。甄鸞注《數術紀遺》有“二四爲肩”之説，與盧説暗合。鸞，後周人也。朱子以九爲洛書，蓋用盧説而誤以爲鄭氏注。

《孟子》“勞於王事而不得養父母”，即《小序》説也。漢儒謂子夏所作，殆非誣矣？蔡邕《獨斷》載《周頌》三十一章，盡録《詩序》，一字不異。

古人用木皮撻人，名“朴”。《虞書》“朴作教刑”是也。後人以“朴”有撻意，遂改從手，見於《儀禮》者，凡三十六字。

《石經》初刻，并從木，後磨改從扌。有未經磨改而作“扑”者，皆朱梁補刻。《九經字樣》收“扑”字，或即唐玄度所改，今本皆沿其謬矣。

《檀弓》“美哉輪焉”，“輪”與“奂”韻，“哭”與“族”韻，此句中有韻之例，故晉人謂之善頌。

絳縣人生於文公十一年，至襄公三十年，當爲七十四年，而傳稱“七十三年”者，古人以周一歲爲一年。仲尼七十四歲，而賈逵注云“七十三”，正以未周歲故，與絳縣人記年一例。亭林謂古人以歲盡之日增年，亦無他據。

《成·二年》“旦避左右”，唐石經作“旦”。凡夢必在夜，故左氏紀夢每言旦，“旦召其徒”、“旦而求之曹”是也。《昭·二十五》“旦召六卿”，今本亦誤爲“且”，唯石經不誤。寧人以石刻爲誤，傎倒甚矣。

《正義》刊本删正義而就《釋文》，又多校書者所竄入。

古者以木畫卦，齊、隋、唐初皆用錢，但先筮而以錢記之。其後漸趨簡易，不更揲蓍，故唐人有“暗擲金錢卜遠人”句。

宋人刻《釋文》者，誤疑《士冠禮》“建柶”作“捷柶”，并注中“建”字亦改爲“捷”。曾不檢《士昏禮》亦有“建柶，興”之文，沿訛數百年，賴有石經正之。

《元史·汪士顯傳》不可信。畢尚書《續通鑑》稿成，予爲辨正之。

《隋志》有《雜字解詁》四卷，魏掖庭右丞周氏撰，蓋宦者。注《爾雅》之李巡，亦中黄門也。

《寶祐會天曆》，崑山徐相國家宋槧本，今已不存。此從竹垞影抄本展轉摹寫，不無脱漏僞舛，要是世間罕有之物。

《續漢·郡國志》言“春秋三史”，“三史”謂《史記》、《漢書》及《東觀記》也。《晉書》、《隋志》言“三史”者，皆指此。

自唐《東觀記》失傳，遂以范《書》當之。

新、舊《晉書》不同。《尚書正義》所引《晉書》，今本無之。唐修《晉書》之時，王隱、何法盛、臧榮緒之書具在，故《史通》稱“新晉書”。

《晉書》有《叙例》一卷，今失傳，見於《史通》者三條。

今世所傳宋、齊、梁、陳、後魏、後周、北齊七史，皆出於嘉祐校刊之本。《魏書》每卷末間有史臣校語，它史失去。

明道，仁宗年號，不當爲人臣之私稱。而潞公以題墓，伊川受而不辭，皆所未喻。後人亦無議及此者。

宋景祐本《論語》又盡善矣，不作也。

第四卷後半校《説文》訛字；第五卷講聲韻，備載字母；第八、九卷考宋、遼、金、元四史；十卷，官制；十一卷，地理；十二卷，人名，可與《古今同姓名録》參看。

南康謝藴山巡撫廣西，好搜訪金石文字，撰《粤西金石略》十五卷。刻甫成而歿於官舍，故流傳頗少。所載南漢銅鐘款識二通，皆完好可喜。

汪秀峰收得宋、金官印各一，其一曰“恩州饒陽鎮酒税務記，大觀三年二月少府監鑄”。考《宋史·百官志》，少府監掌鑄牌印諸記，其屬有鑄印篆文官二人，是鑄印爲少府監專職。《元豐九域志》，恩州武城縣有饒陽鎮。宋時州縣酒税務或置於城内，或置鄉鎮，設監税務官一人主之，所謂“監當官”也。其一曰“提控所菜字印，興定元年九月行宫禮部造”。興定者，金宣宗年號。其時中都陷没，南遷於汴，故有行宫禮部之稱。《金史·百官志》屢見“提控”字，卻未有以提控所爲專署者。“菜字”不知何義，當取《千字文》編號耳。

文光案：以印證史，以史證印，考史者正宜如此，與賞鑒家之誇耀藏弆、篆刻家之辨别文字者自異。因録之以爲考證之法。

姜怡亭銅牌拓本，長五寸許，寬不及二寸，上有穿。其一面文云“左右宿直將軍司”，下有印，篆文云“左右宿直將軍司印”。其一面中刻“奉御”二字，左刻“得入第一重門”六字，右刻“日字第三十二號”七字，字較小，最下刻“從人牌子”四字，二行。予審定，以爲金時物。金之奉御皆世家子弟，爲之出入禁省，號爲“近侍”。此牌則奉御之從人所帶，僅得入第壹重門而已。按《金史·百官志》，此牌當給於大定以後也。

《漢韓勑造禮器碑》“顏育空桑”，《隸釋》引“伊尹生空桑”，以爲不經之甚。予謂空桑者，窮桑也。窮桑在魯城内，見《昭·廿九年》、《定·四年》注。顏母生於曲阜，即少昊之墟，故稱空桑。“空”、“窮”古書通用，洪殆未考《左傳》耳。

《曹全碑》有“收養季祖母”之語，季祖母猶今稱叔祖母。或以爲庶祖母，恐未是。

《溪州銅柱記》多攙入宋人題名，字迹較劣。知州、通判、都監、鈐轄，皆宋時官名，授堂題跋未及别白也。吴志伊未見石刻，所載記文多誤，又不録誓文。此柱今在永州府境，人迹罕至，椎拓不易。

蜀石經刻於開成石經之後，元、明儒從未寓目。《詩經》殘本“江有汜，子之于歸，迨其今兮”，“其”作“及”；“不以我能慉”，多“以”字；“昔育恐鞫”，無下“育”字。

佛書初入中國，曰經，曰律，曰論，無所謂“語録”也。達摩西來，其徒日衆，而語録興焉。支離鄙俚之言，甚者指佛駡祖，而世之言佛者反尊尚之。甚矣！人之好怪也。

釋家之語録始於唐，儒家之語録始於宋。

王伯厚曰：“自漢儒至於慶曆間，談經者守訓故而不鑿。《七經小傳》出而稍尚新奇矣。至‘三經義’行，視漢儒之學若土梗。

古之講經者，執卷而口授，未嘗有講義也。元豐間，陸農師在經筵，始進講義。自是厥後，上而經筵，下而學校，皆爲'支離蔓衍'之詞。説者徒以資口耳，聽者不復相問難，道愈散而習愈薄矣。”原注：“予嘗見《景定建康志》，有《明道書院講義》一卷，皆王氏所謂'支離蔓衍'之詞也。”

“道統”二字，始見於李元綱《聖門事蹟圖》，與朱子同時。

宋、明人言心性，亦清談也。

陸放翁云：“錯本書散滿天下，更誤學者，不如不刻之愈也。”是南宋初刻本已不能無誤矣。讀者當擇而取之。若偶據一本，信以爲必不可易，此書估之論也。

今世友朋相狎，呼其姓加以老字，亦有本。白詩“每被老元偷格律”，謂微之；“試覓老劉看”，謂夢得。

《列子》：“死之與生，一往一反”。釋氏輪迴之説，蓋出於此。《列子》書，晉時始行。

《餘録》：“《詩》言'之子于歸'者不少，'之子于征'、'之子于苗'、'之子于狩'、'之子于釣'，皆四字句。'江有汜'章，當依蜀石經有'于'字。”

《南雍志》云：“《十三經注疏》刻於閩者，獨缺《儀禮》，以楊復《圖説》補之。嘉靖五年，巡撫都御史陳鳳梧刻於山東，以板送監，是南監《禮注疏》。雖刻於嘉靖，乃在張邦奇之前。邦奇等所刊補者，唯二十一史耳。”“嘉靖七年所刻，唯《史記》，兩《漢書》，遼、金二史五部。刻於萬曆二十四年者，則有《史記》、《梁書》、《五代史》，祭酒余有丁、司業周子義所校也。”

文光案：《養新録》仿顧氏《日知録》，而精博過之，宜家有其書。今《日知録》盛行，而《養新録》無能舉其名者，刻本太少故也。此種書照原本翻刻，精加讎校，附以案語，更爲盡美，惜無好事者爲之也。

《恒言録》六卷

國朝錢大昕撰

詁經精舍本。嘉慶十年揚州阮長生、烏程張鑑補注校刊。自吉語至俗諺有出，凡分十九類。前有阮長生序。

阮氏序曰："鄭君箋《詩》"願言則嚏"，俗人嚏云：'人道我。'注《禮》'夏后民以楬豆'，則曰：'齊人謂無髮爲秃楬'。蓋楬即髻，而嚏則今人猶然。自服子慎《通俗之文》不傳，此道幾於絶響。非先生孰克成之？爰刊諸家塾。"

古書"榜"字皆不從手旁，唯《北史》間有之。

"賠"字不見《玉篇》等書，古人多用"備"字，或"備"作"陪"。《明永樂實録》"追陪"字不從"貝"，《唐律》作"備"。《升菴集》："後周詔'侵盜倉廪，雖經赦免，徵備如法'，備，音裴，償補也。"

宋時，一僧度牒直七百千錢。

行狀始於魏晉。

承重，即《儀禮》"喪服之持"。唐人避高宗嫌名，改"持"爲"承"。

《急就篇》云："石敢當"。師古注："敢當，所向無敵也。"王象之《輿地碑目》云："慶曆中，張緯宰莆田，得一石，其文曰：'石敢當，鎮百鬼，厭災殃。官吏福，百姓康。風教盛，禮樂張。唐大曆五年，縣令鄭押字記。'"

箕卜之術，本起於紫姑，後來方家推而廣之耳。放翁《箕卜》詩："孟春百草靈，古俗迎紫姑。厨中取竹箕，冒以婦裙襦。豎子夾扶持，插筆祝其書。俄若有物憑，對答不須臾。豈必考中否，一笑聊相娱。詩章亦間作，酒食隨所須。興闌忽辭去，誰能執其祛？持箕畀竈婢，棄筆卧墻隅。几席亦已徹，狼藉果與蔬。紛紛竟何益，人鬼均一愚。”

俗語多出於釋氏語録，宋儒語録亦多用俗語。放翁云：“今世所道俗語，多唐以來人詩。”顧起元曰：“俚語於人情世事有至理存焉，往往可味，邇言所以當察也。”

《海南日抄》三十卷

國朝張眉大撰

原本。嘉慶元年自刊，官儋州時所撰，故曰“海南日抄”。書本五十卷，先刻三十卷。内有《石鼓考》，其餘經史、詩文、書畫、雜類考證，習見者不録。間有己説，而雜採者多。自序云：“海外無書，牴牾不能自保。”

丁傳曰：“《隸辨》所輯之字多破體，其字採之漢碑。繆篆不當施於碑刻。”

《定香亭筆談》四卷

國朝阮元撰

琅環仙館本。嘉慶五年嘉興吴文溥録。前有自序。定香亭，在杭州學署。

阮氏自序曰：“余督學浙江時，隨筆疏記近事，名曰‘定香亭筆談’，殘篇故紙，未經校定。戊午冬，陳生雲伯手寫一帙。己未冬，施孝廉應心復轉寫去，付之梓人。其中漏略尚多，爰出舊稿，屬吴澹川、陳蔓生、錢金粟、陳雲伯諸君重訂正之。諸君以其中詩文不妨詳載，遂連篇附録於各條之後。余不能違，因訂而刊之。”

《小滄浪筆談》四卷

國朝阮元撰

浙江節院本。嘉慶七年刊，前有自序。

阮氏自序曰："余居山左二年，登泰山，觀渤海，主祭闕里，又得佳士百餘人，録金石千餘本。乾隆六十年冬，移任浙江。回念此二年中所歷之境，或過而輒忘，就其尚能憶記者，香初茶半，與客共談，且隨筆疏記之。何君夢華、陳君曼生皆曾游歷下者，又爲余附録詩文於後，題曰'小滄浪筆談'。小滄浪者，居泲南時習游大明湖、小滄浪亭，卷首數則，皆記小滄浪事。"

益都段赤亭松苓博洽多聞，淹通經史，著有《益都金石志》，考證精該。予嘗謂東州宿學，無過此人。

濟寧布衣鄭魯門支宗，精於鐫刻。手摹秦、漢印文，幾欲亂真。

《瞥記》七卷

國朝梁玉繩撰

《清白士集》本。前有自序。卷一，經九十四條；卷二，經一百條，《檀弓剩義》十八條，《説文偁經附證》十五條；卷三，史一百八十八條；卷四，史一百七條；卷五，子八十五條，《列女傳補勘》二百十九條；卷六，詩文八十四條；卷七，雜事九十六條，《日本碎語》十六條。王德柔云："遇見瞥觀，皆即疏記。後重省覽，歡興彌深。書名'瞥記'，蓋取諸此。"

考證之文悉録於後：　少昊是古官名。　秦分三十六郡，史不著其目。　《嶧山碑》極簡古。秦刻石七篇之第一篇，太史公不載，疑《史記》有脱誤。　亡秦者胡，人所共知。《世紀》曰："桀見籙書云'亡夏者桀'，於是大誅豪傑。"何其類也！　《六國春秋》，不知誰作。　《史》、《漢》於諸帝名不盡避。《刑法志》"刑亂邦用重典"，反改"國"爲"邦"，不可解。　宣帝時，穀石五錢。粟賤無過於此。　膠西王端，一近婦人，病之數月。梁宣帝惡見婦人，遥聞其臭。史中惟見此二人。　漢石經。卷三，二十一頁。 蔡邕有二女，其一爲羊祜之母。不知蔚宗何以舍祜母而載祀妻，棄賢取文，未免倒置。 《魏志·東夷傳》："沃沮國，女至十歲，婿家迎之，長養爲婦。"今養媳，本夷俗。 孔明讀書，但觀大意；淵明讀書，不求甚解：非中人以下所得妄託。 張益德，見本傳，訛爲"翼德"。 佛圖澄取麻油，合胭脂，研於掌中，示童子，粲然有輝。《晉書·藝術》。此即圓光之術。 謝靈運自注《山居賦》，顔之推自注《觀我生賦》，楊戲自注《輔臣贊》，史皆載其注。 蕭子範《千字文》甚美。蕭子雲、胡肅注《隋書》。潘徽爲《萬字文》。唐有《演千字文》五卷。 韓子之文，先經後傳，其體類乎連珠。《魏書·李先傳》。 元魏始有從品，自一品至九品。 俗間戲婦之法，始於漢、晉，有死者。 宋子京刊修《唐書》，喜用奇僻字，然皆有來歷。 唐以老子爲祖，最爲不經。

則天初誕之夕，雌雉皆雊，豈吕后身邪？其罪浮於吕雉，而英鷙智數類之。 王世充篡隋，孔穎達爲草禪儀，與劉歆爲莽著符命何異？ 《天寶遺事》："國忠，張易之之子也。" 董衝《唐書釋音》二十卷。 自梁至周，身仕五姓者不少。范魯公之賢，亦歷四朝，入宋封公。魯公《誡子詩》前半備述官閥，與長樂老何異？馮道。《宋史·周三臣傳》，韓通、李筠、李重進，皆非一代之臣。 《宋史》蕪冗疏略。湯若士有《宋史》改本，科段分明。潘中丞《宋史抄》，摭拾最富。 《道史》不傳。 《華戎魯衛録》二百五十卷，與契丹通好典章。今不傳。 《金史》："舉人程文，自注出處。" 明昌二年，禁伶人不得以帝王爲戲，避周公名。 宇文虚中爲人媒孽，指家藏圖書爲反具，罪至族。高士談圖書尤多，亦見殺。士大夫家多藏圖書，固是美事，然聚書之禍，不可不知。 《元史·張立道傳》："先是，雲南未知尊孔子，祀王逸少爲先師。"《封氏聞見記》云："流俗，婦人多於孔廟祈子，有露形登夫子之榻者。"一尊逸少，一褻孔子，皆奇事。以上一卷至四卷。《管子》之文，厚重奥峭，在諸子中别自一格。《管子》多奇字，音義未詳。《墨子》奇字難考，《荀子》多古字，《吕子》間有，今具有釋。素王，見《莊子·天道篇》。後世借以尊孔子，因謂左丘明爲素臣。《老子》、《荀》、《揚》，金時與經史并出題考試。《西京雜記》。抱朴子《玉函方》百卷。陶元亮著《四八目》，不知何時改名《聖賢羣輔録》。"無極"二字，見《周書·命訓》及《列子·湯問》，非始於周子。《張子正蒙》純駁互見。明朱健著《蒼崖子》十篇，時有俊語。以上卷五。閩中刻東坡《杜詩》，無一語有來處。朱子云："閩中鄭昂僞爲之。"晚唐詩人，薛能最庸妄。《琴操》言昭君吞藥死，與史不合。朱子意《離騷》有所感。《蔡中郎集》，袁滿來年十五，胡根年十歲，皆爲作碑。東漢之末好刻石立碑。《隸釋》有《童子逢盛碑》，年十二。趙宋之制，凡宗室之女殤，皆敕翰林撰碑志，故名人集中有宗室某墓記，僅六七歲、三四歲，并有一二歲者。昌黎《佛骨表》脱胎於傅奕。柳文有非子厚作者。《吴子》："圓而方之，坐而起之。"句法從此化者極多。宋丁寶臣與兄宗臣，皆以文行，號"二丁"。以上卷六。翻切起於孫叔，然高誘在前，其注《吕覽》、《淮南》，有急氣、緩氣，閉口、籠口之法，已爲翻萌芽。《廣韻注》錯誤甚多。《御覽》引書其尤奇者，《立后土國語》、《臺甲孔叢子》，不知何書。柳子厚工書。石刻多陰文。《西門豹祠碑》爲陽文。楊震爲關西夫子，王起爲當世仲尼，指不勝屈。漢有薛方丘，字夫子。《唐·宰相表》。征西將軍孔子。《西秦録》。都督曹仲尼。《魏書》。武后時，有拾遺魯孔丘。《朝野僉載》。宋齊丘，字超回。《南唐書》。漢許暹，字顔回。《顔氏家訓》。馬騰與韓遂結爲異姓兄弟，《三國志·馬超傳》。此拜盟之始，其弊更甚於連宗。《水滸傳》元本，乃錢塘施耐庵得宋張叔夜擒賊招語，備悉一百八人所由起因，潤色成之。或以爲羅貫中編，蓋取施本增益演造，未可知也。《癸辛雜志》有《宋江三十六人贊》，不云“一百八人”。　近有人一手有脉，一手無脉，前人未論及。　吾杭汪翼滄賈於海外，著《日本[五]碎語》一卷。余欲鮑君以文刻入《知不足齋叢書》，尚未果，略採數則如左：　日本書籍甚多，間有中國所無之本。亦建聖廟，有官稱聖廟先生。客有攜書往售者，必由聖廟官檢閲，恐涉天主教耳。余購得《古文孝經》、《孔氏傳》及《七經孟子考文補遺》，傳之士林。俗禁天主教甚峻。

《爻山筆話》十四卷

國朝蘇時學撰

原本。考證之書，板本清整。

《論語》，《家語》，《曾子》，《子思子》，《孟子》，《大戴禮》，《穆天子傳》，《石鼓文》，《竹書紀年》，《晏子春秋》，《吕氏春秋》，《戰國策》，《新序》，《説苑》，《緯書》，醫書，《本草綱目》，六朝著述，唐宋别集，書之盛，書之亡，讀書説，《太平御覽》，古今僞書考，《十六國春秋》，史書，《通鑑》，《綱目前編》，諸子，《世説新語》。

文光案：國朝考證諸作，大有益於讀書，因録其目以備檢對。《古柏齋讀書雜志》一卷，金華王家文撰，已刻入《冰壺山館叢書》，亦考證之文也。其他有益於讀書者，佳本尚多，未及備録也。

《重論文齋筆録》十二卷

國朝王端履撰

受宜堂本。前有王曼壽序、端履自序。書成於道光丙午。王氏藏書十餘萬卷，世稱“十萬卷樓”。

《春秋稗疏》二卷，王夫之所著。其釋“從祀先公，盜竊寶玉、大弓”云：“經言‘從祀先公，盜竊寶玉、大弓’，相連成文，非二事，明甚。蓋陽虎從定公以祀，因作亂而掠寶玉、大弓以叛。‘從’者，陽虎也。不言‘盜從’者，不可加‘盜’於‘祀先公’之上；且當其從祀，尚未爲盜也。《中庸》曰‘陳其宗器’，則寶玉、大弓以祀而陳，而虎因得竊之。合二句爲一事順讀之，大義自昭然矣。”説似新穎，然《春秋》筆削之旨，無合二句爲一事者，竊未敢以爲然也。文光案：謂從祀之時未叛，則是謂當其從祀，尚未爲盜，而又以盜寶玉、大弓即在從祀之時，是自相牴牾矣。然其意謂從祀之先未有所盜，因竊寶玉、大弓，始有盜名也。

舊藏抄本《通歷》十五卷，見阮相國師《揅經室提要》。此本前三卷不知何人所補，舊題“李燾”，殆出依託，不足據。

新刻《道鄉集》四十卷。　秀水錢侍郎載。有《籜石齋集》五十卷。工於詩、畫，考證非其所長。　李日華《味水軒日記》八卷。　毛西河云：“大興周雪客，係櫟園之子。自注《南唐書》，以陸爲主，以馬爲注，且遍搜諸書，統注其下，妙不可言。端履案：近得《南唐書注》十八卷，青浦湯運泰著，徵引極爲詳贍。《西域聞見録》。　小米振綺堂藏書最富。　練恕《多識録》援据精確，斷制謹嚴，讀書得間，能正前人之失。　《乾道四明圖經》。　蘇潭博通經史，器重藝林，爲文援据奥博，精審不苟。《史記》闕篇、補篇。　《周代書册制度考》。　蘇潭著述甚富，惜天不假年，僅成《潛夫論注》一書，已刻入《湖海樓叢書》中。小字本《説苑》。　《周易鄭注》。　南陔著述甚富，有《石鼓歌》。　《集古來文字表》。四。　潘德安，字掇庵。有《陰隲文詩》一卷，余爲之序。　《古文尚書》即爲梅頤所僞造，亦是東晉人著述。　亥有二首六身，商鐘銘“吉日丁亥”作“𠀅”。《本草述》三十二卷，劉若金著。刊刻精工，紙墨堅潔。儒者之言，非俗醫所能窺。　《居易録》載某提學試士於鄴，謁聖廟，顧階砌古槐蔭極濃鬱，出一聯令諸生屬對，云："緑槐夾砌午陰匝地掃難開。"楊崑阜庶子應聲對曰："紅杏出墻春色滿園關不住。"提學曰："子必狀元及第。"已，果中甲辰會、狀兩元云云。章實齋先生，名學誠。深於古文。端履偶以此條質之。先生曰："試士鄞，'鄞'字當作'寧波'。若僅試鄞，楊不得與。楊，慈谿籍。且提學校士寧波，闔屬非僅試鄞也。'楊崑阜庶子'下當增'時尚爲諸生'五字，不然竟似庶子對提學言。'會、狀兩元'，當省作'狀元'。上云'狀元及第'，'會'字從何雜出耶?"先君聞之云："作文當刻刻如此留心，自然精審不苟矣。"　《格物説》二篇，一宗漢學，一宗宋學。　《爾雅釋草》。

《書林揚觶》一卷　《漢學商兑》四卷　《半字集》二卷

國朝方東樹撰

《儀衛軒》本。道光辛卯冬刊。《書林揚觶》，别有盱眙吴氏刊本，爲分爲二卷。此本不分卷，凡十六篇，曰著書源流，曰人當著書，曰著書必有宗旨，曰著書不可易，曰著書不貴多，曰著書無實用，曰著書不足重，曰著書傷物，曰著書争辨，曰著書精、博二派，曰著書説經，曰語録著書，曰説部著書，曰著書凡例，曰附論文人，曰序纂。前有管同、姚瑩、張際亮三跋并自序。《漢學商兑》仿朱子《雜學辨》例，摘録原文，各爲辨正於下。自序謂："近世漢學家著書，闢宋儒，攻朱子，於修齊治平之教一切置之。名爲治經，實足亂經；名爲衛道，實則畔道。余思彌縫其失，掇拾辨論，俟真儒出而大正焉。"是書力抵漢學之非，自閻、顧以下，如惠，如戴，如錢，無不被其指斥。既痛絶夫竹垞，更集矢於紀、阮。雖其持論甚正，引據極博，而終不免於門户之見。蓋桐城派以宋學爲宗，故立言如是，然實出於憤激，殊失和平。況名儒名臣，當代自有公論，一人私説，未必服衆。又恐人之不信，卷首多列題識，亦可見迂拙之苦心矣。中卷分上、中、下。《半字集》則其詩集也。

方氏自序曰："學海堂落成之後明年，乙酉初春，以'學者願著何書'策堂中學徒。余慨後世著書太易而多，殆於'不知而作者'，因請誦往哲遺言，及臆見所及，爲十六論，以諗同志。知者或有取於鄙言也。"

管氏跋曰："所論雖專爲著書而發，實則窮理格物、行己立身之道悉貫乎其中。"

姚氏跋曰："《辨道論》爲域中有數文字。此與《漢學商兑》尤域中有數書也。"

張氏跋曰："微文大義，炳於日星。"

六經之名，始見《莊子》。何休引《緯書》，稱孔子"行在《孝經》"，及《戴記》解經之篇皆出後人，未可據信。

秦、漢先師，大抵以傳經爲事，雖專門名家而不能相通。然抱殘守缺，訓詁名物，其功不可泯，而其爲業最尊矣。

史所以輔諸經。諸子則道有純駁，術有邪正，擇之不審，有害於人心，非史之比，故又次之。

《七略》以輯居首，六藝次之。班《志》首六藝，皆無史類。班《志》所次九流，即《七略》之諸子也。就其所條，或有紛舛，故鄭樵譏其無倫類。荀勗《中經簿》，子在史前。至唐，始定爲經、史、子、集。余嘗論孔子以前，經之名未立，而多言史，是史最居先。文中子以《詩》、《書》、《春秋》同曰"三史"，陸魯望亦言《書》與《春秋》實史。朱子曰："史之體可見者，《書》與《春秋》而已。"

《莊子·天下篇》叙六藝之後，次及諸子道術，此具眼隱義，總持之始。其後，《七略》、班《志》次第皆本《莊子》，而世未有窺其源者也。

漢時未有以集名書者，自劉歆《輯略》始有别録，自摯虞《流别》始有總集。雖有專部，而無集之名。集之名，自阮孝緒《七録》始。自歆、勗以前，大抵皆以辭賦當之。其實如孔子訂《詩》、《書》，即總集也。

《新唐書》别出類書一類，《通考》入之子部。其實如《皇覽》、《北堂書鈔》、《藝文類聚》，亦總集耳。

自唐以來，如元行冲、毋照、西齋、邯鄲、廣川、相臺、遂初、田氏、陳氏、晁氏、鄭氏、葉氏、《通志》、《通考》、萬卷堂、菉竹堂、聚樂堂、《授經圖》、焦氏《經籍志》、千頃堂、述古堂、天一閣、汲古閣、也是園、《經義考》、傳是樓、通忠堂、季氏、徐氏，并有書目，今兹亡者，皆已過半。或有長篇巨翰，雖存而不爲世所要用，人所共知。而其中獨百十人，落落在人心目，不可磨滅，美愛斯傳。有志者可以思其故矣。

《漢唐事牋》十二卷，見《四庫未收書目》。此書與《古今源流至論》相類，乃科舉俗書也。乃悟古人爲學之始，有力者多自撰一書。如葉文康《禮經會元》、吕東萊《博議》皆然，即賈誼《新書》亦如此。

臧霸、梅賾、劉炫、豐熙、楊慎、曹溶輩，專造僞書。

惠氏《古義》博而不安，得真甚少。又其校經，喜据《淮南》、《吕覽》、《管》、《荀》、《韓詩》、《説苑》、《御覽》等書，言雖有徵，而多僻違。昔孔子贊《易》，黜《八索》；序《書》，汰《三墳》。若出今人，必援之以爲博物異聞祕録矣。

《癸巳存稿》十五卷

國朝俞正燮撰

《連筠簃叢書》本。前有道光二十九年張穆序。

張氏序曰：“黟俞君理初於道光十三年編刻平生所爲文，題曰‘癸巳類稿’；而以未刻者總寫成帙，緣其初，名‘存’以備散失云爾。癸巳春，儀徵太傅主會試。榜發，竟報罷。已而，知其卷在通州王菽厚禮部房中，禮部固力薦之；而新安相國深嫉迂誕之學，綑束置高閣，儀徵初未之見也。理初足迹半天下，得書即讀，讀即有所疏記，每一事爲一題，巨册數十，鱗比行篋中。積歲月，證据周徧，斷以己意，一文遂立。讀其書者如入五都之市，百貨俱陳，無不滿之量也。然細字密書，厶增乙跨，稿草襞積，猝不可讀。當議刻《類稿》之時，發篋攤書几上，屬日照許君印林及穆爲檢之，擇其較易繕寫者，得如干篇，分類排次，以付梓人，前刻十五卷是也。及《類稿》既竣，賣其書，稍有餘資，乃覓鈔胥爲寫未刻之稿，又得尺許，即今所刻是也。理初方年二十餘，負其所業，北謁孫淵如觀察於雍州，故其議論、學術與觀察恒相出入也。余假得《存稿》副本，刻入楊氏《叢書》。放《類稿》例，亦釐爲十五卷。中多引申未竟之作，不復删。”

凡輿地懸圖，宜以北爲上。其几案展閱之圖，宜以南爲上，以坐閱多向明也。俗士作几案圖，多誤從懸圖式。

案《石林燕語》云：“刻書以杭州爲上。汴京比歲亦不減杭州。汴則紙不佳。蜀、建則柔木，板不佳。”是北宋時建板已不爲學者所重。業此者，西沿及邵武、金溪、撫州。而科舉之書多出山東東昌，板亦不佳。其工價旁出，可證者劉若愚《酌中志略》，李廷機審曒生光案云：“刊字匠徐承惠供，本犯與刻字工錢，每字一百，時價四分。本犯要承惠僻静處刻，勿令人見。每百字加銀五釐，得工銀三錢四分云云。”今推妖書七百六十字，明萬曆時每百字併板，時價四分。京師如此，則外省價廉可知。今上元鄉間刻工，亦止字一百，銀四分也。

《平淮西碑》。當時軍民之心，實不以愈文爲然也。

《五禮通考》所采漢以後事皆是，惟周時書籍，廣搜魏晉以後議論附於後，本康莊也，而荆棘、榛芒之。魏晉以後禮制，多本王肅、皇甫謐。其文不可不采，然宜附所引史志後，不宜附經後。引經止存漢傳注本義，魏晉以後野文皆削之。宋元平話，帖括經義，日課陋稿，尤不當載，令人憎惡，不可謂之禮書也。而制度則案年次之，《通考》之體應如此，此書體例非也。其體國經野，無歷代田畝、步弓、尺度，亦是漏略。或謂不須如此，則又何須録《禹貢錐指》乎？

《急就篇》，《提要》稱其自始至終無一複字。案：開首六句已多重字。《蒙求》，《提要》云其注顔叔秉燭，言事出毛公《詩傳》。今《詩傳》實無其文。案：其傳今具《小雅·巷伯》“哆兮侈兮，成是南箕”下。

莊子以墨子爲才士，言其巧也。古稱巧曰“墨翟”。今其書守備、號令，李靖以爲不便於用，因時之制有不同也。

《讀史方輿紀要》於西洋諸番，説注輦未能詳。注輦國，沈括《筆談》謂之“珠輦國”，《元史》謂之“俱蘭國”。

《俄羅斯長編稿》，録京報一百八十七條。問之館中寫書者，《國朝宫史續編》書籍二十六，圖繪二，有《俄羅斯地方分界圖》一幅、《俄羅斯圖》一幅。内廷秘笈，世無副本。《異域録》前雖有輿圖，而大略不詳。《水道提綱》則界之又難。《皇朝文獻通考·俄羅斯傳》，順治時遺漏太甚。《聖祖平定羅刹方略》四卷，見在國史館，而《四庫》書未編寫。《西域見聞録》之流不詳不實。順治十四年，其國表文自署“俄羅斯一千一百六十五年”，推之當南北朝癸酉歲，爲齊永明十一年、魏太和十七年，始有俄羅斯名。其先蓋名羅刹。羅刹人素與佛不合，自立天主教，其部强盛。《潛邱劄記》言俄羅非羅刹，蓋不能詳悉。

《癸巳類稿》十五卷

國朝俞正燮撰

會稽章氏本。光緒五年校刊。前有道光十三年王藻序、陳恩澤序并跋。經説三卷，多明古義。脉篇三卷，説脉最詳。山水地理考論一卷。蓋天、九宫、六壬一卷。《原相》三篇。雜考、雜論、書後。《五經總要》、《唐鑑》、《宋會要輯本》、《佛徒莠書》、《管子》、《墨學》、《開元占經》、《緯書》、《易安居士事輯》、《唐律疏議》。

王氏序曰："癸巳春闈，余忝與分校之役，得理初卷，異之，意其爲皖省宿學無疑也。阮又得徐卓犖生卷。二卷根柢相伯仲，同時并薦。犖生得售，而理初下第矣。犖生《經義未詳説》五十四卷先已梓行，時方携之，乞序於余。理初有《類稿》三十餘卷，余懼其散失，商諸及門，醵金付梓。釐其校正者十五卷爲正集，餘爲外集，以俟續梓。題曰'癸巳類稿'，明是編之輯成於癸巳也。"

右雜家類。

百氏著書，各立一説，《漢志》所著，最爲賅備。其後或學術不傳，或書闕有間，如墨家、名家、縱横家，寥寥數種，不能成類，黄俞邰《千頃堂書目》遂合併爲雜家。《四庫》因之，分爲六類：以立説者謂之"雜學"，如《墨子》、《淮南》、《顔氏家訓》之類是也；辨證者謂之"雜考"，如《白虎通》、《古今注》、《日知録》之類是也；以議論而兼叙述者謂之"雜説"，如《論衡》、《風俗通》、《池北偶談》之類是也；以旁究物理、臚陳瑣屑者謂之"雜品"，如《洞天清禄》、《格古要論》、《七頌堂識小録》之類是也；以類輯舊文，塗兼衆軌者謂之"雜纂"，如《意林》、《説郛》、《玉芝堂談薈》之類是也；以合刻諸書、不名一體者謂之"雜編"，如《古今説海》、《少室山房筆叢》之類是也。今通行《彙刻書目》、《續彙刻書目》。此類即俗所謂“彙刻”也。《説海》與《説郛》同，合刻諸種，各自爲書。《筆叢》乃一人所著，只是一種，與《説海》不同。《書目答問》以周、秦諸子爲雜家，考證之文入儒家，雜記事實有關國政者入雜史，蓋又别出手眼也。今所録者，凡九十七家，所收無多，不能立類，一以時代爲次，總之不出於雜者近是。雜家之書，其要在於考訂，而其中之尤精核者，可略舉焉。《白虎通》、《風俗通》、《獨斷》，漢學之資糧也；《學林》、《東原録》、《通雅》、《義府》，字學之門徑也；崔豹《古今注》、《中華古今注》、《蘇氏演義》，考辨名物者也；《資暇集刊誤》，考辨舊文者也；《考古編》、《梁谿漫志》、《湘素雜記》、《文昌雜録》、《愧郯録》、《日損齋筆記》、《湛園札記》、《樵香小記》，有裨經史；《采芹録》、《玉堂嘉話》、《封氏聞見記》、《春明夢餘録》，足資掌故。而余所循覽者，如《考古質疑》、《賓退録》、《麈史》、《緯略》、考證舊文，非論緯書。《鼠璞》、《示兒編》、《野客叢書》、《澗泉日記》、《齊東野語》、《庶齋老學叢談》、《日損齋筆記》、《容齋五筆》、《困學紀聞》、《日知録》、《義門讀書記》、《白田雜著》、《管城碩記》、《訂訛雜録》、《養新録》，乃考證家必不可少之書，宜家置一編，以爲學問之助也。

校勘記

〔一〕“法”，《漢書》作“約”。

〔二〕“丘”，據上書補。

〔三〕“三百三家集”，據《四庫全書總目》，有《漢魏六朝一百三家集》，此前一“三”字當作“一”。

〔四〕“可”，據理似當作“有”。

〔五〕“本”，據上文補。

萬卷精華樓藏書記卷九十八上

子部十一
類書類

《古今同姓名録》三卷

梁孝元皇帝撰，唐陸善經續，元葉森補

《函海》本。前有李調元序。原本久佚，雨村從《永樂大典》録出，刻入《函海》。

李氏序曰："司馬遷不知有兩子我，故以宰予爲預田恒之亂；不知有兩公孫龍，故以堅白同異屬之孔門弟子。然則此録非但綴瑣聞、供談資，亦讀史之要務也。較宋陳思之《小字録》、郭萬里之《别號録》，其有功於史學，豈待問哉？至如明余寅别撰《同姓名録》十二卷，周應賓又補一卷，近日王廷燦又補八卷，雖較此加詳，適形其贅。椎輪之始，則舍此無古。"

《編珠》四卷　《續編珠》二卷

舊本題隋杜公瞻撰。《續編珠》，國朝高士奇撰

高氏校本。高士奇校内庫書，於廢紙堆中得《編珠》一册，原四卷，遺其半。因補爲四卷，又廣二卷，合唐韓鄂《歲華紀麗》四卷、明楊慎《謝華啓秀》八卷，刻爲巾箱本，共裝一函，今所行者是也。

徐氏序曰："按歷代史志，有雜家而無類書。《新唐志》始别

爲一目。自魏晋以逮南北朝，君臣宴集，每喜徵事以覘學問，類書於是漸多。然今世傳歐陽詢、虞世南、徐堅所纂，皆唐初人；而《志》所載隋以前書，如《皇覽》、《類苑》、《壽光書苑》、《華林遍略》等文，當時極貴重，其卷帙頗繁，今則無一簡存者。如戴安道、顔延之《纂要》，沈約之《袖中記》、《珠蘘》，其書不過一二卷，亦盡已散佚。獨《編珠》猶得其半，豈其非快事與？”

文光案：《遍略》，梁僧權所撰。祖珽嘗盜官《遍略》，論罪，又以他人所賣《遍略》質錢，受杖。珽，小人之尤者，言之汙口。

《簡明目録》曰：“公贍書，《宋志》著録，然《文淵閣書目》不載。士奇稱得自内庫，殊不可信。其中多犯隋諱，尤爲可疑，殆與所補、所續均一手僞作。以所引俱唐以前書，頗爲古雅，故知其贋而仍存之。”

《藝文類聚》一百卷

唐歐陽詢等奉敕撰

明本。此小字本，板最工整。前有歐陽詢序。凡四十八門，事實居前，詩文列後，體例最善。惟有後人竄入之作。

陳氏曰：“案《唐志》，令狐德棻、趙弘智等同修。所載詩文、賦頌之屬，多今世所無之文集。”録於《直齋書録》。

紀氏曰：“《藝文類聚》鵠、鶴本一類，明小字本分爲二類，足見其妄。”

文光案：此本惟目録分白鶴、黄鵠，引典仍在一類，不分鵠部、鶴部。曉嵐蓋據目言之，未曾閲書也。

《北堂書鈔》一百六十卷

唐虞世南撰

三十有三萬卷堂本。此元季影宋鈔。孫淵如得之，藏諸忠愍侯祠堂。光緒十四年，南海孔廣陶校注重刊。前有天台陶九成序，孫星衍記、又記，星詒記，孔廣陶校刊序；次叙録，自《隋志》至常熟瞿鏞《銅劍樓藏書目録》，凡二十七條；次原校姓氏，凡七家；孫星衍、嚴可均、王引之、錢東垣、顧廣圻、洪頤煊、王石華。次凡例二十一條，番禺林國賡撰；次目録。起帝王部帝王總類，迄地部石類，凡十九部，八百五十二類。多摘録字句，而不盡注出處。今本諸家校正增注頗詳。世南仕隋，爲祕書郎，此其未入唐時鈔經史百家以備用。所引古書，今存者十無一二，有可證今本之誤者。如“天惟純右命，則商實百姓”，孔傳及《史記·燕召公世家》集解引王注，皆讀“百姓”爲句，惟蔡傳始讀“實”字爲句。又近本“右”作“佑”。可知世南所採爲古本，又可知唐以前無以“實”字爲句者。案:《隋志》“一百七十四卷”，《唐志》“一百七十三卷”。晁《志》、《中興書目》及《宋志》并一百六十卷，與今本同，蓋殘闕多矣。朱氏《曝書亭集》載《大唐類典》百六十卷，即《北堂書鈔》也。北堂者，隋祕書省之後堂，鈔書之所也。觀此可知所鈔者爲中祕之書，尤可貴也。明季流傳，同出抄胥，自陳禹謨補注，始有刻本。《四庫》所收即陳本。臆改臆删，或以他書易之，甚至以貞觀後事及五代十國之事補之，其惑甚矣。今陳刻亦稀。以孔校本爲第一。孫本七家，原校丹黄不一。孔氏得其原校底本，加以今案，所據皆陳、隋以前之書，或古刻本，或精輯本，各著所出。其板式悉仿影鈔原本，其陶氏、孫氏、嚴氏諸序跋、題名、海内鑒藏印章，或在卷端，或在卷末，均從真蹟摹入。内有宋人收藏印。引書凡八百餘種，誠可寶也。海内流傳，如錢遵王、朱竹垞、季滄葦、張月霄、汪小米、黄蕘圃，以及諸儲書家皆有藏本。然輾轉抄録，鮮有讎校，即孫氏影宋元鈔，亦不免訛舛也。

《龍筋鳳髓判》四卷

唐張鷟撰

《湖海樓》本。明劉允鵬原注，陳春補正，附録二條。舊題“唐司門員外郎陸澤張鷟文成撰”。陳《録》“十卷”。

陳氏曰：“鷟，調露中進士。事蹟見《張薦傳》，薦之祖也。唐以書判拔萃科選士，此集凡百題，自省臺、寺監、百司，下及州縣，類事屬辭，蓋待選預備之具也。鷟自號浮休子。”録於《直齋書録》。

洪氏曰：“《唐史》稱張鷟早慧絶倫，以文章瑞朝廷，屬文下筆輒成。其書傳於世者，《朝野僉載》、《龍筋鳳髓判》是也。《僉載》紀事瑣尾擿裂，且多媟語。‘百判’純是當時文格，全類俳體，但知堆垛故事，而於蔽罪議法處不能深切，殆是無一篇可讀、一聯可采。如樂天《甲乙判》，則讀之愈多，使人不厭也。”録於汲古本《容齋題跋》。

文光案：是書組織甚工，其注則傷於冗蔓。陳《録》在别集類，或入之法家類，或入之類書類。今以其堆故事，備選料，因入之類書類。

《初學記》三十卷

唐徐堅等撰

明安國刊本。前有紹興四年建陽縣丞福唐劉本序。是從宋板中來，然序不言刊板緣起，亦不解“初學”之名，泛論文章之道，與書無涉。後有茅坤序。

劉氏序曰：“近世有摘六經、諸子、百家之言而記之，凡三十卷。開卷而上下千數百年之事皆在其目前，可用以駢四偶六，協律諧吕，爲今人之文以載古人之道，真學者之初基也。”

《大唐新語》：“玄宗謂張説曰：‘兒子等欲學綴文，須檢事及看文體。《御覽》之輩部帙既大，尋討稍難。卿與諸學士撰集要事并要文，以類相從，務取省便，令兒子等易見成就也。’説與徐堅、韋述等編此進上。詔以‘初學記’爲名，賜修撰、學士束帛有差。其書行於代。”

文光案：明刻《初學記》有陳大科本，陸氏所藏有校宋本。古香齋本，翻刻最多。

茅氏序曰：“唐采前代詩賦之法以取士，故其時亟聲律、藻繪之文以相矜詡。嘗詔集賢院學士徐堅等共抽秘書，按六經、子史、百家異同之言而錦蕞之，分爲二十三部。而按部分綴，則先之以叙事，次之以事對，終之以詩賦銘贊之屬，名之曰‘初學記’。‘初學’云者，蓋言國家之士所當童而習之，以相追琢者也。大較與《藝文類聚》略相似，而兹編之駢珠擷萃，揉金糸璧，殊極其工，於詞垣中謂之武庫可也，謂之鄧林可也。近代錫山安氏故有刻本，久且漫漶，而徐光禄父子别爲梓而傳之，屬予言弁之首。”

文光案：是書全收於《唐類函》中，本二十三部，《簡明目録》誤作“三十二部”。明刻爲大字本。其體雖雜，取羣書而次第，若相連貫，最有條理，非他類書所及。

樓氏曰：“中山劉子愛其書，曰：‘非止初學，可爲終身記。此書出入史傳，援據精確，何止應童蒙之求耶？’”録於《攻媿集》。

文光案：凡類書芟節本書，多致不明，或不成文理。《初學記》最號精確，亦所不免。偶記程氏《通藝録》云：“《初學記》樂部磬下引《三禮圖》云：‘股廣三寸，長尺三寸半。’《古經解鉤沉》即載其説，以爲《禮經》古注之逸文。予求其解，不可通。及閲《考工記》，鄭注二句乃其注中語，然則《三禮圖》即《隋志》所載鄭氏撰者，故文與注同。其注云：‘假令股廣四寸半者，股長九寸，鼓廣三寸，長尺三寸半。’今《初學記》所引，則逸其上二句之説股者，而下二句用説鼓，復又訛‘鼓’作‘股’，烏足成文?”據瑶田之説，書中所引之誤，應不止此，特人未盡詳考耳。程氏因考磬而及此書，使不見原文，亦無由知其謬也。

《白孔六帖》一百六卷

唐白居易、宋孔傳撰

明本。《六帖》三十卷，《續六帖》三十卷，不知何人所合，析爲百卷，而單行本遂亡。明《文淵閣書目》分著《白六帖》、《孔六帖》，而不記卷數，無由知其見原書否耶。

洪氏曰：“俗間所傳淺妄之書，如所謂《雲仙散録》、《老杜事實》之類，皆絶可笑，然士大夫或信之。孔傳《續六帖》，採摭唐事殊有工，而悉載《雲仙録》中事，自穢其書。近世南劍州學刊《散録》，可毁。”録於《容齋隨筆》。

段氏跋曰：“《白氏六帖》三十卷，宋本。曰：白氏之爲是書也，本曰‘白氏經史事類’，見《新唐書志》、《玉海》，不名‘六帖’也。‘六帖’者，蓋科舉人以爲帖括之用而名之。’陳振孫引《醉吟先生墓誌》云：‘又著《事類集要》三十部，時人目爲“白氏六帖”者是也。唐盛均以其未備，廣之爲《十三家貼》。“帖”字同。’趙希弁《讀書後志》云：‘《六帖》，白居易撰。凡天地事物，分門類爲對偶，而不載所出書。曾祖父祕閣公爲之注。世傳居易作《六帖》，以陶家瓶數十各題名目置齋中，命諸生采輯其事類投瓶，倒取之，抄録成書，故所記時代多無次序。’如趙言，是本不記所出，爲之注者，乃宋人。此本每卷首署云‘新雕添注白氏事類出經六帖第幾’，正是初有注，而坊刻行之合本名俗名而署之也，迨其後則專名‘六帖’矣。乾隆甲辰，予於江寧承恩寺書肆得之，偶以告周明經漪塘。周曰：‘世所稀有也。’索而得之，予抄存其副焉。漪塘藏書最富，於古板今刻、源流變易剖析，娓娓可聽。此書得君主之，是其果有遺乎！因舉此書之原委書其後。”録於《經韻樓集》。

文光案：段氏所跋《白氏六帖》，乃未合孔帖之本，今更難見。然爲盛均所廣，則亦非白氏原書矣。“出經”二字不可解，恐是誤字，當是“經史事類”。此跋後記周氏語曰：“趙希弁取晁氏所增，入之書爲《後志》，以補《前志》四卷所未備。”其跋即晁公武之語。祕閣公乃公武之曾祖，名仲衍。公武父名沖之，有《具茨集》三卷，載《後志》中，稱“先君子詩集”，知跋皆公武跋矣。段氏題曰：“自媿讀書鹵莽，誤認《後志》皆爲趙氏。”文光亦以爲趙氏語，因録之以志同媿。

《小名録》二卷

唐陸龜蒙撰

明本。此本不知爲何人所刊，猶是宋本舊式。合刻，《補侍兒小名録》一卷，宋王銍撰；《續侍兒小名録》一卷，宋温豫撰；《侍兒小名録拾遺》一卷，舊題“宋張邦基撰”。合爲一函，亦便省覽。惟《侍兒小名録》未見。

《簡明目録》曰：“陸龜蒙所載古人小名，始於秦，終於南北朝。證以趙希弁《讀書附志》，已非完書，所録亦多訛漏，特以其舊本而存之。”

文光案：《小名録》刻入《稗海》。尤侗《宫閨小名録》五卷，載《西堂全集》中。李調元《樂府侍兒小名録》一卷，刻入《函海》。自序云：“洪少蓬有《侍兒小名録》一卷，王銍有《補録》，温豫有《續補録》，張邦基有《拾遺》。而散見於樂府諸名家詞中，古人獨未收拾，因檢點諸家《小名録》所未有者備録之，共得一百四人，名曰‘樂府侍兒小名録’，亦發幽之一端也。”

張氏序曰：“少蓬洪公作《侍兒小名録》，好事者多傳焉。王性之《補録》一卷，意語盡矣。予友温彦幾復得一卷，以授予曰：‘他日觀書有可採者，續録之。’乃作《拾遺》。”

文光案：此張邦基《拾遺》序，録於《稗海》。據序，乃繼温書而作。《稗海》刻《侍兒小名録拾遺》一卷，《補》一卷，《續補》一卷，顛倒次序，略不經意，故商本不稱善。

都氏曰：“古之人有小名，必有小字。屈原，字平，而正則、靈均則其小名、小字也。予嘗見《宋進士同年録》皆書小名、小字，猶存古人之意。然亦有不盡然者。如司馬相如小名犬子，揚雄子小字童烏，相如未聞其小字，揚氏子未聞其小名也。今之人生子亦但有小名，而無所謂小字。宋陳思有《小字録》，豈小名、小字固可以互稱耶？”此元敬之説，録於《聽雨紀談》。

文光案：童烏非小字，前人曾辨之。已録入雜家類。陳思《小字録》一卷，明沈弘正《補録》一卷，傳本甚少。陸氏《小名録》載於《甫里集》，明刻單行本最佳。

《稽瑞》一卷

唐劉賡撰

《後知不足齋》本。前有維嵩白雲子自序、道光十四年太倉季錫疇序，末有光緒十年鮑廷爵跋。其書如《蒙求》之體，兩句一對，自注甚詳。唐時去古猶近，祕閣所藏，多人間未見之本。注中篇目半歸放失，其僅存者深可寶也。是書著於《崇文總目》，又見《玉海》祥瑞類。陳子準得是書，名其藏書樓曰“稽瑞”，志喜也。欲刊未果。顧湘購得之，刻入《玲瓏山館叢書》。鮑氏從原書校補行世。顧氏所刊者，影宋本也，“徵”、“敬”、“殷”缺末筆。

劉氏序曰：“方今元日朝會，上公上壽已，文部尚書奏天下瑞凡四，辨其名數，曰大，曰上，曰中，曰下。公卿大夫畢賀而退。惜其國家之大事、帝王之休祥未列著述，蓋闕如也，遂徵諸國史，著《稽瑞》一篇。考事以爲對，切對以爲句，并一對，對下隨而解之，不求文理，直紀休徵云。"

《蒙求》三卷

唐李瀚撰

明本。宋徐子光注，明句吴顧起倫補注，有自序，萬曆改元校刊以行。

顧氏序曰："瀚，故趙人也。天寶末擢進士，歷官翰林學士。父華、弟觀，并以文學擅名。時謂與韓愈相上下，愈集中亦往往推許瀚之文章爲名家。事蹟詳本傳。其集三十卷，漸次寖廢。《蒙求》舊注庸陋疏淺。予家藏有宋本，乃徐狀元子光所注，其援據典籍，雅正精確，類以篇章，補其闕略。予耽玩檢訂，復著類編次，嘉惠蒙學，抑又裨益《爾雅》。"

文光謹案：《簡明目録》："《蒙求集注》二卷，晉李瀚撰，宋徐子光注。"明本題"唐李翰"，今補注本邵氏序又作"遼李翰"，時代人名互有不同，暇日應當細考。

陳氏曰："《蒙求》本無義例，信手肆意，雜襲成章，取其韻語易於訓誦而已。遂至舉世誦之，爲發蒙之首，事有甚不可曉者。予家諸子在褓，未嘗令誦此也。"録於《直齋書録》。

文光案：《直齋》謂舉世誦之，則宋時此本最多，故今《蒙求》傳本猶是宋板之式。今則以《三字經》舊題宋儒王伯厚著，實元人之書。爲發蒙之首，亦舉世誦之，而誦《蒙求》者鮮矣。陳《録》載《幼學須知》五卷，今坊間亦行其書，恐名同而實異。然若此類者，不必著録也。元王元鼎《古今歷代啓蒙》，皆四言韻語，亦《蒙求》之類。趙孟頫爲之序。《蒙求》之類以十數，皆不行於世。

《李氏蒙求補注》二卷

國朝金源醴撰

原本。前有邵晉涵序。

邵氏序曰："遼資政殿學士李瀚撰《蒙求》一篇，舊注頗疏略。金君審覈事實，辨章字句，釐爲兩卷，見者比之王伯厚之《急救篇補注》焉。遼人撰著流傳甚尠，此書與《龍龕手鏡》同爲小學家所取資。瀚有《丁年集》，今亦失傳。而此書因源醴之補注而顯，然則書之顯晦固有時哉？"

吴氏曰："曲禮三千，今不可見。《小戴記》首篇之首所引四句，先儒以爲古經之遺句，止三字，欲童幼之便於口誦也。然《禮記》中猶有三字爲句者，廬陵士綴輯之，視陳淳安卿五字句《禮詩》尤馴雅。再取朱子所釋《弟子職》及一二蒙訓，通作一編。其文易誦，其事易行，真古學之權輿矣夫！"《古學權輿序》，録於《文正公集》。

戴氏曰："吴伯秀嘗取《左氏傳》義類對偶之相洽者，韻爲《蒙求》，以便學者。《蒙求》成於《左氏傳》，又有《筆記通》纂於毛氏《詩》，又有《集義》等書，次第皆脱稿。伯秀名化龍，今又字漢翔云。""古之教童子者，不過《詩》、《書》，執禮之目。既又俟其年愈長而氣愈强、識愈明也，然後始許之以博學。蓋惟恐誇根傲蘖，芟鋤[一]不早，以爲終身之累。而爲之師者，又必學成行篤而不仕者，乃敢居之，故其前後輩之相成，班班可考。景定中，議罷童子科，以爲齠齔之質而賊之以辭章記誦，虚囂無益，其説是矣。而白首紛如者，雷同一律，不過以舉子業相傳授，其智復出童子科下，識者病之。鉛山詹仲美以《伍典蒙求》示予，其一事親，其二事君，其三夫婦，其四長幼，其五朋友；典繫一章，章繫百句，句繫一事。詢其所以然，則仲美嘗登故相江文忠之門而學於白鹿洞，有睹於先師晦翁之説而爲此也。”“昌谷應君翔孫歎江南經術荒蕪，紛紛朋儔[二]中，疑難滿胸而卒無所問，出其類書《蒙求》示予。凡諸經之旨，篇標韻舉，粲然在目。汎濫而及於《儀禮》、《爾雅》、諸子、《太玄》、《忠經》，莫不皆有蒙求。嗚呼！難哉。”《蒙求》三序，録於《剡源集》。

文光案：戴氏所序《蒙求》三書俱未見。宋王令著《十七史蒙求》十六卷，朱竹垞鈔自宋槧。康熙五十二年，程宗璜校刊，有跋。予曾藏得此本。今書肆中與李氏《蒙求》合刻爲一函，亦便觀覽。李書世罕存，坊間所刻删去其注，止存總目，不便於蒙。王氏《蒙求》有總目，有注。

《太平御覽》一千卷

宋李昉等奉敕撰

歙鮑氏本。嘉慶十二年校宋板，十九年刻成，悉仿宋式。每葉二十六行，每行二十二字。前有阮文達序、鮑氏刻書序；次會要；次總類，自天部至百卉部，共五十五部；次經史圖書綱目，所引書計一千六百九十件，外有古律詩、古賦、銘箴、雜書等類，不及具録；次目録十五卷。書成於太平興國二年，故名“太平御覽”。

阮氏序曰：“北宋初，古籍未亡，所引秦漢以來之書傳於今者，十不存二三焉。然則存《御覽》一書，即存秦、漢以來佚書千餘種矣，洵宇宙間不可少之古籍也。惜世所行者，自明人刻本外，鮮有善册。吴門黄蕘圃有刊本三百六十六卷，乃前明文淵閣宋刻殘本；又五百二十卷，亦依宋鐫所抄；其餘缺卷，并從各家舊抄過録。予乙丑、丙寅間在雷塘庵取明黄正色本，屬友人密加謄校。知黄本顛倒脱落，至不可讀，與明活字板相似，其偏旁之訛更無論矣。且彼本妄據彼時流傳經籍，憑臆擅改，不知古書文義深奥，與後世判然不同，淺學者見爲誤而改之，不知所改者反誤矣。或其間實有宋本脱誤者，但使改動一字，即不能存宋本之真，不能見重於後世。故予所謄校者，以全依宋本、不改一字爲主。今鮑君崇城此刻，又皆全依予所校者付梓，且精校再三，不滋舛脱，足使藝林稱快、後世委心，古籍、古人皆藉是更垂不朽矣！嘉慶十七年序於淮安。"

鮑氏序曰："類書之作，盛於六朝。其時風尚隸事，唯此最便。隋唐間，文人每自輯一書，以供己用。至宋太宗時，詔撰《太平御覽》，凡一千卷，可謂富哉！然所見惟明活字及黄正色刻板，予家初依活字本印行。嘉慶丙寅，從芸臺先生借得此本，蓋用宋槧併影宋鈔合校臨本，文句、敘次悉與通行者不同。積兩年日月，校刊畢事，以視向所見祁氏澹生堂、鈕氏世學樓、嚴氏鈐山堂各寫本均過。雖亦間有脱誤，仍而不改，以存本來面目。《御覽》爲類書之冠，得芸臺先生始有善本。是刻也，非敢謂有功於衆書，或不僅有功於類書也。"

《會要》："太平興國二年三月，詔翰林學士李昉等同以羣書類集之。先是，帝閲前代類書，門目紛雜，失其倫次，遂詔修此書。以前代《修文御覽》、《藝文類聚》、《文思博要》及諸書參詳條次，分定門目。八年十二月，書成，改名'太平御覽'。帝日讀三卷，凡諸故事可資風教者悉記之，及延見近臣，必援引談論，以示勸戒焉。"録於本書。

文光案：是書本名"太平總類"，改名"御覽"。陳《録》載《修文殿御覽》三百六十卷，北齊祖珽等撰。《皇覽》、《類苑》、《華林遍略》皆不存。此書爲古今類書之首。又載《天和殿御覽》四十卷，天聖中晏殊等撰，掇《册府元龜》之要。

洪氏跋曰："《祕閣書目》云：'《御覽》引用之書，其綱目載於首卷。'以今考之，無傳者十之七八矣。姚鉉《唐文粹》所類文集亦多不存，誠爲可歎。"録於汲古本《容齋題跋》。

胡氏曰："《御覽》引書千餘種，非必宋初盡存，大率晉以前得之《修文御覽》，齊、梁以後得之《文思博要》，而唐人事蹟則得之本書也。"録於《少室山房筆叢》。

文光案：容齋所記，南宋時無傳者已十之七八，則宋初亦未必俱存。胡氏謂採自類書，其言固不妄也。

錢氏曰："自古類書未有富贍如此者，其'皇王'、'偏霸'二部進曹魏而退蜀吴，尊拓拔而黜江左，正宇文而閏高齊，未免偏私。五代、十國并不預偏霸之列，'職官'則翰林學士，節度、觀察諸使并闕，皆體例之可議者。"録於《養新録》。

《太平御覽》一千卷

宋李昉等奉敕撰

張氏本。張海鵬校刊。余初得此本，後得阮氏校本，板甚精工，遂以此本易《玉函山房書》。馬氏所輯佚書，由此出者十分之八九，則是書誠可寶也。

邵氏曰："是書慶元間蒲叔獻嘗鏤板於蜀。宋槧久佚，世所見者，明萬曆時黄正色刊本及活字本而已。近年，琴川張氏若雲與何君夢華，得周氏宋刊共三百六十卷、序目共十六卷，黄氏舊抄本共五百十九卷，又序目十六卷，孫氏舊抄本共四十卷，戚氏舊抄本共三十卷，張氏舊抄本共二十二卷，天一閣抄本共二十三卷，餘則以訂正舊抄本補入，蔚爲完善。此本八百年來久失全帙，今則集腋成裘，讀是册者宜珍惜焉。"録於《羣書提要》。

文光案：此本序五：一渤海勞樹棠，二陽湖孫星衍，三昭文孫原湘，四錢塘何元錫，五張海鵬。邵曰："孫序簡該有法，深得此書衿[三]貴之處。如云‘仁類必載仁風，知類必載知囊’，足爲類書泛引者鍼砭。子瀟太史一序，則又抉發若干條，不無邊腹自負意，然亦沿波討源者矣。”邵氏於張本記之甚詳，故録之。惜當時所見多本，未曾參互考訂，别爲札記，以附於後，亦憾事也。今以阮氏校本爲最佳，張本次之，抄本又次之。明活字本尚有存者，不足據依。惟鮑本以不改字爲主，則宋本之誤不能盡知。引《御覽》者，仍宜多集諸本，詳加參正，毋誤後人可也。

晁《志》：“《太平總類》，惠莊本誤作“領”。五十卷。注云：《六帖》、《初學記》之類也。”

文光案：晁氏所志猶其初名，而卷數甚少。

陳氏曰：“或言國初古書多未亡，以《御覽》所引用書名故也。其實不然，特因諸家類書之舊爾。以三朝國史考之，館閣及禁中書，總三萬六千餘卷，而《御覽》所引書多不著録，蓋可見矣。”録於《直齋書録》。

文光案：《御覽》前有引書目，宜與《文選》引書目同刊别行，使人知古書名目，亦快事也。今人所輯佚書，大半採之《藝文類聚》、《北堂書鈔》、《太平御覽》，而《御覽》所取尤多，則卷帙最富故也。

《册府元龜》一千卷

宋王欽若等撰

明本。是書爲崇禎十五年李嗣京巡按福建時所刊。建陽縣知縣黄國琦訂訛補闕，用功甚深。板歸黄氏。康熙壬子，國琦之姪九錫補板重刊，有序。其後黄氏子負板鬻於金陵書肆。乾隆甲戌，丁序賢校補，有序。李嗣京所出家藏舊本，亦未知爲何本。楊用修有校本，未知歸於何所。序云：“此本勝楊本。南宋重刊本殘闕太甚。今所通行者即此本，雖經補刻，尚見工整。閩有建陽縣，爲朱子講道之所。縣有書坊，自宋迄今，皆爲刊刻古書之所。聞閩人多知書，下至傭夫、僕婦皆識字，則朱子之流澤遠矣。”

《直齋書録》：“景德二年，命資政殿學士王欽若、知制誥楊億修《歷代君臣事迹》。八年而成。總五十部，部有總序；一千一百四門，門有小序。賜名製序。所采正經史之外，惟取《戰國策》、《國語》、《韓詩外傳》、《吕氏春秋》、《管》、《晏》、《韓子》、《孟子》、《淮南子》及《修文殿御覽》。每門具進上親覽，摘其舛誤，多出手書；或召對指示商略。”

《容齋四筆》：“真宗初，命儒臣編修《君臣事迹》。後謂輔臣曰：‘昨見晏享門中録唐中宗宴飲，韋庶人等預會和詩，與臣僚馬上口摘含桃事，皆非禮也，已令削之。’又曰：‘所編事迹，蓋欲垂爲典法，異端小説，咸所不取，可謂盡善。’而編修官上言：‘近代臣僚自述揚歷之事，如李德裕《文武兩朝獻替記》、李石《開成承詔録》、韓偓《金鑾密記》之類；又有子孫追述先德，叙家世，如李繁《鄴侯傳》、《柳氏序訓》、《魏公家傳》之類：或隱己之惡，或攘人之善，并多溢美，故非信書。并僭僞諸國，各有著撰，如僞《吴録》、《孟知祥實録》之類，自矜本國，事或近誣。其上件書并欲不取。餘有《三十國春秋》、《河洛記》、《壺關録》之類，多是正史已有；《秦記》、《燕書》之類，出自僞邦；《商芸小説》、《談藪》之類，俱是詼諧小事；《河南志》、《邠志》、《平剡[四]録》之類，多是故吏賓從述本府戎帥征伐之功，傷於煩碎；《西京雜記》、《明皇雜録》，事多語怪；《奉天録》尤是虚詞：盡議采取，恐成蕪穢。’并從之。書成，賜名‘册府元龜’。首尾十年，皆王欽若提總。凡一千卷，其所遺棄既多，故亦不能暴白。如《資治通鑑》則不然。以唐朝一代言之，叙王世充、李密事用《河洛記》，魏鄭諫争用《諫録》，李絳議奏用《李司空論事》，睢陽事用《張中丞傳》，淮西事用《涼公平蔡録》，李泌事用《鄴侯家傳》，李德裕太原、澤潞、回鶻事用《兩朝獻替記》，大中吐蕃尚婢等事用林恩《後史補》，韓偓〔五〕鳳翔謀畫用《金鑾密記》，平龐勛用《彭門記亂》，討裘甫用《平剡録》，記畢師鐸、吕用之事用《廣陵妖亂志》，皆本末粲然。然則雜史、瑣記、家傳豈可盡廢也?"

《楓窗小牘》："《册府元龜》撰自李維等六人，而竄定於楊億，其編修官供帳飲饌，皆異常等。王欽若以《魏書》、《宋書》有'索虜'、'島夷'之號，欲改去。王文正公謂舊文不可改。又如杜預以長曆推甲子，多誤，皆以誤注其下。然開卷皆常目所見，不爲藝家所重。"

《事物紀原》十卷

宋高承撰

《惜陰軒》本。是書凡五十四部，一千八百四十一事。屢有增益，非高氏原書。此爲成化八年平陽府通判成安李果所訂之本，有李果序。前有正統十二年南昌閻敬序，今本删其批點，甚是。陳《録》入雜家類。取治體之大者約百餘目，參古今之宜，窮始終之要。

李氏序曰："景泰改元，於書坊得此全集，乃今祭酒江右頤菴胡先生所傳之舊本，南昌貢士閻敬之所校正者也。自天地生植，以至蟲魚禽獸，幾二千事。蒐獵經史，考古驗今，分門析類，較之趙弼先生之删本，事倍而詳。惟似是似非而疑似者，不敢不辨也。且又率意批點，以便初學。於是刻木，以廣其傳。"

陳《録》："二十卷，不著名氏。《中興書目》：'十卷，開封高承撰，元豐中人。凡二百七十事。'今此書多十卷，且〔六〕數百事，當是後人廣之耳。"

《書叙指南》二十卷

宋任廣撰

《惜陰軒》本。是書流傳甚少，僅見此本。每卷十目，每目編爲四字。始爲天子命令，終爲雜備稱用，皆采羣書稱謂以備簡牘之用。如“天子曰天辟，又曰天家，又曰元后，又曰君天”。其全書之體皆如此，蓋《爾雅》之支流、類書之别派也。前有嘉靖六年吴興沈松序、高陵吕柟後序，蓋明本也。

吕氏序曰：“右《書叙指南》二十卷，爲浚水任德儉所輯類，侍御南厓沈公得之沁水李司徒石樓先生者也。南厓公謂其紀名撰物，列事陳舊，可廣學者涉覽，遂命河東運使黄君德瑞梓行焉。夫是書貴至王侯公卿，賤至奴僕皁隸；近至容貌言語，遠至宫室庾廥；大自天地日月，小至羽毛昆蟲，無往不具，蓋有以奪經籍之粹而裒子史之英者也。”

文光案：馬氏《通考》作“任浚”，蓋用“浚水”而誤也。

《海録碎事》二十二卷

宋葉廷珪撰

鈔本。前有紹興十九年自序。凡十六部，五百八十四目。借觀異書，手録其要，皆自本書而來，故可貴也。按其自序，全書共六種，總名曰‘海録’。今存者止《碎事》一種，而刻板無聞焉。平生精力盡在於此，與他家之輯類書者志向不同，惜無好事者廣爲流傳，遂至散佚，深可慨也。

葉氏自序曰：“予童時嗜書，家本田舍，貧無可讀。曾大父以差法押綱至京師，傾囊市書數十部以歸，因盡讀之。其後肄業郡學，升貢上庠，登名籍入仕，蓋四十餘年未嘗一日手釋卷帙，雖老不衰。每聞有異書，無不借，借無不讀，讀無不終篇而後止。嘗恨無貲，不能盡傳寫。間作數十大册，擇其可用者手抄之，名曰'海録'。其文多成片段者，爲《海録雜事》；其細碎如竹頭木屑者，爲《海録碎事》；其未知故事所出者，爲《海録未見事》；其事物興造之原，爲《海録事始》；其詩人佳句曾經前人稱道者，爲《海録警句圖》；其有事迹著見作詩之由，爲《海録本事詩》。獨《碎事》文字最多，初謂之'一四録'，謂一字至四字，有可取者皆録之。後改爲'碎事'。每讀文字可録者，信手録之，未嘗有倫次。閲歲既久，所編猥繁，檢閲非易。紹興十八年秋，得郡泉山，公餘無事，因取而類之，爲門百七十五，爲卷二十有二。雖摘裂章句，破碎大道，要之多新奇事，未經前人文字中用，實可以爲文章佽助。"

文光謹案：《簡明目録》引《閩書》，稱廷珪聞士大夫家有異書，無不借讀，因作數十大册，擇其可用者，手抄之，名曰"海録"。此皆自序中語，而遠引《閩書》，豈《四庫》本失其序歟？因就本書全録之，使人知其讀書之勤、抄録之廣。且所謂"海録"者，非僅《碎事》已也，不見此序，烏能知之？讀書有益於己，傳其罕見罕聞，則更有益於人矣。惜乎！未能廣布也。

《古今合璧事類備要前集》六十九卷　《後集》八十一卷　《續集》五十六卷　《别集》九十四卷　《外集》六十六卷

宋謝維新撰

明本。前有嘉靖丙辰顧可學序。通共三百六十六卷，板極精工。

顧氏序曰："衢人夏相業以書居吴，將精加繕録重梓。會以飛語繫公府，久而始釋。貲且莫繼，貸之鼎族，又自傾其田廬，越三四歲而局始罷。”

《簡明目録》曰：“前集凡六十一門，後集凡四十八門，續集、別集各六門，外集十六門。採掇頗詳，惟不載郡縣、山川、名勝，以祝穆《方輿勝覽》已備也。每門皆前爲事實，後爲虛文。宋代軼事逸篇，往往而在。《後集》所列宋代官職，尤多史志所未詳，遠在《錦綉萬花谷》之上。”

《璧水羣英待問會元選要》八十二卷

宋劉達可撰

明本。嘉靖壬辰慎獨齋刊。前有正德四年王敕序。傳本甚少，《四庫》未收。

王氏序曰：“是書命意立題，分條析縷，以至綴拾羣言，鋪張宏議。自有書契以來，凡帝王之行事、聖賢之格言、諸子百家之纂紀、名臣碩輔之建明，有關於理學與治道者，舉綱振目，靡不該備。其後板刻殘毁，書亦散落。與華亭諸生沈淮講求是書，旅溪朱先生亦以抄本命淮校之。淮搜得姑蘇者三十七卷，維揚者二十八卷，命工鋟梓以傳。”

《古今源流至論前集》十卷　《後集》十卷　《續集》十卷　《別集》十卷

《前集》，宋黄履翁撰。《後集》、《別集》、《續集》，宋林駉撰

仿宋小字本。每葉二十六行，每行大小皆二十七字。書名題“新刊箋注决科”字，蓋宋時坊刻之式。是書爲發策之本，論有可取。前有嘉熙丁酉三山前進士黄履翁吉父序。

黄氏序曰：“三山林君取治體之大者，約百餘目，窮搜百氏，

貫穿古今。因廣其傳。”

《簡明目録》曰：“其書亦備程試之用，而於歷代政治沿革，别目分門，條列件繫，尚有體要。於宋代朝章國典，叙述尤詳。”

《漢雋》十卷

宋林越撰

元本。有紹興壬午林越自序，後有延祐庚申袁桷重刊跋。紙墨皆佳，板勝《文林綺繡》。

陳氏曰：“以《西漢書》分類爲十五篇，皆句字之古雅者。‘雋’者，取雋永之義也。”録於《直齋書録》。

文光案：“十五”當是“五十”之誤。此本實五十篇，馬氏《通考》亦作“五十篇”。每篇即以篇首二句〔七〕爲名，間附原注。

《文林綺繡》，凡五種：《左國腴詞》八卷，《太史華句》八卷，《文選錦字》二十一卷，《兩漢雋言》十六卷，皆明凌迪知撰；《楚騷綺語》六卷，明張之象撰。五書皆仿《漢雋》之例，而尤出其下。《兩漢雋言》因越書止於西漢，稚隆復輯《後漢故實》六卷，題曰“後集”。其前集十卷，皆林氏之舊。王、李割剥秦漢之風，明季未殄。當時書肆刻此等書，以投時好。至今《文林綺繡》之名，人猶艷稱，書肆仍重，其實書無可取，板亦不工。余且以重價得之，甚無謂也。

陳《録》載洪邁《經子法語》二十四卷、《左傳法語》六卷、《史記法語》十八卷、《西漢法語》二十卷、《後漢精語》十六卷、《三國精語》六卷、《晉書精語》五卷、《南史精語》十卷，多取句法，以備遺忘，皆隨意信筆抄録者也，故入之類書類。《左國腴詞》、《太史華句》、《兩漢雋言》三書，皆割裂本書字句，以類編次，專爲詞章而設，初無關於史要，入之類書類，最爲允當。陳《録》類書類載蘇易簡《文選雙字類要》三卷，王若《選腴》五卷，則錦字綺語，亦類書矣。袁桷曰："《漢雋》之作，爲習鴻博便利。"一言可以蔽正書矣。此等書，宋人所著者不少，要亦不足觀也。

《玉海》二百卷　附《詞學指南》四卷

宋王應麟撰

合河康氏本。前有嘉慶丙寅康基田序，書於江寧藩署。《玉海》指揮，元時刊書牒文。至元四年胡助序，至元六年李恒序，萬曆己丑趙用賢序，康熙二十六年吉水李振裕補刊序，乾隆三年熊本序，張粤序。目録，曰天文，曰律曆，曰地理，曰帝學，曰聖文，曰藝文，曰詔令，曰禮儀，曰車服，曰器用，曰郊祀，曰音樂，曰學校，曰選舉，曰官制，曰兵制，曰朝貢，曰宫室，曰食貨，曰兵捷，曰祥瑞，凡廿一門。各有子目，通計二百三十餘類，各類以時代之先後爲次。"兵制"與"兵捷"爲二部。"兵捷"所載，皆露布之文、紀功之典。"藝文"共二十九卷，所録經史子集甚富。惟爲詞學之體，與各家書目不同。《詞學指南》有自序，而《玉海》無原序。今本所列皆刊板修補之序。《指南》前一卷曰編題，曰作文法，曰誦書，曰編文，後三卷爲制、誥、詔、表、檄、露布、箴、銘、記、贊、頌、序。末有試卷式及題名，又宏詞所業。附刻《詩考》一卷、《詩地理考》六卷、《漢藝文志考》十卷、《通鑑地理通釋》十四卷、《王會》一卷、《漢制考》四卷、《大戴禮踐阼篇》一卷、《急救篇》四卷、姓氏上、下。《小學紺珠》十卷、《六經天文編》二卷，共十種，皆有目録。又《周易鄭康成注》一卷、《急救章補注》四卷、《通鑑答問》五卷，此本缺三種。《玉海》附刻十三種，共六十一卷。

康氏序曰："南宋制科尚博學宏詞，王伯厚爲詞科之傑，考究經史及百家緒言，擷其英華，統括成集。書成於南宋末年，逮至元三年，始刊於浙東，原本僅有存者。若上元學宫板，乃明初刻本藏在南雍者也。明代屢事修補。康熙二十六年，李氏補闕三千餘。乾隆間，修補二次。嘉慶乙丑夏，尊經閣不戒於火，板爲灰燼，是書更無他刻。江寧守張古愚得浙東至元初刻善本。予取是本，招集諸士，往復讎校，補填二萬餘字，視浙東初刻更加周備。付工雕板，五閲月工成。蓋自是《玉海》之書始得完善云。”時爲江寧藩司。

吉水李氏序曰：“《玉海》刻於浙東，元至元六年始成，計板五千，號乃逾萬。明初，南雍亦有刻本。萬曆中補刻。革命之秋，南雍廢爲縣學，其板朽蝕過半。於是謀諸郡邑，補刊填刻，歷二載乃成。按《宋史》，先生所著逾三十種，已刻者《玉海》，附《詞學指南》。文光案：是書於讀書作文之法言之甚詳，習舉業者亟宜留心。又有遺書十三種，板皆在上元學，朽蝕如《玉海》，今悉爲補刻。别有《困學紀聞》，舊刻缺訛，亦當改鋟。他皆湮没不傳。”

《愛日精廬藏書志》：“《玉海》二百卷，附《詞學指南》四卷，元刊本。目録後列慶元路儒學刊造《玉海》書籍提調等官銜名，胡助、阿殷圖、王介、李桓四序，至元三年浙東道宣慰使司都元帥府牒。”

《皕宋樓藏書志》：“《玉海》，元刻元印本，有伯厚先生自跋，先生之孫厚孫至元六年跋，又薛元德序。餘與張《志》同。惟此本序跋該備，蓋至元初印本也。”

王氏自跋云：“余幼好奇，耕獵詞圃。麗澤西山，詒我萬撫。北堂之鈔，西齋之目。披華啓秀，歷歷載腹。竊吹六題〔八〕，叨榮兩制。汗顔前修，皓首曲藝。斫輪不傳，屠龍無用。緘之青箱，以詔洛誦。”

王厚孫跋曰：“右先祖尚書公《玉海》跋語。《玉海》者，公習博學宏詞科編類之書也。此書事類該廣，援據淵洽，公甚愛玩，故藏於家。後爲人竊去，先人白之憲司，書得復歸。而散軼頗多，鈔録者又復訛舛。懼無以承先志，於是裒輯緒次，成卷如右。浙東都事牟公始建議板行。今元帥資德公既至，即命刊布。又刊《詩考》諸書。厚孫等承命，校勘唯謹。而董役者弗爲修改，遺誤具在，觀者審焉。"

文光案：纂類之書，至宋大備。厚齋先生博聞强記，見書極多。《玉海》專爲詞科而設，其用意與類家不同。書成時尚未脱稿，已被盜竊，故無宋刻本。公殁之後，其家族黨分争，書遂遺缺。其遞相抄録者，多寡不同，俱非全書。至元時，公之孫叙次成帙，始有官本。後跋所謂"董役者弗事修改"，蓋刊板之誤也。其附刻十三種，元本已然。其餘十餘種不可見矣。

《詞學指南序》曰："博學宏詞，唐制也。名相如裴、陸，文人如劉、柳，皆由此選。制舉又有博學通議、文史兼優諸名。皇朝科目，雖襲唐舊，而所試文則異矣。朱文公謂是科習諂諛夸大之詞，競駢儷刻雕之巧，當稍更文體，以深厚簡嚴爲主。然則學者必涵泳六經之文，以培其本云。"

文光案：深寧王氏於鄭注、賈疏用功甚至，人但知其博洽，而不知其原本經術，守約而施博者也。《玉海》所附十三種，皆有益於學問。其考證經史，尤宋代所僅有，而稱者甚鮮，習之亦寡。今惟《困學紀聞》盛行於世，《通釋》、《紺珠》尚見别本，其餘未見專刻。《玉海》所附，人亦束而不觀，無好事者廣爲流布，幾至湮没，甚可惜也。因爲表出其十三種，惟《大戴禮踐祚篇集解》、《周書王會補注》、《通鑑答問》、《六經天文篇》、《姓氏急就篇》五書無序可採，其餘八種皆著於録。《簡明目録》以《王會》、《踐祚》非全書，不收，其餘十一種皆列其目。謂《通鑑答問》爲王厚孫託其祖名，與全書不類，且屬未完之稿。謂《天文篇》以六經爲名，亦以史志互證，旁及陰陽五行，三代以上推步之書不傳，而遺文見於六經，採掇成編，以著古法之梗概。謂《姓氏急就篇》仿史游體，以姓氏聯貫，取便記誦，文詞古雅，不減於游，自注亦賅洽。

《小學紺珠》十卷

宋王應麟撰

慈儉堂本。乾隆癸丑介休范供校刊，有跋。板最精工，勝康氏所刻。前有大德庚子方回序、大德辛丑年牟應龍序，又王氏自序。與《玉海》附刻本、汲古閣本同。自天道至動植，凡十七類，用訓童蒙。古小學所教數與方名、六甲、五方、書計之事，即此也。唐張燕公得紺碧大珠，握以自照，所記不忘，書名取此。

《簡明目録》曰："每門之中，以數爲綱，以所統之目繫於數下。其例始自陶潛《四八目》，應麟取以類事，遂爲創格。張九韶以下，皆沿其餘波者也。"

《天中記》六十卷

明陳耀文撰

明本。前有萬曆己丑沔陽陳文燭序、隆慶己巳李衮子田序。此書爲屠隆所校六十卷之本，人所罕見，最爲難得。其中多存古書。今本止十五卷，此則舊本也。耀文，字晦伯。"天中"者，汝南山名。

吴氏曰："昔歐陽公、蘇老泉、王荆國諸人以'黯然銷魂，惟别而已'八字分韻賦詩送裴吴江。蘇得'而'字，其詩云：'談詩究乎而'。荆國就席擬賦二篇，一曰《風作鱗之而》，一曰《兩忘我與而》，滿座駭服。宋以前，和詩和意不和韻，至荆國、東坡、山谷，始以用韻奇險爲工，蓋其胸中藏萬卷書，隨取隨有，愈出愈巧，故得以相矜尚也。倘記覽之博不及前賢，則不能不資於檢閱，於是有《詩韻》等書。然其間往往陳腐，用之不足起人意。江州路教授、西蜀張壽翁所編《事韻擷英》，削去陳腐之字，而皆奇險之韻。荆國嘗謂晏元獻公用事的切，後見其《類稿》，乃知其所自來。纂輯之書，亦不爲無功也。”録於《文正公集》。

文光案：類書勤翻屢用，手自抄輯，方爲有益。人之所輯，於我甚生，不若自輯之獲益大也。凡事熟則生巧，未有不熟而巧者。至用典而不見典，是之謂化，此境最不易到。凡堆砌典故以炫廣博，與搜索幽僻使人難曉，皆才有餘而力不足，殊失詩文之旨趣矣。四六文非典不成，故其格最卑。然鎔鑄典故，出於自然，實非淺學所能。多集詩句，法其用韻，最有益於初學。險韻因難見巧，作者既少，可傳者亦甚鮮也。

《經濟類編》一百卷

明馮琦撰

原本。琦手編，即寓目爲捃摭，就捃摭爲編次，草創僅成，討論未究。琦弟瑗及琦門人周家棟、吴光儀删定排纂，分爲二十三類，萬曆三十二年校刊於浙虎林郡南屏山。

《簡明目録》曰：“大致仿《册府元龜》而兼録文章，體例小異。惟道術、物類二門，頗爲蕪雜，是瑗等刊削之無法矣。”

文光案：類書如《事類賦》、今《事類統編》合刻之。《永嘉八面鋒》、《事文類聚》、《圖書編》、《山堂肆考》、《讀書紀》、《數録》，余皆藏其本而未及備録。近聞江南三十有三萬卷齋新刊《北堂書鈔》，衆皆稱佳，而本尚未見。從前此書雖難得，而收入《唐類函》，人鮮知之。《唐類函》二百卷，明俞安期撰。先《藝文類聚》，次《初學記》，次《北堂書鈔》，次《白孔六帖》，删復補闕，以成是書。《淵鑑類函》體例，本安期《類函》。明本《類函》尚有傳者。然自頒行《淵鑑類函》，而俞書微矣。

《荆川稗編》一百二十卷

明唐順之撰

明本。前有茅坤序。是書爲茅刻所亂，原本難見。

茅氏序曰："予姪一相刻《稗編》既成，予序之。六經所研者，理也。六經所不能盡，則條次之以諸家之學，曰法，曰名，曰墨，曰縱横，曰雜，曰兵，曰農，曰圃，曰賈，曰工，曰天文，曰曆，曰地理，曰理數，曰術數，曰醫，曰道，曰釋；又次之以文藝，曰史，曰詞賦，曰文，曰書法，曰畫，曰古器，曰琴，曰射，曰奕。六官所考見者，治也。六官所不能盡，公則條次之以天下之大，曰君，曰相，曰將，曰謀，曰諫，曰政，曰后，曰儲，曰宗，曰戚，曰主，曰宦，曰倖，曰奸，曰篡，曰封建，曰鎮，曰亂，曰夷，曰名世，曰節，曰俠，曰隱逸，曰烈婦，曰方技。末復終之以曹，曰吏，曰户，曰禮，曰兵，曰刑，曰工。"

文光案：《左編》、《右編》、《文編》、《武編》、《稗編》爲《荆川五編》。明本尚有傳者，書肆重之。唯《理編》未見。

《廣博物志》五十卷

明董斯張撰

高暉堂本。乾隆辛巳吴興蔣禮校刊。前有萬曆丁未斯張自序，又韓敬序，目録。天道三卷，時序一卷，附曆。地形四卷，斧扆三卷，靈異四卷，職官二卷，人倫三卷，高逸一卷，方技一卷，附幻術。閨壼二卷，形體一卷，藝苑五卷，附圖畫。武功二卷，聲樂三卷，附雜戲。居處一卷，珍寶一卷，附幣帛。服飾一卷，器用二卷，食飲一卷，附藥餌。草木二卷，鳥獸五卷，蟲魚二卷。凡二十四門，一百六十七子目。董氏藏書萬軸，率多異本。其采自類書者，皆唐宋巨帙，絶非坊刻；其采自原書者，首尾完具，各注出典。其中多存古書，故足貴也。自序云"二十有六日而庀成書"，亦速矣。

韓氏序曰："茂先雅好異書，汰三十乘彙爲一志，搜四百卷僅存數篇，可謂博矣。然而有疑焉。茂先能識延津劍氣於斗牛間，當武庫火時，茂先列兵固守，及見漢高斬蛇劍穿屋而飛，莫知所向，何也？能與雷煥共尋天文，知將來吉凶，而中台星坼，不肯避位，又何也？大抵《晉書》好采稗官小説，如《茂先傳》，正類東方朔、管輅，凡卜筮、射覆、弔詭之事，悉取而附麗之，而其實不盡爾也。且《博物》一書，文不雅馴，斷不出六朝手，而況茂先善乎遐周氏之言，曰吾之《廣志》也，姑以艷夫瞠餓眼而晒空腹者。於史則獵，於稗則筏，斷自書契，以至六季，而下無取焉。"

文光案：《廣志》卷三十二引《韓詩外傳》"衛靈公晝寢"一條。今以趙校本對勘，"商下"誤作"卜商"，"不宜不朝服"下脱"君不朝服，行人卜商"八字。舉此一端，《志》中之脱字、誤字應不止此。末引"詩言志"，本無之，自是删去，非脱也。又"諸侯相見，不宜相臨以勢"，趙本作"以庶"，不如"勢"字義長。而"庶"字下無校注，蓋未引及《廣志》也。大抵類書少精校之本，坊刻尤不足據；而一二字之諦當者，亦往往遇之，不可盡棄也。

校勘記

〔一〕“鋤”，原作“除”，據元戴表元《剡源集》改。

〔二〕“儔”，原作“儕”，據上書改。

〔三〕“衿”，據理似當作“矜”。

〔四〕“剡”，原作“倓”，據《容齋隨筆》改。

〔五〕“偓”，原作“渥”，據上書改。

〔六〕“且”，原作“凡”，據宋陳振孫《直齋書録解題》改。

〔七〕“句”，據《漢雋》，似當作“字”。

〔八〕“題”，清胡文學《甬上耆舊詩》作“經”。

萬卷精華樓藏書記卷九十八下

子部十一

類書類

《古今圖書集成》一萬卷

雍正四年敕編

上海本。光緒甲申年依原本石印一千五百部。前有世宗憲皇帝御製序，次經筵講官、户部尚書臣蔣廷錫等進書表，次凡例四十六條。

表曰："皇帝陛下德高天縱，學富日新。闡精一之心源，堯傳舜道；大顯承之世業，武繼文謨。綸言焕發爲英華，緗帙羅陳於左右。惟圖書之鉅册，爲聖祖所集成。書契以來，莫能方兹宏廣；宇宙所有，無不具其情形。第雕刻之偶訛，恐滋疑誤；而爲山之九仞，未竣厥功。特命臣等校讎增訂，始則頒書内府，開帙披圖；繼乃參考石函，窮搜幽討。經史子集，按部就班；賦頌文詞，選章具體。下逮巵言野乘，不少闕遺；旁及釋藏仙經，亦加選掇。條分縷析，若泝流以觀瀾；綱舉目張，如振裘而挈領。惟圖編之薈萃，重複固多；經傳寫之再三，魯魚時見。雖加訂正，必有漏遺。幸假三年之久，寬以程期；用殫五夜之勤，繼之膏柱。補完殘闕，悉令詳明；删定僞訛，咸歸典要。校刊既竣，奉表告成。雍正三年十二月二十七日上。"

一、是書爲編有六：一曰曆象彙編，二曰方輿彙編，三曰明倫彙編，四曰博物彙編，五曰理學彙編，六曰經濟彙編。　法象莫大乎天地，故彙編首曆象而繼方輿。乾坤定而成，位其間者，人也，故明倫次之。三才既立，庶類繁生，故次博物。裁成參贊，則聖功王道以出，次理學、經濟，而是書備焉。

一、是書爲典三十有二。曆象彙編，其典四：一曰乾象，二曰歲功，三曰曆法，四曰庶徵。　鴻蒙既闢，在天成象，故是書首載乾象。五氣順布，四時行焉，故歲功次之。治曆明時，典隆敬授，五行五事，道存修省，故曆法次之，庶徵又次之。

一、方輿彙編，其典四：一曰坤輿，二曰職方，三曰山川，四曰邊裔。　坤厚承天，故是書繼以坤輿。畫土分疆，體國經野，故職方次之。地之成形，山川爲大，故又次之。宅中制外，萬國朝宗，故邊裔又次之。

一、明倫彙編，其典八：一曰皇極，二曰宫闈，三曰官常，四曰家範，五曰交誼，六曰氏族，七曰人事，八曰閨媛。　倫莫大於君父，化必始自宫闈，故首皇極而次宫闈。百職惟貞，臣道之常也，故次曰官常。修身齊家，父子兄弟足法，故次曰家範。師教友規，推之賓客、里黨，皆有交誼焉，統之曰交誼。姓氏既分，譜系斯别，繼之曰氏族。倫聚羣分，交際事起，繼之以人事。書契以來，不乏貞淑正位乎内，人倫之本也，閨媛必詳焉。

一、博物彙編，其典四：一曰藝術，二曰神異，三曰禽蟲，四曰草木。　物號有萬，莫靈於人；百家并興，藝術各見。博物者，不厭詳也。神怪，子所不語，而情狀著之於《易》，則神異亦兼志之。禽蟲、草木，多識所資也，故備及之。

一、理學彙編，其典四：一曰經籍，二曰學行，三曰文學，四曰字學。　理莫備於六經，故首尊經籍。學成行立，倫類判矣，故學行次之。文以載道，其緒餘也，故文學又次之。書契之作，典籍之權輿也，故字學亦及之。

一、經濟彙編，其典八：一曰選舉，二曰銓衡，三曰食貨，四曰禮儀，五曰樂律，六曰戎政，七曰祥刑，八曰考工。　治道莫大於用人，故首選舉，而繼以銓衡。食貨以養，而禮樂以教也，故食貨次之，禮儀次之，樂律又次之。大者甲兵，小者刀鋸，弼教之餘也，故次戎政，而次祥刑。宫室器用，有國所必資也，故考工終焉。

一、是書爲編有六，爲典三十有二，爲部六千有餘，爲卷一萬。有一部而數百、數十卷者，有一卷十餘部者。而每部中有彙考，有總論，有圖，有表，有列傳，有藝文，有選句，有紀事，有雜録，有外編，無者闕之。

一、彙考之體有二：大事有年月可紀者，用編年之體，仿《綱目》立書法於前，而以按某書某史詳録於後。事經年緯，而一事之始末沿革，展卷可知。立書法於前，詳録諸書於後，則一事之異同疑誤，參伍可得。此典中之最宏鉅者也。或大事無年月可稽，與一事一物無關政典者，則列經、史於前，而以子、集參互於後。雖歲月未詳，而時代之後先、一事因革損益之源流、一物古今之稱謂與其種類性情，及其制造之法，皆可概見矣。

一、總論之所取，必擇其純正可行者。聖經中單詞片句併注疏，皆録於前，蓋立論要以聖經賢傳爲主也。至子、集中有全篇語此一事，必擇其議論之當者。論得其當，雖詞藻無足取，亦在所録。即一篇中所論不一事，而數語有關，亦節取之。惟史傳、章奏名篇，本文前後尚有因革得失事由，則入於彙考，此不復重載。

一、古人左圖右史，如疆域山川圖，必不可缺也。即禽獸、草木、器用之形體，往籍所有，亦可存以備覽觀。或一物而諸家之圖所傳互異，亦并列之以備參考。

一、史之立表，始自史遷。蓋年月先後列之表，則易稽也。今政事載於彙考者，皆已編年，故凡史中年月表皆删之。唯星躔、宫度、紀元等，非表不能詳者，則皆立表。

一、藝文。以詞爲主，議論雖偏而詞藻可採，皆在所録。篇多則擇其精，篇少則瑕瑜皆所不棄。大抵隋唐以前從詳，宋以後從略。

一、選句。凡麗詞偶句，或以對待見工；近體古風，或以警拔見賞。其全篇即無可觀，而瑕不掩瑜，單詞片語，亦不可棄。况一時爲佳句，日久遂爲故實，故有選句之録。

一、紀事之大者入於彙考，其瑣細亦有可傳者，皆按時代列正史於前，而一代之稗史、子、集附之。亦有後人雜記而及數代以前之事者，若按其著書之世代，則疑於顛倒，故仍採附於前。

一、雜録。聖經之言多入總論，亦有非正論此一事而旁引曲喻偶及之者，則入於雜録。至於集中所載，或有考究未真，難入於彙考；議論偏駁，難入於總論；文藻未工，難收於藝文者：則統入於雜録。

一、外編。凡大綱皆入於彙考，瑣細皆入於紀事，可謂詳矣。而百家及二氏之書，所紀有荒唐難信及寄寓譬託之辭、臆造之説，録之則無稽，棄之又疑於挂漏，故另入於外編。

一、乾象典。彙考所載天地、日月、星辰、形體、躔度之屬，無事編年，惟按經、史、子、集分其先後。經、史但舉其大綱。百家所傳之圖，多失考據。國家新法曆書，凡海西人所考究造圖製器，皆極精晰，故是典多據之。六合之外，雖無所不有，而二氏之所言過於怪異者，則皆入外編，惟取耳目可據者而已。

一、歲功典。一歲中月令時政，歷代所行者，或可入於編年。其他五方風俗節令，古今各異，則但按經、史、子、集分其先後。

一、曆法典。歷代治曆沿革，悉從編年所改，何曆即附此曆之法於後。至曆中事，無關沿革者，則入於紀事；泛言曆法，非見於施行者，則入於雜録。算法，曆家所最重也，故算法及諸數附焉。

一、庶徵典。史家之志災祥，《史記·天官書》約其概。班固始分爲天文、五行二志，後人多因之。然獨以星變爲天文，而日食、雲氣、風雷、雨雪則皆入於五行，已爲無稽。至於分屬五事，强爲配合，又立爲赤眚、黄祥、人痾、鼓妖、詩妖、牛禍、龍孽諸名。劉向父子已有異同之説，後儒多闢之。是典總以《洪範》"庶徵"爲名，其餘皆據事直書。以事物之反常者爲異，以異而有傷於人物者爲災。其事皆按年代立綱於前，而其災傷大小及修省補救之實皆詳於後。其占法，則經史之可據者存之，附會讖諱妖異之説皆所不録。

一、坤輿典。土石沙水，皆地中之大者也。然均一土一石，而形色各異，藥性亦分，故《本草》細分之。如土有黄土、白堊，石有滑石、雲母之類是也。然此等分之，於事少所徵，藝文亦不多見，故今於彙考中分之，藝文、紀事以下則合之。沙、水之類亦仿此。至如歷代輿圖，分土畫疆，建都立國，皆地中大事，故并列之坤輿。

一、職方典。歷代輿圖詳於坤輿。我國家幅隕無外，今獨立職方一典，亦《一統志》之類也。然《一統志》中，於沿革衹記其代，山川衹列其名，關隘驛傳衹志其地，户口財賦衹詳其數，風俗節序衹存其概。今則通志，府、州、縣志所已有者，皆分爲各考，詳列於前；而凡史傳所載，有關於地方利害者，悉按年代入於紀事，則災變救禳之宜，關隘防守之要，水利蓄泄、驛遞增減之法，移風易俗、休養生息之方皆備焉。至於山川古蹟，古今互異，或傳訛附會；地方大事之是非得失，或各爲意見，或各有辨正：則皆歸於雜録。此則較《一統志》從詳者也。若其職官、選舉姓名，各省已有專書，人物則各典已有列傳，可不重及，此又較《一統志》從略者也。

一、山川典。山川已載職方典中，然職方以各府分部，一二名山大川，連跨數十郡邑，非通志一二語可了，故别立一典。山則有圖以志其形，并考其跨連地界，與他郡邑名同而實殊者。一山之中，水泉、物産之多寡，寺觀、古蹟之廢興，皆志之，可當卧游。一水中源流曲折，灌溉之利、險阻之資，所關尤鉅，非圖可悉，必合山經、地志、稗官、小説、雜記，備書其詳。皆經世務者所必知，非徒博涉而已。

一、邊裔典。爲目雖多，然中有一國而前後異名者，有數小國合爲一大國者，有一大國今又分爲諸小國者。其更改分合之由，見於史傳，有據則從而合之。其國名衹標其名之最著者，而遡其交通中國之始，及歷代更改之稱，皆分注於下。至其朝貢、侵叛之詳，皆按代編年，而一國之本末井如矣。或前代有其名，而其後更改合併之由不見於正史，則别立一國以待詳考。至史傳、子集所載列國之事，無年月可紀者，但入於紀事。或泛論此國風俗、土産，無關事實者，則入於雜録。至於稗官所載，如《洞冥》、《拾遺》諸記及《杜陽雜編》所録外國之名不見於正史，其真僞假託皆不可知，則統歸之外編，庶幾傳疑云爾。

一、皇極典。其所紀帝王之事，皆史傳所書，其目亦皆語類書所有。然有一二大綱較史傳爲詳備者，如登極部，或開創，或守成，君道所以正其始也。本紀一二語寥寥，今則必合諸史傳，詳採附見於後，則正始之大事著矣。三代以下之君，亦多嘉謨善政可傳，而本紀不載，其分見於列傳者，人多略之。今皆按代詳列，一事可稱，皆入於君德部。至一二大綱，如敬天勤民、用人聽言，尤政治之本，皆遍採不遺。至於詞藻翰墨，或事足紀者，亦詳於御製、宸翰兩部。

一、宫闈典。母儀陰教，儷體宸極，内治之本也。史書本傳或有未詳，今按諸臣列傳及稗官所記，但有嘉言懿軌，皆附本傳之後。至於宫闈制度，皆按代編年，而歷代之奢儉得失曉然矣。東宫皇子、皇孫皆附宫闈，皇子、皇孫已封之事則詳於宗藩。外戚、宦寺皆以不干政爲宜，且無一定之職掌，故仍舊史列傳，附於宫闈焉。

一、官常典。官常所以昭示百家，故備考一官歷代異同之制，次列歷代名臣之傳。自周以降，名稱繁紊，難以悉舉。明制獨爲近古，故國朝多因之。今官常典一以我朝所設之官爲主，而上溯秦漢以來，官名異而職掌同者則合之，官名同而職掌異者則分之，皆按代編年，而詳其因革異同之制、僚屬職掌之詳。此前人所未及也。至諸史列傳，有終於此官而功業止於此官見者，則因其官。如宰相則稱公輔名臣，縣令則稱縣令名臣，皆録其本傳於前，而附他傳所載及裨官所記於後。若歷此官而有事可紀、不以此官終者，但録其一節之事於此官之紀事。或泛論此一官而無關實事者，則入於此官之雜録、紀事。淑慝并登，名臣列傳則但主於録善而已。至所歷非一官而聲稱卓卓可紀，則分爲四科，一曰諫諍名臣，二曰忠烈名臣，三曰風節名臣，四曰政事名臣。其他爵位雖顯而無一可傳，且有姦邪叛亂者，分見於紀事之中。

一、家範典。於五倫居其三，蓋君臣備於皇極、官常，朋友之倫入於交誼，惟父子、兄弟、祖孫、夫婦皆家庭事也。宗族、戚屬、奴婢異於朋友，故附焉。諸家類書分析其目，未免繁碎，今皆合之。如父子則象賢與敗類者并書，兄弟則既翕與不咸者俱列，夫婦則唱隨與反目者同載，作範垂規皆備矣。

一、交誼典。自師友以及里黨，其中或親或疏，從厚從薄，亦皆合記。與家範同。

一、氏族典。先考其得姓之由爲彙考，次列某姓人物，約其本末及爵謚、名號大節，一二爲列傳。諸史傳外合《尚友録》、《萬姓統譜》及各省通志，大抵人多者則擇其尤；少則中材、鉅慭，皆所必録，聊備一姓云爾。

一、人事典。其目雖繁，大都不外身體、年齒、命運、感應之類。至於人品、學問，則皆入於學行，此不重載。

一、閨媛典。與史册《列女傳》稍異者，區其流品，雖一節必登，而貞淫不雜，庶爲勸戒云。

一、藝術典。所紀多民用所資，故每部彙考皆先詳其法，次列其人。此中不乏賢者，然藝成而下，故列傳但曰“名流”。名公鉅卿、賢士君子，雖兼此技而他典已有列傳，此可不入，入其事於紀事。諸部以農爲首，然勸相之權在上，故凡關政治者入食貨，農桑部中，但農人細事已耳。諸部中惟醫最多，蓋病非一，故彙考中統載《内經》及《臟腑脈絡圖説》於前，次則諸病分門，皆合諸家論此病之治法，次列方藥，末列鍼灸、醫案。合此數者，皆爲彙考。次列醫術名流列傳，又次則總論及紀事、雜録。良以民命所關，至聖所慎，醫書錯雜不倫，此則爲之詳酌區分，以待人之採擇也。至於堪輿〔一〕、選擇，以及太乙、奇門、六壬諸術數之學，未悉其詳，則雖分其等差，不過即世俗所傳之書，爲之序次於前而已。

一、神異典。先列諸祀典，鬼神外兼載二氏，而衛道之儒、方外之士，各隨所取。然叙其教之興廢，可以考驗其時之盛衰，詳其人之顛末，亦可以徐定其理之當否矣。

一、禽蟲、草木二典。雖一蟲一草之微，皆各自爲部。有同一物而稱謂各别、性味各殊者，雖於紀事、藝文合之，而於彙考仍分之。蓋食品、藥物各有所宜，風人賦物取義亦别，故不厭求詳也。

一、經籍典。經籍所以垂教萬世，凡事關帝王尊經者，皆按代編年，詳其本末。至諸經傳注，先儒授受，各有源流，雖歲月無可稽，而時代有先後，皆仿編年之體，立綱於前，述其授受源流，凡以尊經也。若諸子百家，紀述則區其種類，紀其事蹟，兼集諸家評隲之語而已。

一、學行典。先列經傳中道德、性命之總論於前，而名賢之列傳繼之，蓋學成而行始立也。居官卓然可紀者，已列於官常之名臣，則此可不復載，但舉其一二事之可傳者入於紀事可矣。而間有變例者，如王祥、范質不入晉、宋公輔之名臣，而入於孝友篤行之傳，則揚善之意雖多，而名節大防，不容不謹也。其或位不稱德，或功業不傳而行誼表著者，皆列之名賢。此外游俠、勇力之徒，止載其事，不另立傳，俾之同於藝術云爾。

一、文學典。在經籍之外，蓋文各有體，作者亦各有擅長，類則區分，各極文人之能事而已。而列傳則總之爲文學名家，雖尊之藝術之上，而不遽許之爲聖賢，人可以知所重矣。

一、字學典。字體源流，既按代編年於前，而點畫、音韻皆合各家之議論於後，字學無遺藴矣。至書法擅長者，則列之名家，與文學同。凡稗官所紀，有涉書法者，皆附本傳之後，較正史爲詳備焉。於文房諸器不入考工，附見於此，以書字所必資也。

一、選舉、銓衡，一事分爲二典。選舉載取士之科，銓衡則官人之法。

一、食貨典。所載皆有國家者理財之事，而飲食、貨幣之瑣屑皆附焉。操國計者，所宜詳也。

一、禮、樂相爲用而事各殊，故禮儀、樂律分爲二典。前代禮志皆以五禮爲序，今惟以冠、昏、喪、祭、朝會、燕饗爲先後之次。禮莫重於祭，故祀典爲最詳。至章服以正名定分，禮所必嚴，故附之禮制之後。

一、樂律。按代編年，附以樂章，則一代樂之升降大概可知。

律吕，前人多有成書而體不一，卷帙煩而多相襲，故難全載。今擇一二可傳者，採其議論，去其重複，以便覽觀。

一、戎政一典，於歷代兵制纖悉必詳。至論兵之書，多勦襲無當，擇古人之精者入於總論。近代雖有專家之書，不録。至歷代兵戰，有一事而南北所載各殊者，有一朝之史而各傳所紀互異者，今皆按代編年。合而觀之，則一代强弱勝負之大較與兵家攻守算勝之道，思過半矣。

一、祥刑一典，律令皆按代編年，而輕重寬嚴之得失一覽可知。至於聽斷弭盜之宜，纖悉必録，凡以折獄懲姦所宜慎重爾。

一、考工之典，先列諸工匠規矩、準繩、度量、權衡之制，而宫室器用次之。河渠、水利本屬司空，而水勢之地形不一，蓄洩各殊，故附於山川，而此不復贅。城池、橋梁，營繕之大者也，故列於宫室之先。樂器附於樂律，重審音也。文房詳於字學，從其類也。軍器詳於戎政，練軍實也。今考工所載者，惟農器、飲器、食器、卧器及什器，皆繪圖詳其制，凡以民用所資，不容或略也。以上凡例四十七條，全録。

乾象典，二十一部，一百卷。

文光謹案：此典先天地總部，凡部有彙考，有總論，有藝文并選句，有紀事，有雜録，有外編。次天部、陰陽部、五行部、七政部、日月部、日部、月部、星辰部、天河部、風部、雲霞部、霧部、虹霓部、雷部、電部、雨部、露部、霜部、雪部、火部、煙部。

歲功典，四十三部，一百一十六卷。

文光謹案：此典先歲功總部，次春部、立春部、元旦部、人日部、上元部、仲春部、社日部、花朝部、季春部、上巳部、清明部、夏部、孟夏部、立夏部、仲夏部、端午部、夏至部、季夏部、伏日部、秋部、孟秋部、立秋部、七夕部、中元部、仲秋部、中秋部、季秋部、重陽部、冬部、孟冬部、立冬部、仲冬部、冬至部、季冬部、臘日部、除夕部、閏月部、寒暑部、干支部、晦朔弦望部、晨昏晝夜部。

曆法典，六部，一百四十卷。

文光謹案：此典先曆法總部，次儀象部、漏刻部、測量部、算法部、算法彙考七，誤作"測量七"。數目部。

庶徵典，五十部，一百八十八卷。

文光謹案：此典先庶徵總部，次天變部、日異部、月異部、星變部、風異部、雲氣異部、霾霧異部、虹霓異部、雷電異部、雨災部、露異部、雹災旱災部、火災部、光異部、寒暑異部、豐歉部、疫災部、地異部、山異部、石異部、水災部、水異部、冰異部、人事異部、人異部、血肉異部、夢部、謡讖部、聲音異部、宫室異部、器用異部、金鐵異部、飲食異部、冠服異部、神怪異部、禽異部、鷄異部、獸異部、馬異部、牛異部、羊異部、犬異部、豕異部、鼠異部、鱗介異部、蟲豸異部、蝗災部、草木異部。曆象彙編共四典。

坤輿典，二十一部，一百四十卷。

文光謹案：此典先坤輿總部，次土部、泥部、石部、砂部、汞部、礬部、黄部、灰部、水部、冰部、泉部、温泉部、井部、輿圖部、建都部、留都部、關隘部、市肆部、陵寢部、冢墓部。

職方典，二百二十三部，一千五百四十四卷。

文光謹案：此典先職方總部。自京畿部至貴州威寧府部，各省各府爲一部，故多至二百餘部。各省志、各府志無不備採其要，視《一統志》爲尤詳。凡建置、沿革、山川、古蹟、兵制、田賦，以及峒蠻、土司之類，無所不考。歷代地志傳本未有過千卷者，此多至一千五百餘卷。我朝幅員既廣，爲書亦富。伏讀職方一典，洋洋大觀，已非前代非[二]能及矣。

山川典，四百一部，三百二十卷。

文光謹案：此典先山川總部。次五岳部至飛雲巖部，一山爲一部。凡山一百九十六卷，天下名山無所不載，山志備於此矣。次川部，凡江湖河海，一水爲一部，凡水一百二十四卷，水利備於此矣。

邊裔典，五百四十二部，一百四十卷。

文光謹案：此典先邊裔總部十二卷。次東方諸國，自朝鮮部至定安部，二十九卷。東方未詳諸國，一卷。西方諸國，自長股部至魯迷部，內有西夏、番僧二部。四十四卷。西方未詳諸國，二卷。南方諸國，自貫胸部至丁機宜部，十七卷。南方未詳諸國，二卷。北方諸國，自匈奴部至欽察，三十卷。北方未詳諸國，一卷。四方未詳諸國，一卷。各方俱有總部，惟東方不足一卷，西方一卷，南方一卷，北方八卷。方輿彙編共四典。

皇極典，三十一部，三百卷。

文光謹案：此典先皇極總部，次君臣部、帝紀部、此部一百六十二卷，史文全載。帝統部、帝運部、國號部、帝號部、登極部、此部三十卷。正朔部、紀元部、此部八卷。聖壽部、此部十卷。君德部、聖學部、御製部、宸翰部、君道部、治道部、創守部、敬天部、法祖部、莅政部、勤民部、用人部、此部八卷。聽言部、此部七卷。法令部、賞罰部、寬嚴部、風俗部、文質部、僭號部。此部三十六卷。

宫闈典，一十五部，一百四十卷。

文光謹案：此典先宫闈總部，次太皇太后部、太上皇部、皇太后部、皇后部、此部二十卷，內有列傳十二卷。妃嬪部、有傳。宫女部、有傳。乳保部、有傳。東宫部、二十卷。東宫妃嬪部、皇子部、皇孫部、公主駙馬部、二十卷，傳十四卷。外戚部、二十卷，傳十六卷。宦寺部。二十卷，傳九卷。

官常典，六十五部，八百卷。

文光謹案：此典先官常總部，次宗藩部、一百卷，彙考四十八卷，列傳四十五卷，王妃附。三恪部、聖裔部、有傳。賢裔部、有傳。勳爵部、四十八卷，彙考四十卷，名臣列傳三卷。公輔部、八十二卷，名臣列傳六十八卷。翰林院部、二十二卷，名臣列傳十一卷。官僚部、宗人府部、都察院部、三十二卷，名臣列傳二十二卷。給諫部、十四卷，傳十卷。將帥部、一百一十六卷，傳一百卷。節使部、六十二卷，傳三十六卷。諫諍部、三十三卷，傳二十八卷。忠烈部、六十卷，傳五十八卷。風節部、政事部。三十卷，皆傳。此典録卷之大者，以便參考。餘六部、九卿、官僚、官僚、侍衛、内府、司城、上苑，外而藩司、漕使、府縣、佐貳之屬不及瑣録。名臣列傳備於此典。

家範典，三十一部，一百一十六卷。

文光謹案：此典先家範部，次祖孫部、父母部、父子部、母子部、教子部、乳母部、嫡庶部、出繼部、養子部、女子部、姑媳部、子孫部、兄弟部、姊妹部、嫂叔部、妯娌部、叔姪部、姑姪部、夫婦部、媵妾部、宗族部、外祖孫部、甥舅部、母黨部、翁姑部、姻婭部、妻族部、中表部、戚屬部、奴婢部。此典宜與理學參看。

交誼典，三十七部，一百二十卷。總目誤作三十七，數之實四十部。

文光謹案：此部先交誼總部，次師友部、師弟部、主司門生部、朋友部、父執部、前輩部、同學部、同年部、世誼部、結義部、賓主部、故舊部、鄉里部、僚屬部、居停部、拜謁部、贈答部、饋遺部、宴集部、乞貸部、請託部、盟誓部、餞别部、好惡部、毁譽部、規諫部、品題部、薦揚部、嫌疑部、傲慢部、趨附部、嘲謔部、欺紿部、疑忌部、嫌隙部、讒謗部、忿争部、構陷部、恩讎部。

氏族典，二千六百九十四部，六百四十卷。

文光謹案：此典先氏族總部，次依韻排比，始東姓部，終耨盌温敦姓部，一姓爲一部。有數姓、數十姓合爲彙考者，有彙考無列傳，有列傳無彙考不等。其紀事、藝文、雜録間或有之。朱姓十一卷，陳姓十四卷，張姓二十卷，王姓二十八卷，劉姓十七卷，李姓十八卷。他如徐、吴、胡、元、孫、蕭、高、楊、黄、趙，或三四卷不等。氏族書六百餘卷者，以此典爲第一。

人事典，九十七部，一百一十二卷。

文光謹案：此典先人事總部，次自頭至足，五官具載。次臟腑、形貌、年齒、老幼之類。次初生至百歲，一歲一部，共十卷。次名字、稱號，次七情、癖嗜、迷忘、錯誤、志願、感歎之類。次命運、壽夭、富貴、貧賤、榮辱、遇合、感應、吉凶、疾病、生死、魂魄、投胎、睡游、行還、灑掃、沐浴之類，終以養生。於人之情性爲最備。與交誼典互觀，而人事全矣。此典惟遊行、齋戒、養生數部爲事，其身體、形貌、名號、老幼、命運之屬，非有所作爲也。

閨媛典，一十七部，三百七十六卷。

文光謹案：此典先閨媛總部，二十二卷。次閨淑部、閨孝部、閨義部、閨烈部、七十四卷。閨節部、二百一十卷。閨識部、閨藻部、閨慧部、閨奇部、閨巧部、閨福部、閨艷部、閨恨部、閨悟部、閨職部、閨飾部。凡各史、各地志之《列女傳》皆備於此。明倫彙編共八典。

藝術典，四十三部，八百二十四卷。

文光謹案：此典先藝術總部，次農部、圃部、漁部、樵部、牧部、御部、弋部、獵部、醫部、五百二十卷。《内經》全收入。

以下分門別類，自脉法起，至小兒止，醫書之一大部也。有名流列傳。卜筮部、二十三卷。星命部、六十六卷。相術部、二十卷。堪輿部、三十卷。選擇部、術數部、六十卷。太乙、奇門、六壬三類。射覆部、卦影部、拆字部、畫部、四十八卷。投壺部、奕棋部、彈棋部、蹴踘部、弄丸部、藏鈎部、鞦韆部、風箏部、技戲部、幻術部、博戲部、商賈部、巫覡部、拳搏部、刺客部、傭工部、刀鑷部、庖宰部、牙儈部、乞丐部、優伶部、傀儡部、娼妓部。

神異典，七十部，三百二十卷。

文光謹案：此典先神異總部，次皇天上帝部、后土皇地祇部、大明之神部、夜明之神部、北斗之神部、五星五行之神部、太一之神部、文昌之神部、列星之神部、風雲雷雨諸神部、東岳泰山之神部、南岳衡山之神部、西岳華山之神部、北岳恒山之神部、中岳嵩山之神部、東鎮沂山之神部、南鎮會稽山之神部、西鎮吴山之神部、北鎮醫無閭山之神部、中鎮霍山之神部、東瀆淮水之神部、南瀆江水之神部、西瀆河水之神部、北瀆濟水之神部、海神部、山川諸神部、社稷之神部、寒暑之神部、太歲之神部、城隍之神部、五祀之神部、八蜡之神部、龍神部、馬神部、先農之神部、先蠶之神部、旗纛之神部、瘟疫之神部、冥司部、關聖帝君部、岳忠武王部、雜鬼神部、神像部、神廟部、二氏部、釋教部、十八卷。佛菩薩部、十三卷。佛像部、佛經部、十二卷。僧寺部、十三卷。塔部、僧部、七十八卷，傳七十卷。尼部、居士部、放生部、道教部、神仙部、五十卷，傳三十六卷。道書部、道觀部、方士部、女冠部、静功部、十卷。服食部、方術部、降筆部、楮幣部、異人部、異境部、妖怪部。

禽蟲典，三百一十七部，一百九十二卷。

文光謹案：此典先禽蟲總部，次羽禽總部，次鳳凰部至異鳥部，凡五十卷。其中如吐綬鳥、木客鳥、報春鳥、狂鳥、蚊母鳥、姑獲鳥、鬼車鳥、鴕鳥、冶鳥，皆人所不知者。次走獸部，自麒麟部至異獸部，凡七十二卷。馬十五卷。其中如白澤、桃拔、蒙頌、彭侯、黄腰獸之類，皆不經見者。次龍部至雜海錯部，凡三十八卷。魚十八卷。此部於貝呵、車渠、瑇瑁之類無不備考。他如石蜐、海蛇、月沙、箬郎、君子、寄居蟲之類，亦海物所罕見者。次蟲部，自蠶至異蟲，凡二十八卷。如守瓜、棗猫、青腰、縊女、龐降、水唐、田父諸蟲，世不常有。凡不經見者，悉録其名，以廣異聞。

草木典，七百部，三百二十卷。

文光謹案：此典先草木總部，次草部彙考、藝文之類，木部彙考、紀事之類，葉部彙考、外編之類。花部、果部、藥部皆同，凡二十二卷。禾穀部，自稻至薏苡，十八卷。蔬部，自薑至紫菜，三十五卷。雜蔬六卷。自蘭至虞美人，花部四十四卷。自人參至紫花地丁，藥部五十六卷。雜花草部四卷，蕉部一卷，竹部十一卷，松部五卷，柏部二卷，梅部八卷。自杏至波羅蜜，果木部九十九卷。雜花樹一卷，雜果樹一卷，雜樹木一卷，香部四卷，薪部一卷，炭部一卷。博物彙編共四典，一千六百五十六卷。

經籍典，六十六部，五百卷。

文光謹案：此典先經籍總部，五十卷。次河圖洛書部、八卷。《易經》部、五十二卷，内有《易學别傳》。《書經》部、二十二卷。《詩經》部、三十四卷。《春秋》部、四十四卷。《禮記》部、十八卷。《儀禮》部、八卷。《周禮》部、十六卷。《三禮》部、十二卷。《論語》部、十四卷。《大學》部、四卷。《中庸》部、四卷。《孟子》部、六卷。四書部、八卷。《孝經》部、四卷。《爾雅》部、二卷。小學部、四卷。經學部、五十六卷，有《名儒别傳》。讖緯部、

《國語》部、《戰國策》部、《史記》部、《漢書》部、《後漢書》部、《三國志》部、《晉書》部、《宋書》部、《南齊書》部、《梁書》部、《陳書》部、《北魏書》部、《北齊書》部、《北周書》部、《南北史》部、《隋書》部、《唐書》部、《五代史》部、《遼史》部、《宋史》部、《金史》部、遼、金、宋三史部、《元史》部、《明史》部、《通鑑》部、《綱目》部、史學部、十四卷。地志部、十二卷，可與職方典互參。山經部、《老子》部、《莊子》部、《列子》部、《墨子》部、《管子》部、《商子》部、《孫子》部、《韓子》部、《荀子》部、《淮南子》部、《揚子》部、《文中子》部、諸子部、二十四卷。集部、三十卷。《文選》部、類書部、雜著部。

學行典，九十六部，三百卷。

文光謹案：此典先學行總部，次理氣部，終於游俠、勇力。理數三十二卷，學問六卷，讀書五卷，講學八卷，心學六卷，聖人六卷，聖門諸賢七卷，任道十四卷，内有名賢列傳十卷。志道八卷，傳七卷。孝悌五十六卷，傳四十六卷。篤行二十四卷，傳二十三卷。隱逸二十卷，傳十六卷，此皆部之大者。其餘如性命、五常、道德、言語以及理欲、義利、公私，邪正、曲直、巧拙、動静、剛柔之類，無不分部考論，而君子、小人之辨詳矣。又如前知、識鑒、畸行、幼慧之類，亦各有部，可廣見聞。此典當與人事典互考。

文學典，四十九部，二百六十卷。總目誤作“四十九部”，數之實五十部。

文光謹案：此典先文學總部，一百三十六卷，列傳一百六卷。次詔命部，册書部，制誥部，敕書部，批答部，教令部，表章部，章表部，箋啓部，奏議部，頌部，贊部，箴部，銘部，檄部，露布部，策部，判部，書札部，序引部，題跋部，傳部，記部，碑碣部，論部，説部，解部，辨部，戒部，問對部，難釋部，七部，連珠部，祝文部，哀誄部，行狀部，墓誌部，四六部，經義部，騷賦部，詩部，四十六卷。樂府部，八卷。詞曲部，十四卷。對偶部，格言部，隱語部，大、小言部，文卷部，雜文卷部。

字學典，二十四部，一百六十卷。

文光謹案：此典先字學總部，十卷。次音義部、三十六卷。楷書部、行書部、草書部、篆書部、隸書部、飛白部、押字部、書畫部、法帖部、二十三卷。書法部、書家部、三十七卷，法書名家列傳三十二卷。聲韻部、十二卷。方言部、筆部、墨部、紙部、硯部、筆格部、水注部、鎮紙部、書尺部、文房雜器部。理學彙編共四典。

選舉典，二十九部，一百三十六卷。

文光謹案：此典先選舉總部，次學校部、二十二卷。教化部、養士部、士習部、鄉舉里選部、徵聘部、薦舉部、對策部、上書部、辟署部、科舉部、鄉試部、會試部、登第部、下第部、殿試部、及第部、特試部、太學生部、神童部、召試部、廕襲部、特用部、武舉部、雜流部、吏員部、隸役部、歸誠部。

銓衡典，一十二部，一百二十卷。

文光謹案：此典先銓衡總部，二十二卷。次官制部、四十八卷。禄制部、十卷。考課部、十卷。舉劾部、遷擢部、降黜部、休致部、給假部、起復部、封贈部、命婦附。封建部。

食貨典，八十三部，三百六十卷。

文光謹案：此典先食貨總部，次户口部、十一卷。農桑部、二十一卷。田制部、二十四卷。蠶桑部、宜與蠶部、桑部互考。荒政部、四十四卷。賦役部、四十五卷。漕運部、二十八卷。貢獻部、十六卷。

鹽法部、十八卷。雜税部、十六卷。平準部、八卷。國用部、十六卷。飲食部、六卷。又自米至糗餌十部，六卷。酒部、十五卷。茶部、十三卷。自酪至豉十二卷，油、蜜、肉、醋之類、共十八部。幣帛部、三卷。自枲、葛至皮、革、膠，又十二卷，凡十四部。寶貨部、一卷。自珠玉至寶石，又十四卷，共十二部。金部、銀部、銅部、鉛部、錫部、鐵部、錢鈔部。十六卷。

禮儀典，七十部，三百四十八卷。

文光謹案：此典先禮樂總部，四卷。次禮儀總部。十卷。次冠禮部、五卷。婚禮部、十七卷。喪葬部、六十八卷。謚法部、二十五卷。卹典部、弔哭部、忌日部。祀典總部，十卷。天地、明堂、日月、星辰、風雲、雷雨、寒暑、社稷、山川、先聖先師、文廟、帝王陵廟、宗廟、配享功臣、陵寢、先農、先蠶、太歲、城隍、五祀、七祀、高禖、旗纛、雩蜡、臘、大儺、酺、先醫、先牧、名宦、鄉賢、雜祀、家廟祀典，共三十部。一百二十九卷，天地二十三卷，明堂九卷，宗廟二十五卷，此三部最大。朝賀部，十八卷。聘問部，執贄部，宴享部，十二卷。巡狩部，藉田部，幸學部，養老部，鄉飲酒禮部，軍禮部，賞賜部，冠服部，十八卷。冠冕部。衣服部，四卷。袍、裘、衫、襖、蓑衣、雨衣、帶、佩、裙、褲、襪、履、屐、靴、行縢共十五部。九卷。

樂律典，四十六部，一百三十六卷。

文光謹案：此典先樂律總部，四十六卷。次律吕部、二十五卷。聲音部、嘯部、歌部、十一卷。舞部，六卷。鐘、錞、鉦、鐃、鐲、鐸、方響、鈸、磬、琴、瑟、琵琶、箜篌、箏、阮咸、五弦、管、簫、籥、篪、笛、橫吹、笳、角、貝、觱篥、笙、竽、塤、缶、甌、鼓、鼓吹、柷、敔、筑、應牘、雅拍、板壤、笋簴、雜樂共四十部。四十六卷。

戎政典，三十部，三百卷。

文光謹案：此典先戎政總部，十三卷。次兵制部、五十二卷，末卷爲士卒名流列傳，士卒紀事附。校閲部、田獵部、兵法部、陣法部、火攻部、水戰部、車戰部、兵略部、一百三十八卷。兵餉部、屯田部、馬政部、驛遞部、器械部、甲胄部、干盾部、旌旗部、金鼓部、弓矢部、射部、八卷。弩部、彈部、刀劍部、斧鉞部、棨戟部、戈矛部、椎棒部、攻守諸器部、雜器械部。

祥刑典，二十六部，一百八十卷。

文光謹案：此典先祥刑總部，十四卷。次律令部、八十卷。盜賊部、三十二卷。牢獄部、囚繫部、俘纍部、訟訐部、聽斷部、十卷。刑具部、桎梏部、鎖部、枷部、鞭部、笞部、肉刑部、黥刑部、刖刑部、宫刑部、徒罪部、流徙部、讁戍部、重辟部、籍没部、理冤部、贖刑部、赦宥部。十六卷。

考工典，一百五十四部，二百五十二卷。

文光謹案：此典先考工總部，次工巧部，木工、土工、金工、石工、陶工、染工、漆工、織工八部，規矩準繩部，度量權衡部，城池、十四卷。橋梁、宫室、宫殿、十四卷。苑囿、公署、倉廩、庫藏、館驛、坊表、第宅、堂、齋、軒、樓、閣、亭、臺、園林、池沼二十部，山居、村莊、旅邸、厨竈、厩厠、門户、梁柱、窗牖、墻壁、階砌、藩蘺、竇、磚、瓦十五部，器用、璽印、儀仗、十五卷。符節、傘蓋、旗幢、車輿、十二卷。舟楫八部，尊、彝、卣、壺、盉、罍、甕、瓶、缶、瓿、爵、斝、觶、觚、斗、角、杯、巵、甌、盞、觥、瓢、勺、玉瓚、雜飲器、鼎、釜、甑、鬲、甗、簠、簋、籩、豆、盤、匜、敦、洗、鉢、盂、盆、椀、匕、箸、雜食器四十一部，几、案、座、椅、床、榻、架、櫃、櫝、筐、筥、囊、槖、機、杅、梳、櫛、杖、笏、扇、拂、枕、席、鏡、奩、燈、燭、帷、帳、被、褥、屏、幛、簾、箔、籠、爐、唾壺、如意、湯婆、竹夫人、熨斗、錐、鍼、鈎、剪、椎、鑿、鈴、柝、砧、杵、管、鑰、鞍、轡、阜、櫪、鞭、箠、繩、索、雜什器四十二部，耒耜、鍬、鋤、鐮刀、水車、桔槔、杵臼、磨礱、連枷、箕帚、雜農器十部，網罟部，磁器奇器部，古玩部，棺椁部，溺器部。此典可與地輿互考。經濟彙編共八典。以上總目録。

此本每葉二十四行，每行三十八字。正文頂格書，餘降二格。間有案語，考證最詳。目録三十二卷，每典爲一卷。六彙編，三十二典，六千一百九部，共一萬卷。其中有經學焉，有史學焉，至於醫卜、星曆、百家、九流之學，無所不備。且首尾該貫，始末完具，實詳前人所未詳。各學皆有入門之法，尋途問津，探本窮源，端在是矣。真聖人之制作，可爲萬世之章程也。自經史子集，下逮卮言野乘，旁及釋典仙經，無不選掇。所採皆四庫祕本，多人間未見之書。圖約二百卷，如天文、山川、禮樂、武備、禽蟲、草木、農工、器用諸圖，取之《三才圖會》者獨多。他如《山海經》、《爾雅》、《本草》，有圖之書，無不備列。各書全部收入者甚多，視明之《永樂大典》，相去天淵矣。

光緒壬寅正月，借平遥趙氏本恭録，耿文光記。

《同書》四卷

國朝周亮工撰

賴古堂本。是書取事蹟相同者，各標一目，以爲一類，使人易覽。如竇氏五子，唐竇叔向有五子，宋竇禹鈞亦有五子。金蓮燭送歸院人，知爲東坡，不知令狐綯、史浩、王珪皆有此事。前人雜記中比事者亦多，皆未若此書該備。每段各注出典。前有陸彦龍序，又順治己丑莆陽八十叟周嬰序。

《簡明目録》曰："大致似李清《諸史異同》，而李書多載相類之事，此則兼載相類之語，頗足以稽古異同。"

《格致鏡原》一百卷

國朝陳元龍撰

原本。書成於康熙戊子、丁亥間。後官廣西巡撫，乃刊於粤中，板頗精審不苟。前有雍正乙卯自序，可以知其緣起。次凡例、目録。自乾象至昆蟲，分三十類，專務考訂，以助格致之學，故曰'格致'。每紀一物，必究其原委，詳其名號，疏其體類，考其制作，略如《事物紀原》，故曰"鏡原"。但《説原》、《紀原》諸籍略而弗詳，此則原原本本，採擷極詳，體例秩然，首尾貫串，無諸家猥雜之病。又借閲傳是樓書數百種，故所據多善本，亦不似諸家之承訛襲謬也。余讀虞荔《鼎録》第一條，有"金華皇帝作鼎"一句，初不能解。《圖書集成》鼎部所引亦同，蓋沿汲古本之誤也。及讀此書，乃"金華山黄帝作鼎"。毛本"金華"下脱"山"字，又誤"黄"爲"皇"，非得此書不能明也。即此一端，已勝千百。其他類此者尚多，學者宜家置一編，以爲考古之助。惜無好事者重刊流傳，而原本亦漸少矣。

陳氏自序曰："康熙甲申歲，陳情歸養，有旨就家中編纂《歷代賦彙》一書，自天文、地理、人事之繁賾，以迄草木、昆蟲之細瑣，按部就班，犁然心目。因就古人所賦之物，推暨古人所未賦之物，一形一質，覈其出處，晰其名類，積爲百卷，題曰'格致鏡原'。"

右類書類。

類書非經非史，非子非集，而四部之書，靡不兼收，無類可歸。《隋志》强入子部，至今因之，而諸家不以爲允。兹所録者，凡三十五家，而專考一事，如《小名録》、《萬姓譜》

之類，亦附入焉。校勘諸家多引《初學記》、《太平御覽》、《事文類聚》諸書，以其多存古籍也。然類書展轉裨販，未必出於原書，其中訛誤之處，有不可究詰者。雖唐宋善本，亦難盡信。愚著《藏書記》，《玉海》、《藝文》以外，一切類書，皆所不采，蓋有以也。

校勘記

〔一〕"輿"，據下文補。

〔二〕"非"，據理似當作"所"。

萬卷精華樓藏書記卷九十九

子部十二
小説家類一

《穆天子傳》六卷　《附録》一卷

晉郭璞注

《平津館》本。是書出自《汲冢》，臨海洪頤煊校，嘉慶丙寅年刊。前有至正十年北岳王漸元翰序，洪頤煊序，晉侍中、中書監、光禄大夫、濟北侯荀勗序，附録隋、唐、晁、陳、《玉海》諸志。

洪氏序曰："書記周穆王遊行四海，見帝臺、西王母暨美人盛姬死事。《隋志》云：'體製與今起居注正同，蓋周時内史所記王命之副。'《史記》'穆王在位五十五年'，此書所載不過四五年間事耳。雖殘編斷簡，其文字古雅，信非周、秦以下人所能作。《聘禮》'管人'鄭注：'管，猶館也。'古文'管'爲'官'。此書'官人陳牲'，乃古文之僅存者。西王母之山，所記與《爾雅》合。《史記》'共王繄扈'，《世本》作'伊扈'，此書云'喪主伊扈'，尤足與經史相證。據《晉書·束晳傳》，此書本五卷，末卷乃雜書十九篇之一，《索隱》引《穆天子傳》目録云：'傅瓚爲校書郎，與荀勗同校定。'今本首載荀序，當即勗等所定也。勗時收書不謹，已多殘闕。厥後傳寫，益復失真。晁《志》：'書凡六卷，八千五百一十四字。'今本僅六千六百二十二字，則今本又非晁氏所見之本矣。今取《漢魏叢書》本與明程榮本、吴琯本、汪明際本、錢唐趙君坦所校吴山《道藏》本，暨《史》、《漢》諸注，唐、宋類書所引，互相參校，表其異同，正其舛謬，爲補正文及注若干字，删若干字，改若干字，其無可校證者闕之，十得五六云。"

文光案：此竹書也。與《列子·周穆王篇》相出入，又可與《紀年》互校。但《紀年》爲後人所亂，此傳獨存其真。近儒所校古書以文字爲重，於注疏百家所引搜括殆盡，再三詳審而後付梓，故人以爲重。與明人之所稱校本者大異，是可寶也。

王氏序曰："是書記王與七萃之士巡行天下，然則徒衛簡而徵求寡矣，非有如秦、漢之千騎萬乘空國而出也。王之自數其過，及七萃之規，未聞以爲迕也。登羣玉山，命邢侯攻玉，而不受其牢，是先王恤民之法未嘗不行。至遇雨雪，士皆使休待，旬然後復發，是非督令致期也。非有暴行虐政，而君子猶以爲王獲没於祇宫爲深幸，足以見人心之危之如此也。是豈可效哉？南臺都事、海岱劉貞庭幹舊藏是書，稍加讎校，命金陵學官重刊，與士共之。諗予題其篇端云。"

荀氏序曰："古文《穆天子傳》者，太康二年汲縣民不準盜發古冢所得書也，皆竹簡素絲編。以臣勗前所考定古尺度，其簡長二尺四寸。以墨書，一簡四十字。汲者，戰國時魏地也。按所得《紀年》，蓋魏惠成王子、今王之冢也。按《史記·六國年表》，自今王二十一年至秦始皇三十四年燔書之歲，八十六年，及至太康二年初得此書，凡五百七十九年。其書言周穆王遊行之事。《春秋左氏傳》曰：'穆王放肆其心，周行於天下，將皆使有車轍馬迹焉。'此書所載則其事也。王好巡守，得盜驪、騄耳之乘，造父爲御，以觀四荒。北絶流沙，西登昆侖，見西王母。與《太史公記》

同。汲郡收書不謹，多毁落殘缺。雖其言不典，皆是古書，頗可觀覽。謹以二尺黄紙寫上，請事平以本簡書及所新寫并付秘書繕寫，藏之中經，副在三閣。謹序。”

文光案：《藝文類聚》、《太平御覽》、《左傳正義》皆引王隱《晉書·束皙傳》“盗發安釐王冢，得竹書”，與荀勗序異。今《晉書》兩存其説。

晁《志》：“詔荀勗、和嶠等以隸字寫之，郭注本謂之‘周王遊行記’。勗之時，古文已不能盡識。時有缺者，又轉寫益誤，殆不可讀。”

文光案：陳《録》在起居注類。起居注自漢明德馬皇后始，後世因之。

《燕丹子》三卷

舊題燕太子丹撰

《平津館》本。嘉慶十一年孫星衍校刊，有序。

孫氏序曰：“《燕丹子》三篇，世無傳本，惟見《永樂大典》。紀相國昀既録入《四庫書》子部小説類存目中，乃以抄本見付。閱十數年，撿授家郎中馮翼刊入《問經堂叢書》。及官安德，乃採唐、宋傳注所引此書之文，因故章孝廉舊稿，與洪明經頤煊校訂訛舛，以篇爲卷，復唐、宋志三卷之舊，重加刊刻云。《燕丹子》之著録始自《隋志》，蓋本阮氏《七録》。然裴駰注《史記》引劉向《别録》云‘督亢膏腴之地’，司馬貞索隱引劉向云‘丹，燕王憙之太子’，則劉向《七略》有此書，不可以《藝文志》不載而疑其後出。《藝文志》法家有《燕十事》十篇，雜家有《荆軻論》五篇，据注言司馬相如等論荆軻事，則俱非《燕丹子》也。古之愛士者，率有傳書，由身殁之後，賓客紀録遺事，報其知遇。如《管》、《晏》、《吕氏春秋》，皆不必其人自著。則此書題‘燕太子丹撰’者，《舊唐書》之誣，亦不得以此疑其僞也。其書長於叙事，嫺於辭令，審是先秦古書，亦略與左氏、《國策》相似，學在縱横、小説兩家之間，且多古字、古義云。‘太子劍袂’，以‘劍’爲‘斂’也。‘畢事於前’，《國策》作‘畢使’，豈古文‘使’亦‘事’字？見《説文》、《汗簡》也。‘右手椹其胸’，蓋借‘椹’爲‘戡’。《説文》：‘戡，刺也。’《史記索隱》引徐廣云：‘一作抗。’抗，又‘扰’字之誤。《説文》：‘深擊也。’《史記》及《玉篇》‘椹’從手，誤矣。‘拔匕首擿之’。《説文》以‘擿’爲投。《玉篇》‘擲’同‘擿’，又作‘捿’，古假借字也。《國策》、《史記》取此爲文，削其烏白頭、馬生角及乞聽琴聲之事，而增徐夫人匕首、夏無且藥囊，足證此書作在史遷、劉向之前。或以爲後人割裂諸書，雜綴成之，未必然矣。此書宋時多有其本，《楓窗小録》云‘《燕丹子》一序甚奇’。按其序，亦空無故實，不復録入。此卷自明中葉後遂亡，故吴琯、程榮、胡文焕諸人刊叢書，俱未及此。”

袁氏曰：“予家所藏《燕丹子》一序甚奇，附載於此：‘目無秦，技無人，然後可學燕丹子；有言不信，有劍不神，不可不讀《燕丹子》；從太虚置恩怨，以名教衡意氣，便可焚卻《燕丹子》。此荆軻事也，有燕丹而後有荆軻也。秦威太赫，燕怨太激，威怨相軋，所爲白虹貫日，和歌變徵，我固知其事之不成。倚柱一笑，所謂報太子而成其荆卿者乎？’予本孱夫，不能學，亦不須讀，第不忍付之宵燭而録之以副。予家卷軸，惟無作者姓名耳。”録於《楓窗小牘》。

文光案：《楓窗小牘》，宋人所著，不題名氏，惟知姓袁。此序亦不知爲何人所作，從《稗海》本録出，以觀其奇，且所謂“空無故實”者，亦可見矣。不題太子丹撰，應是古本。孫序“小牘”作“小録”，誤。

《西京雜記》二卷

漢劉歆撰

《抱經堂》本。前有葛洪序。舊本或題漢劉歆撰，或題晉葛洪撰，或謂梁吴均撰。盧氏以爲劉歆所撰。又云吴均著書甚多，必不託名於劉。

葛氏序曰："洪家世有劉子駿《漢書》一百卷，無首尾、題目，但以甲、乙紀其卷數。先公傳云：'歆欲撰《漢書》，編録漢事，未得締構而亡，故書無宗本，止雜記而已。失前後之次，無事類之辨。後好事者以意次第之，始甲終癸，爲十秩。秩十卷，合爲百卷。'洪家具有其書，試以此記考校班固所作，殆是全取劉書，有小異同耳，并固所不取，不過二萬許言。今抄出爲二卷，名曰'西京雜記'，以裨《漢書》之闕爾。後洪家遭火，書籍都盡。此兩卷在洪巾箱中，常以自隨，故得猶在。劉歆所記，世人稀有，縱復有者多不備，足見其首尾差錯，前後倒亂，亦不知何書，罕能全録。恐年代稍久，歆所撰遂没，并洪家此書二卷不知出所，故序之云爾。"

文光案：葛洪從劉歆《漢書》中採出班固所未取之語，分爲二卷，題曰"西京雜記"，則此書爲劉歆所撰，而編次成帙，則出於稚川氏也。其百卷之本，雖已散佚，據葛序，則班固全取之矣。此序甚明，决非僞作，而題是書者未能畫一，不知何故也。

高氏曰："歷代都會記載之書，莫善於《西京雜記》。葛稚川稱其家有劉子駿《漢書》百本。班孟堅鋪叙兩京最爲該練，蓋多資取於子駿也。然孟堅亦有不録者，稚川集而藏之，名曰'西京雜記'。其中事實與班少有異同，今所傳且失其半。"録於《子略》。

文光案：稚川所云有小異同，謂班固《漢書》與劉歆

《漢書》有小異同也。似孫所云少有異同，謂《雜記》與班《書》少有異同也。夫《雜記》爲班《書》所不取，豈能有異同哉？此則高氏之誤也。宋時已失其半，則今本益非完書矣。

洪氏曰："王昭君賜單于，出於自請，《琴操》最得其實。《西京雜記》以爲事由毛延壽，説最鄙陋，而世俗信之，何耶？"録於《北江詩話》。

《博物志》十卷　《補遺》二卷

晉張華撰

《紛欣閣》本。道光七年周心如校刊、補遺，有序并凡例、目録。唐人殷文圭云："華原書四百卷，武帝删爲十卷。"明胡文焕云："宋本脱落，後人又從《廣記》録出，非隋世之舊。"

周氏序曰："晉司空張華撰《博物志》四百卷進御。武帝以其太繁，令削爲十卷，本傳稱'《博物志》十篇'者是也。裴注《三國志》，多引《博物志》，又引《博物記》，似爲一書。《水經注》、《後漢書注》、《文選注》多述《博物志》，未有稱'記'者。《御覽》引《博物志》最詳，無《博物記》。周草窗稱《博物記》秦、漢古書，爲唐蒙所造，茂先增改爲《志》。又謂《記》，未知何本。周説恐不足據。今世所傳，以明胡文焕校刻本爲最，而字涉陰陶，卷多缺略，絶非完書。今以胡本爲主，諸書徵引附録於左。又爲《補遺》二卷，徵引互異者，備録原文，間附鄙見，案列於下。後人不能窺其格致之學并其緒餘，束而不觀，徒詡爲博物君子，亦淺之乎窺茂先矣。"

段氏曰："《丹鉛録》曰：'漢有《博物記》，非張華《博物志》。周公謹云："不知誰著。"考《漢書注》，始知爲唐蒙作。'玉裁按：古'記'、'志'通用，如鄭康成書引《禮記》皆曰《禮志》，《水經注》引《華陽國志》作《華陽記》是也。劉昭注《郡國志》，引《博物志》皆作‘記’，正是一書，知升菴之妄矣。劉昭於犍爲郡引《蜀都賦注》‘郡有道，廣四五丈，深或百丈，塹鑿之迹今存，昔唐蒙所造’，又引‘《博物記》：“縣西百里有牙門山”’。今升菴聯讀之曰‘昔唐蒙所造《博物記》’，何滅裂至是？唐蒙所鑿之道在僰道，不在南安。《水經注·江水篇》甚詳，劉昭注誤。”録於《經韻樓集》。

文光案：唐蒙無撰《記》之事，得若膺之辨而始明，因録之以發千古之疑。升菴之説不足据者甚多，此其一端也。劉昭注《後漢志》，所採《博物記》具見《志》中，是《記》與《志》同一書，段氏所謂“古‘記’、‘志’通用”是也。此本爲記、爲志，各注於下，是一是二，未能斷定，蓋未見段氏之辨也。周草窗止言不知誰作，其考爲唐蒙者，楊升菴也。周序又以唐蒙所造爲公謹之言，則又誤讀《丹鉛總録》矣。

《簡明目録》曰：“原本散佚，後人採其遺文，裒合成編，又雜採他説附益之。故證以諸書所引，或有或無，或合或不合也。”

文光案：《續博物志》十卷，宋李石撰。補張華所未備，軼聞瑣語，足資考證。

《世説新語》三卷

宋劉義慶撰，梁劉孝標注

明本。此本精楷，勝於他本。卷分上、下，凡六卷。劉辰翁評。前有劉應登序、袁褧序、萬曆庚辰王世懋序。

袁氏序曰：“舊藏宋本，放翁校刊。嘉靖乙未重刊。”

李氏跋曰：“《酉陽雜俎》引作‘世説新書’，不知何時改作‘新語’。《唐志》‘十卷’，有孝標《續》十卷，今其本不傳。陳

《録》'三卷'，與今本同。其原録二卷，首爲考異，繼列人物、世譜、姓字異同，末記所引書目者，則又佚之久矣。孝標注特爲詳贍，《緯略》亟稱之。其糾正義慶之謬尤爲精核，故與《三國志》裴注，《水經注》、《文選》李注同爲考證家所不可少之書。但多爲後人删存之，可惜。升菴自序'孝標全本，予猶及見之'，故爲此書以補孝標之佚。雖篇頁無多，可寶也。"録於《童山文集》。

文光案：《世説舊注》一卷，凡十五條，即升菴所摘劉注。雨村刻入《函海》。升菴好贋古書，其所見孝標全本恐亦不足據也。

《世説新語》六卷　《補》四卷

宋劉義慶撰，梁劉峻注，明何良俊補

明本。何良俊著《何氏語林》六卷，王世貞删爲四卷，即《新語補》也。明凌濛初原刻《世説》六卷，有劉辰翁評，即此本。王世貞所續名曰"鼓吹"，康熙十一年沈荃重刊，有序。

楊氏曰："吴中刻《世説》，'右軍清真'改作'清貴'，'兼有諸人之差'改作'諸人之美'，'聲鳴轉急'改作'聲氣轉急'，'少有義學'改作'少有學義'，多失古人之意。"録於《升菴集》。

文光案：明人刻書，好以臆改，觀此可知其概。吴中刻，即王世懋所序者。懋，吴郡人。升菴謂孝標注多引奇篇奥帙，劉須溪删節，可惜。今行本多劉評，其所删者不能知也。吴貞九考訂本未見。

《世説新語》六卷

宋劉義慶撰，梁劉孝標注

《惜陰軒》本。首嘉靖乙未袁褧序，次目録，次高似孫《緯略》，末有紹興八年廣州董弅跋，又淳熙戊申新定郡守笠澤陸游跋。又一行題"嘉靖乙未吴郡袁氏嘉趣堂重雕"。此蓋重翻陸游之本。但陸本三卷析爲上、下，不知始自何人。此本亦分上、下，凡三十六篇。末有路德跋。

袁氏序曰："臨川撰爲此書，採掇綜叙，明暢不繁。孝標所注，能收録諸家小史，分釋其義。詁訓之賞，見於《緯略》。"

高氏曰："宋臨川王義慶，采擷漢、晉以來佳事佳話爲《世説新語》，極爲精絶，而猶未爲奇也。梁孝標注此書，引援詳確，有不言之妙。如引漢、魏、吴諸史及子、傳、地理之書，皆不必言。只如晉氏一朝史及晉諸公列傳、譜録、文章，凡一百六十六家，皆出於正史之外，紀載特詳，聞見未接，實爲注書之法。"

董氏跋曰："右《世説》三十六篇，世所傳釐爲十卷，或作四十五篇，而末卷但重出前九卷中所載。予家舊藏，蓋得之王原叔家。後得晏元獻公手自校本，盡去重複，其注亦少加剪截，最爲善本。晉人雅尚清談，唐初史臣修書，率意竄定，多非舊語，尚賴此書以傳後世。然字有訛舛，語有難解，以他書證之，間有可是正處，而注亦比晏本時爲增損。至於所疑則不敢妄下雌黄，姑亦傳疑，以俟通博。"

陸氏跋曰："郡中舊有《南史》、《劉賓客集》，版皆廢於火。《世説》亦不復在。游到官，始重刻之以存故事。《世説》最後成，因併識於卷末。"

路氏跋曰："自明以來，世所傳之本，注文多所删節，殊乖其舊。袁本最爲完善，惜板已刓敝。懼其泯滅，亟梓之以廣其傳。"

文光案：王世貞刊本注多删削，此本猶存董、陸二跋，無劉辰翁評語，故著録之。其注所引之書十亡其九，余欲録其目，姑識於此。

《摭言》十五卷

唐王定保撰

《雅雨堂》本。乾隆丙子年盧見曾刊，有序。陳《録》作

"鄉貢進士何晦撰"。《稗海》所刻只一卷。

盧氏序曰："唐末有鳳閣侍郎王方慶八代從孫定保，撰《摭言》一書。記進士應舉、登科雜事，共列一百八門，釐爲十五卷，每條有論贊。所述典故有《選舉志》所未備者，豈非以當時崇尚而又爲歷代之所遵行者，故不憚詳細言之以存舊事歟？此書行世絶少，特刊布以廣其傳。定保，光化二年進士，爲吴融子華壻。其載子華《祭陸魯望文》，傑驁有奇氣云。"

晁氏曰："定保爲子華壻，喪亂後入湖南，棄其妻不顧，士論不齒。"録於《通考》。

朱氏跋曰："唐重科目，舉措分殊，有國史未具析者，藉王氏《摭言》小大畢識，後代得聞其遺制。奈流傳者寡，又爲末學所删，存不及半。是編一十五卷，獲之京師慈仁寺集，乃定本也。卷尾有柯山鄭昉跋，稱嘉定辛未刊於宜春郡。吴江徐電發近録棠村相國所藏，與此本略同，當就其校讎訛字發雕焉。"録於《曝書亭集》。

王氏跋曰："《摭言》足本十五卷，從朱竹垞翰林借抄，視《稗海》所刻多十之五。唐人説部流傳至今者絶少，此書洎《封氏聞見記》皆祕本，可貴重，當有好事者共表彰之。"録於《漁洋集》。

《琱玉集》二卷

不著撰人名氏

影舊鈔卷子本。《古逸叢書》之十六，殘本，無原序。首行"《琱玉集》卷第十二"；次行曰聰慧，曰壯力，曰鑒識，曰感應，凡四目；三行"聰慧篇第一"。各段俱記出某書。第十二卷末一行，記"用紙一十九張。天平十九年，歲在丁亥秋七月日"。《琱玉集》第十四，曰美人，曰醜人，曰肥人，曰瘦人，曰嗜酒，曰别味，曰祥瑞，曰怪異，凡八目，末記"用紙一十八張。天平十九年，歲在丁亥三月寫"。黎氏《序目》曰"《通志》'二十卷'，入類書。《日本見在書目》作‘十五卷’，入雜傳。此僅存兩卷。其體例，每類以二字名篇，先撮所引人物爲耦語冠首，再列故事、書名於後，略似小傳，實小説家言。書法頗勁，疑遣唐學生之所爲。末題‘用紙若干張，天平十九年某月’，可考見唐時卷子本舊式。惟訛字頗多，是必傳鈔之誤，原纂不如是也。”注：天平十九年，玄宗天寶六載。

《經籍訪古志》：“《琱玉集》原十五卷，見存十二、十四兩卷。界長七寸一分，幅六寸弱。文字遒勁，似唐初人筆蹟，真罕見之寶笈也。此書其佚已久，所引各書，如《蔡琰列傳》、《語林史記》、《晉抄》、王智深《宋書》、《帝王世紀》，近多不傳，亦得藉此以存其梗概。”

《壯力篇》曰：“昔共工崩山折柱，殷紂索鐵舒鈎；典韋持戟百斤，石番負沙千斛；朱亥逆摧猛虎，許褚倒曳大牛；項籍叱咤辟軍，秦武力能扛鼎；羿彎强弩射日，奡乃陸地牽舟；五丁拔蟒山崩，潁考挾輈出走。”

文光案：是書先總列一段，而後引書分叙之。録此一條，以見其略。黎氏所謂“耦語冠首”者是也。

秦武，六國時秦武王也。王壯力，多好有力之人。時齊人孟賁及任鄙、烏獲之徒，皆往歸焉。秦王與之舉鼎，兩目出，絶臏而死。孟賁能生拔牛角。出《帝王記》。

文光案：此一條引書分叙，黎氏所謂“再列故事、書名於後”者是也。是書有缺字，有破損紙痕，刻法甚精，遠勝唐碑。

《劇談録》二卷

唐康駢撰

稽古堂本。明高承埏校。板口刻“沈秬承藏本”。前有乾寧二年康駢自序。上、下二卷，凡四十三條。《簡明目録》"三卷，四十條"，與此本不合。

康氏自序曰："咸通中寓秦甸、洛師，新見異聞，常思紀述。或得史官殘事，聚於竹素之間，未暇編綴，亂離亡逸都盡。景福、乾寧之際，耦耕於池陽山中，粗成前志，所記亦多遺漏，非詳悉者不復叙焉。分爲二編，傳諸好事者。"

元和中，進士李賀善爲歌篇，韓文公深所知重，於縉紳之間每加延譽，由此聲華藉甚。時元相國稹年老，以明經擢第，亦攻篇什，常願交結賀。一日執贄造門，賀覽刺不容，遽令僕者謂曰："明經擢第，何事來看李賀？"相國無復致情，慚憤而退。其後左拾遺，制策登科，日當要路。及爲禮部郎中，因議賀祖禰諱進，不合應進士舉；亦以輕薄時輩所排，遂成轗軻。文公惜其才，爲著《諱辨録》明之，然終不成事。

文光案：《諱辨》云："與賀争名者毁之"。閲此，知毁之者爲元稹，蓋稹倡其議，而被其輕薄者又從而和之也。賀父名晉肅，此云諱進，與《諱辨》異。

《三水小牘》二卷

唐皇甫枚撰

《抱經堂》本。盧文弨校刊。是書所記多神仙鬼怪之事，得於故書中，傳本甚少。

《揅經室外集》："枚，字遵美，安定人。唐咸通末，爲汝州魯山令。僖宗之在梁州，枚赴調行在，此其書中可考者也。是書成於天祐四年，枚當旅食汾晉而追紀咸通時事。明嘉靖時，姚咨曾手抄之。此從錢曾述古堂藏本影寫。書中所載，雖涉神仙靈異之事，而筆雅詞明，實寓垂戒。又案：天祐庚午時，晉猶稱天祐，而枚亦稱之。"

《酉陽雜俎》二十卷　《續集》十卷

唐段成式撰

汲古閣本。前有自序。卷一曰忠志，曰禮異，曰天咫；卷二曰玉格，曰壺史；卷三曰貝編；卷四曰境異，曰喜兆，曰禍兆；卷五曰詭習，曰怪術；卷六曰藝絶，曰器奇，曰樂；卷七曰酒食，曰醫；卷八曰黥，曰雷，曰夢；卷九曰事感，曰盜俠；卷十曰物異；卷十一曰廣知；卷十二曰語資；卷十三曰冥迹；卷十四、十五曰《諾臯記》上、下；自序云：“因覽歷代怪書，偶書所記。”卷十六至十九曰廣動植，一羽篇、毛篇，二鱗介篇、蟲篇，三木篇，四草篇；卷二十曰肉攫部。末有毛晉跋。《續集》，《支諾臯》三卷，《貶誤》一卷，《寺塔記》二卷，《金剛經鳩異》一卷，《支動》一卷，《支植》上、下二卷。前後無序跋。胡氏《筆叢》謂《續集》抄自《太平廣記》。《稗海》所刻無《續集》。是書所載皆佚文秘典，天上天下，方内方外，無所不有。柯古多奇書，故撰述非耳目所及，其博物殆張茂先之流耶？

《簡明目録》曰：“原本三十篇，今佚。其《破虱録》一篇、《續集》十卷，胡應麟《筆叢》稱自《太平廣記》鈔出。然具有篇目，又似本書，莫能詳也。所記多荒怪不經，而古之佚文秘典往往而在，故論者雖病其浮夸而不能不相徵引。自唐以來，推爲小説之翹楚。其曰‘酉陽雜俎’者，取梁元帝‘訪酉陽之逸典’語，謂二酉山也。”

文光案：《稗海》本不足據。《龍威》本“二卷”。今有武昌重刊《津逮》本。

嘗見人用“諾臯”、“支諾臯”而不得其解，因詳考之。諾臯有三説：一、《左傳》：“梗陽巫臯，獻子諾之”。此説偶然有合，未必切當也。一、《抱朴子》云：“諾臯，蓋六甲神名之類。”取此以誌神異，似爲近之。然稚川亦疑而未定之詞。《靈奇秘苑》辟兵法呪中有“諾皐敢告”語。《抱朴子》引《遁甲中經》，呪中有“諾皐”，注云：“諾皐，乃太陰將星之名。”太陰者，隱形之神也，故避兵法用之。支諾皐者，如《夷堅支志》之“支”，以别於《諾皐記》也。具見《筆叢》。

《闕史》二卷

唐高彦休撰

武昌本。光緒三年崇文書局重刊。前有自序，後有黄伯思跋、祝允明記。上卷二十五事，下卷二十六事。自大中、咸通而下，可以爲誇尚者、資談笑者、垂訓誡者輒記之。以年代爲次，間有評語，冠以“參寥子曰”，一條作“議者曰”。鮑氏《知不足齋叢書》以“御題唐闕史”冠首。

黄氏跋曰：“政和三年秋，於東都清平坊傳此書。叙云‘甲辰歲編次’，蓋唐僖宗中和四年也。而其間已有書僖號者，或後人追改之。彦休叙事頗可觀，但過爲緣飾，殊有銑溪虬户體，此其贅云。”

祝氏記曰：“參寥子者，高彦休，乾符中人也。衆傳之本出余，余得之丈人太僕李公，公得之海虞錢允言。”

《御史臺記》一卷

唐韓琬撰

南城胡氏本。前有道光壬午紅泉釣人胡遠序。韓茂貞《御史臺記》十二卷，詳見《直齋書録》。自唐初迄開元五年，御史姓名及官制皆詳著之。末有雜説五十七條。是書久佚不傳。竹林兄弟共輯唐人説部書十二種，爲世所未有者。此記雖散落不全，尚得五十條，雖多鄙雜戲笑之言，亦足資考證矣。

《河東記》一卷

唐薛漁思撰

南城胡氏本。白鹿山人胡鼎所輯，有胡序。晁《志》“三卷”，不著撰人。或以爲漁思撰，不知何據。書中多記譎怪之事。胡氏輯得二十二條，亦唐人説部之雋者。

《乾𦠆子》一卷

唐温庭筠撰

南城胡氏本。胡羲所輯，無序。宋趙宗絢《鷄肋》引《乾𦠆子》。世無傳本，諸家書目亦鮮著録。凡三十一事，所記“北斗七星高”詩後二句與傳本異。“吐蕃總殺盡，更策兩重濠。”

《鑒戒録》十卷

後蜀何光遠撰

《知不足齋》重刊足本。是書有目無序。自“瑞應讖”至“蜀才婦”，凡六十六則。第十卷末一行題云“明萬曆元年秋七月既望重裝於天籟閣”，後有查嗣瑮、朱彝尊、趙懷玉跋，嘉慶癸亥通介老人鮑廷博跋。近有湖北崇文書局重刊本。

查氏跋曰：“歐陽《五代史》較《通鑑》反略，竹垞盡搜十國遺書，仿裴注《三國志》。《鑒戒録》，其取裁之一也。天籟閣圖書散軼殆盡。兹睹此本，古色蒼然。於揚州書局采入《全唐詩》數十篇，因書於後。”

阮亭手録一通，因校正訛謬數十字。

朱氏跋曰：“晁《志》稱纂輯唐以來君臣事迹，可爲世鑒者，前有劉曦度序。今觀其書，多載可笑詩文，直小説家爾。每題三字標目，與蘇鶚《杜陽雜編》略同。是册猶宋槧，卷首書‘重雕足本’，惟劉序失之。吾鄉墨林項氏藏書也。”

趙氏跋曰：“宋槧今歸程叔平，頃借觀，重校一過。復得訛謬七十餘處，餘從闕疑者尚多也。”

趙氏又跋曰：“鮑君以文復携一本來，互相參校，又得誤處三十餘條。其從《全唐詩》採入者，間有異同，仍缺而不補，以存其舊。鮑君行將刻入叢書，即以此爲祖本。叔平其珍之。”

鮑氏跋曰：“宋刻藏於項氏，國初歸秀水朱氏。本從麻沙坊賈重雕，謬誤特甚。因後有康熙間諸名宿題識，又經漁洋山人手校，遂爲此書增重。程叔平厚價收之。余於桐華館得寓目焉，并以家藏抄本互相讎比，正訛補闕，十得八九，較漁洋所改不啻過之。”

武宗皇帝酷求長生之道，訪九轉之丹。茅山道士杜元陽製藥既成，白日輕舉。弟子馬全真得殘藥，詣京表進。上因餌之，遍體生瘡，髭髮俱脱，十日而崩。此《唐實録》隱而不書。又，梁朝方士道人自號龐九經，身長七尺，不知年幾百歲，進金丹二粒。太祖久患石淋，服之，眉髮立墮，頭背生癰。及至彌留，爲潁玉所弑。乃知九轉非誤一君，其後諸侯遇之，死者無數。

前蜀徐公名耕，二女美而奇艷。初，太祖搜求國色，徐公寫其女真以惑太祖。太祖遂納之。各有子，長曰翊聖太妃，生彭王；次曰順聖太后，生後主。後主性多狂率，不守宗祧，頻歲省方。政歸國母，多行教令，淫戮重臣。姊妹以巡游勝境爲名，恣風月烟花之性。凡經過之所，宴寢之宫，悉有篇章刻於立石。自漢以來，妃后省巡未有如兹之盛者也。及唐朝興弔伐之師，遇蜀國荒淫之主，三軍不戰，束手而降。王承旨失名。有《詠後主出降》詩曰：“蜀朝昏主出降時，銜璧牽羊倒繫旗。二十萬軍齊拱手，更無一個是男兒。”

文光案：花蕊夫人詩云：“君王城上竪降旗，妾在深宫那得知。二十萬人齊解甲，更無一個是男兒。”第三句與王詩意同，第四句語同，豈相襲耶？抑所傳非真，不免傅會耶？徐后亡一君，破一國，殺九子，誅十臣，與子靈之妻殺三夫、一君、一子而亡一國、兩卿者何異？甚美必有甚惡，可不懲乎？小説，宋不及唐，唐不及漢、晉。汲冢古文數百篇，載楚事一段尤妙，亦小説也。

《簡明目録》曰：“《鑑戒録》，凡六十六條，皆以三字標題。名爲‘鑑戒’，實則雜記唐及五代雜事，多詼嘲、神怪之談，不盡有關於美刺。《書録解題》以爲輯唐以來君臣事迹可爲世鑒者，似未觀其書，但據名臆説也。”

《太平廣記》五百卷

宋李昉等奉敕撰

巾箱本。首乾隆十八年黄晟重刊序；次太平興國三年李昉進書表，列銜名十二人；次嘉靖丙寅談愷跋；次引用書目；次目録十卷。分五十五部，所採書三百四十五種，奇文祕笈，咸在於斯。鄭樵曰：“《御覽》中别出《廣記》一書，專記異事，小説之淵海也。”

黄氏序曰：“太平興國敕置崇文院，積書八萬卷有奇，命儒臣集成千卷，賜名曰‘太平御覽’；又以道藏、釋藏、野史、稗官之類，集爲五百卷，賜名曰‘太平廣記’，詔鋟板頒行。言者謂《廣記》非後學典要，束板太清樓，故《廣記》流傳獨鮮。明十山談氏得其抄本，始梓行之。長州許氏重刊於後。兹以卷帙浩繁，不便奚囊，易以袖珍窄本。闕文闕卷，悉仍其舊。”

傳奇有《飛燕》、《秦女》，而後《崔鶯》、《霍玉》祖之；語怪有《搜神》、《宣驗》，而後《旌異》、《睽車》祖之；偏史有《西京》、《大業》，而後《語林》、《筆録》祖之；外乘有《豫章》、

《佛國》，而後《城南》、《北户》祖之。魏晉人以生動之韻、玄談之致抒寫，故風流眉目，千古如畫，非唐以下才人可及。

唐小説擒詞布景，有翻空造微之趣，至纖若錦機，怪同鬼斧，即李、杜、韓、柳不得與東野、魯望輩争奇。他若《茶經》、《嘯旨》、《畫訣》、《詩品》，情真瀟灑，遠軼晉、宋。《廣記》所收僅三之一，予搜得百十餘種，補所未逮。

宋小説多出士大夫手，非公餘纂録，即林下閑談，或履歷見聞、疑誤考證，可補正史之亡，稗掌故之闕。雖奇麗不足，而樸雅有餘，明小説思憂志切。以上序跋中語。

文光案：今所通行者，即黄本。其大字本，流傳甚罕。晉干寶《搜神記》出於依託，第六、第七卷全抄《續漢書·五行志》。然多見古書，非唐以後人所作也。《宣驗》當是《宣室志》，唐張讀所撰，取漢文帝問賈誼事。《睽車志》，宋郭象撰，取《睽》卦上爻"載鬼一車"之義。

馮猶龍輯《五朝紀事》，名曰"正續太平廣記"，各分家數。如紀載家、藝術家之類。其曰五朝者，魏、晉、唐、宋、明也。其《正記》，即《廣記》所引之書搜而輯之，與《百川學海》、《説郛》相類，非全書也。其《續記》皆明代之小説。按：《廣記》所引書三百二十五種，馮《記》所採亦三百有奇，可以互證。《廣記》不引《穆天子傳》。馮所記周穆王事，出於《仙傳拾遺》，與《穆天子傳》全異。是又在可信不可信之間也。

《北夢瑣言》二十卷

宋孫光憲撰

鈔本。前有自序，後有抄書記。《稗海》本不足據。

《北夢瑣言》二十卷，富春孫光憲纂集唐末、後唐、後梁、石晉時事。此書乃武林忻悦學家藏陝刻舊本，今〔一〕歸夏隱君。中間刊誤舛訛，如日、曰，綦、纂，歡、歎，關、闕，禍、福等字，可以意改，餘不敢强，以俟别本訂之。至正二十四年，歲次甲辰，五月七日庚寅輟卷，華亭在家道人孫明識於泗北村居映雪齋，時年六十又八也。

張浚清河出征并汾，盧光啓每致書疏，凡一事别爲一幅。朝士至今效之，蓋八行重疊别紙，自公始也。

唐李涪〔二〕，尚書福相之子。以《開元禮》及第，亦爲小文，好著述。朝廷重其博學，禮樂之事諮稟之，時人號爲"《周禮》庫"，蓋籍於舊典也。廣明以前，《切韻》多用吴音，"清"、"青"字不分用。涪〔三〕改《切韻》，全刊吴音。然《韻詮》鄙駁《切韻》，改正吴音，亦甚核當〔四〕。

《清異録》二卷

宋陶穀撰

潄六閣本。康熙戊子鹽官陳世修校刊，有序。合刻王氏《表異録》，繕寫精良，板甚工整。陳《録》云："其書似《雲仙散録》，而語不類國初人，蓋假託也。"《簡明目録》云："今觀其'花九命'一條，乃似南唐所作，誠不可解。"

陳氏序曰："三伏曬書，檢得宋陶學士《清異録》。會友人結夏齋頭，慫恿重鋟，相與披閲讎校，聊爲銷暑日課。然原本漫漶，烏焉帝虎，觸目都是；即别本亦大率踵訛襲謬。尋行數墨間，頗費料簡。匝月竣事，用公世賞。按：學士名穀，字秀實，小字鐵牛，又號金鑾否人。爲唐彦謙之孫，避石晉諱，改姓陶。其本末詳史傳，兹不具載。"

萊州長史于義方《黑心符》一卷，録以傳後。黑心者，繼婦之德名也。陶氏子孫其戒之哉！

洛陽大内臨芳殿，莊宗所建，牡丹千餘品。其名品在人口者具於後。

苾蒭清本良於醫，藥數百品，各以角貼，所題名字詭異。予大駭，究其原底。答言天成中進士侯寧極戲造《藥譜》一卷，盡出新意，改立别名。因時多艱，不傳於世。予以禮求，假録一通，用娱閒暇。

文光案：觀秀實所録，可謂好奇之士矣。是録多物類之異名，茶、酒、饌之類所記尤詳，蓋小説之近於《譜録》者，與《説郛》本異。

《清異録》二卷

宋陶穀撰

《惜陰軒》本。前有乾隆壬申河間俞九文序。此明本也。凡分三十七門，其門類與陳本悉同，惟多目録一通。所採皆唐及五代新穎之語，所録有韋巨源《食帳》、謝諷《食經》。

俞氏序曰："葉伯寅氏有元時孫道明抄寫宋本六卷，凡十五門，二百三十事，遺缺過半。後復得抄本，不第卷次，凡三十七門，六百四十八事。比道明本爲備，而文獨簡略，訛謬亦多。道明本殆爲穀書而簡略者，則《説郛》所載。今參校勘正，十有二三，而疑誤難正者并存之。史稱穀强記嗜學，多所總覽。此書頗該洽，誠游覽者之秘苑也。"

《玉壺清話》十卷

宋釋文瑩撰

《知不足齋》本。前有文瑩自序。枚菴漫士吴翌鳳跋二則，乾隆庚子鮑廷博跋。此即《湘山野録》之後集。

文瑩自序曰："玉壺，隱居之潭也。文瑩收古今文章，著述最多，自國初至熙寧間，得文集二百餘家，近數千卷。其間神道碑、墓誌、行狀、實録及奏議、碑表、野編、小說之類，傾十紀之文字，聚衆學之醇郁；君臣行事之迹，禮樂憲章之範；鴻勛盛美，列聖大業；關累世之隆替，載四海之見聞。惜其散在衆帙，世不能盡見。因取其未聞而有勸者，聚爲一家之書。及纂《江南逸事》，并爲李先主昇特立傳，釐爲十卷。書成於元豐戊午歲八月十日，餘杭沙門湘山草堂序。"

吴氏跋曰："右書一名'玉壺野史'，明朝止傳五卷。吴人吴岫訪得後五卷，四明范欽又從岫借抄，始成完書。丙申夏日，借江帆本録之。脱句誤字，幾於十之五六，俟得善本正之。"

吴氏又跋曰："此書訛脱，傳本皆然。己亥春二月，借朱文游藏本，凡用硃筆塗改校補一千六百餘字，雖未詳盡，亦頗精允。若其底本，則與此無一不同也。《敏求記》載其從祖榮木樓校本，凡行間脱字一一補綴完好，殆即是本之祖乎？書以志幸。"

鮑氏跋曰："宋僧文瑩，字道温，錢塘人。工詩，喜藏書，尤留心當世之務。老歸荆州金鑾，記述一時聞見，成《湘山野録》一書，稱史材焉。是書亦瑩所撰，體例略同。所稱玉壺，爲隱居之潭，未詳所在耳。其自序云：'傾十紀之文字，聚衆學之醇郁'，以成一家之言，蓋方外之士所未有也。文瑩嘗游丁晉公之門，謂遇之甚厚，故《野録》書晉公事頗佐佑之。朱少張嘗引歐陽公'後世苟不公，至今無聖賢'之詩以譏之。此書謂事僅於卷首一見，初無諛詞。其他紀載多與正史相印證，似亦未可盡非也。又直齋陳氏云：'瑩及識蘇子美，欲挽致於歐陽永叔，瑩辭不往。'予考《野録》云'公尤不喜浮屠。文瑩持蘇子美書薦謁之，迨還吴，蒙詩見送，人皆怪之云云'，則瑩又未嘗不詣歐公也。傳聞異詞，其不可盡信蓋如此。《野録》已刻於《津逮祕書》，此則脱誤相仍，久無善本。是册爲吾友枚庵手校，庶爲精核。其間一二事與《宋史》未合者，偶爲正之。刊梓家塾，與隱湖舊刻并行於世，讀者應有劍合之喜云。”

王著爲僞蜀明經，善正書、行草，深得家法。爲翰林侍書，與侍讀更直。太宗令中使持御札示著。著曰：“未盡善也。”上臨學益勤。後再示之，著曰：“止如前爾。”中人詰其故，著曰：“帝王始工書，吾或褒稱，則不復留意矣。”後歲餘復示之，奏曰：“功已至矣，非臣所及。”後真宗聞之，謂宰臣曰：“善規益者也，宜居臺憲。”後終於殿中侍御。

黄晞，閩人。皇祐初，遊京師，不踐場屋，多以古學游搢紳之門。凡著書，自號“聱隅子”。走京廛幾十年，公卿、詞臣無不前席。晞履裂帽破，馳走無倦。後詞臣重晞之道者，列章爲薦，盡力提挽。朝恩甚優，授京官，知巨邑。有旨，留國子監，將有司業之命。始拜敕，遍謝知己，才三日，館於景德如意輪院。一日晚歸，解鞍少憩，謂院僧曰：“僕遠人也，勤苦貧寒，客路漂泊，寒暑未嘗温飽。今日方平生事畢，且放懷酣寢一夕，請戒僧童，慎無見喧。”僧諾之，扃扉遂寢。翌日大曉，寂無所聞。寺僧擊牖大呼，已卒於榻矣。

文光案：《聱隅子》在子部儒家類，鮑氏刻入叢書。

太宗御厩一馬，號“碧雲霞”。折德扆獲之於燕澗，因貢焉。口角有紋，如碧霞，夾於雙勒。圉人飼秣，稍跛倚失恭，則蹄齧吼噴，怒不可解。從征太原，上下岡阪，其平如砥，下則伸前而屈後，登高則能反之。太宗甚愛，上樽餘瀝，時或令飲，則嘶鳴喜躍。後聞宴駕，悲悴骨立。真宗遣從皇輿於熙陵，數月遂斃。詔令以敝幃埋桃花犬之旁。

太宗詔陳摶赴闕。摶隱華山雲臺觀，年百餘歲。祥符八年歲旦，取平生文稿悉焚之，酒數行而逝。

《侯鯖録》八卷

宋趙德麟撰

《知不足齋》本。前有正德乙亥涿鹿頓鋭序、鮑廷博刊書跋。是書多記東坡語，素所交游，同入元祐黨籍。又詩話數十條，與文評皆斐然可觀。案語爲鮑氏所增，較商刻加詳。其辨太白墳在采石者爲空墳，在青山者爲正墳，似爲有據。采石與青山皆在太平州，蓋稿殯采石菜園中，范侍郎遣窆青山也。

頓氏序曰："漢樓護，字君卿。精辨議論，聽者皆竦，有'樓君卿唇舌'之號。爲王氏五侯上客。會五侯競致奇膳，護合以爲鯖，世謂之'五侯鯖'，蓋天下之至味矣。夫聊復翁趙德麟，名令畤，爲前宋宗室、安定郡王，以才美見喜於蘇文忠公。嘗取諸儒先佳詩、緒論、逸事與夫書傳中及人所嘗談隱語、奇字，世共聞見而未知出處者，冥搜遠證，著之爲書，名曰'侯鯖録'，意亦以書之味比鯖也。正德歲乙亥冬，前義烏尹趙士亨將被諸木，予爲之序。"

鮑氏跋曰："近惟《稗海》本行於世，誤書脱簡，殊不耐觀。予家藏有三本：一芸川書院本，不知刻於何時，脱誤與《稗海》同，似即商本所祖也；一明天啓間海虞三槐堂坊刻，密行細字，頗具雅致，而繆戾時復不免；一舊抄本，分上、下卷，較諸本爲勝，惟删削《辨傳奇鶯鶯》一卷。暇日參合校定，雖不敢定爲善本，以較商刻則徑庭矣。"

> 文光案：第五卷爲《辨傳奇鶯鶯事》，抄本删之，甚爲有識。唐李肇著《國史補》，近帷薄者悉去之，故其書近正。而胡氏《筆叢》於傳奇諸本考之尤力，雖足徵博洽，而不免自穢其書。余亦欲削其《九流緒論》中之一卷也。

古鏡銘云："精如清。"東坡云："如，而也。若《左傳》'司星隕如雨'。"

老蘇作《雷太簡墓銘》，云："嗚呼太簡！不顯祖考。不有不承，隱居南山。德積聲施，爲取於人。不獻不求，既獲不庸。有功不多，我銘孔悲。"此大語妙，有三代文章骨氣，爲文之法也。

文光案：《嘉祐集》不載此銘。《詩經》"不"字句最多。

《閣帖》中多弔喪、問疾，人多疑之。《刊誤》云："短啓出於晉、宋兵革之間，時國禁書疏，非弔喪、問疾，不得輒行尺牘，故羲之書首云'死罪'，是違制令故也。且啓事論兵皆短而緘之，貴易於藏隱。"

文光案：説者謂右軍諸書，唐太宗收入内府，故民間所存止弔喪問疾，乃唐時所未收與？此説異。然《閣帖》亦秘府所收，豈唐有避忌，而宋獨無所諱耶？抑弔喪問疾以外，絶無可採耶？是甚可疑。《閣帖》中所收晉人書甚多，何獨右軍書始見國禁耶？

前世錢未有草書者。淳化中，太宗皇帝始以宸翰爲之。既成，以賜近臣。崇寧、大觀御書錢，蓋襲故事也。

唐武宗即位，罷朝奮怒曰："窮苦天下者，佛也。"凡除寺四千六百，僧尼笄冠二十六萬五百，其奴婢至十五萬，良人枝附爲使令者倍笄冠之數，良田數千頃。

劉路左車嘗收唐人新編當時人詩册，有老杜數十首，其間用字皆與今本不同。有《送惠二過東溪》詩，集中無有。

王介甫詭詐不通，得君之專，前古未有。罷政歸金陵，作《日録》七十卷，前朝舊德大臣及當時名士不附己者，詆毁至無一完人者。其間論法度有不便於民者，皆歸於上；可以垂耀於後世者，悉己有之。故建中靖國之初，諫官陳瓘極力論其壻蔡卞之惡，曰："安石臨終，戒其家焚之，悔其作也。卞留之，至紹聖間作尚書右丞，盡編入裕陵國史中，遂行之。"瓘所謂"遵私史而壓宗廟”是也。

《西京雜記》云：“玉之未理者爲璞，死鼠未屠者亦爲璞。”

文光案：《鼠璞》一卷，宋戴植撰。《簡明目録》曰：“鼠璞者，取《戰國策》以鼠爲璞之意也。”

近見士子多使柴桑翁爲陶淵明，不知劉道民曾作柴桑令也。

陸贄文學、政術俱高，但忌才太甚。如誣于公異家行不修，賜《孝經》一卷，公異坎懔而死。忠州之貶，不無天譴也。

比來士大夫借人之書，不録、不讀、不還，便爲己有。

王立之云：“老杜家諱‘閑’，而詩中有“翩翩戲蝶過閑幔’。或云恐傳者謬。又‘留歡卜夜閑’。予以爲皆當以‘閑’爲正，臨文恐不自諱也。”迂叟李國老云：“杜詩無‘閑’字，唯蜀本舊杜詩二十卷内《寒食》詩云：‘鄰家閑不違’。後見王琪本，作‘問不違’。又‘曾閃朱旗北斗閑’，薛向家本作‘北斗殷’。由是言之，甫不用‘閑’字明矣。”

數年前，雍丘菜園人浚井得石刻，銘云：“漢代功臣銘，隱在秦城井。得到靖康春，方顯千年景。金人亂天下，諸賊皆來併。甕下有甘泉，能療人間病。”

仙家十賚，猶人間九錫。

唐人説李邕平生撰碑八百首。

古語云：“斛滿人槩之，人滿神槩之。”

十月爲良月者，謂盈數也。

《泊宅編》十卷

宋方勺撰

《讀畫齋》本。籤題“宋本”。前有丹陽洪興祖序，末題“隆慶庚午，錫山秦汝立惠藏”，又一行“嘉慶己未五月石門顧修校刊”。《稗海》本三卷，無洪序。

洪氏序曰："泊宅翁學博而志剛，少時謂功名可力致，不肯與世俯仰。晚得一官，益齟齬不合，慨然歎曰：'大丈夫不爲人，則爲己。先聖有言："朝聞道，夕死可矣。"'乃取浮圖、老子性命之説，參合其要，以治心養氣，反約而致柔，年老而志不衰。酒後耳熱，抵掌劇談，道古今理亂、人物成敗，使人聽之竦然忘倦。時出句律，意匠至到。扁舟苕、霅之上，侣嬋娟，弄明月，興之所至，輒悠然忘歸。使翁少而遇合，未必如歲晚所得之多也。一日，過予於桐汭，出所著《泊宅編》示予。予曰：'此翁筆端游戲三昧耳。胸中不傳之妙，盍爲我道其崖略?'翁默然無言，因書以序之。"

李濟翁曰："按《玉府新書》，杜元凱遺其子書曰：'書勿借人。'古人云：'借書一嗤，還書一嗤。'嗤，笑也。後訛爲'痴'，而增至四，謂'借一痴，借之二痴，索三痴，還四痴'。"予按：前輩又以"痴"爲"瓻"。瓻，酒器也。蓋云借書以一瓻酒，還之亦以一瓻酒。瓻，通作"鴟"。吴王取馬革受子胥尸，沉之江。顔師古曰："即今之盛酒鴟夷縢。"

《泊宅編》三卷

宋方勺撰

《讀畫齋》本。嘉慶己未石門顧修校刊，有序。

顧氏序曰："右本刻於商氏《稗海》，不及别本之半，而叙事較詳。如末卷記青溪方臘事，於縣令陳光之玩寇，提刑張苑、通判葉居中之失摭，知州趙霆之棄城，皆詳著之，而别本諱而不言。其他亦多類此者。外又别出廿則。或此爲初稿，而别本特爲芟潤歟？抱經學士曾合兩本而一之，於同異詳略處，時就己意剪裁，稍失古書之舊。予因并《稗海》本刊入叢書，俟讀者自爲采擇云。"

《鐵圍山叢談》六卷

宋蔡絛撰

《知不足齋》本。鮑氏以雁里草堂本開雕，吴氏、張氏草本参校，有跋。《華嚴經》有小鐵圍山、中鐵圍山、大鐵圍山，皆海外之山，取義甚誕。

鮑氏跋曰："舊藏《叢談》得於璜川吴氏者，誤書棘目，幾不容讀。此則《敏求記》所謂'雁里草堂舊寫本'也，楮墨雖古，脱謬略同。再假涉園藏本互相讎比，又以他書尋繹之，稍有條理矣。其紀述建隆、乾德以來軼事，歷歷在目。嗜古之士，或有取焉。《抱經堂》本有寬山一跋，其指陳靖康禍亂之由，頗得要領，因并録而存之。"

寬山跋曰："是書上自乾德，下及建炎，中間二百年軼事，無不詳誌備載，亹亹動聽。至於北伐之由、靖康之禍，則委咎於王黼諸人，且曰：'是實戎首，吾父不與也。'嗚呼！釀靖康之禍者，非伊父而誰哉？謹按：崇寧初，蔡京與修《哲宗實録》，至比王安石於聖人，故其始終祖述者，王氏父子遺志也。愚嘗謂宋朝朝局，譬如養大疽於頭目之上，種其毒者爲王安石，潰其毒者爲王黼諸人，中間養成禍亂，至於不可救者，則爲蔡氏父子，而猶曰無罪乎？"

俞氏曰："《四庫書提要》以蔡絛爲文章中小人之雄，蓋以其文姦怙惡。《梁谿漫志》亦以爲無忌憚之小人。然此誇誕短見之書也。誇誕乃小人之常，惟絛言實有不可解者，稱'宋故事，天子誕節，宰相獨登殿，上天子萬壽。天子還内，宰相夫人獨登殿，奉觴上天子萬壽，仍以紅羅銷金鬚帕繫天子臂。此儒臣之至榮'云云。宋立國亦有法度，不當有此故事，而絛言蔡京妻嘗爲之。按：《宋史·姦臣傳》云：'帝幸蔡京第，命坐傳觴。京《謝表》

云："主婦上壽，請釂而肯從。"京子攸爲開府、少保，得與宫中祕戲，侍曲宴，多道市井婬媟謔浪語。妻宋氏出入禁掖。'乃知母子姑婦同此汙穢，而倏又誣之爲宋朝故事，謂宰相夫人皆如此。"

録於《癸巳存稿》

《唐語林》八卷

宋王讜撰

《惜陰軒》本。原本久佚，《四庫》館本採自《永樂大典》。李錫齡重刊。前有引書目。原本採小説五十家，分爲五十二門。其上三十五門，出《世説》；下十七門，正甫所續：總號"唐語林"。《大典》所載凡四十八家，聚珍本以《封氏聞見記》、《虬鬚客傳》補入，以還五十家之舊。第八卷紀《御史臺記》三篇甚詳。諸家所記，多載當時御史事迹、戲笑之言。此則録其要節，多記典章故實，其他嘉言懿行，多與正史相發明。雖仿《世説》之體，與劉義慶之專尚清談者異矣。

李氏跋曰："五十家書存者已少，升菴謂《語林》罕傳，人亦鮮知。明嘉靖初有桐城齊之鸞刊本，分爲上、下二卷，自序云'所得非善本'。《四庫》館本輯自《永樂大典》，分齊本二卷爲四卷，補遺四卷，仍爲八卷。"

鄒山，古之嶧山。始皇刻碑處，文字分明。始皇乘羊車以上，其路猶存。案：此地，春秋時邾文公卜遷於嶧者也。始皇刻石紀功，其文李斯小篆。後魏太武帝登山，使人排倒之。然歷代摹拓以爲楷則，邑人疲於供命，聚薪其下，因野火焚之，由是殘闕，不堪摹寫。然由上官求請，行李登涉，人吏轉益勞弊。有縣宰取舊文勒於石碑之上，凡成數片，置之縣廨，須則拓取。自是山下之人、邑中之吏得以休息。今人間有《嶧山碑》，皆新刻之碑也。其文云"刻此樂石"，學者不曉"樂石"之意。顔師古謂取泗濱磬石作此碑。始皇於琅邪、會稽諸山刻石，皆無此意，唯《嶧山碑》有之，故知然也。

文光案：《嶧山碑》一條，原出《封氏聞見記》。正甫録入《唐語林》，而删其前半之言。嶧山者，余復從《封記》録之，使人得見全文。金石家考秦碑者，皆引封氏之説，亦多删節，不若是之詳也。是書各條下不著出典，且多脱文誤句。第二卷第十六葉元案曰："此下多稱劉禹錫云，或聯書，或另條，蓋采自韋絢《劉公嘉話》，而中多訛脱，文義難通。今本《劉公嘉話》非完書，無可參校，姑仍其舊。"謹案：此本脱文闕字，皆無從考校者。《大典》所載原目，今所存者不及其半。如《嘉話》之不完者，亦難見也。

《楓窗小牘》二卷

不著撰人名氏

《稗海》本。題"百歲寓翁絶筆，博士男頤續筆"。按本書，知爲宋人袁氏。前有小序云："省念舊聞，得數十事，録之以備遺忘，名曰'楓窗小牘'。"所記多汴京故事。

歐陽文忠公《樊侯廟災記》真稿，舊存余家。其中改竄數處，如"立軍功"三字，稿但曰"起家"；"平生"曰"生平"；"振目"曰"嗔目"；"勇力"曰"威武"；"雄武"曰"英勇"；"生能萬人敵，死不能庇一躬"，曰"生能讋喑啞叱咤之主，死不能保束草附土之形"；"有司"曰"殘暴"；後〔五〕"喑嗚叱咤"四字無，第〔六〕曰"使風馳電擊，憑此〔七〕咆哮"：凡定二十三字。書亦遒勁。時余家從祖倅鄭，故得其稿。今竟失去，不得與蘇公手書并存，惜哉！

余家藏《春秋繁露》，中缺兩紙。從藏書家借對，缺紙皆然。即館閣訂本，亦復爾爾。後從相國寺資聖門買得抄本，兩紙俱全。

及離亂南來，缺本且不可得矣。

《北窗炙輠録》二卷

宋施彦執撰

《讀畫齋》本。前有嘉慶己未鮑廷博跋、朱彝尊跋、全祖望跋。炙輠，取《史記》所載淳于髡事。而是書多正言莊論，初無滑稽之意，不知何以立此名也。

鮑氏跋曰："姑蘇吴岫藏本，後有祝允明跋，語似出依託，姑置不録。然其本較秀水朱氏潛采堂傳鈔者，特爲完善。如下卷有一事全缺者，其他脱誤尤多。朱本近刊於《奇晉齋叢書》，可覆按也。彦執，鹽官人，名德操，字持正。《咸淳臨安志》有傳。而祝跋云'諱國賢，錢塘人'，或别有據歟？"

朱氏跋曰："彦執諱德操，海昌人，張子韶之友也。生不婚宦，病廢而歿。子韶以文祭之云：'生平朋友，不過四人。姚、葉先亡，公繼又去。'其和彦執詩云：'環顧天下間，四海惟三友。"三友者，彦執及姚進道、葉先覺也。彦執嘗著《孟子發題》一篇，子韶之門人郎曄編《横浦集》，附之卷。今《海昌志·人物》莫有舉其姓氏者矣。"

全氏跋曰："是書語言若出自不經意所爲，乃其於伊洛再傳弟子遺言多所收拾，足資參考，未可以説部目之也。如周正夫者，謝上蔡之弟子，其人姓氏僅一見於横浦之集；而是書載其言甚富，皆能發明正學。陳長方者，王信伯之弟子，所附見於《信伯語録》亦無多；而是書所引，堪相疏證。陸子證者，尹和靖之弟子、林艾軒之師，其學别傳於紅泉、雙井之間，百年以後，尚有薪火，乃《宋史》於《艾軒傳》中載其字而失其名。求之和靖之集，又無有。微是書，則吴下源流將安所溯乎？他如樊侍御乃龜山弟子，施庭先者亦信伯弟子，皆於此稍得其緒論。予續修《宋元學案》，是書引用獨多，因歎持正若不以病廢，其所造不止此也。持正與橫浦爲心交。橫浦墜入妙喜之學，而持正獨否，尤卓然不滓者矣。"

沈元用以四六自負，以爲當今作四六未有如晦者。其《謝解啓》一聯云"谷寒難暖，喜二氣之或私；風引輙回，悵三山之不到"，真爲絶倡也。惜其過貪，翻爲蕪穢耳。

先輩論文，以爲退之作古，子厚復古。此天下高論。

張思叔，伊川高弟也。本一酒家保，喜爲詩，雖拾俗語爲之，往往有理致。謝顯道見其詩而異之，遂召其人以相見。至則眉宇果不凡，顯道即謂之曰："何不讀書去?"思叔曰："某下賤人，何敢讀書?"顯道曰："讀書人人有分。觀子眉宇，當是吾道中人。"思叔遂問曰："讀何書?"曰："讀《論語》。"遂歸取此本誤作"賢"字。《論語》讀之。讀畢，乃見顯道曰："某已讀《論語》訖，奈何?"曰："見程先生去。"思叔曰："某何等人? 敢造程先生門?"顯道曰："第往。先生之門，無貴賤高下，但有志於學者，即受之耳。"思叔遂往見伊川，顯道亦先爲伊川言之，伊川遂留門下。一日侍坐，伊川問曰："《記》曰：'有所忿懥，則不得其正；有所恐懼，則不得其正；有所好樂，則不得其正；有所憂患，則不得其正。''正'卻在何處?"思叔遂於言有省。其後伊川之學最得其傳者，惟思叔。今《伊川集》中有伊川祭文十許首，惟思叔之文理極精微，卓乎在諸公之上也。

《清波雜志》十二卷　《别志》三卷

宋周煇撰

《知不足齋》本。前有紹熙癸丑春古括張貴謨序、康熙丙申曹炎跋，又鮑廷博刊書跋。《别志》前有周煇自序、後跋十則。《簡明目録》案曰："《宋詩紀事》作'周煇'，蓋誤以訛本爲據。"

張氏序曰："《清波雜志》紀前言往行及耳目所及，雖尋常細事，多有益風教及可補野史。蓋昭禮家藏故書幾萬卷，平時父子自相師友，其學問源委蓋不同如此。今寓中都清波門之南，故因以名其集云。"

曹氏跋曰："《雜志》十二卷，較《稗海》三卷本相去霄壤，惜抄傳失真。"

鮑氏跋曰："就姚舜咨寫補《别志》三卷、張序一篇。"

《清波雜志》三卷

宋周煇撰

《稗海》本。《簡明目録》"十二卷"，此刻上、中、下三卷，非足本也。前後無序跋，商本大抵如是。

《歐公詩話》："國朝浮圖以詩名世者九人，故有《九僧詩集》，今不傳矣。少時聞人稱惠崇，餘八人忘其名。"煇按：昔傳九僧詩，劍南希晝、金華保暹、南越文兆、天台行肇、沃州簡長、青城惟鳳、江東宇昭、蛾眉懷古，并淮南惠崇其名也。《九僧詩》極不多，有景德五年直史館張亢所著序引，疑爲節本。崇非但能詩，畫亦有名，世謂"惠崇小景"者是也。

印板文字，訛舛爲常。《韻語陽秋》："沈存中云：'退之《城南聯句》"竹影金鎖碎"者，日光也，恨句中無"日"字爾。'余謂不然。杜子美云'老身倦馬河堤永，踏盡黄榆緑槐影'，亦何必用'日'字？作詩正要如此。"葛之説云爾。煇考此詩，乃東坡寄子由，當是誤書"子瞻"爲"子美"，此猶可以意會。若麻沙本之差舛，誤後學多矣。文光案：觀此，可知麻沙書坊本宋人不貴，今世以爲重，蓋耳食者多，未曾細校故也。

曾祖視王荆公爲中表，既于撰上世墓誌數種，託元章書之。凡書三本，擇一以入石，號"周氏世德碑"，置於杭州西湖上，文并書名“二絶”。今在南山滿覺院，客打碑而買者無虚日。

王荆公《日録》八十卷，毘陵張氏有全帙，頃曾借觀。凡舊德大臣不附己者，皆遭詆毁。論法度有不便於民者，皆歸於上；可以垂耀後世者，悉己有之。盡出其壻蔡卞誣罔，其詳具載陳了齋瑩中《四明尊堯集》。陳亦自謂豈敢以私意斷其是非，更在後之君子審辨而已，故《神宗實録》後亦多采《日録》中語增修。王、蔡造端矯誣，雖歷千百年，衆論籍籍如新，矧同時之人，宜乎議之不置，孰謂蓋棺事始定耶？

《簡明目録》曰：“《清波雜志》所記皆宋人雜事。方回《桐江續集》力詆其尊王安石之非，蓋煇之曾祖於安石爲中表，親串之間不免回護，猶王明清《揮麈録》多爲曾布解耳。知其私意所在則可，以此併廢其書，則又門户之見矣。”

文光案：方書未見，其所謂尊安石者，不知何指。據《日録》一條觀之，正合公議，未見其尊安石，亦不見其回護也。予因録之，以明方説之非是。又按：張邦基《墨莊漫録》云：“予友人不喜荆公《日録》，其説曰：‘凡稱“上曰某事如何”，則言“予曰不然”；凡稱“某事予曰如何”，則言“上曰極是”，此尤可笑也。’”則當時議《日録》者，正如周煇所云，而煇之説爲至當矣。惟某氏撰《荆公年譜》，事事回護，其尊之者甚至，真所謂“好惡拂人之性”者矣。

王荆公與宋次道同爲三司判官。時次道出其家藏唐詩百餘編，託荆公選其佳者。荆公乃僉出，俾吏抄録。吏每遇長篇字多，倦於筆力，隨手削去。荆公醇德，不疑其欺也。今世所傳本，乃羣牧吏所删者。歐陽公《歸田録》未出，而序先傳。神宗宣取。公時致仕居潁，以其間紀述有未欲廣者，因盡删去。又患其文太少，則雜以戲笑不急之事。元本亦嘗出。《廬陵集》所載上、下纔兩卷，乃進本也。

近時曾公端伯亦編《皇宋百家詩選》，去取任一己之見。雖非捃摭詆訶，其間或未厭衆論，且於歐公、荆公、東坡詩皆不載。雖曰用《唐詩選》韓、杜、李不與編故事，其亦大名之下不容有所銓擇耶？吕居仁圖江西宗派，凡二十五人。議者謂陳無己爲詩高古，使其不死，未甘爲宗派。若徐師川，則固不平列在行間。韓子蒼曰："我自學古人。"夏均父亦恥居下列。一時品第尚爾紛紛，矧隨好惡筆削篇章，示己鑒裁之明，豈免議論？

淳化五年，翰林學士張洎獻《重修太祖紀》一卷。以朱墨雜書，凡躬承聖問及史官採摭事，即以朱别之。《神宗正史》類因詆誣而非實録，厥後删改，亦有朱墨本傳[八]於世，其用淳化故事云。此朱墨本之始。

《獨醒雜志》十卷

宋曾敏行撰

《知不足齋》本。前有淳熙乙巳楊萬里序，附録行狀、哀詩，末有周必大、謝諤、樓鑰、趙汝愚、陳傅良、尤袤六跋，又曾三聘編次刊板跋、鮑廷博重刊跋。

楊氏序曰："達臣既殁，吾得其書於其子三聘，蓋人物之淑慝、議論之予奪、事功之成敗，其載之無諛筆也。下至謔浪之語、細瑣之彙，可喜可笑，可哀可悲，咸在焉。是皆近世賢士大夫之言，或州里故老之所傳，無不信也。"

狀曰："居士年二十遇疾，棄舉子業，於是博觀羣書，訪收法書、名畫，多所訂正。字、畫祖米元章，人謂得其筆法。又仿章伯益飛跂墨戲，亦曲盡其妙。頗喜陰陽五行、推測吉凶之説，論著尤精，逆定時人窮通得喪，皆如其言。母逾九十，奉侍唯謹。訓諸子甚嚴，日加課飭。享年五十八。男七人，一鄉貢進士，一隆興府教授，餘五人皆舉進士。樊仁遠狀。"

謝氏跋曰："達臣談宣和、靖康事尤詳，皆親得於故老。而志或不載，豈有所避而未傳乎？"

尤氏跋曰："浮雲居士以文學、行義有聲。《江西雜志》語簡事核，非他小説之比。"

鮑氏跋曰："自淳熙丙午，家塾板行而後，迄今六百餘年，别無雕本，亟爲開而行之。"

馬正惠公嘗珍其所藏戴嵩《鬬牛圖》，暇日展曝於廳前。有輸租氓見而竊笑，公疑之，問其故。對曰："農非知畫，乃識真牛。方其鬬時，夾尾於髀間，雖壯夫膂力不能出之。此圖皆舉其尾，似不類。"公爲之歎服。

今之風争，古之紙鳶也，創始於韓淮陰。方是時，陳豨反於代，高祖自將征。淮陰與豨約，從中應，作紙鳶以爲期。謀敗身戮。原注："争，當作'箏'，蓋以竹篾弦其上，風吹之，鳴如箏也。"

國初，江西亦用鐵錢。嘗見玉笥山玉梁觀所藏經卷，尾題"胡某使鐵錢一百二十貫足陌，寫經六十卷"。

山谷謫居涪陵，始見懷素《自叙》真蹟，摹臨累日。自此頓悟草法，下筆飛動，與元祐已前所書大異，始信穆父之言爲不誣。山谷作草書，東坡甚稱之。錢穆父謂字近於俗，未見懷素真蹟。故山谷云："得草法於涪陵，恨穆父不及見也。"

豫章晷漏，乃曾南仲所造。南仲自少通天文之學，制器甚精，爲法甚密，皆前所未有。南仲名民瞻，廬陵睦陂人。其學無傳，獨晷漏之制，其子聞其大概。今江鄉諸縣亦有令造之者。南仲嘗謂古人揆景之法載之經傳，雜説者不一。然止皆較景之短長，實與刻漏未嘗相應也。自爲《晷景圖》，與刻漏相應。自負此圖，以爲得古人所未至。

世寶雷琴。鄉人董時亮蓄一琴，以爲雷氏舊物。部使者聞之，願得以供上，以白金五百兩爲謝。内府辨之曰："琴古且異，以爲雷琴則欺矣。”卻不納。時亮死，不知琴歸誰氏。

王荆公作《字説》，解“飛”字未得。子婦曰：“鳥反爪而升也。”公以爲然。

米元章云：“芇自會道言語，不襲古人。年三十，盡焚已前所作。平生不録一篇[九]投王公貴人。遇知己索一二篇，則以往。元豐中至金陵識王介甫，過黄州識蘇子瞻，皆不執弟子禮，特敬前輩而已。”其高自譽道如此。至評張伯益書，乃云：“如宫女插花，嬪嬙對鏡，自有一般態度。繼其後者誰歟？”世謂元章學羅讓書，蓋其少時，非得法於讓也。　米元章以書名，而詞章亦豪放不羣。

番陽董氏藏懷素草書《千文》一卷。由從駕在維揚，敵至，盡棄所有，惟袖《千文》南渡。其子弇尤極珍藏，後歸御府。

陶硯，惟武昌萬道人所製極佳。然不能十年，輒敗。

凡學書，當先學偏旁，上下與其近似者，皆不相遠。熟一偏旁，則數十字易作矣。

僧舍長明燈有數百年者，其燄不熱，蓋久乃力盡爾。

《西塘集耆舊續聞》十卷

宋陳鵠撰

《知不足齋》本。後有乾隆癸丑鮑廷博跋。

鮑氏跋曰：“右書署曰‘南陽陳鵠録正’。鵠，宋南渡後人，其行事無可考見。曰‘録正’，其字耶？抑就正之義耶？曰‘續聞’，似前有一書矣。曰‘西塘集’，殆其别集之一耶？抑西塘爲所居而是書輯録於其地耶？考第七卷云‘予淳熙甲辰識曾於臨安郡庠’；第六卷云‘予乙亥歲爲滁教’，以其時考之，則寧宗八年也。是鵠爲孝廟時人，而仕於寧宗廟，其蹤迹略可仿佛。然書中採録諸家論説，例注所引書於下，傳鈔輾轉，多所脱漏，則此二條爲鵠自述，爲録他人之文，蓋不可識别矣。予家所藏凡兩本，又借歸安丁小山傑、吴郡吴枚菴翌鳳兩家鈔本，參互讎比，稍稍可讀。”

劉元城曰：“‘有馬者借人乘之’，便是史之闕文。夫有馬而借人乘，非難底事，而史且載此，必是闕文。聖人在衰周猶及見此等史，存而不敢削，亦見忠厚之意。至後人見此，語頗無謂，遂從而削去之，故聖人歎曰‘今亡矣夫’，蓋歎此句之不存也。”

陸辰州子逸嘗謂余曰：“東坡《賀新郎》詞，人皆知其佳；但用榴花事，人少知其意。某嘗於晁以道家見東坡真蹟。晁氏云：‘有妾名曰朝雲、榴花。朝雲死於嶺外，東坡嘗作《西江月》一闋，寓意於梅，所謂“高情已逐曉雲空”是也。惟榴花獨存，故其詞多及之。’”

曩見陸辰州，語予以《賀新郎》詞用榴花事，乃妾名也。退而書其語，今十年矣。近觀顔景藩《續注》，因悟東坡詞中用白團扇、瑶臺曲，皆侍妾故事。按：晉中書令王珉好執白團扇，婢作《白團扇歌》以贈珉。又《唐逸事》：“許瀍暴卒，復寤〔一〇〕，作詩云：‘曉入瑶臺露氣清，坐中惟見許飛瓊。塵心未盡俗緣重，千里下山空月明。’復寢，驚起，改第二句，云：‘昨日夢到瑶池，飛瓊令改之，云“不欲世間知有我”也。’”按《漢武帝内傳》所載董雙成、許飛瓊，皆西王母侍兒。東坡用此事，乃知陸辰州得榴花之事於晁氏爲不妄也。《本事詞》載榴花事極鄙俚，誠爲妄誕。

吕居仁云：“作文必要悟入，悟自工夫中來，非僥幸可得也。老蘇於文，魯直於詩，蓋盡此理。”“韓退之文渾大廣遠，難窺測。柳子厚文分明，見規模次第。學者當先學柳文，後熟讀韓文，則工自見。”“西漢自王褒以下，文字專事詞藻，不復簡古，而谷永等書雜引經傳，無復己見，而古學遠矣。此學者所宜深戒。”“學文須熟看韓、柳、歐、蘇，先見文字體式，然後更考古人用意下句處。”“學詩須熟看老杜、蘇、黄，亦先見體式，然後徧考他詩，自然工夫度越過人。”“學者須做有用文字，議論是也。議論文字，須以董仲舒、劉向爲主。《周禮》及《新序》、《説苑》之類，皆當貫串熟考，則做一日便有一日工夫。”“後生爲學，必須嚴定課程，必須數年勞苦。雖道途、疾病，不可少渝也。”“自古以來，語文章之妙，廣備衆體，出奇無窮者，唯東坡一人。”“老杜歌行并長韻、律詩，切宜留意。”

本朝内制，惟王岐公《華陽集》爲得體。高二王、狄武襄碑尤有史法，而貴氣粲然。

蔡絛作《西清詩話》，載江南李後主《臨江仙》，云圍城中書，其尾不全。予家藏李後主《七佛戒經》及雜書二本，皆作梵葉。中有《臨江仙》，塗注數字，未嘗不全。其後則書李太白詩數章，似平日學書也。

閬州有三雅池。潘遠《紀聞》云：“古有修此池者，得三銅器，狀如酒盃，各有二篆，曰‘伯雅’，曰‘仲雅’，曰‘季雅’。或謂劉表二子好酒，嘗製三爵，大曰‘伯雅’，受一斗；次曰‘仲雅’，受七升；小曰‘季雅’，受五升。”按：《廣韻》“疋”字注云：“酒器。疋、雅同音。”則“疋”字蓋借用三雅，乃酒盃也。

故事，館職每洛陽貢花到，例賜百朵并南庫法酒。此二者《麟臺故事》不載，因并誌之。

古人作文，多爲伐山語，蓋取諸書句要入之文字中，貴其簡嚴。杜詩“配極玄都閟”，取“是謂配天之極”也。宋宣獻青詞用“淵宗”二字，取“淵兮似萬物之宗”也。此類甚多，而“配極”、“淵宗”二語特妙。見温氏《雜志》。

作詩用經語，尤難得峭健。杜詩“自天題處濕，當暑著來輕”，“自天”、“當暑”皆經語，而用之不覺其弱。此可爲省題詩法。

張洎家居，忽外有隱士通謁，乃洞賓名姓。洎倒屣迎之。洞賓自言吕渭之後，四子温、恭、儉、讓。讓終海州刺史。洞賓系出海州房，所任官，唐史不載。

近代酷收古帖者，無如米元章；識畫者，無如唐彦猷。元章精於書，然亦多贋本。彦猷博學好古。忽一客携黄筌《梨花卧鵲》，於花中歛羽合目，其態逼真。彦猷取諸畫較之，俱不及。題曰“錦江釣叟筆”。其弟彦範揭圖角絹，視之大笑，曰：“筌，唐末人。此乃本朝和買絹印，後人矯爲之。”遂還其人。以此觀之，真贋豈易辨耶？歐陽公有《牡丹圖》，一貓卧其下。有客見之曰：“此必午時牡丹也。貓眼至午精細而長，至晚則大而圓。”此亦善於鑒畫者。

文光案：俗言貓眼能定時辰，信然。子、午、卯、酉皆細而長，不獨午也；寅、申、巳、亥皆大而圓，不必晚也；辰、戌、丑、未如棗核，不細不圓也。由是言之，則午時牡丹不足據矣。

杜詩“窮愁應有作，試誦《白頭吟》”，舊注“虞卿著《白頭吟》，以人情樂新而厭舊”，義自明白。僞注乃云：“張跋欲娶妾，其妻曰：‘子試誦《白頭吟》，妾當聽之。’跋慚而止。此婦人女子善警戒者也。”是以《白頭吟》爲文君事，有何干涉？往往飾僞亂真，言皆鄙謬。近有刻《詩武庫》者，又指爲東萊之書。

王建宫詞百首，多言唐禁中事，皆史傳、小説所不載者。

東坡云：“永叔作《醉翁亭記》，其詞玩易，蓋戲云耳，又不自以爲奇特也。”而妄庸者乃作永叔語，云“平生爲此文最得意”，又云“吾不能爲退之《畫記》，退之亦不能爲吾《醉翁亭記》”，此又大妄也。

歐陽文忠撰《薛參政墓誌》，云：“明道二年，章獻明肅太后欲以天子衮冕見太廟，臣下依違不决，公獨争之。太后爲改他服。”而宋景文公奏議乃云：“太后晚節，恪於還政，弗及永圖；

厭内闈之靚閒，樂外朝之焜照。執鎮圭，乘大輅；垂十二旒之冕，被十二章之衮；率百官，陳萬騎；跪奉幣瓚，歷見祖宗。古今未聞，典禮不載。此一眚之咎，所共知也。”然則墓誌又不足據。蓋書於墓誌者，不欲開後世弱人主、强母后之漸，公文爲戒深矣。

魯直跋東坡道人黄州所作《卜算子》詞云：“語意高妙，似非吃烟火人語。”此真知東坡者也。蓋“揀盡寒枝不肯棲”，取興鳥擇木之意，所以謂之高妙。而《苕溪漁隱叢話》乃云：“鴻雁未嘗棲宿樹枝，惟在田野葦叢間，亦語病。”當爲東坡稱屈可也。

《癸辛雜識》《前集》一卷　《後集》一卷　《續集》二卷　《别集》二卷

宋周密撰

汲古閣本。前有自序。癸辛，所居之里也。

《前集》：胎息簡易法。　吴興名園三十餘處。　牛女渡河説多不同。　乘槎事，《博物志》與《荆楚歲時記》所載不同。《拾遺記》：“堯時有貫月查”。　明皇遊月宫，所記亦不同，皆荒唐之説。　或云韓信爲吕后所殺，韓通爲杜后所殺，韓侂胄爲楊后所殺，韓震爲謝后所殺。四人皆將相，皆死於婦人之手，亦異矣。

《後集》：成均舊規。　三學之横，權與人主抗衡。　吴興向氏，后族也。三世好古，多收法書、名畫、古物。其《蘭亭》，真定武刻也，精神透出紙外，與尋常本絶異。　賈師憲《全唐詩話》，乃節唐《本事詩》中事耳。　《悦生堂隨抄》所引多奇書，板成未印，遂不傳。　九經本最佳，凡以數十種比較、百餘人校正而後成，以撫州草抄紙、油煙墨印造，泥金爲籤。然删落諸注爲可惜，反不若《韓柳文》爲精妙。　《德壽宫舞譜》二大帙，前所未聞，想見承平之盛。　劉克莊云：“自義理之學興，士大夫研深尋微之功，不愧先儒；然施之政事，其合者寡矣。夫理精事粗，能其精者，顧能粗者，何歟？是殆以雅流自居，而不屑俗事耳。”此語大中今世士大夫之病。　正統之説，甲可乙否，迄無定論。　《續集》：饒雙峰門人行止怪異。　《宋江三十六贊并序》，《東都事略》載宋江。　楊髡發陵，互告狀。　彩畫《三輔黄圖》極精妙。内府有彩畫《本草》一部，極奇。　賈師憲專用道學，列之要路，名爲尊崇，其實幸其不才憒憒，不致掣其肘耳。沈仲固言：“假託道學之名者，言行了不相顧，卒皆不近人情，異時必爲國家之禍。”非過論也。　秦九韶性極機巧〔一〕，星象、音律、算術，以至營造等事，無不精究。在廣中多蓄毒藥，如所不喜者，必遭其毒手，其險可知也。　《别集》：羅壽可再游汴梁，書所見太學舊宫。　王厚齋務諛説，以釣爵位。　方回諛賈相，不知人間羞恥。　楊髡發陵事。

《五色線》二卷

不著撰人名氏

汲古閣本。後有毛晉跋。

毛氏跋曰：“《中興書目》云：‘摭百家雜事，記之爲類門。舊跋亦不著年月、姓氏。’所載多密藏異蹟，雖不逮《容齋五筆》，亦迥出《雲仙》諸册矣。亟訂梓之。”

此書乃浩然翁邵文伯手抄於鶴城所寓之怡雲軒，後於野亭先生處得此本，傳於伊氏奉遠樓讀書處，借録梓之。

校勘記

〔一〕“今”，原作“介”，據清張金吾《愛日精廬藏書志》改。

〔二〕“涪”，原作“浩”，據《北夢瑣言》改。

〔三〕“涪”，原作“洪”，據上書改。

〔四〕“《切韻》，改正吴音，亦甚核當”，據上書補。

〔五〕“後”，原作“□”，據元陶宗儀《説郛》補。

〔六〕“第”，原作“茅”，據上書改。

〔七〕“憑此”，原作“平北”，據上書改。

〔八〕“本傳”，據《清波雜志》補。

〔九〕“平生不録一篇”，據《獨醒雜志》補。

〔一〇〕“痞”，原作“悟”，據《西塘集耆舊續聞》改。

〔一一〕“機巧”，原作“巧機”，據《癸辛雜識》乙正。

萬卷精華樓藏書記卷一百

子部十二

小説家類二

《歸潛志》十四卷

元劉祁撰

《知不足齋》本。王阮亭、周雪客、黄俞邰所見傳是樓本及書賈傳本，僅八卷。元至大間有孫氏刊本，藏書家多珍祕之。此十四卷，鮑氏借抄於金氏，刻入叢書，蓋足本也。又以文瑞樓本、《抱經堂》本互相讎校，而後梓行。是書載金末諸人小傳最富，叙金亡事最確，故元修《金史》多引用之。劉祁，字京叔。壬辰北還，以“歸潛”二字榜其室，因題所著。然晚節不終，非其實也。

彭氏曰：“鮑氏刻《歸潛志》，以《金史》、《中州集》注其異同，頗便觀繹。卷中叙崔立碑事，乃京叔平生究心處。鮑氏附注元裕之《外家别業上梁文》、郝陵川《辨甘露碑》詩，謂可得是非之公。京叔、裕之，乃兩造之辭，其以‘伊誰〔一〕受賞’一語歸獄京叔，則京叔并不諱言之。且以其時京叔安用崔立所賜之進士出身爲也？陵川乃裕之門下士，觀其集中裕之墓誌、京叔哀辭，於二子軒輊可見。要之碑辭之作，無論爲元爲劉，而裕之乃左右司員外郎，京叔布衣，情事有間。裕之入元不仕。京叔於金亡五年之後，復出就試，魁南京，選充山東西路考試官，亦未免蛇足矣。”録於《讀書跋尾》。

文光案：崔立，金之元帥，舉城降元，以爲救百萬生靈，立碑紀功。其文京叔所作，或謂遺山所作，或謂遺山改數字，訖無定説。左司員外，即崔立所署之僞職，諸書以爲金所授者，誤也。遺山食金之禄，故入元不仕。然爲崔立所指使，與王維爲禄山所逼正同。翁覃溪刻《遺山墓圖》，多所回護，非公論也。一代宗工，人所欽服，故於當日情事，略不經意。余詳考之，著於《目録學》，玆不復贅。《歸潛志》一卷至六卷爲金人小傳；七卷至十卷雜記軼事；十一卷記哀宗亡國始末；十二卷即立碑事，附以《辨亡論》一篇；末二卷皆祁之語録、詩文。書雖小説，甚可觀也。

《山房隨筆》一卷

元蔣正子撰

《知不足齋》本。後有鮑廷博跋。是書記宋末元初事，叙賈似道誤國始末尤詳。

鮑氏跋曰：“明初寫本，較商氏《稗海》所刻殊勝。開卷‘平仲’二字，即商本所脱也。中如党懷英《孔子廟》詩末句‘泰岱參天泗汶長’，誤‘汶泗’爲‘汾水’，相去不啻千里矣。‘梅梁’、‘松牖’一聯，證以石刻，亦此本爲是。聶碧窗《北婦》詩云‘江南有眼何曾見？曾[二]捲珠簾看鷓鴣’，初不解其旨。及檢此本，則‘鷓鴣’爲‘固姑’，由校者不知固姑爲婦人冠名，妄易‘鷓鴣’以趁韻耳。《題趙太祖真容》‘河北山東總舊臣’，誤‘臣’字爲‘君’字，則并上新、神之韻不押矣。大抵《稗海》中一無佳刻，其間如趙德麟《侯鯖録》、周煇《清波雜志》、王闢之《澠水燕談録》、張邦基《墨莊漫録》、方勺《泊宅編》之類，脱謬尤甚。吾家藏本俱極完整，惜未能一一刊正以還舊觀。閑窗展玩，有撫几太息而已。”

文光案：鮑氏所刻叢書多完帙，較勘亦精，遠勝商本，故至今珍之。元代説部書頗少，《簡明目録》所載止六種，余所藏者，四種而已。

《遂昌山人雜録》一卷

元鄭衸撰

《讀畫齋》本。後有乾隆己酉鮑廷博跋。書内有記林霽山一條。

鮑氏跋曰：“是書惟商氏《稗海》本行世，題曰‘遂昌雜録’，脱去‘山人’二字。開卷‘廉希貢’便誤作‘希真’，他可知矣。此册爲虞山錢遵王家影元鈔本。中如‘徭役’作‘繇役’、‘銀椅’作‘銀倚’之類，較商刻爲近古，固知述本堂多善本也。元祐生於有元中葉，本遂昌人，寓家平江。見聞最廣，所述宋季軼聞，頗足徵信。惟云湖‘大佛頭，耳竅可坐七人’，未免誇張過甚，至今爲遊人口實耳。或曰‘七人’蓋‘一人’之訛，理或然也。”

《輟耕録》三十卷

明陶宗儀撰

汲古閣本。前有至正丙午孫作序，後有成化己丑彭瑋跋，又毛晉跋。

毛氏跋曰：“南村平生著書四種：《説郛》百卷，未能卒業。《書史會要》不過廣《海岳名言待訪》所未備。《四書補遺》又泯没無傳。惟《輟耕録》三十卷，上自廊廟實録，下逮村里膚言，詩話、小説，種種錯見。其譜靖節、貞白世系，尤風韻可喜，意自負爲陶氏兩公後一人耶！至若載發宋諸陵事，未免訛逸，已詳見彭跋云。”

趙孟頫詩有“山連閣道晨留輦，野散周盧夜屬櫜”之句。楊仲弘曰：“若改‘山’爲‘天’、‘野’爲‘星’，尤美。”

太祖駐師西印度，忽有大獸，其高數十丈，一角如犀牛，然能作人語，云：“此非帝世界，宜速還。”左右皆震慑，獨耶律文正王進曰：“此名角端，乃旄星之精也。聖人在位，斯獸奉書而至，且能日馳萬八千里，靈異如鬼神，不可犯也。”帝即回馭。至正庚寅，江浙鄉試出“角端”爲賦題。

《蘭亭》一百十七刻，裝褫作十册，乃宋理宗内府所藏，每板有内府圖書鈐縫玉池上。後歸賈平章。至國朝有江南八十餘年之間，凡又易數主矣。往在錢唐謝氏處見之，後陸國瑞携至松江，因得再三披閱，并録其目。真傳世之寶也。

喬孟符吉博學多能，以樂府稱。嘗云：“作樂府亦有法，曰‘鳳頭，猪肚，豹尾’六字是也。大概起要美麗，中要浩蕩，結要響亮，尤貴在首尾貫穿，意思清新。苟能若是，斯可以言樂府矣。”此所謂樂府，乃今樂府，如《折桂令》、《水仙子》之類。

《落水蘭亭》一卷，乃五字不損本，趙彝齋之物也。彝齋從俞壽翁易得，乘夜回棹，大風覆舟，行李皆渰溺無餘。彝齋立淺水中，手持此帖示人曰：“《蘭亭》在此，餘不足介吾意也。”因題八字於卷云：“性命可輕，至寶是保。”

文光案：《落水蘭亭》乃姜白石舊藏。白石有《蘭亭考》，見第一卷。

唐南陽樊宗師，字紹述，所撰《絳守居園池記》艱深奇澁，讀之，往往昧其句讀，况義乎哉？韓文公謂其文不蹈襲前人一言一句，觀此記則誠然矣。宋王晟、劉忱嘗爲解釋，今不復有。偶得濼陽趙仁舉字伯昂箋注本，句分字析，詞理焕然。因書其記，傳其句讀，以便披覽。

文光案：南村所録趙本衹有句讀，而無箋釋。余從《絳州志》中録出注本，刻入《目録學》。其句讀，諸家不同。宗師之師〔三〕亦奇澁，與文同。

唐末墨工奚超與其子廷珪，自易水渡江，遷居歙州。南唐賜姓李氏。廷珪父子之墨始集大成，然亦尚用松烟。廷珪初名廷邽。故世有奚廷珪墨，又有李廷珪墨。或有作"庭珪"字者，僞也，墨亦不精。宋熙、豐間，張遇供御墨用油烟入腦、麝、金箔，謂之"龍香劑"。元祐間，潘谷墨見稱於時。蜀中葉茂實墨最得法，不凝滯。

劉元字秉元，寶坻人，官至昭文館大學士。長於塑，凡兩都名刹佛像，一出元手，天下無比。

至元鈔十一料，二貫至伍文，

文宗能畫，雖積學專工莫能及。

莊蓼塘藏書數萬卷，且多手抄者。書目以甲、乙分十門。江南藏書多者止三家，莊其一也。

寶晉齋研山。此石是南唐寶石，嘉興吴仲圭畫圖，錢唐吴孟思書文。後携至吴興，燬於兵。

揭傒斯著《奎章政要》，萬幾之暇，每賜披覽。及晏朝，有畫《授經郎獻書圖》行於世，厥有深意存焉。

耶律文正王於星曆、筮卜、雜算、内算、音律、儒、釋、異國之書，無不通究。嘗言西域曆五星密於中國，乃作《麻答把曆》，蓋回鶻曆名也。

趙魏公云："作詩用虚字殊不佳，中兩聯填滿方好。出處纔使唐以下事，便不古。"

元宗室世系。蒙古七十二種，色目三十一種。寫山水訣。寫像秘訣。叙畫。記宋宫殿。錢武肅鐵券。納音解。宫闕制度。歷代醫師。院本名目。傳國璽。雜劇。曲名。裱褙十三科。畫家十三科。棋譜：《通玄集》、《通遠集》、《清遠集》、《清樂集》、《幽玄集》、《機深集》、《玄玄集》、《忘憂集》。

《簡明目録》曰："書中稱明兵曰集慶軍，又曰江南游軍，蓋元末作也。於元代法制及至正末東南兵亂，紀載頗詳。所考訂書畫、詩文，亦足備參證。惟好採猥談鄙事，自穢其書，是其大瑕耳。"

《表異録》二十卷

明王志堅撰

漱六閣本。此本題"名句文身表異録"，又題"珠山農王志堅輯"。前有康熙戊子陳世修刊書序、崇禎庚辰王志慶序、《王淑士墓誌》、錢謙益撰。目録。凡二十部，總載者十二部，分類者八部。惜陰軒所刻即此本。

陳氏序曰："《表異録》二十卷，玉峰先生所輯。先生之弟志慶序而刻之，稱其徵奇集異，燦然炫目。錢虞山《金陵雜題》有'釧動花飛'之句，蓋採集中語也。舊本卷帙零星，脱誤頗多。讎校數過，彙付剞氏。先生讀書嗜古，才名與李長蘅相伯仲。所著又有《史商》、《説删》諸書。近漁洋山人《居易録》載其史論數則，卓識允超千古。讀是編者，以是爲嘗鼎一臠可耳。"

王氏序曰："河渚先生上下古今，纂述百氏，所輯《原瀆》諸編爲世傳誦。殁後八年，而《表異録》始出。蓋其披閲之間，或字句偶有深奥，輒筆録之。久積爲册，遂傳家塾，近始傳録，因授之梓。"

誌曰："淑士深鄙嘉、隆之剽賊塗史者，以爲俗學。乃要諸同舍郎爲讀史社，九日誦讀，一日講貫。少閒，借金陵焦氏藏書，繕寫勘讎，盈箱堆几。其讀書最爲有法，先經而後史，先史而後子、集。其讀經，先箋疏而後辨論；讀史，先證據而後發明；讀子，則謂唐以後無子，當取説家之有裨經史者，以補子之不足；讀集，則删定秦、漢以後古文爲五編，尤用意於唐、宋諸家碑誌，援据史傳，摭採小説，以參覈其事之同異、文之純駁。蓋深痛俗學之敝與近代士子苟簡迷謬之習，而又恥與之争，務以編摩繩削，爲易世之質的，其自任最重。"

文光案：《清異》、《表異》二録，皆摘羣籍新穎語分門類纂，足備詩文之資，故陳氏合刊之。崑山王志堅淑士、嘉定李流芳長蘅，皆與牧齋友善。淑士卒於崇禎六年，長蘅先卒，牧齋俱爲之誌。淑士所著《史商》、《原瀆》諸編，今俱未見。其以諸家碑誌證史之同異，最爲有益，而惜乎無傳也。

《明人百家小説》一百卷

不著編輯者名氏

明本。前有沈廷松序，不述刻書緣起。每卷寥寥數葉，與《説郛》相似，坊賈欺人之本也。

都穆曰："道家符呪，其末皆云'急急如律令'。説者謂律令乃雷部鬼神之名而善走，用之欲其速也。此殊不然。'急急如律令'，漢之公移常語，猶宋人云'符到奉行'。漢米賊張陵私創符呪以惑愚民，亦僭用之道，遂祖述之耳。"《聽雨紀談》。

都印曰："嘗見一説，云：'"彖"、"象"二字，皆假獸以名。彖爲大豕，行則俯首，一望而全體皆見，故統論一卦之體，取以喻之。象有六牙，故六爻之義，取以喻之。'"《三餘贅筆》。

古字有相反者：武王曰"予有亂臣十人"，是以"亂"爲"治"也。《易》曰"天地盈虚，與時消息"，是以"息"爲"長"也。《易》曰"同心之言，其臭如蘭"，禮曰"衿纓，皆佩容臭"，是以"臭"爲"香"也。《禮》曰"則皆坐奠之，而後取之"，是以"坐"爲"跪"也。如此類者甚多。仝上。

敖英曰："潘緯十年而吟古鏡，何涓一夕而賦瀟湘。殊不知後之觀者，只論工拙，不論遲速。"《東谷贅言》。

東坡愛李廌之文，山谷愛高荷之詩。後來二子行檢齷齪，徒使二公有愛才之累也，惜哉！同上。

陸深曰："元至正初，史館遣屬官馳驛求書，東南異書頗出。時有蜀帥紐鄰之孫，盡出其家貲，遍游江南，四五年間得書三十萬卷，遡峽〔四〕歸蜀，可謂富矣。今江西藏書甚少，浙中猶爲彼善。若吾吴中則有羣襲，有精美者矣。"《豫章漫抄》。

陸釴曰："景泰之崩，爲宦者蔣安以帛勒死。"《病逸漫記》。

王鏊曰："世謂六經無文法，不知萬古義理、萬古文字，皆從經出也。其高者、遠者未敢遽論，即如《七月》一篇叙農桑稼圃，《内則》叙家人寢興烹飪之細，《禹貢》叙山水脈絡原委如在目前，後世有此文字乎？《論語》記夫子在鄉、在朝、使擯等容，宛然畫出一個聖人，非文能之乎？昌黎序如《書》，銘如《詩》，學《書》與《詩》也，其他文多從《孟子》，遂爲文章家冠。孰謂六經無文法乎？"《震澤長語》。

爲文必師古，使人讀之不知所師，善師古者也。韓師孟，今讀韓文不見其爲孟也；歐學韓，不覺其爲韓也。若拘拘規效，如邯鄲之學步、里人之效顰，則陋矣。所謂師其意不師其詞，最爲文章之妙訣。同上。

聖賢未嘗有意爲文也，理極天下之精，文極天下之妙。後人殫一生之力以爲文，無一字到古人處，胸中所養未至耳。故爲文莫先養氣，莫要窮理。同上。

鄭、衛多淫風，季子皆曰："美哉！"《鄭》雖譏其細，亦不及於淫，何也？同上。

季子觀周樂，《豳》在《齊》之後、《秦》之先。今居《風》之末，豈非夫子所改定乎？文中子曰："係之豳，遠矣。"同上。

鄭曉曰："《太祖實録》三修，建文君即位初修，王景充總裁；靖難後再修，總裁解縉；縉得罪後，三修，總裁楊士奇。初修、再修時，士奇亦秉筆。"《今言》。

車清臣曰："《周禮·冬官》不亡，散在諸官之中，而《地官》尤多。有一證據甚佳，《周官》三百六十，今已存三百五十，只亡其十，豈可謂冬官亡也？"此説痛快。但冬官之不亡，只可説數句；證以《地官》，使人自推足矣。俞氏《復古編》乃斷定此在《天官》，此在《地官》，此在某官。以二千餘載以下之凡夫而妄意聖人之述作，其不審如此，爲此説之累多矣。《脚氣集》。

馮時可曰："《昭明文選》，唐人枕席沉酣其間，而六經如甲乙簿矣。《易》奇而法，《詩》正而葩，韓子獨注焉，所以其文高於一代。"《雨航雜録》。

陸深曰："知止一節，具《大學》始終節目，亦吾道、異端之所以分也。如告子之學可謂定矣，而未能静；禪者之學可謂静矣，而未能安。惟其未能安，故資於神通；惟其未能慮，故失之誕謾：豈能有所得耶？"《春風堂隨筆》。

胡應麟曰："鄭錦衣樸重刻小幅《博古圖》，其翻摹較精於前，且卷帙簡少，使人易藏。"《甲乙剩言》。

文翔鳳曰："《三百篇》往往有俳偶語，《葛覃》則'是刈是獲，爲絺爲綌'，《草蟲》則'喓喓草蟲，趯趯阜螽'，《柏舟》則'覯閔既多，受侮不少'，《碩人》則'鱣鮪發發，葭菼揭揭'，《氓》則'言笑晏晏，信誓旦旦'，《黍離》則'行邁靡靡，中心摇摇'，《吉日》則'發彼小豝，殪此大兕'，後世律詩之祖。"《雲夢藥溪談》。

敖英曰："歷代縉紳之禍，多肇於言語、文字之激。是故誹謗激坑焚之禍，清議激黨錮之禍，清流激白馬之禍，臺諫激新法之禍。禍生於激，何代不然？其始也，一人倡之，羣起而和之。不求是非之歸，乃讙焉狂焉，牢不可破。其卒也，不可收拾，則所傷多矣。”《緑雪亭雜言》。

《歐陽公族譜》取法史氏之年表，《蘇老泉族譜》取法禮家之宗圖。後之爲譜者，錯綜而憲章焉可也。同上。

錢希言曰：“《左傳》‘行李之往來’，杜注：‘行李，使人也。’後人誤以遠行裝束爲行李。觀隋江總有《辭行李賦》，則‘行李’爲‘行使’無疑矣。”《戲瑕》。

顧元慶《雲林遺事》，高逸、詩畫、潔癖、游寓、飲食，凡五目。

《茶餘客話》十二卷

國朝阮葵生撰

《藝海珠塵》本。吴省欽校刊。前後無序跋。

文淵閣無其地，遍質之先輩博雅諸公，皆無以答。王白齋司馬、申笏山光禄皆以爲在大内，亦是臆度之詞。予意今之内閣大庫彷佛近之。當時楊廷和在閣，升菴挾父勢，屢至閣翻書，攘取甚多。又典籍劉偉、中書胡熙、主事李繼先奉命查對，而繼先即盜《易》宋刻精本。觀此情形，必非内庭深嚴邃密之地。而沈景倩謂“制度隘，窗牖昏暗，白晝列炬”云云，與今大庫形勢宛然如繪，正與史宬制度相合。今大庫較史宬尤爲晦悶，知藏書之所，防火爲宜。

按本朝殿閣，首中和，次保和，次文華，次武英，次文淵，次東閣、體仁。本朝大學士三殿、三閣，後去中和，乃添體仁閣。

内閣大庫藏歷代册籍，并封貯存案之件。漢票簽之内外紀，則具載百餘年詔令、陳奏事宜。九卿、翰林部員，有終身不得窺見一字者。部庫止有本庫通行，惟閣内六曹咸備，故中書品秩雖卑，實可練習政體，博古而通今也不難。

内閣副本，每屆年終派漢本堂中書送貯皇史宬内。今之史宬，即明之南城舊址。

山谷云：“作賦要讀《左氏》、《前漢》，其佳句善字，皆當用心，略知某處可用，則下筆自源源而來。”

唐眉山云：“凡作詩，平居須收拾詩材以備用。聞漁洋在京師闢小閣爲詩室，斷箋零紙，鱗次壁上，或一二語，或數十字，皆昌谷古錦囊中物也。”

家伯祖樾軒先生嘗戒子弟曰：“近見後生小子皆喜讀《毛西河集》。其所稱引，未足爲據。必須搜討源頭，字字質證，慎勿爲懸河之口所誤。”因言西河與閻百詩辨地理多穿鑿。百詩太息曰：“汪堯峰私造典禮，李天生杜撰故實，毛大可割裂經文，貽誤後學匪淺。”樾軒，諱應商。

李穆堂記聞最博，而持論多偏。在明史館謂嚴嵩不可入《奸臣傳》，纂修諸公争之。李談辨雲湧，縱横莫當，諸公無以折之。最後楊農仙[五]學士椿從容太息曰：“分宜在當日尚可爲善，可恨楊繼盛無知小生，猖狂妄行，織成五奸十惡之疏，傳誤後人，遂令分宜含冤莫白。吾輩修史，但將楊繼盛極力抹倒，誅其飾説誣賢，將五奸十罪條條剖析，且辨後來議恤、議謚之非，則分宜之冤可伸。”穆堂聞之愕眙，自是不復申前説。

五經人物，約有二千六七百人。

儲中子云：“陸士衡《五等諸侯論》，蘇廷碩《東封朝覲堂頌》，獨孤至之《夢遠游賦》，韓退之《進學解》、《毛穎傳》，孫可之《大明宫紀夢》，歐陽永叔《王鎔傳》、《王淑妃傳》、《伶官傳》，蘇子瞻《十八羅漢贊》、《戰國養士論》，陳同甫《上孝宗書》，皆得太史公神，當與《項羽本紀》同讀。初學必解得此意，方可作文字。”

青主善醫而不耐俗，病家多不能致。素喜看花，置病人於花間，聞其呻吟即治之，應手而愈。

唐荆川家居日，有送新修府志者。荆川曰：“大明人修《蘇州志》，而標籤曰‘姑蘇志’，不通可知。”又胡纘修《安慶府志》，書正德中劉七事，曰：“七年閏五月，賊七來寇江境。”而分注其下云：“賊姓劉氏。”見者咸笑。此皆自謂古雅也。如《北夢瑣言》稱馮涓爲長樂公，《冷齋夜話》稱陶穀爲後五柳公，皆貽千古笑資。唐徐彦伯爲文，好改易字面，以“鳳閣”爲“鵷闈〔六〕”，“龍門”爲“虬户”，“金谷”爲“銑〔七〕溪”，“玉山”爲“瓊岳”。後進效之，謂之“澁體”。

坊刻時文興於隆、萬間，房書始於李衷一。十八房之刻，自萬曆壬辰《鉤玄録》始。旁有批點，自王房仲選程墨始。厥後坊刻乃有四種：曰程墨，則三場主司及士子之文；曰房稿，十八房進士平日之作；曰行卷，舉人平日之作；曰社稿，諸生會課之作。亭林曰：“八股盛而六經微，十八房興而廿一史廢。”

强記之法：每讀一書，遇意所喜好即劄録之。録訖乃朗誦十餘遍，粘之壁間。每日必三十餘段，少亦六七段。掩卷即就壁間觀所粘録，日三五次以爲常，務期精熟，一字不遺。粘壁既滿，乃取第一日所粘者投笥中，隨收隨補，歲無曠日。一年之内，約得千段；數年之後，腹笥漸富。每見務爲汎覽者，略得影響而止，稍隔時日，便成枵腹，不如約取而實得也。

徐健菴作《葉石君傳》，云：“江浙藏書家有金陵焦氏，四明范氏、錢氏。半野之藏甚富，惜厄於火；漪園之没，亦多散失；惟天一閣尚存。予亦有聚書之癖，半生所得，庋之一樓，曰‘傳是樓’。較之諸家，多有目無書，殊足憾也。向聞葉君名，惜未遇。今爲之傳，不禁慨然。”觀此，則所云《傳是樓書目》殆未實有是書耶？

萬曆甲午，南祭酒陸可教請刻《永樂大典》，分頒巡方御史，各任一種，校刊彙存，分貯兩雍，以成一代盛事。當時議允，終未頒行。竊謂文皇與穆宗兩番抄録，已費不貲，鏤板通行，談何容易？

蔣湘帆衡寓揚州，寫十三經。馬秋玉代爲裝潢，高東軒相國進呈，恩賜國子學正銜，人以爲榮遇。今書俱在南書房，木匣裝飾，排列架端。予在内廷猶見之。戴潞按："壬子刻石經於國學，即衡進本。"

王石谷翬、黄尊古鼎，并畫中大家。

大、小九卿，説者不一，究不知始於何時。

督撫加尚書侍郎，稱中丞，固謬。錦衣掌印稱大金吾，順天府尹稱京兆，益無稽矣。

汪堯峰詩文爾雅，然性卞急，不容人過。議論大聲，頰發赤，目光炯炯。詩文小得失，必面折之。與王阮亭以詩相戲，後遂成隙。與宋荔堂議論不合，輒自詑曰："吾乃與此人同名！"

李天生爲三相國所薦，至京師，名重一時。容齋以同姓年長兄事之，天生居之不疑，人尊爲關西夫子。與顧寧人講韻學不合，加以聲色。與毛西河辨古韻不相下，大怒，始而呵喝，繼加拳勇，西河避之。邱海石、丁野鶴皆山左詩人，二君友善。一日同飲，論文不合，嫚罵不已。邱拔劍逐丁，丁上馬逸去。邱追不及，乃返。東人傳爲佳話。

湯文正公學宗夏峰先生，自言爲方面時，居官行政只遵吕叔簡《從政録》，行之不盡。惜文集不全，今所刊《湯子遺書》數種，皆失本來面目。

方靈皐初爲逆黨，隸旗籍十年，後復原籍。乾隆七年，以侍講休致。先是，戴名世獄，部議期服之親皆緣坐；方孝標族，無論服未盡已盡，罪皆斬。獄詞具於辛卯冬，五上五折本。至癸巳春，章始下，悉免死，隸於漢軍。靈皐作《兩朝聖恩記》，以志殊恩。

明季陸繼翁、王古用皆湖州人，工製筆。又吉水鄭伯清、吴興張天錫，皆以製筆有名。元時吴興三絶：趙松雪書，錢舜舉畫，馮應科筆。

福州黄莘田任詩才淹雅，爲八閩巨手。宰四會，以躭硯劾歸。

龔春壺式，茗具中逸品。其後復有四家，董翰，趙良，袁錫，其一則時鵬，大彬父也。大彬益擅長。

陸子剛治玉，鮑天成治犀，朱碧山治銀，濮謙治竹。又嘉興王二漆竹，蘇州姜華雨籋箓〔八〕竹，趙良璧、黄元占、歸懋德治錫，李昭一作荷葉，李馬勳治扇，周柱治鑊嵌，吕愛山治金，王小溪治瑪瑙，蔣抱雲、王吉治銅，雷文、張越治琴，范昌治三弦子，楊茂、張成治漆器，江千里治嵌漆，胡四治銅鑪。談氏箋，顧氏繡，張氏鑪，洪氏漆，孫春陽燭。又文衡山非方扇不書。及近時吴興薛晉侯鏡，歙曹素功製墨，吴穆大展刻字，顧青娘、王幼君治硯，張玉賢火筆、竹器：皆名聞朝野，信今傳後無疑也。

張性符致中爲邑中名諸生，博學，工古文。入復社，製藝一時傳誦。子三人，弨、弧、瞉皆知名士。弨即力臣，其所著今無傳本，惜哉！

力臣符山堂藏書，考訂最精，板多善本。身後散佚，後多歸何義門。　力臣手書《音學五書》，後李安溪以五百金購之，携回閩中。

天下奇技有不解者。一人能口畫，先以五色紙嚼碎，或壁或門上，離五六尺，隨口吐之，須臾即成臺閣、鳥獸、花木之象，工巧勝於彩綉，真奇術也。

湯調鼎著《辨物志》，王阮亭稱其議論多發人神智。予覓之，無有知是書者。

吴山夫學有本原，館秦樹峰司寇家，《五禮通考》皆其手訂者。樹峰嘗言得三異人，山夫其一也。山夫著書甚富，已刻者僅《别雅》一種，乃其少作。晚年自言其書不足觀。以予所見，尚有《六書引經考》、《六經述部序辨》、《金石存》、《正字通正》、《山陽志叢辨》、《四朝黄河圖説》、《删定潛邱劄記》，皆可傳者。其所藏金石、碑板文尤富。其《山陽耆舊詩》五册，索其遺書，止存二大册耳。

嵇叔子精於子平，自謂官止四品，而夫人之禄位不稱。舉孝廉，即喪偶。媒妁盈門，叔子排算其八字，俱以爲不類。某富翁欲以女妻之，先以年庚付一術士推之。術士云："是十惡大敗命。"翁以情告術士曰："請易之，何如?"因將生日移前數日，而時干亦易，通局俱變矣。翁乃付媒往議，曰："是恭人也。"遂成姻。任杭州太守，妻受四品封。叔子卒後十餘年，諸子將爲母稱七十觴，先期營辦。恭人笑止云："某日非吾真生辰也。"因述其故，家人皆驚，蓋嵇氏父子爲所紿者四十年矣。

《叩舷憑軾録》一卷

國朝姜南撰

《藝海珠塵》本。前後無序跋。

黄堂，即吴郡廳事，乃春申君子假君之殿也。後太守居之，以數失火，塗以雌黄，遂名"黄堂"。今天下郡治皆名"黄堂"，昉此。或謂以黄歇之姓名堂，或謂二説皆非。古者，太守所居黄堂，猶三公之黄閣也。《緗素雜記》："天子曰黄闥，三公曰黄閣，給事舍人曰黄扉，太守曰黄堂。"見《姑蘇志》。

《勸學文》一篇，王荆公安石之作也。通篇皆以肥家潤身之利歆導學者，所謂孝弟忠信、禮義廉恥，養其良知良能者，略不及也。善乎！李之彦之言，曰："自斯言一入於胸中，未得志之時已萌貪饕，既得之後恣其掊克，惟以金多爲榮，不以行穢爲辱。然司白簡、持清議者，又未必非若人也。”

《清波小志》二卷　《補》一卷

國朝徐逢吉撰，陳景鐘補

《讀畫齋》本。前有雍正十二年錢唐紫珊老人徐逢吉自序、松陵楊復吉跋二則。杭州西門，曰錢湖，今塞；曰清波；曰豐豫，即湧金；曰錢塘。又西關門，今雷峰塔下是也。《小志》内有鐘案。陳與徐同里。

徐氏自序曰：“予七歲從先處士由城中芝松里遷居清波門外之學士巷，迄今七十二年矣。方隅咫尺之内，豈無人文可以并傳？因筆而紀之。其間佛院、神祠、街坊瑣事，足資談柄者，亦得附書。大概北至湧金，南至萬松嶺，西至南屏而止。昔周昭禮居此，嘗著《清波三志》，所言朝常典故居多，而城西之事不與焉。予則專記城西，而遠大者并未嘗及，故稱‘小志’云。”

楊氏跋曰：“紫珊先生大隱湖濱，摭拾生平聞見爲此編，亦田叔和《游覽志》、陸雲士《湖壖雜記》之亞也。南山路勝遊軼事所載綦詳，競秀争流，一重一掩。後之志西湖者，必有取材矣。”

楊氏又跋曰：《清波小志》所載軼事遺聞，多李敏達重修《湖志》所未備，更得几山先生兹補，庶幾桑《經》酈《注》，相得益彰矣。几山爲武陵名孝廉，蓋敷文書院中錚錚有聲者。”

《説叩》一卷

國朝葉抱崧撰

《藝海珠塵》本。是書作於乾隆庚辰，前有自序。方宣苦志力學，著述頗多，無子，散失。

葉氏自序曰：“索居無事，記憶聞見，略仿宋張淏《雲谷雜記》、楊伯巖《臆乘》例，著爲一編，曰‘説叩’。

以四字爲年號者，魏太武太平真君，唐武后天册萬歲、萬歲通天，宋太宗太平興國，真宗大中祥符，徽宗建中靖國。

《日知録》曰："唐以詩賦取者爲進士，以經義取者曰明經。"此説未核。《封氏聞見記》謂"進士試時務策五道。後加雜文兩道，并帖小經。其後改帖六經。進士以帖經爲大"，知進士不專以詩賦也。明經亦有試詩。王貞白有《帖經日試宫池産瑞蓮》詩。

西河毛氏選唐人試詩，目曰"試帖"。按《通典》，稱明經先帖文，然後行試。帖經之法："以所習經揜其兩端，中間惟開〔九〕一行，裁紙爲帖，凡帖三字，隨時增損，或得四，或得五，或得六爲通"。試帖之名，蓋與詩賦無涉。

"正經"二字，本桓譚《新論》篇目。

音聲既訛，傳寫益謬，以"佔畢"爲"呫嗶"，"褎然"爲"裒然"，"伴奐"爲"泮涣"，"爛漫"爲"爛熳"，"幅隕"爲"幅幀"，無異於杖杜、金銀車矣。"熳"字、"幀"字，古無此二字也。

"尺牘"二字，見《後漢書》。

生而曰諱。漢宣帝詔曰："其更諱珣。"

宋父子狀元，人知有梁顥、梁固，而不知有張去華、張師德，許安世、許將。

佛書見於中國，世謂起於漢明帝。按：劉向《列仙傳》曰："百家之中，以相檢驗得仙者，百四十二人，其七十四人已在佛經。"《霍去病傳》"收休屠祭天金人"，張晏曰"佛徒祀金人也"，顔師古曰"金佛像是也"。是明帝之前已有之。《隋志》曰"其書久已流布，遭秦之世，所以湮滅"，殆亦有所據與？

别字，見《漢書》。《日知録》曰："今人謂之白字，乃'别'音之轉。"按：《程子語録》、《朱子語類》已有作"白字"者。

唐范陽盧氏母王氏《天寶回文詩》，凡八百十二字。

《東臯雜鈔》三卷

國朝董潮撰

《藝海珠塵》本。前有乾隆癸酉自序。

董氏自序曰："讀書偶得，隨事紀録，并及耳目所見聞者，久而成帙。因取古人'臨東臯以舒嘯'意，名曰'東臯雜鈔'。"

蔡邕女不獨文姬，又伯喈有後。書俟博雅者。

近日，士人有負時譽而空疏特甚者。笠亭賦《招隱詩》用"感概"字，四明一友見之，譏其粗疏。其人固近日名士也。

衛夫人名鑠，字茂綺。廷尉展之、弟恒之從妹，汝陰太守李矩妻，中書郎李充母，王逸少師也。

《柳南隨筆》，虞山王東漵應奎著。其論《五車韻瑞》，大有裨益。

詩人有兩邵青門，一爲虞山邵陵，字湘綸；一爲吾邑邵長蘅，字子湘。

《柳南隨筆》載：乙酉五月，豫王兵渡江。弘光暨大學士馬士英走，僞太子王之明、忻城伯趙之龍、大學士王鐸、禮部尚書錢謙益、都督越其傑等，以南京迎降。王引兵入城，諸臣咸致禮幣，有至萬金者。錢獨致禮甚薄，蓋表己之廉潔也。其所具柬，前細書"太子太保、禮部尚書兼翰林院學士臣錢謙益百叩首謹啓上貢"，末署"順治二年五月二十六日"。郡人張滉與豫王記室諸暨曾王佐善，因得見王鐸以下送禮帖子而紀之以歸。王佐又語滉云："是日，錢公捧帖入府，叩首墀下，致詞於王前。王爲色動，禮接甚歡云。"又記弘光至南京，豫王幽之司禮監韓贊周第，令諸臣一一上謁。諸臣見故主，皆伏地流涕。王鐸獨直立戟手，數其罪惡，且曰："予非爾臣，安所得拜？"遂攘臂呼叱而去。曾王佐親見其事。是日獨錢公伏地痛哭，不能起，王佐爲扶出之。

毛西河自言，爲文，每日可寫一萬字；爲詩，每日可一千句。陳其言腹中尚有駢體文千餘篇，恨手不及寫耳。趙松雪自言一日寫一萬字。夔子山自言一日能寫三萬字。以檢討之才，得平章之手，斯兩美合矣。

《桃溪客語》五卷

國朝吴騫撰

《拜經樓》本。前有自序。

吴氏自序曰："予朅來荆南，結廬國山之下。偶有聞見，筆而識之。"

《漢上易傳》引用古注，多不可盡信。

《通志》有《天篆》一卷，不知何書，豈即善權寺之雷書耶？桃溪之《雷書》有二，今皆不存。

蘇叔黨善作怪石叢篠，咄咄逼乃翁。

《國山碑》，書者爲中書東觀令史、立信中郎將蘇建。吴官有"立信"之號，見於《吴書》。

宜故多盜。俞安期輯《唐類函》，嘗載百十部以出，中道被掠，他物稱是。追捕久無所獲。安期乃復印數百部，以紅字目録印書側，鬻之。未幾，盜書亦出，以無紅字，詰之，遂首服。人多其智，好事者争買紅字本，因此乃大售。

任氏《周易洗心》，與來氏《易》、胡氏《函書》相表裏。

任氏《孝經章句》本朱子《刊誤》。

陳其年爲《婦人集》，薰蕕不擇。

自漢以來，諸儒釋三江者，紛紛糾錯，幾於聚訟。

謝疊山云："《檀弓》'梁木其壞'下，劉尚書美藏本有'則吾將安仗'五字。任釣臺作《禮記章句》，以爲今《家語》亦有此句，遂補入。此先儒之所知之而不敢也。"

世有夜光本，宜興邵孝子墓有夜明燭。

鹿乳未見於《本草》，氣味甘平，大補虚勞，尤宜痘瘡不起。凡鹿哺子以黎明，每子吸十二口，度一時則消一口。得鹿子急剖之，其大若棋子。伺其離母而後捕之。設逢其母，則以足畫地成符，諸子皆不見矣。

文光案：《扶風傳信録》一卷，吴騫撰，刻入《拜經樓叢書》中。專記許生遇狐仙事。《居易録》、《會仙記》、《宜興縣志》俱載此事。因傳語多訛，故别著録。

《志異新編》四卷

國朝福慶撰

原本。前有自序。是書似集所紀之地理，其名則小説也。慶，長白人，字仲銓。

福氏自序曰："部曹椿園撰《異域瑣談》，分新疆外藩及絶域諸國列傳，山川、風物、土俗、民情，歷歷在目。予讀而喜之，作《竹枝》百首以志異。"

如雪深二十丈，或經年不雨，此天之異也。或爲雪山、冰山，或爲風洞、火洞，此地之異也。浴水而娠，抱樹成孕；其爲身也，或長至十丈，或短僅三尺；其爲形也，或狗頭毛面，或碧眼紅鬚，此人之異也。若乃蓮開花於雪中，禽翼卵於冰上，瓜長七尺，羊小九寸，赤蛇舞而火焰生，青羊起而冰雹降，此物之異也。予是以詠詞爲綱，分注其事以爲目。至若伊參軍不肯納簪組家之兒婦，康方伯代故人之女擇壻，亦異事也。予譜爲歌行以志之。又附録英咭唎國貢品、《趙風子傳》、《異夢述》於後，以廣見聞。

《奩史》一百卷

國朝王初桐撰

原本。嘉慶二年刊。前有長白伊江阿序，并凡例、目録。是書模範《御覽》、《玉海》而通變之。引書三千種，各注出典，隨事考訂。互異者，或兩著之，或并證，或附注，一以雅馴爲主。凡鄙褻、庸陋、蕪雜者，皆擯不録。

伊氏序曰："《奩史》之作，昉於淩義渠。論者稱爲幽艷，然止兩卷而已。巏嵍山人薈萃諸子百家之書，廣爲一百卷，分三十六門，凡若干類。首夫婦者，造端也；終仙佛者，皈依也。山人工詩、古文。予見其《羣書經眼録》，爲種一萬二千，爲卷二十。而擷二十萬卷之精華，雜著十七部，《奩史》其一也。

右小説家類。

小説家言，自古有之。《山海經》、《穆天子傳》，乃史部之地理傳記，而雜以迂怪不典之談，夫是之謂小説也。小説之最要而可存者，如《西京雜記》本班《書》之底稿，《漢武故事》實《史》、《漢》之佐證。《大唐新語》，《唐志》列之史部；《大唐傳載》，歐公採入《新書》。定保《摭言》述貢舉特詳，尉遲《故事》記制度尤密。王文正《筆録》特紀實迹，故《長編》全收；司馬公《紀聞》，專備史料，故《通鑑》引用。是皆以史筆爲之者也。若夫記朝章，數國典；叙君臣之舊迹，述祖宗之美政；或詳制作之由，或傳宫禁之秘，如《龍川略志》、《珍席放談》、《甲申雜記》、《東齋紀事》、蔡絛《叢談》、《世宗漫録》是也。雖間及他事，不能畫一，而習於掌故，皆足補正史之遺。凡此之類，入之於史則爲史，從史中采出仍然小説也。昔唐修《晉書》，全資《世説》；元修《金史》，悉取《歸潛》，則小説之有裨於史可知矣。其意主勸戒，如《教坊記》、《幽閒鼓吹》、《洛陽搢紳舊聞記》，能使人發其善心，懲其逸志，此可爲座右銘者也。其遺聞瑣事，足資考證，如《朝野僉載》、《南唐近事》、《儒林公議》、《桯史》、《癸辛雜志》、《水東日記》，俱紀載有法，非率爾操觚者也。其文詞艷麗，工於造語，如《拾遺記》、《神異經》、《洞冥記》、《雲仙雜記》、《杜陽雜編》，雖真贋難别，而足供引用，詩賦家所不可缺者也。又如《北夢瑣言》記某人所説，以示有徵，鏡煙主人取之；歐公《歸田録》不記人之過惡，漁洋山人仿之。能自得師，則開卷有益矣。《雲溪友議》，詩話十之七八。吴處厚人不足道，而所著《青箱雜記》論詩之語可採。苟有所長，宜録存也。至於八荒以外之言、神仙恍惚之説，如《搜神》、《異苑》、《還冤》、《集異》、《博異》、《述異》、《宣室》、《酉陽》、《睽車》，百無一真，不可究詰。然傳之最遠，引用尤多，習爲常談，人不厭聞，好聽説鬼，不止東坡也。且其中多存古書，文又非後人所及，則亦不可廢矣。昔李肇著《國史補》，自序謂言報應、叙鬼神、徵夢卜、近帷薄則去之，紀事實、探物理、辨疑惑、示勸戒、采風俗、助談笑則書之。此實小説之法門，故其所著最爲近正。著述家至於小説，亦微矣哉。然古人著述，雖小説亦必有體，故唐宋小説，至今稱之，而《因話録》體例尤爲嚴整。阮亭説部皆有所本，故其書足傳。非成一家言，豈能信今而傳後耶？因述小説之源流正變，使人知所取法焉。謹案《四庫全書目録》，以《西京雜記》、《世説新語》爲雜事之首，以《山海經》、《穆天子傳》爲異聞之首，以《博物志》、《述異記》爲瑣記之首。凡分三目，百二十四部。余於小説不甚留意，所藏亦不暇遍及。今所録者，凡四十一家，擇其文尤雅、足資考證，與古本之流傳惟恐失墜者著之，姑存其概，不復類分。其他猥鄙荒誕之作，悉爲删退，不著録也。明人刻古書，未有不點竄者。明本小説尤宜細勘。汲古本往往改易次第，失本來之面目，亦習氣使然，不可不知也。

校勘記

〔一〕“誰”，原作“請”，據《歸潛志》改。

〔二〕“曾”，元彝碧窗《詠北婦》詩作“争”。

〔三〕“師”，據理似當作“詩”。

〔四〕“峽”，據明陸深《豫章漫抄》補。

〔五〕“仙”，《清史列傳》作“先”。

〔六〕“闈”，宋尤袤《全唐詩話》作“閣”。

〔七〕“銃”，上書作“銑”。

〔八〕“籥篥”，原作“莓菉”，據清張岱《陶菴夢憶》改。

〔九〕“開”，據《通典》補。

萬卷精華樓藏書記卷一百一

子部十三
釋家類

《四十二章經》一卷

後漢竺法蘭譯

汲古閣本。此本有沙門守遷注。漢明帝夢金人，因詔往天竺傳其經像，載以白馬。《蘇魏公集》有《跋授經圖》一則，所跋即此經也。其經得於明帝七年，每章冠以"佛言"二字，文皆淺顯。如"惡人害賢者，猶仰天而唾。唾不至天，還從己墮"，又譬如"食蜜中邊皆甜"，皆此經中語也。又沙門夜誦《迦葉佛遺教經》，其聲悲緊云云，《遺教經》亦見於此。

《直齋書録》："佛書到中國，此其首也，所謂經來白馬寺者。其後千經萬論一大藏，教乘要不出於此。中國之士往往取老莊之遺説以附益之者，多矣。"

李昭玘曰："南唐古刹有佛書數百卷，多唐季、五代時所書。字畫精勁，歷歷可喜。按：《大藏經目》凡五千四百卷，今所存纔十一，首尾可讀者又無幾也。《阿含經》四卷，泰寧軍節度使齊克讓造。昔王縉相代宗，或夷狄入寇，必合衆沙門誦《護國仁王經》爲禳厭。人事不修，而終以賄敗。嗚呼！將相大臣不能以身任社稷安危，而浮屠氏以生死負天下多矣。然辱國喪師，不羅誅殛之，禍者又何幸也？《正法華經》一卷，乾符六年女弟子牛妙音書。唐將亡，竄匿逃避，如觸網罟，畏死無日。閨門女子媚佛以自救，亦可哀矣。《大涅槃般若經》共三十卷，武寧軍節度使朱友恭造。友恭，全忠養子。全忠欺天盜國，人共怨怒。友恭猶詭情佞佛，以厭天下耳目。使世無佛則可，果能報應人，則又將欺佛而盜禍，不亦愚乎？《毗奈耶雜事》一卷，德妃伊氏造，唐莊宗次妃。初，神閔敬皇后劉氏以微賤得立，歸賜於佛。性喜聚斂，貨賄山積，惟寫佛書，饋賂僧尼，而士卒不得衣食。妃爲此經，豈非畏后所偪耶？後有印章曰'燕國夫人伊氏'，蓋未進封時所制也。唐制，夫人不聞有用印之禮。是時兩宫交通，藩鎮使者旁午於道，而恬不知禁，則夫人私自鑄印亦不爲過矣。余感其禍亂之迹、殘缺之餘，因書其事，聊寄一嘆云。"

《掌録》："釋家有南、北宗，達摩傳五世而分，北爲神秀，是名漸宗；南爲慧能，是名頓宗。後南分五宗，臨濟最盛；而北宗轉衰。"

文光案：南、北宗之説見於元人集中者，言之最詳。又見於明人説部。二宗水火冰炭，如儒家之闢佛、老，兩不相立。其後南分五宗，五宗又互相攻擊，如朱、陸弟子之各尊師説。乃知門户之見，不獨儒家爲然也。元人深通内典，雖大儒亦尊佛教，蓋當時所尚如此。欲明釋教之源流者，宜於元人集中考之。此類書有明支那本，如《華嚴經音義》與《翻譯名義》，徵引儒書甚夥，足爲稽古之助。

《牟子》一卷

後漢牟融撰

《平津館》本。嘉慶丙寅年孫氏校刊。前有臨海洪頤煊序。是書即《理惑論》，卷中舊序，牟所自作。

洪氏序曰："《隋志》：'《牟子》二卷，後漢太尉牟融撰。'《唐志》同。梁僧祐《弘明集》有漢牟融《理惑論》三十七篇，前有自序，云一名'牟子理惑'。《世説注》、《文選注》、《御覽》引《牟子》數條，雖字句異同，皆在三十七篇中，知隋、唐志所載《牟子》即是書也。《後漢書·牟融傳》：'融代趙熹爲太尉。建初四年薨。'是書自序云'靈帝崩後，天下擾亂'，則相距已百餘年，《牟子》非融作明矣。《弘明集》題下有注云：'一云蒼梧太守牟子博傳。'子博之名，不見於史。據自序云，先是牟子將母避世交阯。年二十六歸蒼梧，娶妻。太守聞其守學，謁請署吏，不就。是牟子本蒼梧人，未嘗爲蒼梧太守。或下脱'從事掾史'等字。自序又云：'是時州郡相疑，隔塞不通，太守以其博學多識，使致敬荆州。會被州牧優文處士辟之，復稱疾不起。'又云：'牧弟爲豫章太守，爲笮融所殺。時牧遣騎都尉劉彦將兵赴之，乃請牟子之零陵、桂陽，假塗於通路。會其母卒亡，遂不果行。久之退，念以辯達之故，輒見使命，方世擾攘，非顯已之秋'云云。疑牟子避亂交州，未嘗居官。《弘明集》作'蒼梧太守'，《牟子博傳》豈從其後而署之耶？抑別有其人耶？是書雖崇信佛道，尚不悖於聖賢之旨，故《隋志》列於儒家。吾師淵如觀察愛其爲漢、魏舊帙，録出別行，屬煊考校其事，因識於卷首。仍題'漢太尉牟融撰'者，因隋唐之舊，亦疑以傳疑之意云爾。"

牟子自序曰："牟子既修經傳、諸子，書無大小，靡不好之。雖不喜兵法，然猶讀焉。雖讀神仙不死之書，抑而不信。是時交州差安，北方異人咸來在焉，多爲神仙辟穀、長生之術，時人多有學者。牟子常以五經難之，道家、術士莫敢對焉，比之於孟子距楊、墨。"序又曰："方世擾攘，非顯已之秋也。乃歎曰：'老子絶聖去智，修身保真；萬物不干其志，天下不易其樂；天子不得臣，諸侯不得友：故可貴也。於是鋭志於佛、道，兼研《老子五千文》。含玄妙，爲酒漿；玩五經，爲琴簧。世俗之徒多非之者，以爲背五經而向異道。欲争則非道，欲默則不能，遂以筆墨之間，略引聖賢之言證解之，名曰'牟子理惑'云。"

文光案：牟子以五經難道家，又以五經證佛家，前後如出二人。蓋以世亂不顯，閉户著書，各明一義，非必援儒入釋也。然觀其鋭志老、佛，恐非太尉牟融矣。

問曰："子之所解，誠悉備焉，固非僕等之所聞也。然子所理，何以止著三十七條，亦有法乎？"牟子曰："夫轉蓬漂而車輪成，窳木流而舟檝設；蜘蛛布而罻羅陳，鳥迹見而文字作：故有法成易，無法成難。吾覽佛經之要有三十七品，老氏《道經》亦三十七篇，故法之焉。"

文光案：此末篇也。是書之體，每篇皆設爲問答。初言佛之始生；次言佛爲謚號；三、四言佛之道導人於無爲；五、六言佛經至多；七言堯事尹壽，舜事務成，旦學吕望，孔學老聃，俱不見於七經，佛不見記，何足怪哉？八言佛有三十二相，如堯眉八彩、舜目重瞳；九言沙門剃頭，如泰伯之短髮文身；十言佛之不娶；十一言佛無威儀；以下言佛經、佛道；末言道家者凡三條。隋、唐志列之儒家，似有未安。今入之釋家類，庶得其實。牟子固儒者也。凡後世闢佛之語，多已言之，而無憤激之詞，亦可知其學之博矣。博故不惑，所謂"吾所褒不能使佛高，人所毁不能令佛下"，誠通人之論也。今老子爲道家，管子爲法家，墨子爲墨家，皆傳於世，歷久不磨。佛爲釋家，亦若是已矣。既已區别其類，并識牟子解惑之意，則攻者不必攻，信者亦不必信也。夫所謂儒家者，綜數十家而學之，純乎其純，無少偏駁，則近道矣，非徒以攻辯爲能也。

《金剛般若經》一卷

姚秦三藏鳩摩羅什譯

《釋藏》本。人知《道藏》，鮮知《釋藏》。今渾源恒山有《釋藏》，明時所頒。目録詳見《恒山志》。《金剛經》石本，南唐保大五年壽春所刻。乾道中，劉岑季高再刻於建昌軍。不分三十二分，相傳以爲最善。此經前後六譯，各有異同。宋楊韻集爲《六譯金剛經》一卷。太和中，中貴人楊永和集右軍書刻之興唐寺。

《金剛經注》一卷

國朝王定柱撰

原本。道光丁未襄平盧峋校刊。前有標目，後有附録五種。唐武敏之所書《金剛經》在長安，唐鄔彤所書在吴興墨妙亭，見陳氏《書録》。按：墨妙亭爲孫莘老所築，其中佳蹟甚多。

尤氏曰："《金剛經》翻譯凡五家，鳩摩羅什本獨傳。集注八百餘家，圭峰、中峰、蘭若本特著，然亦言人人殊矣。吾儒之解此者，謝、白、張、李而下，殆寥寥矣。吴淞徐立嚴老而好學，以五年之力集是經注，芟煩反約，闢支歸正。從此入門，可以頓徹玄宗矣。"録於《西堂雜俎三集》。

《金剛經讀本》二卷

歷代名家注

原本。嘉慶戊辰年會稽蜕黯居士採集衆本，助刊而成。

董氏曰："柳誠懸書《金剛經》於西明寺，經石幸存，不墜兵火。柳玭謂備有鍾、王、虞、褚之法。今考其書，誠爲絶藝，尤可貴也。"録於《廣川書跋》。

文光案：書《金剛經》者甚多，不及備録。然未有過柳書者，故僅録此條，其他詳於諸家題跋。女子所寫經，備於《奩史》。東坡云："分書《金剛經》者，三十二人，十餘年間，存者三之一。"見《大全集》。

《法苑珠林》一百卷

唐釋道世撰

《小石山房》本。道光丁亥歲依《釋藏》本重刊，道光戊申歲虞山顧湘印行。湘所刻印賸〔一〕，板最精工。此本板亦清整。前有朝散大夫、蘭臺侍郎隴西李儼仲思序，萬善花室女弟子吕琴姜序，琴川申林女子董姝記。每卷末有音釋。西湖寺僧〔二〕。

吕氏序曰："清信女士董申林，虞山蔣伯生大令之簉室也，生善女，天號仙人子。因披藏本，用勘此書。遄發宏心，謀資衆悦。同時名閨淑儀，咸分華鬘，襄助鋟梨，共得百人，費凡千鎰。校讎審察，鏤造精嚴，以道光七年春月刊訂訖功。"此本每卷末刻校勘女史一人。

黄氏序曰："道光辛巳九月，燕園主人以事遣戍。姝實從行，發願刻經一部。唯明時妙德庵支那撰述本，流傳既少，舛謬滋多，爰謀重刊。女君聞之，欣然出簪珥，質錢鳩工。普告閨閣諸大家，共襄是舉。謹將姓名各列於卷之末。至刊正訛誤，則悉依《釋藏》，庶復唐、宋百卷之舊。"

《三藏法師傳》十卷

唐釋慧立本，釋彦悰箋

明本。前有彦悰序。卷一至五，紀玄奘西游所歷諸國；卷六至十，紀玄奘西歸，自貞觀十九年入西京，至麟德元年捨化，并載詔敕、碑記、經序、謝表等文。

《大唐新語》："沙門玄奘，俗姓陳，偃師人。少聰敏，有操行。貞觀三年，因疾而挺志往五天竺國。凡經十七歲，至貞觀十九年二月十五日方到長安，足所親踐者，一百一十一國。探求佛法，咸究根源，凡得經、論六百五十七部，佛舍利并佛像等甚多。京城士女迎之，填城隘郭。時太宗在東都，乃留所得經、像於弘福寺。有瑞氣徘徊像上，移晷乃滅，遂詣駕，并將異方奇物朝謁。太宗謂之曰：‘法師行後，造弘福寺。其處雖小，禪院虚静，可謂翻譯之所。”太宗御製《聖教序》；高宗時爲太子，又作《述聖記》：并勒於碑。麟德中，終於坊郡玉華寺。玄奘撰《西域記》十二卷，見行於代。敬播爲之序。”

《五燈會元》二十卷

宋釋智普撰

元本。萬壽永祚禪寺住持翻譯。前有至正甲辰釋廷俊序。

釋廷俊序曰：“宋景德間，吴僧道原作《傳燈録》，真宗詔翰林學士楊億裁正而序之。天聖中，駙馬都尉李遵勗爲《廣燈録》，仁宗御製序。建中靖國元年，佛國白禪師成《續燈録》，徽宗作序。淳熙十年，净慈晦翁明禪師作《聯燈會》，淡齋李泳序之。嘉泰中，雷庵受禪師作《普燈録》，陸游序。此‘五燈’之所由。始與藏典并傳。宋季，靈隱大川禪師濟公以‘五燈’爲書浩博，學者罕能通究，乃集學徒作《五燈會元》，以惠後學，恩至渥也。會稽開元大沙門業海清公每慨《五燈會元》板毁，學者無所考見，於是罄衣鉢之資，刻之以傳。”

文光案：智普，《簡明目録》作“普濟”。是書有明嘉靖本，陸光與序。

《宗鏡録》五十卷

宋釋延壽撰

吴越王錢氏本。前後無序跋。以心爲宗，故曰“宗鏡”。陳氏

《書録》云："晉譯六十卷，此云五十卷，當有誤。"則天朝譯者，即陳《録》所云于闐沙門本也。德宗朝譯四十卷，《通考》不載。

昔之學佛者，北宗神秀，博綜羣書；南宗慧能，不識一字。

文光案：釋家南、北二宗，水火冰炭，門户相争，與儒家略同。大抵有所主持，氣不能平，殊失其虚無寂滅之旨矣。

龔氏曰："永安禪院僧道元纂《佛祖》訖，集近世名僧禪語爲《傳燈録》三十卷以獻。祥符中，詔翰林學士楊億、知制誥李維、太常丞王曙刊定，刻板宣布。"録於《中吴紀聞》。

韓氏曰："高麗嘗以金書晉譯《華嚴經》五十卷，唐則天朝譯八十卷，德宗朝譯四十卷，共五十部，捨入惠因教院。此元祐二年也。後元符二年吕惠卿作記。"録於《澗泉日記》。

文光案：《宗鏡録撮要》一卷，宋盧芥湛後序曰："《宗鏡録》文學浩博，學者望涯而返。東嘉曇賁上人百攝一二，名曰'撮要'。"

《碧巖録》三卷

宋釋圜悟撰

明本。萬曆甲申年刊。前有建炎戊申僧普照序。目録皆以四字標題。書内首行題"佛果圜悟禪師碧巖録"，次行題"師住澧州夾山靈泉禪院"。

杭氏曰："萬曆間，信受居士吴世忠輯《袈裟集》。自釋迦牟尼以金襴袈裟付囑摩訶迦葉，止於惠能大師，凡三十三祖，更益以青原、南岳、永嘉、智隍以衍曹溪之派，斯釋門之道統圖也。《佛祖統紀》、《通載》諸書皆繁賾不可卒覽，此獨鈎玄提要，簡而能該。"録於《道古堂集》。

文光案：《袈裟集》未見。余所藏有萬松老人評唱天童覺和尚《拈古請益録》二卷，前有自序，内題"侍者徒隆録"。

其目録亦以四字標題。首爲文殊過夏，末爲洞山鉢袋，與《碧巖録》合刻。

《現果隨録》一卷

國朝釋戒顯撰

抄本。是書吴震方刻入《説聆[三]》。凡九十一則，每則附以論斷，皆陳善惡之報，大旨在持戒奉佛、懺除惡業，釋教之淺説也。戒顯字悔堂，順治間居杭州靈隱寺。

右釋家類。

子部之末，别録二氏，阮孝緒《七録》之例也。釋先於道，《魏書·釋老志》之例也。衹録諸家之書爲二氏作者，而不録二氏經典，《舊唐書》之例也。兼録釋典，《直齋書録》之例也。今兼用其例，録得十家，聊以備類，不能深解。釋氏之書浩如烟海，《釋藏》所不能賅者，又見於天下名山、名寺，不能細録，亦不必備録也。

校勘記

〔一〕“腋”，似衍，當删。

〔二〕“西湖寺僧”，似衍，當删。

〔三〕“聆”，據《四庫全書總目》當作“鈴”。

萬卷精華樓藏書記卷一百二

子部十四

道家類

《陰符經》一卷

舊本題黄帝撰

《漢魏叢書》本。此本題“張良注”，而“良曰”外又有“太公曰”、“鬼谷子曰”、“亮曰”、“筌曰”、“尹曰”，實六家之注。前有序一篇，不知誰作。後有王謨跋。

王氏跋曰：“右《陰符經》三篇，《漢志》道家、兵書俱不載。《隋志》始載有《太公陰符鈐録》一卷。《周書》‘《陰符》九卷’，而不言‘經’。黄山谷云：‘《陰符》出於李筌，熟讀其文，知非黄帝書也。蓋雜以兵家語，又妄説太公、范蠡、鬼谷，張良、諸葛亮訓注，尤可笑，惜不經柳子厚一捂擊也。’謨按：《史記》‘蘇秦得《周書》之《陰符》，伏而讀之’，索隱引《戰國策》，謂得太公《陰符》之謀，則《陰符》是太公兵法，以爲黄帝書固謬；但如山谷謂出李筌，恐亦未然。此書宗旨與《大易》、《老子》同歸。而《易》言‘龍戰於野，其血玄黄’，《老》言‘聖人不死，大盜不止’，亦奇險語，安得以書中‘天發殺機’、‘龍蛇起陸’、‘天地萬物之盜’等語，遂目爲詭誕不經乎？先秦古書，類多後人依託，安得一一舉而捂擊之乎？《通考》道家、兵書亦削而不載。”

文光案：《通考》載《陰符經叙》一卷、《陰符經辨合論》一卷、《陰符經小解》一卷、《陰符天機經》一卷。王云不載，不知何故。

《崇文總目》："《集注陰符經》一卷，《唐志》不著撰人。原釋自太公而下，注傳尤多。今集諸家之説，合爲一書。若太公、范蠡、鬼谷子、諸葛亮、張良、李淳風、李筌、李合、李鑒、李鋭、楊晟，凡十一家。自淳風以下，皆唐人。又有'傳曰'者，不詳何代人。太公之書，世遠不傳；張良本傳不云著書：二説疑後人假託云。又《陰符經叙》一卷，不詳何代人叙集。太公以後爲《陰符》注者六家，并以惠光嗣等傳附之。"

《陰符經考異》一卷

宋朱子撰

《紛欣閣》本。浦江周心如校刊。末有廬陵黄端節附録一卷、淳熙乙未朱子自序。

朱子自序曰："《陰符經》三百言，李筌得於石室中，云寇謙之所藏，出於黄帝。河南邵氏以爲戰國時書，程子以爲非商末即周末。世數久遠，不得而詳知。以文字氣象言之，必非古書。然非深於道者，不能作也。大要以至無爲宗，以天地文理爲數，謂天下之故皆自無而生，有人能自有以返無，則宇宙在手矣。筌之言曰'百言演道，百言演法，百言演術。道者，神仙抱一；法者，富國安民；術者，强兵戰勝'，而不知其不相離也。一句一義，三者未嘗不備。道者得其道，法者得其法，術者得其術，三之則悖矣。或曰此書即筌之所爲也，得於石室者，僞也。其詞支而晦，故人各得以其所見爲説耳，筌本非深於道者也，是果然歟？吾不得而知也。吾恐人見其支而不見其一也，見其晦而不見其明也。吾亦不得而知也。是果然也，則此書爲郢書，吾説爲燕説。"

黄氏曰："李筌、張果二家皆尊嚮是書，而其説自不能合。張後出，一切以李爲非是，然張亦未爲得也。又有驪山老母注，語意殊淺，間引張解，知其又出張後也。今悉不敢引之以入附録。又曰驪山老母注本與蔡氏本，至'我以時物文理哲'爲篇終之末句；褚氏本與張氏注本，其下有二十一句，百一十四字，朱子所深取者，正在此内。今取褚本爲正。又曰'書末數語，引而不發，奇器萬象'，不知何所指。"

晁氏曰："唐少室山人布衣李筌注云：'《陰符經》者，黄帝之書。'或曰受之廣成子，或曰受之玄女，或曰黄帝與風后、玉殿本《通考》訛作"王"。女論陰陽、六甲，退而自著其事。陰者，暗也；符者，合也。天機暗合於事機，故曰'陰符'。黄魯直跋云：'《陰符》出於李筌，非黄帝書也。蓋欲其文奇古，反詭譎不經。蓋糅雜兵家語，又妄説太公、范蠡、鬼谷、張良、諸葛亮訓注，尤可笑，惜不經柳子厚一掊擊也。'"録於《讀書志》。

高氏《緯略》："蔡端明曰：'柳書《陰符經》，書之最精者，善藏筆鋒。'余觀此書，非唯柳氏筆法遒結，全不類他書。而此序乃鄭澣之作，尤爲奇絶。其曰'雷雨在上，典彝旁達。浚其粹精，流爲聰明'，四句精絶，不似唐人辭章。至曰'磻溪之遇，合金匱之秘奥，留侯、武侯思索其極'，尤足以發《陰符》之用也。"録於《通考·經籍志》。

《崇文總目》："《陰符經太無傳》一卷。錢侗按：'唐張果得是書於道藏，不詳作者。'《宋志》'蔡望撰'。又《陰符天機經》一卷，原釋唐李筌撰，自號少室山達觀子。筌好神仙，嘗於嵩山虎口巖石壁得《黄石陰符》本，題云'魏道士寇謙之傳諸名山'。筌雖略鈔記，而未曉其義。後入秦驪山，逢老母傳授。又《驪山老母傳陰符元氣》一卷，李筌撰。"録於《汗筠齋叢書》。

樓氏曰："《陰符經》説者甚衆，以文義不貫，頗費牽〔一〕合。

其間有若相應答，亦有旨意全不聯屬者。褚河南所書三本，其一草書，貞觀六年奉敕書，五十卷；其一亦小楷，永徽五年奉旨寫，一百二十卷，二者皆石刻。此真蹟，尤爲合作，字至小而楷法精妙。三本詳略不同，草書又冠以‘黄帝’。《陰符經》，當以此注本爲善。”録於《攻媿集》。

黄氏曰：“經以符言，既異矣；符以陰言，愈異矣。首云‘觀天之道，執天之行，盡矣’。天之道固可觀，天之行其可執耶？謂‘五行爲五賊’，謂‘三才爲三盜’，五行豈可言賊？三才豈可言盜？又曰‘天有五賊，見之者昌’，‘三盜既宜，三才既安’，賊豈所以爲昌？盜豈所以爲安耶？若謂‘人知其神而神，不知不神所以神’，此本老聃‘可道非道’之説。後世有僞爲道書者，曰《常清净經》；有僞爲佛書者，曰《般若經》：千變萬化，皆不出反常一語，初非異事，乃雷同語耳。言用兵而不能明其所以用兵，言修煉而不能明其所以修煉，言鬼神而不能明其所以鬼神，蓋異端之士掇拾異説，而本無所定見者，此宋本“此”字上有“豈”字，衍文也。其所以爲《陰符》歟？然則人生安用此書爲也？唐永徽五年，嘗敕褚遂良寫一百二十卷，不知果然否。近世大儒亦加品題，則事之不可曉者。”録於《日鈔》。

《朱子語録》：“閭丘主薄進《黄帝陰符經傳》，先生説《握奇經》等文字恐非黄帝作，唐李筌爲之。聖賢言語自平正，卻無蹺欹如許。”録於本書附録。

戴氏曰：“《陰符經》，相傳其書出於黄帝，蓋養生家爲黄帝之學者之所作耳，而言兵者亦咸稽焉。古學散裂，諸氏百家如蝟毛而起，然未嘗不託於古先聖人以行其説。至言黄帝，尤怪妄〔二〕不經。更閲明智，訖未有深非之者，要以資於近用，非所可廢而已。如此書合〔三〕曰非黄帝所作，遯世學道之士得而習之，固不爲無益也。”録於《剡源集》。

吴氏曰："廣陵鄭山古語蜀黄承真：'蜀宫大火，甲申、乙酉則殺人無數。我授汝祕術，庶幾少減於殺伐。幸汝詣朝堂陳之。不受，汝當死，泄天秘也。'已而蜀主不聽，承真死。孫光憲竊窺其書，題曰'黄帝陰符'。然與今本不同，不知此又何書也。若李筌藉以用兵，而山古又欲倚之禁兵，果何説耶？"録於《淵穎集》。

李氏曰："趙文敏臨王右軍書《陰符經》，精麗晃目，文亦與世傳者稍異。跋者三人，俱元高士。"録於《六研齋集》。

黄仲圭曰："《陰符經》，一名《黄帝天機之書》。予見右軍石刻，與今文稍異。"録於附録。

王山史曰："終篇'我以時物文理哲'下有百餘字。又此百餘字中，'人以虞愚'六句，'是故聖人知自然之道'二句，'禽之制在炁'一句，'鳥獸之謂也'一句，或有或無。又有謂'天發殺機，龍蛇起陸；地發殺機，星辰隕伏'者，率無定論。寧〔四〕昌辰以此百餘字爲演章，肅〔五〕真宰則以續之者爲非，而王道淵復以逸之者爲誤。李筌、朱子皆存之，而不更爲之注疏，亦似以爲非經文也。予謂其詞與經文正類，特以鄒訢本爲定本，存其文而去其所謂六句、二句、一句者，似更當。若其注，則以鄒訢與俞琬之注爲得云。"録於附録。

《陰符》一卷

不著撰人名氏

《續知不足齋》本。是書題"陰符七篇"，無"經"字。盛神第一，養志第二，實意第三，分威第四，散勢第五，轉圓第六，損兑第七，與《黄帝陰符經》不同。經爲上、中、下三篇，有注。此七篇無注。近於兵家，又近於道家，因其言真人、言養志，遂列之道家，附於《陰符經》之後。其七篇之首句：盛神法、五龍養志法、靈龜實意法、螣蛇分威法、伏熊散勢法、鷙鳥轉圓法、猛獸損兑法。本書評曰：“文體絶似《老子》，無戰國游士習氣，抉髓取神，説辭妙品，允爲縱横家鼻祖。”末有新安程景沂跋。

程氏跋曰：“是書向列於《鬼谷子》後，汩於縱横家流，遂鮮傳誦。《隋志》云‘縱横者，所以明辨説，善辭令，以通上下之志者也’，非傾危變詐之士可得藉口。七篇本出自太公望，戰國時鬼谷子所傳述，與《黄帝陰符》同名殊旨。蘇季子揣摩以干世主，後人鄙之，遂不屑讀。殊不知食其精藴，可以養性修身，不獨馳騁説辭已也。”

文光案：《道藏》有《陽符經》，其書未見。

虞氏跋《陰符經》曰：“《陰符》託黄帝以爲名，而實非其書，無可疑者。或曰戰國時人文字，亦未可信也。或曰只是李筌所爲，此近似哉？然褚河南已有奉敕書本，則其來亦久矣。世人忽明白簡易之言，好以詭祕不可解之説相尚，豈獨《陰符》哉？吴興公書妙一世，此卷蓋盛年所作，法度整整。”録於《道園類稿》。

吴〔六〕氏又跋曰：“此書邵子、程子皆以爲先秦古書，朱子以爲非深於道者不能也。世以爲李筌作，筌必不能至此。《老》、《莊》與此書最爲奇妙，非天下之至精，其孰能與於此乎？集嘗從老氏之徒，略見舊注，心知其不然。及見朱子注，而後知其所以然。或曰獨用反言而合於正，似爲得之。後得儲君詠注，以爲黄帝心《易》也，則推之至矣。至正甲申，得《陰符消息》一卷，略加點綴，《陰符》之旨大見於今日。”同上。

文光案：道園二跋，一貶一褒，意旨不同，蓋前跋爲未見朱注時所作，後見朱子重此書，故改易其説與？然黄東發謂近世大儒亦加品題，爲事之不可曉者，則又以朱子爲不然也。

《老子道德經》二卷

晋王弼注

浙江重刊聚珍本。從明華亭張之象本録出，不分《道經》、

《德經》。後有政和己〔七〕未嵩山晁説之鄜畤記，左從事郎、充鎮江府府學教授熊克記。

晁氏跋曰：“王弼《老子道德經》二卷，真得老子之學歟！蓋嚴君平《指歸》之流也。其言‘仁義與禮不能自用，必待道以用之’，‘天地萬物，各得於一’，豈特有功於《老子》哉？凡百學者，蓋不可不知乎此也。予於是知弼本深於《老子》，而《易》則末矣。其於《易》多假諸《老子》之旨，而《老子》無資於《易》者，其有餘、不足之迹，斷可見也。嗚呼！學其難哉。弼知‘佳兵者，不祥之器’，至於‘戰勝，以喪禮處之’非老子之言，乃不知‘常善救人，故無棄人；常善救物，故無棄物’獨得諸河上公而古本無有也。賴傅奕〔八〕能辨之爾。然弼題是書曰‘《道德經》不析乎道、德，而上、下之，猶近於古與！其文字則多誤謬，殆有不可讀者，令人惜之。嘗謂弼之於《老子》，張湛之於《列子》，郭象之於《莊子》，杜預之於《左氏》，范寧之於《穀梁》，毛萇之於《詩》，郭璞之於《爾雅》，完然成一家之學。後世雖有作者，未易加也。予既繕寫弼書，并以記之。”

熊氏跋曰：“克伏誦咸平聖語，有曰‘《老子道德經》，治世之要。明皇解雖燦然可觀，王弼所注言簡意深，真得老氏清净之旨’。克自此求弼所注甚力，而近世希有，蓋久而後得之。往歲携建寧學官，嘗以刊行。既又得晁以道先生所題本，不分道、德而上、下之，亦無篇目。克喜其近古，繕寫藏之。乾道庚寅，分教京口，復鏤板以傳。若其字之謬訛，前人已不能證，克焉敢輒易？姑俟夫知者。”

文光案：王注本上篇一章至三十七章，下篇三十八章至八十一章。河上公注本每章各標名目，如“體道”、“養身”之類，故熊氏以王本爲近古。聚珍本元按《永樂大典》，三十八章以下缺注。張之象所録王注，脱誤甚多，無別本可校，姑仍其舊。然則王注無完本，又多舛誤，兹所幸存者，尤可寶也。至嚴君平之《指歸》，乃别爲一書，非注本也。

《澗泉日記》："晁景迂以道題王弼《老子》最説得的當，其言：'弼本深於《老子》，而《易》則末矣。其於《易》多假諸《老子》之旨，而《老子》無資於《易》者。其有餘、不足之迹，斷可見也。'此言卻説得王弼出。若謂'其言"仁義與禮不能自用，必待道以用之"，以"天地萬物，各得於一"，豈特有功於老子哉'，此恐非吾儒之所學也，止言老氏可矣。

謝守灝曰："唐傅奕考《道德經》衆本，有項羽妾本。齊武平五年，彭城人開項羽妾冢得之。"

文光案：《十萬卷樓叢書》有元本董思靖《道德經注》，未見别行本。

王珪曰："資善堂所寫御本獨無章名，章名恐非老氏之意。"以上三條録於本書。

《老子道德經》二卷

晉王弼注

遵義黎氏本。《古逸叢書》之六，黎庶昌校刊。日本摹刻張參《五經文字》、唐玄度《九經字樣》甚精。黎氏集張、唐二家字爲之，勝《大典》本。自三十八章以下，注皆不缺，且下篇之注多於上篇。末有晁、熊二記。此真難得之本，好事者宜刊板流傳，以公海内也。

陸氏曰："漢嚴君平著《道德經指歸》。古文此經，自唐開元以來獨傳明皇帝所解，故諸家盡廢。今世惟此本，及貞觀中太史令傅奕所校者尚傳，而學者亦罕見也。予求之逾二十年，乃盡得之。玉笈藏道書二千卷，以此爲首。"録於《渭南集》。

吴[九]氏曰："《老子》書字多謬誤，章有不當分而分者。"録於《道園類稿》。

李氏曰："《五千言》，自唐玄宗作注始稱《道德經》。"録於《筆記》。

王氏曰："老子著書上、下篇，言道德之意。後人因其篇首之文，名上篇爲'道'，下篇爲'德'。司馬温公謂道、德連體，不可偏廢。邵若愚亦謂不應分道、德，且不應分八十一章，失前後文義。"

王輔嗣疑"夫佳兵"、"民〔一〇〕之饑"二章非老子所作。予嘗見古本《道德經》，與今所傳本句字頗異。録於《山志》。

文光案：上篇三十七章，首句爲"道可道"；下篇四十四章，首句爲"上德不德"。其分篇斷章，皆不知始自何人，古書不可考矣。

姚氏曰："老子書，六朝以前解者甚衆，今并不見。《河上公章句》，本流俗人所爲，託以神仙之説，其分章尤不當。而唐、宋以來莫敢易，獨劉知幾識其非耳。《莊子·天下篇》引《老子》語，有今文所無，則知傳本今有明謬。其前後錯失甚明者，予少正之。"録於《惜抱軒集》。

《道德指歸論》六卷

漢嚴遵撰

《津逮》本。前有谷神子序、晁曰："谷神子，唐人馮廓也。"劉鳳序、沈士龍序。

谷神子序曰："嚴君平者，蜀郡成都人也。姓莊氏，故稱'莊子'。東漢章、和之間，班固作《漢書》，避明帝諱，更之爲'嚴'。'莊'、'嚴'亦古今之通語。君平生西漢中葉，王莽篡漢，遂隱遁煬和，蓋上世之真人也。其所著有《道德指歸論》若干卷。陳、隋之際，已逸其半，今所存者，止《論德篇》。因獵其訛舛，定爲六卷，而以其説目冠於端，庶存全篇之大義爾。"

劉氏序曰："老氏之書，人隨所慕以自爲説，故有以柔弱勝剛强而爲兵權之譎者，取彼險武附於詐謀；有以芻狗萬物而爲申、韓之刻者，絶聖去智，以愚齊民；有以清净無爲而爲蓋公之言者，慎守其常，用以寧一，則曹丞相輔漢一代之治是也；有以谷神不死而爲神仙長年之術者，則推本柱下，原於道德，《關尹書》之類，遂爲玄談之宗。然其所述皆老之支流，非其全體。老氏豈虞其至是哉？君平之書，雖以訓釋爲名，而自爲一家言，逸亡者已六卷，即所存，無恨其少矣。"

沈氏序曰："是書深得老氏之旨。其文往往以轉韻相叶，似從《龜策傳》來。"

莊子曰："昔者老子之作也，變化所由，道德爲母，効經列首，天地爲象，上經配天，下經配地。陰道八，陽道九，林希逸曰："陰八陽九之説非老氏本旨。"以陰行陽，故七十有二首。以陽行陰，故分爲上、下。以五行八，故上經四十而更始；以四行八，故下經三十有二而終矣。陽道奇，陰道偶，故上經先而下經後；陽道大，陰道小，故上經衆而下經寡；陽道左，陰道右，故上經覆來，下經覆往。反覆相過，淪爲一形。冥冥混沌，道爲中主。重符列驗，以見端緒。下經爲門，上經爲户。智者見其經効，則通乎天地之數、陰陽之紀、夫婦之配、父子之親、君臣之儀，萬物敷矣。"右《説目》一篇。

《老子道德經考異》二卷

唐傅奕撰

《經訓堂》本。乾隆四十六年畢沅校刊，有序。

畢氏序曰："沅所見《老子》注家，不下百餘本，其佳者有數十本。唯唐傅奕多古字、古言，且爲世所希傳，故就其本互加參校。間有不合於古者，則折衆説以定所是。字不從《説文解字》

出，不審信也。近世多讀書君子，然淺近者有因陋而無專辨，或好求異説以討别緒，則動更前人陳蹟，在若不信之間，沅不敢爲之也。”

文光案：畢氏所據有河上公本、《大典》王弼本，二本所取最多。又劉驥本、顧歡本、李約本、司馬光本、蘇靈芝書本、陸希聲本、陳象古本、明皇易州石刻本、明正統十年《道藏》重刊明皇本、陳應本。陸氏所見河上公本，與今異。

第三十一章，河上以此爲“偃武章”。《困學紀聞》曰：“晁景迂云：‘王弼注《老子》，知“佳兵者，不祥之器”至於“戰勝，以喪禮處之”非《老子》之言，不知“常善救人，故無棄人；常善救物，故無棄物”獨得諸河上公而古本無有也。傅奕能辨之。’”沅案：今所傳王弼本獨此章無注，故晁云爾。然弼未嘗明指其非是也。深寧爲宋好古之士，亦惑於異説耶？

錢氏曰：“《老子》河上公、王弼注本皆分《道經》、《德經》。予家藏唐人石刻景龍二年本、開元御注本，皆分《道經》、《德經》。後魏杜弼注《老子》，上表亦稱《道》、《德》二經。賈疏《周禮》亦引《道經》、《德經》。可證唐以前本皆分爲二也。”録於《廿二史考異·北齊書》卷内。

文光案：錢氏謂唐以前本皆分《道經》、《德經》，豈未見景迂之説以不分者爲古本與？至謂王弼注本，亦分道、德，實非其原書矣。予所藏王弼注二本，皆不分《道經》、《德經》，不得謂非古本也。

武氏曰：“玄宗御注《道德經》石刻碑，首層列玄宗二十年勅，有‘隨所意得，遂爲箋注’云云。分《老子道經》卷上、《德經》卷下，亦與古本相彷。陸放翁跋云：‘晁以道謂王輔嗣《老子道德經》不析乎道、德而上、下之，猶近於古。’今此本已久離析，然則宋已失輔嗣定本。今邢氏《論語疏》、師古《漢書注》、賈公彦《周禮師氏疏》皆分引《道經》、《德經》。數子於初唐時并同，所證其必襲步晉、宋舊本。此碑分題，固有據也。立石者爲守易州刺史田仁琬。《德政碑》作'琬字正勤'。"

俞氏曰："《老子》河上公注本、王弼注本，皆分《道經》、《德經》，蓋漢時已如此。《北齊書·杜弼傳》云：'弼表上《老子注》，言"竊惟《道》、《德》二經"，詔答亦言"朕有味二經"。'董逌《藏書志》云：'唐玄宗既注《老子》，始改定章句。凡言道者，類之上卷；言德者，類之下卷。刻石渦口老子廟中。此本未見。'《册府元龜》云：'晉天福五年十一月，賜張薦明號通玄先生，令以《道》、《德》二經雕上印板，命學士和凝别撰新序，俾頒天下。'《小學紺珠》引《東京記》：'李昉宅有三經堂，謂《孝經》、《道經》、《德經》也。'晁《志》謂'常善救人'四句，古本無有。晁所謂古本，或即王弼所受之本。其《德經》所言'亭之毒之'，河上公本亦無之。《封禪書》索隱云：'樂彦引《老子道經》云'月中仙人宋無忌'，此又一《道經》。一本作'戒經'。索隱〔一〕又引《白澤圖》云'宋無忌，火精'，蓋丹中仙人，文誤也。"

文光案：宋無忌，詳見《列仙傳》。《癸巳二稿》繁徵博引，未免有誇多鬬靡之病。王弼注不分道、德，謂漢時已分，實無確證。引《北齊書》則是矣。忽引及索隱之《道經》，全與《老子》無涉。又引《白澤圖》之宋無忌，此則務博之病也。其書以一事爲一題，隨所見而録之，故不免於叢雜。采是書宜慎擇也。

《道德經注》四卷

宋蘇轍注

元本。前有自序，後有寶祐三年眉山史少南跋、至元庚寅羽士牟冲道跋。

史氏跋曰："張亨泉嘗得蘇公手本刻石，置老翁泉，今尚無恙。此書之奇，自東坡公、黄蘗全俱已云然，無待贅贊。王尊師伯修既録諸本，又求少南發其義。《老子》自文始先生、河上公以降，傳者已衆，多有注解，有傳疏，有正義，有章句；略之則爲略論，廣之則爲廣義。其他指歸、纂微、諧指之類，未可遽數。伯修獨取蘇解，殆有意焉。伯修名道立，人稱其有莊、老學云。"

牟氏跋曰："伯修之孫自儒入道，得乃祖所傳舊本。刊板既成，爲書其梗概於篇首。"

王禕曰："老子之道，本於清净無爲，以無爲爲體，以無爲而無不爲爲用。《道德》五千餘言，其要旨不越是矣。漢文帝之爲君，曹參之爲臣，常用其道以爲治，而民以寧一，則其道固可措之國家、天下者也。自其學一變而爲神仙、方技之術，再變而爲米巫、祭酒之教，乃遂流爲異端矣。然而神仙、方技之術，又有二焉，曰煉養也，曰服食也。此二者，今全真之教是已。米巫、祭酒之教亦有二焉，曰符籙，曰科教也。此二者，今正一之教是已。煉養之事，黄帝之書雖頗及之，而皆後人依仿託之者。及赤松子、魏伯陽者出，實始爲之宗。至於盧生、李少君、欒大之徒，則又變煉養爲服飲，其爲術愈偏矣。符籙之事，黄老之書所未嘗道，張道陵、寇謙之等實創爲其法。及杜光庭與林靈素，則又變符籙爲經典、科教，其爲事益陋矣。然嘗論之，煉養之説，歐陽子嘗删正《黄庭經》，朱子嘗改注《參同契》，二公大儒，皆不以其説爲非。山林獨善之士用以養生全年，固未爲得罪於明教。科教之説，鄙陋不經，庸黄冠資是爲逐食之具，爲世患蠹亦未甚鉅也。獨服食、符籙二説，本邪僻繆妄，而凡惑之者，鮮不罹禍。欒大、李少君、于吉、張津之流以此殺身；柳泌、趙歸真之徒以此禍人，而卒自嬰其僇；張角、孫恩、吕用之輩，遂以此敗人天下、國家而不顧矣。今也煉養、服食，其術具傳，而全真之教兼而用之。全真之名昉於金世，有南、北二宗之分。南宗先性，北宗先命。近時又有真乂道教，有七祖康禪之教，其説又自相乖異。至於符籙、科教，具有其書，正一之家，實掌其業。而今正一又有天師、宗師分掌南、北教事。而江南龍虎、閣皂、茅山三宗符籙又各不同。先儒有云‘道家之説雜而多端’，其信然矣。又謂其書皆昉於漢桓帝之時，今其經典以爲天師永壽年間受於老君是也。世傳《太平經》最古且多，今不復存。然其所言興國廣嗣之説，殆不過房中鄙褻之談。若《大洞》等經，大率六朝以來文士之所造。雖文采可觀，而往往淺陋，無甚高論。朱子謂佛學偷得老子好處，後來道家只偷得佛家不好處。執是説以求之，道家之本末可論矣。”録於《青巖叢録》。

《道德寶章》一卷

宋葛長庚撰

粤東本。道光十八年施禹泉校刊。每葉十二行，每行十二字。板甚精工，字大悦目。是書刻入《眉公祕笈》。此單行之本，趙文敏所書，内題“紫清真人白玉蟾注”。依河上公本分八十一章，注甚簡略。前後無序跋。長庚自號白玉蟾，有集。

《老子翼》三卷　附《考異》一卷

明焦竑撰

明本。前有萬曆丁亥焦竑自序、戊子王元貞序。次采摭書目，凡六十四種。次上篇，次下篇，分爲二卷。第三卷附録諸家之説。末卷爲《考異》，有自跋。

王氏序曰:“吾友焦弱侯洞析微旨,於是博探窮搜,取其言足以究玄言、明至道者,萃以成編,命曰‘老子翼’。予因命工梓之。”

焦氏自序曰：“友翟德孚好言《老子》，屬予章爲解。因取家藏《老子故》暨《道藏》所收徧讀之，得六十有四家。其間叛道離經之語，雖往往有之，而合者爲不少矣。於是輟不復作，第取昔人所疏，手自排纘爲一編，而一二膚見附焉。德孚亦方解《陰符》未竟也，俟其成，當并出以示學者。今始叙之，藏於家。”

洪武御注。開元御注。政和御注。開元疏。開元廣疏義。《韓非子》有《解老》、《喻老》二篇。鍾會注。鳩摩羅什注。肇法師注。傅奕校定古本，亦有《老子》注，今惟古本一篇存。杜光庭《廣聖義》五十卷。李榮注。張四維注。支道林注。崔譔注。李頤注。梁簡文帝講疏。司馬彪注。邵若愚直解。趙秉文直解。葉夢得解。劉仲平注。劉巨濟注。黄茂材注。劉師立節解。劉惟永集義。丁易東解。林志堅注。危大有集義。鄧錡《道德三解》。李道純《會元》。杜道堅《原旨》、《原旨發揮》。王道《老子億》。

焦氏自跋曰：“古書傳世，爲人所竄易者多矣，而《老子》尤甚。開元注明言‘“我獨異於人，而貴求食於母”，先無“求”、“於”兩字，予所加也’，則後人之妄增而不及自道者，可勝言哉！史遷言著書五千餘言，亦其大率耳。妄者至盡削語助之詞，以就五千之數，是史遷一言爲此書禍也。薛君采氏作《老子集解》，别爲《考異》一篇附焉，顧其所見裁十數本耳。予睹卷軸既多，同異滋甚。其爲予所安者，已載正經，而悉以其餘系之卷末，仍名曰‘考異’，俟世之好古者參焉。”

《廣川藏書志》云：“唐道士張道相集注，凡三十家，而十四家不著於志。我朝崇寧中再校定《道藏》，此書藏中已不復見，其餘諸家僅存。”録於本書。

《老子集解》二卷　附《考異》一卷

明薛蕙撰

《惜陰軒》本。此本分《道經》、《德經》。前有自序，後有《考異序》。第十八章總注有闕文。是書諸家俱不著録，蓋佚已久矣。薛蕙字君采，明之詩人。序前題“大寧居士”。

薛氏自序曰：“予爲集解，屢有修改。丙申之冬，復加修定，乃自序之。其間文義之小者，儻有欲盡。若夫揚榷本指，發揮大義；明聖人之微言，究性命之極致：竊以爲近之矣。有欲求老子之道者，必以予解爲指南乎？”

薛氏《考異》自序曰：“自漢以下，注《老子》者甚衆。其書亡者蓋什八九，存者數十家爾。予家所藏僅十餘本，校其文字，多有異同。今《集解》内頗擇其近是者而存之，諸本録附篇末，以備參考。”

吴幼清曰：“按‘道經’、‘德經’云者，各以篇首一字名篇。後人因合二篇之名，而稱爲‘道德經’，非以“道德”二字名其書也。”薛曰：“老子著書上、下篇，明道德之意。今分上、下二篇者，乃其書之舊；而篇題曰‘經’者，乃後人尊之之辭也。《漢志》有《老子鄰氏經傳》、《老子傅氏經説》、《老子徐氏經説》，是在漢代已稱爲經。然三家者，止皆曰‘老子’，吴氏所謂‘非以“道德”名其書者’，信矣。”

董氏曰：“《西升經》謂老子西出關，過西域之天竺，教胡爲浮屠，徒屬弟子，其名二十有九。與漢元壽元年秦景憲使大月氏所傳者異。昔人謂道家者爲之，世或信其説，莫能實之。此果可信耶？歷考《天竺記》、《西域志》諸書，皆無老子化浮屠説。隋世釋書多於六經數十百倍，而無《西升經》。其書不足據也。”録於《廣川書跋》。

文光案：《西升經》，詳見馬氏《通考》。

《道德經注》三卷

國朝汪光緒撰

原本。前有嘉慶辛酉自序。此本不分章。上篇一卷，下篇一卷，諸家論注一卷，末附音釋。

汪氏自序曰："《老子》一書，包括先、後天之指，窮性命根源，爲千古道法之宗者，玄妙之機，引而不發。自漢以來，注者不下百餘家，多穿鑿附會，無所折衷。純陽吕真人逐句詮釋，削其支離，歸於至當。唯其言不盡意者，限於字句之隔截，難以直達其辭。予於遠戍之暇，復有解注，約其大指而會合之；於釋義所未備，擇取前賢之言而增補之。蓋閲十數寒暑而始成，質諸作者之心，未知其有當焉否也。"

是書舊本有宋人趙友欽解注，其徒陳致虚爲叙，所載吕真人釋義多訛舛脱落之句。此陳氏原本也。已證其訛，爲之改訂矣。近世所行俗本，襲趙注而擇之不精，其補注荒謬尤多。兹存舊注十分之二，鄙見所及，補其未備。經文下雙行小注，皆釋義之文。經文後低格單行小注，則纂注也。

文光案：汪氏闡發吕注，將老子書前後聯貫，説成丹訣。

漢景帝以《老子》義體尤深，改子爲經，篇分上下，猶《易》之分上、下經也。王羲之本作"太上玄元道德經"，上、下二篇。唐玄宗改定章句，爲《道德經》，以言道者爲上卷，言德者爲下卷。其實道、德互相發明，不可强而分之也。《漢志》，鄭〔一二〕氏、傅氏、徐氏三家俱有《老子經説》，止分上、下篇，總名"道德經"云。

此書自漢、唐以迄有宋，諸家注本不下數十百家。下迨元、明，如林堯叟之《老子口義》、吴草廬之《老子注》、薛西原之《集解》、王純甫之《老子億》、朱得之之《老子通義》，皆各有發明，略得其大意。至方士李道純以三元牽合附會，名曰"道德會元"，則非經之本旨矣。

《韓非子》分爲五十五章，孔穎達分爲六十四章，嚴君平分爲七十二章，吴道園分爲六十八章。劉向、河上公諸人分爲八十一章，今仍之。王輔嗣、司馬君實不分章。漢兩京石刻本經篆文，原無分章。

《史記》周太史儋即老子。畢案：古“聃”、“儋”、“耽”三字通用。康成云“老聃，古壽考者之號”，斯爲通論矣。老萊子著書十五篇，亦道家言，且與孔子同時，故或與老子混而莫辨。《漢志》無河上公注。《隋志》：“漢文帝時河上公注，二卷。”《梁志》：“戰國時河上丈人注，二卷。”《高士傳》有河上丈人，《神仙傳》有河上公。注本《河上公章句》四卷。録於本書。

《黄庭經童注》二卷

國朝邵穆生撰

海寧陳氏本。《道書全集》有梁丘子注二卷，《道藏》有《内景黄庭》、《外景黄庭》，又有《黄庭遁甲緣身經》、《黄庭玉軸經》。魏夫人所出，乃《内景》一種。楊真人義寫其《外景經》，老君所作，先出行世。

韓氏曰：“今之《黄庭外景經》乃古經，其間一滚説自有餘味。今之《内景》前雜以存想，後雜以服食，多後人添入者，非古也。”録於《澗泉日記》。

董氏曰：“世疑《黄庭經》非羲之書。以傳考之，知嘗書《道德經》，不言寫《黄庭》也。李白謂‘黄庭换鵝’，其説誤矣。然羲之自寫《黄庭》授子敬，不爲道士書。陶貞自曰：‘逸少有名之蹟不過數首，《黄庭》第一。’貞自論書最精，不應誤謬。今世所傳石本，筆畫不逮逸少它書。觀開元中陸元悌奉詔撿校，言右軍真、行，惟有《黄庭》、《告誓》，知非楷字矣。天寶末，又爲張通儒盜去，莫知所在。迺知舊書不傳，今所見者，特後世重拓疊摹，不得其真久矣。蜀本《黄庭》筆墨粗，工本皆非可貴，第以其名存之。”録於《廣川書跋》。

董氏又跋别本《黄庭》曰：“今世所傳《黄庭經》多唐臨。

《黄庭》之亡久矣，後人安所取法以傳耶？張懷瓘謂逸少佳蹟自永和後，而《黄庭經》永和十二年書也，字執不聯翩，而點畫多失，縱傳授有据，亦何取哉？吕先得石書，署其年‘永嘉’，支離其字，尤不近古。其‘永’字等頗效王氏變法，皆永嘉所未有，予是以知其非也。”同上。

文光案：此跋淇水吕先得《黄庭經》。

董氏又跋《黄庭經》别本曰：“唐得漢、魏、晉、隋間書多至七百卷，於是以《黄庭》爲第一。方在衆書時，豈無所異而可一概哉？顧世未嘗衡校而彈繩之，則論有同異，不足怪也。此當時唐人得舊本摹入石者，時見筆意，與常見二本及今秘閣所存異甚，知唐初選置能盡書矣。”同上。

《列子》八卷　附《釋文》二卷

舊題周列禦寇撰，晉張湛注，唐殷敬順釋文。

《湖海樓》本。《列子注》依宋影鈔本，《釋文》依《道藏》本，陳景元補遺。

董氏曰：“列子御風，世有圖其説者。崇寧五年，官試畫學生，出本文爲目，俾試者圖之。明日來上，悉濃雲重烟，空中人立，無能得其意者。它日，有持古圖者，作草樹相依，層疊遠近，披拂靡靡，假爲游雲飛霧，衣隨蹁蹮，扶摇上下，輕重相映。放乎有羽服而游其中者，神淡而氣藏，形解而魄寂，若同乎一氣者也。共歎筆墨蹊徑，畫中懸解，乃書其圖上。予因示衆曰：‘列子御風，信以爲真人忘形三昧者耶？其乘風馮凌，與化胚渾，能與天地爲一氣者乎？其爲游於六氣，則不應有待於御之而行也；謂與一氣渾范，則不應有待於乘之而上也。彼謂氣相合於無，則以風爲既有者也；謂心凝神釋，則以身爲己異者也。其爲泠然者，將不能載也；飄然者，將不能舉也。起北海而極南海者，將又可以旬又五日而期其止也，則其御而乘者，將風之來而不知息乎？將有欲往者而待乎？與風上下飄以隨其軀乎？彼其於物我之分，特未泯也。古之人化形於無，入乎無有，故能得其無間，方且與天地爲一氣，浮游乎萬物之祖，且遁而藏矣。彼鬼神有不能窺，雖木石、山川無分於一氣也。風果能知有我乎而載之，而我豈嘗知我乘風乎？然則如之何？曰我乘風時，當處不見；風乘我時，不見當處。風與我未有分時，則莊周豈能議其後哉？”録於《廣川畫跋》。

文光案：《御風圖》最難着筆，而董氏之説甚爲微妙。予愛其説，欲録之，而抄本舛訛，遂致擱筆。卒不忍釋，因删其不可通者，而録其可通，亦好奇之癖也。廣川精於鑒别，且多所考證。然如《御風圖》、《西升經》諸跋，其又深通釋、老之學者乎？惟其書向無善本，無從是正，深可惜也。予向不解御風之説，得此跋始稍稍知之。其爲畫跋耶？其非畫跋耶？董跋用意多如此。

《列子冲虚至德真經》八卷

周列禦寇撰

閩本。閔齊伋校刊。列子，天寶初册爲冲虚真人。宋景德中，加“至德”二字。晁《志》云唐號“冲靈真經”。是本附音義。凡八篇，天瑞第一，黄帝第二，周穆王第三，仲尼第四，湯問第五，力命第六，楊朱第七，説符第八。

洪氏曰：“《列子》書事，簡勁宏妙，多出《莊子》之右。其言惠盎見宋康王，王曰：‘寡人之所説者，勇、有力也。客將何以教寡人？’盎曰：‘臣有道於此，使人雖勇，刺之不入；雖有力，擊之弗中。’王曰：‘善，此寡人之所欲聞也。’盎曰：‘夫刺之不入，擊之不中，此猶辱也。臣有道於此，使人雖有勇弗敢刺，雖有力弗敢擊。夫弗敢，非無其志也。臣有道於此，使人本無其志也。夫無其志也，未有愛利之心也。臣有道於此，使天下丈夫、女子莫不驩然皆欲愛利之，此其賢於勇、有力也，四累之上也。’觀此一段，宛轉四反，非數百言曲而暢之不能了，而潔净粹白如此，後人筆力，渠復可到耶？三不欺之義，正與此合。不入不中者，不能欺也；弗敢刺擊者，不敢欺也；無其志者，不忍欺也。魏文帝論三者優劣，斯言足以蔽之。”録於《容齋續筆》。

洪氏又曰：“張湛序《列子》云：‘其書大略明羣有以至虚爲宗，萬品以終滅爲驗，神惠以凝寂常全，想念以著物自喪，生覺與夢化等情，所明往往與佛經相參。’予讀《天瑞篇》，載林類答子貢之言曰：‘死之與生，一往一反。故死於是者，安知不生於彼？故吾知其不相若矣？吾又安知吾今之死不愈昔之生乎？’此一節所謂‘與佛經相參’者也。又云：‘商太宰問孔子：“三王、五帝、三皇聖者歟？”孔子皆曰弗知。太宰曰：“然則孰者爲聖？”孔子曰：“西方之人有聖者焉，不治而不亂，不言而自信，不化而自行，蕩蕩乎民無能名焉。丘疑其爲聖，弗知真爲聖歟？真不聖歟？”’其後論者以爲《列子》所言乃佛也，寄於孔子云。”録於《容齋四筆》。

文光案：《列子》與《莊子》，合者十七章。

葉氏曰：“《列子・天瑞》《黄帝》兩篇，皆其至理之極，盡言之而不隱，故與佛書直相表裏，所謂‘莊語’者也。自《周穆王》以後，始漸縱弛，談譎縱横，惟其所欲言，蓋慮後人淺狹，難與直言正理，則設爲詭辭以激之。劉向弗悟，遂以爲不似一家之書。張湛微知之，至逐事爲注，則又多迷失，然能知其近佛。是時佛經到中國者尚未多，亦不易得矣。要之，讀老氏、莊、列三書，皆不可以正言求。其間自有莊語，有荒唐之辭。如佛氏至唐禪宗自作一種語，自與諸經不類，亦此意也。”録於石林居士《建康集》。

河東柳氏辨《列子》曰："劉向古稱博極羣書，然其録《列子》，獨曰'鄭穆公時人'。穆公在孔子前幾百歲死，子書言鄭國皆言子産、鄧析，不知向何以言之如此。《史記》：'鄭繻公二十四年，楚悼王四年，圍鄭。鄭殺其相駟子陽。'子陽正與列子同時。是歲周安王三年，魯穆公十年，不知向言魯穆公時遂誤爲鄭耶？不然，何乖錯至如是？其後湛徒知怪《列子》言穆公後事，亦不能推知其時。然其書亦多增竄，非其實。其文辭類《莊子》，而尤質厚。其《楊朱》、《力命》二篇，疑爲楊子書。其言魏牟、孔穿，皆出列子後，不可信。讀者慎取之而已矣。"録於舊稿。

《列子注》八卷

唐盧重元撰

江都秦氏本。嘉慶八年秦恩復依宋治平監本重刊，别加考證，辨張、盧字句之異同，補殷、陳所未備，誠善本也。前有秦恩復序、盧重元序、論、盧注、考證。每葉二十行，行二十一字。板口下刻"石研齋"。每卷末刻"嘉慶八年癸亥夏四月，甘泉吴漣寫，江都秦伯敦父校刊"。盧氏羽翼張注，頗有可採。間有徵引，皆與古本相合。

秦氏序曰："列子先於莊子，書最後出，史遷不爲立傳，學者遂疑爲依託。注《南華》者數十家，《冲虚》祇張湛一注孤行於世。唐殷敬順爲釋文，宋陳景元補其遺。景元云'曾於潛山見盧重元注'，至《通志》始有其目。秦恩復訪求十餘年，得於金陵道院。《楊朱》一篇注佚其半。自'衛端木叔者'以下缺。《宰相表》云'重元〔一三〕仕至司勳郎中'，今書中題'通事舍人'。沈汾《續仙傳》云：'開元二十三年，命中書舍人徐嶠、通事舍人盧重元賫璽書，迎張果於常州。'知重元奉詔注書之時，正官通事舍人之時也。由唐迄今，盧注未經采録，向非入之道家，不幾終遭沉晦耶?"

盧氏自序曰:"劉向云:'列子者,鄭人也,與鄭穆公同時,蓋有道者也。其學本於黄帝、老子,號曰道家。道家者,秉要執本,清虚無爲。及其理身接物,務崇不競,合於六經。而《穆王》、《湯問》二篇迂誕恢詭,非君子之言也。至於《力命篇》一推分命,《楊朱篇》惟貴放逸,二義乖背,不似一家之書。然各有所明,亦頗有可觀者。且多寓言,與莊周相類。'張湛序云:'其書巨細不限一域,窮達無假智力,理身貴於肆任順性,則所之皆適,水火可蹈,忘懷則無幽不照,此其旨也。然所明往往與佛經相参,大歸同於老、莊。'重元以爲黄、老論道久矣,無曉之者。小臣無知,偶慕斯道,再求聖旨,重考微言。謹尋列子之書,輒詮注其宗要。"

《莊子注》五卷

晉向秀注

明本。前有郭象序。象竊秀注,向注復出,兩注并行。《莊子》闕篇,《史記》有《畏累施[一四]》。北齊杜弼注《莊子·惠施篇》,見本傳。

洪氏曰:"東坡先生作《莊子祠堂記》,辯其不詆訾孔子:'嘗疑《盗跖》、《漁父》,則真若詆孔子者。至於《讓王》、《説劍》皆淺陋,不入於道。反復觀之,得其《寓言》之終,曰:"陽子居西,游於秦,遇老子。其往也,舍者將迎其家。公執席,妻執巾櫛;舍者避席,煬者避竈。其反也,與之争席矣。"去其《讓王》、《説劍》、《漁父》、《盗跖》四篇,以合於《列禦寇》之篇,曰:"列禦寇之齊,中道而反,曰:'吾驚焉,吾食於十漿,而五漿先饋。'"然後悟而笑曰:"是固一章也。莊子之言未終,而昧者勦之以入其言爾。"'東坡之識見至矣、盡矣,故其《祭徐君猷文》云

'争席滿前，無復十漿而五饋'，用爲一事。今之莊周書《寓言》第二十七，繼之《讓王》、《盜跖》、《説劍》、《漁父》，乃至《列禦寇》，爲第三十二篇，讀之者可以涣然冰釋也。予按：《列子》書第二篇内，首載禦寇、饋漿事數百言，即綴以楊朱争席一節，正與東坡之旨異世同符。而坡公記不及此，豈非作文時偶忘之乎？陸德明《釋文》：'郭子玄云："一曲之才，妄竄奇説。若《閼奕》、《意修》之首，《危言》、《游鳧》、《子胥》之篇，凡諸巧雜，十分有三。"《漢藝文志》"《莊子》五十二篇"，即司馬彪、孟氏所注是也。言多詭誕，或似《山海經》，或類占夢書，故注者以意去取。其《内篇》，衆家并同。'予参以此説，坡公所謂'昧者'其然乎？《閼奕》、《游鳧》諸篇，今無復存矣。"録於《容齋續筆》。

劉氏曰："郭象注《莊子》，議論高簡，殊有義味。凡莊生千百言不能了者，象以一語了之。予嘗愛其注'混沌鑿七竅'一段，惟以一語斷之曰：'爲者敗之'。止用四字，辭簡意足，一段章旨無復遺論，蓋其妙若此。世謂《莊子注》，郭象亦是一説。"又曰："左氏、莊周接踵特起，著書名世，冠絶古今，雖旨趣故自不同，然皆如華岳三峰，卓立参昴。春秋、戰國乃有如許文章，殆亦間氣邪？"又曰："世間常用好語，多出於莊。"録於《隱居通議》。

錢氏曰："向秀注《莊子》，郭象竊之。郄紹著《晉中興書》，何法盛竊之。姚察撰《漢書訓纂》，後之注《漢書》者，隱没名字，捋爲己説。顧寧人謂有明一代之人所著書，無非盜竊。語雖太過，切中隱微深痼之病。"録於《養新録》。

俞氏曰："陸氏《釋文》言司馬彪注本二十卷，五十二篇，是彪本《莊子》爲《漢志》全本也。《釋文》列唐以前本，大約已富。《釋藏·辯正論》云：'劉宋時，陸静修《道藏書目》："《莊子》十七卷，莊周所出，葛洪修撰。"'是晉時佳本爲《釋文》所未見，然亦不及彪本全也。《文選注》四引淮南王《莊子略要》并司馬彪注，則彪本五十二篇中有淮南王《略要》，或《漢志》五十二篇爲淮南王本入祕書讎校者。”録於《癸巳類稿》。

《莊子注疏》十卷

晋郭象注，唐釋玄英疏

遵義黎氏本。《古逸叢書》之八。覆刻宋大字本。每葉十六行，每行大字十五字，小字廿字。

黎氏《叙目》曰：“南宋槧本。每卷首題‘《南華真經注疏》，卷第幾’，次題‘《莊子》某篇、某名、第幾，郭象注’，次題‘唐西華法師成玄英疏’。分爲十卷，與《宋志》同。又於每卷内題‘某篇、某名、第幾，郭象注’，以還子元之舊，故分言之則爲三十三卷，合言之則十卷也。惟《唐志》作‘注《莊子》三十卷，疏十二卷’，《四庫未收書目》依《道藏》本鈔作三十五卷，《敏求記》又作二十卷，均未知如何離析。此本爲日本新見旂山所藏，字大如錢，作蝴蝶裝，僅存十分之五。予見而悦之，以金幣爲請。新見氏重是先代手澤，不欲售，願假以西法影照上木而留其真。予别於肆中收得《養生主》一卷、《德充符》數葉，爲新見氏所無，并舉而歸之。然尚缺《應帝王》以迄《至樂》，因取坊刻本成疏校訂繕補，而别集他卷字當之，不足者命工仿寫，蓋極鈎心鬥角之若矣。天下至大，設異日宋本復出，取以與此數卷相校，字體多不類，讀者當推原其故也。成疏稱意而談，有郭象《注解》之曲暢而不蹈其玄虚，有林希逸《口義》之顯明而不至流於鄙俚。且世傳老子西出流沙，莫知所終，疏以爲適之罽賓，尚存唐以前舊聞。如此類甚可喜也。子書善本傳世日少，世德堂子書久爲衆所稱貴。讀此《老》、《莊》、《荀》三書，當更快然意滿也。”

夫《莊子》者，所以申道德之深根，述重玄之妙旨；暢無爲之恬淡，明獨化之窅冥；鉗揵九流，括囊百氏；諒區中之至教，實象外之微言者也。内則談於理本，外則語其事迹。《内篇》理深，故於文外别立篇目，郭於題下注解之，《逍遥》、《齊物》之類是也。自《外篇》以去，則取篇首二字爲題，《駢拇》、《馬蹄》之類是也。雜篇，雜明理事。玄英序。

《莊子闕誤》一卷

明楊慎撰

《函海》本。李調元校刊，有跋。

李氏跋曰："是書見於焦竑所刊《升菴外集》。每條下所附，則採升菴《經子難字》中之《莊子》難字也。《難字》一書，予徧採未獲，故仍之。竑有《莊子翼》，末亦載《莊子闕誤》一卷，不題升菴名，直據爲己有。明人好襲，竑尚不免，他何論乎？"

文光案：《莊子翼》所附《闕誤》，與此書不同，雨村蓋未之省。

張氏曰："東坡云：'予少時，見前輩皆不敢輕改書，故蜀本大字書皆善本。蜀本《莊子》云"用志不分，乃疑於神"，今四方本皆作"凝"。'予按此語本出於《列子》，今《列子》皆作'疑'，則'《莊子》'之誤，於是可證矣。"録於《雲谷雜記》。

吴氏曰："莊子書，《内篇》蓋所自著，《外篇》或門人纂其言以成書。初無所謂'雜篇'也，竊疑後人僞作。《讓王》、《漁父》、《盗跖》、《説劍》勦入《寓言》，篇中離隔，《寓言》之半爲《列禦寇篇》。於是分末後數篇，并其僞書，名爲'雜篇'，以相混淆云爾。《駢拇》、《胠篋》、《馬蹄》、《繕性》、《刻意》五篇，自爲一體。其果莊氏之書乎？未可知也。"録於《文正公集》。

《莊子翼》八卷

明焦竑撰

明本。萬曆戊子王元貞校刊。首元貞刻書序，次焦竑自序，次目録，《内篇》七，《外篇》十五，《雜篇》十一。次采摭書目五十家，内有《音義》十一家。次《讀莊子》七則。附刻《莊子闕誤》一卷、《史記·莊子列傳》、阮嗣宗《莊論》、王介甫《莊子論》、東坡《莊子祠堂記》、潘舍人《贈别》、王元澤《雜説》、李元卓《莊子九論》。

王氏序曰："余性嗜《莊子》。《莊子》數萬言，無非明老氏之虚無、道德之自然也。解《莊子》者，無慮數十家，率曼衍支離，多不得其要。乃今焦弱侯徧取往疏誦述，録其與《莊》合者，爲《莊子翼》。後之讀者，庶有所折衷。余故并刻而爲之序。"

焦氏自序曰："老子在晚周著書上、下篇，明道德之意，而關尹子、楊朱、列禦寇、亢倉楚、莊周皆其徒也。諸子惟楊朱無書。《列子》在晉末書始行，疑後人取《莊子》之文足成之者，故太史公作列傳不及列子。《亢倉子》，唐王士源所著。《關尹子》，書甚高，顧嬰兒、蕊女、呪誦、土偶之類，其時尚無之，亦後世知道之士所託爲，非其真也。《莊子》書傳五十三篇，今存者三十三篇。外、雜篇間有疑其僞者，乃《内篇》斷斷乎非蒙莊不能作也。然則老氏門人之書傳於世者，獨《莊子》耳。予既輯《老子翼》，復取《莊子義疏》讀之，采其合者爲此編，亦名之曰'莊子翼'。"

《參同契》一卷

漢魏伯陽撰

《漢魏叢書》本。前有朱長春序，自署"九洞天符道人"。後有王謨跋。《通志》作三卷。是書注本甚多，而古本難得。

朱氏序曰："夫道，一而已矣。而言道者大宗三：曰羲、文，曰黄，曰老。《易》言天契人，《老》言人契天，《陰符》言天、人之契合。自仲尼《繫》生生存而《易》未嘗非玄，自莊周寓南溟、北溟而玄未嘗不《易》。《易》、玄之交，符在焉。古未有演其宗以一，故伯陽真人紹十翼、七篇而契，作其文，著明八卦、三才，密藏發機，陰陽相勝，食時合符之自然，微而喻，詳而妙，契一符也，同兩合也，參三《易》化也。於經三宗，於造化三極，於身三物、三寶，化得合，合得符，符乃一，得一道畢，故謂《易》有太極契行。而其後方術之家奉於禘祖、大宗師，然而多不得其解，以支傍流遁。何道爲天下裂也？夫道一而已，而《易》之宗傳牽於理；筮人執於數；符之宗詭於兵，淫於黄、老之宗，假於術，引於法，衍於符籙何者？聖人以道之不可言，往往因象傳理，迹事章化，寄名弘法，故《莊》曰弔詭，曰寓言，曰誒，其知者旦暮遇之，不知者無蝕吾道已矣。而後人緣不知以備神，泥事象以證真，執名以習道，不大鑿乎？長春入道二十年始讀《契》，厭其有象，求之無已，證無而知有，象一無象也。然後知《契》出於符，而參於《易》。予十四年辟穀，十二年絶房，十年與天通，則按《易》定關，按至分、候節、晦朔、弦望，晝夜晨夕，時符功行。以語人，無有信。間爲發願，欲著道演一，合《易》、老符契之旨，而各通爲一解爲證。入歲異，未敢下。今從直指鄭寰樞公談道山中，點校是編以就正。鄭君喜之，因索序付梓云。"

王氏跋曰："《參同契》三十四章。伯陽，會稽上虞人，作是書授同郡淳于叔通，因行於世。按：陸德明解'易'字云：'虞翻注《參同契》，言"易"字從日下月。'今此書有'日月爲易'之文，其爲古書明矣。鄱陽馬氏云'此道家煉養之術'，謂歐公嘗删正《黄庭》，朱文公嘗稱《參同契》。二公大儒，攘斥異端，不遺餘力，獨不以其説爲非。山林獨善之士，以此養生全年，固未嘗得罪於名教也。長春真人序又以爲出於《陰符》，而參於《易》，皆道家大宗，而謂之‘參同契’者，言同契於《易》也。”

《中興書目》：“《參同契》，明金丹之訣，篇題蓋仿《緯書》之目，詞韻皆古，奥雅難通。首言乾、坤、坎、離四卦，橐籥之外。次言屯、蒙六十卦，以見一日用功之蚤晚。又次言納甲六卦，以見一月用功之進退。又次言十二辟卦，以分納甲六卦而兩之。蓋内以詳理月節，外以兼統歲功。此書大要在‘坎’、‘離’二字。”

胡一桂曰：“《參同契》借《易》以明火候，煉丹修養之法。孟蜀彭曉爲之分九十一章解義，朱子復爲上、中，下三篇。”

《吴文正公集》：“《參同契》有可知者，有不可知者。悉可知則泄天，悉不可知則絶道，此書意也。彭真人知其所不可知，鄒道士知其所可知而不知其所不可知。葆道人之述，其在彭、鄒之間乎？他日相與言，請闕其所不可知者，而既其所可知者可哉。歲先天大過，月辟乾，日後天井辰直九二，臨川真隱贊。”

俞琬曰：“《參同契》文‘委時去害，與鬼爲鄰’，委鬼，‘魏’字也。鄭焕改‘鬼’爲‘仙’，誤矣。‘百世一下，遨游人間’，百一之下爲‘白’，‘人’乃其旁之立人，合之則‘伯’字也。‘湯遭阨際，水旱隔并’，湯遭旱而無水，‘易’字也；阨之厄際爲阝，合之則‘陽’字也。此自解‘魏伯陽’三字也。”

《三洞珠囊》：“《參同契》以《周易》爻象論作丹之事。而儒者不知神丹之事，多作陰陽注之，殊失其旨。”

薛文清公曰：“《參同契》假《易》論長生之術，若指諸掌，然終是方技之書。”

陸深曰：“《參同契》本之緯書，文字結構頗爲古質，時作韻語，多所根據，過於文人華靡之作。”

羅欽順曰："《參同契》有彭曉、陳顯微、儲華、谷陰真人、俞炎、陳致虛六家注，皆能得其微旨。"以上皆録於本書。

《周易參同契考異》三卷

宋朱子撰

《紛欣閣》本。周心如校刊。黄瑞節附録。前有朱子序。考異低正文一格，附録低二格，皆朱子語。附案低三格。

朱子序曰："右《周易參同契》，魏伯陽所作。魏君後漢人，篇題蓋仿緯書之目，詞韻皆古，奥雅難通。讀者淺聞，妄輒更改，故比他書尤多舛誤。今合諸本，更相讎正。其間尚多疑晦，未能盡祛。姑據所知，寫成定本。其諸同異，因悉存之，以備參訂云。空同道士鄒訢。"黄案："'鄒訢'二字，朱子借之託名也。鄒，本《春秋》邾子之國。《樂記》'天地訢和'，鄭氏注云：'訢當作"熹"。'"

黄氏案曰："《參同契》注本十九部，見《通志》。彭曉本最傳。鮑氏云：'彭本爲淺學妄更，朱子考辨正文，其本始定。'"

朱子曰："《參同契》文章極好，蓋後漢之能文者爲之。其用字皆依據古書，非今人所能解，以故皆爲人妄解。世間本子極多，其中有云：'千周爍彬彬兮，萬遍將可睹。神明或告人兮，魂靈忽自悟。'言誦之久，則文義要訣自見。

劉須溪曰："古書惟《參同契》似先秦文。"

黄氏曰："五代彭曉《解義序》云：'參，雜也；同，通也；契，合也。謂與《周易》理通而義合也。'按：彭氏以魏公得《龍虎經》而作《參同契》，朱子以經爲後人僞作。今考《契》中有古文記龍、虎之文，往往古有其文，如《火記》之類，特非今所傳者。又按：《金碧古文龍虎上經》，差簡於《參同契》，然其語次布置與《契》不甚相遠，而加整焉。末云'《火記》不虚作'，亦《契》中語也。然則《火記》又《參同》之所出歟？"

李日華曰："子昂楷書《參同契》一卷，筆法寬和流利，不甚莊栗，有輕裘緩帶之風；而從首迄終，無一惰筆，又起伏聯貫，若一時書完者，純熟之極，幾於化矣。款云：'至大三年，歲在庚戌春仲，吴興趙孟頫書。'顧金粟一跋，亦作精楷，如永興《破邪論》，皆墨笥中瓌寶也。跋云：'古之善書者，雖下筆輙妙，然紙、墨不佳，終多滯澁。此孫過庭所謂"書有五乖，其爲病一"也。予見松雪公書多矣，此卷獨得白宋紙，堅細潤滑，瑩然如玉，宜其書之化而不羈，終七千餘言而無一滯筆也。書法本師二王，而出入北海，如老將用兵，奇正沓出，并皆神妙，豈不爲希世之珍哉？玉山顧仲瑛識。'"以上皆録於本書。

《古文參同契集解》三卷

明顧〔一五〕一彪撰

汲古閣本。此即楊慎所傳之僞古文也。前有蔣一彪序、楊慎序。楊序云："南方掘地，得之石函中。"其僞可知。後此稱"古文"者，皆升菴之石函本。蔣一彪復取楊本，以彭曉、陳顯微、陳致虚、俞琰〔一六〕四家之注節録於各段之下。徐淳之箋注、淳于之《三相類》，亦照古本録其文，而以四家之注各附於下。俞注與經尤爲碎裂。徐注、叙混誤，神理不貫，悉爲别擇，不使淆亂。魏伯陽所著上、中、下三篇并自序爲一卷，徐景休箋注三篇并後序爲一卷，淳于叔通《補遺三相類》上、下二篇并後序爲一卷，共十一篇，分爲三卷。各序惟録白文，不入注。

徐氏《書古文參同誤識》曰："此本爲姑蘇雲巖道人杜一誠所正而序之者也。分四言者，魏之經；五言者，徐之注；賦、亂辭及歌爲《三相類》，爲淳于之補遺，并謂己精思所得也。不知分四言、五言，各爲類，乃俞琰之意也。一誠竊其意，妄爲是編，如此分合，大乖文理。楊慎所傳乃他人竊得於一誠，而託以石函者也。一誠失於信人，慎失於信古，豈可信哉？又有王圍山人序，蓋官人刻此書者，慎都不檢點，以爲杜既云精思，又云得善本，自露其情，掩耳盜鈴，如此不知。友人自會稽來，貽善本，遂捐俸以刻。乃王圍序中所云，慎將謂一誠即王圍矣，疏一至此耶？王圍山人序不著姓名。一誠之仲父，號五存，跋杜自序。又别序、楊序。五存跋云：‘書未出，爲人竊去。’”録於《文長集》。

《参同契注》一卷

國朝李光地撰

《全集》本。《参同契》三篇，《三相類》三篇，各有原序，在書後。

李氏自序曰：“《参同契》者，三道同契也。《三相類》者，三道相類也。三道者，《大易》、黄老、丹經也。伯陽作此書以歌叙《大易》，祖述黄老之旨，發明丹經之要。又以爲闕略，復作《三相類》一書，互相證曉，首尾完具，未經缺亂。近代棼然有述，竄易舊簡以就偏見，坊刻殆無完本，深誤學者。大端有六：一曰知書之前後，不知其本爲二書；二曰知别有《三相類》名目，不知爲何題，且有改爲‘五相類’者；三曰不知二書皆三篇；四曰不知三篇之外有語，有辭，有直指丹火之要，有序明述作之繇；五曰知言丹火，不知其兼明《易》道；六曰知書之託謬，名號悉有所指，不知借物譬寓者殊多，附以曲雜，乃增謬妄。此書重於《道藏》，不棄儒流邵子之學。朱子以爲秦漢失傳，而方外丹竈之家密相付授，意似有指。”録於《榕村集》，本書不載。

李氏曰：“此書無完編，所見數本皆甚殊，不特編至碎，句亦更亂。惟《漢魏叢書》所載似是原本，間有竄互，不多也。獨其不知中斷二書及截立標題亦庸末者之妄。二書之終，又各叙述付授之源自而指囑學者之祕要，所以亂三篇之文而導其宗指之所歸，觀者皆未之審也。故爲鼇其章句，稍加疏釋，俟有知者更爲説之。”録於本集。

文光案：《參同契》，《唐志》“二卷”，《崇文總目》“一卷”。《道書全集》刻陳顯微《解》三卷，上陽子《分章注》二卷，彭曉《通真義》三卷。

委時去害，依託丘山。循游寥廓，與鬼爲鄰。化形而仙，淪寂無聲。百世一下，遨游人間。陳敷羽翮，東西南傾。湯遭厄際，水旱隔并。柯葉萎黄，失其華榮。吉人相乘負，安坐可長生。

文光案：“此即《參同契》之末章隱姓名之末一段，録於《漢魏叢書》，與俞氏所解不同。俞氏所見不知何本。此本字句多於俞本。

《古文周易參同契注》八卷

國朝袁仁林撰

《惜陰軒》本。前有雍正十年袁仁林序，次朱子《考異》前、後二序，次楊慎序，次乾隆丙寅王德修跋。此本伯陽三篇爲三卷，徐箋三卷，《三相類》二卷。舊注低一格。袁注爲夾行細書。

袁氏自序曰：“言乾坤本之乾首坤腹之言，以明吾身之上下也。言坎離本之懸象，著明莫大乎日月之言，以明心腎互交，呼吸相通也。乾坤，體也；坎離，用也。虚静其體，和順其用，升降周環，無所於閼。要皆準諸中以立極，而後形神沛焉，斯其旨與?”

楊氏序曰：“《參同契》爲丹經之祖。然考隋、唐志，皆不載其目。惟《神仙傳》云：‘魏伯陽，上虞人。通貫詩律，文詞贍博，修真養志，約《周易》作《參同契》。’徐氏箋注，桓帝時以授同郡淳于叔通，因行於世。五代之時，蜀永康道士彭曉分爲九十章，以應火候之九轉；餘《鼎器歌》一篇，以應真鉛之得一。

其説穿鑿，且非魏君之本意也。其書散亂衡決，後之讀者，不知孰爲經，孰爲注，亦不知孰爲魏，孰爲徐與淳于，亂自彭始矣。朱子作《考異》，亦據彭本。元俞玉吾所注，又據朱本。玉吾欲分三言、四言、五言各爲一類而未果，蓋亦知其序之錯亂而非魏公之初文，然均之未有定據耳。"

文光案：楊序前半不失其實，後半荒誕，故不録。升菴好贋古書，如《禹碑釋文》、《石鼓文》、《古本世説》及《古文參同契》皆不可信。又案：《考異》前序爲彭序；後序，朱子所作。

彭氏序曰："伯陽撰《參同契》三篇，復作《補塞遺脱》一篇，所述多以寓言借事，隱顯異文。密授青州徐從事，徐乃隱名而注之。"

王氏跋曰："是書本爲尊生而作，然多譬況之語，耐人尋討，而舊注各自爲説，反增一番障礙。吾師振千先生見生初渾合之理，即爲有生培養之基，爰是隨文解義，悉以身所自具者指明之。然後借喻之語，曲暢旁通，各極其趣。"

《列仙傳》四卷

舊本題漢劉向撰

在兹堂本。道光癸巳年刊，前有了黄道人袁黄序。自老君至魏伯陽，凡五十五人。每人前有圖，後列傳，與《列女傳》相似。决非劉向所撰，且與舊本人數不同，亦無贊語。第四卷爲諸家煉丹之説。

《抱朴子内篇》二十卷

晉葛洪撰

《平津館》本。嘉慶十六年蘭陵孫氏校刊於金陵道署。前有方維甸序并跋，又新校正序。次目録，次敘録，次葛稚川自序。目録：暢玄第一，論仙第二，對俗第三，金丹第四，至理第五，微旨第六，塞難第七，釋滯第八，道意第九，明本第十，仙藥第十一，辨問第十二，極言第十三，勤求第十四，雜應第十五，黄白第十六，登涉第十七，地真第十八，遐覽第十九，祛惑第二十。

右目録依《道藏》本定。按：《抱朴子内篇》叙云："别爲此一部，名曰'内篇'，凡二十卷，與《外篇》各起次第也。"又《外篇》自叙云："凡著《内篇》二十卷、《外篇》五十卷。"又云其《内篇》言神仙、方藥、鬼怪、變化、養生、延年、禳邪、卻禍之事，屬道家；其《外篇》言人間得失、世事臧否，屬儒家。《隋志》："《内篇》道家，與《外篇》分行。"《道藏》雖并收《外篇》，原未合爲一部。觀其《内篇》之後、《外篇》之前，以《抱朴子》一種間隔之，可曉然矣。明人刻此書，從《道藏》取出，而不知其爲三種，遂總名曰"抱朴子"，非也。今校刊《内篇》二十卷，不連《外篇》，以復葛氏之舊，兼正明人之誤。《舊唐志》及各家書目俱爲二十卷，《隋志》"二十一卷，《音》一卷"者，或加《序目》及《音》爲廿二卷也。《音》久不傳，或疑《别旨》不見於自叙。考《道藏》所收又有《抱朴子養生論》及《稚川真人校證術》一卷、《抱朴子神仙金汋經》三卷、《葛稚川金木萬靈論》，俱不見於自叙，蓋皆非稚川所撰也。五松居士孫星衍叙録。

諸子多有宋、元以來及近人校正刊本，唯《抱朴子》僅明盧舜治本行世。五柳居陶大使曾假之於予，增刻入《漢魏叢書》，其所訛脱亦未暇校訂也。《道藏》本較完善，但見者頗尠。予所藏又有天一閣抄本《内篇》太半部及盧學士手校明刻本，顧千里有葉林宗家抄本及明嘉靖時潘藩刊本，大略皆與藏本相同。爰合以校訂，釐其錯簡，改其誤字，而此書始可省讀。《登涉篇》諸符各本縮寫多失形似，今從《道藏》影摹，俾傳其真云。

方氏序曰：“道家宗旨，清净冲虚而已，其弊或流爲權謀，或流爲放誕，無所謂金丹、仙藥、黄白、玄素、吐納、導引、禁呪、符籙之術也。秦漢方士絶不附會老子，即依託黄帝，亦非道家之説。《漢志》以《黄帝》諸篇分屬道家、神仙，蓋本《七略》。《七略》又本於《别録》。劉子政固誦習《鴻寶》，篤信神仙者，而典校秘書，仍别方技於諸子之外，不相淆也。東漢之季，桓帝好神仙，祠老子。張陵之子衡使人爲祭酒，主以《老子五千文》，都習神仙之附會，道家實昉於此。《抱朴子内篇》，古之神仙家言也。所舉仙經、神符，多至二百八十二種，絶無道家、諸子，且謂老子泛論較略，莊子、文子、關尹喜之徒，祖述黄老，永無至言，去神仙千億里。尋其旨趣，與道家判然不同。又後世學仙者，奉魏伯陽爲正宗。是書偶及伯陽《内篇》之名，并無一語稱述。惟《神仙傳》中言《參同契》假爻象以説作丹之意而已。是稚川之學非特與道家異，并與後世神仙家無幾微之合。予嘗謂漢之仙術元與黄老分途，魏晉之世，玄言日盛，經術多歧，道家自詭於儒，神仙遂溷於道。然第假借其名，不易其實也。迨及宋元，乃緣參同爐火而言内丹，煉養陰陽，混合元氣，斥服食、胎息爲小道，金石、符呪爲旁門，黄白、玄素爲邪術，惟以性命交修爲谷神不死、羽化登真之訣。其説旁涉禪宗，并附《易》理，襲微重妙，且欲并儒、釋而一之。自是而漢晉相傳，神仙之説盡變無餘，名實交溷矣。然則葛氏之書墨守師傳，不矜妙悟。譬之儒者説經，其神仙家之漢學乎？孫伯淵將以刊行，予因舉神仙與道家者流古今分合之故，論次爲序，覽者或有考焉。”

明刻《内篇》之後附入《别旨》一篇，專論吐納、導引，與《内篇》本意不合，詞義亦甚淺近，不似晉人手筆。《宋志》：“《别旨》二卷。注云：‘不知作者。’”晚出之書，元不可信。且今本五百六十餘言，并非宋元舊本，故删去之。

《抱朴子外編》五十卷

晉葛洪撰

《平津館》本。嘉慶己卯年孫氏校刊。前後無序跋。目録：曰嘉遁，曰逸民，曰勗學，曰崇教，曰君道，曰臣節，曰良規，曰時難，曰官理，曰務正，曰貴賢，曰任能，曰欽士，曰用刑，曰審舉，曰交際，曰備缺，曰擢才，曰任命，曰名實，曰清鑒，曰行品，曰弭訟，曰酒誡，曰疾謬，曰譏惑，曰刺驕，曰百里，曰接疏，曰鈞世，曰省煩，曰尚博，曰漢過，曰吴失，曰守塉，曰安貧，曰仁明，曰博喻，曰廣譬，曰辭義，曰循本，曰應嘲，曰喻蔽，曰百家，曰文行，曰正郭，曰彈禰，曰詰鮑，曰知止，曰窮達，曰重言，曰自叙。凡五十二目，各爲一卷。四十九三篇爲一卷。

抱朴子者，姓葛名洪，字稚川，丹陽句容人也。其先葛天氏，蓋古之有天下者也。後降爲列國，因以爲姓焉。洪之爲人也，性鈍口訥，形貌丑陋。邦人咸稱之爲抱朴之士，是以洪著書因以自號焉。晉大安中，石冰作亂，義軍大都督邀洪爲將兵都尉。事平，徑詣洛陽，欲廣尋異書，了不論戰功。而陳敏又反於江東，歸塗隔塞。會有故人稽君道爲廣州刺史，乃表洪爲參軍。雖非所樂，然利可避地於南，故黽勉就焉。洪年二十餘，乃草創子書。會遇兵亂，流離播越，有所亡失，連在道路，不復投筆十餘年。至建武中乃定，凡著《内篇》二十卷，《外篇》五十卷，碑頌、詩賦百卷，軍書檄移、章表箋記三十卷。又撰俗所不列者爲《神仙傳》十卷，又撰高尚不仕者爲《隱逸傳》十卷。又抄五經、七史、百家之言、兵事、方伎短雜奇要三百一十卷，别有目録。晉王應天順人，撥亂反正。洪隨例就彼，庚寅，詔書賜爵關中侯，食句容之邑二百户。竊謂討賊以救桑梓，勞不足録，金紫之命，非其始願，上書固辭。例不見許，遂恭承詔命焉。

文光案：抱朴子著書五百餘卷，今所存者内、外篇，《肘後方》三種而已。書之亡佚，可深歎哉！孫本内、外篇共七十卷。《簡明目録》子部道家類著内、外篇八卷，不知爲何本也。

《亢倉子》一卷

唐王士元撰

明崇德書院本。此本題"亢倉子洞靈真經"。前有正德四年唐銘序。凡九篇，多採古書，融以己意，亦有理致。多作奇字，與《元包》相類。别有何粲《亢倉子注》二卷，不知時代。見晁《志》。明本九卷，柳子厚讀本有注。

《大唐新語》："道家有庚桑子者，代無其書。開元末，襄陽處士王源撰《亢倉子》兩卷以補之。序云：'《莊子》謂之"庚桑子"，《史記》作"亢桑子"，《列子》作"亢倉子"，其實一也。'源又取《莊子·庚桑楚》一篇爲本，更取諸子文義相類者合而成之，亦行於世。"文光案：諸本皆作"王士元"，此作"王源"，宜考。據此，則補《亢倉子》者爲一書，取《庚桑楚》類其文者又爲一書。

《黄氏日鈔》："《亢倉子》名'楚説'，本《老子》文，類《莊子》，有近理者，亦有背理者。至其妄自標榜以欺世，則有不能自掩者。所稱多後世之地理品式，曾謂周靈，楚國之世而有此哉？"文光案：黄東發不知古本《亢倉子》已亡，又不知所見爲唐代之書，故有是説。

《通玄真經纘義》十卷

宋杜道堅注

鈔本。前有至大三年吴全節序，又黄石翁序，又杜序。文子姓辛，名鈃，字計然，范蠡之師也。師老子學，著書十二篇，曰《文子》。唐封爲通玄真人，號其書爲《通玄真經》。柳宗元删其冗駁，其本不傳。杜注有聚珍本，録自《大典》，缺五篇。此則足本也。

都印曰："道家有南、北二宗。其南宗者，謂自東華少陽君得老子之道，以授漢鍾離權。權授唐進士吕巖、遼進士劉操。操授宋張伯端，伯端授石泰，泰授薛道元，道元授陳柟，柟授白玉蟾，玉蟾授彭梠。其北宗者，謂吕巖授金王嚞，嚞授七弟子，其一邱處機，次譚處端，次劉處元，次王處一，次郝大通，次馬珏及珏之妻孫不二。此外又有所謂'全真'者，其名始嚞，蓋嚞大定中抵寧海州，馬珏夫婦築庵事之，題曰'全真'。由是四方之人凡宗其道者，皆號全真道士。"《三餘贅筆》。

《道書全集》八十卷

不著編輯者名氏

通行本。凡五十九種。

《金丹大要》十卷，元陳致〔一七〕虚撰，《四庫附存目》收此種。《道德經注》二卷，《陰符經二卷》，《羣仙要語》一卷，《入藥鏡》一卷，《青天歌》一卷，《譚子化書》六卷，《參同契解》三卷，《中和集》五卷，《參同契分章注》二卷，《玄學正宗》二卷，《參同契通真義》三卷，《悟真篇注疏》三卷，《吕真人文集》八卷，《文始真經》二卷，《黄庭經》二卷，《清凈經注》一卷，《洞古經注》一卷，《大通經注》一卷，《護命經注》一卷，《定觀〔一八〕經》一卷，《心印經》一卷，《五厨經》一卷，《羣仙珠玉集》四卷，《鍾吕修真傳道集》三卷，《李道純中和集》七卷，《玉清金笥寶録》三卷，《龍虎經注疏》三卷，《諸真玄奥集成》七卷。

文光案：《道書全集》乃俗刻之本。《彙刻書目》并《續目》皆無是書，因録其目如右。其中單行之本亦不少。明道士白雲霽有《道藏目録詳注》四卷，成於天啓丙寅。以《道藏》之文分三洞、四輔、十二類。以《千字文》爲次，一字當一函。每條各有解題。考道家之源委者，於斯爲備。

韓氏曰："秘書監王欽臣奏差真靖大師陳景元校黄本道書。范祖禹封還，以謂'諸子百家、神仙道釋，蓋以備篇籍，廣異聞，以示藏書之富，本非有益於治道也。不必使方外之士讎校，以縱長異學也。今館閣之書，下至稗官小説，無所不有。既使景元校道書，則他日僧校釋書，醫官校醫書，陰陽卜相之人校技術，其餘各委本色，皆可用此例，豈祖宗設館之意哉？'遂罷景元。"録於《澗泉日記》。

曾氏曰："《道藏經》，大中祥符九年樞密使王欽若刪詳，凡三洞、四部，共四千三百五十九卷。欽若言《道德》隆符，乃老君聖祖所述，升於洞真部《靈寶度人經》之次。又總爲目録，表求御製序。詔從其請，賜名曰'寶文統録'。欽若又言：'三洞真經祕在玉京玄都三十三天，未盡降世間。開闢後，已降之經一萬九千九百七十卷。梁簡文帝時有六千餘卷。唐明皇所撰《瓊綱》纔三千餘卷。徐鉉等嘗校勘，去其重複，得三千七百三十七卷。至欽若又增五百餘卷。爲洞真、洞玄、洞神，謂之"三洞"；太清、太平、太真、正一，謂之"四部"。'欽若又於《道藏》中檢閲神仙姓國姓者四千人事迹以聞，詔圖形景靈宫廊廡。"原按："欽若矯誣上天，導君於邪，此閉門誦經之本領，而道君所由覆敗也，故是書詳叙之。"録於《隆平集》。

《道德真經指歸》，絳云樓抄本。前有總序，後有"民之饑也"至"信言不美"四章，與總序相合。其中爲刻本所缺落者尤多。焦弱侯《老氏翼》未見。此本宋本十三卷，《道藏》本"能"字號計十一卷。其"能一"至"能四"爲李約《道德真經新注》，"能五"至"能十一"爲《道德指歸》。前有序，空一格。序後接君平説。每幅五行，十七字。録於《舊稿》，不記何書。

右道家類。

道家言道德，以清净爲主。神仙家言長生，以靈異爲迹。《漢志》道家三十七部，神仙家十部，截然兩途。今則丹方、符籙皆入道家，與神仙家無所分别矣。而《道藏》全函所收更雜。如《易筮通變》則《易》類也，《穆天子傳》則起居注類也，《山海經》則地理類也，《皇極經世》、《天原發微》皆儒家類也，《素問》、《千金方》皆醫家類也，《墨子》爲墨家類，《尹文子》爲名家類，《韓非子》爲法家類，《孫子》爲兵家類，《淮南子》、《劉子》、馬總《意林》乃雜家類，《録異記》、《江淮異人録》乃小説家類，《黄帝宅經》、《玄女經》、《靈棋經》乃術數家類，《華陽陶隱居集》、邵子《擊壤集》舊皆入别集。今一概收載，殊爲牽强。然宋本難得，往往於《道藏》遇之，則不但有資於道家，兼有益於諸家矣。今所録者凡二十三家，大意在考究《老》、《莊》、《列子》，餘則僅存，不備及也。

校勘記

〔一〕“牽”，原作“索”，據宋樓鑰《攻媿集》改。

〔二〕“妄”，原作“誕”，據元戴表元《剡源文集》改。

〔三〕“舍”，原文如此，《四庫》本《剡源集》作“舍”，存疑備考。

〔四〕“寧”，據《正統道藏》，當作“蹇”。

〔五〕“肅”，據上書，當作“蕭”。

〔六〕“吴”，據上下文當作“虞”。

〔七〕“己”，據《老子道德經》，當作“乙”。

〔八〕“傅奕”，原作“傅亦”，據上書改。下同改。

〔九〕“吴”，據上文當作“虞”。

〔一〇〕“民”，據《道德經》補。

〔一一〕“隱”，原作“引”，據上文改。

〔一二〕“鄭”，據《漢書·藝文志》當作“鄰”。

〔一三〕“元”，原作“光”，據上文改。

〔一四〕“施”，《史記》作“虛”。

〔一五〕“顧”，據下文與《四庫全書》，當作“蔣”。

〔一六〕“琰”，原避清仁宗顒琰名諱作“琬”。下同改。

〔一七〕“致”，原作“分”，據《道書全集》改。

〔一八〕“觀”，原作“光”，據上書改。

萬卷精華樓藏書記卷一百三

集部一

楚辭類

《楚辭章句》十七卷

漢王逸撰

明本。首《史記·屈原本傳》，次班固序，次劉勰《辨騷》、目録。後附《楚辭疑字直音補》一卷，不知何人所著。脱王逸序，今從屈氏新注本抄補。

王氏自序曰："屈原作《離騷》，上以諷諫，下以自慰。遭時闇亂，不見省納,遂復作《九歌》,凡二十五篇。楚人高其行義,瑋其文采,以相教傳。至於孝武帝,使淮南王安作《離騷經章句》,大義粲然。逮至劉向,分爲十六卷。孝章即位,班固、賈逵復以所見改易前疑,各作《離騷經章句》。其餘十五卷,闕而不説。又以'壯'爲'狀',義多乖異,事不要括。今臣復以所識、所知作十六卷《章句》,雖未能究其微妙,然大指之趣,略可見矣。"

晁氏曰："原作《離騷經》、《九歌》、《天問》、《九章》、《遠遊》、《卜居》、《漁父》、《大招》，自沉汨羅以死。其後宋玉作《九辯》、《招魂》，賈誼作《惜誓》，淮南小山作《招隱士》，東方朔作《七諫》，嚴忌作《哀時命》，王襃作《九懷》，劉向作《九歎》，皆擬其文而哀平之死於忠。至逸，自以爲南陽人，與原同土，悼傷之，復作十六卷《章句》，又續爲《九思》，取班固二序附之，爲十七篇。”録於《讀書志》。

文光案：《大招》一篇，或以爲原自作，或以爲景差作。晁氏亦疑之。朱子按其文詞，定爲差作，非有佐證也。至其篇卷以十七數之者，合其九者爲一卷。數屈子之著者，又分其九者爲九篇。歷代相傳屈子之文凡二十五篇。今按目數之，至《漁父》，止得二十三篇。《九歌》後繫以《國殤》、《禮魂》二篇，或云《九歌》之亂辭，或云《九歌》十一篇。據晁《志》云："不可合十一爲九，是誠可疑矣。"然晁《志》之外，亦無有辨及之者，姑存其疑，以足二十五篇之數可也。若增以《大招》，則溢爲二十六矣。李安溪注《九歌》，又去此二篇，益不足矣，宜存其舊也。其以十一稱九者，如《詩》之稱什，不必十篇與？然又有可疑者，説者謂古人以篇爲卷，篇即卷也。楚辭六十四篇，何以爲十七卷？豈數楚辭者不與他書同，抑篇卷之説未盡然耶？是書之前後次第屢有更易，今所傳王注非其原本，惟十七卷則不誤也。注曰："章句，沿舊名也。"陳氏謂王注未能盡善。伏讀《四庫全書提要》："逸注多傳先儒之訓詁，故李善注《文選》全用其文。《抽思》以下諸篇，注中往往隔句用韻。如'哀憤結縎，慮煩冤也'、'哀悲太息，損肺肝也'、'心中詰屈，如連環也'之類，不一而足，蓋仿《周易》象傳之體，亦足以考證漢人之韻。而吴棫以來談古韻者，皆未徵引"，云云。然則讀是注者，可以知所取矣。洪氏欲去《辨騷》，可知爲古本所有，非後人附益之也。今洪注本仍存《辨騷》，豈欲删而未遽删歟？

《楚辭補注》十七卷

宋洪興祖撰

汲古閣本。是本每卷末有"汲古後人毛表字奏叔依古本是正"

印記，目録後有附記。《離騷經》第一後録班固二序、劉勰《辨騷》一篇。按陳《録》，洪氏有《考異》一卷，此本已散入各句下。其注先列逸注於前，所補者以“補曰”二字别之，在諸注中向稱善本。

晁氏曰：“凡王逸《章句》有未盡者補之。自序云：‘以歐陽永叔、蘇子瞻、晁文元、宋景文家諸本參考之，遂爲定本。’又得姚廷輝本作《考異》，且言《辨騷》非《楚辭》本書，不當録。”録於《讀書志》。

文光案：陳《録》：“洪氏所據者，凡十四五家，用力甚勤。”朱子云：“詳於訓詁名物。”

《楚辭集注》八卷 《辨證》二卷 《後語》六卷

宋朱子撰

覆元本。《古逸叢書》之九。光緒十年遵義黎氏刊於日本東京使署。每葉二十二行，每行大字二十字，小字二十四字。第一葉欄外有“寶勝院”三字木印。《後語》目録，叙後有“歲在癸卯孟春，高日新宅新刊”長木印，雙行十二字。《注》、《辨》、《語》皆先目後叙，自是宋本面目，與今本不同。

《離騷經》第一，《九歌》第二，《天問》第三，《九章》第四，《遠游》第五，《卜居》第六，《漁父》第七。以上《離騷》，凡七題，二十五篇，皆屈原作，今定爲五卷。

《續離騷》：《九辨》第八，《招魂》第九，《大招》第十，《惜誓》第十一，《吊屈原》第十二，《鵩賦》第十三，《哀時命》第十四，《招隱士》第十五。以上《續離騷》，凡八題，十六篇，今定爲三卷。

右《楚辭集注》八卷。今所校定其第，録如上。

文光案：今本悉改舊式，妄增諸家評語，大半無關痛癢，誠不及湅湖女子之見也。

黎氏《叙目》曰："朱子注《楚辭》時，年已七十，識解在《詩集傳》之上。世行本雖多，往往闕《辨證》、《後語》。此獨完整。中間宋諱多缺筆，亦元翻宋刻。與程氏《易傳》同作讀本，最善。"

朱子《後語》自序曰："余既集王、洪《騷》注，顧其訓故文義之外，猶有不可不知者。然慮文字之太繁，覽者或没溺而失其要也，别記於後，以備參考。"

洪氏目録《九歌》下注云："一本此下皆有'傳'字。"晁氏本則自《九辯》以下乃有之。但洪、晁二本，今亦未見其的據，更當博考之耳。

洪云："今本《九辯》第八，而《釋文》以爲第二，蓋《釋文》乃依古本，而後人始以作者先後次叙之。按：今本，天聖十年陳説之所定。"

王逸解，於上半句下便入訓詁，而下半句下又通上半句文義再釋之，繁複甚矣！洪不能正，又因其誤。今并删去，以全章爲斷，先釋字義，然後通解章内之意云。

《山鬼》一篇，謬説最多。

王逸所傳篇次，本出劉向。

《楚辭集注》八卷

宋朱子撰

聽雨齋本。是本首冠以《史記·屈原列傳》及唐沈亞之《屈原外傳》，朱子自序在目後。又輯諸儒之説，自漢至明，凡八十四家，標其姓氏於前，而列其總論於卷首，散評則刻額上，即今所通行之朱墨本也，朱《注》，宋、元皆單行。明刻與《辨證》、《後語》合爲一書。然陳《録》所著《集注》與《辨證》并題，似亦合刊之本也。謹案《天禄琳琅書目》，宋本前有羅荷、向文龍二序，《汨羅山水圖》，屈平、朱子二像，皆今本所無，則佚之矣。

陳氏曰："元晦以王氏、洪氏注或迂滯而遠於事情，或迫切而害於義理，遂别爲之注。其訓詁文義之外有當考訂者，則見於《辨證》，所以祛前注之蔽陋，而發明屈子微意於千載之下。忠魂義魄，頓有生氣。其於《九歌》、《九章》，尤爲明白痛快。至謂《山海經》、《淮南子》，殆以《天問》而著書，説者反取二書以證《天問》，可謂高世絶識，毫髪無遺恨者矣。公爲此注，在慶元退歸之時。序文所謂'孤臣棄子，怨妻去婦'，蓋有感而託者矣。"録於《直齋書録》。

周氏曰："趙汝愚永州安置，至衡州而卒。朱熹爲之注《離騒》以寄，蓋以原、汝愚皆宗臣，故以隱況，而自擬宋玉，意不在駁正王、洪也。"録於《齊東野語》。

文光案：陳氏所謂"有感而託者"，蓋以此也。其事備載於《宋史》，可詳覽焉。弁陽老人，賈似道之門客也。所著《野語》，多所考證。然好論人短，其書未可深信。所折服者，惟朱子。朱子之外，凡屬道學者，如饒雙峰、黄東發，無不被其指斥。然考二子之所以論著，實非密之所可及，似未可厚非也。

《天禄琳琅書目》："是書刻於咸淳丁卯，係宋度宗三年。所繪《汨羅山水圖》，中有清烈公廟及墓。按：汨羅在湘陰縣北，宋爲潭州所屬。施南向文龍序稱'學製湘陰，汨羅隸焉。欲索《楚辭集注》善本，與邑之賢士大夫共讀之，則未之有，乃輟俸刻梓於縣齋。盧陵羅荷者，時爲文學掾，故亦爲序之。'其刻是書，蓋欲求爲善本，宜其雕槧精良也。""衡山文璧藏。""右明文徵明自識藏本，其子文彭亦有印記。後入檇李項氏、泰興季氏二家收藏。""書内有'季振宜印'、'檇李項藥師藏'、'項氏萬卷堂圖籍印'、'滄葦'、'項夢壽印'、'少谿主人'、'萬卷堂圖籍章'、'衡山'、

'梅谿精舍'、'玉蘭堂'、'季振宜藏書'、'文彭之印'十二印。"以上録於第三卷宋板集部。

朱子曰:"屈原之忠,忠而過者也;屈原之過,過於忠者也。""《楚辭》不甚怨君,今被諸家解得都是怨君,不成模樣。""王逸所傳《楚辭》篇次,本出劉向。自原之後作者繼起,而宋玉、賈生、相如、揚雄爲之冠。然校其實,則宋、馬辭有餘,理不足,長於頌美而短於規過;雄乃專爲偷生苟免之計,既與屈原異趣矣,其文又以摹擬掇拾之故,斧鑿呈露,脉理斷續,其視馬、宋猶不逮也;獨賈太傅以卓然命世英傑之材俯就騷律,所出三篇,皆非〔一〕一時諸人所及。""《七諫》、《九懷》、《九歎》、《九思》,雖爲騷體,然其詞氣平緩,意不深切,如無所疾痛而强爲呻吟者,故今不復以累篇帙也。"

文光案:三家之注,王最古,洪最明,而朱注獨高。陳直齋所謂"生平傳經以外,其殫見洽聞、發露不盡者,萃見於此書",誠知言哉!此本以屈子所著二十三篇爲《離騷》,以宋玉以下十六篇爲《續離騷》。篇第視舊本益賈誼二賦;而去《諫》、《歎》、《懷》、《思》三十四篇。其注則先音後義,每章各冠以比、賦、興,如注傳之例。宋大字本極精朗。此本注低一格,皆大字。惟評語適足爲是書之累。蔣氏所謂"古與堂所增八十四家,率皆評隲人文,殊非發明考訂者"是也。屠本畯著《楚騷協韻》,欲廣朱子所未備,而屠實非知音者。毛以陽謂"朱子未暇注《楚辭》,今本出後人之附會",其言更爲荒唐矣。朱注之外,蔣注頗能徵實。第騷爲詩賦之流,説詩與考史自異,必依年據地以實之,則鑿矣。

《楚辭後語》八卷

宋朱子撰

明本。檇李蔣之翹刊,有序。自荀况至吕大臨,爲朱子所編,凡六卷。自劉基至無名氏，爲蔣之翹所補，凡二卷，内有蔣作二首。朱子無是例也。按：朱子序以晁氏所集録《續》、《變》二書刊補定著，凡五十二篇。每篇題後有序，則朱子之所撰也。蔣所補者，二十五篇。此書本在《楚辭集注》後，今通行之本皆無《後語》，故另著之。《後語》有明天啓十一年吴氏刊本，合《集注》、《辨證》爲一書。陳《録》："《楚辭後語》六卷，朱子撰，凡五十二篇。"以晁氏《續》、《變》二書刊定而去取，則嚴而有意矣。

蔣氏序曰："朱子論《七諫》、《九懷》、《九歎》、《九思》爲無病呻吟。今觀兹《後語》所録，并呻吟而亦無之矣。特爲原作者意皆憫屈子之忠而悲其不遇者也，所以不可不輯，復廣而續之。"

陳氏曰："永嘉林應辰渭起撰《龍岡楚辭説》五卷，其推原屈子不死於汨羅，比諸浮海居夷之意，其説甚新而有理。以爲《離騷》一篇，雖哀痛而意則宏放，與夫直情徑行、勇於蹈河者不可同日語。且其寄興高遠，登昆侖，歷閬風，指西海，陟陞皇，皆寓言也，世儒不以爲實，顧獨信其從彭咸、葬魚腹以爲實者，何哉？然沉湘之事傳自司馬遷，賈誼、揚雄皆未嘗有異説。漢去戰國未遠，决非虚語也。"録於《直齋書録》。

文光案：林説憑臆而斷，殊無證佐。明汪瑗撰《楚辭集解》、《蒙引》、《考異》，亦務爲新説，排詆諸注，謂原爲聖人之徒，必不肯自沉於水，痛斥司馬遷以下諸家言死於汨羅之誤。其因林書而推衍之歟？抑偶有合耶？《四庫提要》謂其掇拾王安石聞吕望之《解舟詩》李壁注中語也。然則此説始自宋人，自唐以前無有也。無根之談，實足以疑誤後生，不可不辨已。

陳《録》："《重訂楚辭》十六卷，《續楚辭》二十卷，《變離騷》二十一卷。晁補之撰新序三篇，述其意甚詳。然其去取之際，則有不可盡曉者。”

文光案：晁書未見，恐無傳本。

晁《志》：“《續楚辭》，擇後世文賦與楚辭類者編之，自宋玉以下至本朝王令，凡二十六人，計六十篇，各爲小序以冠其首。而最喜沈括，以爲辭近原。既集《續楚辭》，又擇其餘文賦大意祖述《離騷》，或一言似之者爲一編。其意謂原之作曰‘離騷’，餘皆曰‘楚辭’，今楚辭又變，而乃始曰‘變離騷’者，欲後世知其出於原也。所録自楚荀卿至本朝王令，凡三十八人，通九十六首。”

周氏曰：“涪翁云章子嘗言楚詞蓋有所祖述，初不謂然。子厚曰‘《九歌》蓋取諸《國風》，《九章》蓋取諸二《雅》，《離騷》蓋取諸《頌》’，信然。”録於《浩然齋雅談》。

莫氏曰：“蔣楚穉刻朱子《楚辭集注》，并《辨證》、《後語》附焉，可謂足本。但不應於《後語》六卷後增入明人騷體，爲七、八卷。又朱子所删之《諫》、《懷》、《歎》、《思》四篇，復鈔置《辨證》之前，亦不合。若以所補《後語》及四篇附覽并退出别編，使不與本書相亂，即無妨矣。”録於《經眼録》。

《離騷草木疏》四卷

宋吴仁傑撰

《知不足齋》本。乾隆庚子鮑氏重刊宋本。後有慶元丁巳自序、宋方燦跋、廷博校刊跋。是書補梁劉杳《敏求記》作“香”。舊疏之亡，徵引浩博，而流傳頗罕。是本之外，有《龍威》本。

《天禄琳琅書目》：“是書惟明焦竑《經籍志》有吴仁傑《離騷草木蟲魚疏》二卷。今觀是書，標題爲‘草木疏’，而書中亦不及蟲魚，且仁傑後記稱‘《離騷》以薌草爲忠正，蕕、莒爲小人，蒸、芙蓉以下，凡四十有四種，猶青史氏忠義、獨行之有全傳也。萯、菉、葹之類十一種，傳諸卷末，猶佞幸奸臣之傳也’云云，是仁傑之疏草木，正以沅湘、香草，騷之寄託，故作此以逆靈均之意耳。其稱‘草木蟲魚疏’者，乃甬東屠本畯所撰，則知焦竑所載并未加考也。仁傑，《宋史》無傳。按：朱彝尊《曝書亭集》有《吴氏兩漢刊誤補遺跋》，稱仁傑字斗南，别號蠹隱居士。本崑山人，其稱河南者，舉郡望而然。登淳熙進士，歷官國子學録。今書中於結銜下亦署河南，其銜爲國子學録，俱與彝尊所言相符。惟書末結銜稱免解進士、蘄州學正、充羅田縣學講書吴仁傑校正，意仁傑此書既成，刊行之日，乃在羅田也。方燦亦稱河南人，其始末無考。影鈔字畫結體，在歐、柳之間，非工書者不能得此。”“虞山席鑑鈔本。鑑無考。”“有‘席氏’、‘玉照’諸印。”“《提要》云：‘末有校正姓氏三行。’”

《屈宋古音義》三卷

明陳第撰

武昌張氏本。是書明板久亡，乾隆丁亥徐時作所刊崇本山堂本，即《四庫》所收者是也。此本爲《學津討源》之一種。面有“武昌張氏校刊”木印，即依徐本刻之者。前有綏安徐時作序、萬曆癸丑陳第自序、甲寅自跋、焦竑序；次古音目，凡二百三十四字；凡例四條。第一卷先標一字，而增以注。次降一格，爲屈、宋之句，蓋以明某字見於某句也。其字之次，依篇第爲之。其字之注，先音後證。音如“降”音“洪”，“能”音“泥”，皆不作反切，使人易曉。證如“蘭”音“連”，《易》“同心之言，其臭如蘭”，“言”音“延”，蓋旁引他書以互證之也。凡見於《詩》者八十餘字，則注云“詳見《毛詩古音考》”。第二卷於屈原所著去《天問》一篇，而録其二十四篇。第三卷於宋玉所著《九辯》、

《招魂》外，增以《高唐》、《神女》、《風賦》、《登徒子好色賦》，共十四篇。總之爲三十八篇，不雜以他家，故題曰“屈宋”。每篇之中，亦各有音注。又以其所撰辭賦漫題、取題屈、宋者附於後，大抵如八十一家之評，殊無考證，實爲蛇足。是書與《毛詩古音考》互相發明，又爲彙刊之本，讀者宜合併觀之，亦可知古韻之大凡矣。論古音者發源於此，而明白易曉，尤有益於初學。顧氏《唐韻正》所引更爲浩博，視此益密。陳氏力闢叶音。叶音之誤，始於兩《漢書》注。是書洗古今之陋，豈不偉哉！

《山帶閣註楚辭》六卷　《餘論》二卷　《説韻》一卷

國朝蔣驥撰

原本。首總目；次篇目、自序；次雍正丁未後序；次採摭書目四百餘種；次《屈原列傳》；次外傳，唐沈亞之撰；次《楚世家》節略；次考正地圖。以上爲首卷，注六卷，并《餘論》、《説韻》共十卷，十二萬七千八百七十二字。

蔣氏自序曰：“作文次第，無可參校。竊嘗以意推之，初失位，志在潔身，作《惜誦》。已而決計爲彭咸，作《離騷》。十八年後，放居漢北，秋作《抽思》。逾年春，作《思美人》。其三年，作《卜居》。此皆懷王時也。懷王末年，召還郢。頃襄即位，自郢放陵陽。三年，懷王歸葬，作《大招》。居陵陽九年，作《哀郢》。已而，自陵陽入辰、溆，作《涉江》。又自辰、溆出武陵，作《漁父》。適長沙，作《懷沙》、《招魂》。其秋，作《悲回〔二〕風》。逾年五月，沉湘，作《惜往日》。蓋察其辭意，稽其道里，有可徵者，故列疏於諸篇，而目次則仍舊，以存疑也。若《天問》、《橘頌》、《遠游》，文辭渾然，莫可推詰，固弗敢强爲之説云。”

蔣氏後序曰：“余於戊子夏始發憤論述，六閲年始成。凡訓詁、考證，多前人所未及，而大要尤在權時勢以論其書，融全書以定其篇，審全篇以推其節次、句字之義。其説或不免爲人之所駭，而一求乎心之所安。世之學者，因意以知其文，因文以得其人，將百世之下，聞風者亦有所興起也。”

論楚辭者，向稱七十二家，古與堂又增之爲八十四家，然率皆評隲其人文，非能發明考訂有所增益於是書也。余所閲約十餘種，其間得失相參，别爲分疏，兼抒未盡之懷，附綴篇末，目曰“餘論”。

説《離騷》者，言人人殊，紛綸舛錯，不可究詰。惟朱子《集注》特爲雅馴。然竊嘗循覽其解，茫乎不得其條理，輒頹然舍去。獨取本文循繹數過，乃知首尾相承，珠貫繩聯，蓋通篇以好脩爲綱領，以從彭咸爲結穴。如天造地設，極變化，皆極明了。

篇中曰“好脩”，曰“脩能”，曰“脩名”，曰“前脩”，曰“脩初服”，曰“脩修”，“脩”字凡十一見，首尾照應，眉目了然。

《離騷》下半篇俱自“往觀四荒”句生出，只是一意，卻翻出無限烟波。

作文有深一步襯法，好仁者無以尚之。劉君桀文云：“非難於獨知仁之可好，難於知仁之外甚有可好，而終不以易吾仁也。如是則無以尚之，精神倍出。《離騷》屢言求君，蓋此意也。”

“弭節”之義，舊皆闕注。按《周禮·大司徒》鄭注“五御之節”：“今考五御，舞交衢者，車旋應於舞節，其義皎然。《上林賦》有‘按節’、‘弭節〔三〕’、‘揚節’。”

凡注書者，必融會全書，方得古人命意所在。楚辭簡狄事凡三見，蓋謂簡狄居有娀之瑶臺，嚳聞其美且賢，遺玄鳥爲媒致聘，而女樂從，因得爲妃，生契而啓商祚，是蓋原説《詩》之旨也，與史説吞卵孕妃所傳各異。臺，自指有娀之臺。時方未嫁，故曰

“女”。王叔師《騷經注》，既用《吕氏春秋》“有娀高臺”之説，及注《天問》，又云侍帝嚳於臺上，其魯莽固不足論。朱子亦兩取其説，何也？因高辛有玄鳥致詒事，故《騷經》用鴆鳩、鳳凰渲染，鴆鳩既不堪使，自適又非所宜，躊躇之後，方及鳳凰，其勢已晚。卻恐高辛玄鳥之使已在我先，因止而不遣。鳳凰本在前驅，一似忘卻，故借鴆鳩紆折生波，正欲爲先我作地耳。朱子乃謂鳳凰受高辛之詒，則與玄鳥致詒戾矣。《辨證》又云使原得鳳凰，則高辛何由先我哉？大類夢中占夢也。玄鳥致詒，豈本遣玄鳥氏之裔，而後世訛其傳歟？

舊解，亂爲總理一賦之終。今案《離騷》二十五篇，亂詞六見，惟《懷沙》總申前意，小具一篇結構，可以總理言；《招魂》則引歸本旨；《涉江》、《哀郢》則長言詠歎；《抽思》則分段叙事：未可一概論也。余意亂者蓋樂之將終，衆音畢會，而詩歌之節亦與相赴，繁音促節，交錯紛亂，故有是名耳。

庚子後，復見安溪李公《離騷解義》、朱天閑《離騷辨》、王詒六《離騷彙訂》。朱氏最好議論，紕繆尤多。其餘或襲舊以傳訛，或創新而失當，往往而有。

曰吉日，又曰辰良，干支雙美。

獐性善驚，故曰“章皇”。

辨舜葬事，後人異議頗多。主南巡者，鳴條、紀市，皆以爲南方；辨其非者，蒼梧、九嶷，皆指爲北地。南巡之言，固不足信；而湘江淚竹，皆附會之談也。二妃死葬江湘，説本秦博士。王叔師以湘君爲水神，夫人爲二妃；韓退之以湘君爲娥皇，夫人爲女英；羅願《爾雅翼》以湘君爲神奇相，二女死後之配，夫人即二女，二篇乃相贈答之辭：皆主其説者也，而韓説爲勝。郭景純以湘君、夫人爲天帝二女；羅長源以湘之二女爲舜女霄明、燭光，而湘君、夫人又别爲水神；顧寧人以爲水神之后及妃；王蕫齋以湘君爲水神，夫人爲水神之妻：皆辨其非者也，而王説似優。然則謂二妃果爲湘神，與謂屈子之必不以二妃爲湘神，皆膠柱之見也。

《天問》本多難解處，今所注或濫引諸子、讖緯及稗史言，不能闕疑，是吾過也。

《九章》命名，皆作文本旨，無泛設者。

《哀郢》百姓及民，皆原自指。《集注》不免膠柱之見。蕫齋又謂《哀郢》乃叙頃襄遷陳事，尤謬。

襄王二十一年，秦白起拔郢。《集注》附之懷王，失考。錢飲光又沿其誤而分疏之，可爲一噱。

《集注》："風穴，風從地出處。"《南山經》："丹穴有鳥名鳳。"疑《淮南》"風穴"本"丹"字之誤，高誘仍其訛而注之耳。若夫空穴來風，凡地皆然。《括地志》"龍山四麓，各有風穴"，《博物志》"風山有風穴"，《神異經》"炎山有風穴"，皆瑣屑不足爲證。

《招魂》篇"掌夢"二字不可曉。

《哀江南》，舊解爲哀此江南之地，其説多不可通。《湘陰志》云："哀江在縣南二十五里，與汨羅相近。"知其所指乃哀江之南。

倉頡造字，加偏旁而轉其音爲諧聲，即本字而轉其音爲假借，其音異，其韻同。

文字形聲互異者甚多，要以其方音讀之，未嘗不同也。方音之同，即通韻也。後世文字畫一，方音不見於書矣。古韻既亡，獨審方音，猶可得其踪迹。

《屈辭精義》六卷

國朝陳本禮撰

裒露軒本。陳箋四種之一，嘉慶壬申年刊。前有自序、張曾

《長歌》、目録、凡例、引書目、《史記》列傳，并唐沈亞之所撰《外傳》，後有自跋。所引注本，凡三十七家。自序謂王叔師《章句》出而《騷》反晦，唐宋諸儒踵其悠謬，使讀者望洋。因掃盡卮言，獨開生面，凡五易稿而成。

陳氏自序曰："《騷》之稱經，乃漢儒所加。王逸序云：'孝武使淮南王安作《離騷經章句》。'又《漢書》傳曰：'初，安入朝，獻所作《内篇》。上愛祕之，使爲《離騷傳》。'是淮南奉詔作傳，當另有傳，非僅以《天問》以下諸篇名之爲傳也。自傳文放佚，後儒不考。猶幸本傳'《國風》好色而不淫'五十二字，猶是《離騷傳》中語也，可以窺見一斑。"

篇目，當以太史公所讀古本爲定。《離騷》總名，自應首列；《天問》次之；二《招》又次之；《九章》、《九歌》、《遠游》皆騷之逸響；而以《卜居》、《漁父》終焉者，《騷》之變也。

《騷》有賦序，自"高陽"起，至"故也"。是序乃《三都》、《兩京》賦序之祖。前人未曾考訂，而《文選》又削去"曰黄昏爲期"二語，遂使序與經文淆亂。

《天問》書法，本之楚史《檮杌》。

注中有訛誤之大者，因列"正誤"一條。

《離騷圖》創自仇實父，家洪綬亦繪有《九歌圖》。蕭尺木從而廣之，内廷補繪三十二圖，足稱大觀。

古今從無女子注《騷》者。康熙庚寅，有練湖女子姓陳名銀者，注《楚辭發蒙》五卷。自序："垂髫口授楚辭二十五篇，曾遍閱漢、唐以下三十一家評本，而嫌其重複拖沓，荒淫鄙瑣，可憎可厭。"其言切中諸家之弊，可謂讀《騷》有識者矣。此書無刊本，識此以存其人。

拙注稱箋，仿鄭氏注《毛詩》例，各有發明，以發前人未發之義。間有未盡及文外之意，附注於後。

古本不分章句，至朱子始分之。

采輯衆説，皆掇其能闡揚奧義，或足發明言外之義，要必切中肯綮。若老生常談，概置弗録。

《離騷箋》二卷

國朝龔景瀚撰

崇文書局本。是書原本未見。湖北本刊於光緒三年，前有乾隆五十九年海峰自序。正文大字，集注雙行小字，以“王曰”、“洪曰”、“朱曰”别之；并集諸家音訓，如“吴曰”、“五臣曰”是也；間有駁正，以“瀚曰”别之：眉目極清。其箋在每段之後，大字，降一格書之。此箋最便初學，自序所云“絲聯繩貫”者，誠不誣也。

龔氏自序曰：“楚辭以王叔師《章句》爲最古，至洪氏《補注》、朱子《集注》而備矣。然《離騷》一篇，皆隨文訓詁，未能通貫其意義也。乾隆戊戌，館於永定，讀之數月，頗有所得，顧因循未及筆之於書。今歲，受兒等方學詩賦，授以是篇。因公餘集三家之注，名物、音訓詳焉。别以鄙意箋其大義，脈絡井然，如絲聯而繩貫也。孟子曰：‘以意逆志，是爲得之。’屈子至今二千餘年矣，未敢謂其必有合也，庶使兒曹易曉焉已。書於古涇陽官署。”

《離騷圖》十卷

國朝蕭雲從撰

原本。首自序，次《三閭大夫圖》，次目。《離騷經》一圖，《九歌》九圖，《天問》五十四圖，《遠游》五圖，共六十九圖。《九章》、《卜居》、《漁父》、《九辯》、《招魂》、《大招》六篇，有書無圖。次例六條。

蕭氏自序略曰：“近睹《九歌圖》，不大稱意，怪爲改竄，而

《天問》亦隨筆就稿。《通考》載六經譜數百條，亦謂《騷》有香草、漁父諸本，乃知覃精於經者必稽詳於圖。紫陽夫子深惜《樂記》説理而度數失傳，《易》脱卦象，《離騷》無能手畫者，索圖於《騷》與索圖於經并論，又可知矣。余紓毫補綴，一宗紫陽之注，用備後來之勸懲，而終歎古人之不見我也。"

屈子，有石本《名臣像》暨張僧繇圖，又見宋史藝作《漁父圖》、李公麟作《鄭詹尹圖》，皆有三閭真儀，今合爲一圖。《九歌圖》，宋、元人皆有畫本，而杜撰不典。《遠游》原有五圖，經兵燹缺失，俟續之。《香草圖》，名載之《蜀中畫紀》，乃黄荃所作，皆寡陋不能讀。草木之經，不復紀録。

畫《天問圖》，有總序一篇。

右楚辭類。

漢劉向典校經書，裒集屈、宋諸賦，定名"楚辭"。歷代因之，實總集之始。而後世諸集不與楚辭同體，故别爲一門，列諸集部之首。其曰"騷"者，舉首一篇言之也。今所録者凡七家，注以通訓詁，疏以辨名物，圖以顯形相，亦云備矣，而古音尤不可不講。謹案《四庫附存目》，明屠本畯有《楚騷協韻》十卷，其書未善。《屈宋古音考》最爲精當，本宜入之集部，《四庫全書提要》以是書與《毛詩古音考》互相發明，又以陳第之意主於論音，故入之小學類。今以楚辭音有未備，陳《音》又以屈、宋冠首，其書之二、三卷備録屈、宋原文并增以注，實便誦讀，因列之楚辭類，以全一家之學，似亦允當。而諸注之淺陋者不及。

校勘記

〔一〕"非"，據宋朱熹《楚辭辯證》補。

〔二〕"回"，原作"懷"，據《山帶閣楚辭》改。

〔三〕"節"，原作"稱"，據上書改。

萬卷精華樓藏書記卷一百四

集部二

别集類一

《楊子雲集》六卷

漢楊雄撰

明本。萬曆年鄭璞補輯，採《漢書》及《古文苑》。陳《録》"五卷"，蓋宋本如是，即韓愈所輯者。五家謂宋玉、枚乘、董仲舒、劉向、揚雄，而宋、枚、劉三家未見輯本。晁氏《讀書志》無《子雲集》。

《蔡中郎集》六卷

漢蔡邕撰

聊城楊氏仿宋本。前後無序跋。晁《志》、陳《録》皆十卷。

陳氏曰："《唐志》'二十卷'，今本闕亡之外，纔六十四篇。其間有稱建安年號，及爲魏宗廟頌述者，非邕文也。卷末有天聖癸亥歐陽静所書辨證甚詳，以爲好事者雜編他人之文相混，非本書。"録於《直齋書録》。

晁氏曰："所著文章百四篇，今録止存九十篇。而銘墓居其半，或曰碑，或曰銘，或曰神誥，或曰哀贊，其實一也。"録於《讀書志》。

盧氏曰："傳布舊書，固極美事，千萬不可妄改。以愚所見，如《詩》、《書》、《史》、《漢》等書，宋、明以來，屢有更張，此甚非也。又如《蔡中郎集》，舊本以《故太尉橋公廟碑》一篇爲首，銘在前，以'光光烈考'爲第一段，'公諱某，字公祖'至'書於碑陰，以昭光懿'爲第二段，'橋氏之先'爲第三段。其後即係以《黄鉞》、《東鼎》、《中鼎》、《西鼎》四銘，其事本相聯屬。《百三家》本於此篇即大移易，後來刻本亦皆依之，蓋止見近代碑誌，其銘皆在後，故改蔡集以從今，其如與蔡文中所云不合何?"録於《羣書拾補》。

《鄭司農集》一卷

漢鄭玄撰

《雅雨堂》本。盧見曾採文九篇，附於《尚書大傳》之後，未可云集也。余因録碑而著之。

武氏曰："《後漢大司農鄭公碑》，唐史承節撰。承節以萬歲通天元年奉勅於河南道訪察，至高密，因父老之請爲文，文成未建而卒。鄭杳刺密州，以開元十三年八月籌度碑石，命參軍劉朏於冬閏十二月建立，後復遭隕没。今所收，乃金承安五年三月重刻。文字完好，不見唐時書人名氏。據《金石録》云'雙思、貞行書碑'，蓋略之也。按：承節撰碑，即依本傳，其引據多與今本不同。傳云'師事京兆第五元先'，碑無'先'字。'張恭祖'，碑作'欽祖'。'徵爲大司農'及與袁紹之會，碑并次於《與子益恩書》前。'故太山太守'，碑作'太山守'。所注《周易》、《尚書》、《毛詩》、《儀禮》、《禮記》、《論語》、《孝經》，碑多《周官》，無《論語》。'答臨孝存'，碑作'孝莊'。'不爲父母、昆弟所容'，碑無'不'字。'獲覲乎在位通人，處逸大儒，咸從捧手，有所受焉'，碑作'大儒得意，有所受焉'。'乃歸供養'，碑作

‘乃歸鄉’。‘遇閹尹擅勢，坐黨禁錮十有四年，而蒙赦令’，碑無此文。‘舉賢良方正’，碑作‘方正賢良’。‘公車再召’，碑以‘召’作‘徵’。‘其朂求君子之道’，碑無‘其’字。‘末所憤憤者’，碑以‘末’作‘凡’。‘某亡親墳壟未成’，碑作‘吾親’。案：承節後云兼疏本傳之文，明其所據蓋舊本也。予以文字小有異同，及金避顯宗諱‘允恭’，易‘恭祖’作‘欽祖’者，存而不論。若移次傳文，則康成‘建安元年，自徐州還高密’，下接‘時大將軍袁紹總兵冀州，遣使邀玄’云云，及‘公車徵爲大司農，給安車一乘，所過長吏送迎。玄乃以病自乞還家’，下宜接‘玄後嘗疾篤，自慮，以書戒子益恩’。比事屬辭，乃得其實，是碑遠勝今本一也。所注《儀禮》、《周官》、《禮記》，傳不言《周官》。錢氏《考異》云：‘《三禮》皆康成注，流傳至今。’乃本傳有《儀禮》、《禮記》而無《周官》，此傳寫之脱漏。今以碑證之，實有《周官》，信知唐本初無訛，是碑遠勝今本二也。‘不爲父母、羣弟所容’，案傳前言‘玄少爲鄉嗇夫，得休歸，常詣學官，不樂爲吏。父數怒之’，此出自史文，宜書其實，使康成以此見於書詞，其語似於親有愠心矣。及檢碑，無‘不’字，始悟康成自述‘吾家舊貧，爲父母、昆弟所容’，猶言幸爲親包覆成就，乃得‘去厮役之吏，游學周、秦之都’，蓋不欲舉親之過如此。自後校書者，因前‘不樂爲吏，父數怒之’，遂疑此書‘爲父母、昆弟所容’，語意不相符，輒妄加‘不’字，踵謬至今不悟，是碑遠勝今本三也。‘臨孝存’作‘孝莊’，考臨孝存名碩，北海人。碩，義訓爲大。古‘莊’、‘壯’爲一字，‘壯’亦大也。名、字相配，則‘莊’爲近之。又‘存’、‘莊’字形涉似，亦或致誤，而後人因循莫正，是碑遠勝今本四也。傳稱‘亡親’，出於康成自述，亦非孝子不忍死其親之義。碑止作‘吾親’，遠勝今本五也。承節所爲文，非獨於范《書》據其善本，當時謝承、薛瑩、劉義慶、華嶠、謝沈、袁山松諸人撰定者俱存，亦必有以對勘參稽得之，故於此必其非妄爲竄易也。”録於《授堂金石跋》。

文光案：碑在高密鄭司農祠墓前。其文見於《山左金石志》，又見於《金石萃編》。阮氏、王氏皆有跋。阮考碑、傳不同之處，與授堂所跋大略相同。王考鄭氏經學，碑與諸書有同有異。余欲全録傳文，以碑作注，并録阮氏、王氏、武氏三家之説於《鄭司農集》後，以補盧氏之所不逮，姑識於此。撰是碑者，漢有趙商，晉有戴逵，其文皆不可見。承節之文，兼取謝承諸史，其補正范《書》，昭雪古賢，心迹非淺也。只此一傳，誤已如是，他傳之誤，可以類推。安得古碑盡出，一一證之哉？金碑正書，文因唐舊，無所改竄。碑云“師事京兆第五元，始通《京氏易》”，《漢書》無“第五元”。鄭氏通《京氏易》，僅見此碑，諸書未及。碑又云“從東郡張欽祖授《周官》、《韓詩》”，《周官》不見欽祖之論。鄭學宗毛廢韓，碑獨舉《韓詩》，何也？

《陳思王集》十卷

魏曹植撰

明本。正德五年刊，前有田瀾序，又周星貽跋。

周氏跋曰：“癸酉子月廿五曰，借儀顧夫子藏本校所蓄天啓槧本訖。此本間有脱訛，且爲李氏重編，不及天啓本尚仍舊本次序。然據以補正彼本者凡數十字，披沙揀金，往往得寶，舊槧之所以可貴也。”

《簡明目録》曰：“凡賦四十四篇、詩七十四篇、雜文九十三篇。《目録》後刊‘嘉定六年癸酉’字，蓋即《文獻通考》所載十卷本也。其中《善哉行》誤收古詞，《七哀詩》不收本詞，而收晉樂所奏。《玉臺新詠》所載《棄婦篇》、《藝文類聚》所載《回文鏡銘》、《坦齋通編》所載《王宋[一]詩》，均未收入，亦不免有所舛漏。”

《嵇中散集》十卷

魏嵇康撰

鈔本。此本録自張溥《百三家集》。校黄省曾本，增多《懷香賦》一首，及原憲等贊六首，而不附贈答、論難諸作，其餘大略相同，然脱誤并甚。有叢書堂鈔本，乃吴匏庵手校者，其本未見。

《嵇中散集》十卷

魏嵇康撰

明南星書屋本。前有嘉靖乙酉黄省曾編刊序。

《野客叢書》："《嵇康傳》曰：'康喜談理，能屬文，撰《高士傳贊》，作《太師箴》、《聲無哀樂論》。'僕得毗陵賀方回家所藏繕寫《嵇康集》十卷，有詩六十八首。今《文選》所載康詩才三數首；惟載康《與山巨源絶交書》一首，不知又有《與吕長悌絶交》一書；《選》惟載《養生論》一篇，不知又有與向子期論養生《難答》一篇，四千餘言，辯論甚悉。集又有《宅無吉凶攝生論難》上、中、下三篇，《難張叔遼自然好學論》一首，《管蔡論》、《釋私論》、《明膽論》等文，其詞旨玄遠，率根於理，讀之可想見當時之風致。《崇文總目》謂《嵇康集》十卷，正此本爾。《唐志》'十五卷'，不知五卷謂何。"

文光案：《嵇康集》宋時已佚，僅存十卷。黄本與汪士賢刊本同，以王氏所云相校，惟詩缺六首，其餘悉在集中。

《野客叢書》："《石林詩話》曰：'嵇康《幽憤詩》"昔慚柳下，今愧孫登"，蓋志鍾會之事。'僕謂鍾會所以害康者，因吕安兄訟弟之故。觀其集有《與吕長悌絶交》一書甚詳。其間曰：'阿都開悟，每喜足下有此弟。足下許吾不擊都，以子父六人爲誓。吾乃感足下重言，尉解都，都遂釋然。何意足下包藏禍心，密表擊都。今都獲罪，吾爲負之。吾之負都，由足下之負吾也！’蓋康嘗爲安致解於其兄，兄紿其和，密致其罪。康悔，因爲是書，與其兄絶交，遂牽連入獄。《幽憤》之詩，正志其事，所以繼有‘内負宿心，外恧良朋’之語。《魏氏春秋》謂吕巽誣其弟安不孝，安引康爲證，康義不負心，保明其事。鍾會勸大將軍因此除之。而《晉史》亦曰：‘康與吕安友善。安爲兄所枉訴，以事繫獄，詞相證引，遂復收康。康謹言行，一旦縲紲，乃作《幽憤詩》。’蓋孫登嘗謂康曰：‘子才多識寡，難免於今之世。’此所以有愧孫之語。樂天《雜感詩》曰：‘吕安兄不道，都市殺嵇康。’”

《陸士衡文集》十卷

晉陸機撰

明本。正德己卯都穆校刊，有跋。前有徐民瞻《二俊集序》。蓋出於宋本，而流傳絶少，詳見《揅經室外集》，誠難得之本也。陸敕先校本未見。此本有徐民瞻刻書年月，并校正銜名、印工、紙張、板錢具備。

《陸士龍文集》十卷

晉陸雲撰

明本。都穆依宋本重刊。宋慶元庚申，奉議郎、知華亭縣事信安徐民瞻合刻二陸文集，取張華之語，目之曰“晉二俊文集”，即此本也。其文句訛脱，未容枚數。然北宋時已如此，而機、雲文集之傳於今者，亦莫古於此本矣。

《陶靖節集》十卷

晉陶潛撰

明本。楊氏與《忠武書》合刊之本。首序、傳，昭明太子撰；

次總論，凡十八家之説，共二十七條；次目録。凡詩四卷，文四卷，集《聖賢羣輔録》上、下二卷。附録顔延之《靖節徵士誄》一首、楊〔二〕休之《序録》一首、宋庠《私記》一首、宋治平三年思悦《書後》一首。又一首不署名，末題紹興十年，蓋校者所書。此本不知誰氏依宋本校過，皆用朱筆注之，末行刻“萬曆丁亥休陽程氏梓”九字。詩、文中有論，有注。論低三格，注雙行。

楊〔三〕氏《序録》曰：“余覽陶潛之文，辭采雖未優，而往往有奇絶語，放逸之致，棲託仍高。其集先有兩本行於世，一本八卷，無序；一本六卷，并序目，編比顛亂，兼復闕少。蕭統所撰八卷，合序目、傳、誄，而少《五孝傳》及《四八目》；然編録有體，次第可尋。余頗賞潛文，以爲三本不同，恐終致忘失，今録統所闕并序目等，合爲一帙十卷，以遺好事君子。”

宋氏《私記》曰：“右集。按《隋志》‘宋徵士陶潛集九卷’，又云‘梁有五卷，録一卷’。《唐志》‘陶淵明集五卷’。今官私所行本凡數種，與二志不同。有八卷者，即梁昭明太子所撰，合序、傳、誄等，在集前，爲一卷，正集次之。亡其録。有十卷者，即陽僕射所撰。按吴氏《西齋録》有宋彭澤令《陶潛集》十卷，或題曰‘第一’，或題曰‘第十’，或不置於集端。别分《四八目》，自《甄表狀》‘杜喬’以下爲第十卷，然亦無録。余前後所得本，僅數十家，卒不知何者爲是。晚獲此本，云出於江左舊家，其次第最若倫貫。又《五孝傳》已下至《四八目》，子注詳密，廣於他集。惟篇後《八儒》、《三墨》一條，此似後人妄加，非陶公本意。且《四八目》之末，陶自爲説曰‘書籍所載及故老所傳，善惡聞於世者，蓋盡於此’，即知其後無餘事矣。故今不著，輙别存之，以俟博聞者。”

原按：“《四八目》例，每一事已，陶即具疏所聞或經傳所出，以結前意。此二條既無後説，益知贅附之妄。”

思氏書後曰："梁鍾記室嶸，評先生之詩爲古今隱逸詩人之宗。今觀其風致孤邁，蹈勵淳源，又非晉、宋間作者所能造也。昭明太子舊所纂録，且傳寫寖訛，復多脱落，後人雖加綜緝，曾未見其完正。愚嘗採拾衆本，以事讎校，詩賦、傳記、贊述、雜文，凡一百五十有一首，洎《四八目》上、下二篇，重條理，編次爲一十卷。近永嘉周仲章太守枉駕東嶺，示以宋朝宋丞相刊定之本，於疑闕處甚有所補。其陽〔四〕僕射《序録》、宋丞相《私記》，存於正集外，以見前後記録之不同也。"

蘇東坡曰："吾於詩人無所好，獨好淵明詩。淵明作詩不多，然質而實綺，癯而實腴，自曹、劉、鮑、謝、李、杜諸人，皆莫及也。"又曰："所貴於枯淡者，謂外枯而中膏，似淡而實美，淵明、子厚之流是也。若中邊皆枯，亦何足道。"

陳後山曰："鮑照之詩，華而不弱。陶淵明之詩，切於事情，但不文耳。"又曰："右丞、蘇州皆學陶，正得其自在。"

楊龜山曰："淵明詩所不可及者，冲淡深粹，出於自然。若曾用力學，然後知淵明詩非著力所能成也。"

朱子曰："陶淵明詩平淡，出於自然。後人學他平淡，便相去遠矣。某後生，見人做得詩好，鋭意要學，遂將淵明詩平仄用字，一一依他做。致一月後，便解自做，不要他本子，方得作詩之法。"

魏鶴山曰："《風》、《雅》以降，詩人之辭，樂而不淫，哀而不傷，以物觀物而不牽於物，吟詠性情而不累於情，孰有能如公者乎？有謝康樂之忠，而勇退過之；有阮嗣宗之達，而不至於放；有元次山之漫，而不著其迹。此其小小進退所能窺其際耶？先儒所謂'經道之餘，因閒觀時，因静照物，因時起志，因物寓言，因志發詠，因言成詩，因詠成聲，因詩成音'者，陶公有焉。"

《年譜》云："在晉名淵明，在宋名潛，元亮之字，則未嘗易。”此言得之矣。

文光案：余向讀《吴禮部詩話》，見有陶詩湯伯紀注，而正傳又補所未備，湯注則未之見也。同年王君藏有是注，借而觀之，則《拜經樓》本也。後得《拜經樓叢書》，内有此種，遂還之。是本面題“陶靖節集”，右上刻“宋本重雕”，左下刻“拜經樓藏板”，皆隸書。首爲靖節先生像，像後題云：“海寧吴兔床校刊湯東澗所注《陶靖節集》，求遺像冠册首。余偶於吴江王氏勺山書屋見明人所摹《歷代名賢像》，鈎得此幅。又於吴興沈芬舟所見龍眠居士《蓮社圖》真迹，丰致與此正同，乃知此本得靖節真面目也。聞石門方懶儒亦有摹本，不知與此有異同否。乾隆丙午秋日，海鹽張燕昌書於烟波宅。”次陶淵明墓圖一、祠圖一，從宋刻别本摹。次陶靖節先生詩集目録，共六十五題，一百二十五首。次淳祐初元湯漢敬〔五〕序。其注多明作詩之意，自序所云“竊見其指，因加箋釋，以表暴其心事”是也。間引淮南、班固諸説，自序所云“他篇有可發明者，亦并著之”是也。注甚簡切，殊非句櫛字比，取盈卷牘，自序所云“文字不多，乃今繕寫模傳”是也。間引宋本湯氏《指歸》、宋元憲刊定之本，注中有“一作”字。卷末有補注七條，補注後有“乾隆丙午歲，拜經樓吴氏重雕”雙行篆書十二字長印。次乾隆五十年海昌吴騫跋。附録吴禮部所補湯注。末有嘉慶初元吴騫記。閻詠謂陶侃非淵明之祖，錢竹汀曾辨之，見於《潛研堂集》。此記更廣錢説，謂有五謬，其他不之及也。此本每葉二十行，每行大、小皆二十字。板心刻“陶詩卷幾”。其爲宋板舊式與否，未可知也。吴氏跋云：“南宋鄱陽湯文清公注陶詩四卷，世尠傳本。吾友鮑君以文出以見示，楮墨精好，誠宋槧佳本也。”昔毛斧季云此集與世本迥然不同，如《桃花源記》“聞之，欣然規往”，時本訛“規”作“親”。今觀是集，其言不謬。又《擬古》詩“聞有田子泰”，俗本多依作“子春”。其他佳處，尤不勝數。又案：《讀山海經》十三首，用本事多差誤，宋姚寬各爲注釋。詳見《西溪叢話》。

《陶靖節詩注》四卷　附録《補注》一卷

宋湯漢敬〔六〕注，元吴師道補注

《拜經樓》本。吴騫依湯東澗所藏宋本重刊。湯文清人品爲真西山、南泉諸公所推，尤深於《易》，餘詳《宋史》本傳。錢曰：“閻詠辨陶淵明非侃後，非是。”

吴氏《陶注序》曰：“淵明自其高祖長沙桓公爲晉忠臣。及桓玄篡逆，劉裕起自布衣，誅玄，又滅秦滅燕，挾鎮主之威。晉祚將易，志願莫伸，其憤悶之情，往往發見於詩。解者莫能明其心。惟近世東澗湯氏略發一二，不能悉解也。吾里詹天麒訪淵明遺迹，考其歲月，本其事迹，以注釋其詩，使陶公之心粲然明著於千載之下，蓋其功與朱子之注楚辭等。予既悲陶公之志，而嘉天麒之能發其隱祕也，故爲序其卷端。”録於《吴文正公集》。

吴氏《陶集補注序》曰：“屈子之辭，非朱子之注，人未能洞識其心。陶子之詩，悟者尤鮮。其泊然沖澹而甘無爲者，安命分也；其慨然感發而欲有爲者，表志願也。吾鄉詹麒若麟，因湯氏所注而廣之，其功蓋不減朱子也。”録於《吴文正公集》。

文光案：此二序字句雖異，而用意則同。其名或曰天麒，或曰麒，不知何故。

馮氏曰：“陶詩有化工氣象，餘則惟能描摹山水，刻畫風雲，如潘、陸、鮑、左、二謝等是矣。”録於《北江詩話》。

文光案：《吴文正公集·題朱子所書陶詩》：“朱子嘗言陶靖節見趣皆是老子意。觀此《寫陶詩》四首，與劉學古兩卷，末繫以老氏之六言，蓋其詩意出於《道經》之緒餘也。

《陶淵明文集》十卷

宋僧思悦編次

汲古閣本。首淵明小像，次東坡小像，次昭明太子序，次總目。凡詩四卷，賦辭一卷，記、傳贊、述二卷，疏、祭文一卷，《集聖賢羣輔録》上、下二卷。末有楊〔七〕休之《序録》、宋丞相《私記》、治平三年思悦書後。又有紹興十年重刊跋，缺其姓名。又毛扆跋。此本每葉十八行，每行十五字。此即所傳北宋本，蘇文忠所書南宋翻雕者，爲顧伊人湄所藏。錢梅仙手摹一本，毛氏刻之，有"毛晉之印"及"汲古閣"二印。此本《四八目》後，爲《八儒》、《三墨》，并誄及傳，皆在第十卷内。傳爲昭明所撰。又案：《五孝傳》天子四人、諸侯三人、卿大夫三人、士四人、庶人四人，傳後有贊。又此本既非楊〔八〕僕射本，亦非宋丞相本，蓋思悦取昭明八卷之本重編爲十卷，而刻於治平三年者也。《四八目》内子注甚詳，有宋均注。其餘詩文内有"或作"之字，不知爲何人所校。毛曰："所謂宋本作某者，宋丞相之本也。"如是，則當爲思悦所加，然亦不可考矣。毛跋專誇板本并文忠筆法，於書則無所考證，故不録。大抵毛氏諸跋多浮詞，不脱明人習氣故也。至於甲子紀年之説，自休文發之，承其謬者不一家；自思悦辨之，廣其説者又不一家；而何孟春主《碧湖雜記》之説，以思悦爲有所不知，更失之遠矣。善乎！景濂之言，曰："淵明之清節，豈待書甲子而始見耶?"此真可以决疑矣。

温汝能曰："毛氏所刻蘇本，年湮世遠，真贋難分。附以《羣輔録》、《八儒》、《三墨》之條，以爲後人贅附無疑。摹刻雖工，吾無取焉。明吴汝紀所刻焦氏本，頗稱完善。"

《陶詩彙注》四卷　《附録》一卷

國朝吴瞻泰撰

《拜經堂》本。首康熙甲申宋犖序，次自序，次目録，次凡例，次傳，次年譜。詩後附《史述九章》。末輯諸家説百餘條并《綺園論》。此本搜採甚富，寫刻亦工；惟所取未能精審，考證亦多疏略。陶詩無善本，更無佳注。此注用功雖深，亦未爲盡善也。

宋氏序曰："新安吴子東巖喜讀陶詩，常輯諸家注，衷以己説，要皆解其所當解，而不解其所不必解，合於徵士'不求甚解'之旨。"

吴氏自序曰："柳子厚、韋蘇州、白香山、蘇東坡皆善學陶，刻意髣髴，而氣韻終不似。捫蝨子謂子厚語近而氣不近，樂天學近而語不近，東坡《和陶》百餘篇亦微傷巧，蓋皆難近自然也。而或以爲知道，或以爲逃名，至舉以爲隱逸詩人之宗，則尤非知陶詩者。靖節絶非無意於世者比也，後人惑於休文甲子之誤，遂欲句櫛字比，以爲譏切寄奴，抑又泥矣。昔黄鶴魯訔注杜，年經月緯，幾於浣花詩史竟作新、舊《唐書》，識者譏焉。而至不善者，莫如李善輩之注《文選》，不惟訓詁俗習，重沓牽復，而雕傷詩旨，改竄經籍，翻使作者命意半失於述者之明，可歎已。余故與程君偕柳有《删補昭明選詩注》一書，欲正其訛，尚未卒業。而陶詩授讀三十年，凡有片言，即筆之。既而屢削其稿，今所存者什之二三而已。門人程生崟請梓，遂授之。"

文光案：自來訾議善注，未有若吴説之甚者。其所《删補選注》，雖未之見，然觀其注陶，恐未能正李之失也。

例云："北齊陽僕射休之《序録》云：'《陶集》一本八卷，無序；一本六卷，并序目，編比顛亂，兼復缺少。梁蕭統所撰八卷，合序目、傳、誄，而少《五孝傳》、《四八目》；然編録有體，次第可尋。今録統所闕并序目等，合爲一帙十卷。”此陽本與蕭本并傳，爲《陶集》所由始。《隋志》‘《潛集》九卷’，《唐志》‘五卷’，所載互異。《通考》稱吴氏《西齋目》有《潛集》十卷，疑即休之本也。休之本出宋丞相庠家。虎丘寺僧思悦云：‘永嘉周仲章太守家藏本，宋丞相刊定之本，於疑闕處甚有所補，憾此本今不傳也。’思悦采拾衆本，定爲十卷，刻於治平三年。世所傳宋槧，即此本耳。明何孟春、張爾躬二本皆祖之。何注較詳，訛缺亦不少。而詩注四卷單行，則始自宋湯漢敬[九]，世所引東澗者也。又元劉履《選詩補注》中箋陶至數十首，雖非專本，亦可觀。明黄文焕有《陶詩析義》四卷，皆箋己見，多所發明。”“宋吴仁傑有《靖節年譜》一卷，張縯《辨證》所謂‘蜀本’也。又宋王質所撰《紹[一〇]陶録》、《年譜》相證，互有發明。《陶集》皆無年譜，今并著之。陶詩次序失實，自陽僕射時已然。吴譜亦或失實。”“《田園詩》五首，俗取江淹“種苗在東皐”爲卒章。《問來使》一首，亦江作。或云唐人，或云東坡。《四時》一章爲顧長康詩，今并删去。”“黄本最善，惟牽合易代事太多。”“朱竹垞出示所弆抄本詩話，廣所未見。”

陽休之曰：“陶文詞采雖未優，而往往有奇絶語。放逸之致，棲託仍高。”

葉夢得曰：“《詩品》論淵明詩出於應璩，其説無據。應詩，《文選》載一首，與陶了不相類。”

山谷云：“退之於詩本無解處，以才高而好耳。陶淵明不爲詩，寫其胸中之妙耳。”

梅鼎祚曰：“作詩須從陶、柳門中來乃佳。不如是，無以發蕭散冲澹之趣，不免於局促塵埃，無由到古人佳處。”又曰：“陶詩平淡，出於自然。後人學他平淡，便相去遠矣。”文光案：此朱子語，重出，恐是誣引。

江盈科《雪濤詩評》曰："陶詩超然塵外，獨闢一家。"

《陶詩彙評》四卷　《東坡和陶合箋》四卷

國朝温汝能撰

聽松閣本。嘉慶丁卯年刊，板本甚佳。《彙評》，首自序；次《陶徵士誄》，顏延年撰；次傳，昭明太子撰；次目；次像并贊，末有自跋。是本句中之注不列名氏，評語低三格，夾注。書之所收評語，凡數十家，在宋如朱子、東坡、後村、山谷，國朝如查初白、何義門尤多，蓋即其家藏舊本綴拾成帙，末則附以案語，故曰"彙評"。《和陶合箋》，首自序，次孝宗序，次傳，次像并贊，次目。附録《和歸去來兮辭》、《歸去來集字》十首，《問淵明》一首。末有跋，考《和陶詩》甚詳。此本詩句中標"施注"、"查注"、"馮注"，故曰"合箋"。詩後多黄濳庵之評，間有案語。《和陶詩》各刻本章數互異，大約諸家選輯，分合不同。

温氏自跋曰："愚按查初白曰：'陶詩，宋以前無注者，至湯東澗始發明一二而未詳。元初詹若麟，居近柴桑，因遍訪故迹，考其歲月，本其事迹，以注釋其詩。吴草廬爲之序，比於紫陽之注楚騷。當時必有刻本，而今不可得也。據此，則東澗而下，詹注爲最，而詹氏之説亦罕見於他本。厥後論注，雖代不乏人，每苦缺而不全。余所藏陶集數家，尤愛蔣丹厓薰所評之本，而其壻周青輪文焜參訂殊精。末附東坡《和陶詩》，未經箋釋，頗嫌簡略。此外如陳倩父祚明、聞人訥甫倓，選評精當，皆於陶旨有深契焉者。因并集諸家論説，附以《歸去來辭》、《五柳先生傳贊》、《讀史述九章》。他文不載，仍以東坡《和陶》附於後，使讀者見兩賢同調，千載神交，誠非偶爾。"

歐陽文忠曰："晉無文章，惟《歸去來兮辭》一篇而已。"

葛常之曰："淵明《讀史九章》，皆有深意。其尤彰彰者，《夷齊》、《箕子》、《魯二儒》三篇。甘貧不悔，豈非以恥事而然耶！”

吴師道曰：“予家《淵明集》十卷，卷後有陽〔一一〕休之《序録》、宋丞相《私記》及曾紘《説讀山海經誤句》三條。乾道中，林栗守江州時所刊。第三卷首有序，云：‘《文選》五臣注淵明《辛丑歲七月赴假還江陵夜行途中》詩，題云“淵明晉所作者，皆題年號。入宋，所作但題甲子而已。意者恥事二姓，故以異之。”思悦考淵明之詩，有以題甲子者，始庚子，距丙辰凡十七年間，只九首耳，皆晉安帝時所作也。中有《乙巳歲三月爲建威參軍使都經錢溪作》，此年秋乃爲彭澤令，在官八十餘日即解印綬，賦《歸去來兮》。後一十六年庚申，晉禪宋，恭帝元熙二年也。蕭得施作傳曰：“自宋高祖王業漸隆，不復肯仕。”於淵明之出處，得其實矣。寧容晉未禪宋前二十載，輒恥事二姓，所作詩但題以甲子而自取異哉？矧詩中又無標晉年號者，其所記甲子，蓋偶記一時之事耳。後人類而次之，亦非淵明意也。世之好事者多尚舊説，今因詳校，故書於第三卷首，以明五臣之失，且祛來者之惑。’愚按：陳振孫亦云：‘有治平三年思悦題。思悦，不知何人。’今未有考，但其所論甚當，而有未盡。且《宋書》、《南史》皆云‘自宋高祖王業漸隆，不復肯仕。所著文章皆題其年月，義熙以前，明〔一二〕書晉氏年號；自永初以來，惟云甲子而已’，蓋自沈約、李延壽皆然。李善亦引之，不獨五臣誤也。今考淵明文，惟《祭程氏妹文》書‘義熙三年’；《祭從弟敬遠文》則云‘歲在辛亥，節惟仲秋’；《自祭文》則曰‘歲惟丁卯，律中無射’。惟丁卯在宋元嘉四年，辛亥亦在安帝時，則所謂‘一時偶記’者，信乎得之矣。”“《贈長沙公族祖》云‘同源分流，人易世殊。慨然寤歎，念兹厥初。禮服遂悠，歲月眇徂。感彼行路，眷然躊躇’云云，蘇明允《族譜》引一篇之意，不出此數語。”“《歸鳥》四章，一章‘和風’，二章接‘清陰’句下，三章‘日夕氣清’，四章‘寒條’，具四時意。”“《桃源記》云‘無論魏晉’，乃寓意劉裕，託之於秦爾。”

文光案：《四八目》，即《聖賢羣輔録》，不知何人所撰。刻入《陶集》，實爲贅疣，宜删去之。

《昭明太子集》五卷

梁昭明太子撰

明本。遼國寶訓堂重刊。前有梁簡文帝序，劉孝綽序，簡文帝上《昭明集》、《别傳》等表，蕭子範求撰《昭明集》表，無目録。按：卷中爲賦、詩、贊、啓、内有《錦帶書十二月啓》十二通。書、疏、議、序、内有《文選序》、《陶集序》。《令旨解二諦義》、《令旨解法身義》。二《義》并《問答》爲第五卷。末有淳熙八年郡刺史建袁説友跋、嘉靖乙卯周滿後序。按劉序，編次爲一帙十卷。此本五卷，爲宋人所掇輯，非原書也。明有葉紹泰刊本，六卷。

袁氏序曰：“池陽郡齋既刻《文選》與《雙字》，於以示敬事昭明之意。今又得《昭明文集》五卷，而併刊焉。”

周氏序曰：“《昭明集》，世鮮概見。余得之百泉皇甫公者，文多訛闕未整。乃正之升菴楊公、木涇周公，間以己意訂補，亦略成書。三復遺篇，如獲罕寶，乃刻之齋中，傳諸其人。”

文光案：此集又見於張溥《百三家集》。

《江文通集》四卷

梁江淹撰

崑山徐氏本。首乾隆二十三年崑山徐傳星白榆序，次梁賓序，次金允高序，次目。賦一卷，雜文三卷，騷、樂府詩一卷。後附本傳、梁白源跋。本傳：“著述三百餘篇，自撰爲前、後集，并《齊史》十志，行於世。”宋本久佚。此本，梁賓取新安汪氏、婁東張氏合睢陽湯文正公手抄本，訂訛序次。邑令徐傳星爲之刻，使金允高董其事，金隨三校字。

徐氏序曰："先曾大父司寇公，以不得見文通全集爲憾。余奉檄河干，作宰葵丘。邑爲文通故里，邑紳梁學愚搜輯十餘年，釐爲各體，彙成四卷。余輸俸入付剞劂。"

《籟記》一卷

陳新蔡王叔齊集

《知不足齋》本。前有自序，序前題"陳侍中、將軍祭酒新蔡王叔齊撰"。末附本傳、墓誌，誌題"陳記室參軍、吴興沈志道撰"。凡天籟十四章、人籟十五章、地籟十三章。天籟如風雷之類，人籟如嘯唱之類，地籟如林谷之類。凡有聲者，各賦以紀之。各題下有注。

王自序曰："取《莊子》三籟之義，采史傳八風之言，附諸有聲，彙爲一篋，將以上徜《麥秀》之音，下攄《離騷》之感，冀同類者之覽觀，非敢語於中和之君子矣。"

傳曰："新蔡王風采明贍，博涉經史，善屬文。"

誌曰："王諱叔齊，字子肅，宣皇帝十一子也。"

陳子聞而賦之曰："來殷殷以疾舉兮，憾坤維而崩蕩；鼓含生以長遂兮，概心壯之永降。彼君子之修省兮，奉天威以寅亮。惟狡童之不戒兮，乃終喪乎匕鬯。"以上賦雷。録此一章，以見其體。

《庾子山集》十六卷

周庾信撰，國朝倪璠注

通行本。道光己亥年重刊。前有張溥序、題詞十四條。年譜，世系圖，皆倪氏所撰。次本傳，次滕王序，次目録。凡賦二卷，詩二卷，樂府一卷，歌詞一卷，表一卷，啓、書一卷，連珠一卷，贊一卷，曰教、曰文、曰序、曰傳一卷，銘一卷，碑二卷，誌、銘二卷。倪注有未盡者，又著《總釋》一卷附於後。《庾集》在周、隋時有二本，一爲滕逌所輯，一爲魏澹所注，俱已不傳。世所稱《庾開府集》，乃宋太宗諸臣所輯。後人抄撰成書，多不詮次。原集二十卷，隋文帝增逸文一卷，《文苑英華》有序。宋本至明亦佚。吴氏兆宜復從諸書抄撮，成《箋注》十卷，有詩評、凡例。其《哀江南賦》，則徐樹屏所注也。近又有通行本。倪氏因吴注出自衆手，不免漏略，乃重爲補葺，成《集注》十六卷，并釋其序傳，較吴注則詳審多矣。

校勘記

〔一〕“宋”，原作“朱”，據《四庫全書簡明目録》改。

〔二〕“楊”，據明梅鼎祚《北齊文紀》，當作“陽”。

〔三〕同上。

〔四〕“陽”，原作“楊”，據上書改。

〔五〕“湯漢敬”，據《宋史》爲“湯漢”，“敬”字衍，當删。

〔六〕同上

〔七〕同〔二〕。

〔八〕同〔二〕。

〔九〕同〔五〕。

〔一〇〕“紹”，原作“昭”，據《四庫全書總目》改。

〔一一〕同〔四〕。

〔一二〕“明”，《宋書》作“則”。

萬卷精華樓藏書記卷一百五

集部二

别集類二

《東臯子集》三卷　《附録》一卷

唐王績撰

鈔本。前有吕才序、陸淳刪集序、吴翌鳳跋。

吴氏跋曰："庚子初冬，於鮑以文丈處見宋槧本，凡五卷，視此增多三十餘篇。惜未假得校補，書此以俟。十七日。"

《簡明目録》曰："績爲王通之弟，而天性真率，不隨通聚徒講學，獻策干進。詩文皆疏野有别致，其詩惟《野望》一篇最傳。然如《石竹詠》、贈薛收詩，皆風骨遒上；《古意》六首，亦陳、張《感遇》之先導。集爲吕才所編。此本卷數與才序合，而才所稱《龍門憶禹賦》，集乃不載，似未必舊本矣。"

《張燕公集》二十五卷

唐張説撰

聚珍本。凡詩五卷、文二十卷。《唐志》"三十卷"。宋本與今本同，明本不足。此本採《文苑英華》及《唐文粹》所載，補入六十一篇，遂成完書。燕公之文，典麗宏贍，與蘇頲并稱"燕許大手筆"。集中碑誌極多，凡十一卷。

《平津館書籍記》："《張説之文集》二十五卷，前有永樂七年伍德序，後有‘嘉靖丁酉冬十月朔旦椒郡伍氏龍池草堂家藏本校刊’二十二字，又張九齡撰《燕國公墓誌銘并序》一篇。此本缺佚尚多。每葉廿行，行二十字。收藏有‘鷺水浪仙書籍之印’。”

《大唐新語》：“則天初革命，大搜遺逸，四方之士應制者向萬人。則天御雒〔一〕陽城南門，親自臨試。張說對策爲天下第一，則天以近古以來未有甲科，乃屈爲第二等。拜太子校書，仍令寫策本於尚書省，頒示朝集及蕃客等，以光大國得賢之美。”

文光案：《詞標文苑》科策三道在集内。

“玄宗朝，張說爲麗正殿學士，嘗獻詩曰：‘東壁圖書府，西垣翰墨林。諷《詩》關〔二〕國體，講《易》見天心。’玄宗深嘉賞之，優詔答曰：‘得所進詩，甚爲佳妙。風雅之遺，斯焉可觀。并據才能，略爲贊述，具如别紙，宜各領之。’玄宗自於彩箋上八分書說贊曰：‘德重和鼎，功逾濟川。詞林秀發，翰苑光鮮。’其徐堅以下，并有贊述，文多不盡載。”

“張說、徐堅同爲集賢學士十餘年，好尚頗同，情契相得。時諸學士凋落者衆，惟說、堅二人存焉。說手書諸人名，與堅同觀之。堅謂說曰：‘諸公昔年皆擅一時之美，敢問孰爲先後？’說曰：‘李嶠、崔融、薛稷、宋之問皆如良金美玉，無施不可。富嘉謨之文，如孤峰絶岸，壁立萬仞，叢云鬱興，震雷俱發，誠可畏乎；若施於廊廟，則爲駭矣。閻朝隱之文，則如麗色靚妝，衣之綺綉，燕歌趙舞，觀者忘憂；然類之《風》、《雅》，則爲俳〔三〕矣。’堅又曰：‘今之後進文詞孰賢？’說曰：‘韓休之文，有如太羹元酒，雖雅有典則，而薄於滋味。許景先之文，有如豐肌膩體，雖穠華可愛，而乏風骨。張九齡之文，有如輕縑素練，雖濟時適用，而窘於邊幅。王翰之文，有如瓊林玉斝，雖爛然可稱，而多有玷缺。若能箴其所闕，濟其所長，亦一時之秀也。’”同上。

《張氏藏書志》：“《張說之文集》，殘本十卷，影寫宋刊本。

卷首《喜雨賦》二首，一題‘御製’，一題‘應制’。明刻本删去‘御製’、‘應制’等字。卷五《醉中作》，明刻本有題無詩。卷六《廣州蕭都督入朝過岳州宴餞》，後缺一頁。計詩七首、題一行。錢牧翁從宋本抄補，上方有毛扆題識云。此一葉世行本皆缺，牧翁先生從宋本手抄補入，後之讀此書者，勿易視之。”謹案：此本《喜雨賦》祇有《應制》一首。《醉中作》在第二卷末，有詩。此本第六卷爲《頌餞蕭都督入朝》，全集中無是題。

《大衍曆序》曰：“《開元大衍曆》，《經七章》一卷、《長曆》三卷、《曆議》十卷、《立成法》十二卷、《天竺九執曆》一卷、《古今曆書》二十四卷、《略例奏章》一卷，凡五十二卷。”

文光案：此書成於開元十六年。集中又有《進渾儀表》。先造游儀，後造渾儀，皆以銅鑄儀，注水激輪，令其自動。張衡等舊器，不能運行。

《曲江集》十二卷　附《千秋金鑑録》五卷《附録》一卷

唐張九齡

韶陽風度樓本。雍正十年，後裔張世綱校刊。知韶州府事袁安昱序。此本出於邱本，有邱浚序。文莊得文淵閣所藏宋槧，録傳於外。成化九年，韶守蘇韡刻之郡庠。序文十四篇，猶是明刻陋習，悉宜删去。前有小像并唐文宗制。嘉靖甲辰，岳惟喬得之，因模一本遺守祠孫，知畫者謂爲吴道子真迹。道子與公同時。像右有中書省印，上有阜陵題贊。此刻亦模入《金鑑録》，的是僞撰，不知何人附入。附録爲誥命、碑銘。

《分類補注李太白集》三十卷

宋楊齊賢集注，元蕭士贇補注

明本。詩集刻“霄玉齋校刊”，文集刻“瑞桃堂校刊”。凡詩二十五卷，注以“齊賢曰”、“士贇曰”別之，而補注極少。文集五卷，無注。自一至五另編，不與詩合。詩題“分類補注李詩全集”。其類曰古賦，曰古風，曰樂府，曰歌吟，曰贈，曰寄，曰留別，曰送，曰酬答，曰游宴，曰登覽，曰行役，曰懷古，曰紀閑，曰懷思，曰感遇，曰寫懷，曰詠物，曰題詠，曰雜詠，曰閨情，曰哀傷。自歌吟以下，凡十八類。文題“分類編次李太白文集”，凡三十六篇，曰表，曰書，曰序，曰記，曰頌，曰贊，曰銘，曰碑文。前有寶應元年李陽冰序；次樂史序；次宋敏求序；次曾鞏序；次《碣記》，尚書膳部員外郎劉全白撰；次墓誌并序，殿中侍御史李華撰。

陸氏曰：“世言荆公《四家詩》後李白，以其十首九首説酒及婦人，恐非荆公之言。白詩樂府外，及婦人者實少，言酒固多，比之淵明輩，亦未爲過。此乃讀白詩不熟者妄立此論耳。《四家詩》未必有次序，使曾不喜白，當自有故。蓋白識度甚淺，觀其詩中如‘中宵出飲三百杯，明朝歸揖二千石’、‘揄揚九重萬乘主，謔浪赤墀金鎖〔四〕賢’、‘王公大人借顏色，金章紫綬來相趨’、‘一別蹉跎朝市間，青云之交不可攀’、‘歸來入咸陽，談笑皆王公’、‘高冠佩雄劍，長揖韓荆州’之類，淺陋有索客之風。集中此等語至多，世但以其詞豪俊動人，故不深考耳。又如以布衣得一翰林供奉，此何足道？遂云‘當時笑我微賤者，卻來請謁爲交歡’，宜其終身坎壈也。”録於《渭南集》。

文光案：此集千有一首，而《閨情》僅三十六首，以爲多言婦人者，誤也。又案：李陽冰編《草堂集》十卷。樂史又收歌詩十卷，與《草堂集》互有異同，因校勘爲二十卷，號曰“李翰林集”。又於三館中得賦、序、表、書等，亦排爲十卷，號曰“李翰林别集”。

《李太白文集輯注》三十卷 《附録》六卷

國朝王琦注

寶易樓本。首乾隆己卯齊召南序，次目録。凡賦一卷、詩二十四卷、文五卷。附録序、誌、碑、傳十二首，諸家題詠詩文八十首，叢語二百二十則，年譜一卷，外記一百九十四則。

齊氏序曰："李、杜兩集，本非手定，後人搜羅採摭，篇章遞增，其中時有真贋參錯，轉寫訛舛。李集更多，蓋自寶應元年往依族子陽冰，得疾以卒，遂葬當塗青山東麓。陽冰序《草堂集》十卷，即云當時著作十喪其九，今所存者，皆得之他人。魏顥序《翰林集》二卷，亦云上元末偶得於絳。此即劉全白《碣記》所謂'集無定卷，家家有之'者也。至宋時，宜黄樂史始輯《别集》；常山宋敏求廣裒遺文，始合爲三十卷；南豐曾鞏始考訂先後次第；元豐中信安毛漸始校刻於蘇；紹興中閩薛仲邕始爲年譜。太白本末，諸序，記，誌，范、裴二碑及《新唐》、《舊唐》二書可證本詩，世遠事湮，疑謬雜出，寧得免焉？而兩集之注，一榮一枯。注杜名氏，更僕難數；《李集》可見之注，止楊、蕭、胡氏三家。今欲廣爲訂正，與注杜較工拙，不亦難易懸隔太甚乎！兹閲錢塘王載庵先生《輯注》，而深歎其好學不倦，能數十年專心致志，爲人所不能爲也。此編持論平正，其輯三家，去短從長，援引本本原原，斟酌至當，誠太白功臣也。"

文光案：齊序與集本互有異同，序有糢糊字，以集本補之。

《東坡集》："過姑孰堂下，讀李白《十詠》，疑其淺近。見孫邈，云聞之王安國，此乃李赤詩。祕閣有《赤集》，此詩在焉。《白集》中無此。赤見《柳子厚集》，自比李白，故名赤，卒爲厠鬼所惑而死。今觀此詩止如此，而以比白，則其人心恙已久，非特厠鬼之罪。”

文光案：《十詠》在二十二卷末。或曰《十詠》及《歸來乎》、《笑矣乎》、《僧伽歌》、《懷素草書歌》，太白舊集本無之，宋次道再編時貪多務得之過也。

《杜工部草堂詩箋》四十卷　《外集》一卷　《補遺》十卷　《附録》一卷　《目録》二卷　《年譜》二卷　《詩話》二卷

宋蔡夢弼撰

黎氏本。《古逸叢書》之二十三。每葉二十四行，每行大字二十字，小字二十六字。《詩話》凡二百餘條，皆宋人之説，所採《容齋隨筆》、《韻語陽秋》最多。成都浣花江上、萬里橋之西爲草堂，子美之故居。

黎氏《叙目》曰：“此書前四十一卷，宋麻沙本；《補遺》十卷，朝鮮繙刻本。卷中惟題‘《杜工部草堂詩箋》卷第幾’，及‘嘉興魯訔編次，建安蔡夢弼會箋’者爲是。餘或稱‘黄氏’，或稱‘集諸家注’，或云‘杜工部詩史補遺’，或題‘臨川黄鶴集注，建安蔡夢弼校正’，或單加‘集注’、‘增修’等，皆坊賈妄爲，奪文訛字，不可勝糾。蔡箋繁而寡要，適如錢蒙叟《杜注·叙例》所譏。可取者，編年本獨此耳。考陳景雲注《絳云樓書目·宋板草堂詩箋》云：‘《草堂詩》有高麗刻本。如《水筒詩》“何假將軍蓋”之句，“蓋”，高麗本作“佩”。’注引李貳師拔刀刺泉事。錢受之謂較‘蓋’字爲穩，宜從之，其爲善本可知，似未窺見全體。惟翁覃溪《復初齋詩集》有二跋，論最允當。今採附卷末。當《四庫》開館時，覃溪爲纂修官，此《箋》未經著録，僅收《詩話》一卷。想其獲睹全書，在《提要》告成之後也。”

翁氏跋曰：“此本卷首失其序，前題‘魯訔編次’，卷内又有

'魯訔曰'，蓋南宋末坊賈之所爲也。至若《義鶻行》謂指回紇言，《茅屋爲秋風所破歌》謂譏明皇、肅宗，諸如此類，荒謬可笑者甚多。又多僞造東坡之説，誠如陳直齋所訶者。然其間如第二十卷内《暫如新津縣》四首、第廿一卷《暫如青城縣》五首之類，則是杜公原本如此，今已久爲注本所删，而此尚幸存。又如第一卷内《過宋員外舊莊》二首'右二篇歲月莫可考'，此猶見舊本闕慎之義，而諸家注本皆删去之。是則雖南宋書坊妄輯之本，而尚足爲考見古本之一助耳。"

翁氏又跋曰："注杜詩者，以魯訔、黄鶴并稱。魯在黄前，而宋槧本絶少。考黄鶴補注，頗採魯本之説。此《箋》成於嘉泰甲子，在黄注本之前十二年。卷内標舉杜公某年某地所作，頗具節次，足見南宋時尚存杜詩原本之遺，而今則不可問矣。"

《經籍訪古志》："《杜工部草堂詩箋》四十卷，宋槧元修本，海保氏傳經廬藏。無序及跋。'文'、'玄'、'徵'、'貞'、'匡'、'慎'、'敕'、'樹'等字皆缺筆。格外標記卷數、頁數。板式大小廣狹不一，補板亦頗多。有'妙覺寺常住日奥'及'日典'二印。"

文光案：此本序文另編一卷，故諸家皆言無序。附録《新唐書》本傳及元稹所撰《墓誌》皆有注。孫僅、王洙、王安石、胡宗愈舊序四首，紹興癸酉冷齋魯訔序，魯序後爲蔡跋。跋降二格。《外集》後又有開禧元年俞成校正蔡《箋》跋。其言無序及跋，蓋未審也。

魯氏序曰："名公鉅儒，譜叙注釋，是不一家，用意率過，異説如蝟[五]。余因舊集略加編次，古詩、近體，一其後先。摘諸家之善，有考於當時事實及地理、歲月，與古語之的然者，聊注其下。若其意律，乃詩之六經，神會意得，隨人所到，不敢易而言之。"

蔡氏跋曰："世本訛舛，訓釋紕謬，有識恨焉。夢弼因博求唐宋諸本杜詩十門，聚而閱之，三復參校，仍用嘉興魯氏編次，以爲定本。每於逐句本文之下，先正其字之異同，次審其音之反切，方舉作詩之義以釋之，復引經、子、史、傳記，以證其用事之所從出。離爲五十卷，目曰'草堂詩箋'。題曰'樊'者，唐樊晃小集本也；題曰'晉'者，晉開運二年官書本也。"

余氏跋曰："蔡君傅卿生平高尚，不求聞達，嘗注韓、柳之文，了無留隱。至於少陵之詩，尤極精妙。其始考異，其次辨音，又其次講明作詩之意義，又其次援引用事之所從出。凡遇題目，究竟本原；逮夫章句，窮極理致。非特定其《年譜》，又且集其詩評，參之衆説，斷以己意，警悟後學多矣。"

《九家集注杜詩》二十六卷

宋郭知達編

聚珍本。前有御製詩二首、郭知達自序、曾噩序、提要、目録。凡古詩十六卷、近體詩二十卷。此書集王洙、宋祁、王安石、黄庭堅、薛夢符、杜田、鮑彪、師尹、趙彦材九家之注，最爲簡要，而傳本絶少。御詩注云："宋本卷後署云'寶慶乙酉廣東漕司鋟板'。馬《考》載此板，亦稱爲善本。""此書舊藏武英殿，僅爲庫貯陳編，無有知其爲宋槧者。兹以校勘《四庫全書》，向武英殿移取書籍，始鑒及之，而前此竟未列入《天禄琳琅》，豈書策之遇合遲早亦有數耶?""《天禄琳琅》惜早已成書，此本當爲續入上等。""世以藏經紙之未作經册者爲卷筒紙，最爲難得，此書面頁用之。""是書庋塵武英殿庫架不知幾許年，今始物色及之，且辨其爲宋槧善本。"

郭氏自序曰："杜詩自箋注雜出，是非異同，多所牴牾。因輯善本，凡九家，屬二三士友，各隨是非而去取之。如假託名氏，撰造事實，皆删削不載。精其讎校，正其訛舛，大書鋟板，置之郡齋，以公其傳。"

曾氏序曰："注杜詩者數十家，乃有牽合附會，頗失詩意；惟蜀士趙次公爲少陵忠臣。今蜀本引趙注最詳，好事者願得之，亦未易致。兹摹蜀本刊於南海漕臺，會士友以正其脱誤，見者必當刮目增明矣。"

文光案：是注冠以"趙云"者極多，其注亦詳。其他有不冠名氏者，不知誰注。間有"公自注"、"杜補遺"、"杜正謬"，爲杜田所作；"王洙曰"，以别於荆公；"薛曰"、"鮑曰"、"師曰"，間一有之。而宋、王、黄三家之注，皆不冠名姓，不能識别。郭序稱王文公、宋景文公、豫章先生，想列於前者，當是三家之注，而三家單注本更不可見矣。

陳《録》："《杜工部詩集注》三十六卷，世有稱東坡《杜詩故事》者，隨事造文，一一牽合，而皆不言其所自出；且其辭氣首末若出一口，蓋妄人依託以欺亂流俗者。書坊輒勦入《集注》中，殊敗人意。此本獨削去之。福清曾噩子肅刻板五羊漕司，字大宜老，最爲善本。"《提要》案云："東坡《故事》，當作'老杜故事'。""宜老，謂宜乎老眼。刻本或作'可考'，非。"

晁氏曰："'子美曠放不自檢，好論天下大事，高而不切。當〔六〕寇亂，挺節無汙。爲歌詩，傷時撓弱，情不忘君，人憐其忠云。'本朝自王原叔以後，學者喜杜詩。爲之注者，率皆鄙淺。有托王原叔名者，其實非也。吕微仲在成都，嘗譜其年月。近時有蔡興宗，再用年月編次之。而趙次公者，又以古律詩雜次第之，且爲之注。兩人頗以意改定其誤字，人不善之。"録於《讀書志》。

文光案：原叔名洙。趙注五十九卷。

趙云："世有《杜鵑辨》，李新元應之作。鬻書者編入《東坡外集·詩話》，誤矣。其説曰：'南都王誼伯書江濱驛垣，謂子美詩歷五季兵火，舛缺離異，雖經其祖父所理，尚有疑闕者。如

《杜鵑》詩，誼伯謂“西川有杜鵑”四句，蓋是題下注，斷自“我昔游錦城”爲首句。誼伯誤矣。'”

文光案：李新以誼伯爲誤，次公亦謂四句非注，其説甚長，不備載。

趙云：“‘清如玉壺冰露寒’，鮑明遠詩也。舊本作‘寒露’，豈傳者惑於句律而倒寫耶?”

文光案：此《入奏行》第四句之注。趙注詳於詩意且多所辨正宋本之舊，尤爲可貴。

趙氏曰：“劉路嘗收唐人新編老杜詩數十首，用字與今本不同。有《送惠二過東溪》詩，集中無有。詩云：‘惠子白驢瘦，歸溪惟病身。黄天無老眼，空谷滯斯人。崖密松花熟，山林竹葉春。柴門了生事，黄綺未稱臣。”録於《侯鯖録》。

文光案：二“黄”字重，當是“皇天”，未敢妄改，照本書録之。

《讀杜詩愚得》十八卷

元單復撰

元本。板甚古雅，不著年月。首序例；次《杜子世系》；次元稹序，有注；次《重訂杜子年譜》，詩目在内。例云：“愚得者，仿朱子注經之例，通其所可通，不强其所不可通。”序云：“讀須溪之評不能解，因自言所得。”案：宋本杜詩多列辰翁評語，然泛而不切。此注在詩後，不復首首皆注。間采諸家，而冠以“某曰”。其於古詩之聯絡、詞意之曲折，亦曾言之，勝於劉評。惟人未詳考，以俟知者。

《集千家注杜詩》二十卷

元高楚芳編

明本。長洲許自昌校刊。前有寶元二年王洙序、皇祐壬辰王安石序、元祐庚午胡宗愈序、嘉泰甲子蔡夢弼序、目録。文集二卷，祇末一篇有注，其餘題下注年譜。詩集二十〔七〕卷。此南宋書肆之本，楚芳略爲删削，散劉辰翁評語於句下，非原書矣。王原叔序云："《甫集》初六十卷，今稱大、小集者，皆亡逸之餘，人自編摭，非當時第叙矣。蒐裒中外書，凡九十九卷，共九本。定取千四百有五篇，視居行之次與歲時爲先後，分十八卷，又别録賦筆雜著二十九篇爲二卷，合二十卷。"此《杜集》之原本。荆公得世所不傳者二百余篇，作《後集序》。胡宗愈刻杜詩於成都草堂壁間，作《詩碑序》。蔡夢弼撰《草堂詩箋》，所據者唐樊晃小集本、晉開運官書本、歐陽永叔本、宋子京本，又集王介甫、蘇子瞻、陳無己、黄魯直以及宋次道以下數十家之説，以成是箋。今刻入《古逸叢書》。《古逸叢書》皆照宋板舊式刻之，余得其初印本，遂著於録。日本日精於雕板，故此板最工。

《杜工部集注》二十卷

虞山蒙叟箋注

静思堂本。錢遵王、季滄葦校。首《詩箋》元本自序，次王洙序，次康熙六年季振宜序，次略例，次諸家詩話，次唱酬、題詠、附録，次目録。凡詩十八卷，附録他集互見詩并逸詩文二卷。附吕東萊注。卷末無跋。此箋於趙次公注存什之一。

季氏序曰："牧翁箋注杜詩，四五十即隨筆記録，年八十書始成。成書後又千百條。余讀其書，部居州次，都非人間所讀本。"

文光案：杜詩宋本難得，惟《九家注》尚是舊本，自昔稱善。《千家注》蕪穢舛陋，如出一轍。餘本則愈去愈遠。錢箋雖不盡善，然多見古本，所采極博，非他家所及。

王氏序曰："《甫集》初六十卷，亡逸之餘，人自編摭，非當時序第矣。今蒐裒衆本，除其重複，定取千四百又五篇，凡古詩三百九十有九，近體千有六。以歲時爲先後，分十八卷。又别録賦筆雜著二十九篇爲二卷。”

文光案：原叔嗜杜詩，採輯無遺，所蒐古本二卷、蜀本二十卷、集略十五卷、樊晃序小集六卷、孫光憲序二十卷、鄭文寶序少陵集二十卷、别題小集二卷、孫僅一卷、雜編三卷。見於序注。

例云：“爲杜譜者年經月緯，若親與子美游從而籍記其筆札者。其無可援據，則穿鑿其詩之片言隻字，而曲爲之説，其亦近於愚矣。”

文光案：查注東坡編年詩，正坐附會之病。然錢注以唐史證唐事，雖情緒畢見，亦不免牽合，故後人多議其沾泥年月，是與例不符也。

《杜集》惟吴若本最爲近古，他本不及。題下及行間細字多公自注，而别注亦雜出其間。元祐庚午，胡宗愈刻杜詩於成都草堂壁間，有《詩碑序》。

吴若本稱“晉”者，開運二年官書也；稱“荆”者，王介甫“四選”也；稱“宋”者，宋景文也；稱“陳”者，陳無己也。又有姚令威、鮑欽止、黄魯直、晁以道諸本。

吴本刊於建康府學。

《杜詩箋注》二十四卷

國朝張遠撰

原本。首康熙乙丑太倉王掞序，次自序，次校閲姓氏，次凡例，次世系，次本傳，次年譜，次墓誌。凡詩二十三卷、賦一卷。

王氏序曰：“史稱《子美集》六十卷，樊晃序小集六卷，而宋學士王原叔編次，定本止得二十卷，蓋杜詩之亡逸多矣。原叔《後記》云：‘除其重複，定取千四百〔八〕有五篇，别録二十九篇。

未可爲盡，他日有得，尚圖益諸。’卒未有以益也。然當時咸以原叔本爲善，而杜詩遂大行於世。人自編摭，名家討論，遂有千家杜詩之注。其書或傳或不傳，要皆引据踳駁，詮解紕謬，讀者病之。千家之中，趙氏彦林、吴氏季海、蔡氏傅卿最爲高出。然亦彼善於此，未有發明也。近代虞山錢宗伯始發凡起例，創爲箋注，議論斐然，一洗從前注家之陋。其門人松陵朱長孺又有《杜詩輯注》，先後鏤板，略有異同。子美之詩，於是無遺藴矣。蕭山張邇可以虞山、松陵滲軼尚多，段落未剖，更爲采補，條分縷析，名曰‘會粹’。書既成，請余序之。”

朱注滲軼尚多，詳爲采奪。錢注以唐史證唐事，當日情緒畢見，然多牽合傅會。取其確切者著於篇。

詩集必尚編年，使人知其居何地、值何時、歷何職，其情其事，瞭若指掌。集中悉從《草堂詩會箋》，間有不合，稍爲訂正。長篇必分段落。前人未曾拈出，兹附大意於各段之下，一覽了然，兼悟作法。

諸家訓釋，不無紕謬，集中多爲糾正。　附賦六篇。詩後略述作意。

“會粹”取兼綜之義，校閲二十三人，首爲顧宸。宸有《辟疆園注杜詩》十七卷。杜詩甚多，不備録。

升菴曰：“世傳虞注杜七律本，乃張伯成爲之，後人嫁名於伯生。村學究腐爛套話，既晦杜意，又汙虞名。”按：張性字伯成，江西金谿人，元進士。張注，宣德初有刻本。又杜詩東坡注，亦妄人僞託。升菴辨之甚詳。

《容齋續筆》：“《新唐書·嚴武傳》云：‘房琯以故宰相爲巡内刺史，武慢倨不爲禮。最厚杜甫，然欲殺甫數矣。李白爲《蜀道難》者，爲房與杜危之也。’《甫傳》云：‘武以世舊待甫，甫見之，或時不巾。嘗醉登武床，瞪視曰：“嚴挺之乃有此兒!”武銜之。一日，欲殺甫，冠鈎於簾三。左右白其母，奔救得止。’舊史但云‘甫性褊躁，嘗醉登武床，斥其父名，武不以爲忤’，初無所謂欲殺之説，蓋唐小説所載，而《新書》以爲然。予按李白《蜀道難》，本以譏章仇兼瓊，前人嘗論之矣。甫集中詩凡爲武作者幾三十篇，送其還朝者曰：‘江村獨歸處，寂寞養殘生。’喜其再鎮蜀曰：‘得歸茅屋赴成都，真爲文翁再剖符。’此猶是武在時語。至哭其歸櫬及《八哀詩》‘記室得何遜，韜鈐延子荆’，蓋以自況；‘空餘老賓客，身上愧簪纓’，又以自傷。若果有欲殺之怨，必不應眷眷如是。好事者但以武詩有‘莫倚善題鸚鵡賦’之句，故用證前説，引黄祖殺禰衡爲喻，殆是癡人面前不得説夢也，武肯以黄祖自比乎？”

《杜律分韻》五卷

唐杜甫撰

朝鮮本。面題“内閣新編，乙未孟秋嶺營重印”。内題“摛文院奉勅彙編”。凡五律四卷、七律一卷。以今韻分之，“東”、“冬”等字刻於題首眉上，以方圍圍之。前後無序跋，蓋誦讀之本也。暇日當與所藏諸本考其異同，姑識之。

蘇氏曰：“杜子美詩云‘自平宫中吕太一’，世莫曉其義，而妄者至以唐時有自平宫。偶讀《玄宗實録》，有宫中吕太一叛於嶺南。杜詩蓋云自平宫中吕太一，故下有取珠之句。見書不廣，而以意改文字，鮮不爲笑也。”“子美詩云：‘黄四娘家花滿蹊，千朵萬朵壓枝低。留連戲蝶時時舞，自在驕鶯恰恰啼。’此詩雖不甚佳，可以見子美清狂野逸之態，故僕喜書之。”“‘兩邊山木合，終日子規啼’，此老杜雲安縣詩也。然非親到其處，不知此詩之工。”録於《東坡集》。

陸氏曰：“少陵在成都有兩草堂，一在萬里橋之西，一在浣花，皆見於詩中。萬里橋故居湮没不可見，或云房季可園是也。”

“今人解杜詩，但尋出處，不知少陵之意初不如是。且如《岳陽樓》詩，豈可以出處求哉？縱使字字尋得出處，去少陵之意益遠矣。蓋後人元不知杜詩所以絶妙古今者在何處，但以一字亦有出處爲工。如《西崑酬唱集》中詩，何曾有一字無出處者，便以爲追配少陵，可乎？且今人作詩，亦未嘗無出處，渠自不知。若爲之箋注，亦字字有出處，但不妨其爲惡詩耳。”“老杜《哀江頭》云：‘黄昏胡騎塵滿城，欲往城南忘城北。’言方皇惑避死之際，欲往城南，乃不能記孰爲南北也。然荆公集句兩篇，‘忘’皆作‘望’。或以爲舛誤，或以爲改定，皆非也。蓋傳本不同，意則一也。北人謂‘向’爲‘望’，謂欲往城南乃向城北，亦皇惑不記之意。”“子美《梅雨》詩，成都所賦也。今成都未嘗有梅雨，豈古今地氣有不同耶？”録於《老學庵筆記》。

文光案：《杜詩詳注》，國朝仇兆鰲撰。凡詩注二十三卷、雜文注二卷，後以逸杜、詠杜、補注、論杜爲附編二卷，徵引極博，故曰“詳注”。又《杜詩提要》十四卷，吴瞻泰撰。山雨樓本，寫、刻甚佳。前有自序、凡例。於章法、句法、字法極其分明，而注則從略。又《杜詩鏡銓》二十卷，楊倫撰。前有序例。是編沙汰各本，以歸簡約，又採劉辰翁以下諸家評語，展於簡端。其評如阮亭、義門諸評，有未刻者。此三本皆素所循覽也。

《王摩詰集》十卷

唐王維撰

明本。前有王縉《進書表》、代宗批答。蜀刻《唐六十家集》，多與他處本不同，而此集編次尤無倫理。今本卷一至卷六爲賦與詩，卷七以下爲表、狀、書、序、記、贊、文、碑、墓誌，編次有法，似從建昌本翻雕。

《王摩詰詩集》七卷

唐王維撰

閩本。此本不知何人所編。有劉辰翁評語，附顧璘評。前有《進書表》、本傳、凌氏跋。閔齊伋校刊，朱墨印行。

《王右丞集箋注》二十七卷　《附録》一卷

國朝趙殿成注

原本。乾隆元年趙殿最成[九]。序，又李紱、杭世駿、全祖望、厲鶚、王琦諸序，目録。弁言，表、傳等居首。詩十四卷，外編四十七首。賦、表、狀、文、書、記、序、贊、碑誌、哀詞、祭文、連珠、判十二卷，論畫一卷。附録詩評、畫録、年譜一卷。

《文忠集》十六卷

唐顏真卿撰

聚珍本。奏議一卷，表二卷，碑六卷，墓碣、墓誌、祭文一卷，書、帖、贊、題名一卷，序一卷，記二卷，詩一卷，補遺一卷。

劉氏序曰："吴興沈侯哀魯公之忠而又佳其文，懼久而有不傳與雖傳而不廣也，於是採掇遺逸，輯而編之，得詩、賦、銘、記凡若干篇，爲十五卷。學者可觀焉。"

黄氏曰："《唐書》'廬集十卷'，行狀作'廬陵集'，《提要》誤作'盧州集'。又云《殷府君顏氏碑銘》、《尉遲迥廟碑銘》增入補遺卷。今檢《文忠集》，無此二碑。又《政和公主碑》、《顏元孫墓誌》殘文二首，《提要》云據《江氏筆録》採出。今檢《全唐文》，殷夫人顏氏、尉遲迥、和政[一〇]公主、顏元孫四碑，皆有全文。而和政公主，《提要》誤作'政和'。《顏元孫神道碑》，《提要》誤作墓誌。又案，《文忠集》以《全唐詩》校之，少詩二首；以《全唐文》校之，少文二十六首。今又得十八首補入集。”録於《士禮居藏書記》。

文光案：《文忠集》見於《藝文志》者，有《興觀集》十卷，又《廬陵〔一一〕集》十卷、《臨川集》十卷，至北宋皆亡。有吴興沈某者，採掇遺佚，編爲十五卷。劉敞爲之序。嘉祐中，又有宋敏求編本，亦十五卷。見《館閣書目》。江休復《筆録》極稱其採録之博。至南宋時，又多漫漶〔一二〕不完。嘉定間，留元剛守永嘉，得敏求殘本十二卷，失其三卷，乃以所見真卿文别爲補遺，并撰次年譜附之，自爲後序。而宋、沈所編全書皆不存，後人復分元剛之十二卷爲十五卷以當之，迨明而流傳益罕。今世所行本，乃明萬曆中真卿裔孫允祚重刊，脱漏舛錯，盡失其舊。獨此本爲錫山安國所刻，雖已分十五卷，然猶元剛原本也。真卿大節炳著史册，而文章典博莊重，稱其爲人。集中《廟享議》等篇，説禮尤爲精審。今遺文見於石刻者，尚有可採，詳加搜輯，增入補遺卷内，共爲十六卷。仍以劉敞序冠於簡首。乾隆四十七年十月恭校上。

《顔魯公集》十六卷

唐顔真卿撰

明本。嘉靖癸未年刊。楊一清序。

楊氏序曰：“公之文，初購於宋人沈氏，劉原父序之。留元剛氏又續爲搜輯，刻之以傳。今板不存，學者罕得而見，散見於金石者，千百之一二耳。錫山安國得舊本重梓。”

洪氏曰：“魯公忠義大節，照映今古，豈唯唐朝人士罕見比倫，自漢以來，殆可屈指也。考其立朝出處：在明皇時，爲楊國忠所惡，由殿中侍御史出東都、平原。肅宗時，以論太廟築壇事，爲宰相所惡，由御史大夫出馮翊；爲李輔國所惡，由刑部侍郎貶蓬州。代宗時以言祭器不飭，元載以爲誹謗，由刑部尚書貶峽州。德宗時不容於楊炎，由吏部尚書换東宫散秩。盧杞之擅國也，欲去公，數遣人問方鎮所便。公往見之，責其不見容，由是銜恨切骨。是時年七十有五，竟墮杞之詭計而死，議者痛之。嗚呼！公既知杞之惡己，盍因其方鎮之問欣然從之？不然則高舉遠引，挂冠東去，杞之所甚欲也。而乃眷眷京都，終不自爲去就以蹈危機。《春秋》責備賢者，斯爲可恨。司空圖隱於王官谷，柳璨以詔書召之。圖陽爲衰野，墮笏失儀，得放還山。璨之姦惡過於杞，圖非公比也，卒全身於大亂之世。然則公之委命賊手，豈不大可惜也哉？雖然，公囚困於淮西，屢折李希烈，卒之捐身徇國，以激四海義烈之氣，貞元反正，實爲有助焉。豈天欲全畀公以萬世之名，故使一時墮於横逆，以成始終者乎？”録於《容齋續筆》。

《顔魯公集》十二卷　《外集》八卷　《書評》十卷　《補遺》一卷

唐顔真卿撰

《三長物齋》本。黄本驥編次重刊。首提要、簡明目録、黄案，次年譜，黄本驥重編。次世系表，畢沅原編，見《關中金石記》，黄本驥重編。次目録。賦、表一卷，奏、疏、狀、議一卷，《元陵儀注》一卷，判牒、書帖一卷，序、記、述一卷，贊、頌、辨、題名、碑銘、墓誌銘、祭文、殘碑、逸文、存目六卷，詩及逸詩存目一卷，凡文十一卷、詩一卷，各有案語。《外集》傳、贊一卷，行狀、碑銘一卷，年譜一卷，宋留元剛撰。諸家和詩、題詩一卷，制誥、祭文、祠記一卷，文集序跋一卷，《官階考》、畢沅撰。《著作考》、《韻海鏡源考》、《賓客考》、《生卒考》、《葬地考》、《祠廟考》黄本驥撰。一卷，雜記一卷。《書評》十卷，黄本驥編。是書聚魯公石刻，按年編目；又博採諸家論説，分載於各目之後，如《集古録》題目跋尾之例。間附案語，并著出典。考顔書者，於斯爲備。此本總題三十卷，目録至《書評》終。後有魯公小像。本驥，字仲良，號虎癡，寧鄉人。官黔陽縣教諭。長於金石學，故所刻《顔魯公集》并《集古録》、《金石録》均稱善本。謹案：《簡明目録》著《顔魯公集》十五卷、《補遺》一卷、《年譜》一卷、《附録》一卷。原本久佚，此本乃宋敏求掇拾重編，得十五卷。至南宋，又佚其三卷。留元剛捜輯補完，併訂正《年譜》附於末。

《舊唐書·經籍志》、《新唐書·藝文志》皆有《吴興集》十卷，又《廬陵集》十卷、《臨川集》十卷。劉原父序云"《顔魯公文集》十五卷"。公集至北宋皆亡，吴興沈氏採掇遺佚，編爲是集。《館閣書目》云"《顔真卿集》十五卷"。嘉祐中沈本又亡，宋敏求編爲是集。留元剛序云"《顔魯公集》十二卷、《補遺》三卷、《年譜》一卷"。嘉定間元剛守永嘉，得敏求殘本，失其三卷，因爲補之，附以《年譜》。《宋史》所載即此本。明代有魯公裔孫永祚刻本、錫山安國刻本，卷數皆依沈、宋卷次，都穆重訂。又有山海劉思誠刻本。本朝乾隆四十七年增採公文十有一首，就安氏本編爲《文忠集》十五卷、《補遺》一卷、《年譜》一卷。録入《欽定四庫全書》。《顔魯公著作考》。

《韻海鏡源》三百六十卷，延集文士纂而成文。古今文字該於理者，摭華撮要，罔有不備。又善篆者所書。大字朱書，魯公作；小字，他人作。韻海樓，在湖州府治後，因魯公是書得名。《湖州府志》。《禮樂集》十卷，真卿爲禮儀使所定。《儀注》即十卷之一，黄氏從杜佑《通典》採出。《顔氏家譜》一卷。《歷古創置儀》五卷。又《筆法》一卷。《筆法》存集中。　顔魯公著作《韻海》，宋時僅存十六卷，今未見。

《忠義堂帖》八卷、續刻二卷，宋留元剛集顔書刻石爲之。越三年，東平鞏嶸續刻。今存者，惟孫退谷所藏殘本。　吴興沈侯採掇遺逸，輯而編之，爲十五卷。宋劉敞序。公佐吉州，有《廬陵集》；刺撫州，有《臨川集》；刺湖州，有《吴興集》、《韻海禮儀集》。今并逸而不傳。留序。近錫山安國民泰得傳録舊本重梓之，請予序。明楊一清。《魯公集》有二，予家舊藏本凡十五卷。留本視予家者十五而闕其三。明都穆後序。

文光案：《稗海》第八函《江陵幾雜志》載《魯公集説》。此集亡逸已久，僅存者甚可珍惜。

《韋蘇州集》十卷

唐韋應物撰

汲古閣本。毛晉據宋本考校。附《拾遺》。前有嘉祐元年太原王欽臣記。分十五類。閔齊伋刊本大致與此本同。首古賦一首。

蘇氏曰："王子敬帖有'黄柑三百顆'之語。韋詩云'書後欲題三百顆'，蓋其見此帖也。"録於《東坡集》。

洪氏曰："《韋蘇州集》中有《逢楊開府》詩云：'少事武皇帝，無賴恃恩私。身作里中横，家藏亡命兒。朝持樗蒲局，暮竊東鄰姬。司隸不敢捕，立在白玉墀。驪[一三]山風雪夜，長楊羽獵時。一字都不識，飲酒肆頑癡。武皇升仙去，憔悴被人欺。讀書事已晚，把筆學題詩。兩府始收迹，南宫謬見推。非才果不容，出守撫惸嫠。忽逢楊少府，論舊涕俱垂。'味此詩，蓋應物自叙其少年事也。其不羈乃如此。李肇《國史補》云：'應物爲人性高潔，鮮食寡欲，所居焚香掃地而坐。其爲詩馳驟建安以還，各得風韻。'蓋記其折節後來也。唐史失其事，不爲立傳。高適亦少落魄，年五十始爲詩，即工，皆天分超卓，不可以常理論云。應物爲三衛，正天寶間，所爲如是而吏不敢捕，又以見時政矣。"録於《容齋隨筆》。

王氏曰："韋蘇州，史失爲立傳。宋沈明遠始補傳其生平端末，終亦未詳。集中有《逢楊開府》一篇，'少事武皇帝，亡賴恃恩私'云云，後人遂疑爲三衛，而《韻語陽秋》因附會以爲恃韋后宗族云云。囈語武斷可笑，腐儒之見乃如此。"録於《池北偶談》。

錢氏曰：《韋集》當是乾道槧本，經元人修改。録於《養新録》。

文光案：《韋刺集〔一四〕》十卷，宋有平江刊本。姚寬考蘇州歷官最詳，見《西溪叢話》。《唐書》無傳。

《昆〔一五〕陵集》二十卷　《附録》一卷　《補遺》一卷

唐獨孤及撰

趙氏本。乾隆辛亥趙懷玉校刊。末有《補正》。

《唐才子傳》："及性孝友，喜鑑拔。爲文必彰明善惡，長於議論。工詩，調格高古，風塵迥絶，得大名當時，有集傳世。"又曰："盛唐沈、宋、獨孤及李嘉祐、韋應物等諸才子集，往往各有數題，片言不苟，皆不減《選》中沈、謝諸公風度，此則無傳之妙。逮元和以下，佳題尚罕，况於詩乎！立題乃詩家切要，貴在卓絶清新，言簡而意足。句之所到，題〔一六〕必盡之，中無失節，外無餘語。此可與智者商確云。"

《池北偶談》："《昆〔一七〕陵集》二十卷。前有朝議大夫、前守虔州刺史隴西李舟序，補闕、安定〔一八〕梁肅後序。末有祝允明跋，云《昆〔一九〕陵集》秘藏天府，世罕其傳。吴文定公在東閣，抄藏於家。其孫經府君與貞山給事爲内兄弟，給事因得假歸録之云。詩三卷，通八十二篇，與今《詩紀》所載無異。餘賦一、表二十七、書二、議九、銘三、頌一、論一、説〔二〇〕二、碑五、序五十一、集序三、贊六、記述十二、策書四、文十二、行狀二、碑銘五、靈表一、墓誌二十七、祭文九。康熙癸亥閏六月，借抄於晉江黄氏。"

《陸宣公翰苑集注》二十四卷

國朝張佩芳注

希音堂本。乾隆戊子自序。刊有例，序所言者，例又言之，序與例相複。前有鄭虎文、劉大櫆二序。凡制誥十卷、奏草七卷、奏議七卷，照權德輿序編次。録實録、劄子、諸儒議論於卷首，而冠以權序。其注援据時事，徵引浩博，采諸新、舊二史，《通鑑》胡注，《通鑑輯覽》者尤多。第據事徵典，不妄加義，謂仿李氏注《選》之例。然《資暇録》云，李注有初注、覆注、三注、四注，其絶筆之本皆釋音訓義，注解甚多，則釋事不釋義，非李注之例也。且李注有訂誤，有辨論，其於行文使事，辨其得失者，不下百十條，安得以止引經史爲李注乎？其意蓋不滿諸注釋義之陋，遂不暇於深究李注也。然每題述其作意，每篇舉其大旨，李注亦不然也。

權氏序曰："公之文集有詩、文、賦，集表、狀爲《别集》十五卷。奏議流行，多謬編次。今以類相從，冠於編首。"

文光案：權序采《順宗實録》而成。《實録》記宣公始末甚詳。

《實録》："贄居忠州，避謗不著書，習醫方，集古今名方爲《陸氏集驗方》五十卷。"

《地理》、《職官》以《唐書》爲宗，旁採《通典》、《通考》、《職官》、《輿地》、《括地》諸書，悉其源流。唐以後不贅。

蘇軾等校正進呈劄子止載《奏議》十二卷。陳後山又言，權序今所存者《翰苑集》十卷、《牓子集》十二卷，名目、卷數互異。

宋紹興二年，嵊縣主簿名華者，進《奏議》十五卷。今表存而注不傳，亦不載其姓。

朱子曰："陸宣公奏議極好看，這人極奏議論事理，委曲説盡，更無滲漏。雖至小底事，被它處置得亦無不盡。如後面所説二税之弊極佳。人言陸宣公口説不出，只是寫得出。今觀奏議中多云‘今日早面奉聖旨’云云、‘臣退而思之’云云，疑或然也。”

德宗幸奉天，公隨行在，日下詔書數百，皆出公手，操筆立就。同職皆拱手嗟歎，不能有所助。

校勘記

〔一〕“雒”，原作“雄”，據唐劉肅《大唐新語》改。

〔二〕“《詩》闕”，原作“□詩”，據上書補并乙正。

〔三〕“俳”，原作“罪”，據上書改。

〔四〕“金鎖”，《李太白集》作“青瑣”。

〔五〕“蝟”，原作“蝸”，據宋魯訔《杜工部年譜》改。

〔六〕“當”，《新唐書·杜甫傳》作“嘗”。

〔七〕“二十”，據上下文當作“十八”。

〔八〕“百”，據宋黄鶴《補注杜詩》補。

〔九〕“最成”，此二字疑有誤，存疑備考。

〔一〇〕“和政”，新、舊《唐書》皆作“政和”。

〔一一〕“陵”，據《四庫全書總目》補。

〔一二〕“滮”，原作“患”，據理改。

〔一三〕“驪”，原作“驢”，據《全唐詩》及《容齋隨筆》改。

〔一四〕“韋刺集”，據宋姚寬《西溪叢話》，當作“韋刺史集”

〔一五〕“昆”，據《新唐書·藝文志》當作“昆”。

〔一六〕“題”，據元辛文房《唐才子傳》補。

〔一七〕“昆”，原作“昆”，據清王士禛《池北偶談》改。

〔一八〕“安定”，原作“定訛”，據上書改。

〔一九〕“昆”，原作“昆”據上書改。

〔二〇〕“説”，原作□，據上書補。

萬卷精華樓藏書記卷一百六

集部二

别集類三

《權文公集》十卷

唐權德輿撰

明本。楊慎所收詩、賦，嘉靖二十年，劉大謨序刊。

《簡明目録》曰："德輿《制集》、《文集》各五十卷。據王士禎《居易録》，其所藏尚八十卷，然未見其本。世所傳者，皆楊慎所收詩、賦十卷，即此本也。"其詩精練不足而有雍容之度。

文光案：陸氏《皕宋樓藏書志》載《權載之文集》五十卷。舊抄本前有楊嗣復序。余家所藏《權載之集》五十卷，嘉慶十一年朱珪校刊本。載之自編《制集》五十卷，楊憑序之。其孫憲又編詩文爲五十卷，楊嗣復序之。凡詩、賦十卷，文四十卷。諸家所藏皆爲抄本。自朱氏校後，始有刻本。其文散見於《文粹》及《英華》。

《五百家注音辨昌黎先生文集》四十卷

宋魏仲舉編

仿宋本。乾隆二十八年重刊。每葉二十行，行十八字，注二十三字。前有許道基序、觀樓氏跋。諸家名氏自唐燕山劉氏至宋潁人王氏，凡一百四十七家，各注名字；新添集注五十家、補注五十家、廣注五十家、釋事二十家、補音二十家、協音十家、正誤二十家、考異十家，皆逸姓名：共三百七十七家，不足五百之數。其單詞片語，亦爲一家。惟所採極博，書亡者賴此以存。目録、賦、古詩、琴操一卷，古詩六卷，聯句一卷，律詩二卷，雜文四卷，書啓一卷，書序六卷，祭文二卷，墓誌、碑銘十二卷，雜文一卷，狀一卷，表狀三卷。《韓集》之行世者，如明東雅堂徐氏本、三徑堂蔣氏本，其板皆朽。近時惟秀埜堂顧氏本、永懷堂葛氏本、雅雨堂盧氏本。而葛本無注，顧本、盧本止於詩。然則讀《韓集》者，欲觀其全，舍是注何以哉？

《昌黎先生集》四十卷　《外集》十卷　《遺文》一卷　《附録》一卷

唐韓愈撰

東雅堂本。門人李漢序，叙説七則，重校凡例十一條，目録一卷，李漢編。凡詩十卷，首賦四首；雜著、書、啓、序、哀辭、祭文、碑誌、雜文、狀、表狀三十卷。《外集》詩文五卷、《順宗實録》五卷。附録《新書》本傳，朱子注；《文録》序，趙德撰；《記舊本韓文後》，歐陽文忠公撰；《潮州廟碑》，蘇文忠公撰。此即世綵堂本也。《正集》、《外集》，宋廖瑩中注。明徐時泰重刊，惡瑩中黨賈似道，削去其名，并削去世綵堂名，板心上刻字數，中刻“昌黎卷幾”，下刻“東雅堂”三字。每半葉九行，每行大字十七字，小字同。其注有音，有按，有“或作”之字，世稱善本。

李氏序曰：“長慶四年冬，先生殁。門人隴西李漢辱知最厚且親，遂收拾遺文，無所失墜，得賦四，古詩二百十一，聯句十一，律詩一百六十，雜著六十五，書、啓、序九十六，哀詞、祭文三十九，碑誌七十六，筆、硯、《鱷魚文》三，表狀五十二，總七百，或作七百一十六，或作七百三十八。方氏考其數，不合，姑從閣本。杭本以爲唐本舊如此。并目録合爲四十一卷，目爲‘昌黎先生集’，傳於代。又有《注論語》十卷，傳學者。《順宗實録》五卷，列於史書，不在集中。”

廖瑩中重校例云：“是集，慶、元間魏仲舉刊。《五百家注》引洪興祖、樊汝霖、孫汝聽、韓醇、劉崧、祝充、蔡元定諸家注文，洪《辨證》，樊《譜注》，孫、韓、劉《全解》，祝《音義》，蔡《補注》。未免冗複，而方崧卿《舉正》、朱子校本《考異》卻未附入，讀者病之。今以朱子校本《考異》爲主，而删取諸家要語附注其下，庶讀是書者開卷曉然。今舉凡例於左：一、朱子《考異》，凡例見於文集序首，并仍其舊；一、閣、京、杭、蜀、石本異同，已見朱子《考異》凡例，今更加讎校，是正頗多；一、注引經、子、史等事，則書於《考異》之上，釋音則附其下；一、小圈下“今按”云云者，并是《考異》全文；一、注引經、子、書傳事爲證者，則入有關繫時政及公卿拜罷月日，更博採新、舊史，《唐登科記》附益之。一、舊注引“某氏云”者，今仿朱子《楚辭集注》例，皆删去。惟《考異》下有糾方之謬者，則存之；一、先儒議論有關繫者，隨所聞見增入。”

《外集記》曰：“諸本《外集》分爲十卷，凡三十四篇，不知何人所編。據《行狀》云，有集四十卷、小集十卷，亦不知便是此《外集》與否。方云只據蜀本定録二十五篇，其篇目次第皆與諸本不同，以爲可以旁考而的然知爲公文者。然蜀本劉燁序乃云後集外《順宗實録》爲十卷，則似亦以《實録》入於其中，皆不知其何説也。唯吕夏卿以爲《明水賦》、《通解》、《崔虞部書》、《河南同官記》，皆見於趙德《文録》，計必德親授予文公者，比它本最爲可信。而李漢不以入集，則疑凡《外集》所載，漢亦有所未得，未必皆其所不取者。其説近是。故今且從諸本，而考其真僞異同之説以詳注於其下。其甚僞者，即雖不載其文而猶存其目，使讀者猶有考焉。其石刻、聯句、遺詩文等，則從方本録之，以補《外集》之闕。又諸本有《遺文》一卷，方本亦多不録，今亦存之，以附於後。”“宋景文公云：‘柳柳州爲文，或取前人陳語用之，不及韓吏部卓然不丐於古而一出諸己。’”

東坡云：“杜詩、韓文、顔書、左史，皆集大成也。”

秦少游云：“探道德之理，述性命之情，發天人之奥，明死生之變，此論理之文，如列禦寇、莊周之作是也。别黑白陰陽，要其歸宿，决其嫌疑，此論事之文，如蘇秦、張儀之所作是也。考同異，次舊聞，不虚美，不隱惡，人以爲實録，此叙事之文，如司馬遷、班固之所作是也。原本山川，極命草木，比物屬事，駭耳目，變心意，此託詞之文，如屈原、宋玉之所作是也。鈎莊、列之微，挾蘇、張之辯，摭遷、固之實，獵屈、宋之英，本之以《詩》、《書》，折之以孔氏，此成體之文，如韓愈之所作是也。蓋前之作者多矣，莫有備於愈；後之作者亦多矣，而無以加於愈：故曰總而論之，未有如韓愈者也。”

陳後山云：“杜之詩法，韓之文法也。詩、文各有體，韓以文爲詩，杜以詩爲文，故不工耳。”

文光案：昔人以韓詩爲有韻之文，故後山以爲不工，然究勝於杜。文亦非後人所能及也。

李方叔云：“東坡教人讀《戰國策》，學説利害；讀賈誼、晁錯、趙充國章疏，學論事；讀《莊子》，學論理性；又須熟讀《論語》、《孟子》、《檀弓》，要志趣正當；讀韓、柳，令記得數百篇，要知作文體面。”

文光案：此本前列宋景文及李方叔評語七條，名曰“叙説”。其注采“五百家”本爲多。又删節朱子《考異》，散入各條下。所引他書僅十之三。每卷末有“東吴徐氏刻梓家塾”

小印。國朝陳景雲撰《韓集點勘》四卷，所校即此本。注云："東雅堂主人徐時泰，萬曆中進士，官工部郎中。"末有跋云："瑩中粗涉文義，全無學識。其博採諸條，不特遴擇失當，即文義亦多疏舛。此陳氏《點勘》所由作也。"《四庫書目》著《韓集舉正》十卷，《外集舉正》一卷，宋方崧卿撰。今《陸氏書目》著《舉正》抄本四卷，或佚，或合，或誤，未能明也。末有崧卿自跋，稱"右《昌黎先生集》四十卷、《目録》一卷、《外集》一卷、附録五卷、《增考年譜》一卷。復次其異同，記其訛舛，爲《舉正》十卷"。跋中不言《外集舉正》。陳《録》有《外鈔》八卷，乃葛嶠刻本，所增非方氏書也。朱子著《韓文考異》，即因崧卿之本。自《考異》出，而方本遂微。《順宗實録》，諸本皆附於《外集》，而方本不載。《考異》云："公於元和十年夏進《實録》。文宗朝，詔改貞元、永貞間失實者數事。舊史以爲韋處厚别撰者，固非；新史謂卒竄定無全篇者，亦非也。"《崇文總目》：《順宗皇帝實録》有七本，皆五卷，題云"韓愈等撰"。五本略而二本詳，編次者兩存之，其中多異同。而李漢"所謂列於史書"者，其原本究不知何如也。《天禄琳琅書目》："《昌黎先生集》四十卷、《外集》十卷、《遺文》一卷。前叙説，次凡例，次集傳。書中凡例、集傳之後以及各卷中，皆有原刊姓氏木記，而蓋〔一〕爲削〔二〕去，補以别紙，無復存者。蓋此書模刻極精，書賈遂欲逞其詐〔三〕僞之計，而校刊苦心之人，其名轉不可得而傳矣。"謹案：此似世綵堂本。又《昌黎先生集》，通部卷末俱刻"東吴徐氏刻梓家塾"或長方、或橢圓、或亞字形印，每葉板心俱刻"東雅堂"，明徐時泰家刻也。謹案：近有蘇局翻本，去徐氏各印。又《新刊詁訓唐昌黎先生文集》，共五十一卷。惟卷一下標"臨邛韓醇"四字，前後無序跋。《詁訓柳集》，亦出醇手。後有記云"世所傳昌黎文公文，雖屢經名儒手，予昔校以家集，其舛誤尚多有之，用爲之《訓詁》"云云，則醇爲愈之裔可知。其家在臨邛，當即爲蜀中所刻。宋葉夢得以蜀本在建本之上。觀此書字精紙潔，刻印俱佳，夢得所言，洵不誣也。《孫氏祠堂書目》："《昌黎文集》四十卷，一宋本，一元本，一宋刻二十卷本。"宋人合刻《韓柳全集》，有魏仲舉本。唐、宋人文集，凡經後人校刊者，每有更定，故分卷不同。明弘、正間錫山蘭雪堂華堅允剛活字銅板印行諸書，即會通館本。凡此皆可以考證《韓集》者也。

《昌黎先生集考異》十卷

宋朱子撰

宋本。此《韓文考異》原本。前有朱子序，後有紹定己丑朱子門人張洽跋。每葉二十行，每行大字二十，小字降一格，十九字，皆摘字加注，如《史記索隱》之例。板本工整，紙、墨皆佳，誠可寶也。安溪李文貞公所翻，即此本，而流傳亦罕。今所行者，皆四十卷之本，《考異》散於各句之下，便於循覽，非朱子之舊，故《簡明目録》題爲"别本"。廖瑩中删節《考異》，增以"五百家注"，遂混雜不清，且所引多誤。陳景雲著《韓集點勘》，正廖之謬，最爲精密。讀東雅堂本者，不可不知陳記也。今世重東雅堂本，然無《考異》原本，不能别白朱子之説；不見陳氏《點勘》，亦不知瑩中注之謬誤也。

朱子序曰："此集今世本多不同，惟近世南安軍所刊方氏校定本，號爲精善。别有《舉正》十卷，論其所以去取之意，又它本之所無也。然其去取，多以祥符杭本、嘉祐蜀本及李、謝所據館閣本爲定。而尤尊館閣本，雖有謬誤，往往曲從；它本雖善，亦棄不録。至於《舉正》，則又例多而詞寡，覽者或恐不能曉知。故今輒因其書更爲校定，悉考衆本之同異，而一以文勢、義理及它書之可證驗者决之。苟是矣，則雖民間近出小本，不敢違；有所未安，則雖官本、古本、石本，不敢信。又各詳著其所以然者，以爲《考異》十卷，庶幾去取之未善者，覽者得以參伍而筆削焉。"

張氏跋曰："晦翁先生因方氏《舉正》之書，取而評論，其未合者使一歸於是。然後有以見韓子之文章必主簡明，而不爲艱深；雖去陳言，而非險澀。朝廷之議嚴正，義理之文醇雅，記叙之體簡古。若碑碣、雜誌、游藝等作，乃或放於奇怪，先生悉斟酌權〔四〕衡，歸於至當而後止，可謂詳密無遺憾矣。《昌黎集》行於世數百年，歐陽公嘗加釐正。今復百餘歲，讀而不知其旨，或以意改易，魚魯失真，紛紛靡定。方公從而是正之，什已得其六七矣。先生復以稽經餘力，考所未合，定以是非之公，雖使韓子復生，當莞爾而笑，以爲得己之意也。今方氏書刊刻已廣，獨此書先生末年所著，未有善本。洽通守池陽，初欲刻之泮宫，已而不果，乃以本聽幣餘，命工刊刻。庾使趙侯范繼其費，益以屬邑學帑之助，并刊《考異》於後。汪季路書，初存于末，今移附本卷之後。間有愚見一二，亦各繫卷末，以俟觀者采擇云。"

文光案：朱子《考異》以原本爲佳，原本以張刻爲佳。張氏所校第一卷末有"辨千里當作十里"一條，第四卷末有"辨原性實作性原"一條，第七卷末有"辨《曹成王碑》中搏力句卒之義一條，即跋中所云"愚見各繫卷末"者也。此本第七卷脱去四葉，不知何人抄補。卷末無張氏補注，蓋抄者據今本補注，皆今本所無，故不及也。又第六卷末刻汪季路書，書後有朱子跋，所云"移附本卷"者是也。又案：《考異》自一卷至九卷，爲《韓集》四十卷、《外集》十卷；《考異》第十卷，爲《新書》本傳，有朱子注并序。次趙德《文録序》，次歐公《記舊本韓文後》及泉本歐序，與諸本不同。次蘇文忠《潮州廟碑》。此卷實爲附録。而李翔所撰《行狀》、皇甫湜所撰《墓誌神道碑》、洪興祖所撰《年譜》、程俱所撰《歷官記》、方崧卿《增考年譜》，皆注於本傳之下，而考其同異詳略。方氏《舉正》，今無傳本。王伯大所編，既非朱子之意，又爲坊賈所亂，更不足據。李相國所翻，雖依張本，身殁即散。予求之數十年，斯得此本，真堪寶貴，因詳著之。

《琴操》諸本題義下，皆有子注。方云閣本只存題義，唐本注與題義皆不出，蜀本於"注云"上增"又曰"二字，與題義皆夾注寫，以此見雖題義，亦後人以《琴操》續補也。歐、宋、荆公皆用閣本。今按：歐本云此效蔡邕作《十操》，事迹皆出蔡邕《琴操》云。

岣嶁者，衡山南麓别峰之名。今衡山實無禹碑，此詩所記，蓋當時傳聞之誤。

張文潛曰："古人作七言詩，其句脈多上四字而下以三字成之。退之乃變句脈，以上三下四，如落以斧，引以纆徽，雖欲悔，舌不可捫是也。"

文光案：此等句法，即所謂"有韻之文"，學之徒形其拙。又案：《考異》中有解意解句解字處，多糾方氏之謬，於詩文大有益，急宜留心。

《禘祫議》"祖宗"下方有"廟"字。今按：此等公家文字，或施於君上，或布之吏民，只用當時體式，直述事意，乃易曉而通行。非如詩篇等於戲劇，銘記期於久遠，可以時出奇怪而無所拘也。故韓公之文雖曰高古，然於此等處亦未嘗故爲新巧，以失莊敬平易之體。但其間反覆曲折，説盡事理，便是真文章，它人自不能及耳。方本非是。

《代張籍與李浙東》，或注"巽"字。文光案：閻百詩不知李浙東名巽，見《潛邱劄記》，蓋未見《考異》也。

文光案：第六卷《送李愿歸盤谷序》末，有陰文云“又注季路書及先生書其後見卷末”十四字，此張洽注也。凡張氏補注，皆以陰文標目。又按：季路見《盤谷序》二碑本，一爲樊澤之所藏，字畫甚新，略無殘缺；一爲汪氏家藏本，乃刻之方石，殘缺殊甚，字體絶不相類。家本有後語，載於歐、趙二録，樊本無之。朱子云：“季路所見二石本，與方氏所記無大同異，未必可據。”

《送陳秀才彤》，舊讀此序，嘗怪“則何不信之有”以下文意斷絶，不相承應，每竊疑之。後見謝氏手校真本，卷首用“建炎奉使之印”，末有題字云“用陳無已所傳歐公定本讎正”，乃删去此一“不”字。初亦未曉其意，徐而讀之，方覺此字之爲礙，去之而後，一篇之血脈始復通貫，因得釋去舊疑。嘗謂此於《韓集》最爲有功，但諸本概皆不及。方據謝本爲多，而亦獨遺此字，豈亦未嘗見其真本耶？嘗以告之，又不見信，故今特删“不”字，而又詳著其説云。

文光案：朱子《考異》初本，今不可見。據朱子所云“補闕録存”之語，似乎朱子初本先録文而後加考異，其甚僞者存其目，則不僞者不但存其目，從可知矣。且於《華岳題名》下亦云筆削之嚴，非公不可，故録之，似不但録其目也。李文貞公《榕村集》云：“朱子《韓文考異》，近年無原本，皆散入篇句中者，而又或删减增益之，每令讀者有遺恨焉。某家藏宋刻，遭兵火，逸其文章，所存者，則《考異》也。其嗣君與予言及，爲之付梓京師，仍監其役，未觀成而下世。徐友壇長遂任校讎之勤，字畫簡訛，雖已登板，必剷剔補備，務合於正，以視舊本，完善爲多。書計十一萬七千九百餘字，内有補注，作行書，填“洽”字，疑是文公門人張元德所刊定，尤非近本可比。”據此，則朱子所刻，亦爲全集。《考異》特附於後，而别爲一書，如方氏《舉正》之例，足證予説之不謬。惜乎文遭兵火，不能見其全集也。安溪所刻，文中有空字，恐是牧齋絳云樓書，而佚張氏之跋，故文貞疑焉。又按:《外集》第二卷《答劉秀才論史書》後爲《與大顛書》。《考異》曰:“諸本皆無，惟嘉祐小杭本有之。其篇次在此。”《直齋書録》云:“《考異》，《外集》皆如舊本，獨因方本益大顛三書。”《提要》曰:“今考《外集舉正》所列，無所謂‘大顛三書’，此亦千古之大疑闕，所不知可矣。”又案:朱子所定《外集》凡四十篇，分爲五卷，益以《順宗實録》五卷，附遺文凡二十七題，與方本不同。方刻《昌黎集》四十卷、《外集》一卷、附録五卷、《年譜》一卷、《舉正》十卷、《外抄》八卷。《年譜》，洪興祖撰，崧卿增考。《外抄》爲葛嶠所刻，非方氏書，具詳陳《録》。又有《韓文公志》五卷，樊汝霖澤之撰。汝霖有《韓集譜注》四十五卷，又集其碑志、序譜之屬爲此志，今俱未見。又按:陳《録》云:“李漢，文公壻也。世所謂《外集》，自《實録》外，皆僞妄，或文公及其壻所删去也。”然朱子復取《外集》定正之，則陳説亦未可據。又按:明内閣重刊舊本《考異》，有舒芬序，李相國本，乃徐周錫所校，字畫不苟。

《韓文考異》四十卷　《外集》十卷　《遺文》一卷

唐韓愈撰，宋朱子考異，王伯大音釋

明本。萬曆三十三年朱吾弼重編，朱崇沐校刊。王伯大附《考異》於正集本文之下，以便觀覽。又集諸家之善，更定《音釋》，亦未附入正集，仍於各卷之左空其下方以待竄補，刻於南劍州。官本有凡例十二條。此本據南劍本，散《音釋》於各句之下。有跋語一則，不知何人所題。今所通行者，即此本。不但非朱子《考異》之舊，亦非留耕所編之原本矣。

郭際岐曰：“朱子所參諸本，杭係監本，閣係館閣本，石係石刻本，洪係興祖本，又有潮本、蜀本、泉本、晁本，今俱不傳。”

陳振孫曰：“《順宗實録》，《志》稱韓愈、沈傳師字文籍撰，李吉甫監修。《新史》謂議者鬩然不息，卒竄定無完篇，以閹官惡其書禁中事切直故也。”朱子云：“《順宗實録》，李漢不編入《外集》，使無完篇，爲害甚大。”

《雲谷雜記》：“李漢編韓退之文，自謂‘收拾遺文，無所失墜’。柳子厚《天説》云‘韓愈謂柳子曰：“若知天之説乎？吾爲子言天之説”云云’，劉禹錫《集序》云‘韓愈以書來弔曰：“哀哉！若人之不淑。吾嘗評其文雄深雅健，似司馬子長，蔡、崔不足多也”’，二説集中俱無之。退之元和九年冬以考功郎知制誥，至十一年春遷中書舍人，其居掖垣掌詞命，蓋逾年矣。今漢所編，制誥之詞絶無，惟《外集》有《崔羣除户部侍郎》一制而已。又唐《五竇聯珠集》載竇牟爲東都判官，陪韓院長、韋河南同尋劉師不遇，分韻賦詩，都員外郎韓愈得‘尋’字云：‘秦客何年駐，仙源此地深。還隨躡鳬騎，來訪馭云襟。院閉青霞入，松高老鶴尋。猶疑隱形坐，敢起竊桃心？’今諸本《韓集》俱不載，是則豈可謂之無所失墜耶？”

《隱居通議》：“韓文世謂本於經，或謂出於《孟子》。然其碑銘妙處，實本太史公也。第此老稍能自秘，示人以高，故未嘗尊稱遷、固。至其平生受用，則實得於此。此亦文章士之私意小智也。公嘗自泄其機矣，曰‘非三代兩漢之書不觀’。所謂‘兩漢’，非班、馬耶？然則世之工作文者，固不得舍《史》、《漢》而他求也。”

《授堂金石跋》："唐韓昶自撰《墓誌》，今在孟縣文公祠。文云：'唐故昌黎韓昶[五]，字有之，傳在國史。生徐之符離，小名曰符。'《韓文考異》：'《符讀書城南》詩樊注云："符，公之子。"'今證以《誌》，知符因地取名。《誌》云：'張籍奇之，爲授詩。時年十余歲，日通一卷。'文公《贈張籍》詩所云'試將詩義授，如以肉貫弗'，又'召令吐所記，解摘了瑟僴'，悉與隱合，當爲《五百家注》所未及。《誌》又云：'授詩未過兩三卷，使自爲詩，年十一二，樊宗師大奇之。'東野《喜符郎詩有天縱》，於此益徵昶不獨爲孟生所奇矣。而舊説謂公子不慧，如李綽《尚書故實》、《劉賓客佳話録》之類，則多忌者之誤也。"

陸唐老曰："退之招諸生立館舍，勉勵其行業之未至，而深戒其責望於有司，此豈有利心於吾道者？《佛骨》一疏，議論奮激，不以去就禍福回其操。《原道》一書，累千百言，攘斥異端，用力殆與《孟子》等。退之所學所行，亦無愧矣。惟《符讀書城南》一詩，乃駭目潭潭之居，揜鼻蟲蛆之背，切切然餌其幼子以富貴利達之美，若有戾於向之所得者矣。"

文光案：此詩與《三上宰相書》，皆爲後人所譏，蓋因與所學相背也。若他人爲之，人不之議矣，所謂"禮義責備君子"也。又按：《答陳生書》教以富貴窮通不以累心，而責其汲汲科名爲惑，亦與示符詩相反。

《中州金石記》："韓昶自爲《墓誌》，大中九年十二月立。子□正書跋云：'此昶自述其爲張籍、樊宗師所賞，乃爲柳公綽、牛僧孺辟薦，終於襄陽别駕、檢校户部郎中也。昶之孤陋，至以金根車爲金銀車，爲時所譏。碑中自云其文中字或出經史之外，樊讀不能通，其誇甚矣。又云稍長愛進士及第，見進士所爲之文與樊不同，遂改從之，欲中其彙，年二十五及第。豈唐時制舉之文，已與著作家不同耶？'碑列三代名銜，後有孤子□書并篆。□，其字漫滅，似是'緄'字。云葬孟州河陽縣尹村者，今孟縣城西五十里蘇家莊，即古尹村。莊南土山有塋，周圍數里。其東南有冢甚高，餘冢稍卑，俗呼'尹丞相墳'。萬曆間盜掘一小墓，得石棄荆棘中。樵夫負去，將爲砧。或告於官，驗之，乃袒墓誌也。遂封其墓而置其石於韓祠壁中。劉青藜作《文公墓考》，謂大塋即愈墓也。"

《平津館書籍記》："朱文公校《昌黎先生文集》四十卷，宋本題'晦庵朱先生考異，留耕王先生音釋'。目録一卷，題'李漢編'。集前有《考異序》、寶慶三年王伯大序、諸家姓氏、李漢序、汪季路書、朱文公校集凡例。末題'本宅所刊并《音釋》附正集'云云。此刻又當在寶慶後矣。附《遺文》一卷、《集傳》一卷。黑口板，每葉二十六行，行二十三字。"文光案：據此，則王氏《音釋》刻入正文中，自宋板已然。

文光案：朱氏本板心標"韓文考異"，與舊刻諸本多不同。《四庫》所收《原本考異》，即李相國本。《别本考異》，爲紹定癸巳臨江軍學所刻，大字本，宋槧最精者。又麻沙小字本，又中字本。昔歐陽公得韓文六卷，謂藏書萬卷，惟此本爲最古，而殘缺失次，用三十年之力補葺之，因書其後。據此，則韓集真本在宋時已爲難得。歐公跋云："韓文印本，初亦未必誤，多爲校讎者妄改。如《羅池碑》改'步'爲'涉'，《田氏廟碑》改'天明'作'王明'，是其一證。"據此，則宋本已有妄改者，不必今本爲然也。

《韓筆酌蠡》三十卷

國朝盧軒注

歙州程氏本。此本有文無詩，故曰"筆"。前有趙德《文録序》、李漢序，又集諸家評語爲叙説；次凡例、目録。分類重編，非集本舊第。雍正八年程崟校刊，有前、後二跋。板成，又增望溪評語於上方，末有宋犖跋。

宋氏跋曰：“盧子六以研究韓文者二十余年，嘗彙集唐、宋諸家之議論注解而折衷之，自爲鈎勒點次。凡章法、句法、字法及波瀾、意度之所以然者，莫不犁然有當，一一見作者之用心。”

《昌黎詩集注》十一卷

國朝顧嗣立注

秀野草堂本。此顧氏原本，刊於康熙三十八年，板極精工。前有顧氏自序、凡例、《舊書》本傳、年譜，依李漢所編詩十卷之次。附《遺詩》一卷，增定洪氏、方氏所撰年譜爲一卷。其注於今古詩話、宋元以來諸家評語及歷代名家之説有裨是集者，悉爲採入。又因諸家注詳略失宜，且多誤舛，校定數歲，乃成此本。用功甚深，去取悉當，實勝魏仲舉《五百家注》本。韓子用事以經史、傳注爲主，或旁採《莊》、《列》、《荀》、《揚》諸子。朱子《考異》辨證最精；新安張敦頤《音釋》，留耕王氏增定，最稱詳備：因悉録之。單行詩，惟顧氏、盧氏二本。

顧氏序曰：“《韓集》箋注家，向傳有洪興祖《年譜辨證》，樊汝霖《譜注》，孫汝聰、韓醇、劉崧《合解》，祝充《音義》，蔡元定《補注》。宋慶元間魏仲舉裒而集之，名曰“五百家注”。至寶慶三年，王伯大留耕氏更定《音釋》一書，集諸家之善，參以方氏《舉正》、朱子校本，刊於南劍官舍。是書一出，而魏注遂廢。後有某氏者，仿朱子《離騷集注》例，悉删諸家姓氏，彙輯羣説，自爲一書，增益頗多，即今東雅堂翻刻本。玩其詞氣，似出朱門弟子之手，而其人不傳。予是刻採擇諸注，參以意見。其時事則考諸新、舊二《唐書》。舊本存者約計十之四五云。”文光案：顧氏不知廖瑩中注本，誤以爲出朱門，蓋當時尚未考出。

《昌黎詩集注》十一卷

國朝顧嗣立注，朱彝尊、何綽評

膺德堂本。此博氏朱墨本，刊於道光十六年，蓋因朱、何二家有評點顧本，遂合爲一書。何用硃筆，朱用墨筆，各如其舊。《義門讀書記》有《韓集評語》一卷，與此不同。此本前有彭邦疇序、晰齋博明跋、凡例四條、鶴舫識，末有長白穆相國跋，餘與原本悉同。顧本漸稀，此本亦佳。《韓集》有永懷堂葛氏無注本，未見。

《鶴林玉露》："韓昌黎《上大尹李實書》云：'愈來京師，於今十五年。所見公卿大臣，不可勝數，皆能守官奉職，無過失而已，未見有赤心事上憂國如閤下者。今年以來，不雨者百有餘日，種不入土，野無青草，而盜賊不敢起，穀價不敢貴。百坊百二十司、六郡二十四縣之人，皆若閤下親臨其家，老姦宿贓，銷縮摧沮，魂亡魄喪，影滅迹絶。非閤下條理鎮服，布宣天子威德，其何能及此？'其後作《順宗實録》乃云：'實諂事李齋運，驟遷至京兆尹，恃寵强愎，不顧邦法。是時大旱，畿甸乏食，實一不以介意，方務聚斂徵求，以給進奉。每奏對輒曰"今年雖旱而穀甚好"，由是租税皆不免。陵轢公卿，勇於殺害，人不聊生。及謫通州長史，市里歡呼，皆袖瓦礫遮道伺之。'與前書一何反也！豈書乃過情之譽，而此乃紀實之辭耶？然退之古君子，單辭片語，必欲傳信，寧肯妄發而譽之，過情乃至於此？是不可曉也。"

文光案：聲聞過情，君子恥之。或以愧實，亦未可知。宋汪彦章投李伯紀啓，與所草伯紀謫詞，亦大相反。

洪氏曰："文士爲文，有矜誇過實，雖韓文公不能免。如《石鼓歌》，極道宣王之事偉矣，至云'孔子西行不到秦，掎摭星宿遺羲娥。陋儒編詩不收拾，二《雅》褊迫無委蛇'。是謂《三百篇》皆如星宿，獨此詩如日月也。'二《雅》褊迫'之語，尤非所宜言。今世所傳《石鼓》之詞尚在，豈能出'吉日車攻'之右？安知非經聖人所删乎？"又曰："韓文公《送孟東野序》云：'物不得其平則鳴。'然其文云：'在唐虞時，咎陶、禹其善鳴者，而假之以鳴。夔假於《韶》以鳴，伊尹鳴殷，周公鳴周。'又云：'天將和其聲，而使鳴國家之盛。'然則非所謂'不得其平'也。"録於《容齋隨筆》。

文光案：俗以柳宗元爲羅池神，文公撰碑以實之；《順宗實録》繁簡不當，拙於取舍；又爲《毛穎傳》，譏戲不近人情：故舊史以爲紕謬。爲李賀作《諱辨》，當代亦非之。《昌黎集》有北宋本，字畫方勁，無注。朱子《考異》有麻沙本，明覆本甚多。又正統刊本、成化刊本、萬曆三十三年朱吾弼刊本，今皆難得。

《增廣注釋音辯唐柳先生集》四十三卷　《别集》二卷　《外集》二卷　《附録》一卷

唐柳宗元撰，宋童宗説注釋，張敦頤音辯，潘緯音義

元本。黑口板，每葉二十六行，行二十三字。前有夔州刺史劉禹錫序；《柳先生年譜》；乾道三年陸之淵《柳文音義序》，爲潘作也。謹案《天禄琳琅書目》，序後有編集姓氏，此本失之。是書翻刻宋本最多，序目忽有忽無，字畫忽精忽粗，更有草草者，其原刻甚難得也。陳《録》所載《柳集》凡三種。宋時所刊《柳集》，已非禹錫編次之舊。

陸氏序曰："予至灊山郡齋，雲間潘廣文携《音訓》數帙示予，比於祝充[六]之注《昌黎集》。"

《天禄琳琅書目》："《五百家注音辨唐柳先生文集》，宋魏仲舉集注。《正集》二十一卷、附録二卷、《外集》二卷、《新編外集》一卷、《龍城録》二卷。前載《看柳文綱目》一卷、宋文安禮《柳先生年譜》一卷、評論詁訓諸儒名氏一卷，後附《柳先生

序傳碑記》一卷、《文集後序》五篇。板式與《韓集》同，實爲宋本。”“新刊《五百家注音辨昌黎先生文集》，《正集》四十卷、《外集》十卷。宋魏仲舉集注。前載引用書目一卷、評論詁訓音釋諸儒名氏一卷、《韓文類譜》七卷。宋《志》、馬《考》皆不載是書。書中亦無纂集人名。惟《正集》目録後有木記，曰‘慶元六禩孟春建安魏仲舉刻梓於家塾’，應即爲仲舉集注。當時係韓、柳并刊，《柳集》引用書目中載仲舉名懷忠。按：宋人刻梓家塾之書，多有款識。如宋板《春秋經傳集解》二部，一曰‘相臺岳氏刻梓家塾’，一曰‘世綵廖氏刻梓家塾’，皆有木記，亦此例也。韓、柳二集，其所引書，係合爲一目，標曰《韓柳先生文集引用書目》，有後一部可證。此本挖去‘韓柳’二字，改爲‘昌黎’，乃書賈未得《柳集》，因而僞爲。至後一部《韓集》，書前有《昌黎先生之序記碑銘》一卷、《韓文綱目》一卷，後有《昌黎别集》一卷、《論語筆解》十卷、《文集後序》五篇，皆此本所無。此本書前載吕大防著《韓吏部文公年譜》一卷、程俱著《韓文公歷官記》一卷、洪興祖著《韓子年譜》五卷，統名之曰《韓文類譜》，而後一部逸之，蓋流傳既久，互有散佚耳。書中名氏合計爲三百七十八家，而曰‘五百家’者，未免夸大其詞，然採録可謂博矣。琴川毛氏藏本。”“此本與前部板同，皆一時摹印之書。後有識語，不知誰氏所書。”“《新刊詁訓唐柳先生文集》，宋韓醇詁訓。《正集》四十五卷，《外集》上、下二卷，新編《外集》一卷。前載劉序、宋王咨序，後醇自記，附宋穆修後序。是書與《韓集》板式相同。王序稱‘本朝古文，始自河南穆修伯長，實宗韓、柳。韓之文定於諸鉅公之手，而《柳集》亦經伯長是正。胥山沈晦復相讎正，比伯長加詳，然其機杼源委，要未呈露。仲韶先注釋《韓集》，學者争傳其書，而斯文加密。非仲韶發之，孰窺其秘’云云。是醇注《愈集》既就，已先板行，後又注《宗元集》付梓，悉仿《愈集》之式，以二書合而并傳，故《柳集》後有記，《韓集》後無記也。雲間莫是龍藏書。”“《河東先生集》，詩文四十三卷、《非國語》二卷、《外集》二卷、《龍城録》二卷、附録二卷、《集傳》二卷，《後序》一卷。每頁板心刻‘濟美堂’。檇李項氏藏本。”

孫氏曰：“《河東先生集》，每卷後有‘東吴郭雲鵬校壽梓’木長印。此入《非國語》二卷，故四十五。《外集》增《處士段宏古墓誌》三篇。附録篇目與宋本不同。《龍城》，宋本所無也。每葉十八行，行十七字。板心有‘濟美堂’三字。注不題撰人名氏。雲鵬，明嘉靖時人。”録於《平津館書籍記》。

黄氏跋曰：“五柳主人以殘宋本贈余。檢陳《録》，有《重校添注柳文》，姑蘇鄭定刊於嘉興。案諸是本，庶幾近之，然亦有不同者。每卷題‘五百家注音辨’，不云‘重校添注’也。卷中曰‘集注’、曰‘補注’外，又有曰‘舊注’者；曰‘張’、曰‘董’外，又有曰‘汪’、曰‘黄’、曰‘劉’者。是又一本也。此本‘董’作‘童’。”録於《士禮居藏書記》。

《河東集》四十五卷　《外集》二卷　《龍城録》二卷　《附録》二卷

唐柳宗元撰，劉禹錫編，宋韓醇音釋

濟美堂本。明嘉靖年東吴郭雲鵬仿宋本重刊。前有劉禹錫序。《外集》爲宋沈晦所編，有序。附録爲宋韓醇所編，有記，末附諸家舊序。《龍城録》爲王銍所僞托，詳張邦基《墨莊漫録》。《柳集》四十五卷之本，所傳最遠。其三十三卷小字本，沈晦謂其顛倒篇什，補易句讀，顯不足據。直齋録之爲《解題》，不亦誣乎！

沈寓山曰：“《柳子厚文集》多假妄，如《柳州謝上表》云：‘去年蒙恩追召，今夏始就歸途。襄陽節度使于頔與臣有舊，見臣暑月在道，相留就館，尋假職名，意欲厚臣，非臣所願。’予按：

于頔在鎮跋扈日久，元和三年，聞憲宗英武，懼而入朝。九月拜司空。至八年二月，頔以罪貶爲恩王傅。而子厚詔追赴都，乃是元和十年，頔之去襄久矣，豈得留子厚假職名哉？且《謝上表》不應言及此，文理不倫，定知其僞也。又有《代劉禹錫同州謝上表》。予按：子厚以元和十四年十月死柳州，而禹錫至文宗朝大和九年始遷同州，距子厚之死十七年矣，安得尚爲夢得作表？其文卑弱，作僞顯然。而編摩者疏謬，不能删去。讀其書者，亦不復發摘，可歎也。《賓客集》中自有《同州刺史兼長春宫使謝表》，甚善。《子厚集》中又有《上大理崔卿啓》等，亦塵俗凡陋，非子厚文。

文光案：《柳州謝上表》注云"貞元中代人作"，在《本集》三十八卷内。《代劉禹錫同州謝上表》，此本不載，不知沈氏所見爲何本。《柳集》中搶入他作者甚多，不但如沈氏所云。此本每葉十八行，行十七字，内題"河東先生集"，板口下刻"濟美堂"。近以此本爲善。

《金陵語録》："柳開不及柳子厚，穆修亦常儒耳。張景道勝柳開，如《太玄準易論》好，餘文亦多好。"

柳子厚詩在陶淵明下、韋蘇州上。

子厚晚年詩極似淵明。

黄氏曰："柳之達於上聽者，皆諛辭；致於公卿大臣者，皆罪謫後羞縮無聊之語；碑碣等作，亦老筆與俳語相半，間及經旨義理，則是非多謬於聖人：凡此，皆不根於道故也。惟紀志人物以寄其嘲駡，模寫山水以舒其抑鬱，則峻潔精奇，如明珠夜光，見輒奪目。此皆晚年之作，所謂'大肆其力於文章'者也。故愚於韓文無擇，於柳不能無擇焉。""《天對》不可曉。"録於《日抄》。

何氏曰："康熙丙戌新秋，假外弟吴子誠所收宋槧大字本《柳先生文集》，粗校一過，緣失序文，目録不知出於何人，其字畫乃乾、淳以前書也。此本合《非國語》上、下二卷，共編四十五卷，而《外集》二卷附焉，疑祖四明本。《筝郭師墓誌》注中已載胥山沈氏，則非沈晦本矣。雖闕十之二，然近代所祖刊本，皆莫及也。毛斧季云：'宋本李、杜、韓、柳集，李、柳兩家最少，予亦幸而偶見之耳。'"又曰："陳《録》曰：'姑蘇鄭定刊於嘉興，以諸家所注輯爲一編，曰章，曰孫，曰董氏，而皆不注其名。其曰重校，曰添注，則其所附益也。明刻小字本，疑即鄭所刊云。'"録於《讀書記》。

錢氏跋曰："注《柳集》者，南城童宗説〔七〕、新安張敦頤、雲間潘緯。不知何人合而刻之。潘氏《音義》成於乾道三年。此本於"敦"字尚未缺筆，當刊行於乾道、淳熙之朝矣。《南府君廟碑》'汧城鑿穴之奇'句，蓋用潘安仁《馬研督誄》，而注家不知出處，疑其用田單火牛事，殊可笑也。"録於《養新録》。

錢氏又曰："《漢書》原涉曰：'子獨不見家人寡婦耶？始自約敕之時，意乃慕宋伯姬、陳孝婦。不幸壹爲盜賊所汙，遂行淫失，知其非禮，然不能自還。吾猶此矣。'柳子厚《河東記》，蓋本於此，而詞太穢褻，此等文不作可也。"同上。

文光案：《河間傳》見《外集》，又見《合璧事類》。本屬子虚，而類書收入"淫婦"中，似實有其事者。此《傳》後半歸正，意爲敗行失節者戒，而引之者略之，遂失其旨。此《傳》多爲人所議，不獨錢氏也。其餘詳於《目録學》，兹不備録。

《柳河東集注》四十五卷　《外集》五卷　附録一卷

唐柳宗元撰，明蔣之翹注

雙梧居本。乾隆五十三年柳州楊廷理校刊。前有楊氏刻書序、劉禹錫原序、刻書例七條、蔣慶永跋、雙梧之孫。"新史"本傳、蔣氏注。宋明諸家評語四十六條、目録。卷一，雅詩歌曲；卷二，古賦；卷三，論；《斷刑論上》注文缺。卷四，議辯；卷五、六，碑；卷七，碑銘；卷八，行狀；卷九，表、銘、碣、誄、誌；卷十，誌；卷十一，誌、碣、誄；卷十二，表、誌；卷十三，墓誌；卷十四，對；卷十五，問答；卷十六，説；卷十七，傳；卷十八，騷；卷十九，弔、贊、箴、戒；卷二十，銘、雜題；卷二十一，題序；卷二十二、三、四、五，序；卷二十六、七、八、九，記；卷三十至三十四，書；卷三十五、六，啓；卷三十七、八，表；卷三十九，奏狀；卷四十、四十一，祭文；卷四十二、三，古、今詩；卷四十四、五，《非國語》。《柳集》，劉禹錫所編三十二卷。宋穆修刊板，分爲四十五卷。沈晦以穆本參校諸本，凡穆本所不載者，釐爲《外集》。舊本二卷。韓醇因沈本作《音注》、《别集》、《逸文》一卷。此本無附録。魏仲舉編《五百家注》本，附録八卷。所引寥寥。蔣氏彙諸家之説，爲《輯注》，有音，有義，有解，間或冠姓名，較魏本爲詳。《四庫》不收，蓋開館時未之見也。楊氏合"三善本"爲一本，宋時有四本，一京師行本，一曾丞相本，一晏元獻本，一四十五卷之本。序所謂"三善本"，未曾著明。照蔣氏原注刊成。附録祭文、集序、祠記、碑文共十二首。因《龍城録》爲王銍性之〔八〕所詭託，不復刊入。今所盛行者，爲濟美堂本。楊本流傳亦罕。蔣氏韓、柳集并注，原刻本俱未之見也。

黄震曰："柳以文與韓并稱焉。韓文論事説理，一一明白透徹，無可指擇者，所謂'貫道之器'非歟？柳之達於上聽者，皆諛辭；致於公卿大臣者，皆罪謫後羞縮無聊之語；碑碣等作，亦老筆與俳語相半，間及經旨義理，則是非多謬於聖人：凡皆不根於道故也。惟紀志人物以寄其嘲罵，模寫山水以舒其抑鬱，則峻潔精奇，如明珠夜光，見輒奪目。此蓋子厚放浪之久，自寫胸臆，不事諛，不求哀，不關經義，又皆晚年之作，所謂‘大肆其力於文章’者也。故愚於韓文無擇，於柳不能無擇焉，而非徒曰并稱。然此猶以文論也，若以人品論，則歐陽子謂如夷夏之不同矣。歐陽子論文，亦不屑稱‘韓柳’，而稱‘韓李’。‘李’指李翶云。”

唐庚曰：“子厚文，有所模仿者極精。如《自解》諸書，是仿司馬遷《與任安書》。”

蘇軾曰：“李、杜之後，詩人繼出，雖有遠韻而才不逮意。獨韋應物、柳子厚發纖穠於簡古，寄至味於澹泊，非餘子所及。”又曰：“柳子厚詩在陶淵明下、韋蘇州上。退之豪放奇險則過之，而温麗清深不及也。”又曰：“詩須有爲而作，用事當以故爲新，以俗爲雅。好奇務新，乃詩之病。子厚晚年詩極似淵明，知詩病者也。”

李朴曰：“子厚文辭淳正雖不及退之，至氣格雄絶，亦退之所不及。然子厚論著，大抵非怨懟必刺毁，如《辨論語》下篇，尤爲害道。”

韓駒曰：“柳詩不多，亦備衆體。惟學陶是其本性所好，獨不可及也。”

朱子曰：“韓文議論正，規模大，然不如柳子厚較精密。”又曰：“學詩須從陶、柳入門庭也。”

吕本中曰：“韓退之文渾大廣遠，難以窺測；柳子厚文分明見規模次第。學者當先學柳文，後熟讀韓文，則功夫自見。”

嚴羽曰：“唐人惟柳子厚深得騷學，退之、李觀皆所不及也。”

劉辰翁曰：“褚少孫學太史公，句句相似，只是成段不相似；柳子厚學《國語》，段段相似，只是成篇不相似。”又曰：“子厚文不如退之，退之詩不如子厚。”

劉定之曰：“子厚阿附伾、文，胡致堂謂忌憲宗在儲位，有更易祕謀，未及爲而敗；後又託河間淫婦無卒者以詆憲宗，得免於大戮爲幸。由是言之，文雖美而若斯過惡，固非澮滌者也。”

陳文燭曰：“柳文深得左氏之遺，《非國語》不純於道。”

《野客叢書》：“客或譏原涉曰：‘子本吏二千石之世，結髮自修，以行喪推財禮讓爲名。正復讎取仇，猶不失仁義，何故遂自放縱，爲輕俠之徒乎？’涉應曰：‘子獨不見家人寡婦耶？始自約敕之時，意乃慕宋伯姬及陳孝婦。不幸一爲盜賊所汙，遂行淫佚，知其非禮，然不能自還。吾猶此矣。’僕謂此柳子厚《河間傳》之意也。《史記·吕不韋傳》述太后云云，《河間傳》又用其語。古人作文，要必有祖。雖穢雜之語，不可無所自也。”

文光案：《河間傳》編入外集，實子厚所作，非託名也。昔人以爲隱刺憲宗，非無據而云。然狂悖如是，柳之所以不及韓也。凡立説必有所祖，大家作文往往如是。此《傳》祖原涉之語，人鮮知之，因爲表出。但此《傳》所云，亦子虛、烏有、亡是公之類。《古今合璧》遂編入淫婦類，以爲實迹，蓋未審也。韓、柳所作小文，皆有所本，可以此推之。王漁洋説部書最佳，惟其有本，故可傳久，否則不免於妄作矣。

洪氏曰：“韓退之自言作爲文章，上規姚姒、《盤誥》、《春秋》、《易》、《詩》、《左氏》、《莊》、《騷》、太史、子雲、相如，閎其中而肆其外。柳子厚自言每爲文章，本之《書》、《詩》、《禮》、《春秋》、《易》；參之《穀梁氏》以厲其氣，參之《孟》、《荀》以暢其支，參之《莊》、《老》以肆其端，參之《國語》以博其趣，參之《離騷》以致其幽，參之太史公以著其潔。此韓、柳爲文之旨要，學者宜細思之。”録於《容齋隨筆》。

校勘記

〔一〕“蓋”，據《天禄琳琅書目》當作“盡”。

〔二〕“削”，據上書當作“割”。

〔三〕“詐”，據上書當作“作”。

〔四〕“榷”，據理似當作“權”。

〔五〕“韓昶”，原作“昶韓”，據《全唐文》乙正。

〔六〕“充”，原作“兖”，據《宋史》改。

〔七〕“説”，原作“談”，據清錢大昕《潛研堂集》改。

〔八〕“之”，據清陸心源《宋史翼》補。

萬卷精華樓藏書記卷一百七

集部二

别集類四

《皇甫持正集》六卷　《補遺》一卷　《附録》一卷

唐皇甫湜撰

馮刻《三唐人集》本。首提要，次目。附録毛晉跋、吴大廷跋、馮焌光跋、《新唐書》列傳、《唐闕史》一篇、《渭南文集》跋二首、《金石萃編·書浯溪詩刻後》。湜見《唐詩紀事》。

馮氏跋曰："《持正集》,《唐志》'三卷'，晁《志》'六卷'。雜文三十八篇。毛本與晁《志》合。白樂天稱有《涉江》文,《唐闕史》記有爲裴晉公作福先寺碑事，《輟耕録》有《陶母碑》文，今均不見。《全唐文》所載凡四十二篇，無《陶母碑》及本集卷一《出世》之文。兹假得叢書堂吴校宋本，及錢遵王手校閩本，足補毛本脱誤，乃參校付梓。持正自有詩集孤行，故文中無詩。惜詩集不傳。"

湜爲度作碑，援筆立就。度贈以車馬繒彩甚厚。湜大怒曰："吾自爲《顧況集序》，序在第二卷。未嘗許人。今碑字三千，一字三縑，何遇我薄耶!"度笑曰："不羈之才也。"從而酬之，計送絹九千七百有二。

李氏曰："唐人極重潤筆，韓昌黎以諛墓輦人金帛無算；白樂天與元微之歡好，視兄弟無間，及銘元墓，猶酬以臧獲、輿馬、綾帛、銀案、玉帶，價值六七萬：則皇甫湜責裴晉公《福先寺碑》，多至九千縑，不爲過矣。宋太宗時，凡勅制文字，皆欽定潤筆之數，又移節督之，蓋仍唐之習也。”又曰：“皇甫湜，韓門弟子而不善作詩，往往詰屈至不可讀。故退之有詩云：‘皇甫作詩止睡昏，辭誇出真遂上焚。要余和贈怪又煩，雖欲悔舌不可捫。’言其語怪而又好譏罵也。又白樂天《哭皇甫七郎中》詩云：‘志業過元晏，詞華似禰衡。多才非福禄，薄命是聰明。不得人間壽，空留身後名。《涉江》文一首，便可敵公卿。’”又曰：“皇甫松，湜之子也。作《醉鄉日月》三卷，有云：‘凡酒以色清味重爲聖，色如金而苦醇者爲賢，色黑酸醨者爲愚；以家醪糯釀醉人者爲中人，以巷醪粟釀醉人者爲小人。’”録於《六研齋筆記》。

《李文公集》十八卷　《補遺》一卷　《附録》一卷

唐李翺撰

馮刻《三唐人集》本。首提要，次成化乙未何宜序，次嘉靖二年黄景夔序，次目。附録史傳、歐陽公《讀李文》一則，又書後、景泰乙亥河東邢讓跋、趙汸跋、從《明文衡》録補毛晉跋、全祖望論。末有同治甲戌沅陵吴大廷跋、光緒元年馮焌光跋。文公不長於詩。

吴氏跋曰：“《李集》世尠傳本，歐陽公已歎其闕遺。黄景夔得朝鮮本，録而刻之，未顯於世。南海馮觀察竹儒購得日本文政二年刊本，余因假而録之，用朱墨校勘者再。觀察亦廣求善本，合校刊行。”

馮氏跋曰：“近時印本甚罕，謹訪得嘉靖本及汲古閣本，又無名氏校本。無名本、汲古本似依據一宋元舊槧，然亦不能盡善。今以欽定《全唐文》對勘，多所折衷。閻百詩欲見《李文公集》，有年老倦訪之歎。《四庫》著録據毛本。”

《歐陽四門集》八卷　《附録》一卷

唐歐陽詹撰

麟後山房本。嘉慶十五年王遐春校刊。首趙在翰序，曰：“王子梓公集，請爲序。”次萬曆丙午曹學佺序，曰：“予友徐興公編次先生文，重梓之，并《唐書》本傳附録於左。”次蔡清序，曰：“先生文集，前輩稱其精於理而切於情。今家宰林先生自内閣録出，吾師莊世平刻之於梓。”次目録。凡賦一卷、詩二卷、文五卷，附録十四首。

晁氏曰：“歐陽行周，泉州人，終國子四門助教。閩人不肯北宦，及常衮爲觀察使，興學勸士，舉進士自詹始。與韓愈、李觀、李絳貞元八年聯第，皆天下選，時稱龍虎榜云。此集李貽孫纂。退之作詹哀辭，稱詹甚美，大意謂詹覓舉京師，將以爲父母榮也。又云其德行信於朋友。而唐小説載詹惑太原一妓，爲賦‘離城已不見，况復城中人’之詩，卒爲之死。今集中亦載焉。若然，則詹之志豈在其父母哉？有德行者乃爾耶！”録於《讀書志》。

陳氏曰：“詹早死，愈爲哀詞，尤拳拳焉。李翱作傳，而《李集》不載。其序，福唐〔一〕廉使李貽孫所爲也。詹之爲人，哀辭可信。黄璞何人，乃有太原函髻之謗？好事者喜傳之，不信愈而信璞，異哉！‘高城不可見’之句，此類多矣，不可以爲實也。”録於《直齋書録》。

文光案：函髻，即太原妓事。詳黄璞《閩川名士傳》。

葛氏曰：“太原妓將死，割髻付女奴以授詹。詹一見大慟，亦卒。豈退之以同榜之故而護其短與？集中諸絶賦情不薄，有以知其享年之不長也。”録於《韻語陽秋》。

真氏曰：“自世之學者離道而爲文，於是以文自命者知黼黻其言，而不知金玉其行。工騷者有登墻之醜，能賦者有滌器之汙。而世之有識者，反矜詫而慕望焉，曰：‘夫所謂學者，文而已矣。華藻患不縟，何以修敕爲？筆力患不雄，何以細謹爲？’嗚呼！誠若是，則所謂文者，特餙姦之具爾，豈曰貫道之器哉？四門之謗不白，於四門乎何傷？余懼夫士之苟焉。自恣者將曰：‘四門，唐志士也，而有此，吾爲之奚尤？’則璞之一言，不獨以厚誣四門，且將以禍學者於無窮也。”録於《西山集》。

嘉慶戊辰秋仲，福鼎王學貞敬承嚴諭，校刻南越諸先輩遺集，明林膳部鳴盛集首焉。歲庚午，得《四門集》八卷，爲徐氏舊本，文頗殘脱。謹據《文苑英華》、《全蜀文藝志》、《唐文粹》等書互相參定。先生訓詁之功，如《二公亭》諸記，根據《爾雅》、《説文》，尤爲漢人解義。

《李長吉歌詩箋注》四卷　《外集》一卷

唐李賀撰，國朝陳本禮箋注

裛露軒本。此陳箋四種之一，題曰“協律鈎元”。前有陳序，杜牧序，《舊書》、《新書》本傳，李商隱所撰小傳，諸家評論七則，略例七條，目録。有補遺二首。杜序云歌詩四編，凡二百三十三首。

陳氏序曰：“賀詩語多獨造，往往未經人道，不善讀者遂謂在可解不可解之間。評注諸家皆捫燭扣盤，遂使廬山面目頓失其真。余於賀詩獨開生面，取之古人者十之三、杜撰者十之七。因其固然，考之當時，稽之史册，察其命脈，以無厚入有間，故所得在酸鹹之外，於賀詩固有默契者，用敢識之，以冀其或有一得焉。”

毛晉曰：“會稽本評注多雜，臨安陳氏本詮次顛倒。惟鮑欽止手定本得未曾有，與陳本雖同是宋板，不啻涇渭之逈别。”

例曰：“坊本有劉須溪評本，徐文長、董懋策合注本，黄陶庵評點，曾謙甫評注，姚辱庵句解，董伯音正謬，王琢崖彙解。余家有義門何氏、扶南方氏評本。統諸家而彙萃之，義精詞切，隻語必采。若夫浮言謬論，概置弗録。”“《唐書》、《宋志》皆名‘李賀集’。稱‘長吉歌詩’者，從杜序也；稱‘昌谷集’者，因其所居之地名之也。余妄易以‘協律鈎元’，而‘鈎元’一語，出自昌黎；又長吉以帝室之胄，僅得一命爲郎。協律中有此人，則協律宜千古矣。”“賀爲協律郎。”

《李長吉歌詩》四卷　《外集》一卷

唐李賀撰

寶笏樓本。乾隆二十五年王琦輯諸家之注編次校刊。首王序，次評注諸家姓氏爵里考。首卷爲舊序、小傳、諸家題詩并事紀十二則、詩評三十二則。

王氏序曰：“李長吉詩編，稽唐、宋志及《通志》，皆曰‘李賀集’。後人不欲指斥其名，而依其所居之地以名之，改題曰‘昌谷’。今稱‘李長吉歌詩’，從吴西泉本及杜樊川序也。按：昌谷在洛陽，地志多失載。今河南宜陽縣，唐、宋時爲福昌縣。注家俱不考，或且因詩中有隴西長吉之辭，遂妄擬以爲地〔二〕在隴西，謬解紛如，反爲疣贅。又樊川序中反覆稱美，喻其嘉處凡九則。後之解者，祇拾其‘鯨呿鰲擲、牛鬼蛇神，虚荒誕妄’之一則以爲端緒，煩辭巧説，差爽尤多。余集所見諸家箋注，删去浮蔓而録其確切者，間以鄙意辨析。其間有竟不可解者，多因字畫訛舛，難可意揣，寧缺無鑿，期於不失原詩本來面目。長吉下筆，務爲勁拔，不屑作經人道過語，然其源實出自楚騷，步趨於漢魏古樂府。朱子論詩，謂長吉較怪得些子，不如太白自在。夫太白之詩，世以爲飄逸；長吉之詩，世以爲奇險：是以宋人有‘仙才’、‘鬼才’之目。而朱子顧謂其與太白相去不過些子間，蓋會意於比興風雅之微，而不賞其雕章刻句之迹，所謂‘得其精而遺其粗’者耶！人能體朱子之説，以探長吉詩中之微意，而以解《楚辭》、漢魏古樂府之解以解之，其於六義之旨庶幾有合哉。”

賀所著歌詩，離爲四編，凡二百三十三首。賀死後十五年，京兆杜牧爲其叙。注：今本《昌谷集》只四卷，疑即沈子明所得四編之本。其詩實出自長吉手授，非他人掇拾編次者。劉後村跋曰：“樂府惟李賀最工，張籍、王建輩皆出其下。然全集不過一小册耳。世傳賀中表妬賀才名，投集溷中，故傳世絶少。”鍾伯敬辨曰：“牡牧，長吉執友也。按序其詩具在，其逸者皆賀所不欲存者也。而李藩者，乃從賀外兄搜其逸者，且恨其以夙怨，悉投堰中，不亦紛紛多事乎？今世所傳諸本，有二百十九篇者，有二百四十二篇者，與序中所載之數不合，恐亦不能不爲後人淆亂矣。”

文光案：今王氏所刊本二百六首，《外集》十七首，别書採出二首附後。

吴正子曰：“京師本無後卷，有後卷者，鮑本也。薛士龍言蜀本、會稽姚氏本皆二百一十九篇，宣城本二百四十二篇。蜀本不知所從來，姚氏出祕閣，宣城本則自賀鑄方回也。鮑本後卷二十三篇，此卷多後人模仿之爲，詞意往往儇淺，真長吉作者無幾。余不敢盡削，姑去其重出者一篇云。”琦按：唐、宋志“五卷”。《通考》“四卷，《外集》一卷”，則《外集》宋時有之。晁氏曰：“《外集》，余得之梁子美者，姚鉉頗選載《文粹》中。”黄伯思跋《昌谷别集》曰：“右逸詩凡五十二首。今世有杜牧所叙，才四卷耳。此集所載，豈非唐李藩所藏之一二乎？”今黄本不可見，故一遵吴本。”

劉辰翁，字會孟[三]，號須溪，廬陵人。少登陸象山之門。景定壬戌以太學生廷試對策，忤賈似道，抑置丙第。後以薦除太學博士，不起。有《李長吉詩評》。　吴正子，字西泉，時代爵里未詳。有《長吉詩箋注》。　徐渭有《昌谷詩注》。　董懋策注合徐注刊之。　曾益注，李維楨、王思任序。　余光注，李世熊序云："李賀死九百六十年，希之以神筆靈風，鼓二氣而呵活之，美其注釋之甄明乃爾。"　姚佺，字仙期，一云山期。號辱庵，又號石耳山人。秀水人。明末客居吴下，與復社諸名士會中。有《昌谷詩箋》。　外有邱象升、邱象隨、陳愫、陳開先、楊研、吴甫六人之辨注，孫枝蔚、張恂、蔣文運、胡廷佐、張星、謝起秀、朱潮遠七人之評，合刊之，總號"昌谷集句解定本"。　姚文燮，字經三，號羹湖，桐城人。有《昌谷詩注》，多以史事釋之，所謂借古人以成一家言者。至其當處，不可易也。

《因話録》："進士李爲作《淚賦》及《輕》、《薄》、《暗》、《小》四賦；李賀作樂府，多屬意花草蜂蝶之間：二子竟不遠大。文字之作，可以定相命之優劣矣。"

周益公《平園續稿》："昔人謂詩能窮人，或謂非止窮人，有時而殺人。蓋雕琢肝腸，已乖衛生之術；嘲弄萬象，亦豈造化之所樂哉？唐李賀、本朝邢居實之不壽，殆以此也。"

《詩辨》抵鍾伯敬，稱長吉刻削處不留元氣，自非壽相。此評極妙。譚友夏謂從漢魏以上來，謬以千里。

文光案：《舊書》云賀卒時年二十四。《新書》及李商隱所撰《小傳》，皆云二十七。

《升菴外集》："李賀《雁門太守行》首句云：'黑云壓城城欲摧，甲光向日金鱗開。'韓退之讀而奇之。王介甫云：'此兒誤矣。方黑云壓城時，豈有向日之甲光也？'或問：'此詩韓、王二公去取不同，誰是？'予曰：'宋老頭巾不知詩，凡兵圍城必怪雲變氣。昔人賦《鴻門》有"東龍白日西龍雨"之句，解此意矣。予在滇，居圍城中，見日暉雨重，黑云如蛟在側，始信賀之詩善狀物也。'"

何氏曰："庚寅借得毛斧季南宋本校過者，復正數字，已爲善本。”“異同處俱照《英華》、《文粹》改定。康熙丙戌得見碣石趙衍刊本，又稍加是正。趙本止四卷，不載集外詩。”“内府宋槧《二十家唐人集》，《長吉歌詩編》在焉，祇役武英，無暇校勘也。會心友北來，有金源趙衍所開四卷本，其後題云‘龍山先生所藏舊本’，乃司馬温公物。一見心開，自校至再，改正訛字，其可疑者，亦記於闌下，俟異日遇宋本决定之。”“方文輈借得北宋本，有文柟祟文補寫三葉，且記目録後云：‘此書半偈翁舊藏，今歸青甫舅氏。半偈庵，王百穀所築精舍。青甫，則張丑也。’”“集外詩往往見於《英華》、《文粹》，意是集中所有，此四卷失之耶？聞大字本出於鮑欽止者最善。”録於《義門集》。

《絳守居園池記注》一卷

唐樊宗師撰，趙師尹注

抄本。從《絳州志》中録出。

馬君常曰：“董彦遠至絳州，得碑記，剔刮劘洗，見紹述於後自釋云：‘回漣，亭名。香，亭名。薪，亭名。望月，亭名。柏，亭名。鶻，白鶻亭。鷺，白鷺亭。白賓，亭名。雅，薛姓，絳人。文安，裴姓，聞喜人，與雅同應漢王諒反。軌，梁姓，爲正平令。蒼塘，亭名。風，亭名。鰲，亭名。’可知異世子雲，思其難遇，不得不先落注脚也。梅聖俞可與并觀。”

梅聖俞《寄題絳守園池》詩末云：“柳文韓詩怪若是，徑取一一傳優伶。仍寄河東薛太守，更與斟酌無閒扃。”

歐陽文忠公云：“《園池記》或云宗師自書。嗚呼！元和之際，文章之盛極矣，其怪奇至於如此！”歐公又有詩云：“異哉樊子怪可吁，心欲獨出無古初。窮荒搜幽入有無，一語詰屈百盤紆。孰云已出不剽襲，句斷欲學盤庚書。”

董氏曰：“《園池記》文既怪險，人患難知。紹述亦釋於後，自昔不知，故世不得考之。崇寧三年，余至絳州，剔洗其碑，乃見所自釋如此，而後可以識也。”録於《廣川書跋》。

文光案：董逌《園池記》二跋，具見本書。自釋見前。馬君常言之“薪，亭名”，刻本作“新”。當從碑。自釋可與注互證。

劉氏曰：“樊《記》好怪，多喜其奇古。以予觀之，亦何奇古之有？磽戛磊塊，類不可讀。如第一句曰‘絳即東雍，爲守理所’，猶爲可曉。第二句曰‘禀参實沈分’，第三句曰‘氣蓄兩河潤’，便已作怪。第四句曰‘有陶唐冀遺風餘思’，才覺平順，第五句則又曰‘晉韓魏之相剥剖’云云。自此而下，皆層疊怪語矣。自考其臺亭至末，皆結語而不知意落何處。凡文章必有樞紐、有脈絡，開闔起伏，抑揚布置，自有一定之法。今徒以詭異險澀難讀爲工，其於六經簡嚴易直之旨，合乎否也？韓公銘其墓，謂紹述文必已出，不蹈襲前人，一言一句，放恣橫從，無所統紀，然不煩繩削而自合其意，已寓抑揚矣。夫作文而無所統記，則亦何等文章耶？至於銘則曰“文從字順各職則”，似以樊爲不然者。夫六經之文，無不可讀，而不害其爲古，文從字順，蓋如此也。樊文作意求新，殆近於怪，律以從順，未知其何如，世稱之何也？”録於《隱居通議》。

陶氏曰：“《絳守居園池記》艱深奇澀，宋王晟、劉忱嘗爲解釋，今不復有。偶得灤陽趙仁舉箋注本，句分字析，詞理焕然。因書其記，傳其句讀，以便披覽。”録於《輟耕録》。

徐文長戲判此《記》云：“束之高閣，未免太苛；弄向孤琴，庶幾别調。”

閔子京曰：“紹述别號魁紀公。《河南志》云‘《樊子集》三十卷、《魁紀公》三十卷’。韓退之誌其墓，亦云然。”

洪氏曰：“怪可醫，俗不可醫；澀可醫，滑不可醫。孫可之之文，盧玉川之詩，可云怪矣；樊宗師之記，王半山之歌，可云澀矣。然非餘子所能及也。近時詩人喜學白香山、蘇玉局，幾於十人而九，然吾見其俗耳，吾見其滑耳。非二公之失，不善學者之失也。”録於《北江詩話》。

《元微之集》六十卷

唐元稹撰

抄本。後有乾道四年洪适跋。宋本卷五至卷八係樂府詩，此古體詩在卷九以後。董本始易其次，而馬亦仍之。宋本標集外文章，止《春游》一首、《詩啓》一篇。

洪氏跋曰：“右《元微之集》六十卷。微之以文章鼓行，當時謂之元和體。《唐志》有《長慶集》一百卷、《小集》十卷。傳於今者，惟閩、蜀刻本，爲六十卷。三館所藏，獨有《小集》，其文蓋已雜之六十卷中矣。微之嘗彙其詩爲十體，曰：‘旨意可觀，詞近古往者，爲古諷；流在樂府者，爲樂諷；詞雖近古而止於吟寫性情者，爲古體；詞實樂流而止於模象物色者，爲新題樂府；聲勢沿順，屬對穩切者，爲律詩，以七言、五言爲兩體；稍存寄興，與諷爲流者〔四〕，爲律諷；撫存感往者，取潘子《悼亡》爲題，暈眉約鬢，匹配色澤，劇婦人之怪艷者，爲艷詩，今、古兩體。’其自叙如此。今之所編，頗又律吕乖次。惜矣！舊規之不能存也。元、白才名相埒，樂天守吴財歲餘，吴郡屢刻其文；微之留郡許久，其書獨闕，可乎？予來踵後塵，蓋相去三百三十餘年矣，乃求而刻之。略能讎正脱誤之一二，不暇復爲公次也。書成，寘之蓬萊閣。”

盧氏曰：“世所通行本，乃明神廟間馬元調所刻，名《元氏長慶集》。有嘉靖壬子東吴董氏本，係依乾道四年洪景伯本重雕者。但董、馬二本雖皆由宋本出，然宋本脱爛處，輒以意妄爲補綴，有極不通可笑者。董本每卷有目，如《文選》之式。馬本删去之。明末有人於燕都得宋殘本，其所闕乃完然無恙。鮑以文復見宋刻全本，以相參校，真元氏元本也。首題《新刊元微之文集》。今當去其‘新刊’二字。其每卷之目，當仍宋刻爲是。今以宋刻校馬本，而注所妄改者於其下。馬本又增添音注，時復錯謬。今於元有音注者著之。其繫時事者，皆馬氏所爲也。”録於《抱經堂集》。

《元氏長慶集》六十卷　《補遺》六卷

唐元稹撰

明本。馬元調校刊。首萬曆甲辰婁堅序，又見於本集，阮亭以爲真古文。次劉麟序，次例，悉依宋本。闕字增者十之四，無考十之六。俗本《體用策》一篇，缺十餘字，必董氏翻宋本逸其二葉。今從《英華》補入。宋本外增入六十九篇，編爲六卷。劉序云：“宋本刻於宣和甲辰。”

《白氏長慶集》七十一卷　《目録》二卷　《附録》一卷

唐白居易撰

明本。馬元調與《元氏長慶集》合刊。

陳造題《白集》曰：“此板在平江公庫，歲久漫滅。予以意補葺之，遂爲嘉本。”

汪氏立名曰：“錢考功刻《白氏文集》，馬元調刻《元白長慶集》，大都從元及白。元刻既竣，漫鐫《白集》，往往前後紊雜，既非分體，又非編年。二本略同，而錢爲甚。目與卷不合，卷首所標與卷内不合。有律詩卷而雜入古體者；有一題小序而冠作通卷之序者；有失去詩題竟以小序作題者；有因本是他人作，因公唱和附見者，輒易題中字扭爲公作；甚至删落字句，顛倒前後，舛訛未易枚舉。"

陳氏曰:"集後記稱'前著《長慶集》五十卷,元微之爲序。《後集》二十卷,自爲序。今又續《後集》五卷,自爲記。前後七十五卷。時會昌五年也'。《墓誌》乃云"集前、後七十卷"。當時預爲誌,時未有續《後集》。今本七十一卷,蘇本、蜀本篇次亦不同。蜀本又有《外集》一卷,往往皆非自記之舊矣。《年譜》,李璜作。予病其疏略,别爲新譜,刊附集首。"録於《直齋書録》。

盧氏曰:"今所傳詩三十七卷、詩賦一卷、文三十三卷,共七十一卷。明馬元調與《微之集》合刻者,亦名《白氏長慶集》。其前尚有蘇州錢應龍梓本,名《白氏文集》,分爲十帙。但有總目,不載每篇之題。馬本目録二卷,具載篇題,然脱誤甚多。兩本卷中脱誤亦略同。今得海虞葛氏影抄宋本以校馬本,亦如《元集》之例。其小注皆本有,唯音切係馬氏所增,本集間有一二則具著焉。卷首本無銜名。宋本亦多俗字,馬本易以正體,而尚有未盡。其典雅之語,爲妄人改去者,兩本相同。今以宋本正之,庶復其舊。""卷一《賀雨》,'己責'宋作'責己',誤。今從汪立名本。汪本是處多,但次第多移易,又文僅見一二於詩中,故不據以爲本。卷三及下卷别有正德年間海寧衛指揮嚴震克承梓本,名《白氏諷諫》,頗出諸本之右。毛斧季以宋本校,頗多未是。今所改,依嚴本居多。""《母别子》,嚴本第三十五。""《陰山道》,嚴本第三十三。又序下有小注云'胡從陰山來貢馬'。""卷十八《望郡南山》,題下空八格,題'行簡'二字。此行簡詩也。俗本乃作'寄行簡',大誤。六朝陰、何及唐朝人韋蘇州、劉隨州等集,凡他人元倡,皆置在前,和章則置在後,俱與本集平寫,不低一格。至明代刻《唐四傑集》、《杜少陵集》,不分元倡、和章,盡致本人詩後,又低一字以别之。近來名公刻集,亦依此例,遂不知有古法矣。"録於《抱經堂集》。

《白香山詩集》四十卷

唐白居易撰

一隅草堂本。汪立名編。前有康熙癸未宋犖序；次朱彝尊序；次汪立名序；次凡例；次本傳，有注；次年譜，汪立名編；次白氏自記；次年譜舊本。汲古閣宋本，直齋陳氏所撰。次目録；次原序，長慶四年元微之撰；次《長慶集》二十卷；次《後集》十七卷，有白氏自序記；次《别集》一卷、《補遺》二卷。

汪氏序曰："是集緣起，本以案頭俗本訛誤，偶有考正，日注行間，漸采小史、詩話、筆記一二，積之窮年，不覺盈卷。因重加編訂，字句之訛，悉從諸本校對。藏本之外，復假證於吴中藏書，有萬閒堂校改本、苕溪草堂本，最後又得憩閒堂所藏泰興季侍御依宋刻手校本。聚本不一，自多互異。疑似者，注'一作某字'於其下。凡一百二十餘家，各標原書名目。不根之説，間爲駁正。原注有增入者，以'按'字别之。"

《白集》相傳以郭武定本爲最，海虞馮定遠猶謂已失次第，其他可知。《春明退朝録》云："公自勒《文集》，成五十卷、《後集》二十卷，皆寫本，寄藏廬山東林寺，又藏龍門香山寺。高駢鎮淮南，寄語江西廉使，取東林集而有之。《香山集》經亂亦不復存。其後，履道宅爲普明僧院。後唐明宗子從榮又寫本置院之經藏，今本是也。後人亦補東林所藏，皆篇目、次第未真，與今吴、蜀摹板無異，而《文獻通考》又云吴本、蜀本編次亦不同。又有《外集》一卷，往往皆非自記之舊，并亡可考。今本有姑蘇錢考功刻曰《白氏文集》、雲間馬元調刻曰《元白長慶集》，大都從元及白者，故獨詳於元。前有凡例，後有補遺。元刻既竣，鐫《白集》以附行間耳。往往前後紊雜，既非分體，又非編年。二本略同，而錢爲甚。

宋元以來，未見有詩集單行槧本。《唐音丁籤》載《白詩全集》五十四卷，謬戾雖稍減於馬、錢二本，然分卷太瑣，所注《前集》、《後集》亦頗有誤，不得謂之詳密。是集依胡本分《前集》、《後集》。《前集》分諷諭、閒適、感傷、律詩，凡四類。以類次卷，卷各以年爲先後。二十一卷以後，但分格律。應制詩，及謡吟歌篇等作，都爲《别集》一卷。今本遺漏詩甚多，從各本蒐輯爲《白集補遺》二卷。宋鋟吳、蜀本各爲《年譜》一卷，今可見者，惟《唐詩紀事》中數行，别次爲《年譜》一卷。

何氏曰："絳雲樓有廬山本。南宋以後藏廬山者，不過姑蘇板，無異人處。"録於《義門集》。

白香山云："凡人爲文，私於自是，不忍於割截，或失於繁多。其間姸媸，益又自惑。必待交友有公鑒無姑息者討論而削奪之，然後繁簡當否得其中矣。"

文光案：此言甚有意味，因録於本集。

白氏前著《長慶集》五十卷，元微之爲序。《後集》二十卷，自爲序。今又續《後集》五卷，自爲記。前後七十五卷。詩、筆大小凡三千八百四十首。集有五本：一本在廬山東林寺經藏，一本在蘇州南禪寺經藏内，一本付姪龜郎，一本付外孫談閣童，各藏於家，傳於後。其日本、新羅諸國及兩京人家傳寫者，不在此記。又有《元白唱和因繼集》，共十七卷，《劉白唱和集》五卷，《洛下游賞宴集》十卷。其文盡在大集録出，别行於時。若集内無而假名流傳者，皆謬爲耳。會昌五年夏五月一日，樂天重記。

樓氏曰："香山居士之詩，愛之者衆，亦有輕之者。山谷由貶所寄十小詩，如'老色日上面，歡情日去心。今既不如昔，後當不如今'，又'輕紗一幅巾，短簟六尺床。無客日自静，有風終夕凉'，妙絶一時，皆香山詩中句也。'周公恐懼流言日，王莽謙恭下士時。若使當時身便死，一生真僞有誰知。'今在《王文公集》

中，不知亦香山詩也。此特其佳句耳。其間安時處順，造理齊物，履憂患，嬰疾苦，而其詞意愈益平澹曠達，有古人所不易到、後來不可及者，未容悉數。《琴詩》亦多，有曰‘自彈不及聽人彈’，又曰‘近來漸喜無人聽，琴意高低心自知’，皆有自得難言之祕。《道》、《德》二經，世所尊尚。《讀老子》詩云：‘言者不知知者默，此語吾聞於老君。若道老君是知者，緣何自著《五千文》？’其所見超詣如此。留侯之在漢，無敢訾之者。《四皓廟》詩云：‘子房得沛公，自謂相遇遲。終雜霸者道，徒稱帝者師。子房爾則能，此非吾所宜。’立論至此，尤爲高勝，而可輕之乎？余平日佩服其妙處，手編目寄吴門使君李公諫議并以所聞録寄之。李德邵璜有《白氏年譜》，尚當訪求，以成此書云。”録於《攻媿集·跋白樂天文集目録》。

《杜樊川集注》四卷　《別集》一卷　《外集》一卷

國朝馮集梧注

裕德堂本。是本板刻甚佳。首嘉慶辛酉吴錫麒序，次馮序，次裴延翰序，次本傳，附《杜祐傳》。《別集》詩，宋田槩編次，熙寧六年序。《外集》末有補遺十五首。馮氏所注皆詩。

馮氏序曰：“《外集》、《別集》未暇論及，趙岐於《孟子》，不爲外書四篇作注，亦其例也。字句同異，詳爲附注。二字以上謂之‘一云’，一字謂之‘一作’，用王欽臣《談録》之例。”

裴氏序曰：“久藏蓄者，甲乙籤目，比校樊外，十多七八。得詩、賦、傳、録、論、辨、碑、誌、序、記、書、啓、表、制，離爲二十編，合爲四百五十首，題曰《樊川文集》。”

杜牧，字牧之，善屬文。詩情致豪邁，人號“小杜”。卒之日，自爲墓誌，悉取其所爲文焚之。

王氏曰："予舊藏杜牧之《樊川集》二十卷。後見徐健庵所藏宋版本，雕刻最精，而多數卷。考《後村詩話》，云樊川有《續》、《别集》三卷，十八九皆許渾詩。牧仕宦不至南海，《别集》乃有《南海府罷》之作，甚可笑。"録於《池北偶談》。

洪氏曰："中唐以後，小杜才識亦非人所及。文章則有經濟，古、近體則有氣勢，倘分其所長，亦足以了數子。宜其薄視元、白諸人也。"録於《北江詩話》。

《簡明目録》曰："其《文集》二十卷，與《唐志》合。《外集》一卷，與《讀書志》合。惟《後村詩話》稱《續》、《别集》三卷，此僅《别集》一卷，而無《續集》，蓋佚之矣。牧作《李戡〔五〕墓誌》，述其詆元、白之言甚悉。案：《雲溪友議》誤以戡語爲牧語，今考正，劉克莊獨不謂然。今考牧語，冶蕩誠不減元、白，然其風骨則迥勝。雜文排奡縱横，亦非元、白所及也。"

文光案：明重刊宋《樊川文集》二十卷，《别集》一卷，《外集》一卷。前有裴延翰序，蓋延翰所編。後有熙寧六年田槩序。牧少得恙，焚其文章千百紙，留者僅十二三。《集外》詩九十五首，舊本所傳，不知誰編。《别集》詩六十篇，田槩編爲一卷。

《李義山詩集箋注》三卷

國朝程夢星撰

東柯草堂本。乾隆癸亥江都汪增寧校刊，有序。次《舊唐書·文苑傳》、《李商隱集》四十卷，《新志》"《樊南甲集》二十卷，《乙集》二十卷，《玉谿生詩》三卷，又賦一卷，文一卷。"《宋志》"文集八卷，《四六甲乙集》四十卷，《别集》二十卷，詩集三卷。"凡例、年譜、程夢星編。義山生卒，史所不載。目録。末爲集外詩。此即朱鶴齡原本重加訂正，曰"原注"，舊注也；曰"補"，朱注也；曰"星按"，程注也。注在詩後。玉谿天才博奥，獺祭功深，前人謂其詩無一字無來歷。宋時劉克莊及張文亮兩家注俱失傳，明末虞山釋道源始創爲箋注。松陵朱長孺氏取道源草本增删刊布，家有其書。午橋又博稽史傳，詳考時事，以成是本，於舊注多所駁正，寫、刻亦佳，誠善本也。

《苕溪漁隱》曰："義山詩，楊大年諸公皆深喜之。然淺近者亦多，如《華清宫》詩'只教天子暫蒙塵'，用事失體，非當時所宜言。又《馬嵬》詩'如何四紀爲天子，不及盧家有莫愁'，此等詩，庸非淺近乎?"録於《叢話》。程注："胡説爲陋，不取。"

《李義山文集箋注》十卷

國朝徐炯注

愛日堂本。乾隆庚寅重刊。前有康熙戊子崑山徐樹穀及其弟炯二序、凡例六條、目録。表二卷，狀一卷，啓二卷，祭文二卷，祝文、檄、箴一卷，序一卷，書、傳、碑、銘、賦、雜著一卷。按：樊南自序《甲集》有四百三十三件，《乙集》亦取四百篇，共八百有奇。此本才九十一首，則散佚多矣。

徐氏例曰："朱長孺新編《李義山文》五卷，考證時事，略爲詮釋，而典故所出，則概乎未之及也。伯兄侍御因爲箋，以補其時事之所遺；而余則博稽典故，以爲之注。元元本本，索隱鉤深，始知義山之文無一字無來歷也。"

文光案：此本採自《英華》、《御覽》、《玉海》等書，非原集也。第九卷載李德裕《會昌一品集序》。今《一品集》所刻，乃鄭亞改定義山作也，較原作更爲得體。此本兩存之。又《樊南甲集》、《乙集》自序二篇。

《温飛卿詩集箋注》九卷

唐温庭筠撰，曾益原注，顧予咸補注

秀野草堂本。康熙三十六年顧嗣立重校。首《舊唐書・温庭筠傳》，次附録諸家詩評十四則，次顧嗣立序，次目録。曾注衹四卷，號“八叉集”，闕佚既多，援引亦不免穿鑿。補注未及成書而殁。嗣立會粹經史百家以至稗官小説、釋典、道藏諸書，無不隱括采拾，所增者十之三四；而曾注之誤釋者痛爲汰芟，又約計十之五六。依宋本分爲《詩集》七卷、《别集》一卷，復采諸本定爲集外詩一卷，而續注焉。因《唐志》宋刻并無“八叉”之目，更題曰《飛卿詩集》，從其字也。是書編訂校刊，悉出顧氏嗣立一人之手，與原書不同。其原注亦有顧氏刊本，流傳已少。書内補注刻“補”字，增注刻“嗣立案”。寫、刻甚佳，誠善本也。讀唐詩者苦無注。予取唐詩注本，各選數十首，合爲一集以爲讀本，勝《别裁》注遠矣。然注本不過十數家，不能多得也。

《全唐詩話》：“庭筠才思豔麗，工於小賦。每試賦，八叉手而八韻成，時號‘温八吟’。而士行玷缺，搢紳薄之。”

文光案：《全唐詩話》竊《紀事》而成。《紀事》“八吟“作“八叉”。

《唐詩紀事》：“令狐綯以舊事詢庭筠，對曰：‘事出《南華》，非僻書也。或冀相公燮理之暇，時宜覽古。’綯益怒，奏庭筠有才無行，卒不得第。庭筠有詩曰：‘因知此恨人多積，悔讀《南華》南華，一作華陽。第二篇。’又宣皇好微行，遇温於逆旅。温不識龍顔，傲然而詰之曰：‘公非長史、司馬之流?’帝曰：‘非也。’又曰：‘得非六參、簿尉之類?’帝曰：‘非也。’謫爲方城尉，其《制辭》曰：‘孔門以德行爲先，文章爲末。爾既德行無取，文章何以稱焉？徒負不羈之才，罕有適時之用。’”

文光案：庭筠，太原人，與新進少年狂游狹邪，醜迹聞於京師。見本傳。

《南部新書》：“令狐綯以姓氏少，族人有投者，不吝[六]其力，由是遠近皆趨之，至有姓胡冒令者。進士温庭筠戲爲詞曰：‘自從元老登庸後，天下諸胡悉帶令。’”

《桐薪》：“温岐少曾於江淮爲親表檟楚，故改名庭雲，字飛卿。而他書或作‘庭筠’，不曉所謂。温嘗傲唐宣皇於逆旅，不獨獲罪令狐綯，流落而死，晚矣！温貌甚陋，號‘温鍾馗’，不稱才名。最善鼓琴〔七〕吹笛，有絲即彈，有孔即吹，不必柯亭爨桐也。著《乾臊子》，今其書不傳。”

《玉泉子》：“温庭筠有詞賦盛名。初將從鄉里舉，客游江淮間，揚子留後姚勗厚遺之。庭筠少年，所得錢帛多爲狹邪費。勗大怒，笞且逐之，以故庭筠卒不中第。其姊，趙顓之妻也，每以庭筠下第，輒切齒於勗。一日，廳有客，温氏偶問客姓氏，左右以勗對〔八〕。温氏遂出廳事，前執勗袖大哭。勗殊驚異，且持袖牢固不可脱，不知所爲。移時，温氏方曰：‘我弟年少宴游，人之常情，奈何笞之？迄今無成，由汝致之。’復大哭，久之，方得解。勗歸憤訝，竟因此得疾而卒。”

《雪浪齋日記》：“温庭筠小詩尤工，如‘墻高蝶過遲’，又‘蝶翎胡粉重，鵶背夕陽多’，又《過蘇武廟》詩云‘歸日樓臺非甲帳，去時冠劍是丁年’，皆工句也。”

《漁隱叢話》：“温飛卿《晚春曲》一首，殊有富貴佳致也。”

《北夢瑣言》：“温庭筠理髮思來，即罷櫛綴文。”

《滄浪詩話》：“西崑體即李商隱體，然兼温庭筠及本朝楊、劉諸公而名之也。”

校勘記

〔一〕“唐”，據宋陳振孫《直齋書録解題》，當作“建”。

〔二〕“地”，原作“死”，據《李長吉歌詩》改。

〔三〕“會孟”，原作“孟會”，據《宋史》乙正。

〔四〕“者”，原作“及”，據宋洪适《盤洲文集》改。

〔五〕“戡”，原作“截”，據《四庫全書簡明目録》改。

〔六〕"吝"，原作"怯"，據宋錢易《南部新書》改。

〔七〕"琴"，據元辛文房《唐才子傳》補。

〔八〕"對"，據《太平廣記》引《玉泉子》補。

萬卷精華樓藏書記卷一百八

集部二

別集類五

《孫可之集》十卷

唐孫樵撰

馮刻《三唐人集》本。首提要，次正德丁丑王鏊序，次自序，次目。附録原刻本王謌跋、汲古原本毛晉跋、顧千里校本跋二則、吴大廷書後、馮焌光跋。

王氏序曰："文章家以昌黎爲聖，昌黎授之持正，持正授之來無澤，無澤授之可之，故可之得吏部文真訣。余得内閣祕本，手録以歸。户部主事白水王君直夫請刻以傳，遂授之。"

孫氏自序曰："樵家藏書五千卷，常自探討，幼而工文。所著二百餘篇，聚其可觀者三十五篇，編成十卷。是歲中和四年也。"

王氏序曰："少傅公既刻《可之集》，予受而讀之。按《唐志》'《經緯集》三卷，進士孫樵撰'，卷數與此不同，不知何也。"

毛氏跋曰："《通志》載《經緯集》三卷。"

顧氏跋曰："此王濟之所刻内閣本，復從長洲汪氏借宋槧勘正，視汲古本遠過之矣。"又曰："《龍多山録》云'樵起辛而遊，洎甲而休'，此用《書》'辛壬癸甲'也。《刻武侯碑陰》云：'獨謂武侯治於燕奭'，此用《左傳》'管夷吾治於高傒也'。見宋刻而知正德本之謬，校定書籍可不慎哉！"

馮氏跋曰："王本頗有脱誤，復倩李君升蘭傳録黄氏廷鑑所臨吴門讀未見書齋校宋本，及顧氏手校宋本。黄、顧所校雖各據宋本，亦時有異同。黄跋云：'宋本謬誤亦多，不盡録。'李君云：'又見古里村翟氏藏王濟之本，亦顧所手校，與張氏毛本小有異同。'蓋李君傳録顧本，初假之張君，子真又假之古里翟氏，雖同出顧手，又前後不一也。《全唐文》所録三十五篇，字句優於諸校本，不知所據何帙。蓋古書多一刊本，即多一同異。姑以管見所及，參校重刊。"

樵官中書舍人。僖宗幸岐隴時，召赴行在，遷職方郎中。詔曰："行在三絶，右散騎常侍李潼有曾、閔之行，職方郎中孫樵有楊、馬之文，前進士司空圖有巢、由之風。列在青史，以彰有唐中興之德。"

《麟角集》一卷

唐王棨撰

麟後山房本。王遐春校刊。首福州陳壽祺序；次遺像并贊；次傳，唐鄉貢進士黄璞撰；次目録。賦四十五首，補遺賦一首，附陳黯《送王棨序》。附録省題詩二十一首，末有王學貞跋。

陳氏序曰："唐水部郎中福唐王棨，字輔文，一作輔之。咸通二年及第，復中宏詞科。事蹟詳黄璞《閩川名士傳》及何喬遠《閩書》。近嘉善浦銑編《歷代賦話》，於唐盛推郎中。其《復小齋賦話》數舉郎中賦十餘處，爲世軌則，以四十一首析爲四卷，盡加箋注。案：《唐志》無此集，《宋志》'王棨詩一卷'，《四庫全書總目》稱原本凡賦四十二篇。其八代孫蘋補採省題二十一首，鮑氏刻之叢書。余鄉人王遐春重刊《冶南五先生集》，郎中其一。

許周生以家藏本遺像撫寄，因補鐫之。”

王氏跋曰：“王棨，《唐書》無傳。《名士傳》云：‘先生當黄巢竊據，不知所之。或云歸終鄉里。’今有墓存焉，則歸鄉無疑。舊集止有賦。王蘋於紹興乙卯在館閣校勘，得詩附焉。鮑氏所刻，尚多脱佚。予借最舊本詳爲覆視，多所補正。謹當刻竣，附識簡餘。”

《笠澤叢書》四卷　《補遺》一卷

唐陸龜蒙撰

大疊山房本。雍正辛亥江都陸鍾輝校刊，有跋。前有目録。凡分甲、乙、丙、丁四集。甲集有自序、《江湖散人傳》、《甫里先生傳》，皆陸所自撰；餘爲賦，爲詩，爲文。乙集爲詩、文。丙、丁集爲詩、賦、文。編次不以類從。《補遺》爲詩詞，并《甫里傳》，又後序。續《補遺》增入蜀本賦四篇、《小名録序》一首。是書初刻於宋元符間，蜀人樊開序刊，所謂“蜀本”是也。再刻於政和初，毗陵朱衮校刊，又爲後序，分上、下二卷，補遺一卷。錢曾述古堂所藏即此本。三刻于元季，魯望裔孫依蜀本釐爲四卷，分甲、乙、丙、丁。《四庫》所著即此本。鍾輝號淳川，因至元本正其訛脱，重付之梓，即今本也。

陸氏刊書跋曰：“《叢書》近時鈔藏，僅江西藏本，并宋蜀人樊開本。蜀本甲集有樊序一首，又續《補遺》賦四篇。又《紀錦裙》在丙集，《迎潮詞》在丁集，《築城詞》在《補遺》中。新城王尚書從温陵黄氏借鈔西江本，復得虞山毛氏寄本，題語中亦縷及之。顧蜀本元至元間杞菊先生重爲校刊，流傳亦鮮。予頃從吴中舊家獲至元本，因正其訛脱謬誤者而付之開雕。至王益詳跋語，漶漫過多，不復録。《小名録序》一首，依王本增入。”

文光案：是書流傳甚罕，《天一閣書目》不著。元遺山曾合唐、宋二本爲一本。明許槤刻《叢書》七卷、《補遺》一卷、《附考》一卷。又都穆重刊蜀本，阮亭云與元本不同。《耒耜經》并序在丙集内，毛氏刻入《津逮祕書》集中。《詠田家》諸詩，最爲親切，蓋身歷其境，與泛賦者不同。

錢氏曰：“《叢書》爲陸魯望卧病松陵時雜著。元本詮次棼亂，兼少《憶白菊》、《閑吟》二絶。”録於《敏求記》。今本有此二絶。

王氏曰：“唐本《笠澤叢書》四卷，後有政和元年毘陵朱衮序，乃江西士夫家舊本。黄俞邰得之金陵餅肆中，自跋云：‘出魯望手編。唐本古雅，殊可寶惜。’予舊藏皮日休《文藪》十卷，有日休自序、宋柳開序，亦皮所自編也。凡《松陵唱和集》詩，二編俱不載。”録於《池北偶談》。

文光案：此本有朱序，定爲宋刻，而卷數與朱本異。歸安陸氏所藏舊抄本，吴兔床跋云：“《笠澤叢書》，世少善本。王阮亭酷愛此書，嘗從黄徵君借抄，所謂‘金陵餅市本’也。其後又得毛斧季寄本，所謂‘都元敬刊本’也。近時三吴顧氏有刊本，紙、墨雖精好，而舛錯殊甚，似從黄本翻雕者。緑飲嘗言郁君陛宣收藏抄本最佳，因借得之，視顧本洵善。後有王益祥跋，已缺七十餘字，似據都本傳録者。”何義門校本跋云：“從虞山錢氏借得馮已蒼所傳元板佳本，取而改竄抄本，以示後人。”

《笠澤叢書》七卷　《補遺》一卷

唐陸龜蒙撰

中吴顧氏本。此刻字畫精好，而訛謬疊見。拜經樓七校本最爲精密，惜未之見。吴氏所據有海昌郁氏本、林广山本、海鹽吾以方本、秀水蔣春雨本。吴氏本，即陸鍾輝所刊，復据宋本校正者。餘皆舊抄本。郁本有元人王益祥跋，取都元敬据以付刊者。

書分甲、乙、丙、丁者，魯望原式也。以詩文分類，析爲七卷者，爲蜀本。陳《録》："蜀本十七卷，蜀人樊開所刊。""十"字當是衍文。顧本出於黄俞邰本。

唐賢陸龜蒙，字魯望，三吴人也。幼而聰悟，通六籍，尤長於《春秋》。常體江、謝賦事，名振江右。與顏蕘、皮日休、羅隱、吴融爲友。性高潔，家貧親老，屈與張搏爲湖、蘇二郡佐。嘗至饒州，三月無詣，刺史率官屬就見之。龜蒙不樂，拂衣去。居松江甫里，多所論譔。著《吴興實録》四十卷、《松陵集》十卷、《笠澤叢書》八十餘篇。自謂"江湖散人"，或號"天隨子"、"甫里先生"。唐末，以左拾遺授之，詔下日疾終。贈左補闕。本朝宋景文公重修《唐書》，仍列於《隱逸傳》。今蜀中惟《松陵集》盛行，《笠澤叢書》未有。是書家藏久矣，愚謂貯之篋笥以私一人之觀覽，不若鏤板而傳諸好事，庶斯文之不墜，而魯望之名復振，亦儒者之用心也。時聖宋元符庚辰歲仲秋月，郫人樊開題。

今清朝石文既以書院祀先生於吴下，而其遺書若《松陵集》、《皮陸唱和》皆已行於世。而《叢書》雖板刻於宋元符間，然而蕪没久矣。今而刻之書院者，將與好事者共之也。至元仍紀元之五年，十一世孫惪原百拜謹題。

右《叢書》，予家舊有二本。一本是唐人竹紙番複寫，元光間應辭科時買於相國寺販肆中。宋人曾校定，塗抹稠疊，殆不可讀。文光案：《年譜》所引至此而止。上云二本，《譜》著其一本，殊屬無謂。此本得於閻内翰子秀家，比唐本有《春寒賦》、《拾遺詩》、《天隨子傳》，而無顏蕘後引。文光案：今本亦無顏引。其間脱遺有至數十字者。二本相訂正，乃爲完書。向在内鄉，信之、仲經嘗約予合二本爲一，因循至今，蓋八年而後卒業，然所費日力纔一旦暮耳。遺山所合之本，不知尚在人間否，諸家亦未言及。嗚呼！學之不自力如此哉！指一日之功爲積年之負，不獨此一事也，此學之所以不至歟？按：龜蒙詩文，如《叢書》與《松陵集》，予俱曾熟讀。龜蒙，吴士也，學既博贍，文光案：《自傳》云："得一書詳熟，然後置於方册，值本即校，不以再三爲限。朱、黄二毫，未嘗一日去於手。所藏雖少，咸精實正定可傳。借〔一〕人書，有編簡斷壞者，緝〔二〕之；文字謬誤者，刊之。"此其所以博贍與？而才亦高潔，故其成就，卓然爲一家。然識者尚恨其多憤激之辭，而少敦厚之義。若《自憐賦》、《江湖散人歌》之類，不可一二數。標置太高，分别太甚，騣刻太苦，譏駡太過。唯其無所遇合，至窮悴無聊賴以死，故鬱鬱之氣不能自掩。推是道也，使之有君有民、有政有位，不面折庭争、埋輪叩馬，則奮髯抵几以柱，後惠文從事矣，何中和之治之望哉？宋儒謂唐人工於文章而昧於聞道，其大較然，非獨一龜蒙也。至其自述云"少攻歌詩，欲與造物争柄，遇事輒變化不一。其體裁始則陵轢波濤，穿穴險固，囚鎖怪異，破碎陣敵，卒之造平淡而後已"者，信亦無愧。甲午四月二十有一日，書於聊城寓居之西窗。《校正笠澤叢書後記》，《遺山文集》第三十四卷。文光案：是記中論魯望處最爲允當，因備録之。

貞元中，韓晉公嘗著《春秋通例》，刻之於石。今在潤州文宣王廟。

侍御史趙郡李君，好事之士也。因予話上元瓦棺寺有陳後主羊車一輪，天后武氏羅裙、佛旛，皆組繡奇妙，李君乃出古錦裙一幅示余。因筆之，俾詩者賦之。《紀錦裙》。

碑者，悲也。古者懸而窆用木，後人書之以表其功德。因留之不忍去，碑之名由是而得。自秦漢以降，生而有功德、政事者，亦碑之，而又易之以石，失其稱矣。《野廟碑》。

《甫里集》二十卷

唐陸龜蒙撰

明本。萬曆癸卯甫里許自昌依景和嚴氏本校刊，有序。次成化丁未邑人陸錢〔三〕序，次寶祐六年林希逸序，次目録。此集爲葉茵所編，有序。凡雜詩十二卷、四聲詩迴文、藥名、雙聲、疊韻。二卷、賦二卷、文三卷，附碑傳一卷。

陸氏序曰："長洲甫里爲魯望先生隱處，故自號甫里。陸氏爲吴郡四姓之舊，先生以高節稱。所著有《吴興實録》四十卷、《松陵集》十卷，晁氏曰凡六百五十八首；《笠澤叢書》四卷，陳氏曰甲、乙、丙、丁，詩文雜編。朱袞刊於吴江，末有四賦，用[四]蜀本增入。蜀本七卷，樊開所序。案：開序止曰八十餘篇，而不曰四卷，與陳氏所計七卷之數不合。《叢書》、《松陵集》總六百五十二篇，并附録爲二十卷，闕晁氏所校《松陵集》六篇。刊於寶祐中，歷勝國以來，歲久板廢。景和所爲重刊者，繼前賢之勝事，誠義舉也。而《叢書》四卷、七卷、八十餘篇之數，無從補刊矣。先生自言平居以詩文自怡，點竄塗抹，歷年不能浄寫一本，或爲好事者取去。鄱陽馬氏録書有《小名録》三卷，集中不見。"

遺稿所存，僅有《松陵》、《笠澤》二書。詩似陳拾遺，文似元道州。吴江葉君茵掇拾而裒益之，若褚先生之於《史記》、張處度於《沖虚經》。先生之亡，紫溪翁、鹿門子諸賢皆平昔所深交，豈無一人任此責至散佚如此？

陸氏序曰："叢書者，叢脞之書也。叢脞，猶細碎也。細而不遺，大可知其所容矣。自乾符六年春卧病於笠澤之濱，敗屋數間，蓋蠹書十余篋。伯男兒纔三尺許長，𪙎音毁。齒猶未徧，教以藥劑象梧子大小外，研墨泚筆供紙札而已。體中不堪羸耗，時亦隱几强坐。内壹鬱則外揚爲聲音，歌、詩、頌、賦、銘、記、傳、序，往往雜發。不類不次，混而載之，得稱爲叢書。自當緩[五]憂之一物，非敢露世家耳目，故凡所諱中略無避焉。笠澤，松江之名[六]。"

陸龜蒙，字魯望。少高放，通六經大義，尤明《春秋》。得書熟誦，讎比勤勤。借人書，篇袠[七]壞舛，爲輯褫刊正。嗜茶，置園顧諸山下，歲取租茶，自判品第。張又新爲《水説》七種。本傳。《笠澤叢書》家藏久矣，鏤板而傳。元符庚[八]辰，樊開題。

《叢書》多舛謬，衮求善本，校正刊板。政和元年朱衮記。

《笠澤叢書》、《松陵集》，計四百八十一。茵居其鄉，誦其文，且和其絶句百八十餘首。遂於文籍中裒集得一百七十一篇，合《叢書》、《松陵集》，計六百五十二篇。凡可助此書以流行者，聚於卷末，名曰"附録"。總爲二十卷，刊置義莊。字畫疑者存之，舛訛者是正之。寶祐五年，葉茵謹識。

陸龜蒙墓在甫里，旁有白蓮寺。卒後廟食於此。《姑蘇志》。

白蓮寺，魯望祠堂，其像設皆當時物。咸淳中，有盛氏子醉仆其像於水，滿腹皆平生詩文稿也。知府倪普置盛罪，更爲塑像。其腹稿不復得矣。《齊東野語》。

古人文章，身後所託不一。如[九]白居易以轉輪藏，唐球以瓢，劉蜕以冢，陸龜蒙以白蓮寺佛腹。後百十年，必有知者，何必藏之名山，副在通都耶？《香祖筆記》。

文光案：《簡明目録》以《甫里集》爲詩，恐誤。

《司空表聖一鳴集》十卷

唐司空圖撰

抄本。是集有文無詩，惟五卷、六卷題"碑"，餘皆題"雜著"。凡記、述、書、記、碑、誌、賦、贊之屬，共七十首。書前上題"司空表聖文集"，下題"一鳴集"，與《簡明目録》所著合，蓋猶是舊本也。中多缺字，間有自注亦微。書法頗工整，可寶藏也。

知非子雅嗜奇，以爲文墨之伎不足曝其名也，蓋欲揣機窮變，角功利於古豪。及遭亂竄伏，又顧無有憂天下而訪於我者，曷以自見平生之志哉？因捃拾詩筆，殘缺亡幾，乃以中條别業一鳴以目其前集，庶警子孫耳。其述先大夫所著家諜《照乘傳》，及補亡舅贊祖彭城公中興事，并愚自撰密史，皆别編次云。有唐光啓三年，泗水司空氏中條王官谷濯纓亭記。自注云："舅名權。四歲能諷誦其舅《水輪陳君賦》，十六著《劉氏洞史》三十卷。

《山居記》曰："中條蹴蒲津，是谿蔚然涵其濃英之氣。會昌中，詔廢佛宫，因爲我有。谷之名，本以王官廢壘在其側。今司空氏易之爲禎陵谿，亦曰禎貽云。"

文光案；表聖所居，今猶以王官谷傳。其謂禎陵谿者，人不知也。其亭曰"證因"，曰"擬綸"，曰"修史"，曰"濯纓"；堂曰"三詔之堂"；室曰"九籥之室"：皆見於記。記云："亭曰修史，勗其所職也。"序云："自撰密史，别爲編次。"不知其史尚在人間否。

仲尼不用於戰國，致其道於孟、荀而傳焉，得於漢成四百年之祚。五胡繼亂，極於周、齊。天其或者生文中子以致聖人之用，得衆賢而廓之，以俟我唐，亦天命也。故房、衛數公皆爲其徒，恢文武之道，以濟貞觀治平之盛，今三百年矣。此《文中子碑》，僅百餘字。

陳氏曰："《司空表聖集》十卷。注云：别有《全集》，此集皆詩也。其子永州刺史荷爲後記。"録於《直齋書録》。

晁氏曰："《一鳴集》三十卷。注云：圖居中條山，自號知非子、耐辱居士。自序以濯纓亭、一鳴窗名其集。"録於《讀書志》。

洪氏曰："東坡稱司空表聖詩文高雅，有承平之遺風，蓋嘗自列其詩之有得於文字之表者二十四韻，恨當時不識其妙。又云：'表聖論其詩，以爲得味外味。如"緑樹連村暗，黄花入麥稀"，此句最善。又"棋聲花院閉，幡影石壇高"。吾嘗獨入白鶴觀，松陰滿地，不見人，惟聞棋聲，然後知此句之工，但恨其寒儉有僧態。'予讀表聖《一鳴集》，有《與李生論詩》一書，乃正坡公所言者。其餘五言句云'人家寒食月，花影午時天'、'雨微吟足思，花落夢無憀'、'坡暖冬生笋，松凉夏健人'、'川明虹照雨，樹密鳥衝人'、'夜短猿悲減，風和鵲喜靈'、'馬色經寒慘，鵰聲帶晚饑'、'客來當意愜，花發遇歌成'，七言句云'孤嶼池痕春漲滿，小欄花韻午晴初'、'五更惆悵迴孤枕，由自殘燈照落花'，皆可稱也。"録於《容齋隨筆》。

《簡明目録》曰："陳繼儒《太平清話》載其《墨竹筆銘》手迹，此集不載。其序稱梁庚寅歲，圖年八十二，僞妄審矣。繼儒不能辨也。"

《翰林集》四卷　《附録》一卷

唐韓偓撰

麟後山房本。是集有詩無文，間有自注。韓冬郎以京兆名儒棲身南越，故王氏刻其遺集附於四家之後。《簡明目録》："《韓内翰别集》，一卷。"

《宣和書譜》："玉山樵人歌詩頗多，樂工配入聲律。行書亦可喜。"

《石林集》："偓終身不食梁禄，大節與司空表聖略等。"

《夢溪筆談》："唐韓偓爲詩極清麗，有手寫詩百餘篇，在其四世孫奕處。偓天復中避地泉州之南安縣，子孫遂家焉。慶曆中，予過南安見奕，出其手集，字極淳勁可愛。後數年，奕詣闕獻之，以忠臣之後得用仕參軍，終於殿中丞。又，予在京師見偓《送晉光上人》詩，亦墨迹也，與此無異。"録自本書。

《香奩集》三卷　《附録》一卷

唐韓偓撰

福鼎王氏重刊宋本。前有自序并目録。凡詩百篇，皆艷體，麗而無骨。或以爲韓熙載所作，或以爲和凝嫁名。葉石林見偓親書詩一卷，其詩多在卷中，以此爲驗，則韓所作也。《韻語陽秋》亦以爲偓詩無疑。《簡明目録》以爲韓偓游戲之筆，故不著録。

《瀛奎律髓》："致光筆端甚高，善用事，極忠憤。惟《香奩》之作，詞工格卑。"

《夢溪筆談》："和魯公凝有艷詞一編，名《香奩集》。凝後貴，乃嫁其名爲韓偓。今世傳韓偓《香奩集》，乃凝所爲也。凝生平著述，分爲《演綸》、《游藝》、《孝悌》、《疑獄》、《香奩》、《籯金》六集。自爲《游藝集序》云：'予於《香奩》、《籯金》二集，不行於世。'凝在政府，避議論，諱其名，又欲後人知，故於《游藝集序》述之。此凝之意也。予在秀州，其曾孫和惇家藏諸書，皆魯公舊物，末有印記，甚完。"

文光案：和凝，晉相也。據沈氏筆記，恐韓、和二人皆有《香奩》之作，以致混淆至今，遂爲疑案，不能深辨也。偓[一〇]字致光，京兆萬年人。計有功云字致堯，胡仔云字致元，未知孰是。自號玉山樵人，小字冬郎。《香奩集》有汲古閣本一卷。

《玄英先生詩集》十卷

唐方干撰

明本。首王贊序；次傳，樂安孫郃撰；次目録。第十卷缺詩十三首，序文缺半葉。是本寫、刻精工，每葉二十行，行十八字。

王氏序曰："干之爲詩，鋟肌滌骨，冰瑩霞絢，嘉肴自將，不吮餘雋。麗不葩紛，苦不棘癯。當其得志，倏與神會，詞未至，意已獨往。孫郃出所作傳，且曰與其甥楊弇洎門僧居遠收綴其遺詩，得三百七十餘篇，欲余爲之序。先是，丹陽有南陽張祜，差前於生。其詩放言横肆，皆吴越之遺逸。余嘗較之，張祜升杜甫之堂，方干入錢起之室矣。"

傳曰："玄英先生，新定人也。姓方氏，名干，字雄飛。父曰肅，舉進士。章協律八元美其詩，以其子妻之。八元，即先生外王父也。先生爲詩高堅峻拔，咸通、乾符、廣明、中和間，爲律詩，江之南未有及者。先生爲性不洽於倫類，亦多拒之，相與非先生之詩，愈非而詩愈出。始舉進士，與同舉者數輩謁錢塘太守姚公合。姚視其貌陋，初甚卑之。坐定，覽其衆卷，及先生詩，姚公駭目變容而歎之。賓散，獨與之久，館之數日，登山臨水，無不與焉。先生性氣不拘禮，一舉不得志，遂遁於會稽，漁於鑑湖。詩弟子數人，知其深者，弘農楊弇、釋子居遠。余承方公之知，恐行事湮没，乃作傳焉。先生有集十卷，弟子楊弇編之。余請王贊舍人爲之序。"

《全唐詩録·浙乘》云："干，桐廬人。徐凝一見器之，授以詩律。爲人質野，喜凌侮，每見人設三拜，曰禮數有三。識之者呼爲'方三拜'。貌寢，又缺脣，有司以故不與科名。隱鑑湖，遇醫補脣，已老矣。没後，宰臣張文蔚奏文人不第者十五人，干預其數，追賜及第。干律詩煉句，字字無失。後進私謚'玄英先生。"

"野渡波摇月，空城雨翳鐘"、"翳燭兼葭雨，吹帆橘柚風"、"花朝連郭霧，雪夜隔湖鐘"、"細夜蓮塘晚，疏蟬橘岸秋"，煉句最佳。

《徐正字集》一〔一一〕卷　《附録》一卷

唐徐寅撰

福鼎王氏本。賦一卷，詩三卷，有目無序。學貞刻《唐越南先輩遺集》，歐陽四門、黃御史、王水部、徐正字，凡四家。

《劉後村集》："徐詩'歲計懸僧債'，以此知閩人苦貧，貸僧而取其息，自唐末已然矣。"

《閩書》："徐寅字昭夢，博學經史，尤長於賦。乾寧初舉進士，試《止戈爲武賦》，有'破山加點，擬戍無人'之句，侍郎李懌奇之。擢祕書省正字。寅嘗作《人生幾何賦》，四方傳寫，長安紙價爲高者三日。及梁祖受禪，再試進士第一。梁祖曰：'是賦人生幾何者耶？三皇五帝，不死何歸，此語盍改之？'寅曰：'臣寧可無官，不可改賦。'遂拂衣歸。梁祖怒，削其名。"

《十國春秋》："寅才思敏絶，有《探龍集》一卷，雅道機要，并詩八卷，亦曰'釣磯集'。又有賦五卷，其最著者《過驪山賦》。又《九國志》載《大梁賦》。"

文光案：《大梁賦》、《人生幾何賦》及《止戈爲武賦》，今集中俱不載，則所佚多矣。寅，莆田人，隱於延壽溪。妻字月君，偕隱終老。然不隱於唐亡之日，而隱於禪代之後，稱臣於梁，再試第一，高風介節，殆有愧焉。

《黄御史集》八卷　《附録》一卷

唐黄滔撰

黄氏本。首刻聖祖仁皇帝欽定《唐御史黄滔本傳》："黄滔字文江，莆田人。昭宗乾寧二年擢進士第。光化中除四門博士，尋遷監察御史裏行，充威武軍節度推官。王審知據有全閩，而終其身爲節將者，滔規正有力焉。集十五卷，今編詩三卷。"次淳熙三年楊萬里序、四年謝諤序、慶元二年洪邁序、萬曆丙午曹學佺序，次凡例、目録。凡賦一卷、詩三卷、文四卷。宋尚書考功員外郎、八世孫黄公度編輯。附録諸書評論、裔孫諸誌并年考，及《莆陽名公事述》。目附九世孫《宋理學名儒補遺》稿，而書佚其文。末有二十三世〔一二〕孫黄起有跋。

是集久逸。黄公度舊藏稿本，釐賦十卷，名曰"東家編略"。後屢有所得，遞編附名。今本刊於崇禎十一年，黄鳴喬、黄起有父子重爲編校，各以類從，分爲八卷，增以附録，有例有跋。是集初刻於宋淳熙丙申，再刻於明正德癸酉，三刻於萬曆甲申，此第四刻也。

楊氏序曰："永豐君自言此集久逸，其父考功公始得數卷，永豐君又得詩文五卷，又得逸詩及銘碣。而永豐之士有曾時傑，與其猶子晞説者，刻印以行。其集舊曰《黄滔集》云。"

文光案：考功名度。永豐名沃，度之子也，亦稱邵州。

洪氏序曰："唐三百年，文盛於韓、柳、皇甫，而其衰也，爲孫樵，爲劉蜕，爲沈顔；詩盛於李、杜、劉、白，而其衰也，爲鄭谷，爲羅隱，爲杜荀鶴。御史生最晚，而獨不然。其文贍，蔚爲典則，策扶教化。其詩清淳豐潤，若與人對語，和氣郁郁，有貞元、長慶風概。《馬嵬》、《館娃》、《景陽》、《水殿》諸賦，雄新雋永，使人讀之，廢卷太息，如身生是時，目擊是故，是亦可貴已。登科時，適昭宗之季年，未幾而朱梁移國，因歸閩不復西，故不克大顯於世。邵州將鋟板於郡齋，遣信謁序，故不辭而書。"

文光案：洪序載二百八十五篇，此本共二百九十一篇。

謝氏序曰："黄御史以文名於唐，而累葉蕃衍，盛於閩中。"

曹氏序曰："既竣《歐陽四門集》，復取《黄文江集》合刻之。按《通志》，歐陽詹與黄璞齊名。滔，璞之從弟也，故御史有《寄從兄璞》詩。璞仕而隱者也。陳振孫曰'黄璞何人'，夫豈未之考耶？"

文光案：黄璞有《閩川名士傳》及《霧居子》，洪邁爲之序。

《唐昭宗實録》："乾寧二年二月丙申，試新及第進士張貽憲等於武德殿東廊内。出四題：《曲直不相入賦》，取'曲直'二字爲韻；《良弓獻問賦》，以太宗所問工人'木心不正，脈理皆邪爲理道'，取五聲字輪次，各雙用爲韻；《詢於蒭蕘》詩，回紋，正以'蒭'字、倒以'蕘'字爲韻；《品物咸熙》詩，七言八韻。"

文光案:《容齋四筆》,"太宗所問"無"所"字,"爲理道"作"若何道理"。滔以是年及第,詩、賦俱在集中。《良弓獻問賦》第一韻尾句押崇,崇,上平聲也;第二韻綿,綿,下平聲也;第三韻唯,唯,上聲也;第四韻粲,粲,去聲也;第五韻入聲缺。當時限三百二十字,此賦祇二百四十七字,逸矣已久。

《唐詩紀事》:"昭宗頗爲寒進開路。崔凝典貢舉,但是子弟,無問文章,其間屈人不〔一三〕少。孤寒中惟程晏、黄滔擅場之外,如王貞白、張蠙詩、趙觀文,古風皆臻前輩之閫閾者也。"

洪邁曰:"乾寧二年,復試進士二十五人,但放十五人狀頭。張貽憲以下落其六人,許再入舉場。四人所試最下,不許再入。蘇楷其一也,故挾此憾,至駁昭宗聖文之謚,崔凝坐貶合州刺史。其賦韻前所未有。國將亡,必多制,亦云可笑矣。張貽憲等六人訖唐末不復綴榜,蓋是時不糊名,一黜之後,主司不敢再收拾也。"

《氏族大全》:"黄滔以賦擅名,有《泉山秀句》三十卷。"

吴源曰:"《泉山秀句》,自武德迄天祐,捃摭詩篇,合爲一集,久而不傳。"

第八卷有《綿上碑》,未知在綿山否。

論詩《長恨歌》云:"遂令天下父母心,不重生男重生女",此刺以男女不常,陰陽失倫,其意險而奇,其文平而易,所謂'言之者無罪,聞之者足以自戒'哉!

年考文集,可見者七十二載。

《黄御史集》八卷 《附録》一卷

唐黄滔撰

麟後山房本。嘉慶十五年王學貞重刊,有跋。此與崇禎本無大殊異，但删其後裔之序例而總爲一跋。前增趙在翰序，前半言御史依王審知事，後半言其德其名。又謂非御史者謂好老氏、浮屠之説，又擬祭南海南平王之作，皆重誣御史。滔字文江，莆田人。嘗居涵江，黄巢以爲儒者之家，滅炬過之。

《唐風集》三卷

唐杜荀鶴撰

鈔本。前有顧雲序。《敏求記》云："予藏九華山人詩，是陳解元書棚本，總名'唐風'者。後得北宋繕本，乃名《杜荀鶴文集》，而以'唐風集'三字注於下。《通考》云'《唐風集》十卷'，'十'字恐誤。"此本爲虞山毛氏所藏，想從北宋本傳録者，與述古堂寫本同出一源，誠可珍也。

《羅昭諫集》八卷

唐羅隱撰

新城縣祠堂本。康熙九年渤海張瓚校刊。集内有《兩同書》。原本久佚，僅存《甲乙集》四卷。張氏採掇而成，詩文雜著，合爲一編。《簡明目録》所載即此本。隱，晚唐節士，抱負卓犖，遭時不偶。受知吴越錢氏，拜杭州刺史，爲錢塘令，辟掌書記，爲給事中，遷發運使，皆錢氏之除擢也。詳見《吴越備史》。而《唐書》不載姓名。歐《五代史》記《吴越世家》，獨爲錢鏐賓客，蓋未深考也。

《北夢瑣言》："屯難之世，君子遭遇不幸，往往有之。唐進士章魯封與羅隱齊名，皆浙中人，頻舉不第，文光案：唐懿宗咸通元年，隱在京師舉進士，留七載而不第。聲采甚著。錢尚父土豪倔起，號錢唐八都，洎破董昌，奄有杭越，於是章、羅二士離其籠罩。然其出於草莽，未諳事體，重縣宰而輕郎官，嘗曰："某人非才，只堪作郎官，不堪爲縣令。”即可知也。以章魯封爲表奏孔目官，章拒而見笞；差羅隱宰錢唐，皆畏死禀命。章、羅以之爲恥，錢公用之爲榮。玉石俱焚，吁！可惜也。或云章魯封後典蘇州，著《章子》三卷，行於世。羅隱爲中朝所重，錢公尋倍加欽，官至給事中，享壽考，温飽而卒。”

《讒書》五卷

唐羅隱撰

鈔本。從照曠閣本傳録。前有《吴越備史》本傳、羅隱自序、大德六年黄真輔序、方回序、隆慶二年錢穀記、楊循吉跋、嘉慶丙寅黄丕烈跋。其書多憤時嫉俗之言，憂讒畏譏，故流傳甚罕。《直齋書録》已云求之未獲。《永樂大典》有隨齋批注云：“近刻於新城縣，殆即方萬里跋所云楊思濟集叙者。”宋板已失，隱之裔孫雲叔爲徽學正，捐俸重刊，是爲元本。錢叔寶家有影元抄本，輾轉傳寫，此本是也。其他多非完本。書前本傳爲錢穀所補。明時多抄元本，未知近日有重刊本否。陳《録》有《淮海寓言》、姚叙祥刻《羅江東集》，皆未見。

校勘記

〔一〕“借”，原作“偕”，據唐陸龜蒙《甫里先生傳》改。

〔二〕“緝”，原作“絹”，據同上文改。

〔三〕“錢”，據明錢穀《吴都文粹續集》，當作“鈛”。

〔四〕“用”，原作“同”，據上書改。

〔五〕“緩”，《笠澤叢書》作“諼”。

〔六〕“名”，原作“右”，據《甫里集》改。

〔七〕“衷”，原作“哀”，據《新唐書》改。

〔八〕“庚”，原作“廣”，據《甫里集》改。

〔九〕“如”，原作“在”，據清王士禛《香祖筆記》改。

〔一〇〕"偓"，原作"淆"，據文意改。

〔一一〕"一"，據下文當作"四"。

〔一二〕"世"，據文意補。

〔一三〕"不"，據《黄御史集》補。

萬卷精華樓藏書記卷一百九

集部二

別集類六

《徐常侍集》三十卷

宋徐鉉撰

鈔本。前有胡克順《進書表》、陳彭年序、晏殊後序、徐琛跋，後附行狀、墓誌銘、李昉撰。祭文、挽詞。李至等撰。

胡氏《表》曰："陳彭年成臣夙志募工鏤板，新印《徐鉉文集》兩部，計六十卷。謹隨表上進。天禧元年十一月日。"

陳氏序曰："公《江南文稿》撰集未終，自勒成二十卷。及歸中國，多不留草。其存者，子壻吴君淑編爲十卷，通成三十卷。時淳化四年七月序。"

晏氏序曰："公歿後，門人等論次其文，胡君克順以墓誌、挽詠等列於左次，俾題其後。大中祥符九年八月。"

徐氏跋曰："公集兵火中厄，鮮有存者。偶得善本，鏤板以傳。紹興十九年。"

《簡明目録》曰："《騎省集》前二十卷，仕南唐時所作；後十卷，入宋後作也。鉉才思敏捷，下筆即成，故其詩流易有餘，深警不足。其文亦沿溯燕、許[一]，不能嗣韓、柳之音。然在五季之中，則迥然孤芳矣。"

王氏曰："《徐公文集》三十卷，南唐徐鉉鼎臣著，宋都官員外郎胡克順所撰。天禧中表進，批答甚優。五代時，中原喪亂，文獻放闕，惟南唐文物甲於諸邦，而鉉、鍇兄弟與韓熙載 案：《癸巳類稿》考熙載甚詳。爲之冠冕。常侍詩文都雅，有唐代承平之風。入宋，與湯悦 原注："即殷崇義。"奉詔撰《江南録》。至金陵亡國之際，不言其君之過，但以歷數爲言。《誄後主文》尤極悱惻，讀者悲之。《老學叢談》記常侍入汴，市一宅居。後見宅主貧甚，曰："得非市宅虧價而至是耶？吾近撰碑文，獲潤筆二百千，可以相濟。"其人堅辭，亟命左右輦致之。其厚德如此。集外又有《稽神録》若干卷，予家亦有寫本。"録於《香祖筆記》。

文光案：《稽神録》尚有傳本。

盧氏曰："鼎臣詩致清婉，在崑體未興之前，故無豐縟之習。其文儷體爲多，亦雅淡有餘。爲組織之學者，見之或不盡憙。然沖瀜演迤，自能成家，不可得而廢也。從鮑氏借得此集，其脱者尚無從補正，然此已可信爲善本矣。"録於《抱經堂集》。

《林和靖集》四卷　附《省心録》一卷

宋林逋撰

廣州本。道光四年南海葉夢龍寫刊，有跋。前有康熙戊子吴調元重刊序、皇祐五年梅堯臣序、《宋史·本傳》、《墓堂記》、元葉森撰。林集詩話十五條、繪像并《贊》、臨安府尹袁韶撰。總目。凡詩三百一十首、詩餘三首。吴氏序云："世無善本，因重刊之。"晁无咎有《林逋薦士書跋》。

葉氏跋曰："向聞是集刻本，以前明陳惟成所刊爲有條理。國朝吴氏務滋堂本則編排失序，採取訛謬。龍家祇有吴本，因據《羣書拾補》中指駁數條，系以案語，仍即吴本鐫之。有非和靖作者，也不加芟薙，示不敢率臆也。《省心録》係從李邦憲《省心雜言》摘出，吴氏誤附是集，今亦仍存其舊。”元本林集後刻《省心雜言》，盧曰李邦憲、沈道原各撰有《心録》，和靖撰《省心雜言》。或誤以《省心録》爲《省心雜言》，遂謂和靖無《省心》書。

梅氏序曰：“先生少時多病，不娶，無子。諸孫大言能掇拾所爲詩，請序於予。先生諱逋，字君復，年六十二。其詩時人貴重，甚於寳玉。先生未嘗自貴也，就輒棄之，故所存百無一二焉。於戲！惜哉。”

黄山谷曰：“林處士書清氣照人，其端勁有骨，亦似斯人涉世也。”

何養純林集附言：“先生書法深入晉室，惟《停云館》二小柬流傳於世，清瘦遒勁，語亦澄淡孤峭。”

《妮古録》：“朱紫陽畫深得吴道子筆法，林和靖亦善繪事。”

文光案：朱子善畫，知者甚少。不知尚在人間否。

《眉公筆記》：“錢塘有水仙王廟，林和靖祠堂近之。東坡謂和靖清節映世，遂以神像配食水仙王。山谷題水仙花用此事云。”

傳曰：“逋善行書，喜爲詩，多奇句。今傳者三百餘篇。”

《元憲集》三十六卷

宋宋庠撰

聚珍本。原集四十卷，久佚。官本從《永樂大典》採出，重編爲三十六卷，蓋删其青詞、樂語也。凡賦一卷，詩十四卷，附帖子詞。頌二卷，表二卷，外制七卷，内制四卷，劄子一卷，答内降手詔一卷，行狀一卷，墓誌銘、墓記、祭文一卷，祝文、狀、序一卷，記、碑銘、連珠、論説一卷。前有嘉定二年郡文學陳之强序。郡守王允初欲合刻二宋集，以屬之强，未就而去。後守陳芾捐資刊成。庠字公序，開封雍丘人。天聖二年進士第一。封莒國公。元憲，其號也。末卷有《緹巾集記》，自次所著詩五百餘首，勒成十二卷，不知與今本同否。今本八百餘首。其名章儁句具載集中，諸家所稱，或有未盡。文多館閣之作，在宋時爲極盛。評論詳於《宋史》本撰，及諸家序論，兹不復贅。集内有《談苑序》，因楊大年之書去其重複，分爲二十目，勒成十二卷，題曰“楊公談苑”，皆奇聞異説也。

《景文集》五十六卷

宋宋祁撰

聚珍本。此二宋合刊之本。乾隆四十六年七月恭校，上御題冠首。前有唐庚序、目録、提要。賦四卷，詩二十卷，風雅體三首。奏疏六卷，外、内制三卷，頌二卷，表六卷，議論三卷，序、記、贊各一卷，雜文一卷，書三卷，啓五卷。《配帝》、《升歌》諸議、《禦戎》諸論宜録。

唐氏序曰：“仁廟初，號人物全盛時，而尚書與其兄鄭公以文章擅名天下。其後鄭公作宰相，以事業顯於時；而尚書獨不至大用，徘徊掖垣十數年間，故其文時多奇特。兄弟於字學甚深，故其文多奇字，讀者往往不識。其將殁世，又命其子慎無刊類文集，故甚秘而不傳於世。元符二年，其子衮臣爲利州路轉運判官，予典獄益昌，始得尚書所爲文。讀之粲然，東坡所謂‘字字照縑素’，詎不信哉！文集二百卷，予得九十九卷，餘在曾子開家，衮臣謂‘他日當取之并授予’云。”

《武溪集》二十卷

宋余靖撰

芸香堂本。康熙丁丑天都程徵基校刊於廣州，募於同志，助而成之。前有紹興丁巳韓璜序，正誤數十字。成化九年邱浚序，與《曲江集》并得於館閣，韶郡太守蘇君韓刻於郡齋。嘉靖丙寅劉穩序，明本第二刻。康熙乙亥陳廷策、王瑛序，程履新跋，校刊姓氏，神道碑，歐陽修撰。目録。詩二卷，制誥二卷，表、狀三卷，判詞御試、祕閣試、私試。二卷，序一卷，論一卷，記五卷，啓、箴、雜著一卷，墓誌二卷，祭文一卷。嶺南人物，首稱唐張文獻公、宋余襄公，二公皆韶人也。《曲江集》尚有存者，又全收入《全唐文》中。《余公集》二十卷，即此本也，而錯缺無本可校。按碑記，有《奏請〔二〕》五卷、《刊誤》四十卷，杳不可問矣。雜著内有《契丹官儀》五條。

契丹舊儀，皆書於國史《夷狄傳》矣。予自癸未至乙酉，三使其庭，盡得款曲。言語虜中，不相猜疑，故詢胡人風俗，頗得其詳。退而誌之，以補史之闕焉。

《安陽集》五十卷　附《家傳》十卷　《别録》三卷

宋韓琦撰

晝錦堂本。乾隆三十六年，知彰德府事同安黄邦寧重修。首御製論、贊文；次黄邦寧序；次萬曆丁亥郭朴序；次乾隆四年陳錫輅序；次譚尚忠序；次黄遠亭重刊例言；次遺像、淳熙二年敕贊；次宋神宗御製碑；次《宋史》本傳；次《忠獻韓魏王家傳》十卷，不知何人所編；次《别録》，王巖叟記其所聞於王者，有序；次《遺事》，强至編次；目録。詩二十卷，文三十卷。末附歐公《晝錦堂記》、東坡《醉白堂記》、乾隆庚寅李林跋。《家傳》、《别録》、《遺事》，舊本在後。黄本合爲十卷，冠以御製文，爲首卷，凡分十集。自序至《遺事》爲甲、乙、丙三集，詩文爲丁至癸七集。遠亭既刻《忠武集》，又刻《安陽集》。韓、岳二王，皆鄴下偉人。

李氏跋："嘗考彰德文獻，唯建安諸子之辭賦、李延壽之史、傅奕之表論，家有其書。他如隋杜正藏之《文軌》、宋陳貴之《兵略》、金趙秉文之《滏水集》、曹珏之《卷瀾集》、元胡持之《紫山集》、許熙載之《東岡小稿》、有壬之《至正集》，非博綜者不克徧觀。”

郭氏序曰：“《安陽集》五十卷，并《家傳》、《遺事》十餘卷，蓋傳自宋之季世云。正德中，監察御史安陽張公世隆按鹺山西，刻置河東書院。朴後得之，謹藏於笥。”

陳氏序曰：“《安陽集》五十卷，附《家傳》、《遺事》十二卷，明萬曆乙酉鄴郡司理内江張公刻置於晝錦堂。其集稿則得之鄉賢郭文簡公，文簡公又得之同邑侍御刻於河東之行臺者。康熙時，前令崑山徐公重加校刻，携其板而南。乾隆戊午，錫輅亟謀梓之，凡八閱月而剞劂告畢。”

黄氏例曰：“河東書院本、晝錦堂本，是謂舊本；乾隆四年安陽陳令所刻，是謂新本。集中殘缺處不可枚舉，間有新本缺而舊本完好者，已補葺無遺；兩本俱缺，不敢妄增。昔宋神宗詔索王文稿，王之後人所録已進呈者。歷年既久，搜訪難得。”

韓琦字稚圭，相州安陽人。父國華，登進士，祥符中加諫議大夫。子三，琦、琚、璩并進士及第。琦風骨秀異，唱第，太史奏日下有五色云；卒之日，大星隕於洛。

《别録序》曰：“熙寧六年春，公在安陽，多暇日。巖叟閑居且無職事，方得從容侍公於便坐。事有時人之所不知，言有古人之所未到，退輙書而臧之。記或未詳，則他日再叩，以完其説。方貪嗜未足，而八年六月，我公已薨。姑悉所聞見者注而次之，以爲公《别録》云。乙卯七月十五日，王巖叟序。”

一、圖像，從韓氏家藏古本并仿廟中遺像細爲摹出。一、《家傳》、《别録》、《遺事》與正史相表裏。一、《安陽集》出自王手訂，宋板不可得。集外尚有《二府忠議》五卷、《諫垣存稿》三卷、《陝西奏議》五十卷、《河北奏議》五十卷、《顧命奏議》三十卷、《雜奏議》三十卷、《千慮集》五卷、《古今參用家祭儀》

一卷、《安陽舊文》十二卷、手編家集六十卷，歲久無存。

《范文正公集》二十九卷　《附録》十九卷

宋范仲淹撰

吴郡義莊本。康熙丁亥二十一世孫廣東巡撫范時崇重刊。凡《正集》二十卷、《别集》四卷、《政府奏議》二卷、《尺牘》三卷。附録《年譜》一卷、《年譜補遺》一卷、《言行拾遺事録》四卷、《鄱陽遺事録》一卷、《遺蹟》一卷、《義莊規矩》一卷、《褒賢集》五卷、《補編》五卷。自《政府奏議》以下，皆丁亥本所增補。今所通行者，即此本也。《正集》，元祐四年蘇軾序。《别集》，乾道丁亥俞翊跋，淳熙丙午綦焕跋。《奏議》，韓琦序。原本十七卷，晁《志》云："今編二卷。"《尺牘》有淳熙三年張栻跋，又朱子跋。《年譜》，樓鑰編次，八世孫國儁補遺，有天曆三年跋。《拾遺》以下，不著編輯者姓氏。《遺事》，紹聖乙亥陳貽範序。《補編》五卷，《簡明目録》云八世孫能浚輯。

《范忠宣文集》二十卷　《奏議》二卷　《遺文》一卷　《附録》一卷　《補編》一卷

宋范純仁撰

吴郡義莊本。謹案：《忠宣文集》，《簡明目録》在張方平《樂全集》後。今因義莊本與《文正集》合刊，遂次於此。凡詩五卷、文十二卷，末三卷爲《國史列傳》及行狀、奏議。《文集》有樓鑰序，玄姪孫之柔跋，又沈圻、廖視、陳宗道三跋。《遺文》以下，皆其裔孫能浚所輯。《遺文》，忠宣七首，公弟公[三]獻純禮二首、侍郎純粹十九首。附録論、頌。《補編》，忠宣尺牘一首，附以制詞、題跋、謚議、傳誌、祭文。其篇卷次第與《簡明目録》所載悉同，蓋猶是舊本。趙希弁曰："别有《臺諫論事》五卷、

《邊防奏議》二十卷，在此文之外。”今亦未見。

《曾樂軒稿》一卷　《附録》一卷

宋張維撰

安邑葛氏本。此《十詠圖》也，乃張子野圖其父維平生詩十首。其一，《太守馬大卿會六老於西園》；其二，《庭鶴》；其三，《玉蝴蝶花》；其四，《孤帆》；其五，《宿清江小舍》，此首已佚；其六，《歸燕》；其七，《聞砧》；其八，《宿後陳莊》；其九，《送丁遜秀才赴舉》；其十，《貧女》。孫覺序之，詳《齊東野語》，蓋周密得其圖，故記之。吴興六老之會，郎簡七十七，范鋭八十六，張維九十一，俱致仕；劉餘慶九十二，周守中九十五，吴琬七十二，皆有子弟列爵於朝。時太守馬尋主之，胡安定教授湖學爲之序。詩及序刻石園中。園廢，石亦不存。其事見《圖經》及《安定言行録》。張維，烏程人。仁宗朝衛尉寺丞，贈尚書、刑部侍郎。其詩清麗閑雅。又見於《宋詩紀事》。直齋陳氏傳其圖，且詳考顛末，爲之跋。趙子昂有《題十詠圖》詩。此稿出於北宋人小集。

《尹河南先生文集》二十七卷　《附録》一卷

宋尹洙撰

晉臺陳氏本。前有嘉慶十三年秦瀛校刊序，次范仲淹序，次目録。凡詩一卷、文二十四卷、《五代春秋》二卷。附録本傳、墓表、祭文、墓誌并誌、論、狀、雜見事迹、乾隆六十年顧曾後序、王士禛三跋。

顧氏序曰：“河南先生之文，范文正稱其辭約理精；歐陽銘先生墓，亦稱其文簡而有法。而今人但知有歐陽之文，鮮有道及河南者；即當時文正序其文，嘗索而類之，亦無刊本傳於世。是可慨已。長洲陳君貞白治古文，酷嗜先生文，因取世所傳抄本，并家藏本，及他氏所藏本，採萅[四]校正，閱數年而後卒，刻之以傳，屬余序之。”

范氏序曰：“師魯深於《春秋》，故其文謹嚴，辭約而理精，章奏疏議，大見風采。士林聳慕，永叔從而振之，由是天下之文一變而古。其深有功於道與!”

文光案：師魯與范文正最善，忽手書與文正别，屬以後事，使朱炎往，隱几而卒。文正至，哭之甚哀。忽舉頭與文正别，遂長往。事詳沈氏《筆談》。

《南豐雜録》：“洙自謂平生好善之心過於嫉惡，孫之翰以爲信然。”

《邵氏聞見録》云：“錢文僖留守西郡，謝希深爲通判，永叔爲推官，師魯掌書記，梅聖俞爲主簿，皆天下之士。”又云：“錢惟演守西都[五]，起雙桂樓，建臨園驛，命永叔、師魯作記。永叔文先成，千餘言。師魯曰：‘某只用五百字。’文成，永叔服其簡古。二記皆不載於集中。”又云：“歐公與師魯分撰《五代史》。其後師魯死，無子。歐史頒之學宫，果有師魯之文乎？抑歐公自爲之也？”録於本書。

王氏跋曰：“尹師魯爲古文在歐公前。前乎師魯者，有穆修、鄭條、柳開輩。開《河東集》，予從千頃堂抄得藏本。穆《參軍集》，馮秋水刻於金陵。二集皆疏拙，而石徂徠尊開之學，不可曉也。條集未見。《河南集》二十四卷，北宋本之傳於今者，得見其全如此集者厪矣。”

《石徂徠文鈔》二卷

宋石介撰

石氏重刊兩山堂本。此本爲漁洋書庫所藏，詩一卷，文一卷，乾隆四十年刊。

朱氏曰："《歐陽文忠公外集》載《與石公操推官》二書，言嘗見其二石刻之字險怪，譏其欲爲異以自高。公操，即守道也。今《徂徠集》中猶見其答書，大略皆讕[六]辭自解。文忠復書，誠中其病。守道字畫，世不復見，既嘗被之金石，必非率爾而爲者。即其答書之詞而觀之，其强項不服義，設爲高論以文過，拒人之態猶可想見。稱推官者，蓋在南京時也。計其時，齒方甚少，不知後竟少悛否。然文忠公誌其墓與《讀徂徠集》二詩，盛道其所長，亦足以見公與人不求備也。近歲一二少年，好奇尚怪，本欲自高，而不知陷於浮薄也。"録於《曲洧舊聞》。

王氏曰："宋柳開《河東文集》十五卷，附《行狀》一卷，門人張景所編。其文多拗拙，石守道極推尊之。其《過魏東郊》詩，上擬之臯、夔、伊、吕，下擬之遷、固、王通、韓愈，殊爲不倫。《東郊野夫傳》，開所自述，與《補亡先生傳》皆載集第二卷。又穆脩伯長集，代州馮秋水方伯順治中刻之金陵，文拗拙，亦與開類，詩尤不工。唐末宋初，風氣如此。其視歐、蘇，真陳涉之啓漢高耳。景字晦之，避難逋竄，改姓名曰李田，所至題曰：'我非東方兒木子也，不是牛耕土田也。欲識我踪迹，一氣萬物母。'景作柳集序，破題云'一氣，萬物之母也'。見《湘山野録》。又《徂徠集》二十卷，詩[七]卷，辨説、原釋、傳録、雜著五卷，論二卷，書六卷，序一卷，記一卷，啓、表一卷。石門吴孟舉所貽宋刻也。守道最折服者柳仲塗，最詆諆者楊文公大年。觀《魏東郊詩》，怪説可見。其文屈强勁質，有唐人風，較勝柳、穆二家，終未脱草昧之風。"録於《池北偶談》。

文光案：予所藏鍾秀山房本，康熙庚寅徐肇顯所刊，有跋，有附録。又正誼堂本，附録行實、墓誌，皆二卷。漁洋所云宋刻，則未之見也，

《蔡忠惠集》三十六卷

宋蔡襄撰

《遜敏齋》本。乾隆四年蔡廷魁校刊，有序。初刻於宋，再刻於明，諸本互異。此本詩九卷，制誥四卷，奏議四卷，國論、疏、表、狀、劄子五卷，餘皆雜文。内有《茶録》、《茶記》、《墨辨》、《荔枝譜》、《評書》。《簡明目録》所著，即此本。

王氏序曰："興化守鍾離君松、傅君自得訪故家，得其善本。教授蔣君雝手校之，鋟板郡庠。得古、律詩三百七十首，奏議六十四首，雜文五百八十四首，而以《四賢一不肖》詩置諸首，與奏〔八〕議之切直，舊所不載者悉編之，比他集爲最全。"

文光案：《天一閣書目》："《蔡端明集》二十四卷，有王十朋序。"因録之。此本未見。

《蘇魏公集》七十二卷

宋蘇頌撰

同安蘇氏本。道光二十二年蘇廷玉重刊，有跋。首提要，次宋紹興九年汪藻序，次道光十一年史官陳壽祺序，次本傳，次同安縣祠文，次目録。分上、下二卷，列校字九人。凡古、律詩十四卷，册文、奏議六卷，内制八卷，外制八卷，表十一卷，啓三卷，碑銘四卷，墓表八卷，行狀一卷，記一卷，序三卷，書一卷，劄子一卷，祭文二卷，雜著一卷。附録墓誌，曾肇撰。

汪氏序曰："公以博學洽聞名重天下者五十餘年，卒用儒宗位宰相，一時高文大册，悉出其手。故自熙寧以來，國家大號令、朝廷大議論，莫不於公文見之。然公事四帝，以名節始終，其見於文者，豈空言哉！公殁四十年，公之子檇始克集公遺文，使藻與觀焉。故謹識其端，而歸其書於蘇氏。"

蘇氏跋曰："宋槧無存。道光庚寅，陳太史命就武林文瀾閣重鈔校鋟，亟録副本，乞序於太史。今歲歸里，得陳念廷案：名金城。覆校，考證完善，即付諸梓。曩在蘇州時，曾得《魏公譚訓》二本刻之，兹仍重鐫，以附於後。近復得《冷然齋集》，爲公之四世孫召叟公所撰，亦併校刊之，以存一家言。”

陳氏序曰：“宋韓南澗言本朝蘇氏凡三望族：梓州、眉山、同安。獨同安之蘇最盛，文獻典型，累傳不絶。蘇公文章清麗雄贍，卓然與功德相副。生平嗜學，經史、九流、百家之説，至於圖緯、陰陽、五行、律吕、星官、算法、山經、本草，無所不通。熟於臺閣故事，本末無遺，日月不差。雖士大夫家世、閥閲、名諱、婚姻，無不强記。然論者以爲在公特餘事也。嘗撰《漢唐故事》、《魯衛信録》、《渾天儀象》、《本草圖經》，今其書或傳或不傳。《文集》七十二卷，與《宋志》、《直齋書録解題》符合，幸無闕佚，惟失《外集》一卷。公集，吾鄉鮮有見者，公之裔孫鰲石校録於吴門，而以副本屬壽祺爲序。”

由漢迄唐，名醫撰述殆百餘家，今之所傳，十不存一。惟孫思邈《備急千金方》者，首末粗具，特爲完書。然而公私所藏，鮮有善本，簡編倒錯，事理不倫。睿孝皇帝詔命儒臣是正墜失，臣某等實被兹選，典領有年。竊謂孫氏之書精審博贍，諛聞淺見，誠難究悉。乃自廣内秘文及民間衆本，道藏、竺典，字篇、雜子，并用搜訪，以資參考。得以正集舛互，補其遺佚；文之重複者去之，事之謬戾者易之。期年切至，頗見領略。凡篇目、論、方，總三十卷，皆仍其舊體也。其間物有多寡，權量不同；病有緩急，湯丸異齊；煉治有生熟之節，名號有古今之殊；文字假借之相通，篇名前後之雜出。每用一法，皆宜遍知。雖有舊凡，汗漫難悉。今撮其綱條，傳以新意，别爲總例一篇，列於卷首，將使披文易曉，用藥靡差。昔劉歆叙方技爲四種，則有醫經、經方、房中、神仙之别；唐令分醫學爲五科，則有雜[九]療、瘍瘡、少小、耳目口齒、角注〔一〇〕之品。自是學者各務專門，自非明智，鮮能周知。今是書所載，始婦女而次嬰孺，後丈夫而終耆耄。每叙一病，皆先論藏病之稟受，又辨脉證之盛衰，次審砭艾之所宜，乃明藥石之相應。至於吐納宣導，飲食補養，按摩符禁，黄冶丹石，衆術咸備，靡不臻妙。所謂兼劉氏四種之技，通唐令諸科之學，信不與前古經方相爲表裏，固非世醫常流所能彷彿也。

右校定《備急千金要方序》，節録要語。明刻《千金方》本有高保衡等序，而無蘇序。蘇序較高序爲賅。又後序一篇，未録，其中所引書亦較高序爲詳。又《補注神農本草》二序、《本草圖經》一序，具見於《證類本草》。《證類》本猶是原式，結處與集本微有不同。集本後序以"常禹錫"爲"常校禹錫"，"校"字疑衍。蘇氏博通典故，序《本草》最佳。

元豐四年八月，奉詔編類北界國信文字。臣竊伏惟念國家奄宅四海，方制萬區，九夷百蠻，罔不率俾。瞻兹北陲，早已面内。章聖皇帝因其喪師請和，許通信好，歲時問遺，寖以修講。陛下欽若成憲，羈縻要荒，及命儒臣討論故事。顧臣愚陋，不足以奉承明詔，黽勉期月，初見綱領，詮次類例，皆稟聖謨前詔。斷自通好以來，以迄於今，撮其大概，總二百卷。卷有楦〔一一〕釀，則釐爲上、中、下，謹條事目，具於左方。次年編類成書，先具目録進呈。六年六月五日，蒙降宸筆賜名"華夷魯衛信録"。總序。陳序所稱《魯衛信録》即此書。

臣所校定《風俗通義》，崇文先闕本。臣以私本因官書校定，凡十卷，謹次第録。謹案范蔚宗《後漢書》，應劭字仲遠，汝南南〔一二〕頓人。歷太山太守，後爲軍謀校尉，卒於鄴。撰《風俗通》，以辨物類名號，釋時俗嫌疑。文雖不典，後世服其洽聞。然傳不記其篇卷，惟《梁録》載《風俗通義》三十卷，《隋書·經籍志》云三十二卷、録一卷，《唐志》亦云三十卷。而臣某所傳才十卷，初疑闕其下篇。歷代諸儒著書，引據最多，無若庾仲容《子抄》、馬總《意林》，載之略備。今以其書校之，乃篇次不倫。然《子抄》但著卷第凡三十一而不記篇名，《意林》則存篇名而無卷第。今校其文，意粗可見者，獨《皇霸》一篇，同爲第一。其《正失》第二，《子抄》云第六；《﨟禮》三，《子抄》云第八；《過譽》四，《子抄》云第七；《十反》五，《子抄》云第九；《聲音》六，《子抄》云十三；《窮通》七，《子抄》云十五；《祀典》八，《子抄》云二十；《神怪》九，《子抄》云三十一；《山澤》十，《子抄》云二十四。又《意林》以《祀典》篇爲《儀禮》。其餘篇名可見者，曰《心政》，曰《古制》，曰《陰教》，曰《辨惑》，曰《折當》，曰《恕度》，曰《嘉號》，曰《徽稱》，曰《情遇》，曰《姓氏》，曰《諱篇》，曰《釋忌》，曰《輯事》，曰《服妖》，曰《喪祭》，曰《宮室》，曰《市井》，曰《數紀》，曰《新秦》，曰《獄法》。其書并亡，而第八并篇名亦亡。又案《意林》於《折當》篇載目録云："太山太守臣劭再拜上書曰：'秦皇焚書坑儒，六藝缺亡。高祖受命，四海乂安。往往於壁柱石室之中，得其遺文。竹朽帛裂，殘闕不備。至國家行事，俗間流語，莫能原察，故三代遣輶軒使者經絶域，採方言，令人君不出户牖而知異俗之語耳。'"此其自叙如此，勢當在卷首或卷末，今乃云第十，以此又知庾、馬所載篇[一三]第未必當然。故不復更改，謹以黄紙繕寫，藏之館閣。《校風俗通義序》，全録。

王公諱禹偁，字元之。生知好學，九歲能詩。其稿，晚年手自編綴，集爲三十卷，命名"小畜"，蓋取《易》之"懿文德"，而欲已之集大成也。《後集》詩三卷、奏議集三卷、《承明集[一四]》十卷、《五代史[一五]》闕文一卷，并行於世。而遺篇墜簡，尚多散落。集賢君購尋褒類，又得詩、賦、碑、誌、論、議、表、著凡二十卷，目曰"小畜外集"，因其名所以成先志也。《小畜外集序》：

"集賢君名汾，元之之曾孫也。"

文光案：集中有《與胡恢推官論南唐史書》一篇。胡書未見。蘇氏所駁凡三條：一謂《南唐書》某主《載記》宜稱"紀"，不當稱"載記"。所謂"載記"者，别載列國之事，兼其國君臣而言，有正史則可用爲例。故《東觀記》著公孫述等事迹，謂之"載記"；而《晉書》又有《十六國載記》，蓋用其法。女〔一六〕以南唐爲閏位，自當著五代書後，列云"李某載記"可矣。今曰"南唐書載記"，似非所安也。一謂"兼納言、視秩三司"之類，李氏不聞有是官。今以兼侍中與儀同三司爲俗而易此語，是不然也。《左傳》列國之官稱未有更之者，如楚之令尹、宋之司城，如此之類，非可數，足爲後世約史之法也。一謂李氏詔令，皆非當時之語，出於撰書者之藻潤，美則美矣，豈可以爲史法乎？若王言可改，則仲尼删書，當使誥誓之文與典謨一體。其所以存而不易者，欲見異代文章之盛也。若以李氏草創，典章不備，命令之文，記其大指而已，不必釐改其辭也。此書篇幅甚長，未暇備録，約舉其要如右。歷引經史爲例，最爲賅洽，足備史法。

《國相鄴侯家傳》，唐亳州刺史李繁撰，述其父泌之事迹，論著甚悉。然與唐史小異，文字亦有不倫次者。蓋繁以罪繫獄，恐先人之嘉謨密議遂不得傳，因得廢紙敗筆於獄吏以成其稿，且戒家人令求大手筆别加潤色，然亦不果。今崇文本第一至第五，總五卷，尤爲疏略，大類鈔節。臣以私本校正，凡增補數萬言，以充定本云。題《鄴侯傳》。

予向見二王書帖多矣，疑非真迹。今觀説之所收一軸，凡四紙一十帖，實奇迹也。卷末題蕭祐者，元和人。起處士，仕至桂管觀察使。書畫皆妙，嘗叙鍾、王遺法，蕭、張筆勢，編集真、僞，爲二十卷上之。又題"凝式正臣"，則楊少師也。每紙皆有正臣字，應是其家舊物也。題《右軍帖》。

胡考甫大夫服太夫人之喪，三年齋潔，書《華嚴經》全部八十卷，字皆端楷。因覽巨軸，贊歎不已。

應之，江表名僧，能文章，善楷隸。南唐升元、保大間爲内供奉，中主、後主書體與之相類。當時碑刻多其寫者，至今盡存。惟江寧府保寧寺四柱《金剛經》兼備衆體，尤爲精筆。此詩乃其真迹也。蘇某題。《題應之詩》。

巨然山水，擅名江表，歸朝尤爲當時貴重。然而亦靳其筆，故今傳者甚少，惟學士院北壁特爲傑作。

《枯樹賦》，故龍圖閣魏公家傳云褚河南書。其卷末題識止云"貞觀四年爲燕國公書"，而無書人姓氏。予按徐浩《書品》云："中宗時，中書令宗楚客恩倖用事。嘗賜二王真迹廿軸，因製爲十二屏，以褚遂良《枯樹賦》爲脚，大會羣賢，張以示之。薛稷、崔湜輩見之，皆廢食忘息。"驗此賦，河南書明矣。然既用作屏，而經本乃横卷，豈非後之好事者重裝背以便緘藏耶？抑河南書此賦自有别本耶？不可復知也。觀其筆力遒媚，頗逼二王，非河南不能爲也。而學者多云燕公于志寧也。按：志寧曾祖謹仕周，開國封燕。志寧貞觀末始襲祖封，而此賦乃在未封前，豈當時公卿自有封燕者而史失其傳耶？或志寧嗣封當在前而書傳記之誤耶？又不可得而詳也。予愛玩其書，因究其本末而志於後。全録。案《天瓶齋題跋》云："褚河南《枯樹賦》有宋拓本，今在静海勵滋大侍郎家。明代好家裒刻法帖，所刻《枯樹賦》，大率本此，真有若似孔子也。然有不可解處，閣帖'山河阻絶'數行，即是此賦，因脱落不全，故就其所有集成文字。若全賦見在，不宜有此，豈淳化時無之，而今轉有耶？或曰閣帖所集皆真迹，無翻刻石本，此賦真迹只存此數十字耳。理或有之，然無籍可徵也。"《跋董文敏臨枯樹賦》。

《司馬文正公集》八十二卷

宋司馬光撰

祠本。康熙四十七年夏縣知縣蔣起龍依明本校刊。首卷爲宋誥敕、碑狀、誌銘，凡制誥一卷、表一卷、章奏四十卷、賦一卷、詩十四卷、文二十四卷。内有《疑孟》、《史例〔一七〕》、《迂書》、《投壺新格》、《説玄》、《述國語》。前有明潘成、吴時亮、劉餘祐序，康熙丁巳林芃、蔣起龍序。起龍字凌九，粤西清湘人。案《山西通志》，《温公全集》一百十六卷。今所傳者，此本之外未見别本。行狀止云八十卷，《通志》所載不知何據。

蘇東坡撰《行狀》曰："京師畫像，刻印鬻之，家置一本，飲食必祝。京師畫工有致富者。有《文集》八十卷，《資治通鑑》三百二十四卷，《考異》三十卷，《歷年圖》七卷，《通歷》八十卷，《稽古録》二十卷，《本朝百官公卿表》六卷，《翰林司草》三卷，《注古文孝經》一卷，《易説》三卷，《注繫辭》二卷，《注老子道德論》二卷，《集注太玄經》八卷，《大學》、《中庸義》各一卷，《集注揚子》十三卷，《文中子傳》一卷，《河外諮目》三卷，《書儀》八卷，《家範》十卷，《續詩話》一卷，《游山行記》十二卷，《醫問》七篇。其文如金玉、穀帛、藥石也，必有適於用，無益之文，未嘗一語及之。"案：今本《通鑑》二百九十四卷，與行狀不符。

《易説》三卷，《繫辭説》二卷，《大學中庸廣義》一卷，《疑孟》一卷。《資治通鑑》，又《資治通鑑舉要歷》八十卷，《通鑑前例》一卷，《稽古録》二十卷，《歷年圖》六卷，《通鑑節要》六十卷，《帝統編年紀事珠璣》十二卷，《歷代累年》二卷，《修書帖》一卷，《涑水記聞》三十二卷，《日記》一卷，《文中子傳》一卷。又《河外諮目》、《徽言》三卷，《道德經注》二卷，《潛虚》一卷，《集注四家揚子》一十三卷，《集注太玄》六卷，《家範》十卷，《師望玄鑒》十卷，《集》八十卷。又《全集》一百一十六卷。又《續詩話》一卷，《游山行記》十二卷，《書儀》八卷。又《涑水家儀》一卷，《居家雜儀》一卷，《百官公卿表》十五卷。又《官制遺稿》一卷，《學制遺稿》一卷，《切韻指掌圖》

一卷。又《名苑類編》四十四卷，《宗室世表》三卷。又《臣僚家譜》一卷，《醫問》七卷，《禽宿性情訣》一卷。《山西通志》。

《傳家集》八十卷

宋司馬光撰

培遠堂本。乾隆六年陳弘謀刊，浦起龍校。首陳序，次目録。分二十八門。附本傳、行狀、碑誌、年譜。

陳氏序曰："《傳家集》，爲公手自編。次子康歿後，晁以道得而藏之。中更禁錮，渡江而後，幸不失墜，乃刊板上之朝廷。近世流傳公集，惟晉、閩二本，亦復稀少。閩刻仍《傳家集》之舊，而亥豕多訛。每以公集無善本爲憾。客秋司臬來吴門，購得舊本《傳家集》八卷，差勝晉、閩二刻。公餘悉心考訂，并輯公《年譜》付之梓人。"案：晉本爲解州判官吕彬所刊，名"集略"，止三十二卷。

唐宋以來，名臣文集之後，類皆刊載年譜。弘謀既校刊全集，復購得明馬巒所纂《年譜》。頗多舛遺，因詳加參訂，悉爲改正，刊於《傳家集》之後。陳弘謀識。

涑水在縣西三十四里，源出絳縣，入黄河。涑水書院，舊名温公書院，在學宫東。公父名池，祖名炫。前明録其後，夏縣無人，移文於浙，後裔晰自浙還夏，世守祠墓。《夏縣志》。

張氏曰："温公元豐末來京師，都人奔趨競觀，即以相公目之，左右擁塞，馬至不能行。及謁時相於私第，市人登樹騎屋窺瞰之。隸卒或止之，曰："吾非望爾君，願一識司馬公耳。"至於呵叱不退，而屋瓦爲之碎，樹枝爲之折。及薨，京師之民罷市而往弔，鬻衣以致奠，巷哭以過車者，蓋以千萬數。上命户部侍郎趙瞻、内侍省押班馮宗道護其喪歸葬。瞻等還，言民哭公哀甚，如哭其私親；四方來會葬者，蓋數萬人。而嶺南封州父老相率致祭，且作佛事以薦公者，其詞尤哀。炷香於首頂以送公葬者，九百餘人。京師民畫其像，刻印鬻之，家置一本，飲食必祀焉。四方皆遣人購之京師，時畫工有致富者。蔡京南遷道中，市飲食之類，及知爲京，皆不肯售，至於詬駡，無所不道。州縣護送吏卒驅逐之，稍息。人之賢不肖，於人心得失一至如此。兒童誦君實，走卒知司馬，如温公者，蓋千載一人而已。”録於《雲谷雜記》。

文光案：陳本甚佳，遠勝祠本。

《盱江集》三十七卷　《外集》三卷　附《門人録》一卷　《年譜》一卷

宋李覯撰

招梘本。雍正丁亥後裔靖宇化鵬校刊。前有萬曆己丑建昌知府孟紹慶補刻序、雍正五年羅世清序，次《龍馬書院記》，次奏詞，次年譜，次像，次墓記、碑記、祠堂記，次目録，後有二十三代孫日彰跋。朱子論其文有得於經，惟不喜《孟子》，是其偏處。《簡明目録》所著爲明左贊重刊之本，卷數與此本同，無《門人録》。

孟氏序曰：“查廬之邑乘，詳載招梘於李公之下，則招梘兩祀，支派流衍，由來舊矣。人各有祖，而甘冒他人爲父行也?”

羅氏序曰：“泰伯退居之明年，類其文稿，第爲十有二卷，以寄南康祖無擇，且屬爲序。無擇既受之，讀之期月不休。”

宋李覯，字泰伯，建昌南城人。俊辨能文，岸然自立。倡學東南，士人推以爲法者，嘗千百人。曾子固、鄧潤甫皆樂爲師承，晦菴公所深爲敬服者，博學，通五經，不謂之聖人之徒不可也。乃懷才不展，置之閒曹散秩，豈不惜哉！

文光案：《皕宋樓藏書志》：“《直講李先生文集》三十七卷，《年譜》一卷，《外集》一卷。明刊本前有祖無擇序。”

校勘記

〔一〕"許"，原作"諦"，據《四庫全書簡明目録》改。

〔二〕"請"，據《四庫全書總目》，當作"議"。

〔三〕"公"，據《宋史》本傳，當作"恭"。

〔四〕"沓"，原作"脊"，據《尹河南先生文集》改。

〔五〕"都"，原作"郡"，據宋邵伯温《邵氏聞見録》改。

〔六〕"讕"，原作"蘭"，據宋朱弁《曲洧舊聞》改。

〔七〕"詩"後，據《徂徠集》，疑脱"四"字。

〔八〕"奏"，原作"參"，據宋王十朋《梅溪集》改。

〔九〕"雜"，據《新唐書·百官志》，當作"體"。

〔一〇〕"注"，據上書，當作"法"。

〔一一〕"楦"，原作"宣"，據《蘇魏公文集》改。

〔一二〕"南"，據上書補。

〔一三〕"篇"，據上書補。

〔一四〕"集"，據上書補。

〔一五〕"史"，據上書補。

〔一六〕"女"，據上書似當作"必"。

〔一七〕"例"，據宋司馬光《傳家集》，當作"剡"。

萬卷精華樓藏書記卷一百十

集部二

別集類七

《公是集》五十四卷

宋劉敞撰

聚珍本。從《永樂大典》録出。前後無序跋。

《簡明目録》曰："敞談經好與先儒異，然淹通古義，具有心得，故其文根柢訓典，具有本原。朱子稱其作文多法古，絶相似；又稱其文自經書來，比之蘇公，有高古之趣云。"

盧氏曰："元本分五種，《古詩集》二十卷、《律詩集》十五卷、《内集》二十卷、《外集》十五卷、《小集》五卷，總七十五卷。諸議、論、辨、説、傳、記、書、序、古賦、四言文、詞、箴、贊、碑、刻、誌、行狀，皆歸之《内集》，諸制誥、章、表、奏、疏、駁議、齋文、覆謚，皆歸之《外集》，諸律、賦、書、啓，皆歸之《小集》。其弟貢父爲之序。藏書家鮮有其本。今從《大典》抄出者，區分而聯綴之，不能依元本之次第。以賦爲首，而古與律不分。又元本《内集》之與人書，古文也；《小集》之書、啓，徘體也：今亦混而爲一矣。唐人詩集中附他作者，孰倡居先，孰和居後，皆一例平寫。近則低一字以别之，皆置於後。是集尚有古法，而抄集者或誤以他作爲原父作。近體中有貢父詩，原父和之，遂誤以在前者屬原父，而和詩反低一格，宜駁正也。

原父詩有瀟灑出塵之致，其議論多啓發人意處。謂人之儉，儉於人而裕於己〔一〕；晏子之儉，儉於己而裕於人。有《説犬馬》一篇，可警有位者。大略言進言於天子者，無不犬馬自予。夫犬受一器之食，外則有獲獸之效，内則有禦寇之猛。馬盡一鈞之芻，外則有兵戰之捷，内則有馳獵之奉。雖廉能之士盡瘁不貳，何能過焉？若夫亂世偷容之臣，功薄而罪尤，身利而事害，如此何以自比於犬馬耶？"録於《抱經堂集》。

《彭城集》四十卷

宋劉攽撰

聚珍本。從《永樂大典》録出。内有《漢書精要序》。本傳云："邃於史學，作《東漢刊誤精要》一書。"則奉詔所修，可以補本傳所未及。攽號公非，未冠通五經。與兄敞同登慶曆六年進士第，官至中書舍人。事蹟具《宋史》本傳。

《簡明目録》曰："攽與兄敞齊名。敞性醇静；攽則才鋒敏捷，詞辨雋利。著作亦各肖其爲人，然沈酣典籍，文章爾雅，則一也。"

文光案：《簡明目録》《公是集》前著《金氏文集》二卷，亦從《大典》録出。其書尚有傳本。前有元祐六年富臨序，稱其詩詞絢美，文格清新，有韓、柳風。又言臨川江君明仲學於公，求遺稿，十得其一，編成十五卷，號"金氏文集"。今從《大典》録出者，更多遺落。《提要》云金君卿行事無考。序云登科入仕，備於墓碑。

《丹淵集》四十卷　《拾遺》二卷　附録一卷

宋文同撰

明本。蜀李應魁，吴毛晉、吴一標同校刊於吴郡。前有萬曆庚戌吴郡錢允治序、毛晉序；次墓誌，范百禄撰；次年譜，家誠之編；次目録；末有誠之跋。

錢氏序曰："曲沃家誠之於宋寧宗慶元改元編次其集，與先生孫所編略有更易。中間遭黨既熾烈，所有與蘇家文字，一切抹殺不存，至有改"子瞻"爲"子平"者。慶元刻本，世所罕睹。頃内江李務滋重爲校刻，而吴士人吴建先受之雲間陳仲醇。仲醇復爲校讎，付建先剞劂以傳。世傳先生吐舌至鼻，三疊如餅狀，雖將赴湖州，卒於宛丘賓館，其仙去當不誣耳。其集經黨既删削過半，正與《范文正》、《忠宣》二集相類。然當時家誠之別爲《續集》、《年譜》、附録，今時相與校刻，非志先生之心，哀先生之遇者哉!"

毛氏序曰："詩之次序，則從其舊。惟取其詞賦列於首篇，以見先生用意於古學。樂府次之，古今詩又次之，他文又次之。仍分爲四十卷。又尋訪先生遺文，分爲兩卷。復以諸公往來書翰、詩文繫之於末，庶知先生師友淵源所自云。"

家氏跋曰："人知愛湖州之畫，而不知愛其文。非文有不工於其畫也，人之所見之不至也。且畫之奇怪，本出於文章之餘；而文之高古，又出於其人之胸懷本趣：是豈有兩法哉？湖州之文一出，東坡兄弟皆敬而愛之，前輩大老如文潞公亦爲之延譽，司馬温公則至於心服，趙清獻公則至於歎服，荆公、蜀公又皆形之歌詠，湖州之爲人可知矣。湖州三仕於邛，筆墨遺蹟甚多。後一百三十年，誠之被命守邛，凡故舊之相屬者，必湖州墨林是求而不及其文焉，則知湖州之文者能幾哉？東坡嘗贊其墨竹曰：'其詩與文，好者益寡，有好其德如好其畫者乎？'又贊其飛白曰：'始予見其詩與文，又見其行草篆隸，以爲止此矣。復見其飛白，則予之知與可者固無幾，而其所不知者，固不可勝計也。'然則自當時知之者已寡，況後世乎？邛舊有湖州墨林堂，誠之既爲立祠堂，上以致邛人不忘之意；又刊其集以廣於世，庶幾因其文以知其人勁正豪邁，不獨在於區區之疏篁怪木也。雖然，湖州之文散落不存者多矣。石林先生云：‘東坡倅杭，與可送以詩云“北客若來休問事，西湖雖好莫吟詩”之句。及詩禍作，世以爲知言。’而東坡亦嘗移書湖州，趣其賦黄樓。二者集中皆無之。間有詩與坡往還者，輒易其姓字。如杭州風味堂，坡所作也，則易以胡侯。詩中凡及子瞻者，率以‘子平’易之。蓋當時黨禍未解，故其家從而竄易。斯文厄至於如此，可勝歎哉！今但掇拾其遺亡數篇以附於後，後有同志者或又能訪其餘遺，尚可以續編云。慶元元年。”

公博學，雖星經、地理、方藥、音律靡不究，古篆、行草皆能精之。好水、石、松、竹，每佳賞幽趣，樂而忘返。發於逸思，形於筆墨，模爲四物，頗臻其極。士大夫多寶之。《墓誌》。

蜀自唐二帝西幸，隨駕者皆奇工。故成都寺宇諸佛、菩薩、羅漢等像，雖天下古蹟多者，無如此地所有矣。

《净德集》三十八卷

宋吕陶撰

福本。《宋志》“六十卷”，久無傳本。此本目録曰奏狀，曰劄子，曰表，曰内、外制書，曰申狀，曰啓，曰序，曰記，曰論，曰説，曰策，曰策問，曰墓誌，曰墓表，曰行狀，曰雜著，曰詩。成都馬騏序，此序無年月。稱其能守道，又能以明哲保身，乞身而歸，遺令不作碑誌，至今卹典未及。雖公韜晦本志，無所事此，而一世明德，後世無傳，是以諸孫出其家集使著於世云。案本傳，陶字元鈞，號净德。皇祐中進士，熙寧中復登制科。歷官給事，改集賢院學士，知陳州。紹聖末，坐黨籍貶。徽宗初，復集賢殿修撰，知梓州，致仕，卒。事蹟具詳《宋史》，亦可以傳矣。集中《學論》二首，駁安石《字説》。稱何敏聚書爲能；何大臨長於教子；李平家範最號雍睦；張維德以孝謹聞；章詧深通《太玄》，

《講疏》四十五卷，前世不及；常珙誦書，一閲遂記，尤精於名數制度：皆見於墓誌、墓表。

《元豐類稿》五十卷

宋曾鞏撰

查溪本。門人陳師道編。乾隆癸未年刊。

陳氏曰："《類稿》，王震爲之序。《年譜》，朱子所輯也。韓持國爲《神道碑》，稱《類稿》五十卷，《續稿》四十卷，《外集》十卷。本傳同之。及朱子爲譜時，《類稿》之外，但有《别集》六卷，以爲散逸者五十卷，而《别集》所傳，其什一也。開禧乙丑，建昌守趙汝礪得於其族孫濰者，校而刊之，因碑傳之。舊定著爲四十卷，然所謂'外集'者，未知何書，則四十卷，亦未必合其舊也。"止齋語。

彭期曰："朱子時此書散逸，在宋已不可考矣。"

何喬新曰："趙汝礪所得之本缺誤頗多，乃與郡丞陳東合《續稿》、《外集》校定，而删其僞者，因舊題定爲四十卷，繕寫以傳。元季又亡於兵火。國初惟《類稿》藏於祕閣，士大夫鮮得見之。永樂初，李文毅公爲庶吉士，讀書祕閣，日記數篇，休沐日輒録之，今書坊所刻《南豐文粹》十卷是也。正統中，趙司業琬始得《類稿》全書，畀宜興令鄒旦刻之，字多訛舛。成化中，南豐令楊參又取宜興本重刊於其縣，無能是正。太學生趙璽訪得舊本，悉力校讎，亦未盡善。予取《文粹》、《文鑑》諸書參校，乃稍可讀。《文鑑》載《雜識》二首，并《書魏鄭公傳後》，《類稿》無之，意必《續稿》所載也，故附録於《類稿》之末。"

文光案：世謂曾子固"不能詩"，椒丘以爲非。《妄然集》中時有佳句，袁簡齋曾摘出，見於《隨筆》。則所謂不能詩者，不能如文之擅長耳，非竟不能作詩也。偶記某氏有三大恨，其一爲曾子固不能詩。宋人好著小説，譏議名公，如“歐九不讀書”亦傳於今。耳食者道聽塗説，并不細爲考核也。

戴晟曰：“予所見《類稿》五十卷，證之《文鑑》、《文粹》、《文编》、《文鈔》，未爲完書。晟家藏舊本《文粹》，於今《類稿》外多九篇，與《文鑑》所載，共十二篇，散見於他書者，斷不止此。癸酉邑侯鄭公授晟《類稿》，乃公重輯查溪祠舊板也。椒丘謂經兵火者，非確論也。”

韓維撰《神道碑》云：“公生平無所好，惟藏書至二萬卷，皆手自讎定。又集古今篆刻爲《金石録》五卷，出處必與之俱。”

文光案：本集有《金石録跋》十四則，毛晉云：“曾子固《金石録》五百卷，不得與趙氏《金石録》三十卷并傳，豈曾子固賞識反出李易安夫婦下耶？始信書之顯晦不可思議也。”又曰：“予嘗論《東觀餘論》力排六一居士《集古録》瑕處，將謂吹求無剩矣。乃閱子固跋中江紅、二亖、周昕、李翕之類，不得不正永叔之失，蘇子瞻所以痛戒妄改古人文字云。”

余得《郙閣頌》，稱李翕所建，以去沉没之患。“翕”字殘缺，歐陽《集古録》以爲李會。及得此《頌》，始知其爲李翕也。永叔於是正文字尤審，然一以其意質之，遂不能無失，則古人之所以闕疑，其可忽歟？近世士大夫喜藏畫，漢畫未有能得者。及得此圖所畫龍、鹿、承露人、嘉禾、連理之木，然後漢畫始見於人間，又皆出於石刻，可知其非僞也。

漢武都太守漢陽阿陽李翕，字伯都，以郡之西狹閣臨不測之溪，有顛覆之害，改高即平。既成，人得夷途，可以夜涉，乃相與作頌刻石。又稱翕嘗令澠池，治崤嶔之道，有黄龍、白鹿之瑞。其後治武都，又有嘉〔二〕禾、甘露，木連理之祥。皆圖畫其像，刻石在側。其頌有二，其一立於建寧四年，其一立於建寧五年，所識一也。翕治峭嵚、西狹郙閣之道，有益於人而史不傳，則頌之作，所以備史之闕，是則傳之亦不可以不廣也。

興國寺，今爲延慶寺，在望楚山。丁道護書《興國寺碑》，永叔云不知所在。而此碑陰又有道護書襄州鎮副總管府長史柳止戈而下十八官號姓名，其字尤可喜。得之自余始，世未有傳之者也。

鍾紹京嗜書，家藏二王、遂良書至數十百卷。以善書值鳳閣，武后時榜諸宫殿、明堂及銘九鼎，皆紹京書也。其字畫妍媚，遒勁有法，少與爲比。今所見惟《偏〔三〕學寺碑》尚完，尤可愛也。偏〔四〕學寺於宇文周爲常樂寺，於今爲開元寺。

楚故城有昭王井，傳言汲者死。韓朝宗移書諭神，自是飲者無恙。人更號“韓公井”。楚故城今謂之“故墻”，梁太祖父名誠，當時避之，故至今猶然。

《曾文定公集》二十卷　《附録》一卷

宋曾鞏撰

南豐石鐘山房本。康熙三十一年南豐彭期編訂，有序例，劉氏校刊。首康熙癸酉王謙序，次彭期序，次宋王震序，次朱子序二篇，序年譜。次集諸家評論，次安如石刻《文粹》王慎中序，次邵康序，次湯來賁序，次本傳，次凡例，次目録。文十七卷，詩三卷，附碑、狀、誌、贈、弔、詩等類，末有戴晟跋。此本評點極俗。

朱子曰：“某讀南豐先生文，愛其詞嚴而理正。”又曰：“擬制内有數篇，雖雜之三代誥命中，亦無媿。秘閣諸序好，宜黄、筠州二學記好，説得古人教學意。出《范貫之奏議集序》，氣脉渾厚，説得仁宗好。”

程氏曰：“朱子《大學或問》等文字，皆用南豐體。”

臨川吴氏曰：“南豐之學，在孟學不傳之後、程學未顯之前。

而其言真詳切實，體用兼該，間有漢、唐諸儒不得而聞者。"

潛溪宋氏曰："南豐信口所談，無非三代禮樂。"

彭氏例曰："吾豐刻本有四，邵圭齋所刻傳布亦少；今所存三家刻本，雖存五十卷之名，而訛謬最多，編次紊亂，未必合於原本。因取三家刻本及諸家所選，改編篇目，正其脱誤。又得劉二至校本，更爲詳核，細加校訂，而闕其可疑者俟正焉。""舊目無次第，又多脱誤。""《洪範傳》疏解精切。"

戴氏跋曰："《類稿》詩文，無一篇遺者，且就荆川、鹿門撰録補入五篇。予又録《文粹》七篇，送毅齋補刻集中。"

《宛陵集》六十卷　《附録》一卷

宋梅聖俞撰

宣城本。順治丁酉暹日豫校刊。凡詩五十九卷，記、序、賦一卷。附《年譜》一卷，張師魯編，劉性序。原刻爲郡學本，自遭兵火，無有全者。紹興十年，汪伯彦重刊，有跋。明萬曆乙亥，宋儀望校刊梅氏家藏本，有序。正統己未，宣城太守袁旭刊本，楊士奇序。

楊氏序曰："梅氏有《唐載》二十六卷、《詩小傳》二十六卷、《注孫子》十三篇。又嘗修《唐書》，此亦宣人所宜知者。是集再刻於紹興，三刻於正統，四刻於萬曆，此爲第五刻。有歐公前序一篇、書後一首。本傳：'堯臣工詩，嘗語人曰："凡詩意新語工，得前人所未到者，斯爲善矣；必能狀難寫之景如在目前，含不盡之意見於言外，然後爲至也。"世以爲知言。'"

韓氏曰："梅聖俞之文高古，但《宣城集》中止有《和靖詩序》，其他無有也。如《秋聲賦書後》、《文類序》，極古淡平正。如《注孫子》，皆未之見。《答蘇軾書》必可觀。"録於《澗泉日記》。

文光案：《雪鴻堂集》有《問梅》一卷，爲《碧雲騢》

而作也。此書非堯臣所撰，李氏殆未深考。馬氏《通考》："《碧雲騢》一卷。陳氏曰：'所記十餘條，公卿多所毁許。或云魏泰所作，託之聖俞。王性之辨之甚詳。而《邵氏聞見録》乃不然之。'李氏曰：'葉夢得、王銍則以爲非堯臣所爲，而邵博乃疑其詩，以爲堯臣之意真有所不足。今以魏泰《東軒筆録》考之，然後知泰之嫁名於堯臣者爲不妄矣。'"《墨莊漫録》："魏泰道輔自號臨漢隱居，著《東軒雜録》、《續録》、《訂誤》、《詩話》等篇。又著一書，譏評巨公偉人闕失，目曰'碧雲騢'，嫁名梅堯臣撰，實非聖俞所著，乃泰作也。"《玉壺清話》記太宗碧雲騢甚詳。《清波雜志》："碧雲騢，厩馬旋毛也。碧如霞，彩如雲，然貴而不能掩其旋毛之醜。"雨〔五〕溪《南野雜談》："梅聖俞以私憾作《碧雲騢》，毁范文正公。"是書刻於《百川學海》，又刻於《五朝紀事》，所毁非一人，首爲范文正公。騢音"遐"。

《歐陽文忠公全集》一百五十四卷　《附録》五卷

宋歐陽修撰

惇叙堂本。乾隆壬子重刊。御製小像詩并序，詹事府臣金甡奉和聖韻，歐陽修嗣孫臣安世恭和聖韻，《居士集》蘇軾序，《四朝國史》本傳，周必大序，年譜，小影并贊四首，累代校刊姓氏，《集古録目》自序并《濮議序》，《内制集序》。《居士集》五十卷，《外集》二十五卷，《易童子問》三卷，《外制集》三卷，《内制集》八卷，表、奏、書、啓、四六集七卷，奏議十八卷，雜著述十九卷，《河東奏草》二卷，《河北奏草》二卷，《奏事録》一卷，《濮議》四卷，《崇文總目叙録》一卷，《于役志》一卷，《歸田志》二卷，《詩話》、《筆説》一卷，《試筆》二卷，長短句三卷。《集古録跋尾》十卷，書簡十一卷。附録制詞一卷，祭文、行狀一卷，墓記、神道碑一卷，祠堂記一卷，事迹一卷。末有諸家跋。《歐集》惟《居士集》爲公所自訂，餘皆採掇而成。汴京、江、浙、閩、蜀皆有刻本。今本以此本爲善，祠本不足貴也。

歐公有《經旨題跋》、《牡丹譜》、《硯譜》、《洛陽牡丹記》等作，皆在《外集》。

《示兒編》："文忠公初得昌黎文，嘗曰：'苟得禄矣，當盡力於斯文，以償予素志。'居無幾何，公以文章獨步當世，而於昌黎不無所得。觀其詞語豐潤，意緒婉曲，俯仰揖遜，步驟馳騁，皆得韓子之體。故《本論》似《原道》，《上范司諫書》似《諍臣論》，《書梅聖俞詩稿》似《送孟東野序》，《縱囚論》、《怪竹辨》斷句皆似《原人》。蓋其横翔捷出，不減韓作，而平澹詳贍過之。若夫《羅池碑》曰'春與猿吟兮秋鶴與飛'，則退之又自深得《九歌》'吉日兮〔六〕辰良〔七〕'之句法。《寄崔立之》詩曰'歡華不滿眼，文光案："眼"與"眦"迥殊，以"眼"代"眦"，字學不明也。咎責塞兩儀'，則又深造乎班固《賓戲》'福不盈眦，禍溢於世'之遺意。前輩各相祖述，類如此。"録於本書，不出於集。

《居士集》一百五卷

宋歐陽修撰

曾氏本。康熙壬子曾弘重刊。前有歐公自序。北宋本《六一居士集》一百卷，有祝庇民序。《曲洧舊聞》："歐陽公《歸田録》初成未出，而序先傳。神宗見之，遽命中使宣取。時公已致仕在潁川，以其間紀述有未欲廣者，因盡删去之。又惡其太少，則雜記戲笑不急之事以充滿其卷帙。既繕寫進入，而舊本亦不敢存。今世之所有皆進本，而元書蓋未嘗出於世，至今其子孫猶謹守之。"又舊説文忠公雖作一二小簡，亦必屬稿，其不輕易如此。今集中所見，乃明白平易，反若未嘗經意者而自然爾雅，非常人所及。

《歐陽文粹》二十卷

宋陳亮編

明本。前有乾道癸巳陳亮序。與集本互有異同，可備參考，而流傳甚少，未見有刊行者，實佳選也。

陳氏序曰："右歐陽文忠公《文粹》一百三十篇。公之文根乎仁義，而達之政理，蓋所以翼六經而載之萬世者也。退之有言：'仁義之人，其言藹如也。'故予論其文，推其心存至公而學本乎先王，庶乎讀是編者，其知所趨矣。"

《臨川集》一百卷

宋王安石撰

明本。嘉靖丙午，臨川令應雲鸑取家藏舊本校梓，是爲臨川本。萬曆四十年，王鳳翔重刊，李光祚校。閩、浙、蘇俱有刻本。前有本傳、事略。公墓不知所在。宋本，詹大和校刊，黄次山序。元本有吴澄序。宋、元本皆罕見。

黄氏序曰："此集向流布閩、浙，詹子自言所校仍舊，先後失次，訛舛尚多。馬氏《通考》'一百三十卷'。當時原有二本，一爲詹校本，一爲宣和中薛昂奉勅編次本。昂迎合蔡京執政。"

吴氏序曰："荆國文公，才優學博而識高，其爲文也，度越輩流。其行卓，其志堅，超超富貴之外，無一毫利欲之汩，少壯至老，死生如一。其爲人如此，其文之不易及也固宜。宋政和間官局編書，諸臣之文，獨《臨川集》得預其列。靖康之禍[八]，官書散失，私集竟無完善之本，弗如歐集，老蘇、大蘇之集盛行於時也。公絶類之英，間氣所生。同時文人，雖或意見素異，尚且推尊公文，口許心服，每極其至。而後來卑陋之士，不滿其相業，因并廢其文。此公生平所謂'流俗'，胡於公之死後而猶然也？金谿危素好古文，慨公集之零落，搜索諸本，增補校訂，總之凡若干卷，比臨川、金陵、麻沙、浙西數處舊本頗爲備悉，請予序其成。噫！公之文如天之日星，地之海岳，奚資於序？而公相業所或不滿者，亦鮮究其底裏，何也？公負蓋世之名，遇命世之主，君臣密契，殆若管、葛。主以至公至正之心，欲堯舜其民；臣以至公至正之心，欲堯舜其君。然而公之學雖博，所未明者，孔、孟之學也；公之才雖優，所未能者，伊、周之才也。不以其未明未能自少，徒以其所已明已能自多，毅然自任而不回，此其蔽也。一時之議公者，非偏則私，不惟無以開其蔽，而亦何能有以愜公論？故論之平而當，足以定千載是非之真者，其唯二程、朱、陸四子之言乎？"

何氏曰："内閣宋刻《臨川集》，其行數、字數、卷帙與此皆同。唯華中甫真賞齋所藏獨爲一百六十卷，此本不知尚在人間否。以中甫之力，能重開以傳，而獨私之爲齋中珍玩，吁！可慨已。《宣和書譜》載荆公鎮金陵作《精義堂記》，令蔡卞書以進。今此記不見集中，則所遺者宜多矣。""東澗遺老《小樓書目》有殘本《臨川先生集》十六册一卷之一百十四卷，殆與中甫所藏之本相同也。""伯淳先生嘗曰：'熙寧初，王介甫行新法，并用君子、小人。君子正直不合，介甫以爲假學，不通世務，斥去；小人苟容諂佞，介甫以爲有才，知變通，適用之。君子如司馬君實不拜副樞以去，范堯夫辭修注得罪，張元祺以御史面折介甫被責。介甫性狠愎，衆人以爲不可，則執之愈堅。君子既去，所用小人争爲刻薄，故害天下益深。使衆君子未與之敵，俟其勢久自緩，委曲平章，尚有聽從之理，則小人無隙可乘，其害不至如此之甚也。"又跋荆公《百家詩選》云："荆公之意，以浮文妨要，恐後人蹈其所悔，故有'觀此足矣'之語，非自謂此選乃至極也。後來譏彈之口，并失其本趣。"録於《義門集》。

文光案。《臨川集》舊本一百三十卷，危素校訂爲百卷，今所行者是也。

黄氏曰：“律詩出於自然，追蹤老杜。記、誌極其精彩，髣髴昌黎。雖有作者，莫之能及。”“蜀人黄制參有大年且九十，作書撫州，求《荆公集》，云：‘人雖誤國，文則傳世。’此確論也，因附此。然公論治講理之文，與題詠記碣之文，如出兩手，又不當例觀也。”“《唐百家詩選序》云：‘廢日力於此，良可悔也。’可謂高論矣。嗚呼！公才千古，無書不讀，於詩特游戲，其悔也如此，况庸衆人平生矻矻詩者乎？雖然，惟其不如公，所以不知悔。”“《周禮》、詩《書‘三經義’》，皆公自主其説。《字説序》謂知此則於道德之意已十九，何過耶?”録於《日抄》。“髣髴昌黎”，今本脱“髴”字。

《王荆公詩集箋注》五十卷

宋李壁[九]注

清綺齋本。乾隆辛酉武原張宗松校刊，有序并例。次《宋史》本傳，次目録，末有《補遺》詩五首。《鶴山序》已佚。每卷末刻“武原張宗松青在校刊”，板甚精工。

張氏序曰：“予十年前購得華山馬氏所藏元刻本，間取通行《臨川集》勘之，篇目既多寡不同，題字亦增損互異。乃歎是書之善，不獨援据該洽，可號王氏功臣也。史稱季[一〇]章嗜學如飲渴，羣經百氏，搜抉靡遺。今《雁湖集》既不存，著録亦盡逸。惟是書見稱藝林，而流布絶少，因重鋟之，以廣其傳，俾嗜古者得窺先生之藴涵，識臨川之意匠，而并可正俗本之紕謬。殆如景星鳳凰，争先睹之爲快已。”

例云：“王逸注《騷》，李善注《選》，皆分疏於句下。虞山注《杜》，始并注於全詩之後。是注體例不一，或分注，或總注，或用圈隔之，或牽連書之，悉遵其舊。”“李注蒐采務求來歷，或字義稍有異同，則云公别有所本，或云未詳出處，决不疑誤後學。”“薛夢符之補注《杜集》，黄學臯之補注《蘇集》，皆自爲一書。是書補注或綴卷末，或附詩後，悉仍其舊，惟低一格以别之。”“原本有劉須溪評點，今悉删之。”“李注於題下或標年月，或引時事，於公生平出處，亦略可考，不必年譜也。”“俗本《臨川集》遺漏詩甚多。”“李氏之注王詩，猶施氏之注蘇詩，任氏之注黄、陳二家詩也。山谷、後山詩注皆有刊本，惟是書絶無僅有。近代若絳雲，若傳是，俱不列其目。遂公同好，勿易視之。”“是書首尾完好，惟第三十卷、第五十卷失去兩末頁，無從抄録。昔之刻《山谷詩注》者，失去鄱陽許尹一序，又失去題下注脚二頁，髣髴相同，亦一異也。”“晁《志》與是書卷帙相符。馬《考》偶倒其文作‘十五卷’。陳《録》云：‘參政眉山李壁季章謫居臨川時所作，助之者有曾極景建。魏鶴山序。’”

朱氏曰：“本朝談經術始於王軫大卿，著《五朝春秋》行於世。其《經術傳》，賈文元作。文元，其家壻也。荆公作《神道碑》，略云此一事。介甫經術，實文元發之，而世莫有知者。當時在館閣談經術，雖王公大人，莫敢與争鋒。惟劉原父兄弟不肯少屈。東坡《祭原父文》特載其事，有‘大言滔天，詭論滅世’之語。祭文宣和以來，始得傳於世。”“王平甫該洽，善議論。與其兄介甫論新政，多援據，介甫不能聽。姪雱病亟，介甫命道士作醮，大陳楮泉。平甫啓曰：‘兄在相位，要須令天下後世人取法。雱雖疾，某之禱久矣，爲此奚益？且兄嘗以倉法繩吏奸，今乃楮泉徼福，安知三清門下，獨不行倉法耶？’介甫大怒。”“王荆公性簡率，不事修飾奉養，衣服垢汙，飲食粗惡，一無有擇，自少時則然。玉汝嘗與同浴，潛備新衣，易其敝衣。荆公服之如固有，初不以爲異也。及爲執政，或言其喜食獐脯。夫人聞之，曰：‘食時置獐脯何所?’曰:‘近筯。’明日易他物近筯,既而果食他物盡,而獐脯固在,知非有所嗜也。人見其太甚,或疑其僞云。”録於《曲洧舊聞》。

文光案:第十四卷《示平甫弟》詩云:“五月奔湍射蒿矢。”注云:“蒿矢,猛矢也。”不知何據。六壬有蒿矢課,謂折蒿爲矢,不能射人。此與詩意不符。《莊子·在宥篇》“焉知曾史之不爲桀、跖嚆矢也”,一作“嗃”。黄山谷曰:“安能爲人作嗃矢?”注:“射者必先以嗃矢定其遠近也。”《集韻》:“嗃,迅聲,又與‘哮’同。嗃,叫呼也。”《莊子》注:“嚆矢,矢之鳴者。”合此數説觀之,方與詩意相洽,惜李氏未曾引及。蓋傳本訛“嚆”作“蒿”,李氏亦不詳考,以爲猛矢,實爲臆説。宜正之曰:“嚆矢,響箭也。”今之響箭,箭頭如小卵,上有三孔,射之則鳴,與奔湍之吼聲相似。此詩中用嚆矢之意也。今用“嚆矢”者,皆作“蒿”,不獨李注爲然也。或作“槁”。“槁”字更訛,而“嚆”之本字久失之矣。因記於此。李注有釋義,有詁訓,不但徵引故實,故至今稱善本。

校勘記

〔一〕“於已”,原作“已於”,據《抱經堂集》乙正。

〔二〕“嘉”,原作“加”,據《元豐類稿》改。

〔三〕“徧”,原作“編”,據同上書改。

〔四〕“徧”,原作“偏”,據同上書改。

〔五〕“雨”,據清王士禛《池北偶談》,當作“兩”。

〔六〕“兮”,原作“元”,據《示兒編》改。

〔七〕“辰良”,原作“良辰”,據上書乙正。

〔八〕“裀”,原作“祻”,據元吴澄《文正集》改

〔九〕“壁”,《宋史》一作“璧”。

〔一〇〕“季”,原作“孝”,據《王荆公詩集箋注》改。

萬卷精華樓藏書記卷一百十一

集部二
别集類八

《嘉祐集》二十卷

宋蘇洵撰

蘇祠本。《權書》、《衡論》、《六經》、《太玄》、《洪範》諸論并史論皆可誦讀。《蘇氏族譜例》并《譜法》，修族譜者多引爲法式。南豐作老蘇墓誌，稱集二十卷。晁《志》、陳《録》皆十五卷。徐氏傳是樓紹興十七年婺州刊本作十五卷，附録二卷。今所傳者，一爲凌濛初朱墨本十三卷，一爲蔡士英刻本十五卷。宋刻原本不可見矣。

閻氏曰："籤題不曰'老蘇全集'，而曰'蘇老泉先生'，是父冒子號矣。蓋蘇氏先塋有老人泉，子瞻取以爲號，不知何年移以稱老蘇。一辨於葉石林，再辨於焦弱侯，以家藏墨蹟有'東坡居士'、'老泉山人圖書'佐證，尤妙。"録於《潛邱劄記》。

文光案。《簡明目録》著十六卷，明刻本亦十六卷，有嘉靖壬辰張鏜後序。今坊行本有老泉文。

《東坡大全集》一百三十卷

宋蘇軾撰

明本。此本分類編次，易於檢尋。余所藏者僅七十五卷。坊賈詭爲目録，遂售其欺。

跋退之《送李愿序》：“以爲唐無文，惟此一篇。平生願效此作一篇，執筆輒罷，因自笑曰：‘不若且放，教退之獨步。’”

黄君道輔諱儒，建安人，博學能文。作《品茶要録》十篇，委曲微妙，皆陸鴻漸以來論茶者所未及。昔張機有精理而韻不能高，故卒爲名醫。此以高韻輔精理者。

舊傳《陽關三疊》，然今歌者每句再疊而已，通一首言之，又是四疊，皆非是。或每語三唱以應三疊之説，則叢然無復節奏。文勛長官言得古本陽關，其聲宛轉凄斷，不類向之所聞。每句皆再唱而第一句不疊，乃唐本《三疊》蓋如此。偶讀樂天詩云“相逢且莫推辭醉，所唱陽關第四聲”，注：“第四聲，勸君更進一杯酒。”以此驗之，若第一句疊，則此句爲第六聲矣。今爲第四聲，則第一不疊，審矣。

舟中讀鮑明遠詩，有字謎三首。“飛泉仰流”者，舊説是“井”字。一云“乾之一九，隻立無耦；坤之六二，宛然雙宿”，是“三”字。一云“頭如刀，尾如鈎。中間横廣，四角六抽。右畔負兩刃，左邊屬雙牛”，當是“龜”字也。

文光案：隻立當是一立畫，雙宿自是二平畫，九與二合爲十一，應是“土”字。未知然否。

《書摹本蘭亭後》：“‘外寄所託’，改作‘因寄’；‘於今所欣’改作‘向之’；‘豈不哀哉’改作‘痛哉’；‘良可悲’改作〔一〕‘悲夫’；‘有感於斯’改作‘斯文’。凡塗兩字，改六字，注四字。‘曾不知老之將至’，誤作‘僧’；‘已爲陳迹’，誤作‘以’；‘亦猶今之視昔’，誤作‘由’。舊説此文有字重者，皆構别體，而‘之’字最多。今此‘之’字頗有同者。又嘗見一本，比此微加楷，疑此起草也。然放曠自得，不及此本遠矣。”歐公云《遺教經》非逸少筆，信不妄。顧筆畫精穩，自可爲師法。文光案：此唐寫經生所書，甚有法度。《題二王書》："筆成冢，墨成池，不及羲之即獻之；筆秃千管，墨磨萬錠，不作張芝作索靖。"唐太宗購晉人書，皆在祕府。至武后時，爲張易之兄弟所竊。後遂流落人間，在王涯、張延賞家。涯敗，爲軍人所劫。予見晉人數帖，皆有小印"涯"字，意其爲王氏物也。

辨書之難，正如聽響切脉，知其美惡則可，自謂必能正名之者，皆過也。今官本十卷法帖中，真僞相雜至多。逸少部中有"出宿餞行"一帖，乃張説文。有"不具，釋智永白"者，亦在逸少部中，此最疏謬。余於祕閣觀墨蹟，皆唐人硬黄上臨本。惟《鵝羣》一帖，似是獻之真筆。後又於李瑋都尉家見謝尚、王衍等數人書，超然絶俗。考其印記，王涯家本。其他但得唐人臨本，皆可蓄。　此卷有云"伯趙鳴而戒晨，爽鳩習而揚武"，此張説送賈至文也。　梁武帝使殷鐵石臨右軍書，而此帖有與鐵石共書語，恐非二王書。字亦不甚工，覽者可細辨也。　此卷有"永足下還來"一帖，而云逸少書。其云"謹此代申"，唐末乃有此等語。而書至不工，乃流俗僞造永禪師語耳。　《蘭亭》、《樂毅》、《東方》三帖皆妙絶。雖摹寫屢傳，猶有晉人用筆意思。比之《遺教經》，則有間矣。　衛夫人書既不甚工，語意鄙俗，而云"奉敕"，"敕"字從"力"，"館"字從"舍"，皆流俗所爲耳。　此書近妄，庸人傳作衛夫人書耳。晉人風流，豈爾惡耶？　此卷有山公《啓事》，使人愛玩，尤不與他書比。然吾嘗怪山公薦阮咸之清正寡欲，咸之所爲，可謂不然者矣。意以謂心迹不相關，此晉人之病也。　恒，衛瓘子。本傳有《論書勢》四篇，其詞極美。　唐太宗忼暴如此，至於妻子間，乃有"忌欲均死"之語，固牽於愛者也。　杜庭之書爲世所貴重，乃不編入，何也？　《羊欣帖》，孫莘老刻石，置墨妙亭中。以上題官本法帖。

魯公寫碑，惟《東方畫贊》爲清雄。後見逸少本，乃知魯公字字臨此，雖小大相懸，而氣韻良是。　懷素書極不佳，用筆意趣，乃似周越之險劣。此近世小人所作也，而堯夫不能辨，亦可怪矣。　荆公書得無法之法，然不可學。　唐文皇好逸少書，故其子孫及當時士人争學二王筆法，至開元、天寶間尤盛。而胡霈然最爲工妙，以宗盟復有家藏也。　王晉卿所藏《蓮華經》七卷，卷之盈握，沙界已周，讀未終篇，目力可廢。　《戲書赫蹄紙》："此紙可以鑱錢祭鬼。東坡試筆，偶書其上，後五百年當成百金之值，物固有遇有不遇也。"　《跋勾信道郎中集朝賢書夾頌金剛經》："乙巳至今二十八年，書經三十二人，逝者幾三之二矣。夢幻之喻，非虚言也。惟一念歸向之善，歷劫不壞，在在處處常爲善友。元祐七年正月二十二日。"

滎陽鄭淳方，字希道。作《篆髓》六卷、《字義》一卷。古今字説，班、楊、賈、許、二李、二徐之學，其精者皆在。自漢以來，學者多以一字考經，字同義異，皆欲一之，雕刻采繪，必成其説。是以六經不勝異〔二〕説，而學者疑焉。

智永書體兼衆妙。　率更工於小楷。　河南微雜隸體。河南有譖殺劉洎一事。余考其實，恐洎有伊、霍之語，非譖也。不然，馬周明其無此語，太宗獨誅洎而不問周，何哉？此殆天后朝許、李所誣，而史官不能辨也。　顔書雄秀獨出，一變古法，如杜詩格力天縱，奄有漢、魏、晉、宋以來風流。　柳書本出於顔，而能自出新意，一字百金，非虚語也。

余蓄墨數百挺，暇日輙出品試之，終無黑者，其間不過一二可人意。以此知世間佳物，自是難得。茶欲其白，墨欲其黑。

文光案：余以漆板試墨，百無一黑。觀坡公語，自古已然。今人貴宋墨，宋墨如是。

賣墨者潘谷，余不識其人，墨既精妙而價不二。士或不持錢求墨，不計多少與之。　潘谷、郭玉、裴言，皆墨工。　新羅墨，甚黑而不光。 吾在海南親作墨，與廷珪不相下。

宣州諸葛氏筆推第一。程奕所製筆，使人作字不知有筆，亦是一快。

硯之美，止於滑而發墨，其他皆餘事也。

余家有琴，其面皆作蛇腹紋，上池銘云“開元十年造”，下池銘云“雷家記八曰合”。不曉“八曰合”爲何等語也。

文光案：東坡題跋多複語，如智永帖雜入逸少部，凡三見；“聲似吾君”，凡兩題。如是者不一而足。

費氏曰：“蜀中石刻東坡文字稿，其改竄處甚多，玩味之，可發學者文思。今具注二篇於此。《乞校正陸贄奏議上進劄子》，‘學問日新’下云‘而臣等才有限而道無窮’，於‘臣’字上塗去‘而’字；‘竊以人臣之獻忠’，改作‘納忠’；‘方多傳於古人’，改作‘古賢’，又塗去‘賢’字，復注‘人’字；‘智如子房而學則過’，改‘學’字作‘文’；‘但其不幸所事暗君’，改‘所仕暗君’作‘仕不遇時’；‘德宗以苛察爲明’，改作‘以苛刻爲能’；‘以猜忌爲術而贄勸之以推誠’，‘好用兵而贄以消兵爲先’，‘好聚材而贄以散材爲急’，後於逐句首皆添注‘德宗’二字；‘治民馭將之方’，先寫‘馭兵’二字，塗去，注作‘治民’；‘改過以應天變’，改作‘天道’；‘遠小人以除民害’，改作‘去小人’；‘以陛下聖明，若得贄在左右，則此八年之久，可致三代之隆’，自‘若’以下十八字并塗去，改云‘必喜贄議論，但使聖賢之相契，即如臣主之同時’；‘昔漢文聞頗、牧之賢’，改‘漢文聞’三字作‘馮唐論’；‘取其奏議編寫進呈’，塗‘取’、‘編’字，卻注‘稍加校正繕’五字；‘臣等無任區區愛君憂國感恩思報之心’，改云‘臣等不勝區區之意’。《獲鬼章告裕陵文》，自‘孰知耘耔之勞’而下云‘昔漢武命將出師，而呼韓來廷，効於甘露；憲宗厲精購武，而河湟恢復，見於大中’，後乃悉塗去不用；‘獷彼西羌’，改作‘憬彼西戎’；‘號稱右臂’，改作‘古稱’；‘非愛尺寸之疆’，改作‘貪’；自‘不以賦遺子孫’而下云‘施於沖人，坐守成算；而董氈之臣阿里骨外服王爵，中藏禍心，與將鬼章首犯南川’，後乃自‘與將’而上二十六字并塗去，改云‘而西蕃首領鬼章首犯南川’；‘爰敕諸將’，改作‘申命諸將’；‘蓋酬未報之恩’，改作‘争酬’；‘生擒鬼章’，改作‘生獲’；其下一聯初云‘報谷吉之冤，遠同强漢；雪渭水之恥，尚陋有唐’，亦皆塗去，乃用此二事别作一聯云‘頡利成擒，初無渭水之恥；郅支授首，聊報谷吉之冤’；末句‘務在服近而柔遠’，改作‘來遠’。”“葛延之在儋耳，從東坡游，甚熟。坡嘗教之作文字，云譬如市上店肆，諸物無種不有，卻有一物可以攝得，曰錢而已。莫易得者是物，莫難得者是錢。今文章詞藻事，實乃市肆諸物也；意者，錢也。爲文若能立意，則古今所有，翕然并起，皆赴吾用。汝若曉得此，便會做文字也。又嘗教之學書，云世人寫字能大不能小，能小不能大。我則不然，胸中有個天來大字。世間縱有極大字，焉能過此？從吾胸中天大字流出，則或大或小，惟吾所用。若能了此，便會作字也。此大匠誨人之妙法，學者不可不知也。”“淮西功德冠吾唐，吏部文章日月光。千載斷碑人膾炙，不知世有段文昌。題云：‘紹聖中得此詩於沿流館中，不知何人作也，戲録之以益篋笥之藏。’此詩乃東坡自作，蓋寓意儲祥之事，特避禍故託以得之。味其句法，則可知矣。”“東坡在翰林，被旨作上清儲祥宫碑，哲宗親書其額。紹聖黨禍起，磨去坡文，命蔡元長别撰。”　“東坡歸自海南，遇其甥柳展如，出文一卷示之曰：‘此吾在嶺南所作也，甥試次第之。’展如曰：‘《天慶觀》、《乳泉賦》詞意高妙，當在第一。《鍾子翼哀詞》别出新格，次之。他文稱是。舅老筆，敢優劣耶？’坡歎息，以爲知言。”“東坡用事對偶，精妙切當，人不可及。如《張子野買妾》詩全用張氏事，《祭徐君猷文》全用徐氏事，《送李方叔下第》詩用“古戰場’、“日五色’，皆當家事，殆如天成。”“東坡帥定武，有武臣獻東坡啓，曰：‘獨開一府，收徐、庾於幕中；并用五材，走孫、吴於堂下。’”録於《梁谿漫志》。

文光案：“吏部文章日月光”，向知有此詩，不知爲東坡作也。後知爲東坡作，不知其寓意也。觀於《漫志》，始知其詳。故輯書之功不可少，而聚書之力尤不宜懈也。

《蘇文忠公文集》四十卷　《奏議》十五卷　《外制集》三卷　《内制集》十卷　《後集》二十卷　《續集》十二卷

宋蘇軾撰

明本。前有成化四年李紹序。

李氏序曰：“大蘇文，吕東萊所編。《文選》與諸家并行，十僅一二。其全集，宋時刻本雖存，而藏於内閣。仁廟命工翻刻《歐集》，賜二三大臣。《蘇集》工未畢，而上升遐矣，故二集傳世獨少。海虞程侯來守郡，謂歐吉人，吉之學古文者，以歐爲宗，求歐公《大全集》刻之郡黌。以文忠公學於歐，其全集世所未有，求得宋時曹訓所刻舊本及仁廟所刻未完新本，重加校閲。卷帙仍依舊本，舊本無而新本有者，則爲續集并刻之。按：公集初有杭、蜀、吉本及建安麻沙諸本，歲久不復全。兹幸彙爲一集，與《歐集》并傳於世。侯之有功於蘇文，豈不大且遠乎？予故樂而爲之序。”

文光案：嘉靖本見《天一閣書目》，江西布政司重刊，商〔三〕豐縣教諭繆宗道校正。有《樂語》一卷、《應詔集》十卷。餘與成化本同。

《東坡集》八十四卷

宋蘇軾撰

蘇祠本。年譜一卷，賦一卷，論四卷，經義一卷，策三卷，序、記三卷，傳、誌、狀、碑、銘、頌、贊、偈八卷，表二卷，奏議十一卷，内制八卷，啓、書二卷，尺牘九卷，雜文二卷，雜著一卷，史評一卷，題跋六卷，雜記二卷，詞二卷，詩選十二卷。

謝謬曰："予嘗得眉山旌善院《東坡大全》兩集，乃其孫蜀守仲虎與弟季文所校，而判者比之他處最爲無誤。今之所傳，皆以此本爲準的。"不記録於何書。

文光案：《嘉祐集》、《欒城集》，自明兵燹後無再刻者。《東坡集》宋刻不傳，坊間印本極多剽竊竄改，諸本互異。今以成化四年江西布政司重刊宋本爲最古，有年譜、墓誌、本傳、刊書義例，共一百卷。嘉靖十三年江西布政重刊，即此本，名《東坡七集》，共一百十一卷，《内制》附《樂司語》三卷。又《大全集》本一百三十卷，明刻。今刻多有三蘇合刻祠本，不佳。坊行又有《海外集》。

錢氏曰："《喜雨亭記》：'太守不有，歸之天子'，'子'與'有'韻，從古音也。'天子曰不，歸之造物'，'物'與'不'韻，讀'不'爲'弗'。從《廣韻》也。俗本'不'下多'然'字，蓋淺人妄增。"録於《養新録》。

《東坡尺牘》八卷

宋蘇軾撰

《芬欣閣》本。周心如校刊，有跋。

周氏跋曰："乾隆庚戌於京師廠肆中獲此書，字極么麼，刻亦草率，然於宋時廟號皆不敢觸，蓋宋刻之最劣者。紙、墨皆朽，不能垂久，因精校刻之。有目無序，題曰‘東坡先生翰墨尺牘’。”

《集諸家注分類東坡先生詩》三十卷

宋王十朋撰

元本。丙戌秋月劉安正堂刊。每葉二十四行，每行二十三字。前有王龜齡自序、趙堯卿序。書内有須溪劉辰翁批點。注多舛誤，不免漏略。或言依託，非王注。邵長蘅補施注，即據此爲藍本。

吳氏跋曰：“宋王梅溪集《百家注東坡詩》，近所行本，皆後人妄行竄亂删併，全本失真，與宋商丘所刻施注蘇詩無異。觀者每以不能一見宋刻爲恨。此書楮墨精雅，古香襲人，真舊本之最佳者。乾隆五十一年，吳騫識。”

文光案：兔床所跋，爲南宋麻沙本。近所行者，爲朱氏本。余久藏之，近始知其不足據。堯卿所注蘇詩甚詳，惜未見其本。梅溪《分類詩注》不及《和陶詩》，迨施元之《編年注》，始合刊之。趙注分五十門，此本爲七十八類。劉氏所刊去宋不遠，勝今本多矣。堯卿或作“夔卿”。

《蘇詩集注》三十二卷

宋王十朋撰

朱氏本。康熙三十七年朱從延重校，寫刻於吴下。校是書時，集一時之選，俗書訛字，刊落殆盡。前有朱從延序、顧嗣立序、李樞跋。是本依東萊吕氏分編，凡三十八類。按：《百家注》爲王注原本。此本從《百家注》删節而成，脱闕甚多。至於姓注、名注、字注，多不可辨。刊板雖佳，不足貴也。

朱氏序曰：“照宋本定補，採集諸書，正其訛謬，八閲月而始畢。”

李氏跋曰：“東坡先生像，趙文敏所繪，得之石刻中。向藏於家，今特刻諸卷首，并附以《本傳》、《年譜》。”

文光案：乾隆五十八年《百家王注》出，分二十五卷，七十八類。首列百家姓氏，與肆本迥異，故自有馮氏合注而王注復顯於世。

王氏自序曰：“昔秦延君注‘堯典’二字，至十餘萬言，而君子譏其繁；丁子襄注《周易》一書，纔二三萬言，而君子恨其略。訓注之學，古今所難，自非集衆人之長，殆未易得其全體。况東坡先生之英才絶識，卓冠一世，平生斟酌經傳，貫穿子史，下至小説、雜記、佛經、道書、古詩、方言，莫不畢究，故雖天地之造化、古今之興替、風俗之消長，與夫山川、草木、禽獸，鱗介、昆蟲之屬，亦皆洞其機而貫其妙，積而爲胸中之文，不啻如長江大河，汪洋閎肆，變化萬狀，則凡波瀾於一吟一詠之間者，詎可以一二人之學而窺其涯涘哉？予舊得公詩八注、十注而事之載者十未能五，故常有窺豹之歎。近於暇日搜索諸家之釋，裒而一之，劃繁剔冗，所存者幾百人，庶幾於公之詩有光。雖然，自八而十，自十而百，固非略矣，而未敢以繁言。蓋以一人而肩烏獲之任，則折筋絶體之不暇；一旦均之百人，雖未能舂容乎通衢，張王乎大都，而北燕南越亦不難到，此則百注之意也。若夫必待讀遍天下書，然後答盡韓公策，則又望諸後人焉。”

文光案：王序從集成本録出。集成本有王注姓氏，原列九十七家。馮氏合注“黄中”誤作“林黄中”；又誤增“楊德”，亦無其人。

《施注蘇詩》四十二卷　《年譜》一卷　《續補遺》二卷

宋施元之、顧禧同撰

商丘宋氏刊本。邵長蘅、顧嗣立、宋至删補。商丘從江南藏書家得此本，僅三十卷。卷端題“吴興施氏、吴郡顧氏”，而不著名，序文、目録皆闕。公惜其殘也，屬門下士邵長蘅訂補，芟蕪省複，犁然復完。首康熙己卯商丘宋犖序；次邵長蘅序；次注蘇姓氏；次例言，邵長衡撰；次《王注正譌》，邵長蘅撰；次《東坡先生笠屐圖》，宋云當是元人筆；次宋孝宗敕并序；次《宋史》本傳；次墓誌，蘇轍撰；次《年譜》，王宗稷編，邵長蘅重訂；次目録。第四十卷爲遺詩，末二卷爲《和陶》詩。《續補遺》詩四百餘首，采摭施本所未備，馮景補注。施注佳處，每於注題之下多所發明，可補正史之遺，非諸家所及。此本雜王注、邵注，仍名施注。又施注前忽出《王注正譌》，是何體例？刻板雖佳，不足貴重。然施注亦無别本也。

例曰：“施氏去公未遠，其詮訂先後，頗爲精當。卷端數語，厘識大略，足稱善本。”“李善注《選》，分疏句下，施、王二注宗之。今列注於後，仿劉須溪、錢虞山注杜詩之例。”“引詩注詩始於宋人。”

文光案：是本有墨評，朱筆題曰“查他山德尹批”。

汪師韓曰：“邵、李補注蘇詩，皆是鈔襲王注，恐人之議之也，乃特作《王注正譌》，刻之卷首。其所指摘，不過字句傳寫之譌耳。至如王注所闕所譌，并未能改正增益也。即如《太白山下早行》詩云‘馬上續殘夢’，乃直用劉駕詩，《藝苑巵言》嘗舉之，補注於此無注也。又如《次韻朱公掞初夏》詩云‘《諫苑》君方續承業’，王注謂《南史》李承業作《諫苑》。按《南史》并無其人。後周樂運，字承業。運爲内史，鄭譯所銜。及隋文爲丞相，鄭譯爲長史，左遷運湴陽令。運發憤録夏殷以來諫諍事，集而部之，凡六百三十九條，合四十一卷，名曰‘諫苑’，奏上之。隋文覽而嘉焉。《困學紀聞》嘗論之，誤以周爲隋耳。補注仍王注之譌不改也。又如《女王城》詩云‘稍聞决决流水谷，盡放清清没燒痕’，王注據林敏功稱古詩‘崗分河勢斷，春入燒痕青’，補注改爲唐詩，其實皆非也。此乃宋詩僧惠崇《訪楊雲卿淮上別墅》之三、四一聯，《温公續詩話》謂此二句乃其尤自負者。然當時即爲其徒所嘲，有詩云‘河分崗勢司空曙，春入燒痕劉長卿。按：劉長卿集無此句。不是師兄多犯古，劉貢父《中山詩話》作“不是師偷古人句”。古人詩句犯師兄”。《江鄰幾雜志》“詩句”作“言語”，《中山詩話》“犯”作“似”。注既不知，又改‘河分崗勢’爲‘崗分河勢’，尤誤也。又如《次韻劉湜峽山寺》詩云‘應憐五管客’，王注所載宋援引《莊子》上有‘五管’，李厚引韓詩‘五管徧歷’，兩説并存，正古人虚心之處。李必恒補注不過就兩説中用李而去宋耳，而遂專指宋以斥王注爲杜撰乎？又如《賀朱壽昌》詩，按壽昌棄官入關中尋母，得之同州。《宋史》列《孝義傳》，《東都事略》列入《獨行傳》，《宋中興藝文志》有《送朱壽昌》詩三卷；散見他書者，蘇魏公集有詩，文與可有序。且此事《温公録》載之矣，《蘇氏家語》載之矣，《東軒筆録》又載之矣，朱子《小學》亦載之矣，補注則似《宋史》亦未考也。又如《次韻答邦直子由》一詩，邵子湘云施本闕其半，無他本可考，只載前四句，又闕‘未許’二字。按此詩乃‘烏臺詩案’所有者。詩云：“五斗塵勞尚足留，閉門聊欲治幽憂。差爲毛遂囊中穎，未許朱雲地下游。無事會須成好飲，思歸時亦賦登樓。羡君幕府如僧舍，日向城西〔四〕看浴鷗。”補注本“門”作“關”。凡若此類當注而不注，不當注而注者，豈勝指摘耶？”

《蘇詩補注》五十卷

國朝查慎行撰

香雨齋本。乾隆辛巳年刊。首宋孝宗序；次《補注編年詩略例》，康熙壬午查慎行識；次年表；次引書目；次詩目。

余不滿王氏注，爲駁正，積久成卷。後讀《渭南集》，乃知有施注蘇詩舊本，苦不易購。商丘宋山言忽出新刻本見貽，於鄙懷頗有未愜，因補輯舊聞，出以問世。昔王原叔注杜詩既行世矣，王寧祖則有改正；王内翰注《杜集》，薛夢符又有補注本，黄長睿有較定本，蔡興宗有正異本，杜田有補遺正謬本。古人於箋疏之學，各抒所見，竊取斯義。

○《宋志》有《南征集》一卷，“征”字乃“行”字之訛。當時此卷本自單行。○兹集舊有八注、十注，同時稍後者，有唐子西、趙夔等注。乾道末，御製序刊行。紹興中，有吴興沈氏注，見《吴興備志·經籍類》中。漳州黄學皐補注，見王懋宣《閩大記·藝文類》。今皆不傳。傳者惟王氏、施氏兩家耳。施氏本又多殘脱。近從吴中借抄一本，每首視新刻或多一二行，乃知新刻復經增删，大都掇拾王氏舊説，失施氏面目矣。今於施注原本所有而新刻所删者，輒補録以存其舊，不可辨者缺之。○南宋時，人有箋注先生詩句，號“東坡繡錦段”者，隨句撰事，牽合無根。此與魯訔、黄鶴之注杜，李歜之撰《詩史》同科，固有識所姍笑。若乃當代文獻，信而足徵，趙叔平、張退傅諸公，《宋史》各有傳，仁宗之制科、范景仁之新樂，何以一無援證？皆疏漏之大者。更有冗沓之病，王注固多，施氏亦所不免。此外有改竄經史，妄托志傳以傅會詩辭者，不可枚舉。○郡縣山川，考索爲詳；宋朝官制，亦不敢略：用補他家未及。○王注之謬，吴中新刻本《正訛》一卷，抉摘過半矣，但持議有過苛者。○本集詩與他集互見者，凡九十餘篇，皆施氏原本無也。新刻本收入《續補》上、下卷，王氏本散見於分類中，贋作極多，潁濱及蘇門六君子作，率皆混雜，至有割截他集半首誤爲全篇者、唐人詩有闌入者。另爲二卷，附注此詩亦見某集，令覽者有考。至施注新刻内有本集重出者，此類徑從删例。舊本所有而新刻失載，亟當補録。○施氏原注有《帖子詞》一卷，目録尚存，新刻妄爲删削。今一并采入，與逸詩從編簡中留心搜輯，共得逸詩一百二十餘首。釐爲三卷。〇補注之役，每以一編自隨。渡淮舟裂，從泥沙中檢得殘本，重加綴葺。始事迄今，蓋三十年矣。〇劉辰翁之評《杜集》也，同時唱和例皆附録。今視此例附録諸詩，不加注釋。《編年例略》。

唐、宋名家詩文，間有互見他集者。如馬退山《茅亭記》，載獨孤及集。《柳州謝表》其一，乃李吉甫郴州作，而皆入子厚集中。《大樂十二鈞圖》，楊次公作也，編於《嘉祐集》。《蠶對織婦文》，宋元憲作也，編於《米襄陽集》。《三先生論事録序》，陳同甫作也，編於《朱文公集》。如此之類，往往有之。但未有舛謬混雜，幾及百篇，如東坡詩之甚者也。李端叔有言，先生自嶺外歸，所作字多他人詩文。蓋紹聖以後，嚴禁蘇氏之學；至淳熙初，禁乃弛，後人得公手迹，便采入公集。承訛數百年，注者與讀者漫不加辨。凡慎駁所正，悉從諸家文集、詩話一一搜抉，校對其雷同者，另編二卷。

文光案：是集編年詩四十五卷，題曰“補注補編詩”二卷，題曰“輯注他集互見詩”二卷，題曰“改編”，合爲五十，而非五十卷之外，别有補編、另編也。又案：查注中案語甚多，此條在四十九卷之首。又案：唐宋名集混入他作者，指不勝數。倘有志者，如查氏之注蘇，一一抉摘，各還其本來面目，豈非快事？然非多聚書卷，未易學步也。

先世父篤好東坡先生之詩，以施注編年不甚分明，而踳駁謬盭間或不免，覃思積力，搜釋融洽餘三十年而乃潰於成。今將開雕於廣陵客舍，適武林杭堇浦太史來主講席，重煩勘定，體益加潔，例益加嚴。閲三十八年之久，乃得節衣縮食，竟成此志。乾隆辛巳姪男開敬跋。

文光案：是書稱爲補注者，補施注也。查氏原刻本，施注在前，補注在後，最便省覽。今本盡去施注，獨留補注，翻閲爲難，施注屢識大意，不屑屑標舉年月，與查本次第不同。蓋書肆取其省力，去施注則易於成書，不顧閲者之勞也。自馮氏合注出，而查注遂微；自王氏集成本出，馮注亦微。今人考證之功愈出愈奇，愈精愈密，然藏書家宜各本皆備，問學者宜兼採所長，正不可舉一而廢百也。查氏有蘇詩批本，於詩意無所發明。放翁有坡集，藏之三十年，幾焚之。因緝成編，比舊本差小，目爲焦尾本。有跋。

顧禧，字景繁，居光福山中。其祖沂，字歸聖，終龔州太守。其父彦成，字子美，嘗將漕兩浙。景繁雖受世賞，不樂爲仕，閉户讀書自娱，自號“漫莊”，又號“癡絶”。嘗注杜工部詩，其他著述甚富。所與交者，皆一時名士。鄱陽張紫微彦實擴以詩聞天下，景繁結爲一社，與之唱酬。今《張集》有題顧景繁詩。景繁隱居五十年，享高壽而終。録於《中吴紀聞》。

《蘇詩合注》五十卷

國朝馮應榴撰

鍾〔五〕息齋本。乾隆癸丑年門人校字董刊。首宋孝宗序，次合注自序，次錢大昕序，次總目，次馮氏注例，次舊注辨訂，次舊注本敕、贊、序文、百家姓氏、查注例略并附録、翁本序文、附録；次像、年譜、本傳、墓誌，次目録。編年詩四十五卷；帖子口號詩一卷，他集互見詩二卷，此三卷查本在後，今移於前；補編詩二卷，查本在前，今移於後。其余次序，悉依查本。惟間句增注與查本異，自注以“榴”字别之。後有門人袁紳跋，又馮集梧跋。近有翻本，不佳。

馮氏跋曰：“東坡詩有王氏、施氏、查氏三家注本。伯兄星實合而訂之，補所闕遺，正其訛失，非勤心博考，未易臻此。伯兄南歸，將以授梓。集梧未獲與校讎之役，因識數語於後。”

文光案：原刻本最佳，今不易得。

錢氏序曰："王注分類，經後人删併，然流傳最久。施注世無完本，宋牧仲補足本刊於吴中，於施注多所删改，殊失古人面目。查氏依施本補其未備，後人校刊，遂不并載施注，學者又以兩讀爲病，此合注之所由作也。先生沉酣於東坡詩者有年，自序云："凡七年而粗就。"精思所感，形於夢寐。案：自序云："曾倩人繪《夢蘇圖》，并自爲文記之。後閲趙堯卿序，亦載作注時兩經夢蘇事。"又得宋槧五家注、元槧王狀元集百家注舊本，參以施注殘本，稽其同異而辨證之。於宋代掌故人物，則采李仁父《長編》及各家文集、諸道石刻，一一增益。余受而讀之，竊謂王本長於徵引故實，施本長於臧否人倫，查本詳於考證地理；先生彙三家之長而於友朋商榷之言，亦必標舉姓氏，其虚懷集益又如此。若夫編年卷第，一遵查本。其編次失當者，隨條辨正，而不易其舊，則先生之慎也。"

先生詩有四注、八注、十注及唐庚、趙夔、舊注以趙爲首倡，今存序一通。黄學臯、沈名失考。諸本，皆不傳。劉宏《摘律》之類，又不足採。余所見者：一爲宋刊五家注趙次公、李厚、程宣、宋援、林子仁。不全本七卷。一爲元刊王狀元即梅溪。案：此即書肆標目以欺人者。集百家注本其注於五家外增數十家，故標"集百家注"，分七十八類，失之繁碎。二十五卷，或云末卷《和陶》，未見。茅維孝若刊本、三十類。朱從延刊本，即今通行之王注本也。其書不全載所引書名，又多改竄舊文，誠如後人所議；或云南宋書坊嫁名取重，本集無一語及集注事，但《野客叢書》有"集注坡詩"一條。《長公外紀》云："王十朋集諸家注。"《升菴集》亦云："王十朋注，由來已久，未可竟疑其僞托。"然博採諸家，用心之勤，實不可没。一爲宋刻施、顧注本其書刊於施武子之手，放翁爲序。雖助以顧君之賅洽，仍以施氏爲主。今補施注，亦仍其舊也。四十二卷，編年詩三十九卷，帖子、遺詩一卷，《和陶》詩二卷。今已缺十二卷，存者亦殘蝕甚多。其注雖本自諸家，而考訂較爲詳審；然重複太甚，舛誤亦多。至景定間鄭羽重梓漫字之本，尚有完書，僅從友人抄補數條，未獲親睹。其通行之宋牧仲本，施、顧原注并未全採，大半以王注爲施注，又或以施注爲己説，此外别無心得矣。一爲查注本，考核更詳，但重複舛訛及誤駁者，正復不少。此諸本之大凡也。　編年勝於分類，查本似密於施本；然查本細分年月，轉欠審確，反不如施本。每卷排次，撮舉大綱爲得當。至於分類，宋以前論詩往往如此。　五家注爲百家注本所取裁，茅刊本又依百家注本芟補之。　施、顧注不全本，即宋牧仲得之毛氏者。邵子湘親見之。惜其不照原本訂補，而漫爲删改。查氏得影抄本，採補無多。翁氏補録又加詳焉，亦未全也。　王注蹈改竄舊文之病，施、查二注亦間有之。昔人注書往往如此，皆無足疵。　查注所附他家倡和詩，失之太繁，今删。查注所引地志，今悉載之，舛誤甚多，復加訂正。　集百家注本卷首載《紀年録》，傅藻撰。施、顧注本有譜而佚。通行王注本載《年譜》，王宗稷編。補施注本以王《譜》爲宗，間附《紀年録》而不全。查本别爲《年表》，與《録》、《譜》無異。今採王《譜》，全附傅《録》。　《王注正訛》駁正皆不的當，查氏謂其抉摘過半，殊不盡然。　先生遺像，以自題"李龍眠所畫"金山小像爲冠，全采人也。郡西本覺寺三過堂石刻先生三詩及像存焉，爰摹於是集卷端，俾與諸集所繪各自傳播。《凡例》。

坡詩多本，獨淮東倉司所刊，明净端楷，爲有識所賞。羽承乏於兹，暇日偶取觀，汰其字之漫者，大小七萬一千五百七十七，計一百七十九板，命工重梓。他時板浸古，漫字浸多，後之人好事必有賢於羽者矣。景定壬戌中元吴門鄭羽題。馮曰："此跋從友人鈔得之。玩跋中語，是就施武子原刊板而修補其漫漶者。"

坡詩分類，本創始於吕東萊，集成於王梅溪。編年本，則施德初與顧景蕃注，德初子武子編纂成書，又撰《年譜》、《目録》各一卷，而放翁爲之序。陸序云："施宿武子出其先人司諫公所注數十大編，屬某作序。司諫公以絶識博學名天下，且用功深，歷歲久，又助之以顧君景藩之該洽，則於東坡之意亦幾可以無憾矣。”余甥朱翠庭中翰得分類善本，刻既竣，因其請而序之。康熙戊寅楊瑄題。此王注本之序。翠庭名從延，新安人。校勘此書，八閲月而始竟。凡有遺漏，悉照宋本訂補，刊於吴下。有自序，又顧嗣立序、李樞跋。東坡像爲趙松雪所繪，今刻諸卷首。

胡仔《苕溪漁隱叢話》云：“《東坡集》行於世者，惟《大全》、《備成》二集，詩文最多，真僞相半。其後吴門居世英家刊大字《東坡前後集》，最爲善本。世傳《前集》乃東坡手自編者，隨其出處，古、律詩相間，謬訛絶少。如《御史府》諸詩，不欲傳之於世；《老人行》、《題申王畫馬圖》，非其所作：故皆無之。《後集》乃後人所編，惜乎不載《和陶》諸詩，大爲闕文也。”

周密《癸辛雜識》云：“施宿，字武子，湖州長興人，晚爲淮東倉曹。嘗以其父所注坡詩刻之倉司。有所識傅穉，字漢孺，湖州人，窮乏相投，善歐書，遂俾書之鋟板以賙其歸。元遺山曰：‘蘇子瞻絶愛陶、柳二家，極其詩之所至，誠亦陶、柳之亞。’乃作《東坡詩雅目録》一篇。”陶淵明、柳子厚五言最爲近《風》、《雅》。

校勘記

〔一〕“‘良可悲’改作”，據《蘇軾集·補遺》補。

〔二〕“異”，原作“其”，據《東坡全書》改。

〔三〕“商”，據宋蘇轍《應詔集》，當作“南”。

〔四〕“西”，據《蘇軾全集》，一作“隅”。

〔五〕“鍾”，據《清史列傳》，當作“踵”。

萬卷精華樓藏書記卷一百十二

集部二

别集類九

《蘇詩編注集成》四十六卷

國朝王文誥撰[一]

武林本。余初得此本於書肆，以爲全書也。後又得一本，方知此本僅有詩注，非足本也，因别著録。余所得聞人本《舊唐書》，亦是半部，無校勘記。坊賈欺人多此類。

《蘇文忠公詩編注集成》四十六卷　《編年總案》四十五卷　《兩宋雜綴》一卷　《蘇海識餘》四卷

國朝王文誥撰

韻山堂本。嘉慶癸酉梁同書序，道光癸未阮元序、辛巳韓崶序、癸未達三序，嘉慶乙亥王氏自序。次凡例三十條；次諸家弁言一卷；次王、施注諸家姓氏考一卷；次像、贊、敕、序，并贊、墓誌銘注一卷，王、施注諸家姓氏考一卷，本傳注一卷，恭録聖祖仁皇帝、高宗純皇帝御評一卷，詩目一卷；次《總案》；次編年古、今體詩四十五卷，帖子口號詞一卷；次真像考；次《雜綴》；次《識餘》，附《箋詩圖》一卷。通共一百四卷。是編以王注、施注、查注合注爲正，邵注、李注、馮注、翁注暨諸家論説皆附焉。詩既定編，注亦盡善，血脉貫通，上下相維，集諸家之成而發其所未及。創立《總案》以統各詩，復訂正誌傳以統各案，而補所未備於《蘇海識餘》中。《總案》自公始生至於北歸，綜六十六年事，都爲四十五卷，并《長公前後集》制、劄、論、説等類，悉納入之。而分編之詩，匯收之注，悉於是取則焉。

阮氏序曰："予從韓桂舲大司寇，獲識仁和王君見大於嶺南。王君學識淹通，深於史，所撰《蘇文忠公詩編注集成》尤精博，匪特聚百家爲大成，更可訂元修《宋史》之舛陋。予於接席間歷扣王君致力於蘇詩之處，王君曰：'蘇詩編年注不始於施德初與顧禧也。當元豐間，坡公遷黄，彭城陳師仲[二]爲編述密、徐二郡所作古律以寄[三]，事載《東坡集》中。今王龜齡《集注·姓氏録》，彭城陳師道後載有陳希仲。以其注内劉共父或稱洪父，張敬夫亦稱欽夫例之，是希仲注即師仲也。其後坡公北歸，有《前後集編年注》，則趙次公、宋援、季德載、程縯四家也。李敬齋載在《古今黈》，謂之"四注本"。繼有林子仁者，復附益之，改四注爲五注。考子仁於政和中賜號高隱處士，而自政和上溯建中靖國，僅一十[四]七載，注已兩刊。德洪親見黄魯直，而謂坡公海外詩中朝士大夫編集已盡，可爲崇、觀時刊行四注、五注之證。是編年注出於北宋者也。次公同時有趙夔者，嘗知榮州，納交於叔黨，别創爲分類注，垂三十年而刊於紹興之初，自鳴一家。復有師民瞻、任居實、孫倬、李堯祖四家接踵於後，其爲體例，一本於夔而取編年、五注并納入之，是爲八注、十注。《庚溪詩話》載，乾道初，梁叔子入對阜陵，謂近有趙夔等注軾詩甚詳，而龜齡集注序則云舊得八注、十注。考夔序，其詩分五十類，自爲單行，與編年、五注各不相牟。乃刊定後閲三十五年而阜陵目爲趙夔等注，此即夔注、五注并入八注、十注之證。夔序仍以分類弁首，故云

“趙夔等”也。龜齡《集注》實由八注、十注推廣。今編年、五注猶有存者，檢對龜齡《集注》，其入選者十有六七，亦惟此十家注獨賅備，與龜齡增輯諸家繁簡懸殊。此是十家分合，具可考也。龜齡在隆興朝力持國是，阜陵方倚爲用，其不及集注，龜齡亦僅有此八注、十注而已。殆至乾道，已知諸將不足用，歷典四郡自效，專以及民爲務，而其排纂亦在此時。以阜陵不及集注〔五〕考之，是書成後六年矣。吕伯恭廣夔注爲七十八類，龜齡實主吕本，故《集注》亦七十八類，載入《姓氏録》伯恭名下，而夔之分類亡。今其序猶存，而與《集注》分類不符，由於此也。龜齡序又云：“自八注而十，自十注而百，均之百人。”此又八注、十注積累至百之證。計其所均之人，列門墻預後進者爲黄魯直、陳無己、秦少游、潘邠老、王直方、劉無言、曾公衮、晁沖〔六〕之、韓子蒼、李商老、潘仲達、蘇養直、釋祖可；出魯直西江派者，爲謝無逸、洪明、高子勉、楊信祖、夏均父、何人表、洪芻、饒德操、李希聲、謝幼槃、徐師川、洪炎、汪信民、釋信中；流入播遷號耆舊者，爲王性之、汪彦章、林敏中、吕居仁、王長源、江端本、元不伐、林子來。通計北宋注，可知者四十七家。南渡傳閩學者，爲劉子翬、黄通老、陳體仁、汪聖錫、龔實之、胡邦衡、劉共父、張南軒、吕伯恭、甄云卿；登朝籍及閒散者，爲張孝祥、汪養源、吴明可、馮圓仲、芮國器、胡元任、鹿伯可、陳少章、王壽朋、葉飛卿、丁鎮叔、孫彦忠、項用中、葉思文、喻叔奇、王百朋、張器先、傅薦可。通計南宋注，可知者三十一家。此編年累改爲分類，匯爲《集注》之大略也。施德初登張孝祥榜，龜齡出五載始入爲著作佐郎，其與顧禧爲編年注，應在淳、紹之時。據陸游原序，概論作詩事實而下云“德初絶識博學”，係指題下施注紀事；又謂“助以顧禧該洽”，係指句下顧注徵典。紀事引本集、《欒城》、史傳，不載出處：徵典引經、史、子、集、外藏，悉載出處：顯屬二手。卷端施氏、顧氏以次標列，亦可與序參證。卷中疵議趙夔、程縯等注，輒曰“舊注”；而於次公間一標名其編年謹於五注，亦見施、顧所因。又凡原引經史正義已盡，則避去，佐以別載，此緣施、顧不時翻檢五注、十注，是以相爲表裏，所在符合其體段，概可知矣。施宿爲餘姚令，乞序於游。至嘉定付刊，已較《集注》後出三十五年。凡刊五十五年，至景定而曼漶。鄭羽爲淮東倉，汰其字大小七萬一千五百七十七，計一百七十九版。自此流入元、明，無復表見，而《集注》有元刊者，則已增入劉須溪注。須溪在宋爲國博，終於元季，書雖元刊，内有補列數家，當即須溪所爲，其去宋刊固不遠也。國朝康熙間，宋牧仲得施、顧殘本，邵子湘取肆本分類補綴，因以編年爲施注，而目肆本分類爲王注，沿説至今。肆本省七十八類爲三十類，在前明已有之而不詳所自。或言此出吴興茅本，而新安朱本復省爲二十九類，然迥非龜齡《集注》之面目。此後查夏重得影鈔施殘本，翁君覃溪得牧仲施刊本，馮君星實兼得宋刊《編年五注後集》及元刊龜齡《集注》。夏重補施，星實王、施并補，參覈得失，皆能赴其力之所至。然於各注遞爲乘除而貫串一氣，卒無有言其義者。此《編年注》出於南宋，近又兼并分類之大略也。’予復讀王君之書，知其涉歷諸家，精校博考，然後能集諸家之成而發其所未及。王君蓋謂變法、改法之不明，則由於史陋；朔黨、洛黨之不辨，則由於史諱；紀時、紀事之不當，則由於注誣；改編、補編之不確，則由於注淆。此皆於兩公本事未嫻貫於心而徒馳騖於外，故其歧舛脱闕，治之愈棼。爰創立《總案》，以統各詩；復訂正志傳，以統各案；而補所不備於《蘇海識餘》中。於是擊空踐實，而裁爲具體，意向畢達。其前之以王補施也，先因肆本轇轕，莫測誰某，論者無徵。五注、《集注》出，馮君星實猶以南渡後争尚蘇學，箋解人衆爲言，蓋相沿王注悉出南宋之舊説耳。王君乃嚴趙[七]、吕之類，别窮施、顧之編年，上追豐、祐，下達貞、元，發明北注、南注，先後變易，成於風會。且其旁搜遠紹，氣類源流，通感分合，本末明晰，泰然大同，是皆確有所據，足補前注之未達矣。坡公立朝犯難，語言文字，志節不磨，得王君發之，始無所遺，誠括衆美而舉其全矣。予適觀是書之成，復問而知其心得之要，著於簡端，俾海内讀是書者，由是而擴蘇公詩之義，洵盛事也。"

梁氏序曰："是書標案爲經，而以詩爲緯，互相援證，不可偏廢。自公始生以及登朝，凡二十六年，本集不足於用，則補以《嘉祐集》；出判營、兆、京推，發策十年，則主詩文紀録；杭、密、徐、湖八年，則詩文參以書奏；元祐敭歷，中外九年，則以内外制、劄、狀爲正。獨黄、惠、儋，遷徙最久，先後歸常，皆飄泊塗路間，統計十三年，文無綱領，羣碎散漫，難於掇拾。君或一至再至，訪尋遺躅，參稽往籍，甚至郵筒續軸，咨訊往復，必求其與集鍼芥適合而止。蓋非是則立案不足昭信，而詩無由定編，其致力也，可謂勤且遠矣。"

王氏自序曰："庚寅，誥七齡矣，方從塾師章句讀。會有求貸於先君者，已而以文忠公詩文集爲報。先君舉以授誥，且詔曰：'異日汝與經史相發明也。'誥謹受而藏之。由是行役之暇，手訂是編，未嘗一日去左右。旁搜注義凡百十餘家，詩旨會通，足與李、杜、韓集并重，爰序而刊之。"自序。

文光案：梁學士序，撰於嘉慶十八年，時年九十有一。阮太傅序，撰於道光三年。是書刊於嘉慶二十四年，自序撰於二十五年。韻山堂，即見大先生所葺，梁學士爲書其額。阮序於諸本之流傳最詳，因全録之。復節録梁序、自序，以見其編輯之勤，蓋自有是注而蘇詩無遺憾矣。然查注、馮注，亦各有所長，不可盡廢也。

蘇文忠公詩名“編注集成”者，一曰編，一曰注，彙爲集成也。編者，施注編年創始也。查注改編、補編，則改施誤編、補施未編也。馮合注糾之，則誤改原編、誤補新編也。然所糾是非不一，往往施、查交失，而合注不任編責，詩多懸宕。其原編、改編、補編之誤，查注、合注之未辨者，復倍蓰焉。今詳加考定，諸有歸宿。注者以王注、施注、查注、合注爲正，邵注、李注、馮注、翁注暨諸家論説皆附。詩既定編，注亦盡善。本詩本事，血脉貫通，上下相維，合爲具體，有咸臻治安之思、相與樂成之意，故曰“編注集成”也。

王、施并引經史，而詩之本事見於王者爲多；施則因其詳略而損益之，或穿穴傍出，佐以别載，中有參酌。雖趣操不同，而意實相濟，諸注未能發之也。康熙戊寅、己卯，二注并刻。吴門顧俠君既作王序，校施編、龜齡原注未出，邵注罔知所自，故以芻狗紿牧仲也。　宋刊杭本《東坡集》四十卷，《後集》二十卷，《内制》十卷，《外制》三卷，《奏議》十五卷，《和陶》四卷，與墓誌所載同。蜀本《東坡集》多《應詔集》十卷。閩本《東坡别集》四十六卷。公曾孫給事中嶠出家集，選刊官本《東坡集》，孝宗製序、贊，與集同刊。吴本東坡《前後集》，居世英校刊。江西本張吉州廣《别集》重刊，與《大全集》、《集成集》最備，而分合皆不詳。此詩合刊者也。又《東坡詞》二卷，傅幹注。《和陶集》十卷，傅共注。《汝陰集》，晁悦之、李薦序。《超然臺》、《黄樓集》，陳師仲述。《錢塘集》、《昆陵集》、《蘭臺集》、《海外集》，丹稜唐注、漳州黄注、吴興沈注、海陵顧注，皆詩、詞分刊者也。然宋刻多不傳，而肆本居其半。今所傳之《全集》、《七集》、《外集》，蓋其遺也。肆本剽竊竄改，附會名下，乃其利藪。公與陳傳道云：“《錢塘集》，市人逐利，不惟脱誤，其間亦有他人文字。”欲毁其板。當公存日已成積習如此。若龜齡序自署“狀元王公十朋”，亦肆本取炫世俗，此沿訛所由起也。然其中姓注名注，不辨誰某，論者無徵，咸闕弗考。康熙三十八年，施注出。乾隆五十八年，百家王注出，分二十五卷，七十八類，首列百家姓氏、編年。五家亦出，與肆本并異，故自有合注而後，王龜齡注復顯於世。　邵注既補施注，當糾施注之謬，乃於〔八〕施編首刊《王注正訛》一卷，是何體例？其所摘小疵，亦不盡當，已見合注。然邵之失糾者，正不止此〔九〕。自合注分列王、施、邵注，使各有歸，而邵注未免向隅。今其凌雜小注，幾於希有。而“質斧”一條，詁獨用邵解。其於本詩，不屑以禪語附會句解，又能删墓誌謬説，此惟邵注爲獨優耳。　補注惟當補其不備，如前注正義已盡，即毋庸置喙。或别徵一解，必求前補所以不録之故。如果忽遺而所解不礙正義，亦足補助，方許引補。前古體例務約而嚴，凡書皆然。查注信鉅手矣。獨其持論，各抒所得，不肯雷同勦説，多以私意誣詩，未易悉數，惜哉！　合注補施，不但補邵、查遺棄，并據史傳較字數，補其殘脱，句聯字貫，文義顯白，悉以苦心孤詣出之。傳之其人，合注有焉。餘如考補經傳、《史》、《漢》、方言、外乘、詩騷、詞賦、碑銘、論辨，五横四縱，具有條理，簡净明確，卓然可觀。本集四注既具，猶天造地設，四維畢張，行其所難，合注爲極。然於查注小疵，多方苛薄，而大謬不削，咸賡剳傳。其引陳公弼事，原書載明妄語，而嗜奇愛博，益以推瀾。此兩文忠將何以堪之？《周安孺茶》詩，本集第一長篇，紀氏所謂“一氣滔滔，亦是難事”者也。其“子咤中泠泉”句，王注所有，存之則庶幾全幅可誦。乃必謂“子”上闕字而“泉”字誤，既無考補，務使此詩不全，自叛補遺之義。《虢國夜游圖》詩，李端叔〔一〇〕和韻相符，名篇素著，人所膾炙。强謂詩闕一韻，意在必伸己説，而迹涉〔一一〕侵官，詩有遺憾。此由查注開端，而合注已甚，皆王、施注之所無也。　施注每卷標注東坡先生詩，惟見翁注。其書餖飣小部，不成蘇集，故於原目棄而不存也。邵序載明目闕，今存卷闕卷，概以邵、查、合注之分合者，詳加確考，更定其誤。詩與題注年月不符及參差未順者，稍整齊之。　施爲邵本并竄，其注不辨有無。查則變增卷册，改補題詩，又以唱和亂之。如欲依編年次序合讀十詩，則終日翻檢目録，不能訖事。是此二注冰炭不入，僅可付之不求甚解，無從知其得失也。　百家注既已復出，可見龜齡尚未嘗自稱“王注”，此即龜齡手定確證。趙夔分五十門，吕祖謙廣爲七十八類。龜齡與祖謙厚善，實〔一二〕主吕本，故百家注亦七十八類，且於百家姓氏趙夔名下不及分門，獨於祖謙名下載明分詩門類，千古疑案，今始勘定。可見邵注吕省王因之説，乃以俗習所見二十九類之王注附會爲吕省也。王注諸家，以氣節論，南宋直臣半在其中；以科第論，南宋名元半在其中；以宰執論，南宋名臣半在其中；以儒術論，南宋道學半在其中。邵僅見二十九類之注，姓氏固不可辨，而孝祥等注文義具在，紕謬指文義而言，可謂孟浪矣。　查注徵事，多取資朱錫鬯、馬衎中儲書爲多。所引《方外佛國記》、《五燈會元》、《法苑珠林》、《傳燈録》、《高僧傳》諸書，失之太冗。其載郡邑，引《十道志》、《元和志》、《環宇記》、《九域志》、《方輿勝覽》、《名勝志》等書，亦嫌過密。查注既以此自許，而合注亦專以攻擊此類爲能，一字之差，不稍寬假。按語沿革，惟當别作一書，窮其所至，名《蘇詩釋地》，自爲單行則善。若糾纏題下，借此集以售，則注者、駁者皆未爲得也。　合注於題下首列王注，次施注，次查注，次自注，以先後爲序。如某注不當，即於某注後較之。其體例也，論資固屬定程，解題極爲不便。題下集注，原欲發明題旨，取便讀者，當以通氣爲主，必使眼光直下，一覽皆盡，庶有觸發。若處處阻塞，光不下注，彼且爲注紛汩没而意興索然矣。今則酌看各注繁簡段落，就注調遣，取解題順適而已。

本集古律用韻，多有出韻、叶韻，改易上、去，轉换平、仄者。王注、施注多寘弗議。查注、翁注、合注屢有詰難，然莫能終其説。詒謂諸注未嘗盡讀公文，故强以韻部繩之也。本集有韻之文，古韻、今韻參用，《欒城集》往往相符。今諸注各從己以讀，遂不覺其誤，而謂即彼音節，殊未然也。《禮部韻略》者，邱雍創於雍熙，戚綸成於景德。至景祐中，丁度再修。及入元祐，太學博士增補。公在禮部，而内舍生馬澈狀論《禮韻》疏漏，正在增補之時。此爲舉子詩賦常用字書聲韻，故曰"略"也。其韻書雖不一，大抵宋以《廣韻》爲正，而與《唐韻》互用。李方叔謂公每出，必取聲韻音訓文字置行篋中，可見公用韻甚嚴，獨不知所主何書及其參用者耳。嗣後吴棫取古書，自《易》、《書》、《詩》以下，至歐、蘇止，凡五十種，集其聲韻與今不同者，爲《韻補》一書。棫不專資《唐韻》、《廣韻》，而取諸歐、蘇，又有與今不同之論。可見公以古韻、今韻參用，必有不易之法，而非《唐韻》、《廣韻》之所賅，確然無疑矣。　詩之有注，取便讀者。初學甫見，未必盡記；積學固有，亦或遺忘：故凡注有重複，每因重見而省憶，於讀者有益無損也。以上《凡例》。

文光案：此例傷於繁冗，未免炫博好奇。如因聽琴詩公以韓之《聽琴》詩爲優，而永叔詆爲琵琶注。而論及樂，凡一千八百餘言。若掩其前後觀之，實不知其爲注蘇詩之例也。

又按：施注厘識大略，不屑標舉年月。如第一卷詩四十七首，注曰："起嘉祐辛丑十二月赴鳳翔任，盡壬寅在鳳翔府。"查注第一卷四十二首，注曰："仁宗嘉祐四年己亥冬侍老蘇公自蜀至荆州作。"兩本次第不同，翻檢不便，例所云"合讀十詩，終日不能訖事"者是也。又按：今之施注蘇詩，參雜王注、邵注，而仍名施注，是古今合作一書，同此一名，且失施注之本來面目，誠所未妥。例中瑣瑣言之，然終無以易此名也。

趙夔序曰：“僕於此詩分五十門，總〔一三〕括殆盡。凡偶用古人兩句，用古人一句，用古人六字、五字、四字、三字、二字，用古人上、下句中各四字、三字、一字相對。止用古人意，不用字；所用古人字，不用古人意；能造古人意，能造古人不到妙處。引一時事，一句中用兩故事，疑不用事而是用事，疑是用事而不用事，錯使故事使古人作。用字成一家句法，全類古人詩句。用事有所不盡，引用一時小話，不用故事，而句法高勝、句法明白而用意深遠。用字或有未隱，無一字無來歷。點化古詩拙言，間用本朝名人詩句，用古人詞中佳句。改古人句中借用故事，有偏受之故事，有參差之語言，詩中自有奇對。自撰古人名字，用古謡言，用經史注中隱事，閒俗語俚諺。詩意物理，此其大略也。三十年中殫精積慮，僕之心力盡於此書，今乃編寫刊行，願與學者共也。”

文光案：堯卿乃深於蘇者，故言之察察。序言夢蘇公見訪。又夢與蘇公對談，問水仙王事，答以茫昧之語，殊不可曉。蓋積誠所感通，故夢寐之間如或見之。其於蘇詩一句一字，必究其來歷。鈔節諸書，詢訪故老；又與小坡叔黨游，叩所未知。其注乃分類第一注也。

堯卿注刊於紹興之初，其後乾道初進御已合爲八注、十注本矣。時百家注未出也。　汪涓字養源，汪洋字聖錫，實二家注，元刻并舛一人。　王注舊列姓氏，前云“王十朋龜齡纂集”，後又與羣從并列其中，其爲後人損益可知。最後不列總具人數，舊傳姓氏間有訛脱。後人不檢全注，任其闕略，故與注不符。注内黄中一家，當以通老爲是。若合注所謂“林黄中”者，此人名粟，官兵部侍郎。元晦以兵部官用，而粟惡其西銘學，不許爲屬，力攻於朝。葉水心因與之互訐。林粟非此氣類，即非注中人矣。初考王注姓氏，載入凡例者六十餘家，繼又續考三十餘家，較例爲詳。 王、施注諸家起自元祐之後，訖於嘉泰之初，凡一百十餘年。《集注》一百餘家，莫能詳述。

文光案：趙、次公，字彦材。宋、援，字正輔。李、厚，字德載。程縯，字季長。四家爲四注，增林敏功，字子仁。爲五注，增趙、夔，字堯卿。任、居實，字文儒。師、尹，字民瞻。爲八注。趙夔自鳴一家，師、尹。任、居實。孫、倬，字瞻民。李堯，字唐卿。四家體例一本於夔，合爲五家，而取編年五注趙、宋、李、程、林五家之注。并納入之，是爲十注。可合阮序觀之。阮序八注未詳，稱名稱字，亦未畫一，因識於此。

老泉者，公以稱其父之墓也。集有《老泉焚黄文》可證，惟蘇氏子孫稱之。後兩宋文人震於其名，皆相沿稱道，遂訛以爲字，舉目爲蘇老泉而有加以先生者矣。兹在粤，無《嘉祐集》，偶得元、明刊本而卷帙殘闕，其名曰“蘇老泉先生全集”，今姑承之。文光案：或云蘇氏塋有泉名曰老泉，東坡取以爲號，與王説異。墓誌、本傳皆不載，《志林》一書出於後人雜湊。 徽宗建中靖國元年九月，公薨於七月末，及葬，黨禍復起。詔籍元祐姦黨。待制以上，公首惡，而宰執以文彦博爲首惡，御書深刻，立端禮門。誥案：“凡史家皆載九十八人，此初刻也。或云一百二十人者，恐誤，當以張綱劄爲正。”二年四月，詔毁《東坡文集》、傳説、奏議、墨蹟、書版、碑銘、崖志，及黄庭堅、程頤等所著書。凡學者誦習傳説，稱毗陵先生而不名。 南渡初，汪應辰字聖錫，官禮部尚書，家於玉山，收藏宋初及慶曆、元祐名臣疏草、文稿、簡牘，無美不備。而於范、韓、文、富、歐、蔡、諸韓、諸吕爲多；而最富者，公手蹟也。汪氏刻《成都西樓帖》三十卷，多仲虎辨定。仲虎、聖錫同朝，相與厚善。聖錫嘗爲成都帥，故刻於蜀中也。《總案》。

文光案：《總案》四十五卷，取《本傳》、《年譜》、《墓誌》排次年月日，而以所作詩文分布於中，復詳爲之注，終以諸家題跋。凡事之涉於坡公者，博採無遺，真可謂蘇氏之功臣矣。學書者求之於此，而海可航也。

“蘇海”之説舊矣。紹聖四年，東坡公發惠州，遷儋耳，自新會赴新康。至古勞，河漲不可渡，休於鶴山之麓者數日。公既去，而所居遂爲“坡亭”，地曰“蘇公渡”。見前明陳獻章詩中。邑令黄大鵬又手劖“蘇海”二字於厓之上，嗣是更名“蘇海”，至於今，蓋三百年。予召工設局，寫刻本集，凡五年而工垂成。此五年間續有所得，皆補葺舊事，爰隨筆録之，名“蘇海識餘”云。

《怪石》詩二十三韻，全用老蘇家法，正如一林怪石爲山水崩注，皆歷落滚卸而下，兀突滿前，莫名瓌異，此其詩之最先者也。《送宋君用游輦下》詩，凡三十五韻，其中申縮轉折，極力騰挪，蓋已變老蘇之法矣。今此二詩雖不入編，已録載卷一案内。學者必先詳玩此二詩，知其詩筆之所自起，而後接讀《商行》諸作，考其逐首圖變、總欲不凡之意，則詩法入門次第蹤迹皆可尋矣。公自不能詩而至能詩，自名家而至大家，皆於此兩三年間數十篇之内養成。具體到鳳翔首作《石鼓歌》，已出昌黎之上，不可壓也。自此以後，熙寧還朝一變，倅杭守密，正其縱筆時也。及入徐、湖，漸改轍矣。元豐謫黄一變，至元祐召還，又改轍矣。紹聖謫惠州一變，及渡海而全入化境，其意愈隱，不可窮也。黄魯直獨推海外詩，禁錮時盛行，士大夫無不傳習者，蓋去公未遠，門人、子弟猶在，皆有以通曉其故也。　王十朋注，乃合諸注爲一本者也。余考其次序，得失灼然可見。蓋趙夔爲百注之始，十朋爲百注之終也。夔注原屬單行，今所存者十闕四五，此由并入他注之故。今百家注惟趙、程、李、宋、林注充牣其中，次則師、任、孫、李堯祖。注差備，此即“十注”也。文光案：編年注五家，分類注五家。餘惟王十朋三十八條，陳師道、張栻、吕祖謙注各二十餘條，皆可指數。文光案：本注於王注百家皆注姓名。此外則十餘條至二三條而止，不可與“十注”班論，故曰次序猶可見也。其中門墻一類、西江一類、閩學一類、永嘉一類、南渡登朝一類及隱逸未詳，諸人剗繁剔冗，所存幾及百家，皆十朋匯萃諸本所成。餘如三十類之肆本，二十九類之朱本，又由百家注節次舛改，漸以脱闕。至於姓注名注，字多不可辨，而邵注妄稱吕省王因，則失之遠矣。

本集唐子西注已窈不可知，其所撰《庚谿詩話》多有可採。然其書有其子文若附益之者。文若字立夫，爲文豪雋，有家法。　陳無己《詩話》，往往荒謬。予屢糾之。《容齋隨筆》、《直齋解題》并謂後山《叢談》、《詩話》舛錯，非無已作。陸務觀曰：“《叢談》或恐無已少作，聞見未廣，故多與本人時地、史傳不合。若《詩話》，决非無已所爲。”今檢王本載陳注二十四條，鮮不平正簡當。查注多引謬説，不獨疵累本集，即無已亦冤也。　紹興戊辰，太常少卿方庭碩使金，展陵寢。諸陵皆遭發，哲宗至暴骨，庭碩解衣裹之。惟昭陵如故。庭碩歸奏，上涕下沾襟，悲動左右。時相大怒，劾庭碩奉使無狀，竄嶠南瘴死。自是出疆者不敢言陵寢。此載於《澗泉日記》者。時岳飛死七年矣。飛嘗檄有司修葺陵寢，未蕆事而《金牌》迭至。所謂“金牌”者，金漆裹之，由御前發下，日行四百里，此豈賊檜所有乎？詔曰：“講和之策，斷自朕志，檜但能贊朕而已。”此即殺飛斷自朕志確證。飛累請獨當淮南路，而康王不許，蓋恐遽復京東，無以泥其下河北耳。此乃必欲死之之本意。論者以爲檜殺飛，其説妄矣。　蘇門黄庭堅、秦觀、張耒、晁補之爲前四學士。廖正一、李格非、李禧、董榮爲後四學士。惟禧、榮不列黨籍。　蜀人明九萬録東坡下御史獄公案，附以初舉發章疏及謫官後來表章、書啓、詩詞等，通計十三卷，名“烏臺詩話”。今王、施注中引《烏臺詩話》、《烏臺詩案》不同，蓋二書也。　張芸叟《畫墁集》一百卷，《直齋解題》

小説類載一卷，又於别集類載一百卷，與今傳本卷數不符。其文義多有荒謬，其書在宋時已不足信矣。　紹興中，制置使悉擁厚資，稱豪富。韓世忠、張俊輩多結納秦檜以自立，皆檜之食邑户也。張浚承制便宜，除官至節度使、雜學士，權出人主右，故其豪富十倍。世忠等視爵禄財帛如土苴，既用以餂檜，又父子倡名道學，專濫施予，文其心學。一時利禄之徒，盈朝塞野，競出門下，率自詭爲君子而若與檜爲異，實則檜之徒也。思陵以郊祀匹帛闕五百萬支散，面有憂色。檜曰："臣當爲陛下任此事，但乞禁中賜臣酒耳。"是日，張、韓赴丞相府議事，自朝至午未得謁入，但見中使至，宣賜御酒，心愈惶惑。又移時，檜延之入，曰："御前賜酒，同飲一杯。"二將奉巵，戰慄不敢飲。檜自飲一勺，徐曰："主上要與二將各假一千萬緡以奉郊祀耳。"於是，二將色定，如數納上。檜取諸此曹如探囊取物，其諸將之豪富從可知矣。浚初附黄潛善、汪伯彦，言李綱有無君之心，憂不在金人而在綱。又言胡珵詭託李綱，陰中善類，陳東之疏，珵實筆削。於是東誅綱逐，兩河悉陷。其後金人縱秦檜還，廷臣皆疑之，獨程伊川門人游酢以檜比荀文若，倡論堪大用。胡安國信之，力薦檜賢。檜爲相，引安國以自重，浚於是亦附檜。既而吕頤浩再相，爲檜所排。浩自江上還，發其陰私，詔列檜奸狀於朝，示不復用。檜坐廢五年，趙鼎庇浚而忌檜，嘗言此人得志，吾無所措足。浚極不謂然，卒薦檜。檜復召，遂陷鼎而致之死。檜凡兩入相，皆道學諸公所爲也。浚本傳無一實語，且謂浚以檜闇言於上，曲爲粉飾。《何氏備史》云："隆興初年大政事，莫如張浚符離之敗。而《實録》、《時政記》并無一字及之，公論安在？"《澗上閒談》云："近世修史以《實録》、《時政記》參入傳記、野史，及本家銘志、行狀，此皆子孫、門人爲之，掩惡溢美。《張浚列傳》略不審其是非，豈得登之信史，傳之萬世？"周公謹又謂："國史凡幾修，是非凡幾易，而吾家乘不可删。”然則當宋之時，其不然者亦已多矣。予按浚墓碑，乃朱元晦手撰。元晦云：“張魏公事，止據其家狀詮次，殊不協，人言深有未當。”此蓋元晦至晚年而南軒亦逝，故深悔之。案中論綱、飛、檜、浚之事，與史不符，特集諸説，都爲一通，情事畢達。　張浚素輕利好名，士有虛名者，無不牢籠，揮金如土。其子南軒以道學倡名，父子爲當時宗主。在朝顯官，皆其門人，悉自詭爲君子，稍有指其非者，則目爲小人。富平之敗，合關、陝五路兵三十余萬，一旦盡覆，關、陝并陷，朝廷無罪之者。酈瓊之畔，符離之敗，國家所積兵財掃地無餘，而《實録》、《時政記》無一字及之。《張浚傳》：“符離軍敗，浚鼻息如雷。”此是心學，登之信史。　朱元晦曰：“《東坡事實》非蘇公作，閩中鄭昂僞之，所引皆無根據。”　本詩與注引古事，往往人名、事迹互異。後之注家各據所見，非所不見，此不足較也。施注之末多引墨迹，改集中句字。此皆施注所爲，往往不當。《蘇海識餘》。

“詩圖自記”一則，次用本集詩句自題其像。“後記”一則，自題牋詩、圖詩十二首。後記曰：“予手定公詩，凡得古、今體詩計二千三百八十九首，又帖子口號詞六十五首。”

文光案：此注前後多複見於序者，又見於例、見於注者，又見於《識餘》，固詳之又詳，而不免冗雜。《識餘》中於宋之道學深言其弊，蓋黨禍實激成之也。

《蘇文忠公詩集》五十卷

國朝紀昀評

朱墨本。道光十四年刊於兩廣節署。首乾隆辛卯紀氏自記，次道光十四年涿州盧坤序，次吴蘭修記。是書五易稿而定。

盧氏序曰：“予既刻公所評《文心雕龍》、《史通》二書，復梓是集。公尚有手批《全唐詩》，聞藏於陳望之處，未見。”

吴氏記曰：“原批用查初白補注本，是本悉依其編次。”

文光案：盧曰：“較查本則嚴，凡詩禪、悟語，太風議、太峭激處，咸乙之。”

紀氏記曰：“予點論是集，始於乾隆丙戌之五月。初以墨筆，再閱改用朱筆，三閱又改用紫筆，交互縱横，遞相塗乙，殆模糢不可辨識。友朋傳録，各以意去取之。續於門人葛編修正華處，得初白先生手批本，又補寫於罅隙之中，蓋轇轕難别。今歲六月，自烏魯木齊歸，長晝多暇，用繕此净本以便省覽。蓋至是凡五閲矣。”

王氏曰：“紀氏點論可録者僅十之五，義門間一到地，紀則遠矣。注本輒於句下載同異字，亦有明知其誤而載者，逐句截斷，最爲可憎。紀氏酌取其一，多有精確。考合注，從紀所定者甚多，但不云出之紀耳。其自爲酌定，當於紀者，亦間有之。諳所改定字，皆於句下立案，删去句中‘某本作某’等字。如此風不革，數百年後翻板益多謬訛，同異日繁，逐字分别，更拉長矣，其害甚大。本注專持大體，此等小家私販所不屑爲。紀氏論詩多固，每云此宋詩，公舍宋又將焉往？杜詩‘老妻稚子’一聯，即放翁家法。袁子才不分唐、宋，識在紀氏之上。‘我初從政見魯叟’句，紀云見魯叟者，蓋初任謁廟之時，陶詩曰‘汲汲魯中叟，彌縫使其淳’，謂孔子也。合注取陶詩自爲注，不云出紀氏，非是。但紀説亦低，若引公‘魯叟乘桴’句即了事，何必曲説？”

文光案：王説録於集成本，句中同異字校本所有，俗本亦然。七十二疑冢，恐無一真者，故曰此風宜去。

《蘇詩補注》八卷　附《志道集》一卷

國朝翁方綱撰

蘇齋本。乾隆四十一年刊。凡補原注二百七十五條，皆收拾施注之殘墜；新補九十三條。施、顧二家原本，查氏採輯多所未備，因成是書。

《志道集》，宋顧禧撰。禧字景繁，吴郡人。居光福山，閉户誦讀，著述甚富。紹興間有司以遺逸薦，不起。隱居五十年，築室邳村，表曰“漫莊”。嘗與吴興施元之注蘇子瞻詩行世。誥案：翁注所載“從伯父景藩公，少任俠。既壯，折節讀書，聲名籍甚。里中同學忌公，口舌攻搏，難端叢起，禍幾不解。會以遺逸薦，得白，盡焚生平著述。嗣弟宏聞從任公抄得遺稿，顔曰‘志道集’。至元壬辰姪長卿書”等語，自紹興末乙亥下推至元壬辰，凡一百三十八年，焉有嗣子求稿、姪作序之事？即擡前一甲，以紹定壬辰論，亦不合也。此非注蘇顧禧，合注從誤。合注謂宋章憲有《題顧禧漫莊》詩，此即注蘇顧禧事。　翁注鄭元慶《湖録》，傳是樓有宋刻本，殘闕不全。予細閲書中句解，是元之筆。詩題下小傳低數字，乃武子補注，《通考》所謂“從而推廣”者是也。誥案：最要是題下注事，故序曰“司練絶識”；次謂句下徵典，故序曰“助以顧君該洽”。其中容有互爲參酌之處，施、顧各有所掌也。所謂武子“從而推廣”者，乃題注末補載墨迹石刻及校改同異之字，間有引證及增加，輯《年譜》所無，父作子述，前人多有此例，參入一處。其德初原文，非武子所敢損益也。若鄭説則重句解而輕題注，非知詩者之言也。施注體例雖闕，規模具在，惜無能發之者。翁注寡識，摭拾謬論，亂其全體。合注從誤，且云似亦有元之注，其説模棱而不知冠履倒置。録於《集成》。

文光案：《東坡七集》、《欒城四集》、《山谷内外集》，明人妄行改竄，第曰“東坡”、“欒城”、“山谷集”而已。《朱子集》三百餘卷，明人編定四十卷。

《欒城集》五十卷　《後集》二十四卷　《三集》十卷

宋蘇轍撰

宋本。前有潁濱自序，後有淳熙己亥曾孫詡跋、鄧光跋。

蘇氏自序曰："予少以文字爲樂。元祐六年，年五十有三，始以空疏備位政府，自是無述作之暇。顧前所作至多，不忍棄去，乃裒而集之，得五十卷，題曰《欒城集》。九年，出守臨汝。自汝徙筠[一四]，自筠徙雷，自雷徙循，凡七年。元符三年，蒙恩北歸，寓居潁州。至崇寧五年，前後十五年憂患侵尋，所作寡矣。然亦班班可見，復類而編之，以爲《後集》，凡二十四卷。"

《三集》自序曰："崇寧四年，予年六十有七。編近所爲文，得二十四卷，目之曰《欒城後集》。又五年，當政和元年，復收拾遺稿，以類相從，謂之《欒城第三集》。復有所爲，逐類輒空其後，以俟後日附益之云爾。"

蘇氏跋曰："太史文定《欒城公集》刊行於時者，如建安本，頗多缺謬，其在麻沙者尤甚。蜀本舛亦不免。今以家藏舊本《前》、《後》并《第三集》合爲八十四卷，皆曾祖自編類者，謹校讎數過鋟板。於筠之《帑云議謚》一首并載《後集》。"

《欒城集》四十八卷

宋蘇轍撰

眉州三蘇祠本。量[一五]有淳熙六年鄭[一六]光跋，"右家集較閩、蜀本間有增損"；道光己酉知眉州事陳謹跋；癸巳弓翌清跋，"得朱菽原本，借抄一通，始付剞劂"。案：此本議謚、本傳、目録二卷，《後集》二十四卷，《三集》十卷，《應詔集》十二卷，合爲四十八卷，即祠本也。合三蘇集爲一本，前未之有。陳實菴之父家藏三蘇全板，載歸淮郡，始流布人間。蘇氏之後裔已無可考，祠本爲州人士所校刊，未見精審。

《斜川集》六卷　《附録》二卷

宋蘇過撰

趙氏校本。乾隆戊申年趙懷玉刊，有序，并題詩三首。次目録。凡詩三卷，共二百二十首；文三卷，共六十首。附録遺事、訂誤。末有乾隆壬寅元和吴長元跋。《揮麈後録》云："蘇過翰墨文章，能世其家，士大夫以小坡目之。"

趙氏序曰："《斜川集》，南宋以後流傳已寡。康熙間，有詔索之未得，故《四朝詩》中祇録一首以存其真。自餘贋本，大率因謝幼槃、劉改之二人名與叔黨相類，竄其集以欺世，東南士大夫家置一編而不覺。近日蜀中有新刊《斜川集》，亦龍洲道人作也。乾隆辛丑冬，大興翁學士手編示余曰：'此叔黨《斜川集》，從《永樂大典》録出，可以證諸贋本之非。'會請急南下，未及假鈔。越六年丙午，客校桐鄉，偶語鮑君以文，則以文已屬吴君麗煌録寄。亟索校閲，有可據引者條疏於下，雖未能復宋本舊觀，廬山面目，庶幾可睹矣。"

吴氏跋曰："《斜川集》著録於陳《録》者十卷，《宋史》稱二十卷，久佚其傳，無從考定。以世艷稱之，鷄林黠賈，以贋本鈎致厚價，今好事家往往有錦題緗帙，列之文房玩好間以供清賞者，皆劉過詩也。昔嘗購求真本，以與《三蘇文集》并行，久不可得。既閲王弇州題跋，乃知以《劉集》充《斜》，自元季已然。山左周編修永年，於《大典》各韻下得先生詩文共若干首，余借歸録副。從《宋文鑑》、《東坡全集》、《播芳大全》諸書考訂訛舛，增補闕遺，釐爲六卷。又採他書所載遺聞軼事，輒録附焉。計其卷帙，祇原集十之二三，未匝月而畢事。友人鮑以文嗜奇好古，先世所藏兩宋遺集多至三百餘家，亦以未見《斜川集》爲憾，即以録本寄之。以文損貲壽梓，以續六百餘年一綫之緒。誤收贋本者，亦得悉行刊正，頓還《劉集》舊觀，俾龍洲仍以詩豪雄於後世，則又不獨爲蘇氏之功臣矣。"

文光案：鮑本與趙本同。祠本附於《三蘇全集》後者，刊於道光七年，弓翌清序，與趙本叙次稍異，無補遺。余所藏《斜川集》，所謂"錦題緗帙"正是。後得此本，方知爲《龍洲集》，因别著之。

《斜川集》六卷　《附録》二卷

宋蘇過撰

《知不足齋》本。嘉慶十三年法式善補遺，有序，在附録前。增詩五十三首、文十五篇。據法序云"勒爲二卷，於十卷原數不甚懸絶"云云，是當爲八卷，而此本仍分六卷，所增之詩分散於各卷之後，詩仍三卷，文亦三卷，與趙本次第不同。其爲以文所編與否，亦未可知。前有趙氏序，無目録。附録遺事後續增二條，吴跋後增参寥子詩一首。記云曝書得此，因録附之。餘與趙本同。案：此本先賦，次表，次啓，爲一卷；次書，次序，次碑，次行狀、墓誌，爲一卷；次論，次記，次箴、銘、贊，次説，次祭文、上梁文、祝文，次書後并跋，爲一卷。趙本賦、箴、銘、贊、表、狀、叙、記、論、書後一卷，題跋、説、書、啓、文一卷，碎志、行狀一卷。法氏所增，俱從《大典》録出。

薛氏曰："《斜川集》，乃近時翰苑諸公從《永樂大典》録出者，然其間不無雜以他人所作。如開卷數頁，即有《紹熙改元制考》。叔黨之卒，乃在宣和五年，而紹熙乃光宗年號，此篇必誤入無疑。然當時作序者竟熟視無睹，何也?"録於《爻山筆話》。

文光案：《紹熙改元賀表》在第四卷内，鮑本有，趙本無，是即法氏所增之篇。

義門《蔡氏藏書自序》曰："吾里蔡致君，隱居以求志，好古而博雅，閉門讀書，不交當世之公卿，類有道者也。其子爲予言：'吾世大梁人，業爲儒。吾祖、吾父皆不事科舉，不樂仕宦，獨喜收古今之書，空四壁，捐千金以購之，常若饑渴然，盡求善工良紙手校而積藏之。凡五十年，經史、百家、《離騷》、風雅、儒墨、道德、陰陽、卜筮、技術之書，莫不兼收而并取，今二萬卷矣。'乃持其總目三卷，爲序而歸之。"録於本集。

《宋史》列傳："軾帥定武，謫知英州，貶惠州，遷儋耳，漸徙廉、永，獨過侍之。凡生理晝夜寒暑所需者，一身百爲，不知其難。初至海上，爲文曰'志隱'。軾覽之，曰：'吾可以安於島夷矣。'因命作《孔子弟子別傳》。軾卒於常州，過葬軾汝州陝城小峨眉山，遂家潁昌，營湘陰水竹數畝，名曰'小斜川'，自號'斜川居士'。卒年五十二。其《思子臺賦》、《颶風賦》早行於世。其叔轍每稱過孝以訓宗族，且言：'吾兄遠居海上，惟成就此兒能文也。'"

文光案：《斜川墓誌》，晁以道撰。大略與本傳同而缺其後半。

《揮麈後録》："靖康中，叔黨以真定倅赴官，次河北道，遇緑林，脅使相從。叔黨曰：'若曹知世有蘇内翰乎？我即其子，肯從爾輩求活草間耶？'通夕痛飲，翌日視之，卒矣。惜乎世不知其節也。趙表之云。"

文光案：《墓誌》云暴卒於鎮，鮑氏案云叔黨卒於宣和五年，無由至靖康時也，此説恐誤。朱竹垞《書墓誌後》云："毀之者謂叔黨諂事梁師成，自居乾兒。夫師成既以東坡爲父，稱曰先臣，則必以昆弟爲遇叔黨。此助洛攻蜀者之謗，不可不白其冤也。"

《藏海詩話》："蘇叔黨云：'東坡嘗語後輩作古詩以老杜《北征》爲法。'老杜詩云：'一夜水高二尺强，數日不可更禁當。南市津頭有船賣，無錢即買繫籬傍。'與《竹枝詞》相似，蓋即俗爲雅。"

鄧氏曰："蘇過，坡公之季子也。平生禁錮三十年，晚除中山倅〔一七〕而卒。善作怪石叢篠，咄咄逼。翁坡有《觀過所作木石竹》三絶，以爲'老可能爲竹寫真，小坡解與竹傳神'者是也。晁以道志其墓，亦云書畫之勝，亦克肖似其先人。又時出新意，作山水，遠水多紋，依巖多屋木，皆人迹絶處。并以焦墨爲之，此出奇也。"録於《畫繼》。

文光案：附録中無此一段，可補其闕，故録之。元遺山詩注《題蘇氏寶章》云："長公忠義似顔平原，次公沖澹似林西湖，故字畫有不期合而合者。最後數帖，所謂'蘇氏三虎，叔黨爲最怒'耳。"《蘇文忠公集》云："兒子到此，鈔得《唐詩》一部，又借得《前漢》欲鈔。若了此二書，便是窮兒暴富也。"

王氏曰："書賈來益都，携《斜川集》，僅二册，價至二百金有奇。惜未得見之。"録於《香祖筆記》。

文光案：《絳云樓書目》有《斜川集》十卷。絳云樓毁，是書不知存亡，亦未知爲真本、僞本。傳是樓無《斜川集》。

校勘記

〔一〕"國朝王文誥撰"，據下文補。

〔二〕"仲"，原作"衆"，據《蘇詩編注集成》改。

〔三〕"寄"，原作"奇"，據上書改。

〔四〕"十"，原作"良"，據上書改。

〔五〕"注"，原作"鼀"，據上書改。

〔六〕"沖"，原作"仲"，據上書改。

〔七〕“趙”，原作“超”，據上書改。

〔八〕“乃於”，原作“於乃”，據上書乙正。

〔九〕“此”，據上書補。

〔一〇〕“叔”，原作“叙”，據上書改。

〔一一〕“涉”，原作“浮”，據上書改。

〔一二〕“實”，原作“賓”，據上書改。

〔一三〕“總”，原作“終”，據上書改。

〔一四〕“筠”，原作“箔”，據《欒城集》改。

〔一五〕“量”，據理當作“前”或“首”。

〔一六〕“鄭”，據《欒城集》，當作“鄧”。

〔一七〕“倅”，原作“令”，據清王毓賢《繪事備考》改。